信赖之债

佟强 ◎ 著

北京大学出版社
PEKING UNIVERSITY PRESS

图书在版编目(CIP)数据

信赖之债/佟强著. —北京:北京大学出版社,2020.8
ISBN 978-7-301-31418-0

Ⅰ.①信⋯ Ⅱ.①佟⋯ Ⅲ.①债权法—研究 Ⅳ.①D913.304

中国版本图书馆CIP数据核字(2020)第113915号

书　　　名	信赖之债 XINLAI ZHI ZHAI
著作责任者	佟　强　著
责任编辑	邓丽华
标准书号	ISBN 978-7-301-31418-0
出版发行	北京大学出版社
地　　　址	北京市海淀区成府路205号　100871
网　　　址	http://www.pup.cn
新浪微博	@北京大学出版社　@北大出版社法律图书
电子信箱	law@pup.pku.edu.cn
电　　话	邮购部 010-62752015　发行部 010-62750672 编辑部 010-62752027
印　刷　者	大厂回族自治县彩虹印刷有限公司
经　销　者	新华书店
	650毫米×980毫米　16开本　40.25印张　637千字 2020年8月第1版　2020年8月第1次印刷
定　　　价	98.00元

未经许可,不得以任何方式复制或抄袭本书之部分或全部内容。
版权所有,侵权必究
举报电话:010-62752024　电子信箱:fd@pup.pku.edu.cn
图书如有印装质量问题,请与出版部联系,电话:010-62756370

谨以此书纪念：
新中国民法事业奠基人、我的父亲佟柔教授
诞辰一百周年（1920—2020）

目　录
CONTENTS

导　论 /001

第一部分　基础篇：信赖之债的基础性因素

第一章　信赖之债产生的经济因素 /019
第一节　经济因素对债法的本质影响 /019
第二节　传统市场下信赖关系的债法保护 /030
第三节　社会分工因素的影响 /036
第四节　市场异化对债法的逆向影响 /044
第五节　交易成本外化的影响 /051
第六节　当代经济关系的债法信赖保护导向 /056

第二章　信赖之债产生的社会因素 /073
第一节　三种典型社会观的考察 /073
第二节　城市化与人口聚居对债法的影响 /082
第三节　信赖关系与社会资本 /089

第三章　信赖之债产生的伦理因素 /099
第一节　社会伦理的演变脉络 /099
第二节　伦理观念的当代发展趋势 /105
第三节　当代伦理对债法的影响 /112

第四章　信赖社会与债法 /122
第一节　对信赖理论发展脉络的梳理 /122
第二节　信赖利益 /129
第三节　信赖社会之下的债法 /135

第二部分　法理篇：信赖之债的法理变迁

第五章　从个人主义到社会法理论 /145
第一节　个人主义基本理念 /145
第二节　个人主义权利观 /158
第三节　个人主义债法的局限性 /172
第四节　社会法理论的兴起与债法社会化 /186

第六章　信赖利益保护的法理流变 /203
第一节　概念法学及对其的超越 /203
第二节　利益法学、价值法学及债法的社会化转型 /218
第三节　庞德社会利益理论的启示 /236
第四节　富勒法律道德化思想的启示 /249
第五节　卡多佐司法变革观念的启示 /255

第七章　当代正义论中的信赖保护精髓 /266
第一节　社会正义方向与标准之争 /266
第二节　利益兼顾的正义导向 /280
第三节　马克思主义正义观 /293
第四节　当代正义与信赖之债 /301

第三部分　制度篇：信赖之债的制度构建

第八章　债法对信赖利益保护的兴起 /317
第一节　诚实信用原则与债法信赖保护 /317
第二节　公序良俗原则与债法信赖保护 /339
第三节　权利滥用禁止原则与债法信赖保护 /351

第九章　信赖保护原则的建立 /365
第一节　大陆法系对信赖保护原则的承认 /365
第二节　英美法系对信赖保护原则的认可 /378
第三节　债法信赖保护原则的确立 /397

第十章　债法信赖保护原则的溢出效应与债法创新　/404
  第一节　溢出效应之债的相对性突破　/405
  第二节　溢出效应之合同义务法定化　/411
  第三节　溢出效应之侵权法的扩张　/415
  第四节　债法改良的困境　/425
  第五节　债法创新的意义与路径　/433

第十一章　信赖之债的概念与体系　/440
  第一节　信赖之债概念之证成　/440
  第二节　对信赖之债的疑问与回应　/450
  第三节　信赖之债体系之一：解构与重构　/461
  第四节　信赖之债体系之二：从外在体系到内在体系　/469
  第五节　信赖之债体系之三：从内在体系回归外在体系　/478
  第六节　信赖之债体系之四：债抑或责任体系之辨析　/487
  第七节　信赖之债与民法典　/491

第四部分　适用篇：信赖之债的法律适用

第十二章　信赖之债的实务类型　/499
  第一节　与合同关联紧密的信赖之债类型　/500
  第二节　其他与合同关联的信赖之债　/525
  第三节　因权利滥用违反信赖之债的类型　/533
  第四节　与单方行为相关的信赖之债类型　/546
  第五节　与代理制度相关的信赖之债　/562
  第六节　与侵权关联密切的信赖之债　/576

第十三章　信赖之债的法律效力　/595
  第一节　信赖之债的构成要件　/595
  第二节　信赖之债的适用效力　/602
  第三节　信赖之债适用的其他问题　/613

第十四章　信赖之债不履行的法律后果　/618
  第一节　信赖之债不履行的赔偿范围　/618
  第二节　机会成本与纯粹经济损失　/623
  第三节　信赖之债不履行的法律责任　/629

导　　论

一

纵观债法发展历史，即使从德国形成抽象近现代债法概念时起算，一百多年已经过去了。在这期间，债的制度体系不断丰富与完善，无论立法还是司法一直都在平稳发展，甚至当德国在 2002 年完成了其债法现代化改造时，债的体系仍然保留着原来的面貌，并无大的改动。一切都显得波澜不惊，从容不迫。然而，本书却打破以往的寂静，提出了信赖之债这样具有宏观色彩的理论命题，似乎有些突兀，起码表面上看来，这与人们早已习惯的法律发展步调不相协调。人们对此提出种种疑问或者非议自然不可避免。现如今，债法早已形成了精密而完整的体系，制度与制度间不容发，对其进行任何改动均非轻易之举，需要有足够强大的社会驱动力和理论支撑。鉴于信赖之债理论明显有别于先前债法理论与制度方面局部改良的做法，其涉及债法指导思想的转变和结构的系统改造，可谓议题重大，意义非同小可。人们不禁要问，目前社会是否已经真正面临如此重大转变的历史时机了呢？

答案是肯定的。与表面上的平静形成鲜明对照，债法表面之下实际上暗潮涌动，改变的力量从未停止过蓄积，长期量变的能量累积已经接近质变的临界点。我们只要将观察的时间标尺放大到五十年或一百年，就可以清晰看到债法目前所面临的危机，并切身感受到债法变革大潮即将来临时的紧张气息。近现代债法已经运行了百年以上，自由价值一直起着主导作用，传统力量始终左右着债法方向。但是，随着 20 世纪以来法律社会化的浪潮汹涌，债的伦理化也随之演变为一股不可阻挡的洪流，诚实信用、公序良俗和禁止权利滥用等道德原则迅速法律化，其法律地位也在快速跃升,客观上已经达到了与债的相对性、契约自由及过错责任等传统原则分庭抗礼的水平。不过,尽管传统债法内部早已聚积了相当程度的结构性矛盾,但既有体系的坚固性却成为改革的巨大阻碍,目前阶段的债法尚难以真正做到与时俱进。

近现代债法危机主要表现为两大方面:一方面,债法既有体系出现了部分的结构性崩塌,制度层面暴露出了自身存在的明显漏洞。具体讲:首先,19世纪以来被奉为圭臬的债的相对性原则在整个20世纪遭遇到了一系列严重挑战,例如债权的物权化、第三人侵害债权、债权代位权与撤销权等制度的相继产生与发展,虽然尚未彻底颠覆债的相对性原则,但对该原则的溢出效应已经非常明显。这使得依据相对性原则而建立起来的债法体系有些名不副实。其次,作为债法核心内容的合同之债当中,原本为各国一体遵行的契约自由原则,在20世纪也接连不断遭遇到被突破的情形,强制缔约、法定附随义务、事实上的契约、附保护第三人作用的契约、缔约过失等制度逐渐被各国立法所接受,契约一度似乎已濒临死亡。同时,债法中地位仅次于合同的侵权之债同样未能幸免,传统的道德责任基础受到冲击,原本唯一适用的过错责任原则,在愈来愈多的情形下被无过错责任原则以及公平原则所取代;主观过错和事实上的因果关系被客观过错和法律上的因果关系所替代;积极侵害债权、产品责任、违反安全保障义务的责任等新责任类型层出不穷。上述变化的结果使新旧规则经常同时并行,法律适用则时常令人感到无所适从。另一方面,在19世纪曾屡试不爽的概念法学方法论,亦开始显现出对现实社会关系的明显不适应。具体表现为,要么对新的社会关系类型难以依传统指导原则进行妥善解释;要么当两种以上均具有正当性的社会关系发生冲突时,法律难以在两种关系之间作出合理取舍。这给法律适用造成了前所未有的困难,人们往往在依照逻辑推理办案和突破逻辑的法官造法之间举棋不定。面对债法的困局,人们不禁要追问:支撑债法的上述三大支柱究竟为什么均发生了动摇?债法未来究竟该向何处去?

二

任何宏大命题的背后,都隐藏着一个宏大的立意,而支撑起这一宏大立意的,却是更为宏大的社会历史背景。只有从如此的深度与广度出发,才能在面对困难的时候准确寻找到开启迷宫之门的钥匙。债法存在危机是不争的事实,但危机的成因却值得深入探讨。明显的一点是,危机并非来自债法自身,而是来自社会现实的改变。因此欲寻找问题的根源,关键之处在于,研究范围不能局限于法律本身,而要从更多维度和更宏观视角加以观察。19世纪和20世纪虽然同属市场经济社会,但这两个时期的社会特点却存在着微妙的差异。19世纪社会完全以个人自由为导向,自由被强化到无以复加的程度;而20世纪的社会导向客观上却潜移默化地转向了社会秩序,自由被施加了较多的限制性条件。这意味着,一百年来曾经维系债法基本原则的社会基础发生了相当程度的动摇,而这到头来自然会深刻影响到债法原则本身。细致观察社会现实,尽管能够发现债法自身缺陷之所在,但欲进一步深入探寻债法危机的真正原因,以及鉴别这些原因对债法既有体系所造成的影响程度,还必须从债法的现实背景入手。只有这样,才能对债法未来发展的宏观趋势作出清醒预判,也才能对债法的重新塑造进行微观定位。总之,我们需要对债法变革的重要性与紧迫性有充分认识,现在已经到了对债法重新进行整体性检讨的时候了。

为深入研究引发债法危机的根源,本书选取了经济、社会、伦理三个主要维度作为整体性检讨的起点,因为这三个维度不仅共同决定了债法的性质与时代特征,还决定了债法的具体内容与未来走向。只有深入探讨以上三个维度的演变历程,准确描绘出全新社会形态的基本样貌,才能合理解释债法结构矛盾发生的深层原因,并为化解危机、改进债法寻找到正确的切入点。可以说,这种本源性研究正是本书的一大特色。事实上,这种考察将成为引导我们认识债法未来发展的基础性因素。由此出发,本书开始并未重点阐述债法具体内容,而是着力于宏观问题的阐述,提出了如下基础性与方向性的问题:人类社会为何会存在相互间的信赖需求?该需求在不同社会阶段的表现方式和程度如何?未来社会是否会向信赖化的趋势发展?法律为满足这些需求和趋势应做哪些方向性调整?

经研究,本书形成了以下基本观察点:第一,当今市场经济社会的新特点,决定了社会经济关系正在从单纯个体化的竞争模式,转变为竞争+社会化协作的双轨模式。第二,市场经济的发展,导致了人际交往从传统的熟人社会转向陌生人社会,不过人与人的社会接触非但没有被削弱,反而大幅度增强。为适应陌生人之间高频度社会接触的情形,当今社会已经进入到一种人际相互依赖的关系状态,即从主观相互依赖向客观相互依赖的转变。第三,作为社会自发形成的行为规范——伦理道德,不论是交易伦理还是一般交往伦理,都呈现出全新特点,即从充分肯定单纯个人利己主义向适度利他并兼顾社会和谐的方向发展。第四,根据以上不同维度的论证结果,当今社会关系的一个突出特点就是,人们在日常交易与交往中形成了独立的信赖利益,并由此建立起了广泛的信赖关系。第五,上述信赖关系事实上已经成为债法全新的调整对象,而这在一定程度上也改变了债法未来的发展走向。可以说,人类历史上前所未有地开启了社会化时代的大门,市场经济也因此步入了人性化市场经济阶段,交易与交往过程中的信赖利益不断发展壮大并且日益受到社会关注。作为上述社会演变的结果,未来债法的成长重点也必将体现在债的信赖化方向之上。

通过多维度的历史脉络和发展路径分析,结论已经相当明显,即对每个人而言,其除了自由、独立、尊严等耳熟能详的基本社会需求之外,还并列存在着另一种合理且重要的现实需求,那就是信赖与被信赖的需求。这一需求就其本质而言是由人类的社会属性所决定的。早在我们的祖先尚处于猿人的时代,人们就过着群居的生活,从无数渺小的社群逐渐走向统一的庞大社会,这一脚步从未停歇过。社会就是多个个体相容并存的平台,如果社会成员之间缺乏相互信赖,该平台则根本无法建立和维持,我们自然也无法进化到今天的阶段。德国社会学家齐美尔曾指出:"信任是社会中最重要的综合力量之一。没有人们相互间享有的普遍信任,社会本身将瓦解。现代生活远比通常了解的更大程度上建立在对他人诚实的信任之上。"[①]作为印证,当今人际合作关系发展出了多种模式,以对他人相信的程度而言,依次可分为信任、信用及信赖。信任代表主观上的无条件相信,人们相互之间无需设防,主要发生在亲人与挚友之间,是农业社会及其之前人际关系的主流。信用是经过算计并有选择性的信任,常发生在陌生人之间,相信他人是经过仔细评估的结果,此时选择相信其实也就意味着甘冒风险。这是近现代商品经济社会人际关系的主流。信赖则是因合理的社会依赖而对他人的相信,其取决于人与人相互依存的关系状态,属于一种客观上的无条件相信。这种模式在当代社会逐渐开始

---

① 格奥尔格·西美尔:《货币哲学》,陈戎女等译,华夏出版社2002年版,页178以下。

成为主流。上述关系模式中,信用与信赖各自所占比重尤为关键,因为两者关系模式的此消彼长,直接反映出了当今社会的时代特点。

鉴于当今时代经济的社会化程度大幅提高,人们比以往任何时候都需要相互依存与信赖、协作与互助。一般而言,人们被信赖的需求较易实现,通过积累"可信度"可以获取良好的信用。例如一个人可以主动与他人缔结合同,并积极履约,使自己在约定范围内获得他人的信赖(信用)。由此,18、19世纪服务于商业信用的合同制度得到了空前巨大的发展。与之相反,实现信赖他人的需求则相对不易,因为很多信赖需求系基于客观原因发生而无法通过合同方式来实现。随着这种非经约定而形成的信赖需求越来越普遍,其合理性全面超越了传统自由与秩序关系的临界点,社会为该需求的实现提供某种强制性制度保障就成为一种必然选择。由此可见,社会关系中信用比重下降而信赖比重上升的现实,是当代信赖利益保护导向的直接诱因。起初,这种对信赖的制度保障仅体现为强制性较低的伦理规范和一般性社会习惯,后来则逐渐发展为强制性更高的法律规范。从这个意义上说,信赖之债正是为实现信赖社会合理需求所结出的法律硕果。

曾几何时,人们对自由的追求变得强烈起来,自由甚至一度成为人们唯一崇尚的价值,人们对自由的预期成为不能被触碰的红线。这是因为,在此前的封建时代,人际群体关系的连带性被过分强调,农民与地主、百姓与君主通过土地关系、宗法关系或宗教关系被牢固地捆绑在了一起,普通百姓成为群体中的底层,属于被剥削和被压迫的对象,人身依附、等级特权是这一群体关系的最显著特征。而这种群体关系定位又沦为了君主统治百姓的工具。因此,自由被认为是对封建禁锢的一种反动与突破,其积极意义明显。事实上,自由对社会进步的巨大促进作用也是有目共睹的。不过,过度的自由就如同过度禁锢一样会给社会带来严重的负面影响,如果在自由的道路上走得过远,社会这艘巨轮就会偏离航向。而此时,社会内部会自发地产生另一股巨大力量使航向回调。于是,就像近现代社会人们对自由形成的预期一样,当代社会人与人之间又出现了一种全新的所谓"信赖预期"。该预期演化为一种社会习惯而存在于积极信赖和消极信赖这两种信赖之间。当自己遇到困难时,可以指望别人帮自己一把;反过来当别人需要帮助时,自己出手相助也责无旁贷。这成为了当代与近现代社会最主要的区别之一。如果说19世纪的标签是独立与自由,那么20世纪以及之后的时代标签又增加了一个,即人与人之间的相互信赖。

三

新时代是新理论的孵化器。多维度基础性因素固然客观上决定了债法总体的社会化发展方向,但债法改造并非直接源于这些因素,事实上,上述基础性因素还需要转化为适当的新型社会理论和政治理论以作为实现上述改造的指导思想。这些理论转变包括:个人主义向共同体(社群)主义的转变;个人绝对意思自治向社会利益优先的转变;关注个人自由利益向关注社会信赖利益的转变;等等。上述转变的媒介意义重大,其不仅直接决定了当代社会人际交易与交往正义观念的转变,也在具体层面决定了债法的未来走向。基于此,本书研究的第二阶段,仍未直接面向债法本身,而是将触角延伸至社会、政治以及法理学领域。因为这些社会理论与政治理论的深层研究成果,必将会向表层传导,通过法理学而决定债法的最终定位。本书依托于不同的时代背景,从源头出发,依次考察了个人主义的概念、基本要素、个人主义权利观以及在此基础上形成的私法自治观念的来龙去脉、功能及社会意义;接着再以此为对照,继续考察了当代社会对个人主义的各种批判之声,并论证了个人主义债法的时代局限性。从而,为债法的现代化改造进行了必要铺垫。事实上,这种递进式论证极为重要,如果论证视野仅停留于债法层面,论述效果势必会流于表面化,这将无法为信赖之债的建立提供真正有力的理论支撑。

罗马不是一天建成的。今天的社会与政治理论成果是经过了几代思想家和理论家的不懈努力才辗转得以建立。本书通过介绍霍布斯、亚当·斯密、密尔、康德、狄骥、涂尔干、滕尼斯、克鲁泡特金、伯林、罗尔斯、阿玛蒂亚·森等人以及相应流派的理论,集中阐述了法律社会化转型的规律性以及渐变过程,并据此得出了如下结论:个人主义经过长期发展已经顶到了天花板,失去了继续向上的空间,在此基础上所形成的自由主义权利观,不仅一定程度上失去了发展活力,有时甚至变成了法律自身健康发展的羁绊。而以此为指导思想所建立的近现代债法,即使经过局部修正与调整,仍旧无法突破其历史局限。此时,超越既有框架,对债法重新进行理论定位并且深入加以改造,条件已经成熟。

伴随着社会理论与政治理论的进步,20世纪初,西方社会同步掀起了法律社会化浪潮,独立于个人利益的社会利益开始受到了重视,其在理论上的地位不断提升,各种以利益比较为导向的社会法理论此起彼伏,方兴未艾。当社会利益客观上达到与个人利益同等地位时,两种利益在法律保护的天平上便展开了激烈博弈,传统个人利益一家独大的局面不复存在,取而代之的是社会利益与个人利益回归一种动态平衡。法理学的上述趋势性转变,对债法发展产生了深远影响,其效果具体表现为债法对自由保护力度的下降和对信赖利益保护程度的提高。本书通过介绍耶林、黑克、埃利希、拉伦茨、庞德、富勒、卡多佐、科宾、吉尔莫、阿狄亚等人的观点,详细分析了法律随社会转型而引发调整的历史必然性,以及债法理论中信赖利益保护因素不断加强的原因之所在。纵观整个20世纪以来的债法发展历程,其始终是沿着信赖化方向发展。最终瓜熟蒂落,信赖之债应运而生。

另外,鉴于法律是社会正义的集中表现,本书还对近现代及当代各种社会正义观进行了比较分析,得出的结论是,自19世纪以来,正义标准经历了从绝对自由主义正义观到功利主义正义观、伦理人格主义正义观、福利主义正义观,再到社群主义正义观、马克思主义正义观的多次转变。尽管上述正义观仍处于重叠竞存的状态,但转变趋势特点鲜明,那就是正义标准逐渐向社会化转向,或者说是个人利益与社会利益的兼顾。而反映在债法当中,则是开始突出对信赖利益的保护。当然,正义观其实还遵从另一规则,即正义分为终极正义和阶段性正义,而阶段性正义观作为历史范畴,一定会反映出其所处历史阶段的时代特征。随着社会的转型,正义标准亦会发生相应转变。尽管上述正义观大多自我标榜为终极正义观,但其实却具有时代局限性,属于某种阶段性正义观。从这个意义上说,法律所体现的具体正义标准从来不会超出其所处的历史时代,而信赖之债恰恰正反映出了个人利益与社会利益兼顾时代的正义发展走势。

尽管前述社会法理论家们或受限于其所处时代的观念,或因背负较沉重的历史包袱,尚未能全面完成法律与时俱进的历史使命,但他们的观点表达却可以汇集成为一股理论洪流,那就是坚定不移地强化社会信赖利益保护。基于此,20世纪民法原则最为重要的修正莫过于增加了诚实信用原则、公序良俗原则以及权利滥用禁止原则。这些原则与自由、平等、尊严等原则相并列而存在,并在理论层面构成了两大观念体系之间的平衡。尽管学界目前对这两大观念的对立统一机制尚缺乏深入研究,但不可否认,上述社会法理论作为法律前进过程中的阶段性成果,其中所蕴含的思维脉络和思想火花均极为宝贵,精神价值无与伦比,为后来学者们进行信赖保护理论研究作出了极为重要的铺垫。信赖之债理论正是上述法律社会化理论体系在债法领域中的一种完美展现。

应该看到,强化债法信赖保护观念并非意味着彻底否定自由与独立等既有价值观,而仅仅是对其作出必要的限制,以防止过度自由化所带来的负面社会效果。事实上,我们认为的理想模式是,尽量克服自由与合作的对立性,强化两者的统一性,将两者完美组合,使之成为社会这架巨型客机对称的两个引擎,共同为社会进步提供驱动力,因为只有平衡发力才能行稳致远。从这个意义上讲,信赖之债并非原有合同之债与侵权之债的替代物,而是要真正融入原有债法体系当中,通过螺旋式发展,使债法提升至更高层次。

四

通过以上分析可知,法理学正是以现实生活中丰富多彩的债法实践为其成长的沃土,反过来,法理的最新研究成果又为债法未来指明了进步方向。当我们解决了信赖利益保护的法理依据之后,下一步自然就是回归到债法层面,而此时需要研究的具体课题是,除了合同法(最高信赖)和侵权法(最低信赖)以外,债法层面还有哪些制度可以保障社会信赖的实现?为什么说信赖之债是整个信赖利益保护制度中不可或缺的重要一环?如何通过建立信赖之债制度体系来具体完善社会信赖保护机制?这意味着研究重点将从宏观重新回到微观。如果说对债法基础因素及法理层面的宏观探讨,是直接服务于债法改造的顶层设计,那么其最终目的仍然是为微观层面债法制度环节的改造打下坚实基础。

本书的后两部分将研究视角从宏观转换到微观,通过将两种视角叠加,对债法重新进行定位,并且对未来新制度架构、构成要件、具体内容以及适用效力等诸多问题展开深入系统研究。受到多维客观基础因素和社会化思潮的影响,债法乃至民法理论均需要进行重要调整。这首先表现在指导原则方面,例如诚实信用原则、公序良俗原则、权利滥用禁止原则的地位在民法中不仅得到确立,而且得到了大幅度提升。这对债法产生了意义深远的影响,最典型的就是债法信赖保护原则得到广泛认同与践行。人们开始接受从社会信赖视角考察人际交易与交往关系,而债法对社会信赖关系提供保护也逐渐成为一种常态。债的种类虽然各异,但从同一层面讲,可被视为不同程度的信赖关系,如果沿着信赖路径,债法研究的宏观视角与微观视角将会得到有机结合。传统意义上,信赖根据其程度不同主要表现为消极信赖(一般信赖)与积极信赖(合同信赖),债法对不同程度的信赖采取不同的保护手段,前者可归结为侵权之债,后者可归结为合同之债。因此,传统债法中,合同之债＋侵权之债二元结构的法律手段已经涵盖了几乎全部人际交易与交往中的信赖关系。然而本书认为:特定当事人之间基于交易或交往而形成的信赖关系并不局限于上述两种,在这两者之间,其实还存在着广泛的信赖利益关系,只不过基于自由的考量,这种关系曾长期游离于债法调整范围之外,而实际处于当事人自担风险的状态。当今社会,位于一般信赖与合同信赖之间的这些"被遗忘了的"信赖关系,已经具备了被纳入法律保护范围的条件,因为当前人际关系已不再是孤立个体之间的关系形态,而是汇集于社会系统内的个体关系形态,表现为个体因素与社会因素的叠加。在理想社会状态下,信赖他人的意义已不再是自担风险的个人主观选择,而成为了以增加社会润滑、降低社会成本为目的的客观性社会选择。社会信赖与另外两种信赖一样,需要得到债法的一体化保护。

应该说,为顺应社会信赖利益的保护需求,近一百年来各国债法在此方面曾作出过诸多努力,也取得了一定成效,然而仅从微观意义上入手的小修小补,显然难以满足时代发展的需要。囿于传统债法理论的束缚,人们曾长期忽视积极注意义务在债法中的快速成长性,在遇到问题时,仍寄希望于在不触动原有债法逻辑结构完整性的前提下,来完成对传统理论的自洽性修补和局部改良。具体做法是,通过法律解释方法,要么扩大合同覆盖范围,将信赖利益保护归于合同法;要么扩大侵权法覆盖范围,将信赖利益作为侵权法保护对象。现在看来这其实都是舍本逐末。由于缺乏顶层设计,在法教义学或法解释学之下,债法客观上长期处于一种自相矛盾且自我封闭的状态,即使将法律解释的功能发挥到极致,仍无法化解债法的以下固有矛盾:在债的相对性原则下,符合该原则与背离该原则的制度并存;在契约自由原则下,自由与不自由的契约并存;在过错责任原则下,过错责任与无过错责任并存。与此同时,法律在操作层面也始终处于割裂状态,散乱无序,有时相互冲突,有时又相互重叠,缺乏统一性和连贯性,债法适用效率每况愈下。事实证明,上述这一切恰恰是因为对债法欠缺宏观观察以及缺乏体系化改造的气魄使然。而现实是,社会实践早已走在了理论研究与立法的前面,时代的进步正呼唤着债法信赖化理论的整体创新。

由此可以得出结论,对信赖利益的独立价值予以确认并提供统一法律保护,恰恰是当代债法进步的最突出表现。这种系统的债法信赖保护机制,本书将其命名为信赖之债。换言之,未来债法将以加强对交易与交往关系中的信赖保护力度为规范导向,具体表现就是除合同、侵权、不当得利及无因管理以外,在债法中增加一个与之并列的信赖之债,并最终形成完整信赖保护的债法体系。如果说 19 世纪的近现代债法是以自由为导向而形成的二元结构信赖保护体系,那么当代债法则演变为由合同之债、侵权之债以及信赖之债共同构成的三元结构信赖保护体系(不当得利和无因管理因内容较少而可以忽略)。从二元发展为三元,债法对信赖利益保护不仅更重视也更周延了。最低信赖、社会信赖及合同信赖,债法形成了由低到高的信赖保护法律谱系。

建立起信赖之债的法律概念,不仅能够大幅加强债法信赖保护的力度,还能够使债法体系完整性得以提高。社会关系的进步导致了债法体系部分崩塌,而通过增加信赖之债,债法又重新回归了系统化,本书称其为债法的解构与重构。从某种意义上说,解构是一种社会自发现象,是体系自身形成的拆分与裂解,不以人的主观意志为转移。然而,重构则需要人的意志的主动介入。信赖之债正是在因解构而崩塌的旧有废墟之上,重新构建起适合于新时代的体系架构。如果我们将债法体系区分为内在体系(价值体系)与外在体系(逻辑体系),就会发现,前者对后者起决定性作用,任何内在体系的崩塌必然会影响到外在体系的完整性,而当我们重构了内在体系之后,才谈得上外在体系的修复问题。因此信赖之债的意义还在于,其不仅重构了债法的内在体系,而且使债法的外在体系获得了重新修缮,债法的各项制度不必再承载过多职责或职责含混不清,从而得以回归其本位。毫无疑问,在此基础上重新实现的系统化,对债法实施的范围、精准度、统一性以及效率,都具有极为重要的现实意义。

五

欲实现债法研究的现代化,还有几个重要的方面不能遗漏,第一是前面已经提到的"跨界"研究;第二是债法方法论的改造;第三是信赖之债会否引发有人担心的泛信赖化问题;最后一个则是信赖之债如何从中国传统文化中汲取必要的养分。

关于第一个方面,如前所述,本书一个显著特征是并未将论述重点仅局限于债法本身,而是将笔触穿越债法,延伸到了法理乃至于法律以外的诸多领域。在有些人看来,作为债法专著,这些篇幅却与债法关系较远,似有赘述之嫌。其实这是一种误解,以超越债法本身的方式研究债法问题,自有其不得已的初衷。长期以来,民法立基于近现代经济、社会、伦理之上,总体秉持自由主义的正义观,个人主义的真理性长期不容置疑,这导致债法从原则、制度到具体法律适用,自然都无法摆脱上述宏观因素的束缚。尽管那些直接面对社会矛盾的法官们,早已深切感受到了债法的危机,但其所能采取的唯一对策,却仅仅是拼命对法律概念进行扩张解释,以缓解危机给债法带来的破坏力。正是这种保守的观念与分工过分专业化所带来的羁绊,使我们习惯于仅在理论前辈所给定的原则范围内思考法律问题,不敢越雷池一步。任何以宏观经济、社会、政治乃至伦理视角考察当代社会法律的做法,均被视为已超出了其专业范围,更遑论将这些观念纳入债法的制度判断与解决层面了。这其实恰恰也是债法危机长期无法得到化解的原因之一。

必须看到,信赖之债涉及债法理论的创新,不同于以往就事论事地研究某项具体制度,只有不惜笔墨深入到背后更为基础的理论层面,从源头去探寻社会发展脉络与方向的规律性,才能为信赖之债找到立论依据。相反,如果仅停留在债法层面,将永远无法获得正确答案。随着百年来人类社会化程度的整体提高,法律社会化思潮方兴未艾,而债法迈向信赖化不过是顺应这股历史潮流所引发的必然结果。只有当我们能够从宏观层面认识到这一点,关于信赖之债的阐述才能真正水到渠成。信赖之债不是凭空产生的,而是从经济、社会、伦理等基础因素出发向下传导,经过宏观社会理论与正义观,再经过社会法基本原理和诚实信用等基本原则,最终结果才是建立起崭新的信赖之债体系。这一过程可以归纳为:社会背景——新的社会观念——社会法理论——信赖保护原则——信赖之债理论。总之，打破常规，追根溯源，抽丝剥茧，引经据典，从宏观视角出发，一步步回归微观研究成果的"跨界"思路，是唯一能够全面阐释信赖之债合理性的思路。当然，本书也充分考虑到背景原因及宏观理论与债法之间应当具有的关联性，出于方便理解之需，每当在必要的宏观论述之后，均会着重阐述其对债法的现实影响以及对未来债法信赖化的导向作用。

关于第二个方面，传统债法之所以长期只将微观问题作为关注重点，一个重要原因是学界普遍习惯于采用概念法学方法论。概念法学天生是一种仅适用于微观研究的理论工具，其所依据的基础性法理、原则与法律概念均被视为永恒的真理，高高在上，不容置疑。在此大前提下，立法者、法官以及学者的任务只是运用逻辑推理来搭建法律与实务之间的桥梁。这种机械的法学方法论在长期稳定的社会环境下固然可以发挥其简便易行的优势，不过，一旦作为推理前提的概念以及概念形成的社会基础发生了调整，概念法学立即部分地丧失了正当性。19世纪曾经盛极一时的概念法学到20世纪之后正是因此而不断遭受诟病，以至于逐渐失去或即将失去主流方法论的地位。此时，作为上述方法论的有效替代理论——价值分析方法论被提上议事日程。价值法学不再拘泥于概念的逻辑推导，而是从债法规范对象的整体社会价值入手，宏观判断制度的必要性与妥当性，并最终得出确定性结论。鉴于本书采取从宏观分析入手逐渐过渡到微观分析的研究方法，因而必然会直面微观层面新老观点之间的冲突，一些传统观点虽然客观上已经不符合当前社会需求，但其却仍旧获得了债的相对性或契约自由等原则的逻辑支撑。要想打破逻辑藩篱，深入问题实质，得出正确结论，需要树立起价值判断优先于逻辑判断的法律观念。社会是不断变化的，概念法学式的逻辑判断经常是机械理解法律原则，缺乏应变能力，往往会沦为对法律原则的盲从，而正确的价值判断则会主动顺应社会发展大势，能动地体现出当代社会的正义要求。

信赖之债是在原有债法体系中生长出的新型法律关系及法律制度，具有社会合理性，虽然其系统化尚需时日，但体系的建立却已经初露端倪，本书的另一价值则是为信赖之债系统化贡献绵薄之力。不可否认，信赖之债与传统债法从指导思想到体系、内容均存在着诸多不协调，将其融入债法既有体系当中，难度之大可想而知。也正因为如此，建立价值法学方法论的意义更显重大。新方法论可以最大限度地克服概念法学的弊端,且不排斥逻辑判断,还可以与逻辑分析方法形成互补,通过价值判断与逻辑判断相结合,达到个人自由与社会系统之间的良好互动,形成信赖之债与合同之债、侵权之债之间的妥善协调。由此更进一步,本书还从实务角度对信赖之债进行了较为详尽的类型化研究,将信赖之债归纳为若干具体类型,并将这些原本被归类为合同法或者侵权法的制度,依照其本质属性划归信赖之债并加以阐述。

需要指出,建立信赖之债制度的目的绝非为了推翻现有债法体系,而恰恰是要进一步完善该体系。具体做法是通过将信赖之债制度整合到债法既有体系当中,从而使债法无论在制度安排层面还是方法论层面均能反映出当今社会的时代特色。如果将观察视野进一步放大,我们就会发现,社会联系的紧密性正是当今最突出的时代特色,而其反映在法律中就是在可预见的将来,法律对信赖利益保护的趋势只会加强而不会削弱。

关于第三个方面,不少有识之士虽然也看到了当代强化信赖保护的发展大势,但他们却担心信赖概念过于宽泛,以此为中心建立债的保护制度和责任追究制度,会出现"泛信赖化倾向",使其成为无所不包的"万金油",从而破坏法律的可预见性。对于信赖之债会否侵蚀合同之债或侵权之债领地的问题,的确难以简单予以回答,但从根本上说,该问题并非不能解决。关键在于提高认识层级,从宏观研究入手,再携宏观分析结果回归到微观层面,以实现认识上的突破。为此,本书不仅从概念上区分了信任、信用和信赖等不同层级的人际关系,而且还进一步在债法层面建立了从一般信赖到社会信赖再到合同信赖的完整信赖谱系,并以此为基点,深入细致地探讨了各级别信赖利益的共性与个性,最终得出在制度层面具体划分合同、侵权和信赖之债的界线完全可行的结论。同时,本书不仅在具体厘清上述关系方面付出了诸多努力,也正面回应了人们对信赖之债制度建立的各种疑虑。至于法律的可预见性问题,同样须从长远观点来看待,任何新旧制度交替都会存在一个"阵痛期",不适应是暂时的,如同从封建主义向资本主义时代的更替期间一样,人们也曾经历过对自由、平等与个人主义的严重不适应,当前对社会信赖的认识需要一定适应期亦完全可以理解。随着信赖社会逐渐走向成熟,普通民众的心目中自然会建立起对信赖之债崭新的制度预期。

关于最后一个方面,对于信赖之债的建立而言,中国传统文化不能不说是一个思想宝库。中国文化中向来强调以宏观视角观察社会,以平衡理念综合看待社会关系。例如,一个贯穿历史的伦理观念就是"仁"的思想。所谓"仁"专指仁慈、仁爱、仁义、仁厚等等。作为一种精神境界,其强调人与人之间的相互友爱、帮助与同情。与西方近现代社会倡导"以人为本"的个人主义理念不同,中国强调"民为邦本",更重视民众的整体性。除了与人为善、扶危济困、和衷共济等微观人际关系理念之外,中国古代还进一步形成了睦邻友好、怀柔远人、协和万邦等较高层级社会和谐的整体理念,并在此基础上发展出兼济天下、世界大同等更为高远的社会正义观。尽管这些文化符号曾带有强烈的封建整体主义色彩,但不可否认,其与当今时代的社会化潮流却具有相当的契合度。古为今用,只要恰当加以扬弃,这无疑会有利于信赖之债理论在我国的推行。正如文艺复兴绝非简单回归到古希腊罗马时代,而只是将其作为进一步解放思想的媒介一样,中国历史上的这些早已深入骨髓的民族文化基因,只要利用得当,同样可以在当今社会进步过程中大放异彩。

有鉴于此,在我国法律文化的发展中,人们更容易接受个人、社会、国家三者关系平衡的合理定位,而较少背负西方社会个人主义绝对化的包袱,信赖之债的观念自然更容易为当今社会所接受。如果债法乃至于民法都能准确把握这一社会心理特点,将建立一整套信赖利益保护法律体系作为今后民法发展的核心目标之一。我们完全可以利用后发优势,独树一帜,在民事立法方面实现弯道超车,真正建立起在世界范围内引领时代潮流的民法典。

综上所述,法律社会化的历史车轮滚滚向前,不可阻挡。我们必须顺势而为,在自由、独立等社会价值观之下,将"信赖"这一合作因素与"债"这一曾经的自由因素无缝对接,使之水乳交融,通过价值法学与概念法学的有机结合,完成对新时代债法的构建。我们有理由相信,在这一新体系之下,债法未来将会充分发挥出调整社会关系的巨大能量。

我们深切懂得,理论研究是一个逐次提高的长期过程,每前进一步均要付出艰辛努力。不过也应看到,法律发展具有"台阶"属性,一点突破,往往可以带动全局登上新的台阶。信赖之债其实不仅对债法本身发展具有明确的导向性,其在民法的其他领域也具有良好的传导性,包括物权、知识产权、人身权领域,由于社会背景同样决定了在其他领域广泛存在着对信赖利益保护的客观需要,因此本书研究成果也会对民法其他领域的相关研究起到某种示范效应。随着研究的不断深化,我们完全可以对民法信赖利益保护制度的整体发展充满信心。信赖之债相对于未来覆盖民法全领域的信赖保护研究而言,只不过是全新"武功"套路中的起手式而已。

第一部分
基础篇:信赖之债的基础性因素

第一章 信赖之债产生的经济因素

第一节 经济因素对债法的本质影响

法律虽然是由立法者制定的,但真正的立法者却是隐藏在其背后的那些左右法律内容与产生时点的社会因素。与其说法律是立法者的主观意志,还不如说立法者的意志是受决定法律走向的各种客观因素的引导而作出的综合性反映。尽管经常有各个时代的学者在学术自由的旗号下提出各自看似随意的观点与主张,但那其实绝非学者们的随心所欲或异想天开,而是在承载了其所处时代的社会价值后的产物。对债法的研究亦如此,有什么样的社会需求,就会有什么样的债法模式与内容,这一点早已为千百年来债法的发展历程所证实。影响债法的因素多种多样,如经济、政治、社会传统、文化、伦理、宗教,等等。债法其实从来不是由某个单一因素影响的结果,而是源自各种因素的复合作用,但如果在这些因素中作出作用次序区分,毋庸置疑,经济因素当属最基本的社会因素。

一、经济社会与人文社会

从最宏观视角来看待人类社会,可以将其划分为两个发展阶段:第一个阶段是重视物质的阶段,称为物质社会或者经济社会;第二个阶段是重视精神的阶段,称为精神社会或者人文社会。

物质社会是指以追求财富为核心目的的社会。在该社会中,从单一个体到社会整体,均以获得并拥有更多财富为首要目标,而且社会形态也是以经济关系的基本属性不同作为迭代更替的标志,例如原始社会本质上是指个人没有私有财产的社会,亦称为原始共产主义;奴隶社会是以对奴隶的所有作为财富基本象征的社会;封建社会是以土地所有作为财富基本标志的社会;资本主义社会中对资本的占有构成了该社会的基本属性;社会主义社会,虽然名称上未直接与财富挂钩,但众所周知,社会主义的基本特征是生产资料以公有制为主导的社会;即使是当代人理想中未来的社会形态——共产主义社会,依然未脱离将财产所有形式作为划代标志。从人类社会的初期直到当下,经济关系始终在人类各种社会关系中处于核心地位。之所以如此,源自人类的生存需要,人类的生存与繁衍必备的首要条件就是衣食住行这样的物质保障,为了生存与延续,人类从最初对果实、猎物的占有以及对防风避寒山洞的占有,发展到后来对牲畜、房屋、土地乃至资本的占有都出于这样的目的,只不过层次不同而已。如果说早期人类为的是获得基本生存条件,那么现代人类则为的是获得更为理想的生存条件。人类生存条件的改善是从温饱到小康,再到富裕的过程。可以说,人类从古至今的第一要务就是为生存和生存的改善而奋斗。这种说法的另一种表述就是社会以追求财富或经济利益为首要目标(这里并未涉及财富的分配,分配公平与否是第二层次的问题)。现在的问题是,人类是否会在追求财富的道路上永无休止地奔跑下去?要说明这个问题,必须看到一点,那就是人类之所以要持续不断地追求和积累财富,其根本原因是社会财富匮乏的现实以及对财富匮乏的恐惧。人类的这种心理状态,不仅是一种现实感受,也是祖祖辈辈世代相传的经验积累。到目前为止,世上鲜有人对自己的财富拥有状态已经完全满足,或者不担心已经拥有的财富减少或流失。正是这种物质欲求使人类形成了一切创造物质财富的初始动机,这种动机又进而演变成了经济建设和发展社会生产力的源动力。由此推论,当社会物质财富积累到这种程度——足以使人类不再感到财富匮乏并且不再担忧财富匮乏之时,人类的物质欲求就会不再膨胀甚至会有所降低。到那时,物质社会将会走到尽头,人类会进入到一个崭新的更高层次的社会中。当然,支撑这样的社会,需要比当前社会总财富高出千百倍的巨额财富作为基础,这个目标还需要经过许多代人的持续努力才能实现。不过,鉴于人类科技发展突飞猛进,社会财富正在以几何级数不断增长,这种愿景终有变成现实的一天。可以得出这样的结论:人类未来虽然不会放弃对财富的追求,但到将来的某个阶段,物质追求会降格为第二层级的社会需求。

精神社会或称人文社会是取代物质社会的人类社会第二阶段,亦可认为是人类社会发展的高级阶段。该阶段的社会首要目标已经转移,人类整体上将关注重点转向人文方向,文化、教育、体育、文学、艺术、音乐、科学研究、品德修养等领域的社会地位与作用将全面超越经济因素而上升为社会首要目标。这样的时代虽然尚未成为现实，但无疑将会是较经济社会更为理想的社会状态。在那样的社会中，虽然人们仍然存在着现代人类所无法企及的高水平物质需求，但由于异常强大的社会生产力能够提供充分供给，所以人们完全没有担心物质生活水平下降的远虑与近忧。这注定会使人们放弃膨胀的物质欲求而转向精神方面的完善与发展。换言之，从回顾人类两百万年生存史的视角转过头来，放眼人类更为长远的未来，相较于人类精神追求的无限性而言，人类的物质欲求则是有限和易于满足的。当然，可能有人会质疑上述观点过于乐观或者过于简单粗糙，本书对此不予否认，毕竟本书是法学著作而非哲学著作，对如此宏大的议题难以精细论证，而且人文社会毕竟尚停留在人们的想象之中，人们对此社会并无任何感性知识。但这无关宏旨，本书在此只是想严肃地提出这样的问题：每个人一生都在为维持生计而奔波，为了在交易中获利而绞尽脑汁，为了扩大自己的财富总量而纵横捭阖。一句话，社会将每个人都塑造成为"经济人"，这难道就是人类社会的最高理想境界吗？难道一个重视精神文明的人文社会不比一个停留在物质文明阶段的经济社会更进步、更理想吗？勇于进取、不惧艰险而不断探索的人类，难道会永远徘徊于相对较低层次的经济社会，而不跨入到更高层次的人文社会吗？

  需要指出的是，对人文社会与经济社会作出区分，目的其实是为了便于认识当前经济社会的时代特点。强调当代社会的经济社会属性，是仅就社会本质而言，并非排斥社会中各种人文因素的存在，经济因素与人文因素从来都是复合作用于社会的，缺少人文因素的社会既不合理也不现实。事实上，随着社会的不断发展，人文因素在社会中所起的作用正在不断增加，当累积到足够的能量后会引发质变。也就是说，经济社会的时代特点决定了人文因素尚处于积累过程中，相对而言其仅居于次要地位，人文因素在目前阶段无论如何都无法超过物质利益对于人类发展的现实意义。因此，本书虽然认同人文因素对法律的影响力在持续增强的观点，也同意应该保持这种强化趋势，但坚持认为，任何脱离当前经济社会的现实而过分强调人文因素对法律决定意义的观点，都是超越社会历史发展阶段的，因而并不足取。

二、市场经济与债的关系

当今社会关系的核心当属经济关系，而经济关系对债法的形成与发展必然构成本质影响，该影响全方位体现在债的性质、内容以及表现形态等各个方面。那么这种影响是如何实现的呢？民法学界对债公认的定义为：债是特定当事人之间的特定给付行为。从这一定义中似乎难以直接寻找到以上问题的答案，原因在于这个定义仅仅是从法律角度而并非经济关系角度作出的，为说明两者关系，有必要从以下方面进一步阐述。

首先，经济关系在民法中又被称为财产关系。众所周知，财产关系可以分为两部分，分别是财产占有关系与财产流转关系，根据民法的内部分工，物权法负责调整财产占有关系，财产流转关系由债法负责调整。民法中的财产流转专指财产在平等主体之间按等价交换原则进行的流转，其实这种财产流转就是指商品交换。可以说，债法所调整的经济关系是一定社会条件下的商品交换关系，债法是市场经济社会的产物，是商品交换关系在法律上的反映。如果我们从经济关系角度给债下一个定义的话，可以作如下表述：债是一切商品交换关系的法律表达或法律概括。

其次，从债的各项具体内容看也确实如此。以买卖合同为代表的各种民事合同属于当事人自愿进行的商品交换，这毋庸置疑，因而应被纳入债的范畴。侵权行为表面上似乎不是商品交换，但究其实质，我们不难发现，侵权导致的法律后果是赔偿，而赔偿遵循的正是等价交换的原则，因此其属于间接商品交换，同样可以归入债的范畴。无因管理属于无法律及合同依据替他人管理事务的行为。这表面也与自愿的商品交换相矛盾，但法律之所以规定本人有给付管理费用之义务，乃基于本人应对其受益支付必要的对价，换言之，法律将其视为由偶然的事实行为引起的特殊的商品交换关系。不当得利是指没有法律上的原因，使自己获益而使他人受损的法律事实。法律后果是利得受领人应返还其所受之利益。其经济原理在于，这里的财产转移违反了等价有偿的商品交换原则，故法律要求利益的返还。所以不当得利之债不过是对违背等价原则的商品交换行为的一种矫正，并借以维护商品交换的纯洁性而已。总之，当我们对商品交换关系作广义理解而不狭隘拘泥于自愿主动的交换时，上述行为皆可以纳入商品交换关系而成为债法调整对象。

由此可以得出如下结论:之所以债的表现形式各不相同却具有相同的本质,皆因为它们直接或间接地反映了商品交换的本质属性,债法时刻保持着与社会经济关系的紧密贴合。从这个意义上讲,凡是以商品交换形式(不论直接或间接)所进行的财产转移,其被翻译为法律术语,就是债。

然而,欲确立上述论点还有一些疑惑需要澄清。第一个是无偿合同问题。债法以有偿合同为主,但其中却也点缀着若干无偿合同,以致存在有偿合同与无偿合同的分类。无偿合同既然不符合商品交换的等价原则,为什么却可以被纳入债的范畴呢?原因在于,债是一个相当宽泛的概念,其反映了商品交换的本质,但这并不等于说,每一个具体的债必须以等价交换的面目出现。等价交换是原则,然而现实中不等价交换甚至无偿交换亦可能存在,且不违反债的本质要求,因为当交换中掺入了人的意志之后,对价的获得乃成为了当事人一方的权利,而权利是可以放弃的。可以这样理解:无偿合同实质上是有偿合同的一方当事人放弃报酬获取权利的结果,换言之,当卖方在订约时即向对方明示其将放弃价金请求权,这时形成的不再是买卖合同而成立了赠与合同。同理,借贷债权人放弃了利息请求权时,有偿的借贷合同变成了无偿的借贷合同;仓储保管合同变成了无偿保管合同;有偿委托合同变成了无偿委托合同,等等。对此,法国著名学者涂尔干在讨论到契约的协作属性时就曾一针见血地指出:"请问,馈赠难道不是一种没有相互义务关系的交换吗?因此,这种类型的契约只不过是具有真正协作关系的契约的一个变种。"[①]可见,合同的有偿或无偿取决于当事人的意志,却不能以此改变法律关系的基本性质。

第二个问题是如何理解侵权责任中的精神损害赔偿与惩罚性赔偿。所谓精神损害赔偿是指致害人侵害他人人格权(如生命健康、名誉、隐私等)而对受害人的精神痛苦应依法予以赔偿的制度。惩罚性赔偿是指某些侵权行为中,当致害人故意造成他人恶性损害时,为加强吓阻效果,而由致害人除依法承担给受害人造成的实际损害以外,再额外承担一定赔偿金额的制度。这两个制度似乎均未遵守债法的商品交换原则,因为其

[①] 埃米尔·涂尔干:《社会分工论》,渠东译,生活·读书·新知三联书店2000年版,页85。

中致害人的赔偿并不以给受害人造成的实际损害为标准。尽管上述制度确实未能遵循等价交换原则，但其并未超出债法规范的范围，理由是，从立法目的来看，精神损害就其本质而言与物质赔偿并无关联，因为精神损害只能用精神的方法加以弥补（有时精神损害即使用精神的方法也是无法弥补的，更不用说用物质弥补了），之所以法律规定在某些情况下允许以一定的物质赔偿手段来弥补精神的损害，主要原因还在于社会的市场经济属性，在当前这样一个高度商品化的社会中，几乎一切事物（包括精神因素）都或多或少地被打上商品烙印，精神损害赔偿正是这种精神有限商品化在法律上的客观反映。换言之，精神损害赔偿虽然不存在等价交换，但法律恰恰将一个本不属于商品交换的关系"勉强地"纳入债法中来，赋予其有限度的商品属性。为了与典型的商品交换相区别，学界往往将这种赔偿称为补偿金或抚慰金。至于惩罚性赔偿，其与精神损害赔偿的立法目的正好相反，它是将本属于典型商品交换的损害赔偿故意扭曲，使债务人承担的赔偿远高于给对方造成的实际损害。之所以如此，是基于对法律职能的其他考量。法律本身具有多重职能，如鼓励职能、惩罚职能、指导职能、威慑职能、赔偿职能等等，在一般侵权损害中，致害人的赔偿数额应根据受害人的损害数额来确定，也就是说，在此法律起决定作用的职能是赔偿职能，但惩罚性赔偿制度显然除了赔偿职能以外还强调了法律的威慑职能（阻吓职能）和惩罚职能，其目的是通过对赔偿额的放大，借以矫正某种恶意侵权行为。如果对此尚有疑问，不妨翻开古罗马的《十二铜表法》，其中"罚金之诉"赫然在列，而且规定多达十多处。罚金一般比照受害人实际损失的一倍到四倍来计算。与现代法律普遍做法不同的是，此罚金并非上缴国家，而是依民事诉讼程序向受害人为给付。这可以视为现代惩罚性赔偿的前身。现在看来，这种做法是当时社会条件下落后的法律对策，对于促进商品社会发展有阻碍作用。随着罗马法中公法与私法划分的出现，以及市场交易水平的提高，这样的规定在后来的法律中逐渐销声匿迹，法律对受害人的损失转向了等价赔偿，这无疑是法律的进步。目前法律重新拾回惩罚性赔偿，绝非欲回到过去时代，唯一合理的解释是该做法并非针对社会的一般需求，而是对恶性损害他人与社会利益的那些特殊侵害行为的非常规因应策略，带有明显矫枉过正的色彩，其目的是为了尽快恢复商品交换秩序。总之，鉴于法律的上述几种职能同时体现，发生复合作用，实践中没有必要将体现等价的赔偿数额（赔偿职能)与超出部分的赔偿数额(威慑与惩罚职能)分开处理;同时鉴于惩罚性赔偿在侵权损害中仅属个别现象,占主导地位的仍属于等价损害赔偿,故将其作为特例列入债法尚属得当。

第三个问题是侵害人格权的法律后果问题。侵害人格权的法律后果常常并非金钱赔偿,而是诸如停止侵害、恢复名誉、消除影响、赔礼道歉等,债法对此能否予以概括?很多学者均给予了否定的答案,代表性理由是:"如果把恢复名誉作为侵权行为之债的组成部分,则与债的结构的内在统一性相矛盾,很难说恢复名誉是损害赔偿之债。"[1]的确,侵害人格权导致的上述请求权,属于精神层面的请求权,逻辑上债法无法将其容纳其中,这一点从债权被定义为财产权就一目了然。然而,在综合考量正反诸多因素后,将这几种请求权归入债法亦属可行,原因在于,侵权行为引起的绝大部分损害皆为财产损害,其法律后果自然是财产赔偿,即使因侵害人格权所引起的财产性赔偿也完全适用债的一般原则,而真正与原有债权理论格格不入的仅仅是其中侵害人格权所引起的非赔偿性法律后果,这部分在侵权损害之债中占比很小,在将这几种请求权与比重绝对占优的赔偿请求权统一适用实益颇多的情形下,为迁就这一小部分关系的逻辑性而破坏损害赔偿之债的整体性得不偿失。同时应该看到,从操作层面将上述内容纳入债法亦无不妥,因为上述几种请求权完全符合特定当事人之间的特定给付行为的债的定义,根本无需调整。其实,如果考察一下域外法律,即使在普遍强调保护人格损害请求权的今天,上述问题在债法池水中也未荡起微小涟漪,各国原有立法依然能够自如地适应这种社会变化,这固然与他们在理论上并不过多探讨债背后的商品交易本质、而将债定义为"一方向他方的特定给付"有关[2],不过,上述人格侵害引起的请求权确实并未对债权体系造成实质性冲击亦属不容忽视的因素。

三、经济因素决定债未来的走向

在明确了商品交换关系对债法的绝对影响力之后,接下来的问题自

---

[1] 魏振瀛:《论民法典中的民事责任体系——我国民法典应建立新的民事责任体系》,载《中外法学》2001年第3期;《论请求权的性质与体系——未来我国民法典中的请求权》,载《中外法学》2003年第4期。

[2] 因为赔礼道歉、恢复名誉、消除影响等行为在逻辑上也符合关于债是特定人之间的特定给付的定义。

然就是，随着市场经济的不断发展，未来的市场会将债法引向何方？研究这个问题正是本书的主旨，在以下各章节中将会全面展开讨论。这里先简单提出一个基本观点，本书认为，未来尽管本质上毫无疑问仍属于市场经济社会，但与传统单纯的个体化社会特征不同的是，未来人与人之间相互信赖、互助合作将会逐渐成为经济关系的主流，社会整体利益的重要性将比肩于个人利益，甚至超过个人利益。在此背景下，法律的重点将会从无条件保护个人利益开始向重视社会利益保护转向，债法也会以同时兼顾上述两种利益为目标。总之，较之传统债法，未来的债法会更倾向于强化人际交易与交往过程中的信赖保护。而随着这种保护力度的不断增强以及保护的日益系统化，未来债法体系中将会衍生出一种全新类型的债——信赖之债。

其实，债法对信赖予以保护并非仅是对未来债法功能的预测，此功能可以追溯到债法产生的最初阶段。如果从信赖角度统一观察债法的内容，就可以发现无论是合同之债、侵权之债还是其他类型的债，都可以用信赖尺度加以衡量，例如交易关系中，合同双方正是基于约定形成相互信任，从而建立起一种信赖关系，这可称为积极信赖或合同信赖（亦称特殊信赖）。即使在合同以外的人际交往中，信赖关系依然存在，因为每个人即使在与他人偶然接触时（例如漫步于摩肩接踵的街道之上），都会基于一种安全感而相信自己处于一种安全有保障的状态当中，换言之，他相信别人不会对自己的安全构成威胁或损害。这可称为消极信赖。因为他知道，一旦该消极信赖被打破，在他与致害人之间将立即形成一种侵权之债，从而使消极信赖转变为另一种积极信赖。正如佟柔教授的经典概括："债是可期待的信用"[①]。合同与侵权虽然与本书主旨关系密切，但并非本书的研究重点，本书欲在此基础上进一步探究的是，如果将这两种信赖置于信赖领域的两端，那么在两者之间是否还存在着另一个应受法律保护的信赖领域？显然，依传统债法理论，是不存在这样一个信赖保护领域的，因为根据各国通行的债法理论，除了不当得利、无因管理等基于特殊原因形成的信赖利益可以通过债加以保护以外，法律将积极信赖的范围仅限定于契约之中，而对消极信赖的侵害，将会适用侵权之债。然而笔者经研究后发现，其实在上述两种法律所保护的信赖之间，不仅普遍存在着

---

① 佟柔：《佟柔文集》，中国政法大学出版社1996年版，页20。

第三种信赖领域,而且这个领域还在不断扩充,并有与处于其两端的信赖领域无缝衔接从而形成一个完整信赖谱系的趋势。事实上,出于法律适用的实际需要,各国法律中已经或多或少融入了对第三种信赖保护的内容,只不过这种保护要么零散存在,缺乏系统性;要么因无正当名分而如同寄居蟹一样借居于其他制度的壳中。可以预料,随着债法的持续进步,上述信赖关系未来一定会得到一个真正属于自己的外壳从而受到债法的系统性保护。努力达成这一效果,正是本书的宗旨。

四、对经济决定论的评述

本节论证了经济关系不仅决定着债法的性质与内容,也决定着债法未来的走向,这可能会触及学界存在争论的另一个问题,那就是本节内容是否过分强调了经济关系对债法的作用,而忽略了其他社会关系因素的影响力,这是否属于一种"经济决定论"?对此疑问有必要作出适当回应:所谓经济决定论是一个较为模糊的概念,人们对其有多种不同解读,有时其被解读为一种机械经济决定论,也称为经济自发决定论,内容是,简单地用经济关系的自动作用来解释复杂的社会发展进程,把经济看作是社会发展过程中的唯一动力,认为社会的发展只是经济发展的自然结果,否认其他社会因素的作用,排斥社会意识形态等主观因素对社会发展的影响力。① 有时经济决定论又被解读为经济异化论,其内容是,经济关系已经像脱缰的野马那样变成了一种具有极大能量的独立力量,这种力量相对于人来说是一种客观的和异己的力量,在此力量的作用下,人已经失去了成为经济关系的主宰者与支配者的地位,而沦为了经济关系所役使的对象,原本作为历史主体的人不得不臣服于外在的经济必然性的统治。② 此外,甚至还有学者将经济决定论解读为这样一种观念:"经济发展成为决定性的国家目标,成为政治生活和个人生活合法性的来源。换言之,经济发展是我们这个国家得以建立、运行的哲学基础,是创造并且论证我们的个人生活方式的哲学基础,它甚至给出了我们的生命意义。"③

相比较而言,马克思主义对此的解读最为科学,在此我们不妨引用恩

---

① 参见赵庆元:《"经济决定论"的多重误识及其解析》,载《求实》杂志2009年第5期。
② 参见赵庆元:同前注。
③ 高超群:《"经济决定论":反思与批判》,载《中国新闻周刊》2007年第46期。

格斯的两段话:"根据唯物史观,历史过程中的决定性因素归根到底是现实生活的生产和再生产。无论马克思或我都从来没有肯定过比这更多的东西。如果有人在这里加以歪曲,说经济因素是唯一决定性的因素,那么他就是把这个命题变成毫无内容的、抽象的、荒诞无稽的空话。"①恩格斯接着说道:"历史是这样创造的:最终的结果总是从许多单个的意志的相互冲突中产生出来的,而其中每一个意志,又是由于许多特殊的生活条件,才成为它成为的那样。这样就有无数互相交错的力量,有无数个力的平行四边形,由此就产生出一个合力,即历史结果,而这个结果又可以看作一个作为整体的、不自觉地和不自主地起着作用的力量的产物。……然而从这一事实中决不应作出结论说,这些意志等于零。相反地,每个意志都对合力有所贡献,因而是包括在这个合力里面的。"②这清晰地说明了经济因素在社会发展中的地位与作用,并且说明了经济因素与人的主观意志等其他社会因素会形成合力共同作用于社会发展的情形。

当然,在探讨经济决定论的意涵与意义时,不能不涉及那些根本否定经济决定论的观点,其中最为典型的当属德国著名学者韦伯在其名著《新教伦理与资本主义精神》中的主张,他认为新教(特别是加尔文教派)教义中包含了有利于资本主义经济发展的价值观念,正是这种被称为"资本主义精神"的教义中所包含的道德观念,成为了促进资本主义发展的主宰力量。他指出,正是由于新教带来的资本主义精神使得原本闲适舒缓的手工业与商业受到了冲击,从而使竞争加剧。③ 为此,他还以18世纪美国宾夕法尼亚州的经济虽然落后却比当时经济发达的欧洲更视营利为道德行为作为观点佐证。然后他得出结论:"对此,该作何历史解释呢?——于此,要说成是'物质'状态之'反映'在'精神的上层建筑'上,就真的是无谓之极。"④然而,正像美国社会学家科尔曼所批评的那样,韦伯的分析仅停留在系统水平上,缺乏计量分析,所比较的社会数量也很少,仅仅是根据新教的宗教价值观与经济价值观相一致,就得出结论认为是宗教影响

---

① 恩格斯:《致约·布洛赫的信》,载《马克思恩格斯选集》第4卷,人民出版社1972年版,页477。
② 恩格斯:同前注,页478。
③ 韦伯:《新教伦理与资本主义精神》,康乐、简惠美译,广西师范大学出版社2010年版,页42以下。
④ 韦伯:同前注,页49。

了经济,其实完全可能是相反,即产生于经济活动中的新价值观促进了加尔文教价值体系的形成。① 科尔曼进一步指出:"尽管马克思关于资本主义由封建主义发展而来的分析曾经引起各种争论,但它比韦伯在《新教伦理与资本主义精神》中的相应分析,更为接近如上要求。"②

此外,当代的社会学家似乎比经济学家更强调社会进步是各种社会因素共同作用的结果。一般而言,无论是古典经济学还是新古典经济学都倾向于主张,具有自由意志的行动者,在经济活动中都是以经济理性与成本分析决定其行为,这是一种孤立的、低社会化行为,换言之,人们除了考虑经济因素之外,无需顾虑其他社会因素的影响。例如亚当·斯密就将社会孤立当做完全竞争的先决条件。从某种意义上说,这也可以算作一种经济决定论。不过美国著名社会学家格兰诺维特则对此明确予以反对,他认为这种孤立是"来自偏狭的自我利益追逐",其结果会在市场中引发"以骗术追求自我利益"的机会主义泛滥。③ 他进而认为,人类的交易行为是镶嵌在社会网之内的,人不可能只考虑经济利益而不照顾到社会道德以及社会信誉等。他指出:"新古典模型中所谓的'市场'实际上在真实的经济生活中并不存在,所有交易都充斥着上述社会接触。"④为此他提出了一种较为平衡的主张,即每个交易者既是自主的,也"镶嵌"在社会网络中,受到社会脉络的制约。显然,这种观点较好地兼顾了经济因素与其他社会因素在社会发展中的作用。不过,该观点也存在一定不足,就是其并未在经济因素与其他社会因素在社会发展进程中所起作用的权重作出比较,带有简单折中的意味。

经过上述正反比较,本书认为,机械经济决定论、经济异化论与彻底否定经济作用的观点均不可取,原因在于这些观点都将经济因素的社会作用极端化,要么捧上云端,要么踩在脚下,未能看到社会发展是各种因素复合作用的结果。而"社会网络镶嵌理论"仅采用简单折中,未能区分影响力的主次关系,也存在缺陷。相反,马克思主义的"历史合力论"不仅

---

① 詹姆斯·S.科尔曼:《社会理论的基础》(上),邓方译,社会科学文献出版社1999年版,页9以下。
② 詹姆斯·S.科尔曼:同前注,页13。
③ 格兰诺维特:《镶嵌——社会网与经济行动》,罗家德译,社会科学文献出版社2007年版,页8。
④ 格兰诺维特:同前注,页17以下。

明确社会历史的动力并非单一经济因素,而是多种社会因素(包括客观因素与主观因素)形成合力的结果,而且在这些起作用(也包括反作用)的因素中分清权重主次,从而为深入的社会分析奠定了基础。有鉴于此,本书对于经济关系对债法在其发展进程中所起首要也是最根本作用的论述是适宜的。与此同时,本书也未忽视伦理道德、社会传统、政治意识形态等多方因素对债法脉络与趋势的重要影响,对此将在第二、三章专门予以探讨。不过在本章的以下几节中仍将围绕经济因素对债法的影响加以阐述。

第二节 传统市场下信赖关系的债法保护

一、债法的历史断代

经济关系对债法起着决定所用,有什么样的经济关系就会有什么样的债法。然而,随着社会生产力的提高,经济关系会转变具体形态(例如从自然经济社会转向市场经济社会),债法也会据此调整其保护的侧重点。债经历了一个从对信赖的有限保护到全面保护的阶段,即从不承认信赖之债到开始逐渐接受。为了阐述信赖之债的来源,必须回溯债法信赖保护历史并描绘出其发展历程,而这一切则需要从对债法的历史断代开始。

债法的发展大致可以分为三个历史阶段,即古代债法、近现代债法和当代债法。所谓古代债法,指自然经济社会条件下的债法,亦称简单商品社会的债法,资本主义社会以前的债法均属于这一阶段。近现代债法指市场经济社会条件下自由竞争时期的债法,从1804年《法国民法典》颁布到1896年《德国民法典》颁布,经历了近一个世纪。当代债法则专指20世纪以后直到目前为止的债法,其明显特点在于市场经济社会整体进入到垄断时期,亦称垄断时期的债法。

需要指出,近现代债法与当代债法虽然均存在于市场经济社会,但前者居于市场经济的前期——自由竞争阶段,后者居于市场经济的后期——垄断阶段,正是市场经济关系的这种转变,创造了债法改变的重要契机,播下信赖之债的种子,经过整个20世纪不断地吸收营养,修剪枝叶,信赖之债不断成长壮大,最终迎来了瓜熟蒂落的时刻。

二、意思自治是债法的核心价值

前一节指出了人际交易与交往关系信赖谱系中存在一般信赖与特殊信赖,分别保障一般社会安全和特殊约定的安全,这两种安全职能分别由侵权法与合同法具体担任,侵权之债与合同之债因而构成了债法的主体。虽然这两种形式的债过去已经存在,但在古代债法与近现代债法中两者的地位却是颠倒的,自然经济社会以自给自足为主要特点,商品交换不发达,合同及合同法都停留在初级阶段,相比较而言,保障人身与财产安全的侵权法发展水平更高一些,不仅不计过错的原始同态血亲复仇被过错责任原则所取代,而且作为受害氏族放弃血亲复仇变通形式的"杀害和解费"[①]以及后来罗马《十二铜表法》中规定的罚金之诉也逐渐被按等价原则的损害赔偿所替代。从这个时间截面观察,此时的债法家族中,是侵权法为主而合同法为辅的布局。正如英国著名学者梅因所言:"古代民法中最大的缺口始终是由于缺少'契约'而造成的"[②],相反,"在原始法律学中'侵权行为'被大量地扩大了"[③]。不过这一切在近现代却发生了根本改变。进入到市场经济社会,商品生产与商品交换上升为社会关系的主流,成为了最重要的社会关系,社会全面而迅速地实现契约化。梅因将此归纳为"从身份到契约"的过程。如果将合同视为主动交易而将侵权视为被动交易的话,会发现,近现代社会体现主动交易的合同之债已经几乎充斥了社会的各个角落,并且毫无争议地占据了主导地位,而侵权之债虽然也有所发展,但其退居次席仍不可避免。此时,债法信赖保护体系中的两个主角虽然仍旧是侵权与合同,但主次关系却完全易位。

合同法在债法中的迅速崛起,意味着在市场经济社会中,人们已经开始普遍认同通过自愿协商方式的交易行为来积极主动地建立起特殊信赖关系。其实,市场经济并非直接作用于这种特殊信赖的,在市场与信赖之间还存在着一个联系纽带,那就是自由的观念,也就是说,市场经济关系是通过自由观念进而对信赖关系施加影响的。自由的含义相当广泛,绝不仅仅指人身自由,其内容还包括了思想自由与经济自由;自由形式亦非

---

① 亨利·梅因:《古代法》,沈景一译,商务印书馆1959年版,页159。
② 亨利·梅因:同前注,页208。
③ 亨利·梅因:同前注,页209。

单一的积极自由,也包含了消极自由。市场经济给社会带来的最大财富其实就是自由观念,正是在自由观念下,债的相对性原则得以确立。众所周知,罗马法时代,债被罗马法学家定义为当事人之间的"法锁"。正是这一法律锁链使债权人与债务人联系在了一起,债权人能够借此束缚债务人的行为。但如果换一个视角就会发现,债的相对性除了指债作为"法锁"之外,还包括另一深层含义,就是债的效力只及于债务人而不及于债以外的第三人。这一点意义同样重要,因为这意味着债权人与第三人之间并不存在法律关系,意味着债权人权利范围与第三人个人空间的明确界线,意味着即使当债权人在超出债权范围仍存有利益时,任何第三人都无需顾及该利益。一句话,意味着第三人的自由。

人身自由从债的相对性原则中还派生出合同自由原则与侵权过错责任原则。合同自由原则一般是从正面反映人身自由的基本要求,包括人们有缔约的自由(积极自由),但与此同时也体现了不缔约的自由(消极自由);即便订立合同,当事人亦可自由选择合同对自己发生约束力的具体时间和方式。所以,合同自由原则的引申含义在于,一个人只要不以合同形式自愿地对自己施加法律约束,他是完全自由的,其他任何人都不能对其实行强迫性法律约束;如果他自愿以双方合意方式约束自己,该法律约束也只能在合同生效后发生,生效前他仍是自由之身。另外,人身自由还通过债的相对性原则决定了侵权过错责任原则,并以此确定了消极自由的某种界限。侵权过错责任原则的正面含义是,致人损害者承担赔偿责任的前提须行为人存在过错(故意或者过失),无过错者无责任。不过,其隐含内容同样丰富,该原则表明了没有合同或者法定身份关系约束的任意两个人是完全独立和自由的,他们之间不存在法律关系。更准确地讲,一般人之间应遵循不作为者无责任的原则,即他们之间只存在最低限度(消极信赖层面)的相互照顾义务,一方不需对他方有任何积极的照顾或注意义务。申言之,这是一个低度社会化的社会。一个人是自由的,就意味着其行为不受任何限制,只有当因过错侵害他方人身或财产利益时除外,因为一个躺在自己家里什么都不做的人是不应受到法律追究的。用美国学者邓肯·肯尼迪的话说,即"陌生人之间,是不存在相互协助义务的,只有避免暴力和过失的义务"①。

市场经济除决定了自由观念之外,还决定了另两个相关观念,那就是"经济人"与"理性人"观念。市场经济条件下,人们必须通过商品生产与商品交换来达成自己的经济目的,因而每个人都以独立民事主体的身份活跃于市场之上,而且都是从个人利己的目的出发,本着功利主义原则,追逐经济利润。这就是所谓经济人。为实现这一目标,市场主体还必须具备基本判断力来辨别商品交换行为对自己、他人及社会的意义,有足够的能力达到趋利避害的效果。这就是所谓理性人。英国古典经济学的开创者亚当·斯密在其名著《国富论》中对此有一段极为经典的描述:"每个人都力图应用他的资本来使其能得到最大的价值。一般地说:他并不企图增进公共福利,他不知道他所增进的公共福利是多少。他所追求的仅仅是他个人的安乐,仅仅是他个人的利益。在这样做时,有一只看不见的手引导他去促进一种目标,而这种目标绝不是他所追求的东西。由于追逐他自己的利益,他经常促进了社会利益。其效果要比他真正想促进社会利益时所得到的效果为大。"②

可以说,将市场参与者视为经济人与理性人是市场经济社会正常运行的基本条件。经济人与理性人是对在市场中具有足够的经济理性并能够有效使自己经济利益最大化的参与者的一般抽象。基于经济人与理性人观念,近现代债法的一个重要共识是,每个人出于利己目的而进行的市场竞争行为不仅无害,而且有利,每个人才是自己利益的最大维护者,在商业活动中任何人除了有合同约束的情形之外,没有必要顾及他人利益;每个民事主体都属于理性人,具有保护自己利益的足够能力,法律对信赖的保护,一般仅停留在严守契约、不欺诈、不胁迫、不乘人之危等层面,没必要,也不应当对其施加合同之外的保护。

在经济自由、经济人、理性人观念确立之后,另一个重要观念随之应运而生,那就是意思自治。意思自治是债法乃至整个民法中一个极为重要的观念。依前所述,近现代债法是商品交换的法律表达,是在人身自由与个性解放的社会背景下产生的,所以民事权利本质上应被解释为个人

---

① 邓肯·肯尼迪:《司法判决的形式与实质》,肖宁译,载易继明主编:《私法》(第7辑第1卷 总第13卷),华中科技大学出版社2007年版,页258。
② 亚当·斯密:《国富论》,孙善春、李春长译,华侨出版社2010年版,页151。

意思力或意思的自由支配,而不受他人的任意干涉。债权既然是权利人实现自己利益的工具,在权利范围内,债权人可以随意地支配与行使,而无需顾及债务人的感受。意思自治成为了19世纪以来民法中的主流观点。当然,强调意思自治并非说意思力支配可以毫无止境,其引申含义还包括在意思自治范围之外则属于他人的权利或自由领域,债权人不能超越该范围行使权利和进行意思支配。对此,德国著名学者萨维尼论述道:"生物人(Mensch)处于外在世界之中,在他的这种境况中,对他而言,最为重要的要素是他与其他人的联系,这些人具有和他一样的性质和目的(Bestimmung)。如果现在在此种联系中,自由本质应当并存,应当在其发展中相互促进而非相互妨碍,那么这只有通过对于以下这个不可见的界限予以承认才可能实现,在此界限之内,所有人的存在和活动都获得了一个安全的、自由的空间。据以确定上述界限和自由空间的规则就是法。"①

可以说,近现代债法中,意思自治就是其核心价值观,法律尽可能将一部分社会关系交由市场主体自行掌控,自由选择,甚至将一部分社会关系排除于法律管辖之外,完全交由"看不见的手"自发调节。法律这样做并非出于疏忽或者刻意省略,而是有意为之,目的就是尽量为市场主体创造自由空间。如果说"看不见的手"对社会利益的自发调节是经济学关于自由竞争社会中唯一重要法则的描述,那么,该原理被翻译为法律语言时就称为意思自治。两者异曲同工。可以说,意思自治是市场自发调节这一经济术语的法律表述。

三、二元信赖结构的债法

以信赖视角观察债法会发现,自古以来债法就被定位为契约和侵权二元结构。盖尤斯在其所著的《法学阶梯》一书中,就曾提出:"现在我们来谈谈债。它划分为两个最基本的种类:每个债或者产生于契约,或者产生于私犯。"②之所以如此,是因为这一结构最清晰地反映出人与人之间自由与法律约束的关系定位,而该定位显然以突出自由价值为目标。但如果以今天的视角再来观察近现代债法的人际关系定位,似乎可以得出

---

① 冯·萨维尼:《当代罗马法体系》,朱虎译,中国法制出版社2010年版,页257。
② 盖尤斯:《法学阶梯》,黄风译,中国政法大学出版社1996年版,页226。

两种相反的结论。一方面,它仍属于激情的法、自由的法,英国著名学者约翰·密尔评价其体现了"人类自由的适当领域"①。但另一方面,就对他人信赖的关注度而言,它又是相当冷漠的法、缺乏人性化的法。法律轻视个人与他人、个人与社会之间的联结,孤立地看待两者关系。正如美国学者麦克尼尔所言:"个别性契约是这样一种契约,当事人之间除了单纯的物品交换外不存在任何关系。"②近现代债法为我们描绘出的图景是,市场犹如浩瀚大海,而参与者好比无数扁舟,相互竞争着奋力划向彼岸,每个人虽有各显神通的自由,且船桨不会彼此羁绊,但法律不会对落后者施以帮助,也不会对落水者予以救援,而是任其自生自灭,法律的唯一任务是防止有人恶意冲撞、干扰他人。在这种情景下,债法将有关交易的人际关系简单地分成了两类:合同关系与非合同关系。合同关系被视为基于当事人自由意志而形成的信赖关系,在合同内当事人之间存在的相互信赖受到法律的承认与保护。这固然是源于商品交换(特别是非即时性交换)的客观要求,没有信赖就没有交易。但法律上的信赖保护仅止于此,非合同关系领域属于个人自由领域,不存在任何法律上的束缚,人们相互间并不再有联结,形同陌路。此时即使人们之间存有某种因交易或交往而形成的信赖利益,也仅具有道德约束力。而越过这一段只存在道德约束力的信赖开阔地,才又进入到了另一片法律信赖领域,即人际交往中的人身与财产安全保护领域,债法对这部分信赖提供保护的工具是侵权之债。也就是说,在从人际关系联系最紧密的领域——合同之债,到人际关系最松散的人身与财产安全领域——侵权之债两者之间,原本存在一大片基于信赖形成的交易或交往的开阔地,法律本可以将这三块相互衔接的领域整合为一体,并建立起从松散到紧密的信赖谱系保护机制,但正是出于自由竞争的需要,为了鼓励人们的意思自治,因而通过经济人与理性人观念在经济生活以及法律生活中的贯彻,这一部分社会关系被排除于债法的调整范围之外,仅由道德加以调节,甚至任其自生自灭。这正是1804年《法国民法典》的立法宗旨,而1896年颁布、1900年施行的《德国民法典》也几乎完全继承了这一点。

现在可以得出如下结论:近现代社会中人与人之间因交易或与此有

---

① 约翰·密尔:《论自由》,许宝骙译,商务印书馆1959年版,页14。
② 麦克尼尔:《新社会契约论》,雷喜宁译,中国政法大学出版社1994年版,页10。

关的行为而产生的相互信赖程度分布不均,而且往往被局限于特定领域,该领域之外任何意义上的信赖利益从没有得到过债法的真正关注。同时应看到,这种低规格的信赖利益保护在当时是恰当的,反映出当时低度社会化人际信赖关系的合理程度,因为债法的首要宗旨是体现个人自由与个性解放,表达经济人、理性人追求个人利益的核心价值。这个核心价值不是别的,正是通过最大限度经济自由化以达到提高经济效率和整体经济水平的目的。市场规律决定了在经济效率与信赖利益之间,效率优先。任何超越或否定上述总基调的理念均属于非分之想而被排除于法律之外。事实上,假如社会仍然延续此一路径发展,也许至今法律对交易信赖的关注度仍然会停留在原有水平,只不过后来社会经济发生转变,将信赖之债引入了当代债法的议事日程。

第三节 社会分工因素的影响

如果说经济发展改变了债法进程,有两个重要因素不可忽略,这就是社会分工与市场异化。前者从正面促进了债法扩大其调整范围,而后者则是从反向刺激了债法针对当今时代新经济关系特点进行规制。两者对债法影响的共同点是使债法客观上朝向加强信赖保护的方向迈进。本节讨论社会分工,市场异化的因素在下一节探讨。

一、社会分工对社会进步的意义

社会分工可以有广义与狭义两种解释,广义的社会分工指社会各个行业的分工,如经济、政治、文化、教育、科学、体育、艺术等等;狭义分工则仅指经济领域内的分工,如工业、农业、交通运输、金融、服务、科技等等。社会经济发展的过程就是行业不断分化、分工日益细化的过程。以金融业为例,最早的金融业是从服务业中分离,逐渐发展出诸如银行、保险、证券、期货、投资银行、金融租赁、金融咨询服务、互联网金融等细分行业。迄今为止,人类已经发生过三次社会化大分工,更细化的分工至今仍在持续进行中。

观察近现代经济发展史可以发现,19世纪是蒸汽机时代,虽然西方发达国家已经工业化,但工业产品的种类与数量以及精密化程度还很初级,而世界大多数地区依然处于手工劳动阶段(包括当时的中国)。此时商品交易也同样较为简单,人们所购买的商品(如工具、农具和日用品)基本不需要说明、培训即可轻易掌握使用方法。在合同交易中人们主要注重的是价格、质量、期限等合同本身因素,其他因素考虑不多。另外,社会分工虽已进入专业化、明晰化进程中,但远远未达到后来的高度,而且第三产业也基本上没有形成。与此截然不同的是,当社会进入 20 世纪以后,经济、技术发展异常迅速,相继进入内燃机时代、计算机时代乃至信息化时代。此时的社会生活复杂程度远非 19 世纪可比,人际经济交往中合同虽然仍然是主要方式,但交易类型范围与交易标的种类的复杂程度整整提高了一个数量级。与此同时,分工的高度专业化表现为每个人的专业领域狭窄,但专业化程度极高。这种个人生产产品单一性与个人社会需求广泛性的矛盾使得市场经济进入高度发达阶段,人们生产、生活中所需的一切几乎无一例外地要从市场上获得。正如美国学者麦克尼尔所说:"在个人不生产为维持自己的生存和生产所需要的一切东西的广泛的专业化中,每个人都必须从他人那里取得产品才能维持专业活动。……不管交换的特定的技术是什么,没有交换,专业化的体系就会完结。那样一来,大家都会变成非专业化的种地人,或者更可能成为一群又一群靠狩猎和采集维持生计的人。"①

　　如前所述,社会越进步,行业分工就越细密。之所以分工会如此细化,很多古典经济学家所给出的答案是为了提高经济效率。因为人类生存与发展的需求是多样化的,而每一个人只能做到精通极少数行业领域,而不可能面面俱到,这就决定了社会分工在经济发展中的重要性。每个人将自己的专业做到极致,而全社会又由无数个专业相互衔接、配套而成,这样可以在满足社会多样化需求的同时,保持经济的高效率。亚当·斯密曾详细描述了这种分工所带来的巨大经济效益,其《国富论》开宗明义即说道:"劳动生产力最大的进步,以及劳动在任何地方的运用中体现的大部分的技能、熟练程度和判断力似乎都是分工的结果。"②他以当时经济的一个细分行业——制扣针业为例继续说道:"即使再努力,一个没有业务经验且不会熟练使用机器(该机器之发明可能也是劳动分工的结果)的工人,一天可能 1 枚针也造不出来,更不要说 20 枚了。……扣

---

① 麦克尼尔:《新社会契约论》,雷喜宁译,中国政法大学出版社 1994 年版,页 3。
② 亚当·斯密:《国富论》,孙善春、李春长译,中国华侨出版社 2010 年版,页 3。

针的制造约分为18道工序。在一些工厂,这18道工序分由18个专门工人担当。……他们虽然很穷,必要的机器不足,却能每天造针12英磅,每英磅中等大小的针将近4000枚。因此10个人每天能制针4.8万枚。如果他们全都独自分别工作,没有一个人受过专门训练,那他们每人每天肯定不能制造20枚针,或许连1枚也造不出来。"①分工固然能够极大提高生产效率,但其却不能直接满足生活多样性的要求,欲实现后一需求,还需另一个重要的媒介,即商品交换。商品交换是一种社会合作,各个专业人士所高效生产出的劳动产品之间,通过相互交换这一广泛的合作形式,最终满足了社会中每个人的各自需要。可见,社会经济的发展,分工与合作两者缺一不可。

二、涂尔干社会分工理论的启示

需要指出的是,无论是古典经济学,还是现代的很多经济理论,在谈到合作时都只涉及自由合作模式,在这些理论看来,通过上述自由交换而形成的合作是当前社会唯一可以接受的合作模式,市场这只"看不见的手"可以自行合理分配社会资源。然而,这种观点在19世纪后期以及整个20世纪受到了极大的挑战,挑战者中的典型代表之一当属法国著名学者涂尔干。涂尔干于1893年发表了其著名论著《社会分工论》。该书虽然认可古典经济学关于广泛的社会分工会导致广泛社会合作的结论,但却对这种合作的性质属于自由商品交换提出异议,并从社会视角作出了全新的解释。涂尔干首先提出了个人人格与社会的关系问题:"为什么个人变得越自主,他就会越来越依赖社会?为什么个人不断膨胀的同时,他与社会的联系却越加紧密?"②在涂尔干看来,社会分工并没有将人向个体化、独立化方向引导,而是向社会化方向引导。他批判古典经济学对此的错误认识:"功利主义者之所以没有认识到这一非常重要的事实,是因为他们的思考社会形成问题的过程中得出了谬见。他们假定,原始人只是一些孤立或独立的个体,他们想合作,就必须相互产生联系,除此之外,他们没有任何理由去跨越相互之间的鸿沟而相互联合起来。这种理论虽

---

① 亚当·斯密:《国富论》,孙善春、李春长译,中国华侨出版社2010年版,页3。
② 埃米尔·涂尔干:《社会分工论》,渠东译,生活·读书·新知三联书店2000年版,页11。

然非常盛行,却不免流于空谈。事实上,他们从个人中推断出了社会。但是,我们没有理由相信,社会就是这样自然而然地形成的。"①而且,涂尔干对劳动分工社会功能的认识也与古典经济学相反,他指出:"劳动分工的最大作用,并不在于功能以这种分化方式提高了生产率,而在于这些功能彼此紧密的结合。在上述所有情况中,分工的作用不仅限于改变和完善现有的社会,而是使社会成为可能,也就是说,没有这些功能,社会就不可能存在。……有了分工,个人才会摆脱孤立的状态,而形成相互间的联系;有了分工,人们才会同舟共济,而不是一意孤行。总之,只有分工才能使人们牢固地结合起来形成一种联系,这种功能不止是在暂时的互让互助中发挥作用,它的影响范围是很广的。"②

由此基点出发,涂尔干提出了在通过自由的商品交换形成的自由合作模式之外,还存在着一种有较高社会依存度的非自由合作模式。他认为民事合同不仅具有交换性,还具有协作性和社会性,例如他提出:"契约实际上是协作的最高法律体现。"③并且"所有社会在根本上都是建立在协作的基础上的"。④ 他认为,契约之所以具有法律效力,是因为其与社会利益一致,即使在最私人的关系中,社会的影子也始终是存在的。进而他明确提出:"有人把由分工构建起来的社会关系仅仅归结于交换领域,这说明他并没有认清交换的特定内涵及其结果。交换之所以产生,其原因在于两个不完整的人所形成的相互依赖关系。因此,交换就是对这种依赖关系的外在阐释,对其内在和深层状态的外在表现。"⑤

涂尔干的以上论述给我们提供了如下启示,我们不仅要看到市场经济社会中存在着通过自由交换而形成的自由合作模式,其实还存在着基于相互依存而存在的非自由合作模式。而后一合作模式是传统观点所未能发现的。具体而言,当代人们的合作模式可以细分为以下三种:第一种是紧密型合作,专指公司、合伙等形成紧密内部关系的企业。这种合作中内部关系如此紧密以至于其形成了稳定与统一的经济利益,构成独立的

---

① 埃米尔·涂尔干:《社会分工论》,渠东译,生活·读书·新知三联书店2000年版,页235以下。
② 埃米尔·涂尔干:同前注,页24。
③ 埃米尔·涂尔干:同前注,页85。
④ 埃米尔·涂尔干:同前注,页235。
⑤ 埃米尔·涂尔干:同前注,页25。

人格，因而与企业外部关系容易区别。第二种是次紧密型合作，一般民事契约即属于此类。契约是一次性交易，在契约有效期间，双方受契约限制，形成较为紧密的社会联系，但并不因此丧失各自独立的人格，当契约解除，双方又回到完全自由的状态，不再受约束。传统观点认为经济关系中只存在这两种合作模式，由于两者均是通过自由意志建立的合作，故统称为自由的合作模式。第三合作模式则是一种全新的合作模式，可称为依存式合作模式。该合作的根据来源于人们由于社会分工而形成的相互依赖关系，这种依赖是客观存在的，并且不以个人主观意志为转移。也就是说，基于依赖关系，人们之间存在着一种被动的强制性合作，合作者不论是否出于自愿，都要对他人的利益给予必要的关注，主动为他人着想，惠及他人。当然，这种合作并非普遍存在，而是局限在一定领域内，在此范围内，自由合作被强制合作替代。

  为了证明这种非自由合作模式的存在，涂尔干以契约法为例，并结合《法国民法典》的相关规定，长篇大论地进行了直观阐述。在此不妨再摘录几段："我们不仅在契约关系之外感觉到了社会作用的存在，而且就这些关系本身而言，也具有这样的社会作用。……凡是契约存在的地方，都必须服从一种支配力量，这种力量只属于社会，绝不属于个人"。①

  "在其他情况下，社会作用的体现不仅在于拒绝承认违法缔结的契约，还在于更为明确的干预。……契约一旦缔结，就'不仅要履行契约中所写明的义务，还要履行所有依据衡平原则、惯例和法律所应履行的义务（第1135条）'。根据这种原则，我们在契约里应该附加'各种习惯上的条款，尽管没有明文规定（第1160条）'。"

  "即使这些社会作用没有这样被明文规定，它们也真实存在。……毫无疑问，人们之所以通过契约结合在一起，是因为或者简单，或者复杂的劳动分工使它们彼此之间产生了需要。假如他们想要相互和谐地进行合作，单靠彼此的关系以及彼此依赖关系的意识是不够的，他们必须在整个契约的有效期内对合作条件作出规定。每个人的责任和义务都必须得到确定，我们不仅要考虑到缔结契约当时的现实情况，而且要估计到今后可能会产生或者发生变化的各种情况，否则在执行契约的过程中每时每刻

---

① 埃米尔·涂尔干：《社会分工论》，渠东译，生活·读书·新知三联书店2000年版，页169。

都会产生碰撞和口角。"

"……但是,有了契约法,我们尚未确定的行为也就有了法律上的结果,它表明了达到平衡状态所需的一般条件,这些条件是从平常的案例中逐渐形成的。契约法是复杂经验的结晶,它预料到了个人所无法预料到的事情,规定了个人所无法规定的事情。它并非得自于我们的双手,社会和传统才是真正的根源,因而它总是逼迫我们就范。严格说来,契约法所强迫遵从的义务是我们不曾约定的,因为我们在缔约时并没有讨论到这些义务,甚至有时候在事前也不晓得这些义务。诚然,行为一开始总是符合契约的,但是这些行为所导致的结果,甚至是转瞬之间的结果都十分有可能超出契约之外。"

"由此看来,契约法就显得面目全非了。它不再是人们之间缔结契约的有效补充,而实际上成了契约的根本形式。它把一种传统的经验权威强加到我们身上并以此构成了契约关系的真实基础。"①

涂尔干以上的一系列论述以非常清晰的脉络向我们展示了与传统观念完全不同的对社会发展趋势的判断。

三、对涂尔干理论的合作化解读

涂尔干的观点极具创新性,值得我们详细进行解读:第一,社会分工作为一种经济因素对社会发展方向起着决定性作用,对此涂尔干与古典经济学的传统观点并无多大差异。但在影响社会发展的具体方向上两者却截然不同,古典经济学认为孤立的个人才是社会的主角,社会分工是使个人发挥能力,实现自我完善的途径。分工固然会导致合作,但合作仅仅是手段而不是目的,合作的最终目的依然是使独立个人的价值得以最大限度地发挥。而涂尔干则认为分工导致合作的目的不仅仅是个人自我完善,还是为了改善人际关系,使每个不完整的个人可以通过与其他人互助来取长补短,同舟共济,因而其最终目的是社会的整体完善。第二,社会分工的意义何在?古典经济学的答案很简单,认为分工的唯一目的就是提高社会生产率。而涂尔干则认为,社会分工固然有提高劳动生产率的作用,但这绝不是主要作用,社会分工的主要作用其实是实现人与人之间

---

① 埃米尔·涂尔干:《社会分工论》,渠东译,生活·读书·新知三联书店2000年版,页170。

的联系与协作，从而建立起当代依存式社会中的新型合作关系，提高生产率只是其副产品而已。第三，古典经济学认为，分工导致合作的重点在于形成以企业、契约为主要形式的自由合作关系，其特点在于该合作关系的建立取决于参与者的自由意志，也就是说，分工强化了个人的意志自由与行动自由。涂尔干却认为分工的结果由于会形成相互依存式的合作关系模式，如果强调自由则会破坏相互依存社会的平衡度，从而造成对社会整体的破坏，因此，分工导致的合作对合作参与者而言可能是一种被动的合作或一种"强迫"状态下的合作，但却是符合整体社会利益的合作，也是更合理和有效的合作模式。第四，古典经济学认为，市场经济就是一种契约经济，社会合作的主要形式就是通过契约形成的自由合作，契约就是当事人之间的法律，而契约又取决于缔约者的自由意志，因而没有人能够给市场主体下命令，法律也不能。涂尔干则认为，契约这种纯私人事务领域其实已经越来越多地被社会关系的影响力所占领，契约体现了社会的作用，支配契约的力量开始从个人转向社会。涂尔干认为契约之所以对当事人有约束力，并不是因为双方自愿受其约束，而是由于契约是合法行为，与社会利益相吻合。而且现实中很多合同的缔约双方由于缺乏对未来复杂社会状况的预测，无法将相应对策预先置于合同中，合同中的附随义务与其他法定义务被赋予更加重要的规范当事人合同履行行为的职能。强加给当事人的法定义务开始取代当事人自行约定的义务并逐渐成为了合同的根本形式和真实的基础。换言之，在专业分工的社会，人们之间除了通过合同形式表现出的固有联结之外，还广泛出现了合同之外的从属性交易联结，这种以相互信赖为基础构成的联结如同无形的纽带，将本无合同关系的双方捆绑在一起。可以说，社会分工的最终结果降低了个人自由意志在市场中的决定作用，而强化了社会关系与社会利益的支配力量。正如涂尔干所言："由此，分工便产生了道德价值，个人在此意识到了自身对社会的依赖关系，社会也产生了牵制和压制个人无法脱离自身限度的力量。总而言之，分工不仅变成了社会团结的主要源泉，同时也变成了道德秩序的基础。"[1]

其实，这种道德价值又何尝不是一种法律价值。的确，社会高度分工

---

[1] 埃米尔·涂尔干：《社会分工论》，渠东译，生活·读书·新知三联书店2000年版，页359。

当前已是不争的事实,而分工程度愈高就必然需要愈广泛的社会合作。在古典经济理论看来,合作实现途径是单一的,只有通过契约自由才可能完成,但涂尔干所给出的答案却与此不同,他认为除了契约合作模式之外,还并列存在着契约另一种合作模式,即以信赖为基础的合作,从社会整体利益出发,这种合作具有某种"强迫性"。两种合作模式对社会发展而言均不可或缺。法律不仅应成为自由合作(契约自由)的捍卫者,也应成为信赖合作的捍卫者。

四、从信任走向信赖

如果对以上解读用一句话加以归纳,可以说是信任(信用)社会向信赖社会转化。一般而言,信任概念专门针对自由市场社会,人们有意志的自由,可以主动选择对他人的信任或者不信任,而作出选择的主体,也将承受选择带来的有利或不利后果。信赖的概念则略有不同,除了相信、信任以外还包含了依赖、依靠的含义,这个概念还有对他人基于客观上的依赖而无法进行自由选择的被动情形。所以,当一个社会由于分工的经济因素导致社会合作的发展趋向于非自由合作(依存式社会合作)模式时,则意味着一些合作参与者的利益可能会被动地受到其他参与者选择的直接影响,换言之,一些人对另一些人的正确决定存在着相当程度的依赖,某人根据自己利益所作出的决定如果不正确,就可能会损害与自己利益相关的无辜者的利益,此时对该合作参与者的自由作出必要限制,具有社会妥当性。

当然,依存时代的债法适当强调依存、信赖、被动选择等等,并不意味着社会将回到强权取代自由、压制取代协作的封建时代,社会仅仅是对过度的自由进行某种适当的回调而已。用涂尔干的说法就是,社会并不是要回到千人一面、百家一声的"机械团结",而是进入到自由与协作、利己与利他相统一的"有机团结"之中。机械团结是建立在排他性的共同信仰、共同意识或整体压制性法律的规范之下,例如欧洲中世纪天主教烧死异教徒以保持信仰纯洁性的做法,以及中国古代由于民法极度不发达而导致刑法取而代之成为规范几乎所有民事行为的准则的做法。有机团结则将社会与个人的关系比作整个人体与人身上各个器官的关系:"实际上,当每个器官都获得了自己的特性和自由度的时候,有机体也会有更大程度的一致性,同时它的各个部分的个性也会得到印证。"①对此,有学者更为详细地解释道:"'有机团结'是一种建立在社会成员和相互依赖基础上的社会秩序。'有机团结'依赖的是复杂的劳动分工体系,在这种分工体系中,人们从事着各种不同类型的职业,正如一个有机体一样,人们更多地依靠别人来使自己的需要得到满足。"②再者,有机团结顾及到事物的两个方面:"一方面劳动越分化,个人就越贴近社会;另一方面,个人的活动越专门化,他就越成为个人。但确切地说,个人活动是受限制的,它也不全都是独创性的。即使我们在完成本职工作的时候,还要符合法人团体共同遵循的习惯和程序。"③

可见,在分工时代,所谓理想的债法,就是既能充分体现个人自由又能时刻兼顾对他人与社会利益的尊重并将两者有机结合起来的债法。而这将会成为未来债法的发展方向。从这个意义上说,信赖之债与涂尔干的"分工与合作"理论是一脉相承的。

第四节　市场异化对债法的逆向影响

所谓异化,是指事物原本朝向某个既定方向发展,然而在决定其发展方向的因素表面未变的情形下,事物却逐渐走向了自己的对立面,那些原本促进事物向前发展的因素成为了一种异己的力量,使该事物出现了自我否定的情形。市场经济社会在发展到一定阶段时,就发生了这种异化现象,故称为市场异化。

依古典经济学所设计的理想市场模式是如下图景:(1)市场是一个彻头彻尾的商品市场,任何人均可以进入并参与交易。(2)交易者不论性别、年龄、种族、贫富、行业、经营规模等一律平等,即所有的交易都必须在平等基础上协商进行,任何胁迫、欺诈均不被允许。(3)每个市场主体均被推定为追求个人经济利益最大化、熟悉市场交易规则、有足够判断力的理性人,其有能力预测并承担市场竞争的有利或不利结果。(4)每个

---

① 埃米尔·涂尔干:《社会分工论》,渠东译,生活·读书·新知三联书店2000年版,页92。
② 蔡禾主编:《城市社会学讲义》,人民出版社2011年版,页25。
③ 埃米尔·涂尔干:《社会分工论》,渠东译,生活·读书·新知三联书店2000年版,页91。

市场主体均享有完全的意思自治,可以自行决定经营方向和交易种类,对交易的对象、内容、价格、形式、时间、地点、履行方式等交易要素的自行决定权不受交易以外的任何人(包括国家)的干预。为公平考虑,对其他竞争者即使是出于好意的干预也同样被禁止。

在古典经济学者看来,如果上述要素具备,社会就会自发地走向富裕、安定与和谐。确实,在市场经济社会的前期——自由竞争时期,上述理想似乎成为了现实,因为与之前的封建社会相比,人们获得了前所未有的自由,社会极大地调动起大众的生产经营积极性,生产力水平急速发展,经济活跃,人们生活水平普遍提高。尽管存在贫富差距、分配不公等诸多问题,但快速发展的经济和繁荣的市场掩盖了这些负面效应,社会变得一片生机勃勃。

一、市场异化的表现及其对市场的破坏力

正当全社会都为市场这只"隐形之手"的魔力所折服、为自由经济击节叫好、认为前进之路一帆风顺、将会实现国泰民安的太平盛世之时,另一只隐形的黑手也伸向了市场,这就是市场异化之手。决定市场属性的金科玉律在看似不变的情形下却将社会引向了理想的对立面。自由、平等、理性、意思自治等因素在市场经济社会的前期固然带来了无数的机遇、繁荣和发展,然而随后却带来了垄断和不正当竞争。在19世纪后期,西方资本主义社会开始从自由资本主义向垄断发展,众多企业在长期激烈竞争中不断分解又重新组合,其中规模较大的企业不易被别人吞并却可以较容易地吞并别人,从而获得了较好的生存条件。在这种雪球效应下,不同行业内均逐渐形成了一些庞大的超级企业,由于其庞大,因而具有更明显的竞争优势,随着这种超级企业优势地位的常态化,只要其愿意,甚至可以轻易决定某些中小企业的生死。在这样的庞然大物面前,中小企业根本无法与之平等竞争,除选择谨小慎微地顺从外别无他途。当这些企业庞大到足以在一定程度上拥有行业定价权和制定行业规则话语权,并可以对那些对其有经济依赖关系的中小企业(如配套厂家、专卖店、汽车4S店等)发号施令时,垄断就产生了。与此同时,意思自治、合同自由等原则的过分抽象,也给了一些投机者以机会。他们在私利的驱使下,通过各种不正当竞争行为打法律的擦边球,损害其他竞争者及消费者的正当利益。例如假冒他人驰名商标,以给客户回扣方式排挤竞争者,虚假陈述、宣传、误导消费者、低价倾销、恶意串标、侵害商业秘密、等等，种类繁多，不胜枚举。

之所以将上述情形称为市场异化，是因为现在仍属于市场经济社会，从外表来看，自由、平等、理性、意思自治等这些影响市场经济运行的原则依然如故，并未被否定。但其实不然，这些原则由于被无节制地过分强化和被滥用，其结果导致事物从量变到质变。这种改变的市场破坏力惊人，具体可以从以下几个方面来观察：

第一，市场异化导致人际关系的疏离与冷漠。在此前的自然经济社会，绝大多数人口居于农村，依附于土地，因而千百年来逐渐形成了一种熟人社会，居住在一个村庄的人们非亲即故，接触频繁，彼此之间形成一种稳定的、较为亲密的关系。然而随着商品经济的发展，人们在一个相对短的时期之内大量涌入城市，根据分工的不同从事各种工作，同时也依赖于商品交换获取生活必需品，陌生人之间因交换发生社会联系便开始成为普遍情形。不过，城市社会生活的特点决定了人们彼此接触的主要方向集中于商业、雇佣等经济活动，基于亲情、友情、邻里的交往比例下降，社会再也无法回到传统的熟人社会了，此时城市中人们的接触频繁度虽远远超过了农村，但彼此之间却依然保持着陌生状态。人与人往往无交易就无关系，即便是因为交易而发生接触，双方关系也仅仅停留在单纯交易层面，并不附带感情色彩，而且常常出于自利考量而发生激烈的讨价还价。社会原本和谐的氛围不见了，作为天生感情动物的人类的感情生活被局限于家庭和极少数亲朋之间，而外部世界永远是充满了凶险和未知，必须时刻保持高度警惕。

第二，由于人类的处世哲学是自我中心主义的，人们只关心自身完善和自我实现，他人的幸福或成败与己无关，因而漠不关心。社会推崇经济挂帅，鼓励每个人都变成经济动物，在商业竞争中获胜成为生活的唯一目的，对他人关注的意义仅在于其是否是与我竞争的对立面。这种无情的优胜劣汰机制，客观上造成社会的两极分化，社会被简单地分为两类人——成功者与失败者，其余的人们则正在转变为前两者的途中。

第三，垄断与不正当竞争不仅加剧了竞争的残酷性，而且社会并不对竞争失败者施以怜悯，相反却表现出极大的蔑视，对其不提供或较少提供必要的社会保障，任其自生自灭。这形成了尖锐的社会对立，甚至形成了严重的阶级对立和阶级斗争。

第四，垄断和不正当竞争导致过度竞争和竞争的无序化。垄断和不正当竞争所带来的最大弊端就是使市场机制失灵，自由竞争时期的那种千帆竞舟、万马奔腾的欣欣向荣景象逐渐消失，社会又以经济强制的形式回到了人身依附、等级特权的时代，只不过这种依附关系是在合同自由的虚假旗号掩盖下进行罢了。垄断和不正当竞争是自由竞争躯体上生出的毒瘤，破坏了竞争的自由环境，使恶性竞争、不正当竞争肆意泛滥，依价值规律建立起来的平等、公正观念发生混淆，交易中埋下了恶意的祸根。由于垄断和不正当竞争都披上了合同自由这一光鲜亮丽的外衣，竞争中的恶意可以无代价或只支付较少代价，这必然会导致原本平等的竞争者基于其不断膨胀的私欲，在交易中趋向于倚强凌弱、以邻为壑、道德沦丧，从而加剧社会向两极的撕裂。

二、对"垄断有理论"的反驳

上述观点本属于一种社会共识，然而，近些年来社会上却出现了一些为垄断辩护的观点，认为垄断在市场经济社会有益无害，是市场经济社会的自然结果，无需过虑。而反垄断其实就是打压自由竞争，其结果导致自由市场反而变得不自由。例如我国学者薛兆丰以美国近年来在反垄断立法与反垄断诉讼方面的争议为切入点著书立说，试图论证在世界范围内反垄断已经是一个过时的论题，美国的法官们已经开始放弃对垄断行为的追究与制裁，而我们的反垄断法却还在紧抱过时的观念不放，有悖时代潮流。其观点可以被称为"垄断有理论"。

仔细考察可以发现，他的观点可以归纳为以下两大理由：(1)判断垄断与否的方法不科学。过去判断构成垄断与否的标准是"本身原则"(per se rule)，而非相对更为科学的"理性原则"(rule of reason)[①]。(2)没有证据表明各种垄断行为具有社会危害性。用其原话就是：反垄断法禁止的每一种商业操作"其实都是有利于提高经济效率和促进社会福利的"[②]。现逐次加以评述。

首先讨论垄断判断规则问题。这里所谓的本身原则，其实是指某些商业行为属于反垄断的禁区，一旦实施该行为，其本身就构成了"进行或

---

① 薛兆丰:《商业无边界——反垄断法的经济学革命》，法律出版社2008年版，页30以下。
② 薛兆丰:同前注，页25。

企图垄断"。例如企业通过并购扩充占有了大部分市场；抑或捆绑销售产品，排斥了同类商品的市场进入或占有率。相反，理性原则是指垄断行为"最终是否被裁定为违规或违法，不仅取决于当事人是否做了，还取决于其行为的原因、动机和后果"①。在反垄断法的早期，美国由于相关经验不足，对垄断的判断采取了较为简单的标准，将企业的高市场占有率视为垄断标志，予以制裁。受制裁者对此常抱怨道：市场占有率高是市场选择的自然结果，并非自己恶意所为，一个忠实于市场的佼佼者不应该为能给市场带来更多物美价廉的商品而背负恶名，相反还应该得到鼓励与表彰。的确，这种抱怨是有道理的，垄断本质上是一种不正当竞争，应被定义为出于恶意以非法手段排斥、打击竞争者并谋取不正当利益的行为。也就是说，垄断者是有意寻找自由市场竞争规则的缝隙并加以滥用。在良性竞争中，也会发生其他竞争者受损失甚至失败的结果，但两者的根本不同点在于是否存在着主观上的恶意和对自由的滥用。由此看来，反垄断并没有错，只是过去那种唯结果论忽视了对原因的判断与把握，虽然判断方法简便，成本较低，但难免泥沙俱下，有企业被错杀。理性原则正是对上述做法反思的结果，该原则不仅看是否存在"垄断"市场的结果，更要全面考察造成这一后果的各个相关因素，从因果关系上把关，剔除那些被错杀的无辜企业。总之，粗糙的判断标准被细密、严谨的标准所替代，说明了反垄断法的进步，却不能成为垄断合理、有益的理由。

其次讨论具体垄断行为的危害性问题。具体垄断行为大致有企业合并、横向垄断协议、纵向垄断协议（附从协议）、掠夺性定价、捆绑销售等等。判断一个表面上疑似垄断的行为究竟是否真的构成了垄断，需要依照理性原则作出全面分析比较，但在这一点上，薛兆丰显然走向了与本身原则相反的另一个极端，仅仅强调了道理的另一个侧面，因而同样是不全面的。例如在讨论企业合并是否会构成垄断时，他认为："从企业的个数和规模来推断行业的竞争状况，与从碟子的数量推测营养的多样化程度，两者的荒谬程度相当。"②并进而提出："反垄断法把企业的表面边界当回事，进而把企业的个数和会计数据作为考察市场竞争程度的当然指标，并

---

① 薛兆丰：《商业无边界——反垄断法的经济学革命》，法律出版社2008年版，页31。
② 薛兆丰：同前注，页91。

以此强行分拆企业或阻挠企业合并,是没有经济学依据的也是有害竞争的。"①问题显然并非如此简单,自由竞争的主要因素之一就是在足够大的市场上有足够多的企业在平等竞争,而同一企业内部是不存在竞争的,如果参与竞争的企业过少,或者凡有竞争力的企业都被通过合并等方式收购,最终量变势必会因积累而发生质变,垄断替代竞争成为主流并非没有可能。因此,问题不在于要不要限制企业合并,而在于要防止利用合并抑制竞争,企业合并既可能促进竞争也可能促进垄断,反垄断法的功能就在于通过有效的分检机制将两者相区分,保护竞争,打击垄断。再如关于垄断同盟问题,薛兆丰认为:"为了消除竞争而进行结盟,比一般人以为的要困难,而已经结成的同盟,若要守住一个不为市场所接受的,因此也不为部分成员所接受的价格,就难上加难。"②并由此认为这不会形成垄断。这同样犯了片面化的错误。的确,在成百上千人之间,形成价格同盟是极为困难的,而且极易片刻间土崩瓦解,但这绝不意味着这种同盟根本不可能形成,比如早先的柯达胶卷与富士胶卷,现在的波音公司与空客公司。如果再考虑到有些同盟关系是在政府的授意或默许下形成的,这种可能性就更大。所以,问题的关键还是要看企业结成同盟的背景、内容及方式,诸如定价形成的过程以及是否反映出合理市场价格,等等。试想,在逐利欲求驱使下,没有受到必要制约的两大公司,在有机会通过同盟获取垄断利润时却选择放弃,那才是荒谬的事情。另外,关于生产厂商(如汽车制造厂)限制零售商(汽车 4S 店)对外零售价的问题,薛兆丰引用国外学者的观点认为:"厂商限制零售商搞价格竞争,目的是绕过'搭便车'的困境,鼓励他们在价格以外的销售服务上竞争。"③这又是以偏概全,限制零售价可能是出于多重而非单一目的的考量,假如仅仅是出于宣传等原因固然可以接受,但如何能够保证限制零售价仅是出于这个原因呢?所以问题仍然是要细致区分哪个限价行为是垄断而哪个不是,不能笼统断定。

总之,如果说关于判断垄断问题存在依本身原则认定、依理性原则认定和根本否定存在垄断这三种观点的话,显然第二种观点较为客观与全面,而其余两种观点都因过于偏激而失之公允。另外应注意的是,否定垄

---

① 薛兆丰:《商业无边界——反垄断法的经济学革命》,法律出版社 2008 年版,页 94。
② 薛兆丰:同前注,页 59。
③ 薛兆丰:同前注,页 77。

断的存在且无视其社会危害性的做法,除去学术争论之外还存在政治考量。过去垄断一直被看作是一种负能量,具有强烈的社会破坏力,而且垄断与资本主义社会相伴而生,展现出资本主义无法摆脱的劣根性,这为其终将被更为先进合理的社会制度所替代埋下伏笔。所以,当今的新自由主义者们有强烈意愿以某种方式否定垄断的存在,或者将垄断描绘为一种对社会有益的正能量,这可以掩盖资本主义制度的硬伤,为其正统性与合法性找到依据。这一点同样是判断垄断利弊问题不应忽视的重要因素。例如以美国微软垄断案为例,从1997年到2001年,正当欧盟和亚洲等一些国家纷纷对微软公司销售视窗软件中的垄断行为施以处罚的同时,美国司法部原本大张旗鼓、轰轰烈烈的对微软公司反垄断诉讼,却突然以和解形式偃旗息鼓,其原因不禁令人产生疑惑,究竟是美国司法部突然搞懂了垄断会促进竞争而回心转意,还是出于保护进入衰退期的微软公司的国际竞争力的考量?换言之,究竟是经济原因还是政治原因左右了法律,值得深思。

三、市场异化对债法进步的逆向促进

综合以上分析可以得出结论,垄断与不正当竞争均属于市场的异化力量,对市场而言是一种强烈的腐蚀剂,起到助长贪婪、损人利己、阻碍竞争、干扰市场等一系列负面作用。正所谓物极必反,经济自由的过度化必然导致对自由市场规则的滥用,而这种滥用的后果就是垄断和不正当竞争。因此,如果欲使市场经济沿正常轨道健康发展,法律必须沿着抑制私欲、关心他人、诚信经营、促进合作的方向作出相应调整,也就是说,市场异化从反面为法律的改变提供了动力。事实上,自20世纪下半叶以来,包括欧洲一些国家、美国以及我国在内的世界各国在债法(合同法)领域都从上述方向作出了大量调整,例如对合同自由的限制、附随义务、强制缔约、事实上的合同、缔约过失、允诺禁反言等等,这些制度的改变对垄断和不正当竞争起到了相当大的抑制作用。到了21世纪,这种变化的趋势依然延续,并未弱化,只不过债法原来多点开花、各自为战式的调整开始向系统化方向发展。社会所形成的共识是:无节制的经济自由必须被框定在适当的范围之内;利己者出于人性与理性的考量必须适当关注他人(包括竞争者)的利益;为追逐利润不惜损人利己的动机必须受到为建立良好竞争环境而诚信经营等因素的制约;强调独立就能实现社会和谐的

观念正在为在保持适当独立性的前提下广泛参与社会合作的观念所替代。一句话，在依赖性越来越强的社会中，抑制垄断与不正当竞争，加强相互间合作与关怀，是促进良性竞争，发展健康市场的必由之路，从债法角度而言，顺应这一趋势的系统性解决方案就是建立信赖之债。市场异化不过是从另一个方向对这一债法体系的建立施加了某种助推力而已。

第五节 交易成本外化的影响

一、传统市场交易成本的"内化"

市场经济社会中的交易是自由的，任何人都可以自主地参与交易活动。然而自由并不意味着参与者可以毫无顾忌地进行交易或随意地放弃交易，因为任何交易都是有成本的，交易者需要先付出成本，然后完成交易。这里的成本是指交易主体为交易的完成而付出的费用和代价。一般包括诸如获得市场信息的成本（寻找标的、了解供需情况、把握价格行情）、谈判成本（对交易内容讨价还价并最终形成合意）、缔约成本（聘请律师、起草合同、签字仪式）、履约准备成本（评估履行能力、培训相关人员、筹款或备货）等等。近年来，机会成本也逐渐被纳入其中。所谓机会成本是假定每个市场主体从自身利益最大化出发，每时每刻都在无数个交易机会中搜寻着最好的那一个，一旦他选定某个机会进行交易，就意味着他同时放弃了其他交易机会，而如果他选定的交易没有成功，他将错过其他本可以成功的交易机会。俗话说，时间就是金钱，其实机会也是金钱，任何人持有金钱并将其投入交易中，理论上都可以从市场获取平均利润。如果因为没有把握住机会而使交易失败，这种无形损失有时比交易费用的支出要大得多。

应该说交易成本的概念虽然早已存在，但长期以来并未受到重视，直到 20 世纪上半叶随着制度经济学的兴起，才真正得到重视。此概念在法学领域受到重视的发展脉络也大致如此。过去的经济学和法学都一直忽视交易成本的存在，是由一定社会市场经济发展水平所决定的。早在自然经济时代，由于社会主要需求都通过自给自足的方式来满足，商品交换简单且并不频繁，人们既不需要进行大规模市场调查，也不需要精心准备的讨价还价，更不需要聘请律师起草合同预防纠纷，一切交易都简单自然。同时，交易大多限于生活用品的调剂余缺，交易成功与否对交易者不构成重大影响，交易者一般不仅不会为交易过程专门支付代价，而且都有这样的心理准备，即所谓"买卖不成仁义在"，没有人会认为失去了一次交易机会对自己是一种了不起的损失。可以说，这一时代社会并没有真正形成交易成本的概念。即使到了市场经济时代，交易成本也并未很快受到重视，因为如前所述，19世纪商品交换与资本投资虽然已经很发达，但依照古典经济学理论鼓励交易的原则，每个市场主体都被赋予理性人的光环，理性人不仅能够正确选择合理的投资回报，而且对投资风险有充分的判断力并愿意承担该风险。由此出发，交易成本成为了投资人所应承担的交易风险。所以，如同交易成功后交易成本会被交易带来的利润所覆盖一样，交易失败所造成的交易成本损失，也应该由交易者自己负担。这种交易成本由交易者自担的做法就称为交易成本的"内化"。在自由市场阶段，交易成本内化的做法一直得到延续，其一直是交易风险自担的另一种表达，并不作为一种独立的利益或价值被交易各方所考虑。

二、当代市场交易成本的"外化"需求

20世纪早期，交易成本的问题逐渐突出，此时商品交换与投资状况经历了从量变到质变的过程。首先表现为交易规模变得日益庞大。与19世纪比较，当代社会单次交易规模动辄上千万、上亿，一份国际贸易合同标的额达到几十亿美元的也不鲜见。如此大的交易规模，单一交易的交易成本绝对值巨大而使任何当事人对其无法忽略。其次，由于竞争激烈，招标、拍卖等高成本投入的合同占交易总量比重加大，而其成本投入规模往往需视利润预期而定。所以，以交易机会竞争为普遍经营方式的企业（例如大宗商品销售企业、建筑企业），其经营的普遍成本不菲同样可想而知。再有，鉴于投资规模不断扩大，形成投资周期长、前期成本投入大，且相应利润回报期滞后等特点，亦使交易成本重要性凸显。此外，当代社会竞争激烈有目共睹，投资与交易的时间因素日益重要，把握投资机会往往成为盈亏的关键因素，错失良机很可能意味着投资功亏一篑，所以机会成本的概念开始被社会所普遍接受。

总之，当代市场关系中，商品交易者对交易成本问题的态度发生了逆转，如果合同顺利订立与履行，成本自然被转化于未来的利润之中；但如果因一方过错导致合同没有顺利成立，对方的交易成本则无法内部消化，从而使成本损失变得难以容忍,正如著名学者耶林所形容的那样,"一方成为另一方疏忽行为的牺牲品"①。换言之,当交易成本无法内化时,则会发生从内化(自己负担)向外化(由致害人负担)的转变,即将交易成本作为一种独立利益来看待,由有过错的一方承担。对此美国著名学者富勒这样论述道:"根据交易的目的,对未来价值的期待成了现实的价值。在一个信用成为一种主要和永久之制度的社会里,由具有执行力之允诺所形成的期待必将会被视为一种财产,而对该允诺的违反则应被视为对那种财产的损害。"②今天,这已成为一种趋势,社会不可能退回到过去那样对交易成本轻描淡写或忽略不计的时代了。

三、制度经济学的应对"药方"

不过转变并不能一蹴而就,交易成本内化的观念起初似乎仍未被撼动,例如著名学者科斯 1937 年在其著名论文《论企业的性质》中提出,企业之所以会产生,是因为每个市场主体通过合同进行交易的交易成本过高,社会难以承受,为降低交易成本,人们组成企业,而企业内部不存在传统意义上的交易,故人们以企业形式实现了交易,却使交易成本大幅下降。对于科斯提出的交易成本理论,虽然有学者评价道:"他认知到了在新古典经济学的神话里,经济行动者总是孤立的,而不是在一个社会单位中与人合作:这是不正确的。"③但是科斯并没有突破交易成本内化的窠臼,而只是在考虑如何通过企业化来降低交易成本。相比科斯,制度经济学的后继者威廉姆森对交易成本的论述更前进了一步。在威廉姆森看来,古典经济学将市场主体看成完全的理性人是不正确的,因为在当今如此复杂的市场上,人不是万能的上帝,不可能掌握全部的市场信息,他们只是具有"有限理性"的市场主体,将其视为可以料事如神、不会犯错误的理性人对其是不公平的。而且市场对于参与者而言,永远是"机会主义"的,每个人"运用诡计去追求私利;惯于弄虚作假的代理人在交易中获取

---

① 转引自王泽鉴:《民法学说与判例研究》(第一册),中国政法大学出版社 1998 年版,页 89。
② L.L. 富勒、小威廉·R. 帕迪尤:《合同损害赔偿中的信赖利益》,韩世远译,载梁慧星主编:《民商法论丛》(第 7 卷),法律出版社 1997 年版,页 419。
③ 格兰诺维特:《镶嵌——社会网与经济行动》,罗家德译,社会科学文献出版社 2007 年版,页 145。

便宜。因而经济人是比通常追求私利假设所揭示的更为狡猾和奸诈的动物"①。所以,市场主体只要参与交易,就一定会付出交易成本。威廉姆森对于如何降低交易成本所给出的药方,虽然比科斯更系统化,但本质上却一样,其在《市场与层级制》一书中提出,应该将市场的一部分职能转入企业内部,通过内部层级的管理方式将交易成本化解,以避免机会主义带来的危害。

科斯与威廉姆森的观点从降低交易成本的目标出发确实无可厚非,然而却不可能完全有效,因为市场就是市场,不可能都转化为企业,必定还会保留大量的交易行为。如果将个人市场主体全部企业化,人际关系变为企业内部的层级关系,固然可以降低交易成本,但企业之间的交易依然需要成本支出;假如将所有的企业再行合并成一个巨大的企业集团,内部仍然保持层级关系,这的确可以从根本上避免交易成本,但问题是此时社会好像进入了似曾相识的计划经济时代,市场经济社会将不复存在。在此暂且不论上述理论在经济学上是否能够成立,这种层级理论在债法上不具参考价值却是确定无疑的,因为债法调整对象恰恰是市场主体间的交易关系,只要市场经济依然存在,交易就不会停止,债法的职能自然也不会被取消。只不过当代债法接受了一个科斯与威廉姆森都未曾涉及的新任务:当交易成本无法被经济手段所内化、且交易成本在机会主义之下又不应由"有限理性"的交易者自担风险的情形下,寻找到合理的交易成本负担者。制度经济学的解决办法仍然停留在交易成本内化的圈子内,所以只能通过企业内部层级的制度安排来降低交易成本;而当代债法则从新的视角对待交易成本问题,做法是将原本由一方内部消化的成本转化于外部,交由责任者承担。这种交易成本的外化同样可以起到限制交易成本的作用,因为当一方交易主体出于机会主义策略,利用对方的有限理性与其交易时,固然可以使对方支出超额的交易成本,但债法的功能却是将该成本强制交由"肇事方"承担。这样,对于本打算损人利己的一方,成本的负担却最终回到了自己肩上。这样做的结果可以极大地抑制机会主义行为的发生。另外,交易成本外化不仅可以使获取信息的费用、谈判费用、缔约费用的分配合理化,还可以使机会成本的负担同样趋向合

---

① 威廉姆森语,转引自翟学伟、薛天山主编:《社会信任——理论及其应用》,中国人民大学出版社 2014 年版,页 75。

理化。传统债法对履行成本的损失可以通过追究违约责任等方式加以解决，但对一方因过错导致的对方机会成本损失则不计算在损失之内，而是由受害方自担风险。随着成本的外化，债法中演化出缔约过失制度，依此制度，这部分成本损失会依法划归致害人一方负担，这样致害人意图通过机会主义行为牟利的问题就得到了解决（具体内容可参见第十四章第一节）。

四、交易成本由"内化"到"外化"对债法的影响

应该指出，虽然威廉姆森的企业内部层级的理论使用经济手段解决交易成本问题，对法律帮助不大，但是其关于交易成本形成的分析却具有启发意义。在威廉姆森看来，交易的发生来源于交易者相互之间存在信任，而其将信任分为三种类型，分别是个人信任、算计性信任和制度信任。个人信任是一种无条件的、非理性的信任，例如在配偶、父母子女或挚友之间的信任，它超出了商业交易领域。算计性信任则是经过仔细计算利害得失后产生的信任关系，交易者相信对方会依合同约定行事，并对风险防范、保证交易安全作出了预先准备。算计性信任存在于交易伙伴之间或者陌生人之间。由于这种信任是一种选择性信任而非无条件信任，需要时刻提防着对方的背信弃义，所以信任建立过程会发生大量交易成本。制度信任本质上是一种被镶嵌于社会与组织环境中而建立起的信任，在此社会氛围中，每个人的行为与决定都会受到组织与周边环境的影响，这种影响不仅强大而且持续不断，任何机会主义者都慑于这一影响力而收敛起机会主义行为的图谋。对于交易者而言，这种信任的建立同样并非通过算计产生，而属于一种无条件的信任，但该信任者与其说是基于对对方的信任，还不如说是对制度的信任。在完善的制度安排下，交易者相信任何机会主义者都无法利用自己的有限理性获取不义之财。尽管威廉姆森在此所说的制度是指企业内部的层级制度，但我们不妨将这一理念移植到债法当中，即在交易关系中用法律手段适当缩小算计性信任的比重，增加制度性信任的比重。具体而言，就是适当缩减约定之债的内容，而扩大法定之债的内容。所谓缩减约定之债，就是对合同自由的范围与程度予以适当限制；所谓扩大法定之债，就是将原本债法未加以调整的部分交易领域（会产生或增加交易成本的领域）和因合同限制而退出的领域转归法定之债管辖。简言之，交易中的算计性信任归合同法管辖，制度性信任

归信赖之债管辖。

债法从原本将交易成本损失视为当事人自担的风险而对其拒绝调整,到今天将其纳入债法调整范围并确定由造成损害的责任方负担,无疑体现了社会的进步,而这一进步是顺应经济生活客观要求的结果。我们越来越清晰地看到,经济生活从孤立的自由化开始逐步走向了社会化,原本自恃手握自由之尚方宝剑而趾高气扬的交易者,对于相对方交易成本采取漠不关心、不屑一顾的态度,现在不得不开始认真考量起自己的疏忽是否会使对方成为不必要的牺牲品,会否给社会带来不必要的损害。也就是说,当人们为交易而发生社会接触时,哪怕这一接触尚未达到合同约束的程度(例如在为缔约做准备的阶段),在当事人之间已经形成了一种正当的社会依赖关系,用威廉姆森的话说就是形成了一种基于社会环境氛围而产生的信任关系(制度信任)。由于此时交易方会因这种信赖支出交易成本(包括机会成本),并形成信赖利益,所以这种信赖利益应当受到法律的保护。正是根据这一社会客观需求,信赖之债这一新制度应运而生。当然,信赖之债产生的目的并非为了替代合同法的功能,其作用其实在于对合同自由过度的纠偏和弥补合同法的不足,使债法能够更全面、更系统、更有效地为商品交换服务。

第六节 当代经济关系的债法信赖保护导向

在当前以经济建设为核心的社会中,一种理想的经济模式可以造就一个理想的社会,自然也能够造就一个理想的法治环境。前面各节分解研究了各种经济因素对债法的影响,而这些研究的综合性结论就是当代社会经济关系的发展从正反两方面促进了债法的信赖保护导向。不过,这样分析的一个明显不足在于没有区分社会制度的不同。尽管纵览古今世界,当前社会是有史以来最彻底市场化的社会,全世界除极少数几个国家之外,几乎所有国家都奉行市场经济制度,但是不同社会制度下的市场经济存在一定差别,即使在同一社会制度下的市场经济模式也同样存在差别。这种差别势必会影响到债法对信赖保护的倾向和程度,因而有必要结合市场经济的共性与社会制度的差异性来研究信赖之债的时代特征。

一、四种主要的经济模式

一般而言,狭义的社会制度是指该社会的经济属性,例如公有制社会或私有制社会。如果将市场因素结合进来,当代社会大致表现为以下几种社会模式:(1)美国式的自由资本主义社会;(2)苏联式的计划经济社会主义社会;(3)欧洲式(以北欧、南欧为代表)的福利资本主义社会;(4)中国式的社会主义市场经济社会。

比较而言,美国式社会与苏联式社会分别代表了两个极端。美国推崇高度自由化的市场,强调市场的独立与自主性,国家尽量不干预或少干预市场,市场在自治状态下即可达到经济的发展与社会本身的和谐。其极端性体现在,过分的利己动机驱动与过分的自由相结合,导致了从1929年到2008年期间多次出现大大小小的经济危机与金融危机,不仅重创了经济,也破坏了社会和谐。原苏联则实行与美国截然相反的经济制度,表现为经济生活的高度计划性,否定市场规律的作用,力图通过事无巨细的计划来克服市场自由化带来的盲目性,结果却走向了另一个极端。市场盲目性虽然被克服了,但市场活力却丧失殆尽,每个生产者都成为了国民经济这一大机器上功能单一且毫无自主性的螺丝钉。当机器因锈蚀发生运转阻滞时,机器上的任何零件均不能通过自我完善起到润滑与恢复整个机器正常运转的作用。其结果更惨,1991年苏联最终解体。

与两个极端相比,欧洲与中国则分别属于资本主义与社会主义反向修正的产物。以北欧国家为代表的欧洲,虽然坚持市场经济与资本主义方向,但却在经济运作中加入了社会化成分,例如通过提高税收来增加社会福利,以缓解过分自利与过度自由带来的弊端,事实证明此举确有一定成效。中国自改革开放后,虽然坚持社会主义方向,却引入了市场化运作机制,废除了计划经济体制,充分调动市场主体的积极性,以此克服原苏联社会僵化的弊端,经过几十年市场经济的建设,中国经济发展迅猛,生活水平空前提高。这两种修正方向相反,却异曲同工,都属于从两极向中间的妥协与折中。

除了苏联体制因解体而消失以外,另外三种体制当前并存于世,成为世界多元化的标志之一。应该说这三种体制各有优点,也都不够完善,当前虽然人们对以上体制的优劣存在着广泛的争论,但保持各自体制的独立性与相互尊重制度选择非常必要,多元化的制度探索有利于人类找到通向未来的更好的道路。

二、理想经济模式的争论以及对新自由主义理论的评价

(一) 哈耶克与诺齐克观点的片面性

本书站在社会主义市场经济(亦可称为中国特色社会主义)的立场上,对美国式自由资本主义模式作出以下分析:

随着1979年英国撒切尔政府和1980年美国里根政府的上台,新自由主义成为西方经济理论的主流。该体系是在古典自由主义思想基础上建立起来的一个新理论体系,强调以市场为导向,主张贸易自由化、价格市场化、私有化等,并以此作为建立全球秩序的基点。例如著名学者哈耶克认为,由于人们需求的多元化,使得市场异常复杂多变,对于这样的社会需求无论多么完善的计划体系都无法应对,本质上讲市场就是"自生自发"的,"那种因现代社会已变得如此复杂而主张我们必须刻意规划现代社会的观点是极其荒谬的,也是完全误解了这些发展进程的情况下所造成的结果"①。因而必须靠市场自身调节功能来满足社会需求,任何通过计划提前对市场与社会进行的规划都意味着强制及对自由的剥夺,都是"通向奴役之路"。新自由主义的另一位著名捍卫者诺齐克也认为,只应该存在"最弱意义上的国家",即国家除了防止暴力、盗窃、欺诈以及强制履约等保护性功能以外再无其他功能,其功能如超出这一界线就构成对个人权利的侵犯。

同时,诺齐克还通过突出所有权的绝对性来强调个人自由,他强烈反对福利社会那种向收入高者收税并按"社会需要"来反哺低收入者的做法,称其为"模式化分配原则",他认为"模式化的正义原则也只关注接受者的角色及其所拥有的权利"②,却忽略了给予者的权利。他甚至提出:"对劳动所得征税等于是强迫劳动。"③他具体指出:"模式化的分配正义原则都涉及侵占别人的劳动。夺走别人的劳动成果等于是夺走他的时间,命令他做各种各样的事情……他们抛开你作出这种决定的过程使他

---

① 哈耶克:《法律、立法与自由》(第一卷),邓正来、张守东、李静冰译,中国大百科全书出版社2000年版,页73。
② 诺齐克:《无政府、国家和乌托邦》,姚大志译,中国社会科学出版社社2008年版,页201。
③ 诺齐克:同前注,页202。

们成为你的部分拥有者,它给了他们一种对你的所有权,这恰如基于权利对动物或非生物拥有这样的部分控制权力和决定权力,就是拥有对它的所有权。"[1]如果说强调社会的市场经济属性及缩小政府职能在当前社会尚有合理性的话,反对国家通过对富人征税反哺穷人的做法则有自由的绝对化和权利的滥用之嫌了。

诺齐克的论证基点在于:每个人都是孤立的、为追求个人利益最大化的经济人,他并不依赖社会而存在,与他人只是竞争关系,所以他也就没有任何关心或帮助他人的义务。由此推论,每个人对自己的财产既然拥有所有权,就意味着如果其出于自愿可以将财产给予任何人,而国家却无权不经其同意以税收的名义强征财产。

正如前面几节所述,该观点依然停留在19世纪,从当代视角考察则无疑已经过时。理由在于,当今已经不是个人可以孤立于社会的时代了,人与人之间由于分工导致了密切的合作,这种合作又构筑起了一个广泛的社会信赖平台,人们在这一平台之上才可以顺畅地进行各种生产与经营活动,而这个平台的层次与水平,很大程度决定了社会经济的发展水平,也为社会财富的进一步积累创造了前提条件。富有者财富的增加绝不仅仅是由于自己的天赋、聪慧与勤奋,还需要依赖他人的帮助,依托于良好的制度架构与信赖社会的协作氛围。那种依靠自己单打独斗就能发家致富的个人英雄主义之路早已行不通了。因此,当代社会每个人的自由不再是绝对的自由,权利也不再是绝对的权利。经济关系中如果对他人的冷漠、麻木不仁,特别是对社会弱势群体的漠不关心,甚至以邻为壑的做法盛行,必然会腐蚀维系社会运转的信赖平台,到头来会导致促成经济发展、财富扩大的信赖平台轰然倒塌,而那些自以为是的个人权利捍卫者的利益也将付之流水。总之,有一个便于大家从事市场活动的良好的信赖平台再加上每个市场主体的个人努力,同属当代社会中获取财富的两大因素,缺一不可。诺齐克的错误之处恰恰在于其只看到了个人作用,却忽略了社会平台的作用。为了社会经济的发展,不仅要发挥个人的积极性,国家、社会、个人还需要为维护好这一社会平台而尽力。从国家而言,通过税收实现社会福利正是出于这一目的;从个人关系而言,通过信

---

[1] 诺齐克:《无政府、国家和乌托邦》,姚大志译,中国社会科学出版社社会2008年版,页206。

赖之债对需要帮助者尽到必要注意义务也是出于同样目的。

(二) 鲍曼的修正性观点

其实,当代一些自由主义学者也看到了诺齐克观点中的片面性,并力图以新的论据在对前述观点作出一定修正的基础上为其进行总体意义上的辩护。例如德国学者米歇尔·鲍曼在其著作《道德的市场》中系统性地将市场中的个人分为四个类型:分别是经济人、社会人、政治人和现代人。经济人就是指传统意义上追求自己利益最大化的人士;社会人则是指以价值为导向,将社会价值内化为个人品质,超越个人利益而服从社会利益的人士;政治人是社会人的政治版本,或者说是在政治领域中的社会人;现代人是鲍曼所推崇的完美代表,其将个人主观效用动机与接受正当社会规范的约束结合起来。也就是说,现代人会控制自己的欲望,为实现更高的个人目标而放弃一定的眼前利益,并选择服从社会整体秩序,最终结果是通过使两者完美结合而实现可能的最大合理利益。鲍曼是这样描绘现代人的:"即便从其维护自身利益的视角看,现代人也比经济人在能力方面毫不逊色。现代人可以像经济人一样灵活、多样化并有适应力——但他不会像经济人那样聪明反被聪明误……较经济人不同的是,现代人摆脱了'享乐主义的怪圈'并且恰恰由于能够放弃在任何情况下都永不停歇地追逐其个人好处而维护自身利益。现代人培养了社会性格和利他主义,因为存在着社会性格和利他主义的奖励条件——但他也不会对此过于'夸张'并不计条件地背叛自己的利益。他尽管愿意做出牺牲,但不会无条件牺牲。"①

在鲍曼看来,现代人既是利己主义者,也是现实主义者,他懂得如何在尊重他人与社会利益的前提下使自己利益最大化。因此,他认为在维持自由主义理念不变的情形下,即使不需要法律的强制,社会也可以自动造就出适合当代市场的道德人士。鲍曼的观点可以看成是对诺齐克观点的修正,尽管两者均基于自由主义立场,但鲍曼的观点似乎更顺应当代社会发展的潮流。其实该观点还有一层意义,那就是可以较好地解释当代福利社会普遍存在的通过增加税收而建立的就业保险、劳动保险与医疗保险等社会保障制度,因为健全社会保障制度,是一种必要的社会妥协与

---

① 米歇尔·鲍曼:《道德的市场》,肖君、黄承业译,中国社会科学出版社2003年版,页582以下。

折中,是一种最优选择方案,能够为市场主体实现自己利益最大化提供良好条件。如果每个人永远只知道采取经济人的处世哲学,不懂得以退为进,社会只会变得更糟糕。鲍曼的理论一语道破了当代资本主义社会得以延续并依旧保持相当活力的一个重要原因。

其实,18、19 世纪是资本主义社会最欣欣向荣的时代,然而也是剥削与压迫最严重的时代。恩格斯在《英国工人阶级状况》一书中是这样描绘当时英国——这个世界上最富裕国家——的工人阶级生活场景的:"每一个大城市都有一个或几个挤满了工人阶级的贫民窟。的确,穷人常常是住在紧靠着富人府邸的狭窄的小胡同里。可是通常总给他们划定一块完全孤立的地区,他们必须在比较幸福的阶级所看不到的这个地方尽力挣扎着活下去。英国一切城市中的这些贫民窟大体上都是一样的;这是城市中最糟糕的地区的最糟糕的房屋,最常见的是一排排的两层或一层的砖房,几乎总是排列得乱七八糟,有许多还有住人的地下室。这些房屋每所仅有三四个房间和一个厨房,叫做小宅子,在全英国(除了伦敦的某些地区),这是普通的工人住宅。这里的街道通常是没有铺砌过的,肮脏的,坑坑洼洼的,到处是垃圾,没有排水沟,也没有污水沟,有的只是臭气熏天的死水洼。城市中这些地区的不合理的杂乱无章的建筑形式妨碍了空气的流通,由于很多人住在这一个不大的空间里,所以这些工人区的空气如何,是容易想象的。此外,在天气好的时候街道还用来晒衣服:从一幢房子到另一幢房子,横过街心,拉上绳子,挂满了湿漉漉的破衣服。"[①]无独有偶,法国著名学者托克维尔在其《英国游记》中对 1836 年英国曼彻斯特的描述也大同小异:"城市上空笼罩着浓密的黑烟。太阳好像是没有光的圆盘照射下来。三十万人在这灰蒙蒙的日色下不停地活动着。……这个城市经常挤满了人群,但他们的步子是沉重的,目光是冷漠的,神情是忧郁和粗野的。"[②]

这虽然只是表象,但其所反映的却是当时工人所面临的劳动强度、劳动时间、劳动保护、低工资、休假无保障等一系列深层次问题。而由于这些严重的社会问题在当时并无解决方案,因而引起了社会对立,当然也催

---

① 恩格斯:《英国工人阶级状况》,载《马克思恩格斯全集》第 2 卷,人民出版社 1956 年版,页 269 以下。
② 转引自迪特尔·拉甫:《德意志史——从古老帝国到第二共和国》,波恩 Inter Nationes 1987 年版,页 98。

生了马克思主义,1917年俄国十月革命同样可以理解为这种社会矛盾激化的产物。在20世纪资本主义社会发生全面经济大萧条和两次世界大战的接连影响下,世界格局发生重大改变,世界形成了资本主义与社会主义两大阵营,分庭抗礼,并进入冷战状态。这一切使资本主义制度遭受到前所未有的危机,也迫使西方世界进行了深入的反思。当然这种反思并非从第二次世界大战结束后才开始,而是在此之前已经延续了几十年,直到第二次世界大战结束后达到了高峰。如何保持住资本主义制度并抵销社会主义的冲击成为西方世界思考的核心问题。其实冷战在当时绝非仅仅是单一的军事竞赛,还包括了两大阵营如何争取民意的支持,因此反思是全面的,涉及政治、经济、军事、文化、道德、社会、法律等方方面面。正是在这样复杂的社会背景下,当时的西欧开始了福利社会的进程。从某种程度上讲,推行福利社会在当时是一种资产阶级向无产阶级的让利行为,即通过对剥削成果一定程度的返还来达到缓和社会矛盾的目的。对此,恩格斯其实早在1892年已有所论及:"于这样的发展同时,大工业看起来也有了某些道德准则。……工厂区内的实物工资制被取消了,通过十个小时工作法案,并且实行了一大串比较次要的改良措施……工厂主们,尤其是大工厂主们,就渐渐感染了一种新的精神。他们学会了避免不必要的纠纷,默认工联的存在和力量……所有这些对正义的让步,事实上只是使资本加速积累于少数人手中和消灭那些没有这种额外收入就不能维持下去的小竞争者的一种手段。……这样一来,下面这件重大的基本事实就愈来愈明显了:工人阶级处境悲惨的原因不应当到这些小的压迫中去寻找,而应当到资本主义制度本身中去寻找。"①

的确,实行广泛的福利经济学,与原本西方社会所坚持的自由主义经济理论存在着直接的矛盾,但当时西方社会、道德、文化等上层建筑的强大力量猛烈作用于社会的经济基础,最终起到了缓和社会矛盾的成效。不过,由于资本主义市场经济社会的基本模式未改变,上述基本矛盾仅仅是得到缓解却没有彻底消除,而且资本家作为经济人的贪婪也不会收敛,正像以诺齐克为代表的一派所主张的那样,社会上仍有很多人现在依然坚持认为自己根据市场经济自由化的基本规则所获得的收入不应被白白

---

① 恩格斯:《〈英国工人阶级状况〉1892年德文第二版序言》,载《马克思恩格斯选集》第四卷,人民出版社1972年版,页274以下。

送给穷人,在他们看来穷人往往是懒惰者和运气不佳者。那么究竟是什么原因导致近几十年来福利社会的推行较为顺畅,以及原本激化的社会矛盾持续得到缓解呢？一个更为重要的原因就是社会生产力的高速发展为这种让利行为提供了坚实的基础。20世纪是人类社会生产力飞跃发展的时期,在这短短的100年间,人类从蒸汽机时代先后跨越了内燃机时代、电气化时代、信息化时代进入到目前的网络化时代,而每一个时代都代表了社会生产力的一次几何级数的增长,可以说当前的社会财富总量是一百年前的成千上万倍。如此高的财富增量使社会全体人(包括穷人和富人)的财富都实现了大幅度正向增长,也就是说,财富的分配不再是原来的零和游戏,不再意味着资产者必须从自己的腰包中拿出真金白银去安抚无产者,资产阶级作为社会的统治者完全有余力从社会财富的增量中让渡一部分给无产阶级,使其逐渐成为中产阶级,从而缓和了社会矛盾。但与此同时,资产者的财富增加速度并未降低反而更快了,因为这不仅节省了为抑制社会动荡所花费的成本,而且可以确保资产者在财富的增量中得到大头,从而其经济人的逐利本性也得到了满足。

总之,一方面由于科学技术的发展导致社会生产力飞速提高,给社会带来了巨量的财富,这满足了资产者的财富欲求；另一方面资产者在确保自己从社会财富的增加中得到大头的同时,愿意作为一个"有道德的现代人",拿出小部分来安抚民众的不满,达到了社会的暂时性平衡。但值得注意的是,这种平衡十分脆弱,很容易被强势的一方所打破,事实是该平衡也确实时常被打破。因为所谓富人向穷人的让利程度,就某个富人个体而言往往并非十分情愿(体现为偷税漏税或移民到税负低的国家),就政府本身而言会受到经济增长的直接影响(如2015年希腊的财政危机)以及国内主要政治、经济势力的间接影响(如美国特朗普总统于2017年即废除了前任奥巴马总统的医保法案)。

(三)皮凯蒂对21世纪社会贫富差距原因的分析

关于社会财富的占有比例关系以及分配不均所带来的社会危害性,法国学者托马斯·皮凯蒂在其所著的《21世纪资本论》中作出了具体的分析,其首先详细列举了近年来社会财富分配不均造成的贫富差距加大的数据,这里不妨引用其提供的一些数字：

"在财富分配最平等的社会(如20世纪七八十年代的斯堪的纳维亚国家),最富裕的10%人群占有国民财富的50%,如果人们准确申报巨额财富的话,甚至达到 50%—60%。当下,2010 年以来,在大多数欧洲国家,尤其是在法国、德国、英国和意大利,最富裕的 10% 人群占有国民财富的 60%。

最令人惊讶的事实无疑是,在所有这些社会里,半数人口几乎一无所有:最穷的 50% 人群占有国民财富一律低于 10%,一般不超过 5%。在法国,根据最新数据(2010—2011 年),最富裕的 10% 占有总财富的 62%,而最穷的 50% 只占有 4%。在美国,美联储最近所做的调查覆盖相同年份,表明最上层 10% 占有美国财富的 72%,而最底层的半数人口仅占 2%。然而请注意,像所有的调查一样,财富都是主动申报的,因而这一来源低估了最大财富数值。"①

其实,依新自由主义者的逻辑,贫富差距加大并没有什么不正常,因为财富是富裕者通过辛勤与智慧所创造的。果真如此的话,懒惰、愚蠢的底层人群确实只配得到微不足道的财富。但这是否是事实呢?皮凯蒂以投资性财富收入为例,向我们部分展示了其中的秘密:

"许多经济学模式都假设,资本收益不受资本所有权影响,即无论资本拥有者的财富大小,资本收益都是相同的。但这一点其实有待推敲:完全有可能发生的情况是,富裕者的平均资本收益率往往会高于那些财产规模不大的人。……假如说平均资本收益率是 4%,那么富裕者可能会获得 6%—7% 的高额收益,而普通投资者可能就只能拿到 2%—3% 的收益。

……这种机制会自动导致资本分配的两极化。……在新的全球经济环境中,这种贫富悬殊或许正以前所未有的速度不断加剧。"②

这只是原因之一,还有更主要的原因,对此皮凯蒂接着写道:"《福布斯》排行榜中最令人惊奇的现象之一就是,无论财富来源于继承还是创业,一旦财富超过了某个规模门槛,那么就会以极高的速度增长,而不论财富的拥有者是否还在工作。"③他以微软公司创始人比尔·盖茨和全球化妆品巨头欧莱雅集团的继承人利利亚纳·贝当古为例,指出比尔·盖茨的财富从 1990 年的 40 亿美元增长到 2010 年的 500 亿美元,而利利亚

---

① 托马斯·皮凯蒂:《21 世纪资本论》,巴曙松等译,中信出版集团股份有限公司 2014 年版,页 205。
② 托马斯·皮凯蒂:同前注,页 341 以下。
③ 托马斯·皮凯蒂:同前注,页 349。

纳·贝当古的财富则从20亿美元增加到250亿美元，相当于年均增长13%。然后，他又再次强调指出："请特别注意，一旦财富达到了一定的规模门槛，资本组合管理和风险控制机制就可以形成规模效应优势，同时资本所产生的全部回报几乎都能用于再投资。拥有这样数量的财富的个人每年只要拿出总财富中几乎可忽略不计的部分，也足够让自己过上极为奢华的生活，因此他的全部收入都可以用来再投资。"①

很显然，对贫富差距加大只能有一种解释，那就是少部分人从社会财富的增量中获得了更多份额。富人仅通过投资（对资本的占有）而不需要劳动就可以获得大量财富，如果考虑到以下事实，即这些财富的绝大部分根本意义上都是通过劳动被创造出来的，所以富人剥夺穷人的劳动成果就成为了不争的事实。

对于贫富悬殊带来的社会后果，皮凯蒂从上述不平等的扩大与2008年金融危机的关联性作出了进一步分析：

"有没有可能是美国不平等程度的扩大助推了2008年的金融危机呢？美国前10%人群的国民收入比重在20世纪两次达到峰值，一次在1928年（在1929年'大萧条'前夕），另一次是2007年（在2008年金融危机前夕），考虑到这些特征，出现上述疑问在所难免。

在我看来，美国收入不平等的扩大一定程度上会引发国家的金融不稳定，这是毫无疑问的。原因很简单：收入不平等扩大的一个后果是，美国中下层的购买力出现了实质停滞，这必然增大了一般家庭借债的可能性。特别是，那些不择手段的银行和金融中介机构慷慨地提供了日益增长的授信额度，因为它们免于监管并渴望从流通到体系中的巨额储蓄中赚取优厚的利息收入。"②

其实贫富悬殊只涉及金融危机的浅层原因，金融危机只不过是其直接结果，如果这种情形继续下去，富人依其强势以切香肠的方式逐渐缩小穷人财富在国民总财富中的比例，由此而引发社会反弹的危险将会不断积累，目前悬在西方社会头上的达摩克利斯之剑会在未来的哪一天坠落，谁也无法预测，但更为巨大的社会危机隐患却是客观事实。

---

① 托马斯·皮凯蒂：《21世纪资本论》，巴曙松等译，中信出版集团股份有限公司2014年版，页349。

② 托马斯·皮凯蒂：同前注，页235。

三、当代经济关系的结构性特征

新自由主义尽管可以带来经济一时的繁荣,但其并不符合社会发展的总体趋势,因而并非挽救资本主义世界的钥匙,社会的复杂性决定了发展生产力与维护社会的公平需保持均衡,因而某种必要的改变实属必然。欧洲的福利社会虽然目前遇到了某些困难,但仍不失为一种折中的探索;中国的社会主义市场经济的出发点也大抵如此,我们的长远目标在于实现共同富裕。尽管我国目前发展中也面临同样的贫富差距问题,但这与西方国家不尽相同,因为我国刚刚开始走上市场经济的道路,人民总体富裕程度较低,当前的主要任务是调动各方面积极因素,加速社会经济发展,增加社会总财富。而当社会财富达到一定程度时,保持贫富差距安全水平的任务将会逐渐成为重点。即使是在新自由主义之路上走得最远的美国,在奥巴马总统执政时期通过的社会医保法案也标志着其向中间路线的某种靠拢。

以上分析说明,即使是当代最市场化的社会,人际关系也不应该是孤立、冷漠和纯粹自利的,而应该包含大量彼此关爱、互助和利益妥协。套用鲍曼的话就是当今的市场主体,不要成为自私的经济人,而应成为服从社会利益的社会人,起码也要成为兼顾个人利益与社会利益的现代人。一句话,市场经济社会应该走向人性化。这与社会前途利益攸关。

结合市场经济的特点以及市场关系人性化的取向,我们可以看出,当代社会理想的经济关系模式应该具备以下特点:第一,坚持市场经济社会的基本原则,例如平等、自愿、自由处分及等价交换等,并鼓励自由竞争;但同时通过抑制垄断和反不正当竞争来保持竞争的公正性,尽量将竞争限制在合理的水平。第二,为保持经济关系的和谐,应建立起竞争失败的退出与保护机制。竞争优胜者固然应该得到褒奖,但失败者也不应成为社会的弃儿,对于竞争失败者退出竞争提供一定的社会保障,可以降低竞争的残酷性,体现出社会对社会成员的人文关怀,形成良好的社会氛围。第三,通过一切可行的手段,加强中产阶级的社会比重,避免社会的两极分化。中产阶级的壮大,意味着富人对穷人剥夺的减少,这有利于社会矛盾的缓和及社会的力量平衡。第四,承认个人在经济活动中的有限理性,在经济交往中建立起鼓励人们主动关注他人利益的机制,而不是依循传统对他人利益漠不关心。由于最后这一点与本书主旨关联紧密,在此展开讨论。

如前所述,传统市场经济关系中所奉行的是理性原则,即根据基本假设,每个市场主体都是理性的行动者,他们通过对各种市场信息的理性计算,以追求个人利益的最大化。同时他们由己及人地推算出其他人也具有同样的计算理性,故商品交换关系其实就是两个理性人之间的博弈。这被称为理性选择理论。根据这一理论,两个交易者之间本来是不存在信任关系的,只不过为了交易的完成,理性地评估对方的可信度,并选择是否相信对方。因此,选择相信其实就是选择了冒险,相信的一方可能因为对方的背信行为而遭受损失。如何防止对方的背信弃义,科尔曼为我们指出了三种方法,即道德约束、违约制裁和守约激励。① 其中道德约束由于欠缺强制性而对唯利是图者效果较差。守约激励可分为精神激励与物质激励两种方式。精神激励主要体现为赞扬、鼓励、表彰等,其效果基本等同于道德约束;物质激励固然效果较明显,但激励成本需由其中一方支出,在原本的等价交换中如果再附加这一成本,将会导致交易对价的不公平。唯一效果较好的就是违约制裁方式。的确,合同法用去大量篇幅规定违约的赔偿责任,实践中也确实起到了良好效果。但是,这种制裁只适用于交易双方合同已经生效的情形,如果一方的背信行为处于合同签订之前或者合同终止之后,以及双方处于非交易性关系当中,这一方法同样失去了作用。可见在非合同约束下,假如当事人双方之间需要建立必要信任时,理性选择理论将无法完成任务。而在前面几节的论述中我们可以看到,当代社会这种合同外的交易与交往关系越来越常见,所以建立一种不同于合同约束的相互信赖约束机制极为必要。欲做到这一点,首先必须调整理性选择理论。这样,另一种替代理论——有限理性理论应运而生。

所谓有限理性最初由著名学者阿罗(Kenneth J. Arrow)提出,他认为,人的行为既是有意识的理性,然而这种理性也是有限度的。② 另一位学者加里·贝克尔也指出:所谓理性代表一种过了时的心理学、一种能掐会算、一种享乐主义的动机以及现实中根本不存在的行为。③ 有限理性

---

① 参见翟学伟、薛天山主编:《社会信任——理论及其应用》,中国人民大学出版社2014年版,页86。
② 参见翟学伟、薛天山:同前注,页93。
③ 参见翟学伟、薛天山:同前注。

除了指现实中的人并不是神仙,不能无所不知以外,还包含另一层意思,就是人即使在经济活动中也不可能只追求经济利益的最大化,事实上影响人作出决策的因素还有很多(例如对于公平正义的价值追求),人不可能仅仅根据经济理性作出所有的决策。有限理性有以下表现方式:首先,人们在经济交往中作出决策时,往往面临的是一个不确定的复杂世界,客观上无法掌握完整的交易信息,难以完成理想状态的理性人(掌握全部信息的人)才能作出的最佳选择,他这时仅有能力作出次佳的选择,所以他是有限理性的行动者。其次,行动者有时并非仅为自己作出决策,而是为法人或合伙作决策,这属于一种团体决策。此时他不可能仅顾及自己个人利益的最大化,而主要应该考虑团体利益和团体价值观,有时还需要在团体内各成员间进行利益平衡,于是其最终所作出的决策也许既不完全符合其个人利益,也并非纯粹出于团体利益考量,而是各种利益妥协的产物。再有,根据格兰诺维特的"镶嵌理论",人并不是孤立的个人,而是被镶嵌于社会网络当中的人,这意味着人在作出决定时,考虑的因素事实上比较复杂,不仅考虑经济因素,还要考虑政治、道德、社会关系等其他因素,这种行为结果可能并不符合经济利益最大化的理性标准,但其兼顾了经济效益与社会效益,是一种更为适当的选择。此外,人并非都是理性的,有时进行经济决策会更大程度地受感情支配,如果一个人作出某种外人看来在经济利益上匪夷所思的决策时,多半是受到了文化传统或者内心情感驱使的结果。总体上看,当今时代人的个体属性下降,社会属性上升,人们只关心自己的利益而忽视他人利益的做法,越来越不容于社会本身。我们应摒弃那种以经济利益最大化为唯一目标的理性标准,正视每个人的有限理性,全面考量经济利益和社会效益,在交易与交往中相互关切彼此利益,并为对方提供力所能及的照顾。这样看似自己的自由受到了一定局限,付出了额外的注意,但却能收获良好的经济效果以及社会的和谐稳定。从现代观点来看,这种负担并非额外的,而是分内的。

四、市场经济的人性化问题——信任、信用、信赖

现在回到关于人性化市场经济的议题。当代市场经济与传统市场经济的最大区别就在于,不是以经济利益作为单一标准来判断利益是否最大化,而是将道德、社会、文化、情感等人性化因素均纳入其中作为衡量标准。然而,参考因素过多会由于标准不统一而难以具体把握,因此在各个

"分母"之间进行"通分"变得十分必要。本书在此借用意义相近的三个概念作为"通分"的切入点，这三个概念分别是信任、信用和信赖。信任此时并非在一般意义上使用，而是指人与人之间无条件地相信对方。前面提到，在市场经济社会，信任原本意味着甘冒风险，但如果回溯到自然经济时代，信任往往发生在家人、亲戚、邻居、朋友之间，这种基于熟人关系的信任，就是一种无条件的信任，一方没有理由不相信对方，对方也没有欺骗他的诱因。人际关系的这种"地缘"属性决定了如果某人经常背信，他在该地将无法立足。这种无条件信任不仅发生在一般行为当中，即使在经济活动（例如交易）中也是如此。然而到了近现代社会，情况发生了改变。由于市场经济取代了自然经济，大批农民逐渐脱离土地而进入城市，熟人社会演变成陌生人社会，而陌生人之间又必须经常性地进行广泛合作才能维持正常的生产与生活，而且合作形式多样化，从一般买卖合同到设立合伙，甚至包括组建企业法人。这种关系中，无条件的信任已不合时宜，取而代之的是信用。信用意指值得他人信任。其属于一种可计算的信任或有条件的信任，一方为获取他人的信任必须积累足够的"可信度"，在市场中信任他人，需要以其是否值得信任为前提；一方欲获得他人的信任，则必须经过努力争取。一个人的信用记录如何，直接关系到其在市场合作中的成败，所以信用其实就是在交易当中的信任关系。当然，信用并非因此彻底取代信任，信任在原有领域中仍起到适当作用，但在日益广阔的商品交换与商业合作领域里，信用成为了主要应用标准。随着市场经济发展到当代，现实再一次改变。人们的交易、合作及交往关系愈加紧密，形成了某种程度上的相互依存，这时虽然通过信用来判断是否与他人合作并通过合同约束他人履行承诺仍是主要方式，但不可忽略的是，人们为了交易或合作，有时必须进入到一些合同以外的交易领域（如缔约之前的磋商）以及与侵权制度接壤的某些交往领域中，此时一方可能毫无选择地只能相信对方，这种相信可以称为信赖，基于此而形成的利益可以称为信赖利益。信任是一种主动的相信，信用是对方通过争取而获得的相信，信赖则是因社会依赖而对他人的相信。如果说信任对应的是自然经济社会，信用对应的是合作式市场社会，那么信赖所对应的则是当前依存式的市场社会。依存式的市场是由经济、文化、道德等多重因素所决定的社会。应该看到，当代社会中信任、信用与信赖并存，它们分别适用于不同的人际关系领域。其中信任仍适用于原有领域，但在社会中所占比重明显缩小；信用所占比重最大，适用于各种市场合作领域；信赖属于新生事物，其所占社会比重正在发展当中。总而言之，如果市场合作仅需要以经济效益最大化来衡量时，适用信用标准；而如果在某些特殊情形下，除经济效益效标准以外还需要参照社会、道德、文化、情感等因素时，则适用信赖标准。

信赖标准或者说信赖利益考量，固然是一种综合了多重因素的标准，应用于当代更加人性化的市场，不过上述标准的实际应用却是通过法律手段来实现的，这个手段中最直接的部分当属债法。如果从债法视角对信任、信用和信赖加以观察，我们会发现，信任由于是一种无条件的相信他人，完全由当事人自行掌控，不包含交易成分，因而法律并无适用余地；信用因体现为一种直接的市场交易或商业合作，毫无争议地成为了债法的主要适用领域；信赖关系则是一种人性化的交易或交往关系，其综合了经济因素以及其他因素，目前依社会需要而正逐渐成为债法的调整对象。可见，随着社会进步，引申出更为丰富的经济关系种类和信任关系类型，而法律也必须随之扩大自己的调整范围，以满足社会需求。信赖之债的产生正是顺应了这种社会信任类型的扩展。

五、人性化市场经济时代的债法保障功能

当今社会已经进入到人性化市场经济时代，其中一个重要标志就是债法强化对交易与交往中信赖利益的保护力度，而这种强化的具体措施就是引入信赖之债机制。可以说，信赖之债对当代经济关系而言无疑具有十分突出的现实意义。

首先，信赖之债是一种经济联系的润滑剂。传统市场中，人与人之间的交易总是以紧张关系开场的，人们需要交易，又互不信任，因而在交易之前充满了各种猜忌与试探，即使在交易谈判期间也预留各种后手以防对方突然变卦，因为他知道此时如果选择相信对方就等于选择了冒险，对方可以随时放弃交易使他措手不及。人们往往愿意寻找过去的交易伙伴以降低信用危机对自己的损害。然而这样做也有弊端，缩小交易对象范围就意味着减少了交易价格方面的可选择性，意味着无法获得最佳的交易效果。直到合同正式生效，交易双方的利益才得到了法律的认可与保护，不过这种保护依旧不够完善，如果某项义务因为事前难以预测而未能在合同中提前约定，则其中一方仍可能因此而受损害。而信赖之债正是针对上述两难困境而设计的制度,在此机制作用下,债法对交易的保护范围从交易的结果扩大到了交易过程,对合同中未约定的事项也会基于信赖原则而纳入法律保护范围。这无疑使市场主体更有信心参与交易,也使市场交易变得更加顺畅。

其次,信赖之债更好地抑制了交易中的机会主义行为。传统市场中,每个人都是机会主义者,仅考虑自己利益最大化,只要可能,人们往往倾向于滥用经营自由达到损人利己的目的,例如利用交易机会恶意磋商、虚假陈述,等等。过去由于法律对此缺乏有效的追究机制而使诚实善良的一方经常成为对方恶意的牺牲品。信赖之债的作用在于,通过扩大对交易者的保护范围,重新划定了个人经营自由与信赖利益保护的界线,使不诚信者受到最大程度的追究,机会主义行为因而难有立足之地。

再次,信赖之债能够有效地降低社会交易成本。众所周知,信任度越低的社会交易成本越高。传统市场中,由于交易者经常是第一次打交道,对对方的身份准确性、财产状况、支付能力等均不了解,即使在对方详细介绍后仍然要具体核实,鉴于信息收集的专业性很强,还需要聘请律师、会计师、评估师等专业人员协助,因而交易成本自然居高不下。如果说这些成本属于必要成本付出具有合理性的话,有些成本则可能并不属于必要成本,例如某公司开展一个项目招标,在各个投标单位花费精力、财力和时间完成投标后却突然毫无理由地宣布取消招标,造成投标方成本的浪费性支出。更有甚者,交易一方由于自己的故意和疏忽,还有可能造成对方的机会成本的损失。信赖之债虽然不能避免所有的交易成本损失,但却可以将不合理的成本损失降至最低,例如通过对不必要交易成本和机会成本的赔偿,反向抑制对他人交易成本支出的恶意引诱,从而比传统债法的作用更加积极有效。

最后,信赖之债为交易的参与各方创造出合作共赢的良好氛围。传统市场中,由于交易双方始终处于紧张关系中,即使交易结果是双方共赢,过程也表现为双方的激烈博弈。所以,虽然市场是统一的,但对于参与者而言,每个合同却是单独的,都需要通过一次博弈式的角力方能实现。除非常年的交易伙伴,人们很少能够在交易前建立起良好的互信关系。信赖之债制度根据当今依存式合作的特点,以某种强制方式要求人们在交易中为对方着想,关注对方利益,这无疑有助于维持交易者合作关系的稳定性,为本来对立的双方积累更多的共同利益,达到促进合作资源共享、缓解合作中冲突的社会效果。随着未来信赖之债制度的深入贯彻，关注他人利益的债法强制性规定会逐渐被人们的一种自觉性行为所取代，从而全面提高交易的互信水平。

综上所述，经济对债法有着统率作用，经济关系的发展水平决定了债法的基本样态。纵观债法的发展历史，在不同社会发展阶段，经济关系对债法职能的要求侧重点存在差异，在自由竞争阶段，由于强调自由，债法以保护个人独立与平等为主要职能；进入垄断时代，经济关系的矛盾与对立日渐突出，故而又出现了债法社会化的需求。总之，当新型经济关系出现之后，法律必然发展出新样态的债法与之配套，而债法的这些新发展又会反过来促进经济关系持续进步。

不过应清醒认识到，市场经济的新阶段本质上是一种兼顾与兼容的社会，这意味着社会走上了个人利益与社会利益并重之路，而非一味强调某一种利益的重要性；意味着社会需要通过综合平衡达到结构优化，而非简单以一种利益完全取代另一种利益；意味着社会以实现和谐共赢为终极目标，而非单纯鼓励与保护优胜劣汰。信赖之债的产生恰好印证了这一法律发展规律。与此同时，我们还应该看到，经济关系尽管是信赖之债产生的最重要因素，但却不是唯一的因素，对信赖之债产生构成影响的还有社会、道德等其他重要因素，对此本书将作出进一步阐述。

第二章 信赖之债产生的社会因素

第一节 三种典型社会观的考察

经济因素固然是当代债法构成的决定性因素,但并不是唯一的因素,对债法产生重要影响的还包括社会因素。所谓社会一般是指人的集合,更准确地讲就是指共同生活的不同个体之间所形成的彼此相依的生存状态。社会还可以理解为聚居在一起的人们共同活动或彼此交流的平台。人类组成社会并利用这个平台进行交流,因此对于每个社会成员而言,社会就成为了独立于自己的一种客观存在,社会架构、形态、组织、制度会对其成员的交流产生影响,也就是说,人们建立了社会,而社会又会反过来影响人们的思维与行动,给每个人以力量、支撑与帮助。债法是人际交流的规则,自然也会受到社会因素的影响。广义上社会因素包含了基于社会交流平台造就彼此相互关系的一切客观因素,经济因素也是其中一种,但从狭义上讲,将经济因素以及人的主观心理因素等排除在外的其余客观因素,就是本章所指的社会因素。另外,社会与共同体的概念也十分相近。所谓共同体,也称为社群,是指共同聚居、活动的某一特定人群范围,可以视为较小型的社会。与经济关系对债法的作用相比,社会因素属于第二位的影响因素,其主要针对的是除了直接的交易关系以外的人际交往关系部分,过去调整这部分社会关系的法律主要由侵权行为法担纲。可以说,探讨社会关系因素对债法的影响程度,其侧重点在于如何把握债法在规范社会交往中个人、共同体、社会三者关系时的准确定位。

债法既然需要在社会这个客观平台之上制定,社会本身对债法影响巨大,那么社会的属性究竟如何呢?在我们的观念中,习惯将债理解为个人之间以自身利益出发的相互交换,属于自利行为。但自利究竟是不是社会的本质呢?对此人们的认识存在较大差异,而其中三种社会观较具代表性。

一、霍布斯的社会观

第一种观点为托马斯·霍布斯的社会观。霍布斯是从人性出发来阐释他的社会观的,他认为人类是自私的,本性中充斥着权利欲、财富欲、知识欲、安全欲等各种欲望。为了满足这些欲望,人们天性好竞争、好猜忌、好追求名誉,而且贪得无厌,永无止境。同时他还认为,由于人的自然禀赋个体差异并不大,所以人对目的的欲求和希望的实现能力天然处于平等地位,其结果,当满足欲求的东西不足时,人们必然会相互争夺利益、相互怀疑和恐惧,有时甚至会先发制人或用武力摧毁对方,以求自保。他将这种人与人的紧张关系状态称为"自然状态"。在自然状态下,必然会形成一种一切人对一切人的战争状态,人与人之间既不存在是非与公正概念,也不存在社会和社会秩序,而是"人们不断处于暴力死亡的恐惧和危险之中,人的生活孤独、贫困、卑污、残忍而短寿"[①]。不过,霍布斯提出,人类本身之所以可以维持存在,并未因自相残杀而灭亡,其原因在于,人的自我保存和追求幸福的欲求,"使人们倾向于和平的激情是对死亡的畏惧,对舒适生活所必需的事物的欲望,以及通过自己的勤劳取得这一切的希望"[②]。这种欲求使人类具有了不同于一般动物的理性,而理性因素最终引导人类走出了打打杀杀的自然状态,进入了社会。在霍布斯看来,在自然状态下由于人的平等性决定了人有保全生命和追求幸福的自然权利,但这意味着人类会彼此竞争、猜忌和杀戮;而理性则使得人类能够发现正确行使这些权利的自然法则。根据这些自然法则,人类不仅应该去做保全自己生命和追求幸福的任何事情,同时还应该保持和平、尊重他人、服从权威、自我约束。没有自然法,自然权利是无法真正实现的。换言之,自然法使自然权利被限制在合理水平。霍布斯进一步认为,为了保证自然法的施行,人们只有一条路可走,就是通过契约将自己原本拥有的权利托付给一个能把大家各自的意志转化为统一意志的机构——国家。国家基于公共权力能够保护和满足每个人的自由、平等以及追求幸福的权利。至此,霍布斯完成了他社会观的构建。

---

① 托马斯·霍布斯:《利维坦》,黎斯复、黎廷弼译,商务印书馆1986年版,页95。
② 托马斯·霍布斯:同前注,页96以下。

通过对霍布斯社会观的上述考察可以发现,霍布斯认为社会的本性是自私的和建立在人性恶基础上的,永远趋向于相互坑害和尔虞我诈,只不过人类的理性和自然法给本来桀骜不驯的自己带上了束缚的锁链,使自己跨入了与他人和谐相处的轨道,如果有一天放弃了法治,社会又会回到无法无天的野蛮时代。霍布斯的这一社会观几乎可以说是为当时资本主义社会量身打造的,为资本主义社会个人独立、自由、平等与法治提供了正当性的理论基础。尽管其理论依据现在看来有些地方脱离现实或过分夸张,有些地方则是出于想象而未经过精确考证,但其对资本主义社会的建立却有着巨大影响。具体到该社会观对债法的影响,非常明确的一点是,正是基于理性的逻辑体系,人们通过自由订立的契约来达到彼此约束、限制争端的目的;并且通过侵权法来划定人与人之间的自由边界和相互尊重的限度。法律认可并鼓励自私自利、漠视他人利益甚至损人利己,只要不超过理性为其设定的界限即可,因为这是人类本性使然。

二、克鲁泡特金的社会观

霍布斯的社会观虽然对后世影响很大,但也屡遭诟病,特别是19世纪后期以来其所遇到的批判就更加猛烈,例如涂尔干就曾尖锐地批判道:"18世纪哲学家们所说的自然状态即使不是不道德的,至少也是反道德的"[①]。其中最有代表性的批评者就是俄国著名学者克鲁泡特金。他在《互助论》一书中提出了与霍布斯完全相反的社会观。该社会观的基本内涵是,人类除了适用竞争法则之外,还适用互助法则,而且在人类进化过程中,互助法则的意义更加重要。克鲁泡特金指出:"霍布斯所认为的'自然状态'无非就是个体之间的永久斗争,这些个体只是由于他们兽性生活的无常意愿才偶尔集合一起。从霍布斯那个时代以来,科学取得了一些进步,这是事实,我们现在有了比霍布斯或卢梭的推测基础更为可靠的依据。"[②]这个依据具体就是,"科学已无可置疑地证实了人类生活的开始并不是单独的小家庭形式。"[③]他接着论证道:"家庭不是人类的原始组织形式,它反而是人类进化中的一个很后期的产物。我们在古人种学所能追

---

① 埃米尔·涂尔干:《社会分工论》,渠东译,生活·读书·新知三联书店2000年版,页357。
② 克鲁泡特金:《互助论》,李平沤译,商务印书馆1963年版,页80。
③ 克鲁泡特金:同前注,页81。

溯到的范围内,可以发现人类是结成社会——与高级哺乳动物的群相似的部落——而生活的;需要经过极其迟缓和漫长的进化过程才能使这些社会变成氏族组织,而氏族组织同样又要经过一次也是很漫长的进化过程,然后才有可能出现一夫多妻或一夫一妻的家庭的最初萌芽。因此人类及其祖先的原始组织形式是社会、群或部落而不是家庭。"①

从这一基点出发,克鲁泡特金通过大量考古例证来证明原始的人际关系不是以自私为出发点之后,又进而指出:"原始人是如此把他的生活和部落生活看做是一致的以致认为他们的每一点行为(不论是多么无意义的行为)都是整个部落的事务。……氏族观念经常浮现在他们的脑海里,为了氏族的利益而自我约束和自我牺牲的事情每天都有。"②他认为原始时期构成社会的单位不是个人而是部落或氏族。对于个人与社会的关系,他继续论证道:"蒙昧人的生活分成两类活动,而这两类活动各有不同的伦理形式:其一是部落内部的关系,其二是和部落以外的人的关系;而(正像我们的国际法一样)'部落之间的'规则和习惯是大不相同的。"③

不仅原始人类生活的本质是互助,克鲁泡特金还论证了中世纪村落共同体、行会共同体、城市共同体内部的互助关系,甚至现代社会人与人之间也充满了互助。最后他总结道:"我们在人类的历史上自然只看到个人的作用……而另一方面,互助这一因素迄今完全为人们所忽视了。"④他的最终结论是:"凡是把个体间的竞争缩小到最小程度,使互助的实践得到最大发挥的动物的种,必定是最昌盛、最能不断进步的。……反之,不合群的种是注定要衰退的。"⑤

应该说,克鲁泡特金的社会观是一种积极的、乐观的社会观。其与霍布斯的社会观的差异性在于:第一,霍布斯认为人的本性是自私的,是充满猜忌与竞争的;克鲁泡特金则认为,比起自私而言互助才是人类更深层的本性,在共同体中的每个人都愿意为共同体的利益而作出必要的牺牲。第二,霍布斯认为,只有人的理性使人类可以发现自然法,从而使人类避免陷入永无休止的混战状态,理性是使人类回归社会的钥匙;克鲁泡特金

---

① 克鲁泡特金:《互助论》,李平沤译,商务印书馆1963年版,页81以下。
② 克鲁泡特金:同前注,页112。
③ 克鲁泡特金:同前注,页113。
④ 克鲁泡特金:同前注,页270。
⑤ 克鲁泡特金:同前注,页268。

则认为,由于互助是人的本性,所以社会本身就是和谐的,并不存在所谓的"一切人对一切人的战争",理性也不是拯救人类的工具。第三,霍布斯认为人类世界存在自然状态与社会两个递进阶段,社会取代了自然状态;克鲁泡特金则认为,人类始终生活在社会中,社会属性从古至今都是人类的根本属性,自然状态不过是杜撰的、不真实的,因而也不需要理性把人类从自然状态拉入社会。第四,霍布斯认为为了施行自然法,人们必须放弃自己的自然权利,交由国家以制定法形式统一予以保护,因而要强调国家的公共权力地位和法治的意义;克鲁泡特金则认为,由于人类具有互助的本能,因而没有国家和没有任何权力支配的社会不仅是完全可能的,而且较之有国家支配的社会更完善和更富于生命力。

总之,由上述这些不同可以看出,如果说霍布斯的社会观具有某种极端色彩的话,克鲁泡特金的社会观则滑向了另一个极端,该观点被认为是一种典型的无政府主义,其否定国家在社会治理中的功能,也否定了法律对社会的规范作用,尽管该观点在论证人类的社会性方面具有相当的真理性,但对人类社会发展的基本看法却显得不切合实际甚至空想化了。

三、滕尼斯的社会观

与前两种分属两个极端的社会观相比,第三种社会观则相对折中,这就是费迪南·滕尼斯的社会观。滕尼斯曾详细研究过霍布斯的理论[①],从中获取了必要的营养;但他也发现了霍布斯理论中的致命缺陷,并果断扬弃,提出了自己更适合当时社会现实的社会观。与霍布斯一样,滕尼斯也将人类发展历史分为两个阶段,但与霍布斯的自然状态与社会阶段截然不同的是,滕尼斯认为人类存在的两个阶段分别是共同体与社会,也就是说,滕尼斯认为在社会阶段之前,人类并非处于个体之间混战的无序状态,而是一种有序的、和谐的共同体状态。他指出:"共同体的理论出发点是人的意志完善的统一体并把它作为一种原始的或者天然的状态。……这些关系的一般根源是与生俱有的无意识的生命的相互关系;只要当任何一种人的意志与一种身体的体质相适应时,由于身世和性别,人的各种意志就是相互结合在一起的,而且保持着相互结合,或者必然会变成相互

---

① 滕尼斯曾著有《霍布斯的生平与学说》一书(1896年)。

结合。"①

他进而提出了共同体的三种基本类型,分别是家庭共同体、邻里共同体和精神共同体。家庭共同体也称为血缘共同体,是指基于血缘关系而形成的父母子女、兄弟姐妹的共同体,也包括了血缘更为疏远的亲属之间所形成的大家族(氏族)共同体。邻里共同体也称为地缘共同体,是指没有血缘关系的人因为居住地域在一起而形成的生活共同体。精神共同体也称为友谊共同体,是指不具有血缘关系和邻里关系的人之间由于友谊、职业、艺术、宗教、共同兴趣爱好等原因而形成的精神契合,是由心灵纽带联系起来的共同体。这三种共同体是社会建立之前人类生活的基本平台。显然,这种共同体理论比起霍布斯自然状态的夸张描述与缺乏实证性的推论,更接近真实的历史情形,也更有说服力;而且,共同体理论也否定了霍布斯将人性看成是永恒不变的、非历史性的事物,而是对其作出历史的、发展的阐释。

如果说滕尼斯的共同体与霍布斯的自然状态差异巨大的话,他们对于社会的论述则差异较小,他们都认为社会是人类自由意志的产物,社会的主体都是独立的个人。只不过滕尼斯认为社会是由共同体演化而来,而非自然状态的转化结果。关于共同体与社会的衔接关系,他指出:"一切亲密的、秘密的、单纯的共同生活(我们这样认为)被理解为是共同体里的生活,社会是公众性的,是世界。人们在共同体里与同伴一起从出生时起,就休戚与共,同甘共苦。人们走进社会就如同走进他乡异国。"②他还指出:"共同体是古老的,社会是新的,不管作为事实还是作为名称,皆如此。"③对于社会的具体产生过程,滕尼斯强调作为社会主体的个人意志的主动介入,而霍布斯则强调个人意志介入的"受迫性"。在滕尼斯看来,正是由于共同体的不断发展,使人类不再满足于狭小的共同体生活,产生了对活动的平台的升级需求,于是人类逐渐脱离共同体的生活圈子而步入了更为广阔和色彩斑斓的社会领域。进入社会阶段之后,虽然共同体还依然存在,但是其发挥的作用非常有限,而社会则成为人们对外参与交流的主要活动平台。

---

① 费迪南·滕尼斯:《共同体与社会——纯粹社会学的基本概念》,林荣远译,北京大学出版社 2010 年版,页 48。
② 费迪南·滕尼斯:同前注,页 43。
③ 费迪南·滕尼斯:同前注,页 44。

与此同时,滕尼斯在其理论建构中并没有使用霍布斯的"理性"概念,而是使用了与其意思相近但意义却更为广泛的"意志"概念。对于共同体的意志,他是这样定位的:"相互之间的共同的、有约束力的思想信念作为一个共同体自己的意志,就是这里应该被理解为默认一致(consensus)的概念。它就是把人作为一个整体的成员团结在一起的特殊的社会力量和同情。……结构与经验的相似度越大,或者本性、性格、思想越是具有相同的性质或相互协调,默认一致的或然率就越高。"①在滕尼斯看来,人类的理性并非与生俱来的,而是人类所处的环境赋予了人类恰当的意志。在共同体内部,由于人类长期共同生活导致了各种共同经历的不断积累,而这些经历又逐渐凝结成为世代延续的共同文化,并形成了共同意志。因此共同体意志并非来源于人类的先天理性,而是后天共同经验的创造物。显然,这种相对"接地气"的意志论比起虚幻缥缈的理性论更合乎情理。

关于个人意志的形式,滕尼斯认为,人们之所以可以形成共同体,是因为人们共同具有一种"现实与自然相统一"的本质意志,这种意志是由生活中共同经历所形成的兴趣、习惯、记忆等因素决定的,换言之,共同的生活环境造就了相同的思考模式与认知能力,所以这种本质意志实际上具有某种必然性。但个人在社会中则完全不同,人们一旦进入到广大的社会领域,自然失去了造就本质意志的生活环境,个人将完全凭借自己的思维进行判断与选择。同时,社会是自由的,这也给了每个人以充分的选择空间,所以在社会中人们根据思维所形成的意志被称为选择意志。在社会中人们基于自由的选择意志,自然会选择通过平等的商品交换形式互通有无,交换劳动成果;在人际交往中人们也会选择尊重他人的自由与人格,同时尽力保持自己的自由与人格独立。至此,滕尼斯的社会观构建完成。

如果从近现代(19世纪末)的视角比较以上三种社会观,显然滕尼斯的观点视野更全面,考虑更周延,也更贴近当时的社会现实。滕尼斯观点的高明之处在于:一方面,其承接了霍布斯理论的结果,却替换掉了其理论的前提。也就是说,霍布斯认为取代自然状态的社会是一个市场经济

---

① 费迪南·滕尼斯:《共同体与社会——纯粹社会学的基本概念》,林荣远译,北京大学出版社2010年版,页58以下。

的社会,自由、平等、人格独立等作为社会的标志,人们具有选择的自由等等,滕尼斯对此并未否定,甚至全盘接受。但滕尼斯却适时地用共同体理论取代了自然状态理论,从而使当时资本主义市场经济社会的合理性得到了相对完满的解释。另一方面,滕尼斯的理论采用了与克鲁泡特金相近的论证基础①,却没有像他那样一成不变地认识本在不断变化中的社会,而是因时制宜,因势利导,得出与他完全不同的结论。克鲁泡特金认为人类的互助本性压过自私的本性,这种状态从人类产生开始一直延续到现代,而且互助将永远占据社会的主导地位。滕尼斯则认为在共同体时代的确如此,因为那时由于共同生活的现实决定了人们无需选择就会自然而然地形成彼此间的相互合作与互助。但是一旦人进入了社会,共同体的经历完全无助于他与其他人的交流,共同体内的价值观也不可能适用于社会,人只能根据自己的利益作出恰当的选择,因而自私压倒了互助而成为社会的主流价值。的确,正是由于滕尼斯的社会观既能较好地说明人类社会的历史发展脉络,又能合理地解释当时社会的基本属性,所以在西方理论界影响较大。

四、社会观对债法的影响

如前所述,一定时代的债法必然构建于当时的社会平台之上,有什么样的社会,就会有什么样的债法。那么以上三种不同的社会观会如何影响近现代债法的构成呢?首先,克鲁泡特金的社会观是一种无政府主义的社会观,认为人们之间的互助行为是人的本性使然,所以社会并不需要通过任何法律来强制和规范人际的互动与交流,人们可以自行妥善完成上述行为。可见,以此观点出发债法并无存在的价值。其次,霍布斯与滕尼斯观点的基础出发点虽不同,但其结论却并无本质区别,都认为社会时代需要通过法治达到约束个人自私本性和引导个人意思自治的目标。所以债法在规范人际交换与交往关系方面作用巨大。关于社会经济因素通过影响合同之债来规范人们之间的市场交易行为,本书第一章已经详细阐述,兹不赘言。这里主要探讨社会因素对债法在调整人际交往关系方面的作用。

---

① 没有证据显示滕尼斯的共同体理论与克鲁泡特金的互助理论之间存在相互借鉴关系,因为两部著作的发表都是在 1890 年代。

依霍布斯与滕尼斯的社会观,社会为债法划定了如下适用范围:

第一,根据人格独立、自由与平等的基本原则,债法对于人际交往关系的保护不应逾越人的消极安全边界。这里的人际交往并非指一对一的特定人之间的交往,而是指某人与任何不特定他人之间的交往,例如某人上街、进入电影院或逛商场时所遇到的他人完全是随机的,因而与其发生联系的可能是不特定的任何人。在这一特定时刻,相遇者之间仅存在物权法(尊重他人财产安全)与人身权法(尊重他人人身安全)方面的不作为义务,却不存在债法上的义务。也就是说,在消极安全领域,从债法角度而言属于自由领域,国家、法律以及任何人都不能够通过债法来限制他人的自由,例如当我在某家饭馆吃饭时无权禁止某个自己所讨厌的人也进来就餐。

第二,任何人的消极行为(不作为)将不构成承担法律义务和法律责任的根据。不作为意味着什么都不做,而个人自由的优先领域就包括这种消极自由。如果一个与你不相干的人(不属于共同体内部的人)要求你做某事来满足他的需求(哪怕是很急迫的需求),你完全可以加以拒绝,因为你在债法上对他并无任何义务可言。可见,根据个人独立和自由原则,社会从个人利益最大化出发,应该给个人以足够的独立空间,人与人之间须保持足够的安全距离,这才符合对他人的尊重和有利于其自我实现。

第三,只有某种损害一方自由、平等、人格以及财产的积极行为发生在两个特定的人之间,两者才会形成一种以赔偿为主要内容的债法关系。法律禁止任何人以自己的积极行为破坏他人的自由、平等、人格独立与财产完整性。

第四,债法用于调整特定人交往过程中因为损害人身或财产利益而产生的赔偿义务的规范被称为侵权行为所生之债。如果说用于调整商品交易关系的债法是合同法的话,用于调整因侵害他人人身或财产权利的债法就是侵权行为法,两者共同构建起了债法保护交易安全和交往安全的两大体系。上述社会观念构成了债的相对性原则的基础。

总之,在霍布斯与滕尼斯的社会观(以及这一时代的其他类似观点)的指导下,西方各国纷纷建立起符合当时社会发展要求的债法——近现代债法。事实上,这一债法当时在保护个人自由和促进个人交往安全方面也确实起到了良好的社会效果。不过应该看到,这仅限于近现代时期,20世纪之后的社会发展情况发生了显著改变,适应原来社会的债法越来越不能满足新的社会需求。尊重个人独立空间固然是正确的,但这却并非是绝对的,人还具有社会性的一面,尊重个人独立性的同时也尊重人的社会性,将是未来社会的发展趋势,人类社会性比重正在持续增加,其重要性注定会变得完全不亚于个体独立性。由此观察,克鲁泡特金的互助论社会观对债法的当代发展显现出现实意义。相反,无论是霍布斯还是滕尼斯的社会观都止步于19世纪末,无法真正对20世纪以后的社会变化作出合理预见与解释。法律及其指导原则根据社会变化的实际而作出相应改变是一种必然选择。

第二节 城市化与人口聚居对债法的影响

根据滕尼斯的观点,当共同体被社会所替代之后,这个时代最鲜明的特点就是人格独立,每一个人都具有充分自由的选择意志,他不仅可以自由地通过商品交换实现自己的经济目的,也可以在社会交往过程中自由选择易于合群、浑然一体或者孤芳自赏、洁身自好。这种观点在19世纪末具有相当的代表性,为大多数经济学家与相当一部分的社会学家所首肯。不过,社会有其自身的发展规律。令滕尼斯等人始料未及的是,自20世纪初社会即开始了华丽转身,转向了所谓"后社会"时代。其标志除了在经济领域表现为垄断时代的来临,在社会交往关系领域还集中表现为因人口大量聚集所带来的原本个人高度自由与城市化以及高人口密度之间的矛盾。

一、城市化导致社会成员相互依赖性加强

城市的出现可以溯及人类文明的初期,一般认为世界上最早的城市是公元前7000年坐落于现巴勒斯坦境内的耶利哥古城(Jerich),而中国最早的城市出现于4000年前的夏代。① 不过,真正意义上的大规模城市化却发生于近现代。原因是自然经济时代,人们大多居住于农村,由于人口集中度较低,社会交往并不是十分频繁,特别是陌生人之间被动型的社会交往更为鲜见。即使在当时的城市,由于规模与功能完备性无法与现代城市相比,致使其人口承载量较低,交往频度不高。然而,从近现代开

---

① 蔡禾主编:《城市社会学讲义》,人民出版社2011年版,页71。

始,由于社会的工业化突飞猛进,使城市人口骤增,正如学者所指出的那样:"工业革命之前,城市发展速度一直非常缓慢,城市长期保持着乡村经济社会结构的特征。工业革命后,城市化快速推进,城市形成了与农村完全不同的生产方式、生活方式、社会结构、价值观念等。"[1]特别是自20世纪中后期,几百万、上千万人口的城市如雨后春笋般在各国涌现,城乡之间呈现一体化趋势,乡村向城市迅速靠拢。据统计,1950年全球只有78座城市拥有100万以上的人口;1975年有65个拥有1000万人以上的城市;到2000年,这一数字已经增加到251个城市;到2015年,有358个城市或城市群拥有至少1000万以上的人口。[2] 1960年,全球的城市人口是10亿,1985年是20亿,2003年是30亿,预计到2030年将增加到50亿,也就是说,那时世界上大多数人口将生活在城市地区。[3]

这种城市化的直接结果是,稠密人群聚居在狭窄地域内无数的高楼大厦当中,街道上人们摩肩接踵,穿梭如织;汽车则密密麻麻,在公路上川流不息。极高的人口密度,使得人们相互间各种被动性、偶然性交往成为常态,街道、公园、商场、饭馆、剧院、体育场等公共场所内由于人员过分集中而导致偶发性冲突与损害的概率直线上升。原本作为社会成员的个体,有着自己的生活圈子,只要不刻意突破,别人的行为一般不会对其构成影响,但现在人们却忽然发现,他人行为对自己产生的影响远远大于从前。如果说这种影响在过去仅属于偶然现象,现在则似乎变得越来越具有了某种必然性。人们不得不时刻面临着要么自己稍有不慎就会损害他人,要么被他人的不小心所伤害到的情形。有时仅仅是在两个人之间发生的简单且个人化的行为,却无意间对第三人利益(特别是信赖利益)产生负面影响(如甲商户卖给乙商户的病鸡,造成了整个家禽市场爆发禽流感)。

其实,人们所感受到的影响与限制还远不止这些,原本乱扔杂物、随地吐痰的自由现在不仅是对他人的损害,更成为了对公共卫生的破坏;原本抽烟的自由现在被局限在极小范围,超出该范围则立即变成对公共健康的破坏;不仅在宾馆大堂内的大声喧哗会遭到他人的鄙视,就连为健身

---

[1] 蔡禾主编:《城市社会学讲义》,人民出版社2011年版,页23。
[2] 马克·戈特迪纳、雷·哈奇森:《新城市社会学》(第三版),黄怡译,上海译文出版社2011年版,页10。
[3] 马克·戈特迪纳、雷·哈奇森:同前注。

而跳广场舞的大妈们也可能因为扰民而被投诉。总之,当代的人们所体验到的社会与滕尼斯所描绘的社会似乎有所不同,滕尼斯笔下的社会对于每一个社会主体而言是一个无限广阔的领域,人们有无数种选择机会,可以自由行为,几乎不受约束。但现实却是另一番景象,人们感觉世界似乎在变小,各种羁绊在增加,人与人之间的客观影响与束缚在加剧,自己曾经拥有的自由活动空间被大大压缩。过去,一般认为空间只是社会活动的容器,但现在看来,"空间不但包含了行为,而且作为一个富有意味的对象,我们以它来定位我们的行为。空间因素构成社会关系的一部分,并密切地牵涉进我们的日常生活。它影响我们感知所作所为的方式。"① 庞德在其著作中也论及了城市化对法律的影响,他指出:"在美国,文明的内在方面还深受发展大城市及停止开疆扩土的影响……大都市以及由此而引发的社会、法律问题是 19 世纪后 30 年的事,而且事实上,这些产生巨大压力的问题,直到 19 世纪最后 25 年才变得尖锐起来。"② 对以上情景套用格兰诺维特的话就是,"低度社会化"③ 的社会逐渐消失,而社会化程度更高的社会正在形成。

在这样社会的状态下,19 世纪被普遍认可的人与人之间无约定即不存在积极照顾义务的观念开始遭到质疑,相反,人们逐渐意识到,人际交往中建立某种固定的互信关系极为重要,因为这是构建个人人身与财产安全环境与和谐生活氛围的必要条件。从某种意义上讲,这种相互信赖关系完全超出了每个人的主观自由选择(选择意志),而成为了一种客观存在的社会选择(本质意志)。不论是否愿意,人们在享受着城市高效、便利等完善功能以及别人对自己照顾与关爱的同时,也要付出因顾及他人利益而给自己带来诸多限制与牺牲部分自由的代价。正如社会学家涂尔干所说的那样:"集体意识的削弱并不会导致现代城市社会的解体,使社会蜕变成失去了社会联系的孤立的个体联合,因为劳动分工还会带来另一种社会后果,即劳动分工造成了社会各个组成部分之间的相互依赖,以

---

① 马克·戈特迪纳、雷·哈奇森:《新城市社会学》(第三版),黄怡译,上海译文出版社 2011 年版,页 18。
② 罗斯科·庞德:《法理学》(第三卷),廖德宇译,法律出版社 2007 年版,页 12。
③ 马克·格兰诺维特:《镶嵌:社会网与经济行动》,罗家德译,社会科学文献出版社 2007 年版,页 4。

及在此基础上的劳动整合。"①

当今社会,必须正视以下事实:个人与他人、个人与社会之间客观上存在着无法割舍的紧密联结,该联结如此紧密,以至于在特定条件下,即使人与人之间没有约定,也同样存在某种相互信赖,这种信赖体现为,我们不仅相信他人会时刻克制自己的言行,不去损害我们的利益,同时我们也会依赖他人在我们危难之际对我们伸出援助之手。随着社会化程度的提高,信赖关系正融入社会机体之中,与自由、独立、平等一起成为流动于人类体内血液的一部分。在相互依赖中的独立、在相互制约下的自由正逐渐成为流行观念,而那种社会成员之间权利边界清楚、在自己权利范围内可以完全漠视他人利益而不受约束的时代正在成为历史陈迹。

二、人的自私本性与互利本性之间的相互转化

人类的城市化与社会交往的频密程度,使得人与人之间的相互依赖性在不断加深,人们的互信正在从主观选择演变成一种客观选择。这不禁引发了我们对人性本质的再一次质疑:人类本性中居于主导地位的究竟是自私与独立,还是互助与合作? 这个问题论证起来固然极端复杂,但本书在此采取一个相对简单的论证方法对此稍作探讨。这里的人性主要针对人的社会属性而言,也就是说,从人的本性出发,人们对待某一特定利益,其态度究竟是独占还是愿意与他人分享。人居于社会当中(不论是作为小社会的共同体还是大社会),其意识、思维都会受社会性质的制约,人类本性也不例外,对此无论是滕尼斯还是克鲁泡特金都曾明确予以论证。滕尼斯所谓共同体内部的"本质意志"其实就是指大脑原本一片空白的婴儿在出生之后,通过其感官耳濡目染所形成的如何待人接物的基本态度。克鲁泡特金在《互助论》中用大量史实所考证的结果是,原始共同体内部的个人没有个人观念,只有集体观念。他列举了原始的布西门人和霍顿脱人的组织性、无私、诚信、感恩与互助,并指出这一切都是我们这个时代的人所无法企及的。他还引用另一位学者科尔本在其著作《好望角的现状》一书中的话说,"他们肯定是世界上曾经有过的,彼此以最友好、最慷慨和最仁慈相待的民族"②。由此可以推知,人类本性中的确同

---

① 转引自蔡禾主编:《城市社会学讲义》,人民出版社 2011 年版,页 25。
② 克鲁泡特金:《互助论》,李平沤译,商务印书馆 1963 年版,页 92。

时存在着独立与互助(利己与利他)两种本性,只不过这两种本性的地位并非一成不变,而是随社会的改变而不断变化的,在原始社会,人类的互助本性毫无争议地占据了主导地位,但当人类进入到私有化社会之后,由于财富私有可以满足人类的物质欲望,所以人类的利己本性逐渐占据了主导地位,并且这种情形一直延续,直到自由市场经济发展到顶峰和人们交往关系紧密到出现了非由个人选择的客观信赖关系的社会阶段。

从这时起,人性中两种因素的地位似乎又开始了第二次逆转,虽然逆转的程度由于目前正处于这一过程之中而尚难以确定,但可以确定的是,目前社会阶段日益壮大的超越合同的互助与合作关系正在越来越成为对个人独立、自由的限制与修正。也就是说,如果顺着滕尼斯共同体与社会理论的思路继续前行,我们会发现,当前的社会似乎又具有了以前共同体才具有的"本质意志"的特征,人们虽然生活在社会中,但并不再具有其原本所预期的充分的"选择意志",因为其意识与思维中的很大部分从一开始就是由社会中早已存在的相互依存、相互信赖等关系所客观决定了的,他对此只有接受与服从,别无他法。而且这种意志会逐渐渗入到他的基因之中,并最终成为他或下一代人的"本质意志"。于是,假如我们现在打算续写滕尼斯理论的话,现阶段似乎存在着社会向共同体的回归,或者说,我们可以将目前的社会命名为一种"社会共同体"。①

三、社会共同体背景下的注意义务与不作为责任

其实,解释当前社会对个人意志的决定作用,以普通人最熟悉不过的交通规则为例甚为恰当。社会中的人既然是自由的,就意味着他走在街上应该感到无拘无束,随心所欲,在一百多年前这基本上是事实,因为当时对行人构成威胁的只有少量马车,基本可以忽略不计。但自从人类进入汽车时代情况就完全不同了,现在任何人只要走到街上就会面临诸多限制,例如人行道、斑马线、过街天桥、交通指示灯,再加上执勤的交通警察,等等。如果你是汽车驾驶员,受到的限制还会加倍。毫无疑问,这种限制是必要的,因为在人口众多的城市当中,保持交通的安全与顺畅是头

---

① 其实这一观点的核心并非本书所创,因为早在20世纪80年代西方已经开始流行社群主义(也称为共同体主义)的思潮了。其代表人物有阿拉斯达尔·麦金太、查理斯·泰勒、迈克·桑德尔等人。

等大事，可以说这是一种社会整体需求，也就是说，每一个交通参与者都必须寄希望于他人对交通规则的遵守，当然其自己也不例外。这时，人与人之间实际上已经产生了对遵守交规的社会依赖与相互信任，而且由于这种信赖利益是普遍且必不可少的，因而成为了一种客观利益。所以，不是交通规则产生了行人与驾驶员之间的相互信赖，恰恰相反，是交通信赖的客观需求催生了交通规则。交通规则既不是个人意志，也不是个人之间通过契约形成的选择意志，而是彻头彻尾的社会共同意志。尽管目前仍有少数人尚存在乱穿马路、闯红灯等违规行为，但可以期待的是交通规则迟早会成为普通大众发自内心的良好社会习惯。这从一些发达国家的交通状况已经可见一斑。所以，即使以个人为主体的社会也不都是充满了个人的自由选择，当今时代的社会就如同一个大的共同体，内部开始有越来越多的社会选择替代个人选择，而且这种情形正在不断涌现，方兴未艾。一句话，社会正在共同体化。

当然这样的理解并非是要否定当前社会自由市场和个人自由的基本定性，毕竟独立、自由、平等、自尊等基本社会价值观地位依然相当稳固。但需要强调的是，当今社会已不再是铁板一块，我们必须多元化思考各种价值理念的作用和意义，并将这种思维贯彻到对法律的认识当中。如果我们不能正确看待社会正在经历的巨大变化以及其对法律的影响，就不能准确把握当代法律的发展脉络。这里不妨列举 20 世纪初期德国发生的两个经典案例，从中可以清晰地看出债法指导原则因社会变化因素的影响，发生了从个人利益优先向社会利益优先转化的端倪。这两个案件分别是"枯树案"（1902 年）和"撒盐案"（1903 年）。① 案情均不复杂，但却备受争议。"枯树案"的案情是：树立于道路旁边的一棵树，由于内部腐朽的原因某天突然倾倒，给树旁的一家建筑物造成毁损。建筑物的所有者向作为树木所有者的市政部门提出索赔请求。"撒盐案"的案情是：某城市因下雪路滑，但市政部门未及时在路上撒盐融雪，致使某人攀登路桥台阶时跌倒受伤。伤者起诉市政部门，请求赔偿。这里暂不关注案件的法律适用过程，而是着重探讨在背后左右案件结果的社会因素。如果依照自霍布斯以来所广泛流行的自由主义理论，这两个案件结果相当明

---

① 关于这两案的判决分析、法律适用及具体争论内容可以参阅李昊：《交易安全义务论——德国侵权行为法结构变迁的一种解读》，北京大学出版社 2008 年版，页 79 以下。

显——原告败诉。其理论依据在于,这属于民事诉讼,而民事主体是平等的,更是自由的。平等意味着一个民事主体对他人的注意与关照,不应超过他人对自己的注意与关照;自由意味着一个民事主体不应为自己的不作为而承担法律责任,不作为是人的消极自由的体现,如果一个人躺在家里什么都没做却要为此承担赔偿责任,实属荒谬。在这两个案例中,损害的原因分别是树木腐朽和天阴下雪,被告并不存在促使损害发生的任何作为;而且,由于不存在原告对被告利益关注的义务,法律上被告对原告也不应存在任何特殊关照义务。这种损害对原告而言固然十分遗憾,但其应被视为因意外而发生的自然风险,由原告自己承担。如果法律将这种本属于风险的后果归咎于被告,不啻为对个人自由的侵犯。如果根据自由优先的价值观,这种推论是符合逻辑的,因而结果也是不言自明的。虽然没有经过考证,我们完全可以大胆臆测在 18、19 世纪如果发生类似案件,也会是这样的结果,且不会引起大的争议。的确,我们从 1900 年生效的《德国民法典》中确实也找不到支持被告承担责任的直接依据。

不过请注意,这两个案件都发生在 20 世纪的城市当中,而且引起了法院内部的广泛争议,这说明前述社会因素的变化已经开始对债法产生了影响。虽然这种因素并未直接影响到《德国民法典》的制定[①],但确实已经影响到当时德国法官和民法学者的敏感神经。尽管法官煞费苦心,在法条的扩张解释上做文章,努力建立起被告"注意义务"和"不作为责任"等法律规则,但其实他们却有意无意地忽略了这些规则产生的背后的真实原因,他们凭借着社会的良知和正义感已经敏锐地意识到公平合理的结果应该是被告承担责任,但受限于当时的社会氛围,他们尚不足以厘清案件背后左右是非标准变化的社会因素,因而争论自然流于表面而无法触及事物的本质。

一百多年后的今天,当我们重新审视这两个案例时,我们已经完全具备了准确判断"注意义务""不作为责任"等规则法律机理的能力,这个机理的核心就是合理社会信赖保护原则。正如本书前一章所论证的那样,信任与信赖虽然只有一字之差,却分别代表了两个时代。信任是自由资

---

① K.茨威格特、H.克茨写道:"《德国民法典》具有自由资本主义时代法律思想的鲜明烙印,而且因此有如拉德布鲁赫所谓'与其说是 20 世纪序曲毋宁说是 19 世纪的尾声'"。《比较法总论》,潘汉典等译,法律出版社 2003 年版,页 225。

本主义的产物,代表着个人独立与风险自担;信赖是法律社会化时期的产物,代表着客观上的依存与依赖。如果用信赖利益解释这两个案例,我们的理由会是:虽然民事主体的地位是平等的,但是由于居住于城市当中的居民之间已经形成了紧密的社会联系,这种联系的紧密程度要求社会必须给每个社会成员提供一种能够使其生命、财产有充分保障的安全社会环境。这一社会目的决定了每个人对均等地他人的安全在适度范围内负有一种"天然的"注意义务,就"枯树案"而言,就是被告对树木腐朽程度以及对相关者可能的危险性必须予以充分注意;就"撒盐案"而言,就是被告对于下雪所导致的道路湿滑程度以及湿滑的道路与台阶对出行者可能带来危险性的注意义务。这里的"天然"并非真的天然,而是生活社会化以及联系紧密化使然。从注意义务而来的进一步推理则是,义务人如果发现危险后必须立即采取措施消除危险,如果其由于自己的过错没有及时发现危险,或者发现危险后没有采取必要应对措施,换言之,没有采取任何消除危险的作为,就意味着其辜负了相关者的客观信赖,违反了社会赋予自己的义务,此时不作为者恰恰就是致害者,承担法律责任理所当然。

事实上,20世纪的债法发展进程也确实反映出对信赖利益保护加强的种种迹象,不过这种加强显得零散和不系统。例如,针对商品交换关系过程中出现的信赖保护问题,各国立法往往只是通过扩大合同法范围的方式来解决;针对人际交往过程中的信赖关系问题则仍然是通过扩大侵权法的范围来解决。这样的处理方式带有明显被动应对和权宜之计的特征,无法满足巨大社会变革对法律改革的客观需求。由此可见,针对当代城市化与人口聚居所带来的人际交往关系紧密的现状,标本兼治之策就是建立起一个完整的信赖之债体系。

第三节　信赖关系与社会资本

上一节讨论了紧密的社会信赖关系是影响债法发展方向的一个重要因素。这说明了人们在相互关系中所形成的共同趋向可以汇集成一股异常巨大的社会力量,这股力量不仅给每个处于社会网络中的成员带来裨益,债法也正是在这股力量的推动下朝着信赖利益保护的方向发展。正如涂尔干所言:"我们都晓得,如果人们相互结成一个共同体,并在其中感受到了某种信念或感情,那么这种信念和感情会给我们带来多大的力量啊！今天，这一现象的根源终于尽人皆知了。相反的意识总是相互消解，而相同的意识则总是相互融通，相互壮大；相反的意识总是相互减损，相同的意识总是相互加强。如果有人表述的观念与我们的观念正好相同，那么它带给我们的意象就会化入我们的观念；同时，这种意象也会层层积累起来，融汇起来，转化成为自身的活力。经过这种融合，一种全新的观念就形成了，它吸收了以前的观念，变得比以前彼此分离的观念更富有活力了。"[1]然而这股力量却是无形的，容易为人们所忽略，实践中也难以把握，立法者必须准确判断才能做到顺势而为。不过从另一方面看，这股力量作为一种独立于个人却在很大程度上左右个人行动的社会资本，如果能够对其合理利用，将可以有力促进当代债法的改造与完善。

一、作为社会内部趋势性力量与资源的社会资本

所谓资本，依照亚当·斯密的观点，是指可以通过投资方式带来利润的资财，包括作为产业或商业投入的资金、土地、劳务等。早期，资本仅指物质资本（劳动创造物及货币），但后来其范围开始扩大，逐渐囊括了自然资源、技术知识、人力资源等。也就是说，资本的概念已经超越了物质资料的有形形式，扩展到凡是一切能够带来价值增值的资源（包括无形资源），都可以视为资本。正是在这样的逻辑基础上，社会资本的概念得以产生。

社会资本概念最早由美国社会学家罗瑞（G. C. Loury）于20世纪70年代提出，在他看来，社会资本存在于家庭与社区组织当中，是各种社会资源之一。[2] 其后，法国社会学家布迪厄在此基础上进一步加以阐发，他认为社会是一个由各种客观的社会关系构成的网络，网络中的不同位置上均含有资源与权力，占有了该网络位置，就具有了相应的资源与权力，并可以为自己带来利润。他指出："正是这些位置的存在和它强加于占据特定位置的行动或机构之上的决定性因素，使这些位置得到客观的界定，其根据是这些位置拥有的权力（或资本）——占有这些位置就意

---

[1] 埃米尔·涂尔干：《社会分工论》，渠东译，生活·读书·新知三联书店2000年版，页61以下。

[2] 詹姆斯·S.科尔曼：《社会理论的基础》（上），邓方译，中国社会文献出版社1999年版，页351。

味着把持了这一场域中利害攸关的专门利润。"①布迪厄将资本分为社会资本、文化资本和经济资本三种形式,并认为社会资本、文化资本最终也必将可以转化为经济资本。同时他还认为,社会资本不是自然形成的,而只有当社会网络被行动者所利用时,它才变成现实的资本,并作为某种能量或资源在实践中发挥作用。

与布迪厄相比,科尔曼才是第一位真正从社会学角度全面讨论社会资本的学者。他首先从对亚当·斯密与霍布斯的自由主义理论的评价入手:"根据这一假设,社会由众多个人组成,每个人的行动都是为了实现各自的目标,社会系统的活动便是这些个人活动的总和。……社会中的行动者就形体而言各自独立存在。……在新的社会结构中,个人的行为更为独立,实现个人目标的方式也具有较大的独立性;人们所追求的利益更多地以自我为中心。"②然后科尔曼针锋相对地指出:"上述假设毕竟不是现实,在现实生活中,个人并非独立行动,目标也并非以独立的方式予以实现,个人追求的利益更不是完全以自我为中心。"③他还引用格兰诺维特的观点认为:"这种失误表现为,忽视个人关系及其社会关系网络对产生信任、建立期望以及确定和实施规范的影响。"④

科尔曼的社会资本理论是从相互依存的社会关系出发而提出的,他指出:"社会性的相互依存以及系统的活动均产生于下述事实:蕴含某些行动者利益的事件,部分或全部处于其他行动者的控制之下。行动者为了实现各自利益,相互进行各种交换,甚至单方转让对资源的控制,其结果,形成了持续存在的社会关系。"⑤以此为基点,他提出了自己关于社会资本的定义:"社会资本的定义由其功能而来,它不是某种单独的实体,而是具有各种形式的不同实体,其共同特征有两个:它们由构成社会结构的各个要素所组成;它们为结构内部的个人行动提供便利。和其他形式的资本一样,社会资本是生产性的,是否拥有社会资本,决定了人们是否可能实现某些既定目标。……与其他形式的资本不同,社会资本存在于人际关系

---

① G.C.罗瑞,转引自翟学伟、薛天山主编:《社会信任——理论及其应用》,中国人民大学出版社2014年版,页210。
② 詹姆斯·S.科尔曼:《社会理论的基础》(上),邓方译,中国社会文献出版社1999年版,页352。
③ 詹姆斯·S.科尔曼:同前注。
④ 詹姆斯·S.科尔曼:同前注,页353。
⑤ 詹姆斯·S.科尔曼:同前注,页351。

的结构中,它既不依附于独立的个人,也不存在于物质生产的过程之中。"①

除了科尔曼之外,其他学者也从不同角度探讨了社会资本的性质及意义。例如美国学者罗伯特·帕特南通过实地考察意大利南北地区在社会意识的差异后,对为什么北方比南方社会发展更快的原因提出了自己的观点,他认为两地发展水平差异的根本原因在于,南方地区对于社会资本的利用能力和利用程度与北方地区存在着显著的差距。②

另外,英国学者保罗·霍普从广义与狭义两个层面对社会资本作出定义。他指出:"从广义上讲,它是作为一种能够聚集各种社会资源并使之发挥有效功能的黏合剂。"③而从狭义上讲,社会资本是"在一个社会内部,人们首先需要具备某些社会习惯、合作态度和互动关系,然后才能造就互信关系、社会稳定以及民众的参与性等——也就是所谓的社会资本"④。

另一位美国学者弗朗西斯·福山则从文化视角来解释社会资本的来源,他在不同场合分别指出:社会资本是指"在群体和组织中,人们为了共同的目的在一起合作的能力"。⑤ 在他的另一部著作《大分裂:人类本性与社会秩序重建》一书中,进一步对社会资本作出定义:"社会资本可以简单地定义为一个群体成员共有的一套非正式的、允许他们之间进行合作的价值观和准则。"⑥关于社会资本的产生,他指出:"社会资本是由社会或社会的一部分普遍信任所产生的一种力量。它不仅体现在家庭这种最小、最基本的社会群体中,还体现在国家这个最大的社会群体中,其他群体也同样体现这种资本。社会资本通常经由宗教、传统或风俗等文化机制所建立起来。"⑦以上学者的论述,对于我们准确解读社会资本的概念具有启发意义。

---

① 詹姆斯·S.科尔曼:《社会理论的基础》(上),邓方译,中国社会文献出版社1999年版,页354。
② 具体内容见罗伯特·D.帕特南:《使民主运转起来——现代意大利的公民传统》,王列、赖海榕译,中国人民大学出版社2015年版,页211以下。
③ 保罗·霍普:《个人主义时代之共同体重建》,沈毅译,浙江大学出版社2010年版,页1。
④ 保罗·霍普:同前注。
⑤ 转引自翟学伟、薛天山主编:《社会信任——理论及其应用》,中国人民大学出版社2014年版,页109。
⑥ 同前注。
⑦ 弗朗西斯·福山:《信任——社会美德与创造经济繁荣》,彭志华译,海南出版社2001年版,页30。

二、对社会资本的进一步解读

现在,我们可以对社会资本作出如下几点解读:

第一,各位学者观点的出发点虽有不同,但存在以下共同点:首先,社会资本产生的原动力来源于当代社会关系本身。其次,当今社会关系的特点可以说既有独立性,也有相互依存性,但后者才是创造社会资本的根本原因。再次,社会成员之间的彼此相互信赖不仅形成了一种利益共同体(社会网络),而且这种信赖利益还构成了一股社会力量(社会资源),这种资源可以为网络中的成员带来实际利益。此外,每个处于信赖关系当中的社会成员也可以将这种资源作为社会资本,投入到社会活动当中,并使其成为保有既存利益或者获得更大利益的手段。最后,当信赖利益突破家庭或小型社群而成为全体社会成员之间的共同资源时,这股力量将会变得异常强大,足以推动法律向社会化发展。总之,社会资本是将社会中原本属于个人的资源汇于一处,作为共享资源,当某人需要时,他可以借助其他人的资源来实现自己的目的,而其他人同样可以这么做。社会资本的形成必须以信赖为前提,其功能就在于促进合作,用福山的话就是:"社会资本能够使人彼此信任。"[①]

第二,社会资本存在于社会网络之中,网络中每个位置节点的不同意味着相对应的社会资本数量的区别很大,例如在官僚系统网络中,作为处长与作为局长所掌握的社会资本完全不同。即使在平等的社会网络成员之间,由于其位置差异,可资利用的社会资本也不一致,例如当代社会中,就总体而言,交易关系中的消费者、医疗关系中的患者以及交通关系中的行人相对于商业机构、医院以及机动车驾驶员拥有更多的由社会赋予的受照顾和受保护的社会资源,因此,他们可以充分利用这些资源寻求获得更多的照顾与保护。

第三,20世纪由众多学者共同创造出的社会资本理论,其实并没有否定自由、独立等因素作为社会发展动力的情形,该理论只不过将社会资本视为一种新的社会发展动力,并针对此种新的社会发展动力给出合理性阐释而已。与以往一样,传统的商业资本、金融资本依然存在,而且依

[①] 转引自翟学伟、薛天山主编:《社会信任——理论及其应用》,中国人民大学出版社2014年版,页110。

然发挥着应有的作用。

第四，社会资本的提法应该是受到当今社会市场经济基本属性的影响，在高度商品化的现阶段，任何一种可能使财富增加的社会力量都将被商品化、资本化，社会关系资源本身也不例外。所以即使在前文所述的交换关系以外的人际交往关系中，一方因客观信赖利益而负有对他方的注意、照顾乃至保护义务，从另一方面而言正是他方利用与处分自己社会资本的一种方式。

第五，社会资本尽管有明确的使用价值，但与一般资本所不同的是，其属于一种公共产品，难以被某个确定的个人所专有，其带来的益处为处于社会关系结构中相应位置的一切人所共享；同时社会资本也不具有可转让性，难以像其他商品那样进行交换或处分；而且对社会资本的交换价值进行量化也存在一定困难。

总之，社会资本概念的出现，为我们进一步揭示了当代社会除了影响社会发展的传统因素之外，还存在着一种内生的趋势性力量，或者说是一种可以随时为我们所利用的社会资源，这种力量和资源能够为我们塑造出完全不同于以往的社会关系形态以及全新类型的法律关系形态。

三、社会资本的社会意义及法律意义

社会资本理论的倡导者们发现了社会关系中客观信赖利益所具有的强大向心力，并将这种力量作为社会资源纳入资本概念之中，这不能不说是一个创举，其不仅顺应了历史发展潮流，而且巧妙地将互信合作的力量与市场经济体制结合起来，现实意义十分明显。

第一，当今社会，市场经济仍是主流，人际关系中的自由、独立必不可少，以追求个人目标实现为特征的自我中心主义直到不久之前还一直被视为社会发展唯一的动力源泉。不过，社会资本理论的出现对此作出了一定程度的修正。这种修正的目的是在原有基础上拓宽视野与丰富视角，根据社会发展客观规律的要求，改变原来的片面做法，在追求个人目标的同时相应叠加了对社会共同目标的兼顾。换言之，原有社会是单一目标社会，社会发展受单向动力驱动，而当今社会的目标呈现多元化趋势，增加了新的目标和新的驱动力。如果将原来社会比作一架单引擎客机，那么社会资本理论又为这架客机增加了一个引擎，自由、独立与合作互信作为双引擎驱动着社会这架巨型客机翱翔长空，迅捷而又不失平稳。

资本天生属于市场,由市场主体根据个人利益与选择自由来支配。而社会信赖利益却似乎天生与市场相背离,具有某种强制性与公益性成分。社会资本的概念有意将这两个相互排斥的要素整合成一个统一的有机体,实际上是利用市场机制来抑制过度市场化的弊端。投入经济资本为的是给客机飞行加速,以图尽快到达目的地;投入社会资本则是为了保持客机的正确航向和平稳性,安全抵达目的地。两者缺一不可。

第二,社会资本的恰当运用,有助于社会运行的平稳、高效和低成本。社会网络中的相互信赖与合作是社会资本的主要内容,在那些需要互信与合作的领域,当社会成员将对他人的信赖作为资本投放到彼此间的相互关系中,就意味着可以期待得到他人的善意、合作以及提供必要保护,而不用担心他人的冷落与漠视。例如,行人走在人行横道线上,汽车就会主动让行;游人在公园中漫步时,不会忧虑头顶上的树枝突然掉落砸伤自己;当某人走到高压变电箱附近而不自知时,他可以指望及时得到温馨的危险警示。这种关系用肯尼斯·纽顿(Kenneth Newton)的话说,就是"通过把个体从缺乏社会良心和社会责任感的、自私的和自我中心的算计者,转变成具有共同利益的、对社会关系有共同假设和共同利益感的共同体的一员,而构成了将社会捆绑在一起的黏合剂"[①]。传统社会里,与独立、自由相伴而生的是风险自担,每个人不得不花费时间与精力来避免和提防各种意外、危险的发生,因为你无法指望别人对你提供任何帮助。如果说这种关系模式在近现代社会尚属可行的话,在当代已明显过时,因为当代社会关系的特点客观上决定了个人单枪匹马式的风险防范成本过高且效率较低。一个人会不停穿梭在各种迥异的复杂关系当中,他不可能同时既是商业家,又是医生、电力专家或其他行业的专家,无法时刻准确判断危险的存在或发生的可能性,从而也难以采取必要的预防措施。但是,社会生产与生活的需要和人际联系的紧密程度决定了危险存在与发生的频繁程度。最有效的解决方式不是无限制地增加可能的受害者的注意水平,而是由那些制造风险源的一方或危险源管控方主动采取必要措施消除危险,或者对无法彻底消除的危险,采取及时且适当的方式警示他人。一个运行良好的社会并非是永远风平浪静且消除了一切风险的社

[①] 转引自翟学伟、薛天山主编:《社会信任——理论及其应用》,中国人民大学出版社2014年版,页224。

会,因为那样社会将不会进步。事实上,一个不断进取的社会应该是勇于面对各种困难并善于解决困难的社会,它应该是这样的:社会中始终充满了相互之间的信赖与合作氛围,每个人在遇到困难时都可以指望得到他人的及时帮助,而不是自己孤军奋战,这种社会的和谐程度与运行效率才最为理想。正如福山所言:"所谓信任,是在一个社团之中,成员对彼此常态、诚实、合作行为的期待,基础是社会成员共同拥有规范,以及个体隶属于那个社团的角色。"[①]可见,正是社会资本的力量驱动着每个社会成员为他人的利益而采取必要的行动。表面上行动者的独立性与自由似乎受到了一定程度的限制,但从长远看会提高社会效率和降低社会成本,最终使社会达到运行良好的状态。

第三,社会资本理论对法律特别是债法的发展影响巨大。正像经济是决定法律走向的因素一样,社会关系本质也是影响法律的重要因素之一。当社会向着信赖关系走向发展时,人们在社会网络中所处的位置,就会成为一方要求对方进行某种行为的资本,对方必须根据该要求完成相应的行为,并以所完成的结果作为其中投入资本的回报。这种社会资本的投入与产出虽然符合社会长远利益,但却不一定符合对方当前的个人利益。所以,为了社会资本处分目的的实现,必须将这种普通社会关系升格为法律关系的形式,只有法律可以在社会利益与个人短期利益存在矛盾时,迫使个人作出正确的选择。也就是说,以保护个人自由与独立为核心使命的传统债法,在当代社会资本的推动下,开始衍生出另一个与之并列的核心使命——对社会信赖关系的保护。两种社会动力带来了两种使命不同的债法。如果说体现自由与独立价值的债法是合同之债与侵权行为所生之债,那么体现信赖利益的债法就是信赖之债。

与此同时,除强调社会资本的力量将债法推向信赖保护以外,还必须看到,债法对自由与独立保护的目标依然存在。在两种目标客观共存的情形下如何化解彼此冲突,使两者协调发展,同样意义不凡。如果说近现代债法由于过分迷信自由与独立,走上了个人权利绝对化的道路,并因此偏离了航向,那么社会资本如果被过分强调和运用不当,也可能走向另一个极端,沦为一种社会的负能量。所以,一方面,必须准确划清自由利益

[①] 转引自翟学伟、薛天山主编:《社会信任——理论及其应用》,中国人民大学出版社 2014 年版,页 224。

的保护与信赖利益保护的界线,不能允许信赖保护逾越合理范围与强度;另一方面,与其对立看待两种利益,毋宁从互补的视角看待它们,也就是说,没有绝对的自由,只有信赖前提下的自由;也不应该为绝对追求共同利益而抛弃合理的个体利益,只有自由基础上形成的信赖关系才值得保护。当代债法在人际交往关系的调整中,应该妥善协调两种利益,使社会这架巨型客机的双引擎推动力输出达到平衡状态。当然平衡并不意味着推力均等,而是指油门收放自如,根据力量强弱的现实需要动态加以调节。

四、社会资本的量化(价值化)问题

当论及债法反映社会资本的要求,对信赖关系加以调整与保护时,还涉及一个重要问题,就是如何将社会资本进行量化或价值化。因为债法以调整商品交换关系为对象,所以信赖之债欲妥善保护社会资本,就必须将其转变为一种可衡量的商品价值。前面谈到过社会资本具有公共产品的特征,难以对具体价值加以衡量。的确,社会资本属于社会网络中因共同利益而形成的一种趋向性力量,无形无状、无边无际,难以像传统债法所保护的利益那样容易被具体的交换价值定量化。不过,这并不影响社会资本可以成为债法的标的,也不意味着债法无法对其进行价值衡量。对此可从以下两个方面加以说明:一方面,根据社会资本理论,某个当事人一旦运用其享有的社会资本,向他方提出要求,作为与之互动的他方,就必须进行相应的行为,以实现对方的要求。这符合债作为特定当事人之间特定行为的特征,因而可以满足法律上债的要件。另一方面,尽管这一特定行为可能仍然难以直接计算其财产价值(例如公园及时除去树上的枯枝或清扫道路上的积雪),但如果转换一下思路就会发现,若债务人未按照债权人的要求采取必要措施,会导致债权人的人身或财产利益受到损害。与前一种情形(采取必要措施)相比较,在后一种情形下(判断受害人损失)进行财产价值量化则相对容易。可见,人际交往中的信赖之债其实往往是以上述这种间接方式完成其价值衡量的。换言之,通过对信赖利益损失的赔偿,债法所体现的社会资本价值以及信赖利益保护功能得以最终实现。

不过,由于债法一直以来并未建立起信赖之债体系,而仅仅是通过套用侵权之债或合同之债来实现其价值化的,因而出现社会资本进行量化

时发生的各种困惑。其实,在长期的司法实践中,人们早已习惯于在合同之债特别是侵权之债中运用上述间接方式具体量化某项损害的财产价值,因此完全可以确信,在建立信赖之债概念体系后,社会资本的价值量化将会从形式上到实体上得以完成。对此问题本书还将在后面章节具体加以阐述。

综上所述,人是个体的人,同时也是社会的人。当我们看到个人以自利目的作为使自己不断进步的推动力的同时,也不应忽视社会共同利益网络对整个社会进步的推动作用,尤其不能忽视社会资本的作用。而且,随着当代社会市场经济关系不断进步,社会资本的上述促进作用将会有持续增强的趋势,社会资本终将会与商业资本、文化资本一样,成为社会发展不可或缺的推动力。与此社会背景相适应,债法传统结构的变革与信赖之债的出现具有必然性,因为只有信赖之债能够完整地反映出社会资本这一新生事物对债法的客观要求。

第三章　信赖之债产生的伦理因素

第一节　社会伦理的演变脉络

如果说经济因素对债法有着本质性影响,社会因素是全面影响债法形成与发展的次重要因素,那么伦理道德则是在更低层次然而也是更具体的水平上对债法构成了一种总体性影响的客观因素。其实,对法律发生影响的其他客观因素还很多,如政治因素、宗教因素、文化因素等,但由于伦理与法律的相近性使得其对法律的影响更为突出,日本著名学者川岛武宜曾指出:"在市民法中,法与伦理的关系正是市民社会秩序的根本性结构的问题,我们通过这个问题能够获得把握市民社会的法(特别是其基础法——民法)的最根本的存在形式的一个线索。"[①]因此,这成为了我们研究债法规律时必不可少的参考因素。

一、伦理与法律的共通性和不同步性

对伦理可以从两种角度加以解释,一种是康德式的解释,即将伦理视为专属于个人精神世界——自由意志,强调其主观内在性;另一种则是从社会学角度来解释,即把伦理视为维持社会统一秩序的行为规则,强调其客观外在性。本书主要从第二种解释上讨论伦理与债法的关系。

所谓伦理与法律的相近性至少表现在以下几方面:第一,具有相同的功能。两者的功能都在于规范人们的社会行为,即均以建立适合于社会健康发展的模式并维持稳定的秩序为目的。正如学者所指出的那样:"在市民社会中法与伦理事实上是很明确地分担着自己的调整领域和机能

[①]　川岛武宜:《现代化与法》,王志安等译,中国政法大学出版社1994年版,页3以下。

的。"①第二,法与伦理都是历史现象。与法律一样,"伦理也立足于历史的、社会的经验的现实基础之上"②。所以法律与伦理一样会随着社会的进步而不断发展变化。第三,内容上具有高度契合性。由于法律与伦理无论历史上还是现实中都来源于共同的经济与社会基础,因而两者的关联与统一性属于主流。例如不得随意杀人、不得毁坏他人财物、尊重他人人格、与他人交往时诚实信用等,既是道德规范的基本内容也是法律规范的基本内容。体现道德上善的事物不会被法律所禁止,反之法律也原则上不会保护道德上恶的事物。第四,具有相似的表现方式。两者都可以通过条文化的具体方式加以表达。法律条文化自不待言,伦理规范虽然条文化程度无法与法律相提并论,但从早期基督教的"十诫",到霍布斯的自然法则,再到康德的绝对命令,实际上都是道德原则的条文化。而且由于法律与道德的共通性,这些道德原则在各自历史时期往往也是当时法律的相关指导原则。

不过这些相近性并不影响法律与伦理分属于两个社会范畴,分别调整着两个领域内的社会关系与社会行为。从社会规范意义上讲,两者的最大区别在于道德不像法律那样拥有强大的国家强制力作为后盾,道德的实施仅依靠行为人的良心与社会舆论。而且由于法律与道德的来源不同,两者发展可能并不同步,一般而言,道德源于日常社会大众风俗习惯的不断积累,具有渐变性;而法律来自国家立法机关的立法,具有较强的刚性和突变性。因此,在一个长期稳定的社会环境中,法律与道德会表现为趋向于一致,而当社会处于较剧烈的变动时期,两者步调差异变大,法律时而超前,时而又会滞后。其实这在人类历史上并不罕见,例如:罗马法时代为遏制债不履行,曾流行对债务人野蛮残酷地杀戮、囚禁的法律规定,后因促进生产发展与维护社会稳定的需要,开始强化人道感情因素,最终法律跟上道德发展的步伐,实现了民事关系与刑事责任分离的法律伦理化。又如:我国 1950 年《婚姻法》确立的男女平等、禁止包办婚姻等原则大幅度领先了当时社会广大百姓普遍认同的"三从四德""男尊女卑"等落后的伦理观念,但在其后若干年中社会伦理观念不断进步,赶上了法律发展的步伐,两者恢复了齐头并进的格局。

---

① 川岛武宜:《现代化与法》,王志安等译,中国政法大学出版社 1994 年版,页 3。
② 川岛武宜:同前注,页 5。

美国著名学者庞德就从法律与道德相关的意义上将法律的发展分为以下四个阶段:第一阶段,伦理与法律未分化阶段;第二阶段,严格法阶段;第三阶段,衡平法与自然法阶段;第四阶段,成熟法阶段。他指出,在第二阶段(严格法阶段)和第三阶段(衡平法阶段)均存在这种法律与道德脱节并恢复同步的过程:"对习惯进行法典化或明确化的努力(这种习惯总是为道德行为所超越),并不拥有足够的发展力量使之与道德保持同步。第三阶段,是一个把道德行为注入法律之中并根据道德规范对法律进行重构的阶段"。[1]

可见,法律与道德的发展关系密切但却不一定同步,这为两者在历史演变过程中成为相互影响的因素创造了条件。发展在先的因素总会给发展滞后的因素指引前进的道路,从法律研究角度出发,当法律未来发展方向出现迷茫之际,我们不妨通过借鉴伦理发展轨迹作为法律发展前景分析的重要参考。

二、伦理发展的"钟摆效应"

纵观伦理学发展历史,可以看到伦理发展脉络呈现出明显的回摆式发展特点,即社会伦理的意义一直在突出社会价值还是突出个人价值之间来回摇摆。由此引发了伦理学长期不休的争议,也就是德性伦理学与规范伦理学之间的争议。德性伦理学以美德和德性为其论证的出发点。所谓美德是指个人自觉地按照伦理关系的要求行事并养成良好的行为习惯或品质。所谓德性是指处于伦理关系中的个人所应该具有的领悟与操守,简单讲就是有德者的品质。从这个意义上说,伦理关系就是指通过人的领悟和认同所自觉维系的社会关系。德性伦理学研究的是人的德性品质,即人应该成为什么样的人的问题,在德性伦理学看来,道德规范并非简单的行为规范,德性不同的人的行为结果完全不同,人的德性品质是由此及彼的关键因素,保证一个人的行为符合道德,首先要解决做人的基本品德问题。由于该理论与人们的感性认识脉络相一致,所以也称为感性主义伦理学,从苏格拉底到亚里士多德都秉持德性伦理学的主张。规范伦理学则是通过人的理性建立起道义与否的客观标准,并通过对每个行

---

[1] 罗斯科·庞德:《法律与道德——历史法学派与哲理法学派的视角》,邓正来译,载《法制与社会发展》2005年第3期(总第63期),页125。

为的后果与上述道义准则进行对比来判断该行为是否符合道德,然后再将经过道德检验的准则变成人们行动的普遍规范。换言之,看一个人的行为是否符合道德,主要看该行为是否出于某种义务以及是否符合道德规范,至于其是什么样的人或出于什么样的动机和目的并不重要。所以这也称为理性主义伦理学。近现代社会的霍布斯、边沁、密尔等均持此类主张。

从具体发展过程看,古希腊的伦理思想从人类感性出发,将所有伦理问题归结为一个问题,即德性问题,在他们看来行为的善与人的善其实是联系在一起的。例如苏格拉底指出,伦理学不仅要探讨什么行为是正确的,更要探讨应该成为什么样的人的问题。他认为审视生活也就是审视人生,没有经过审视的生活是不值得过的生活。亚里士多德更为全面系统地阐述了德性伦理学的要旨,他认为善是人类所追求的目标,拥有善就会获得幸福,善的生活才是人们所要过的最好的生活。他在《尼各马科伦理学》中开宗明义地提出:"一切技术、一切规划以及一切实践和选择,都以某种善为目的。"①而且,在善的生活中,德性的践行是其中心部分,在追求目的的过程中起到了关键作用。在亚里士多德看来,人从自发向目的靠拢到完成对目的自觉追求的过程,就是获得德性品质的过程。对是否获得了应有的德性品质,亚里士多德认为应当从人所处的共同体关系内部来验证,如果一个人的品性有助于实现社会共同体的共同利益,即被视为德性行为,实现了善的目的;反之如果其行为损害了共同体利益,即被视为恶,或至少是不能获得善。之所以亚里士多德如此强调德性与共同体之间的紧密联系,是当时的社会结构所决定的,正如学者指出的那样:"在希腊城邦时代,个人与国家的关系是不可分割的。个人离开城邦这个共同体就失去了依存的母体,城邦的存亡与个人是一体的。城邦的公民没有独立的个人意识,个人是缩小的城邦,城邦就是扩大的个人。因此,个人的行为准则,就是城邦全体的行为准则;个人的伦理,就是城邦的伦理。"②可以说,突出社会共同体的价值就是个人价值的体现,这不仅是当时主流的伦理观念,也是法律的基本要求。不过应当注意,这时的所谓共同体价值,并非全体人类的共同价值,而仅仅局限于具有公民身份的主

---

① 亚里士多德:《尼各马科伦理学》,苗力田译,中国社会科学出版社1999年版,页1。
② 宋希仁主编:《西方伦理思想史》(第二版),中国人民大学出版社2010年版,页32以下。

体,广泛存在的奴隶并不包括在内。

随着马其顿王朝的兴起,希腊这种典型的城邦奴隶制社会开始解体,取而代之的是罗马时代。罗马时代的最大特点在于商品经济逐渐发达,此时个人开始在社会中拥有一席之地,人格独立成为这个时代的伟大发明。亚里士多德笔下"人是城邦的动物"的现象逐渐淡出了人们的视野,城邦共同体不复存在,城邦伦理也失去了根基。原本注重道德的社会性要求被倡导个人价值、注重个人的独立与心灵自由所取代。美国著名学者查尔斯·库利曾指出:"如果说集体精神的衰退和人人为己的感情和行为形成了个人主义,那么没落的罗马帝国则是个人主义的"[①]。正是由于个人从城邦中解放出来,不仅使得个人伦理取代了原本存在的社会伦理,而且还创造出了辉煌灿烂的罗马法。比起罗马伦理观,与其价值取向一致的罗马法更令人印象深刻,因为罗马法完全践行了追求个人快乐与个人幸福的基本目的,如果对浩如烟海的罗马法内容加以提炼,其最终的精华就在于确立了个人独立的人格地位、个人所有权以及合同自由权[②],而这正是罗马时代维护个人价值追求的结果。从这个意义上讲,罗马法和以个人为导向的罗马伦理观对后世产生了极其深远的影响。

罗马时代,在公元1世纪的中东地区,开始产生了最初的基督教。随后基督教又逐渐进入欧洲并广泛流传开来,直到公元5世纪被确定为罗马国教,从而取得了统治性地位。随着基督教影响的扩大,基督教伦理也随之兴起并成为当时社会的主流价值观。基督教伦理最初来源于旧约中的十诫,作为最早的道德律条,十诫中有六诫都是规范人与人之间关系的,分别是:不可杀人;不可偷盗、不可奸淫;不可贪恋别人的财物;不可作伪证;孝敬父母等。这些戒律所强调的是一种义务与责任,起初这些义务与责任是对上帝的承诺,对上帝的爱,但后来逐渐演变为对自己的邻居以及社会中其他人的义务、责任与爱了。《圣经·路加福音》中记载了耶稣讲过这样一个故事:一个人受伤倒在街上,先后有一个祭司和一个利未人经过,不仅不予以帮助,反而绕道远离,后来一个好心的撒玛利亚人(被以色列人厌恶和鄙视的人)施以援手,使其获得了救助(该故事本书后面将

---

① 查尔斯·霍顿·库利:《人类本性与社会秩序》,包凡一、王湲译,华夏出版社2015年版,页27。

② 佟柔主编:《民法原理》(修订本),法律出版社1986年版,页9以下。

多次提及)。这个道德寓言代表了基督教所颂扬的伦理观又回到了德性伦理观。基督教立足于来世的立场,认为人都有"原罪",因而必须修习谦卑、恭敬、忍让、孝敬、仁慈等个性品德,只有对他人的爱才能成就一个人的善的生活,只有具备了这些德性,才可以获得真正的幸福并实现最终的自我拯救。对于基督徒而言,个人的角色识别是与共同体紧密相连的,不论其属于什么共同体,但在天国这一永恒的共同体中,自己将拥有适当位置。由于基督教强调对他人的爱是一种普爱,一种利他意义上的爱,这使得基督徒们有条件组织起来,建立教会。由于教徒在教会中精神上是平等的,教会就成为他们共同的精神家园。由此可见,基督教的伦理观又回到了亚里士多德时代的德性论立场,回到了一种以群体主义为特征的相互关系之中。依照早期的基督教义,人们自我拯救实践的根本在于与上帝的沟通,得到上帝的教诲,但这种沟通并不能由信徒与上帝之间直接完成,必须通过教会的主教、牧师等作为媒介,他们是上帝的代言人,因此,爱上帝、顺从上帝就演变为爱教会和顺从主教乃至教皇。正是由于基督教伦理观念的兴旺发达,使教会获得了对社会的巨大影响力,到中世纪时期,教会的势力已经达到了与世俗政权分庭抗礼的程度,宗教权力迅速向世俗权力扩张,甚至超越了各国世俗政权而成为当时欧洲最大的权力中心。

随着社会生产力的进一步发展,欧洲封建社会的根基开始瓦解,资本主义生产关系逐渐兴起。到公元14世纪末,统治了欧洲上千年的宗教伦理进入了风雨飘摇的境地。从精神文化上讲,对其构成致命打击的力量当属文艺复兴与宗教改革。文艺复兴起源于13世纪的意大利佛罗伦萨,当时一些经济上富有的资产阶级人士开始从服饰仪表到举止修养,再到思想言论等方面追求个性化与自由化,这与教会按照上帝戒条所设计的社会生活模式格格不入。按照教会的意志,人附属于上帝,在上帝面前人没有自由,人从出生、结婚直到死亡都要受到教会的严格管控。从而新旧两种观念形成了尖锐对立。文艺复兴运动所形成的真正精神支柱就是人道主义。人道主义的基本内容就是强调以人为本,以追求人的现世生活幸福为目标,提倡个人尊严,发挥个人价值,鼓励个性解放与自由发展。宗教改革并非简单的对旧基督教的微调,而是按照资本主义意识形态作出的大幅度调整,使其与资本主义生产关系和文艺复兴创造出的人道主义理念相吻合。由于文艺复兴与宗教改革符合社会发展潮流,基于此所形成的个人主义的伦理观很快就在与旧的宗教观念的斗争中取得了决定性胜利,并从那时起直到20世纪都成为居于统治地位的伦理观。

第二节 伦理观念的当代发展趋势

上一节简述了欧洲伦理观念的发展历史,其中一个明显特点就是古希腊与中世纪基督教伦理观都属于德性伦理,偏向于个人利益服从于社会利益(虽然这里的社会所指并不完全相同);而罗马时代的伦理观与文艺复兴之后的资产阶级伦理观则均属于规范伦理,偏向于个人利益的优先(个人利益的范围与程度也不尽相同)。这种回摆式发展脉络是否意味着伦理发展的某种规律性?是否预示着伦理发展下一步将会再向德性伦理回归?而这种规律对与伦理总体保持同步发展的法律演变又有何种启示呢?这值得我们认真思考。为了回答这些问题,有必要对近现代资本主义社会中几种主要的个人主义伦理观的利弊先行予以探讨。

近现代社会中最主要的伦理观大致有三种,分别是功利主义伦理观、义务论伦理观和契约论伦理观。首先可以肯定的是,近现代伦理观均立足于个人主义立场,均承认自私的道德性,所不同的是当不同的私利之间发生冲突时,上述不同观点所采取的对应策略不尽相同。关于自私的道德性问题,一系列近现代学者如霍布斯、休谟、边沁、密尔等均有论述,普遍的观点是自私源于人的本性,不可能对其进行负面的道德评价,自私带来的正面社会效果远大于其带来的负面社会效果,唯一可以做的就是通过人的理性、同情心、利益选择等手段去尽量克服这些负面效果。其中最有代表性的当属亚当·斯密的看不见的手的理论和曼德维尔的蜜蜂的寓言。[①]

如果说上述学者尚在利己与利他之间作出某种利益平衡的话,另一

---

① 伯纳德·曼德维尔在《蜜蜂的寓言》中把人类社会比喻为一个蜂巢。他指出,在这个蜜蜂的国度里,每只蜜蜂都在疯狂地追求自己的利益,虚荣、伪善、欺诈等恶德在每只蜜蜂身上表露无遗。然而,整个蜂巢却呈现出令人吃惊的繁荣。后来邪恶的蜜蜂变得善良、正直、诚实起来,但随之而来的是通货膨胀,全国一片萧条。作者通过这个寓言想要表达的是,人生来就是一种自私、难以驾驭的动物,而正是人的这个恶德促进了社会的进步与繁荣。所以私人的恶德恰恰可以促成公众的利益。

些学者则完全对自私采取歌颂的态度,例如美国学者安·兰德在其《自私的德性》一书中就明确指出:"客观主义伦理学的价值标准——人判断何为善恶的标准——是人的生命,或者说是人作为人而生存所必需之物。既然理智是人类的最基本生存方式,那么适合于理性生命的存在就是善;而否定、反对或者毁灭理性生命的就是恶。"①英国学者塔拉·史密斯对此则更直白地加以印证:"个人主义道德伦理学的宗旨是一个人必须以行动来提高个人利益,更确切地说,一个人最基本的道德义务是实现自己的幸福并且不因别人的幸福牺牲自己的利益。这正是兰德所信奉的道德基础。……所以,人之所以有道德是因为他们是自私的。"②那么,建立在个人主义基础之上的伦理观又是如何解决社会中各种利益之间的冲突呢?首先从功利主义伦理观说起。

一、功利主义伦理观

一般认为近现代成熟的功利主义原创于边沁,后经密尔的补充与修正并加以发扬光大,成为伦理学的一大流派。边沁从个人视角出发,认为自然将人类置于两个因素的主宰之下——快乐与痛苦的感觉。人会自然地选择趋乐避苦,苦乐感受在深层意义上支配着人类的认识与行为,因而也就成为了是非判断的最终标准。进而,边沁和密尔将追求快乐的直观感受提升为追求幸福,将个人的幸福扩大到最大多数人的最大幸福,从而建立起了功利主义伦理观。也就是说,凡是为了实现最大多数人的最大幸福的行为,就是道德的。根据上述功利原则,每个人追求自己私利的行为都是符合道德的,但如果他们的行为结果存在直接矛盾时,则会引发利益冲突。这时,其中哪个行为能够给更多数的人带来更大程度幸福,则该利益将会被视为道德行为加以肯定,而利益冲突的另一方则因缺乏道德正当性而只能选择放弃。

这种标准表面上似乎可行,但其实值得商榷。一方面,是质的方面的可比性问题,利益与幸福其实都具有多元化的特征,将两个分属于两个人的利益放在一起不一定能够作出正确比较。例如,甲的名誉利益与乙的财产利益发生冲突,我们一般会认为名誉利益高于财产利益,因而财产利

---

① 安·兰德:《自私的德性》,焦晓菊译,华夏出版社2014年版,页12以下。
② 塔拉·史密斯:《有道德的利己》,王璇、毛鑫译,华夏出版社2014年版,页23。

益应让位于名誉利益。但如果在其中增加一个条件,其结果可能会完全相反,假定乙获得这份财产是为了支付心脏手术的抢救费,这份利益顿时就会变得重要得多了。另一方面,从量的方面加以比较也存在同样的问题。例如,功利主义伦理学中有这样一个典型的思想实验:某家医院收治了五名病人,如果不对他们进行器官移植,他们都会很快死亡。此时,一位普通人甲碰巧正在该医院进行例行体检,而其健康的心肝脾肺肾恰好可以作为上述五位垂危病人的移植供体,医生是否应该剥夺甲的生命去挽救另外五个病人的生命?依功利主义,五个人的生命利益明显大于一个人的生命利益,牺牲甲的生命去拯救五个人是合乎道德的。然而问题绝非这么简单,这其中可以探讨的有以下几个方面:

第一,在医院这样一个特定环境中利益的确是1:5,但如果将比较环境进一步扩大,假定甲其实并非孤身一人,而是上有老下有小,一家六口人,自己又是家庭生活来源的唯一负担者,如果某甲死掉,其丧失生活来源的家人在精神与物质的双重打击之下,同样很快面临死亡境地。因此可以发现,双方的对比关系从1:5瞬间变成了6:5。当然,需移植器官的病人可以反驳说,自己家里也有若干人亟待自己的扶养,因而原来的对比关系定性仍属正确,但类似的理由对甲的亲属来说也同样适用。这样一来,随着对比环境的不断扩大,其结果是根本无法形成双方利益比例关系确定化的客观标准。

第二,为什么该被剥夺性命的人一定是某甲?难道就因为他恰好来到医院吗?如果依照功利原则,牺牲的对象似乎应该是某个无家可归的单身流浪汉,而不是某甲,因为那样才符合功利最大化的精神。但是,单身和无家可归的人也是人,难道其就该低人一等?该去成为牺牲者的第一人选?这种想法显然过于荒谬。

第三,既然一个人的生命价值与若干人的生命价值之间在现实中根本不存在一个所谓的客观衡量标准,因此就不能得出结论说多个人的生命价值理所当然地高于单个人的生命价值。换言之,正确的结论是人的生命价值必须受到同等程度的对待,并不因年龄、性别、种族、数量、智力、残疾与否而存在任何差别。

第四,任何正确的伦理观念都应该有助于社会安全与秩序的稳定。试想,功利主义的上述逻辑如果成真,那将意味着社会中以甲为符号所代表的任何一个人都可能因为突如其来的原因被"合法"地剥夺生命,这样的社会必将是人人自危、相互提防、以邻为壑、以他人为敌的社会,起码的社会安全与秩序将荡然无存。总之,功利主义伦理观由于易陷入相对主义的陷阱而表现出明显的弊端。

二、义务论伦理观

义务论伦理观发端于康德,后被罗尔斯所继承。义务论认为,人在与他人接触中应该做正确的事并避免做错事,因而做正确的事就成为他的一种义务。具体讲义务分为两种,一种是外在义务,即由法律所规定的义务;另一种是内在义务,即停留于行为者内心的义务,也就是道德义务。内在义务由于受人的内心支配,表现为一种人的自由意志,同时,人由于具有理性,因而在理性指导下形成的自由意志会构成人在社会行为中的道德准则。人正是基于这种道德准则祛恶扬善,从事各种实践活动的。

康德义务论伦理观与功利主义的一个重大区别在于,他创造出了绝对命令的概念。所谓绝对命令指道德准则作为理性原则是排除了道德主体偏好、兴趣和利益诉求的准则,其本身是客观的、绝对的和无条件的,该准则不存在外在目的,其自身就是目的。之所以建立绝对命令的概念,康德是要表达这样一种观点并将其绝对化:"你的行动,要把你自己人身中的人性,和任何其他人身中的人性,在任何时候都永远看做是目的,决不能只看做是手段。"[①]人是目的而不是手段,康德的这一主张直接针对功利主义所谓为了多数人的利益可以处罚无辜者的观点,认为人具有一种绝对价值,尊重人是最高的道德准则,永远不能将人的生命和自由作为手段看待。用康德的话说:"所有这些善良意图都无法洗刷此类手段所造成的不公正的污点。"[②]由此可见,义务论伦理观认为在善与公正之间,公正优先。后来美国著名学者罗尔斯在论证正义原则时,就是以此为基础的。按照正当优先于善的理论,人格独立、自由、平等等因素具有绝对价值,任何时候都不能被突破,所有的道德、良知、善意都必须服从于前者。换言之,只有建立在人格独立、自由和平等原则基础上的善才是正当的、可以被接受的。

---

① 康德:《道德形而上学原理》,苗力田译,上海人民出版社2012年版,页47。
② 转引自宋希仁主编:《西方伦理思想史》(第二版),中国人民大学出版社2010年版,页338。

其实,义务论伦理观虽然表面上与功利主义针锋相对,但客观上却与其存在着明显的相似之处:首先,两者都属于个人主义伦理观,都强调个人的自由与社会的平等;其次,义务论类似于另一个版本的"功利主义",尽管其将个人的人格、自由、平等作为绝对价值,这恰恰相当于功利主义将最大多数人的最大幸福作为最高价值。也就是说,功利主义伦理观将所有价值包括个人的人格独立、自由、平等在内放在一个序列中进行同等的功利性评判,而义务论伦理观则不过是将人格独立、自由、平等排在了功利评判序列的第一顺位(词典式排序)而已。该伦理观在承认了上述因素第一顺位之后,在确定其他价值的排序时,也不否认个人追求快乐和幸福所具有的合理性。

三、契约论伦理观

无论是功利主义伦理观还是义务论伦理观都力图建立一种客观的道德标准,用以指导人们的社会行为,但如前所述两者却都存在着明显不足,这为契约论伦理观的兴起提供了机遇。契约论伦理观另辟蹊径,不再寻求客观道德标准,而是诉诸人们之间的道德共识,也就是说,人们通过契约共同建立了道德准则。人们订立契约尽管是为了自身利益的需要,但同时人们也具有广泛的共同利益,既然人们能够通过契约完成商品交换,实现个人利益,自然也完全可以通过契约建立公共道德。可以说,建立社会道德是出于人们自我利益的需要。

契约论伦理观的早期代表人物是霍布斯,然而将该理论充分发挥的学者则是高契尔。他认识到,人固然会出于利己的动机去追求自我利益的最大化,不希望受到限制,但是,当代社会人们之间的利益会存在冲突和相互干扰,因此需要某种道德规则来协调各方关系,那种无限制的利益最大化是不现实的,有道德约束的社会才是可能达到的理想社会。因此高契尔提出了一个个人利益有限最大化的概念,所谓有限最大化是指任何深思熟虑的理性人在选择自己的行动目标时都不是一意孤行,而是需要考虑如何与他人协作的问题。因为大家都认识到,如果选择无限制自我效益最大化的行动方案,对彼此都不利,比起两败俱伤,各方均采取退而求其次的策略效果反而更好。大家通过契约形成道德准则,该道德约束了对方的同时也约束了自己,这种约束对每个人而言既是付出也是受益。可见,高契尔的伦理观是一种工具主义伦理观。在他看来,人仍然是自私的，其行为也是出于利己目的，只是由于人具有高度理性，能够较好地趋利避害，通过放弃暂时利益来换取更大利益。他的逻辑是，当帮助他人可以给我带来更大利益时，我会帮助他人；当受到约束可以给我带来更大好处时，我会接受约束。

高契尔的这种观点在当代西方拥有广泛的市场，例如第一章提到德国学者鲍曼关于"现代人"的描绘几乎就是契约论伦理观的经济版；另外第二章中提到美国社会学家科尔曼在论述社会资本时也采纳了"关注自我利益的理性人"的观点①，这似乎就是契约论伦理观的社会版。与义务论一样，契约论也可以用广义的功利主义加以解释，只不过其并非简单机械地将理想中的最大化自我利益作为道德准则，而是将道德准则定位于现实中可实现的最大化自我利益，因此可以看成是功利主义的一种当代升级版。

需要指出，以上三种伦理观虽然存在着这样或那样的缺陷，也经过了若干改进，但几百年以来却一直都是成功的，之所以如此，并非由于其逻辑上多么完善，而是因为这些伦理观本质上都属于个人主义伦理观，在一个崇尚个人主义的社会中其成功是必然的。

四、社群主义伦理观

不过自20世纪以来以上几种伦理观都开始显现出了衰败的迹象，这源于社会关系性质再一次的微妙变化，社会公共利益的地位与作用在逐渐上升，伦理观念的钟摆又悄然摆向了社会利益，开始从关注个人回到对社会共同体的关注。这种改变主要表现之一为社群主义伦理观的兴起。

社群主义也称为共同体主义，产生于20世纪80年代，是在对新自由主义的批判过程中成长起来的思想流派，其代表人物有著名学者麦金太尔和桑德尔等人。社群主义"批判了自由主义的假设，尤其批判了政治与经济的自由主义，以及人民可以随时按照自己的意愿摆脱无法选择的依附和义务这一论断"②。在社群主义看来，新自由主义的哲学基础是一种极端的个人主义，其过分强调个人及个人权利对社会的优先性，把社会与

---

① 参见詹姆斯·S.科尔曼：《社会理论的基础》（上），邓方译，社会科学文献出版社1999年版，页362。
② 菲利普·塞尔兹尼克：《社群主义的说服力》，马洪、李清伟译，上海世纪出版集团2009年版，页5。

个人割裂开来,将个人价值观的形成看作是进入社群前即由个人意志所决定的,社会和共同体虽然存在,但其只是实现个人目的的工具。在社群主义看来,个人及其自我认知最终是其所在的社群决定的,个人作为一个自主的主体,只有在社群中才能发展起来。理解一个人,不能孤立地进行,必须从其身处社群的生活背景来理解。社群构成了一种共同的文化,这种文化是道德自主的先决条件,即形成独立的道德信仰关系。离开了社群,不仅个人的道德、理性和能力无从谈起,就是个人的自主性也无从谈起。由此基点出发,社群主义形成了自己独立的伦理观。当然,该伦理观的形成从其之前的一些伦理观中吸收了大量必要的营养成分,例如其与涂尔干的伦理观具有相当程度的相似性,涂尔干曾经指出:"社会并不是个人叠加而成的,个人也不是带着固有的道德进入社会的。正因为个人生活在社会里,他才会成为一种道德存在,而道德是由群体团结构成的,也伴随着群体团结的变化而变化。"[1]

如果上溯到更早时代,社群主义的基本思想还可以溯源于亚里士多德的德性论。如前所述,亚里士多德将社群界定为城邦共同体,并将共同体的共同价值视为一种共同的善,而实现社会共同体共同利益的行为,即为德性行为。社群主义同样认为,为达到某种共同的善的目的而组成的共同体就是社群,主张将个人的善与社群的善统一起来,以这种共同的善作为评价社群生活方式的标准,建立起全新的相互道德义务规范。这种基于共同生活环境与生活经历所形成的道德标准绝不是抽象的、超历史的,而是一直存在于持续着的道德传统之中,而这种道德传统又促进了社群成员的认同感与归属感。

社群主义伦理观与前述义务论伦理观的重大区别在于,义务论伦理观认为公正优先于善。由于个人自由具有绝对价值,任何对其的妨害与侵犯都属不公正。也就是说,德性与善必须服从于由自由所体现的公正。而社群主义伦理观则认为,共同体内的共有价值高于个人自由选择的价值,因而应该是善优先于公正而不是相反。也就是说,由于权利以及界定权利的正义原则都必须建立在共同的善之上,所以社群内部乃至于全体社会中的共同善优先于个人的自由与权利。进而言之,社群主义者所说的共同善,在现实的社会生活中其实指的就是公共利益。于是,从善优先

---

[1] 埃米尔·涂尔干:《社会分工论》,渠东译,三联书店2000年版,页357。

于权利的论断中又引申出另一个论断:社会利益优先于个人利益。

应该指出,社群主义虽然尖锐地批判了古典自由主义与新自由主义中的个人主义绝对化倾向,但从本质上讲,社群主义仍然属于广义的个人主义伦理观,它是个人主义极端发达之后的产物,其目的是为了抵销个人主义过度化而带来的诸多弊端。社群主义并不否定人的自私观念,而是认为人除了自私品质之外也存在利他的德性品质,两者居于互补状态。换言之,利己与利他两种因素共同构成了当代社会的两大伦理支柱。随着伦理从保护利己向保护利他的回归,与伦理有着共同发展命运的法律也势必受到这一改变的直接影响,原本作为个人利益完美体现的近现代债法,开始了贯穿整个20世纪的大幅调整,在个人利益与社会利益的博弈中逐渐更多地选择对社会利益的保护,并最终达到两种利益保护的平衡。

第三节 当代伦理对债法的影响

由于欧洲伦理发展史内容极其丰富,所以前两节用了较多篇幅沿其发展轨迹简略予以描述,这样做的核心目的在于寻找伦理演变的规律,以便于我们依据伦理与法律的一致性,将伦理作为研究债法未来发展脉络的重要参照物。

与伦理发展方向的多变性不同,法律因具有较强的稳定性,所以发展的大致方向虽然与伦理相同,但回摆频繁程度远远小于伦理。由于伦理发展的自发性与灵活性,在历史长河中其往往可以成为引领社会发展潮流的标志性因素,而法律则经常扮演跟随者的角色。20世纪以来,伦理发展十分迅速,特别是经过两次世界大战,世界范围内人权思想与人道主义伦理盛行,社会福利理论蓬勃发展,基于社会利益而对个人自由的限制正在变成一种社会常态。正像涂尔干所预言的那样:"与其说道德的基础是一种自由状态,不如说道德是建立在依赖关系之上的。道德非但不会使个人获得解放,不会使个人从周遭环境中摆脱出来,相反,它的主要作用就在于把个人变成社会整体的整合因素,从而剥夺了个人的部分行动自由。"[①]即使在20世纪70年代新自由主义开始兴起并力图回归强调个

---

① 埃米尔·涂尔干:《社会分工伦》,渠东译,三联书店2000年版,页356以下。

人自由的老路时,作为与其对立的理论批判力量——社群主义立即集结为伍,迅速发展壮大起来。20世纪债法的历史轨迹正是在这样的伦理背景中运行的。

一、债法的伦理化、德性化与信赖化

相较于19世纪的近现代债法,20世纪之后的当代债法主要在以下三个方面受到伦理因素的影响:

(一) 债法伦理化

所谓债法的伦理化是指在债法适用过程中,当法律没有明确规定或原有规定已经落后于时代潮流时,通过借鉴当时具有时代引领作用的伦理因素,将其纳入债法,作为法律适用依据的情形。在人类历史上,债法曾经发生过重大的伦理化过程,如第一章所述,在古罗马时代,不能偿债的债务人所受到的法律对待是人身拘禁甚至是杀戮。对此日本著名学者我妻荣有这样的描述:"在不履行债务时,债务人经常将其整个人身(全人格)置于债权人的权力之下。……最初,债权人简单地杀戮债务人以满足复仇感情,以后进步到幽禁、强制债务人作为奴隶而劳动,或者干脆将债务人作为奴隶出卖以达到经济目的。"[①]而当时罗马《十二铜表法》中对此也有详细的规定[②]。这种杀戮、分尸的做法虽然可以有效遏制债的不履行行为,但其过于野蛮残酷,不利于社会稳定和生产力的发展,激起了越来越多的反对,于是促成了法律向伦理的让步,具体表现为债法中开始体现人道主义色彩,对债务人直接强制人身、使其屈服的因素逐渐减弱。《十二铜表法》中的上述残酷内容最终于公元前325年由珀特利亚·帕披里亚法(Lex Poetelia Papiria)所废止。正如德国学者柯拉所说:"法律的发展,使债务人从人身责任中解放,使债权伦理化,即把法制的重心从不履行的客观状态推移到和不履行相伴的伦理要素。"[③]这次债法伦理化的

[①] 我妻荣:《债权在近代民法中的优越地位》,王书江、张雷译,中国大百科全书出版社1999年版,页21。

[②] 罗马《十二铜表法》第三表第二项规定:"期满,债务人不还债的,债权人得拘捕之,押他到长官前,申请执行。"第五项规定:"债权人可拘禁债务人60天。"第六项规定:"在第三次牵债务人到广场后,如仍无人代为清偿或保证,债权人得把债务人卖于台伯河(Tiber)以外的外国或把他杀死。"第七项规定:"如债权人有数人时,得分割债务人的肢体进行分配。"

[③] 转引自我妻荣:《债权在近代民法中的优越地位》,王书江、张雷译,中国大百科全书出版社1999年版,页21。

意义重大,它使原来对债务人非人道的人身制裁逐渐完成了向纯粹的财产责任转变,这在很大程度上决定了后来民事责任与刑事责任的分离。

近现代社会的伦理基础是彻底个人主义的,社会所推崇的道德准则是理性的自私,在此基础上建立的债法早已经过上百年的磨合,与伦理配合得天衣无缝。然而20世纪之后,当活跃度更高的伦理完成了另一次向社会利益保护方向的回摆时,相对稳定的债法结构随之松动并再一次开始了缓慢的伦理化进程。这种伦理化最初表现为债法中发展出了诚实信用原则。诚实信用是典型的道德术语,将其纳入债法的目的起初也正是为了解决那些由于债法规定不完善而未能完全覆盖的领域所引发的困难;进而,某些近现代债法中明显与当代伦理进步趋势相背离的法律条文逐渐失去了适用的余地;再进而,根据诚实信用的道德理念,债法中又发展出一些全新的法律制度,例如缔约过失责任制度等。这些都是债法伦理化的表现。

(二)债法德性化

如前所述,伦理分为规范伦理与德性伦理,而近现代伦理观主要是一种规范伦理观,也就是说,伦理被看作法律一样的规范条文,如果违反了这样的条文,即被视为违反伦理,而不去探究其背后的主观因素。究其原因,规范伦理认为人在本性上是自私的,即使道德也不应该且无法要求任何人出于利他动机而甘愿损害自己利益,道德规范只是为利己行为有可能干涉到他人独立、自由与平等所建立起的一道防火墙而已。德性伦理则更关注人的伦理修养与德性品质,不仅要求每个人的行为要符合道德规范,更要求每个人在与他人联系中具有关注他人切身利益、设身处地为他人着想的良心与品格。根据社群主义伦理观,这种品格存在于每个人的基因当中,其生活所在的共同体或社会已经潜移默化地为其注入了上述品格,因为如果不具备这些品格,任何人都无法在共同体(社会)中与他人妥善相处。

由此可见,债法的德性化其实就是债法的人性化,相比较近现代债法那种基于自由与个人主义而形成的人与人之间疏离、冷漠甚至以邻为壑的氛围而言,当代债法更多地强调人应同时具备利己与利他双重品质。从利他品质出发,一个人应该发自内心地关心他人,帮助他人。正如第二章所列举的"枯树案"与"撒盐案"那样,人的不作为,固然是一种消极自由,这在很大程度上可以避免对他人负有债务,但绝不是免负全部债务,那种本应发自内心的道德义务应被排除在免负债务之外,因为债法的德性化已经使得这种道德义务转化成为一种法律义务。例如有人曾专门讨论过一个假设性案例:某人落水求救,而此时路人甲恰好站在岸边,他完全可以非常方便地将岸上的救生圈抛给落水者使其获救,他是否有抛救生圈的法律义务呢? 根据康德义务论伦理观的逻辑,路人甲似乎不存在上述义务。理由是康德认为独立和自由是一种绝对价值,任何道德约束或善的要求都不能成为破坏自由的借口。康德将人的义务分为两种,一种是完全义务,指法律直接规定或合同约定的义务,另一种是不完全义务,是指没有上述强制性的义务,即所谓道德义务。依照其逻辑,路人甲抛救生圈的义务当属不完全义务,故假使其并未抛救生圈,致落水者溺亡,该路人依然可以安之若素,因为任何伦理对某人基于善所作出的救人行为的要求,都不能与其所拥有的自由相对抗。对于这种自由优先于善的理由,美国学者杰弗里·墨菲是这样具体描述的:"对于社会困苦中的穷人的帮助又是什么义务呢?在康德看来,帮助他们的义务是不完全义务。'不慈善'(non-benevolence)作为一种自然法,尽管不是人们所普遍欲求的,但却是可能的,因为它并未干涉那些处于弱势地位的人的自由。帮助这些人在道德上是善,但却不是严格意义上的义务,从而可被用来证明政府强制的正当性。在康德看来,仅当自由被侵犯的时候,对人们的法律干涉才可以被证成。"①

此外,对康德义务论伦理观还有一个极好的注脚,那就是牛津大学万灵学院(All Souls College)前院长约翰·斯帕罗(John Sparrow)针对前一节中所述《圣经》中的那个故事所发表的一番评论。他的观点是,如果没有伤害他人,我们就对其没有任何亏欠。他认为圣经故事中的祭司和利未人不仅不应怀着负罪感穿过马路,回避受伤者,而是应该有道德上的勇气在马路的那一边直接从受伤者身边走过而不帮助,无须感到羞愧尴尬。②

如果此逻辑在上述两种情形下依然可以成立,那康德义务论伦理学显然将自由过分绝对化了,这种理论表现得过于僵化和不近人情,因为当今社会,不应有任何一种法律支持在你举手之劳就可以救人一命时你却

---

① 杰弗里·墨菲:《康德:权利哲学》,吴彦译,中国法制出版社2010年版,页152。
② 参见阿玛蒂亚·森:《正义的理念》,王磊、李航译,中国人民大学出版社2012年版,页159。

可以袖手旁观。墨菲一针见血地指出:"康德对于慈善(benevolence)这一观念的使用相当含混"①,并提醒我们注意这样的事实,即如果你没有将溺水的小孩拉出水面,你不会因此承担刑事责任,但是否会承担民事责任呢?康德并没有论及。②

与康德的自由绝对优先观念不尽相同的是,美国著名学者庞德在论及这类案件时则开始强调所谓"关系"的作用。他指出:"在我们的侵权法中也充满了这种关系。就拿所谓的'仁慈心的撒玛利亚'(Good Samaritan)的例子来说,如果某人没有对处于极端危险中的另一方施以救助,只要他没有引起此危险情形的发生并且他与当事人之间不存在关系,他就不应承担责任,即使施以救助的行为不会给他带来任何危险。但是,如果双方之间存在一定的关系,法院就会立即认定并施加给当事人以救助此种危险情形下的另一方当事人的道德义务。"③很显然,这里所说的"关系"已不再是一般的道德关系,其已经演化为一种具有权利义务属性的法律关系。这表明了道德义务向法律义务的转化。附带指出,即使按照近现代伦理观中的功利主义与契约论伦理观也都更倾向于得出应该抛出救生圈或者帮助马路上的受伤者的结论。

之所以会存在"关系"战胜"自由绝对优先"的情形,其实最恰当的解释还是出于债法的德性化,路人甲之所以对落水者有抛救生圈的法定债务,或者祭司和利未人有对素不相识的受伤者施以援手的法定债务,是因为他所生活的社会环境已经为即使是陌生人之间造就了一种相互扶危济困的共同善,每个人基于这种善的品格都会在符合一定条件时对他人负有法定债务,这种债务虽然并不意味着你必须以牺牲自己的生命为代价去挽救他人的生命,但是在力所能及且不伤及你的生命的前提下的救助法律义务则不能免除。如果将绝对的自由视为正当性,结论是善应该优先于正当性。

(三)债法信赖化

一个人值得信赖,本身就是一种道德评价,代表了该人所具有的德性品质。将债法与信赖联系起来,就是将道德引入债法当中,表明债务人履

---

① 杰弗里·墨菲:《康德:权利哲学》,吴彦译,中国法制出版社2010年版,页154。
② 参见杰弗里·墨菲:同前注。
③ 罗斯科·庞德:《法理学》(第一卷),余履雪译,法律出版社2007年版,页173以下。

行债务的行为不仅是一种法律上的义务,同时也是一种道德上的义务。近现代债法并未将债法与信赖联系起来,至多将债视为一种信用。依第一章所述,这种信用是指一种可以计算的信任,或者说是有条件的信任。交易中一方为了交易的成功,需要获取他人信任,而为此他必须积累自己的可信度,也就是说,信用出于交易的功利,与德性无关。与追求德性目的相反,近现代债法却体现出极强的对自由价值的追求,具体反映在对自由意志的追求(合同法)和对消极自由的追求(侵权法)两个方面,表现在强调自由价值的优先性。也就是说,既然一个人的利己动机是正当的,那么就有必要给予其极大的自由,虽然获得良好信用会使其自由受到某种程度的限制,但这只是行为人出于功利计算后作出的一种选择,是为了获得更大利益而自愿付出的代价。依近现代债法的理念,法律如果对其自由作出了超过上述目的的限制,就是不恰当的。

不过,20世纪后人们之间的交易合作关系日益紧密,不仅人与人之间产生了在特定时刻必须无条件相互信赖的主观需求,同时社会也为这种信赖关系提供了道德基础,那就是人们在同一社会内部的共同生活实践使得人与人之间基于认同感与责任感而建立起彼此依赖、相互信任、互助合作的紧密关系,正如著名学者阿玛蒂亚·森在探讨基督教中关爱你的邻居这一教义的现代意义时所指出的那样:"我们与位于远处的人建立的邻里关系,对于认识公正的问题具有重要的意义,这在当今世界尤其如此。我们彼此之间是通过贸易、商业、文学、语言、音乐、艺术、娱乐、宗教、医疗、卫生、政治、新闻报道、传媒以及其他渠道联系在一起的。……我们不仅由于相互之间的经济、社会和政治关系,而且由于我们对这个世界上存在的不公正和非人道,以及威胁世界的暴力与恐怖的共同的深切关注,而越来越紧密地联系在一起。即使是我们对于全球范围内由于缺乏帮助所感到的沮丧和由此引发的思考,也将我们团结在一起,而不是把我们分裂开来。在今天的这个世界,人人都可以成为邻居。"[1]而且,这种紧密的社会依赖关系及社会成员彼此互助的道德感随着社会发展而不断强化,当其强大到足以撼动自由价值甚至达到可以与之抗衡的地步时,这种相互信赖的道德理念就会与自由理念一样成为债法运行所遵循的道德价值。

---

[1] 阿玛蒂亚·森:《正义的理念》,王磊、李航译,中国人民大学出版社2012年版,页160。

需指出的是,当今社会强调信赖关系的意义,并非意图用信赖伦理观替代自由伦理观,并使之成为债法唯一依据,而是在自由基础上添加信赖因素,将两者并列,共同作为债法指导思想。换言之,当代社会既存在着主要基于自由理念的传统意义上的合同之债与侵权之债,也存在着基于信赖理念而新兴的信赖之债。信赖社会造就了信赖伦理,而在信赖伦理的影响下最终使债法实现了信赖化。

二、交易伦理与交往伦理对债法发展的影响

债法的伦理化、德性化和信赖化从三个侧面反映出伦理对债法的总体性影响。这种影响也可以通过更细致的观察所得到,具体观察可从两个层面入手,即交易伦理与交往伦理。

(一) 交易伦理

正如我们前面提到的那样,近现代伦理以个人为出发点,将个人自由视作最高道德准则,自由既包括人身自由,也包括思想自由,所以由此形成了另一个道德准则——意志自由,该自由被翻译为法律术语就称为意思自治。由于市场经济社会个人以及企业相互之间的经济纽带是契约,所以意志自由这一道德原则最终也就自然成为了契约法的最高原则,这个原则被称为契约自由。同时,交易关系中崇拜强者、藐视弱者的优胜劣汰观念也成为了社会普世价值。这样,从人身自由到意思自治,再到契约自由,有关交易的伦理原则完成了向法律原则的转换,也可以说,意思自治(私法自治)和契约自由成为了伦理和法律的双重原则。这时法律追上了道德前进的步伐,恢复了与道德的同步发展。

不过,20世纪后的当代社会伦理展现出了极强的灵活性和快速发展能力,伦理的迅速发展使法律又变得相对滞后,伦理再一次成为引领法律发展的重要力量。这表现在合同法中的诚实信用已经突破原有概念边界,获得了更丰富的意义。一方面,诚实信用从合同订立时的不欺诈、不胁迫,以及合同履行中的遵守诺言,不背信弃义,发展为在合同未约定的情形下,可以根据此原则设定合同的附随义务、从给付义务等内容,其意义在于依据诚实信用原则为合同当事人确定正确、完整以及公平的合同义务。另一方面,即使合同内容并不违法,但只要违背诚实信用原则,其法律效力也受到极大制约,换言之,根据法律与道德一致性的要求,违反社会道德的合同同样无法获得法律的承认。可见,诚实信用原则在很大

程度上制约了契约自由原则和优胜劣汰的观念。

与此同时,法律还将所谓公序良俗原则直接上升为法律原则,当代合同法中出现了诸多限制合同自由的强制性规定,例如,合同法通过强制缔约制度或无意思表示的合同来限制缔约自由;以格式合同的特殊要求来限制合同的形式自由,等等。而这些规定的来源就是公序良俗原则这一原本的道德原则。

鉴于诚实信用、公序良俗这些当代社会的伦理规范为合同法所吸收,债法显现出明显的伦理色彩,过去交易关系中那种单纯追求利己目的的利益失衡状态逐渐向兼顾利己与利他的方向矫正,绝对自治的债法向相对自治的债法靠拢。

(二) 交往伦理

通过交往伦理亦可清晰观察到当代伦理对债法的影响。此处的交往关系,是指直接商品交易活动之外的社会交往关系。依照近现代伦理观念,交往关系所遵循的是消极自由最大化原则,即只要一个人处于消极自由的状态,就不可能给他人造成损害。通俗地讲就是,人既然是自由的,就意味着他可以什么都不做,这称为消极自由,而当其保持这样的状态时,是不可能对别人构成损害的。由此出发,法律亦不承认不作为的致人损害行为,或者说因不作为致他人损害时,行为人可以免责。例如王泽鉴教授在论及不作为侵权时指出:"法律须禁止因积极行为而侵害他人,但原则上不能强迫应帮助他人,而使危难相济的善行成为法律上的义务。"①他在讨论了前述关于好心的撒玛利亚人的圣经故事后,继续评论道:"但从法律的观点言,我们一方面应宽容祭司和利未人的无情;他方面应认为好撒玛利亚人怜爱受伤的,乃个人道德的实践,不应成为法律强制的对象。"②

另外,从自由观念出发可知,人可以在适当范围内支配其自由意志,只有当某人的行为超出其主观意志支配的合适范围时,才属于不恰当的"过错"行为,他也才须要为这样的行为结果负责。正是依据这种过错与否的伦理道德所建立起的是非观念,法律将所谓过错责任原则引入债法

---

① 王泽鉴:《侵权行为法》(第一册:基本理论、一般侵权行为),中国政法大学出版社 2001 年版,页 92。
② 王泽鉴:同前注,页 93。

之中,该原则是将人的行为区分为无过错行为和过错行为,当某一行为发生在行为人主观意志支配的自由领域,其行为是正当的,行为人不存在过错,无须承担法律责任;超出自由意志支配领域的行为则被视为非正当,行为人存在过错,须要承担法律责任。

然而,这种在近现代伦理观中被奉为圭臬的自由观与过错观,在20世纪后都开始动摇,各种各样类似前述阿玛蒂亚·森"人人皆邻居"的交往伦理观念,对传统绝对的消极自由观作出了较大幅度修正,即使表面上无关的人之间其实并非真的无关,他们之间完全可能存在着相互照顾、相互帮助的积极义务(作为义务)。在这种新伦理的影响下,原有债法中"不作为即无责任"的传统被打破,王泽鉴教授曾指出的"不作为之成立侵权'行为',须以作为义务为前提"①的法律障碍也被破除了。事实上,尽管在双方并无合同约束的情形下,只要双方当事人之间存在着某种程度的紧密联系,基于此关系,一方对他方就会产生出一种主动作为的法定债务,即对他方负有通知、说明、提示、照顾、保护等义务,如果其不作为,法律就会将其视为对债务的不履行;如果致他人损害,致害人还会承担相应法律责任。很明显,这种债务的直接来源固然是法律规定,然而进一步追溯法律规定的来源,则归结为当代社会交往关系性质本身的改变以及由此引发的全新社会伦理观。

此外,在侵权损害之债中也相继发展出了过错推定责任、无过错责任和公平责任等法定责任原则,其功能在于在某些侵权领域内逐渐淡化乃至消除传统过错伦理标准的适用,而且基于当代人际交往中客观相互依赖关系强化的特点,建立主动关心他人、帮助他人以及合作互信等新的法律责任标准,据此,在特定情形下,当事人致他人损害的行为即使并非出于其主观过错,但仍然会被视为未达到法律所要求的注意义务,换言之,行为人在法律上仍属于辜负了对方当事人的合理信赖,因此仍然要承担相应法律责任。

综上所述,通过对两千多年的社会伦理发展轨迹的探讨,以及对贯穿整个20世纪的利己与利他两种伦理观念之间激烈博弈的详细观察,我们不仅清晰地认识到了伦理对债法的影响力,也感受到了把握伦理脉络有

---

① 王泽鉴:《侵权行为法》(第一册:基本理论、一般侵权行为),中国政法大学出版社2001年版,页93。

助于我们对债法发展方向判断的准确性。正如涂尔干所指出的那样:"长期以来,人类始终沉湎于这样的梦想:最终实现人类博爱的理想。大家总是同声祈盼,战争不再决定着国家之间的关系,社会之间的关系应该像人与人之间的关系一样得到和平的规定,所有人都能够同心协力、同舟共济地生活在一起。……只有群体的力量才能限制个人的私心杂念;只有涵盖所有群体的另一种群体才能控制这些群体的私心杂念。"[1]

因此,笔者的判断是,在可见的将来,人与人之间的社会关系将会日益变得密不可分,社会伦理也将会继续向共同体化方向发展。为了实现全社会利己与利他因素的总体平衡,还需要持续对传统伦理进行矫正,其结果自然是不断加强社会伦理关系中的信赖保护与合作互助。由此而来,债法的社会化步伐也将会持续下去,而建立信赖之债制度则是使债法适应当代日益紧密的社会交易与交往关系的正确选择。当然,并不排除在社会化发展过程中会出现小的反复,例如新自由主义的回潮,但大趋势将保持不变,信赖之债的发展亦会不断深化。

---

[1] 埃米尔·涂尔干:《社会分工论》,渠东译,生活·读书·新知三联书店2000年版,页363。

第四章　信赖社会与债法

第一节　对信赖理论发展脉络的梳理

前面三章从经济、社会、伦理等视角对信赖之债的产生进行了基础分析，并就各基础性因素对债法发展的具体影响作了详细阐述。由于这部分采取多头并进式分析，内容较为繁复，所以在按原有逻辑步骤继续往下论证之前，有必要暂时停住脚步，回过头来对前面的内容进行一番归纳与梳理，以期得出更为明确和系统化的结论，并为理论的进一步展开作出铺垫。

通过前面的论述，一方面，我们有充分理由相信债法正在沿着社会化、信赖化的路径蓬勃发展，这种趋势在可预见的未来将会持续。这意味着我们在总体上解决了债法未来发展方向的问题。不过另一方面，我们也不难看出，经济、社会、伦理等因素尽管是分别从各自角度对债法施加影响，但其实债法所感受到的作用却是综合的，也就是说，各种社会主客观因素共同作用的结果形成了一个合力，该力量将债法推向了一个崭新的方向。为顺应这一趋势的要求，债法也必须以某种统一方式对此作出适当反应。正是基于此点，本书力图通过一个全新概念——信赖之债——准确反映出债法发展的这一新特点。然而有疑问的是，信赖之债所针对的关系是否独立？与其他社会关系能否相互区分？信赖之债能否形成统一整体？其与原有债法制度的关系又如何定位？一句话，信赖之债能否成为一种回应上述社会合力作用结果的恰当表达方式？本章主旨就是要回答这些问题。不过在此之前，首先需要做的是对前面三章中的研究成果从以下几个方面进行简单梳理。

一、市场经济走向伦理化为信赖之债奠定了基础

20世纪市场经济的发展,在世界范围内达到了空前的广度与深度。与19世纪以前的传统市场相比较,其最显著的特点是逐渐走向人性化和伦理化。传统市场中由于将交易主体视为孤立的和绝对自由的,因而每个市场主体虽然是平等竞争者,但也是机会主义者,时刻准备着利用各种机会为自己牟利,其中也包括从他人身上获取不义之财。由于市场竞争采取残酷的优胜劣汰规则,使得市场主体之间本质上是一种紧张关系,人们只专注于自己的利益而漠视对方的利益,趋向于互相提防,互相诋毁。虽然各方可以通过合同方式建立起有效连接,形成一种互信机制,然而这仅仅是暂时的和有条件的,基础并不牢固,只要有可能,市场参与者就会趋向于寻找合同漏洞以损人利己,或者利用合同手段建立垄断关系,形成少数人对多数人的经济统治。

上述重大弊端虽然自始即存在,但由于当时社会的核心目的在于通过赋予社会成员最大的自由来最大限度调动与保护人们生产经营的积极性,因而对此弊端视而不见。这种放纵的恶果在19世纪末逐渐显现出其强烈的社会腐蚀力,甚至达到了阻碍社会正常发展的地步,同时也时时提醒着人们进行变革的必要性。20世纪之后,在世界范围内先后出现了一系列引发社会变革的诱导因素,诸如大幅度细化的社会分工、大规模的城市化以及垄断加剧等,这些客观因素从正反两方面改变了市场经济关系演化的传统主线,造就出了新型市场条件下互信合作的社会氛围,人们越来越强烈地感受到,缺少互信和缺乏合作,不仅不能使社会和谐,而且连正常的交易关系的维持以及简单的相安无事也难以做到,人际交流的社会成本也变得更高。

正是在此背景下,基于长远利益考量,社会开始向着不再继续坚持为保持绝对个人独立自由而牺牲人际和谐社会关系的方向转变。与此同时,作为最活跃社会思潮的社会价值观念与伦理观念也开始了整体性反思,人们又回到了对利己与利他、个体与共同体的关系定位争论之中。经过长期激烈的思想交锋,人们逐渐清醒地意识到原本存在的各种以个体为出发点的社会观与伦理观均缺陷颇多,不足以合理解释20世纪以后的社会进程。尽管社会的这种改变尚不足以使我们彻底放弃长期坚持的市场经济方向,但大幅度增加互助合作在人际交易与交往关系中的比重,对

于一个新型市场却是必要的。人们认识到,在未来很长的时间段,同时强调利己与利他因素的社会作用,妥善平衡个体与共同体的利益关系,变得十分重要,兼顾而非偏废将会成为一种常态。虽然两者地位在社会中究竟孰重孰轻目前尚难有定论,例如20世纪70年代之后新自由主义的回潮与其后社群主义的兴起,代表了社会正处在摸索、试错与反复检验的过程中,但面向未来,可以断定的一点是,21世纪的社会关系绝不会回到19世纪以前那种将个人自我完善即视为社会完善(私利即公益)的时代了。

与此同时,鉴于长期以来形成的个人主义传统尚不习惯接受互信合作在社会中地位的提升,当前有必要大力提倡对社会利益的关注,这有利于建立一个利益平衡的和谐社会。需要强调的是,和谐社会并非一种静态的关系状态,并非固定的各得其所,而是一种动态化的关系过程,其主要特征是每个社会主体在各自所处位置上能够互助与合作,能够在交易和交往中关心自己利益的同时也对他人的切身利益作出适当关切,总之能够在彼此之间建立起一种信赖关系。由于这种信赖关系是人们在交易与交往中建立的,本质上属于商品交换关系,建立并维持这种基于社会信赖的商品交换关系,需要克服过分追求个人利益的倾向,而做到这一点,仅靠伦理规范、文化熏陶和社会教育尚不足以实现,还需要法律的介入。鉴于调整商品交换关系的最直接的法律就是债法,所以建立与维系全新的以信赖为特征的商品交易关系的债法自然就应命名为信赖之债。

二、新型伦理观为信赖之债提供了必要铺陈

在人际关系从以个人为导向转变为以社会为导向的过程中,学者们纷纷著书立说,或提供注释,或作出评价,或提出前瞻性见解。尽管立场不同,分析视角不同,出发点也不一样,但学者们的研究却有着明显共性,即面对社会信赖化的客观现实,努力确定个人利益与社会利益之间的关系定位,积极寻找针对社会变革的因应之道,并为当代社会发展现状提供合理解释。

(一)滕尼斯社会理论的启迪

从社会理论视角,对个人主义化的市场经济社会演化过程作出较有说服力解释的当属滕尼斯。滕尼斯通过对霍布斯的"自然状态—社会"理论的继承与扬弃,发展出自己的"共同体—社会"理论。在滕尼斯看来,在社会存在之前并非霍布斯所说的人与人始终处于敌对的自然状态,而是

一种基于共同生活而形成的共同体状态,在共同体内,所有成员都有共同的习惯与兴趣、共同的思考方法与认知。而由这种共同生活环境与经历所自然造就出来的心灵契合,就是共同体成员的"本质意志",大家有共同的思维起点和思维导向,共同的好恶标准和利益偏好,一损俱损,一荣皆荣。在此氛围内,共同体成员之间能够做到彼此相互关心,相互帮助,相互包容。然而人们一旦脱离共同体这个微型社会,而步入真正意义上的广阔社会时,其所面对的不再是值得信赖的儿时伙伴,而是从其他不同共同体内走出的陌生人。与此同时,原本在共同体内形成的共同价值观在社会中也变得毫无意义,大家只能根据独立、平等的基本原则自主地进行社会交流,自由地作出决定与选择,于是人们具有了与"本质意志"完全相反的"选择意志"。由于作为"选择意志"载体的是每个个人,个体导向的社会也因此而形成。然而,限于滕尼斯所处的时代,其社会理论在自由市场经济末期变得停滞不前,未能跟随时代发展脚步而继续向前。如果说其理论对之前的社会发展解释较为贴近现实的话,其对20世纪之后的西方社会则缺乏准确预测,对后来社会的发展脉络也未能作出合理解释。正如本书第二章所指出的,如果结合20世纪之后利益社会化与社会信赖化的发展现实,并延续滕尼斯共同体与社会以及"本质意志"与"选择意志"的逻辑,其实可以说20世纪之后的社会又显现出向共同体回归的征兆。"选择意志"受到了越来越多的限制,相反,脱离个人自由的"本质意志"却具有了重新兴盛的迹象,因为社会作为一个大型共同体,亦同样可以自发地形成各种新型人际交往的共同习性与偏好,以及相互合作的共同意志。总之,滕尼斯的理论仍属于19世纪的理论,难以担当20世纪乃至21世纪社会发展理论指导的重任,对当代债法也无法提供更有价值的指导。

(二)涂尔干社会理论的指导意义

对20世纪之后社会发展具有更积极指导意义的理论当属涂尔干的社会理论。涂尔干的理论没有简单地为当时如日中天的自由主义市场化理论锦上添花,而是紧扣时代脉搏,敏锐观察到个体的自由度与个体对社会的依赖度所具有的新特点,提出了全新的社会导向的关系理论。他认为分工与合作是一个事物的两个方面,社会分工的细化,并不会使人变得更加独立,反而会使人们之间的联系更紧密,更加彼此不可分离。分工固然可以提高社会效率,然而合作才是使社会化大生产成为可能的先决条件，因而这种紧密的合作关系具有客观性，不以人的主观意志为转移。尽管每个个体拥有法律意义上的完全自由，他们可以选择通过自己单干或者通过合同与他人协作来实现自己的目的，但是由于人际关系的日益紧密，使得人们在自愿合作的形式之外，又出现了一种新的合作模式，即所谓被动的强制合作（依存式合作）。这种合作模式来源于因社会分工而在人们之间结成的共同利益纽带——以客观相互信赖为基础的依存关系。这种合作之所以存在并不断发展，是由于在很多时候其较之自愿式合作更为合理、有效。尽管其并不完全符合个人独立、自由的原则，但却更有利于社会整体的稳定与和谐。根据这种依存式合作模式，一个合理的逻辑结论是：决定人与人之间紧密程度的，不是物理上的距离，而是心灵之间的距离。社会范围内人人都是合作者。不论你是否出于自愿，都要在一定条件下关心他人，帮助他人，因为社会必须在这种互信合作的基础上才能够健康发展。

针对19世纪的社会核心价值观而言，在市场经济社会大格局不变的前提下，这种降低个人自由意志支配力而强化社会利益影响力的理论，注定是一种颠覆性理论，不过从之后社会的发展进程分析，这种理论符合历史发展轨迹，因而具有划时代意义。需要指出，涂尔干并未抹杀市场经济的自发作用的合理性，他所做的仅仅是对绝对化的自由进行必要的修正与回调，例如他批判封建时代因专制与思想禁锢而形成的所谓"机械团结"，而力图推行一种自由与合作、利己与利他相统一的理想化的"有机团结"。这较之滕尼斯的社会理论显然又前进了一大步。

（三）社群主义理论的影响

对当代债法影响最大也最直接的社会理论还是社群主义以及其他类似伦理观。社群主义吸收了亚里士多德的德性伦理思想，借鉴了克鲁泡特金的合作互助理论、涂尔干的社会理论以及滕尼斯的共同体理论，将上述理论整合，并结合20世纪社会发展的新特点，形成了一个与新自由主义针锋相对的社会理论。社群主义认为，人并非如自由主义者所宣称的那样是完全独立的个体，而是从一出生开始就生活在特定的社群（共同体）内，其知识、道德、习俗无不打上本社群的烙印。人是具体的而非抽象的，所谓人的独立绝不能与其与生俱来的群体文化背景特征割裂开来，用格兰诺维特的话说就是人是被镶嵌在社会中的。由此出发，社会不是无数孤立个体的简单之和，而是拥有共同文化、共同道德认同以及共同利益的有机整体。社会不是人们活动的简单平台,而是一张蕴含巨大能量的网络,居于社会网络不同位置的人一方面可以借助网络的资源与能量(他人的力量)实现自己的目的,另一方面也要服从社会网络的整体安排和他人的正当需求,为他人利益的实现作出自己的贡献(成为他人的社会资本)。换言之,人不仅要关心自己的个人利益,也要关心他人利益,因为他人通过利用社会资本而对你提出的要求,不仅仅是他个人的要求,同时也代表了社会整体的利益安排。套用一句俗语,就是"人人为我,我为人人"。由此再进一步,社群主义仅承认个人的有限理性,认为人并不能够在任何情况下均有足够能力准确计算自己的利益,此时,他人与社会基于某种机制如果能够从与人为善而非落井下石的姿态对待这些需要被帮助的人,将会形成一种社会的共同善,社会也会因此而变得更和谐。这种理论很好地说明了一点,就是在个人利益导向的市场经济社会中,当符合特定条件时,为什么社会利益会优先于个人利益。

当然,社群主义者大多从社会理论和伦理学角度探讨这一问题,而较少从法律角度谈及,其实如果将该理论平移至债法当中也完全可行,当交易或交往关系的一方,基于合理信赖的理由要求对方实施一定行为,这种社会资本的使用就是一方对另一方行使债权,也就是说,法律对这种信赖关系的保护就构成了信赖之债。

(四)新自由主义的某些修正

另外值得一提的是,即使在新自由主义的理论框架中,也不乏个人在必要时可以顾及他人或社会整体利益的观点。自由主义原本从个人自由的绝对性出发,反对任何以限制个人自由为前提而满足他人或社会利益的做法,例如前文提到的康德、诺齐克、罗尔斯都是这一主张的坚定捍卫者。但是这种观点过于僵化,以致与现实生活的事实不符,故而像高契尔、鲍曼等学者力图从功利主义工具论的角度对自由主义进行重新解释。在高契尔看来,高度理性化的个人,当面临包括自由在内的个人利益与他人利益发生冲突时,能够为了获得更大利益而不惜接受自由的暂时受限和局部利益的牺牲,通过合同自觉地约束自己。而鲍曼提出了"现代人"理论,在他看来,"现代人"与"社会人"不同,"社会人"是利他主义者,愿意为社会利益无条件牺牲自己的个人利益。而"现代人"则是现实的利己主义者,为了实现更高的个人目标,他愿意有条件地牺牲眼前利益,甚至包括一定程度的个人自由,而选择服从社会利益和社会秩序。这种观点虽然在本质上仍然是自由主义的,但其立场已经明显向社群主义靠拢,可以视为对原有僵化的自由主义立场的修正。

通过对这些学者不同观点的归纳可以看出,尽管程度存在差异,但是个人利己因素在社会中所占比重下降和利他因素的上升,个人自由绝对化的缓和与人际彼此信赖程度的增强,逐渐成为一种社会共识,建立信赖之债理论的社会与伦理环境已经具备。

三、债的信赖保护体系初步形成

经过整个20世纪社会关系持续信赖化的洗礼,同时经过较充分的相关理论准备,已经形成了全面接受信赖之债的主客观基础。截至目前,债法变革已在以下层面得到了实质性进展:首先,债法朝向加强信赖保护的确定化趋势已经形成,这一点已如前述,无须赘言。其次,人际的信赖领域从原有的合同信赖(具体表现为合同之债)与一般信赖(具体表现为侵权之债)两个领域,发展到在两者之间出现了第三个信赖的法律保护领域——信赖之债领域。这一领域被纳入债法调整范围,填补了长期以来法律调整的空白,构成了完整的信赖保护法律谱系。应该说这完全是当代社会人际关系的紧密化与信赖化程度加强的结果,也是法律日益人性化的体现。再有,从具体层面看,信赖之债的出现,增加了债法保护的利益类型,例如,原来债法只保护交易与交往参与者的人身利益与一般财产利益,以及交易者的合理交易利润,信赖之债出现之后,使得这种保护范围扩展到了参与者的交易成本与机会成本等新的利益类型。这种保护范围的拓展,使债法促进社会流通和维护社会秩序的功能得到更加有效的发挥。其实,债法的变革步伐并非今天刚刚开始,早在几十年之前就已经悄然展开,只不过碍于传统债法逻辑结构的束缚,变革无法突破既有框架,只能采取零敲碎打的方式进行。尽管如此,我们也不应忽视这种进步的积极意义,虽然这只是变革的第一步,但其为我们指明了下一步债法改革的方向。可以预测,未来我们的任务将会是,真正突破既有债法框架形成的禁锢,建立起信赖之债理论,并使之与现有债法宏观体系形成无缝对接。同时,通过严谨的理论推演和经验总结,完成信赖之债的自身体系建设、类型化以及法律适用研究,从而使信赖之债这一新成员最终为债法大家族所接受。

第二节 信赖利益

通过前面的梳理工作,我们的确看到了当前社会信赖化程度的空前提高,但能否据此得出当前已经进入到了信赖社会的结论呢?这还需要进一步探讨。所谓信赖社会,其标志在于社会对人际关系中信赖利益的尊重已经达到了与对个体利益同等尊重的程度,甚至已经超越了对个体利益的尊重。为便于比较,不仅需要对信赖利益的含义进一步明确化,还要将信赖利益独立化,以利于其与社会中其他利益相互区分。与此同时,由于债法调整对象是商品交换关系,因而当探讨信赖利益的法律意义时,还需要确定信赖关系中那些可以用市场价值衡量的部分,也就是说,凡不能被还原成市场价值的信赖利益,就不具备债法上的意义。

一、信赖利益解读

（一）信任、信用、信赖

什么是信赖利益呢?从字面看信赖是相信、信任、可以托付的意思,其中有明显的主动意味与主观色彩,由此推论,似乎必须基于对他人存在主观上的信任才可能存在信赖利益。其实,这样理解信赖与信赖利益未免有失偏颇,信赖利益不是简单的甲相信乙能为自己做什么的利益,因为每个人都是自由的,完全独立的乙凭什么要按照甲的意志行事呢?如果甲对此仍然坚信不移,这只能是甲的一厢情愿。正如科尔曼所说:"影响委托人决策的各种因素与理性行为者决定是否下赌注时的考虑完全一样。……必须在拒绝信任或给予信任之间做出选择。……成功机会与失败机会的比例大于可能所失与可能所得的比例,一个理性行为者应该给予信任。"[①]

因此,相信或者说信任利益是不确定的,是要冒风险的,换言之,甲不能指望乙按照甲的意志行事。不过另一种利益是甲可以指望的,例如甲借钱给乙,他可以指望乙还钱;甲卖电脑给乙,他可以指望乙支付货款。此时甲虽然能够指望乙按照自己的意志行事,但这仍然不是信赖利益,因

[①] 詹姆斯·S.科尔曼:《社会理论的基础》,邓方译,社会科学文献出版社 1999 年版,页 117。

为甲对乙可以"发号施令"是有前提的,该前提就是甲首先付出了代价,乙的行为只不过是向甲支付的对价而已。主动性商品交换是两个平等主体基于约定所完成的利益交换,这种交换虽然双方不一定同时完成,但一方只要作出承诺,就意味着他在承诺范围内自动放弃了原本的自由而选择了受约束。这时甲对乙的相信被称为信用,该利益称为信用利益,或更通俗地称为商业信用。

尽管信用利益比起信任利益的可指望程度更高,但这仍然不是信赖利益,原因是这两种利益的前提不同。信用利益的前提是约定或者直接付出对价,而信赖利益的前提则既不存在约定,也不存在直接的对价关系。

(二)对信赖利益的归纳

综合前面各章所阐述的内容,对信赖利益的含义可以从以下五个方面加以归纳:第一,甲对乙按照甲的意志行事存在期待。第二,甲可以指望乙去做甲期待的事,乙对此不得加以拒绝。第三,甲在要求乙进行某种行为时不需支付对价。第四,甲并非可以要求乙完成甲的任意愿望,这个愿望是有严格限定条件的,即必须属于合理愿望,才可以要求乙去完成。第五,也是最重要的一点,这一愿望或期待的合理性是指,甲乙共居于一个关系紧密的社会共同体中,而且他们的关系紧密到这种程度,以至于甲可以随意要求乙实施某些特定意义的行为,而不须与乙协商或向乙支付任何对价。

可见,特殊紧密的社会联系正是合理期待的真正原因。这种因紧密联系而产生的合理期待在家庭或一些社会团体中经常可以见到,例如子女要求父母给自己买学习用品,教会要求信徒为教堂的修缮提供劳务,等等。信赖利益只不过是将这种紧密联系扩展到了全社会,使其存在于每个社会成员之间。此时,个人独立与自由意志都须让位于这种信赖利益,或者说,信赖利益相对于个人利益具有优先性。

当然,并非任何利益都可被视为信赖利益,它是有条件的,是被严格特定化的利益。信赖利益也并非在一切领域内均排斥个人利益,它们各有其存在的场合,两种利益并存于当前社会之中,只有当两者直接冲突时,才发生优先和排斥的问题。同时,对信赖利益概念的理解也不能失于狭隘,尽管信赖包含信任与合理期待的含义,但如果回顾本书前面对信赖利益存在的历史背景以及其产生过程的叙述,可以清晰地看到,信赖的概念开始虽然带有主观上相信的含义,然而随着社会关系的紧密化,信赖越来越多地加入了客观成分,即不管某人是否意识到自己存在一定的信赖利益,只要客观上处于需要保护的状态时,即可以视为存在信赖利益,换言之,信赖利益存在的条件不是受保护者主动的信任,而是客观上需要受保护。因此,信赖可以区分为主观信赖与客观信赖,前者在一般情况下适用,同时也不排除在应受保护者不知的情况下适用后者。

此外,我们对信赖利益还可以从其他角度解读如下:首先,信赖利益中的所谓利益既包括正面利益也包括负面利益,而后者一般也称为信赖受损。其次,信赖利益既可以指向财产利益也可以指向人身利益,关于财产利益,前面已作阐述,但人身利益也不应被忽视,例如基于信赖而产生的名誉利益、隐私利益等。不过这种利益一般属于人身权法的调整范围,债法鲜有涉及。再有,财产信赖利益还可以细分为绝对信赖利益和相对信赖利益,前者专指物权中存在的信赖利益,如善意占有人的信赖利益;后者则专指债权关系中的信赖利益,即本书所探讨的信赖利益。最后,信赖利益从法律关系角度可以理解为,一是作为法律关系的客体,即一种特定的物质和精神利益;二是作为法律关系内容的"法益"来理解,即上述物质和人身利益被提升到法律层面所形成的法律利益,而道德上的利益或者党派团体内部利益等不应包含在内。所以在本书语境下的信赖利益其实就是与交易和交往相联系并基于信赖而形成的财产利益或商品交换利益。

二、信赖利益的独立化

在进一步明确了信赖利益的含义之后,我们通过观察还可以发现一点,就是信赖利益在当代已经成长为一种独立的社会利益,基于信赖利益所发生的信赖关系也成为了一种全新类型的社会关系。如果以信赖的视角观察,传统交易与交往关系仅有两类,分别是一般信赖关系(最低信赖关系)和约定信赖关系(合同信赖关系)。如果侵犯了前者,会引发侵权损害之债;而后者由合同法调整并构成合同之债。依前文所述,这两者之间曾经是一大片被称为"无人地带"的开阔地,债法对该领域不加以调整,原因是这个领域属于个人活动的自由空间,不存在整体意义上的社会信赖利益,法律自然不能介入和干预。不过随着人际关系社会化程度提高,该领域中的信赖因素持续增强,各种信赖利益开始不断生长出来,这个"无人地带"便不再是个人恣意放纵的乐园,相反却逐渐成为法律所调控的领地。由此,信赖关系从整体意义上由二元发展为三元,一般信赖、约定信赖与社会信赖被并列认可。事实上,第三种信赖关系的出现是社会市场经济发达到一定阶段的产物。以自由竞争为主要特征的阶段,自由价值取向为主导,合同以外信赖利益的社会认可度很低,信赖利益被严格限制在合同以内,非合同信赖关系不受保护,故信赖关系虽然客观上早已零散存在,但一直无法成为法律调整的对象。20世纪后,市场经济进入新阶段,价值导向日趋社会化,长期以来被忽视的社会信赖利益开始得到重视,并被纳入债法调整范围,经过近一百年的演化,其不仅在逻辑关系上与约定信赖(合同)相提并论,实际地位也已达到并驾齐驱的程度。正是从这个意义上讲,社会信赖关系属于新型社会关系。

应该说认识到信赖利益独立化的意义十分重要,首先,信赖关系作为一种新型社会关系的出现,意味着市场经济社会已经发展到了一个新高度,不能再适用传统的独立、自由等单一标准,而是要根据对信赖的差异程度分别适用不同的标准。其次,传统上约定信赖与一般信赖关系区别较为容易,只需要看是否存在合同即可,而当第三种信赖利益出现之后,原来的鉴别标准不再适用,需要寻找新的标准来划清各种利益之间的界限。再有,当人们认识到信赖利益的独立存在后,社会可以主动寻求对这种变化的因应之策,发展出新的以调整信赖关系为宗旨的债法规则。总之,信赖利益从原本不受保护的领域生长出来,并成为一种独立的、重要的社会利益,这为传统社会向信赖社会转化奠定了基础。

三、信赖利益的财产属性

解决了信赖利益独立化的问题之后,我们面临的将是信赖利益价值化的问题,因为信赖社会仍然隶属于市场经济社会,信赖利益也正是市场主体在市场交换过程中形成的,如果欲使其被纳入债法调整范围,其必须具备财产价值的属性,可以被量化为一定的经济价值。不过正如第二章所述,许多社会学者在探讨信赖利益的另一种表现形式——社会资本时,都声称社会资本属于公共资源,无法被量化。其实在本书看来,作为社会资本的信赖利益仍然是可以被量化的,只不过这种量化不是直接而是间接完成的。当然,首先需要解决一个疑问,就是社会信赖关系究竟是否属于商品交换关系?很显然,传统商品交换从未将信赖关系纳入其中,原因是交换需要对价,而社会信赖关系虽与交易相关,却往往表现为一方对另一方的单边注意、说明、协助等,这不符合等价交换的特征。不过本书认为,根据当代市场经济的新特点,对商品交换关系应作广义理解。传统商品交换形式较为简单,合同订立之前,双方皆为自由的"陌路人",合同将两者联系在一起,形成彼此约束的紧密法律关系,当双方货款两清则标志着交易的完成,双方又从紧密的法律关系中脱离,恢复了"陌路人"的关系状态。无数次这样的约束与脱离,构成了商品交换的一般形态。显然,这种以个体视角出发的商品交换关系模式与当代社会人际普遍存在的依赖关系要求不符,当代商品交换的特点不再是钱与物的简单交换,作为买方金钱的对价,卖方不仅要提供约定的商品本身,还增加了起到辅助功能的必要"服务"(注意、说明、协助等),换言之,比起传统交换中单纯钱与物的交换而言,当代的商品交换属于一种更完整意义的交换模式,即将商品+服务皆视为交易标的,这更能够满足交易各方的交换目的,也更符合当代社会对商品交换的客观要求。前者由当事人自由商定,属于主给付义务;后者则主要由法律规定(也不排除约定),属于附随义务和从给付义务。可见,当代商品交换的内容发生了扩充,而被扩充进去的就是所谓信赖因素,该信赖因素可以根据交易本身的特点发生于交易的任意阶段,扩充后的交换关系本质未变,依然属于商品交换,只不过已经演变成了更富有人性化、伦理化色彩的商品交换而已。因此可以得出这样的结论:社会信赖关系是一种人性化的商品交换关系。

前面已经提到,信赖利益所包含的范围具体有四个方面,分别是财产利益、人身关系中的财产利益部分、交易成本和机会成本。在一般交易和交往关系中涉及前两种利益;而在信赖利益中,除了前两种利益之外,还会增加后两种利益。例如,一般合同只涉及单纯且直接的财产交换关系。其他类型的非主动商品交换关系,如不当得利、无因管理等,也都只是涉及直接财产利益。因侵权损害而形成的财产交换涉及两种具体情形,一种是侵害他人直接财产利益所引发的赔偿关系,另一种是因侵害他人人身利益而引发的财产损害的赔偿关系,根据第一章的论述,可以认定对这两种利益的赔偿同样是商品交换,应被纳入传统债法调整范围。不过传统债法到此为止,其不承认信赖利益是商品交换利益,故后两种利益不受债法调整。

其实严格意义上讲,交易成本利益是可以被纳入商品交换领域的,只不过其商品属性往往不直接表现出来而已。在商品交易中,如果交易成功并且合同得到实际履行,交易成本则转化为商品的对价随利润一起回收,并不单独体现出来;如果交易不成功(如合同无效),则交易成本确实需要返还,但返还的依据究竟属于不当得利返还,还是所有权返还,目前尚存在争议,这在一定程度上对交易成本利益被视为商品交换利益构成了负面影响。不过有一点可以肯定,那就是机会成本一直以来并未被视为商品交换利益,也未被纳入传统债法的调整范围。关于机会成本,本书第一章作了较详细的阐述。过去由于市场经济不发达,交易机会的丧失一般被视为交易者的风险由其自担,即使市场经济发达之后,机会成本也一直未被作为赔偿的标的,原因在于无论是违约还是侵权,对受害方的赔偿都适用限定赔偿原则,违约赔偿除了直接损失之外,仅可扩展至缔约时确定可以预见的间接损失(可得利益损失);侵权损害则只赔偿受害者的直接财产损失,一般不包括其他间接损失(纯粹经济损失)。这一方面是为了预防循环计算而无限扩大损失的情形出现,另一方面也是出于充分保护行为人自由的考量。不过随着社会化程度的提高,信赖利益被承认,作为信赖利益表现方式的机会成本自然也就成为了债的标的。当然,机会成本由于关系到具体的交易双方和具体的交易环境状况,再加上该种信赖利益通常要求一方对他方实施诸如说明、通知、协助等行为,因而该行为难以直接被量化为某种价值。从这个意义上说,信赖利益(社会资本)的确难以量化。不过在商品社会中,人际交易与交往中形成的社会关系属于广义的商品交换关系,由此产生的信赖利益本质上亦属于财产利益,从这个意义上说,其财产价值能够被量化。具体方式可以通过一方未尽到说明、通知、协助等义务给对方造成信赖利益的实际损失数额来计算。也就是说,说明、通知、协作等义务的价值虽然无法直接量化,但是因违反上述义务给对方造成的财产损失却是有形的,且可以计算的,因此信赖利益的价值化完全可行。例如:某超市正常销售的瓶装鲜奶保质期通常为10天以上。某日该超市在销售鲜奶时将保质期只剩2天的鲜奶与其他正常保质期的鲜奶混放在一起销售,并且未向顾客作出特别提示。顾客甲凭借着过去的购买经验购买了该鲜奶,在6天以后欲饮用时发现已过期,只好倒掉。此案中,尽管超市出售时鲜奶并未过保质期,如果顾客甲在第二天饮用将不会造成损失,但由于其未明确向消费者作出必要提示,显然存在违反法定义务的情形,其结果造成了消费者未能及时饮用而导致了信赖利益的损失,该损失的价值就是购买该鲜奶的价金。超市应该赔偿甲的价金损失。

应该指出,信赖利益的价值化当前的社会意义同样明显,其直接意义在于,由于信赖利益可以被量化,因而其可以成为债法标的,被纳入债法保护范围,不再是游离于法律管辖之外的"无人地带"了。从长远看,由于信赖利益可以被计量,因而可以建立起客观判断标准,这将会有力促进社会交易与交往的公平,以及市场经济的有序化。

第三节　信赖社会之下的债法

信赖利益虽然往往具体表现为一个特定人对于另一个特定人的信赖,或者说,一个人可以依据对他人的信赖,要求他人完成某项行为。但严格讲此时的信赖利益并非代表个人利益,就其本质而言,信赖利益属于一种社会利益,在全社会范围内,任意两个个体之间,只要符合信赖关系的条件,他们之间就会存在这样的利益,一方也就自然拥有了向他方提出主张的权利。可见,信赖关系的基础既不是个人自由意志,也不是人与人之间的约定,而是人们共同居住的社会,只有当一个社会成为了信赖社会,人们的信赖利益才会得到普遍的尊重与保护。

一、信赖利益的独立化与信赖社会

如何判断一个社会是否属于信赖社会呢？如前一节所述,这需要看信赖利益在社会中的重要程度是否已经达到甚至超越了个人利益而具有了普世价值,如果答案是肯定的,该社会就进入了信赖社会。众所周知,近现代以降,社会中利益关系呈现多元化,对此美国著名学者庞德作出了精辟归纳:"讲到人们提出的主张或要求,那么利益也就分为了三类:个人利益、公共利益和社会利益。有些是直接包含在个人生活中并以这种生活的名义而提出的各种要求、需要或愿望。这些利益可以称为个人利益。其他一些是包含在一个政治组织社会生活中并给予这一组织的地位而提出的各种要求、需要或愿望。还有一些其他的利益或某些其他方面的同类利益,它们是包含在文明社会的社会生活中并基于这种生活的地位而提出的各种要求、需要或愿望。"①需要指出的是,庞德所提到的公共利益不应被理解为人们日常习惯的与社会利益几乎相等的概念,此处的公共其实是专指政府、国家这样的政治组织或公共机构,因此将其理解为与个人利益相对应的政府利益或国家利益较为适当。另外,在庞德的分类基础上,他的得意门生考万又通过对个人利益的扩充,增加了一种利益,即集团利益。②

近现代社会,个人与个人之间的利益关系、个人与国家(政府)之间的利益关系居于主导地位,当时的社会宗旨是,国家(政府)只扮演守夜人的角色,不得干预个人自由;而且政府也不得假借公益目的剥夺或侵害个人利益。所以在一般社会关系中,私人利益优先。由于当时并不认可后来庞德所谓的社会利益,故而观念上个人利益与社会利益是统一的,因为一个理想的社会,就是每个理性人都去追求自己个人利益的社会,个人实现了自己利益的最大化,社会共同目标也就实现了。由此出发,当某人因自己的行为而损害到他人的独立与自由时,其行为自然不能为社会所接受。

20世纪之后,个人为了在竞争中获得优势地位或增加在社会中的话语权,通过组团结伙,扩大势力,因而以某些大企业和财团为核心而形成了若干私人领域的超级航母——利益集团。随后,利益集团的概念再次提升,扩展至凡是在社会关系中具有相对稳定利益偏好的个人与组织所组成的团体或派别,例如垄断组织与中小企业、消费者与商业机构、环保组织、动物保护组织,等等。与此同时,基于经济、社会、伦理等各方面的原因,在个人利益、集团利益乃至国家(政府)利益之外又出现了一种全新的利益——社会利益,该利益并不反映上述任何一方主体的个别需求,而是一种居于各方利益之上并超越各方利益的普世性利益,代表了社会各界的共同需求。信赖利益就是一种社会利益。当信赖利益出现之后,其所代表的社会利益与原本社会中的最高利益——个人独立与自由之间不可避免地产生了尖锐的矛盾与对立,人们开始纠结于是否应该迈入信赖社会,或是仍然停留在个人化的社会之中。尽管不少人仍留恋着个人主义社会的种种好处而犹豫不决,但社会却有自己前进的时间表,并不会因此而裹足不前。随着信赖利益存在的普遍化,人们走进信赖社会成为必

---

① 罗斯科·庞德:《通过法律的社会控制》,沈宗灵译,商务印书馆1984年版,页34。
② 参见张文显:《二十世纪西方法哲学思潮研究》,法律出版社2006年版,页104。

然。当代的社会化大生产已经进入全新的阶段,社会经济发展不能再采用从前那样单打独斗的方式,而必须通过广泛的社会合作才能实现;社会的进步也不能再将周围的人简单地视为竞争者而采取提防甚至敌视的态度,而必须在广泛互信的基础上才能够完成。

总之,当社会因经济发展的需要,因分工细化的结果,因城市化所带来的社会联系的紧密,甚至因垄断所带来的反向促进作用,都在全体社会成员之间产生了极其强大的向互信与合作发展的推动力。正如学者指出的那样:"社会学家眼中的信任不是个体或互动层面上的信任,而是因社会环境或社会运行本身而产生出的一种对人的社会生活的要求。"[①]简单讲,社会类型、社会结构与社会变迁路径是信赖社会产生的深层原因。在信赖社会中,人与人之间的信任关系已经发生了本质性改变,从传统的个人信任(人格信任)发展到系统信任(制度信任),也就是说,一个人在交易与交往过程中相信另一个人,不是因为其与另一人的熟稔,或对其人格的信任,而是基于对制度的信赖,对整个社会系统的信赖,在他看来,不论对方是否值得信任,但社会却是值得依赖的,因而自己的信赖利益是有保障的。最终,这种规则、制度和体系形成了一种社会文化——文化信任,用著名学者福山的话说就是"信任是由文化决定的"[②]。由此可见,信赖利益产生并发展成为一种社会利益,而其作为社会利益的继续壮大又将社会推入了信赖社会阶段,随着信赖利益地位的不断提高,其最终完成了对个人利益的超越。

人类超越了个人社会阶段而步入信赖社会,这对于人类进步具有极为重要的意义。一方面,在信赖社会中人们将重新确立个人利益与社会利益的关系定位。尽管个人利益与社会利益仍会长期并存,但是两者定位发生了变化,当个人的独立和自由与社会信赖利益发生冲突时,前者让位并服从于后者将在很大程度上成为必然;另一方面,人们在日益紧密的社会氛围中,会越来越感受到共同的生活环境与共同文化所带来的利益与认知的趋同,人们会在整个社会范围内自发地形成一个利益共同体。大家虽然仍保持着相当的独立与自由,但每个人对社会的依赖却会变得

[①] 翟学伟、薛天山主编:《社会信任——理论及其应用》,中国人民大学出版社2014年版,页119以下。

[②] 弗朗西斯·福山:《信任——社会美德与创造经济繁荣》,彭志华译,海南出版社2001年版,页29。

更为强烈,会将自己的幸福与社会的完善自觉地结合起来,最终使这种利益共同体升级为命运共同体。

二、目前社会与信赖社会的差距及债法的缺失

需要指出,尽管目前已经具备了形成信赖社会的必要条件,但是充分条件尚未完全具备,我们正处在这一进程之中。由于信赖社会所必需的规则、制度还很缺乏,有些甚至刚刚起步,信赖利益的社会保障系统亟待建立和完善。几十年以来,伦理规范在这方面远远走在了法律之前,并已经成为了法律进一步发展的标杆,这一点不仅被社群主义伦理观所认可,即使是基于新自由主义的社会理论和伦理理论也不予否认。可以说,人性化的市场经济与伦理化的社会关系正在成为当前西方社会的普遍共识,即使在我国,和谐、公正、诚信、友善也已经成为了社会主义核心价值观的重要内容。阿玛蒂亚·森关于"人人皆邻居"的理想,将会超越道德层面,而成为法律现实。

当前社会的债法与信赖社会债法的差距何在?如果从前述三元制的信赖关系出发,一般信赖关系由侵权制度调整,约定信赖关系由合同制度调整,两部分债法执行各自使命不仅忠实尽责,而且完全胜任。因此,债法正是在针对新兴的交易与交往信赖关系部分存在制度缺陷。这种缺陷的原因,从长远说是因为社会长期以来对信赖利益的迅速成长认识不足所造成的,而直接原因则是由于概念法学模式下对社会变化僵化的应对方式所造成的。作为近现代债法主要方法论的概念法学是在自由资本主义鼎盛时期确立的,其主要创造者萨维尼、普赫塔、温德沙伊德等人根据当时已深入人心的自由竞争模式并借鉴自然科学的逻辑严谨性与精密性构建起债法乃至于民法的概念金字塔,普赫塔就曾指出:"位于金字塔顶端的是法的概念(法思想),从其往下人们能够推导出公理以及工具,之后推导出具体的权利(即法律制度),最后用演绎的方法得出具体的法律规则。"[①]概念法学的意义在于它使整个相关知识精确化、法律制度条理化、系统化,并最终对 19 世纪民法法典化产生决定性影响。不过,严密的逻辑性与体系化同时也就意味着法律的形式主义化和空洞化,它仅要求法律的适用者(如法官)通过法律概念到具体社会关系的必然的逻辑演绎链

---

① 引自伯恩·魏德士:《法理学》,丁小春、吴越译,法律出版社 2003 年版,页 209。

条去解释法律,而不必过多地考虑各种政治经济因素的变化,其原因在于"法律概念应该是独立的、具有自我生产能力的'智慧的存在'。"① 不过,社会现实并非如此。在 18、19 世纪,基于自由竞争、优胜劣汰的社会基本理念,的确在相当长时期内保持了较为一贯的"法思想",即将个人本位、合同自由、过失责任等作为债法的基本原则加以贯彻,债的各项具体制度也都以这样的"法思想"为指导并实现了社会治理。但 20 世纪以后,社会从经济、政治到伦理、文化都发生了剧烈变化,人与人之间的社会依赖性因素迅速上升,债法此时本应及时调整定位,跟上时代的步伐。然而,概念法学方法论与生俱来的僵化阻碍了法律与社会现实的同步发展,两者出现了严重割裂,债法无法真正体现当代社会关注他人与社会共同利益、保护交易信赖等基本社会要求。

事实上,债法对于上述社会变化也并非完全没有预见和未采取应对措施,只不过这种应对仍然沿袭概念法学的老套路。例如,为了应对因强化社会信赖而增加的各种当事人之间必要的说明、通知及协作需求,债法增加了合同附随义务与从给付义务等内容,力图通过合同扩大解释的方式,将上述法律直接规定硬性解释为基于当事人的既有合同约定内容而合理推导出的新的约定。又如,在侵权领域,为了解决人际交往中如何在没有合同约束的情形下加强信赖利益保护的问题,债法突破"不作为即无责任"的原则,设定所谓不作为侵权的相关制度(如交易安全保障义务)。再如,针对既无合同约定又不属于侵权情形下对信赖关系的损害行为,概念法学理论原本并无相应的制度安排,故而此时债法又不得不发展出所谓缔约过失制度以顺应形势的变化。

三、信赖社会下债法的初步设计思路

债法的上述做法,严格讲只是权宜之计,不仅没有真正适应信赖社会的客观要求,而且还造成了债法既有体系内部的逻辑矛盾,违背了概念法学的初衷,所以并非妥善的债法改革方案。究其原因,还是因为债法受制于近现代社会所形成的意思自治原则,在自身变革中不够解放思想,未能与时俱进地从信赖社会的宏观视角出发寻找问题的解决思路。

将前面讨论的所有问题归结为一点,就是在当前社会向信赖社会转

---

① 引自伯恩·魏德士:《法理学》,丁小春、吴越译,法律出版社 2003 年版,页 209。

型的过程中,债法能否成为助推力而非羁绊?欲做到这一点,需要放弃过去那种头痛医头的思路,而是采取全新的顶层设计,从指导方针、理论框架、制度建构出发,最终完成适应当代社会发展潮流的债法体系。

这里不妨简单总结一下对未来信赖社会中债法改进的设计思路,具体而言应该从以下五个方面加以展开:

第一,根据信赖社会的实际特点建立起信赖利益保护的总体指导思想。欲实现这一目标,除了前面已经做的从经济、社会及伦理角度对当代信赖社会发展趋势的基础性论证以外,还需要从法理视角乃至从民法视角为当代债法对越来越广泛存在的信赖关系提升保护等级寻找适合的理论依据。

第二,在原有债法理论无法作出合理应对的情形下,打破既有理论框架的束缚,建立起信赖之债的全新概念。传统债法概念建立于典型的个人主义架构之下,实行简单的二元制信赖保护结构,对于合同之债与侵权之债所保护范围以外的大片区域无法提供必要的保护,这严重地制约了债法在当代社会发挥其应有的功效。因此打破传统债的概念架构,扩展其概念外延,创设出全新的债的类型——信赖之债,显得极为必要。因为这意味着在不破坏长期以来行之有效的原有债法总体模式的前提下,既能够克服和修正目前债法为适应新形势而采取的舍本逐末式的改进所带来的理论混乱,还能够较好地保持债法的运行架构,在仅对原有债法体系带来最小破坏的前提下完成债法的现代化改造。

第三,在信赖之债概念的指导下,解决相关制度的建构问题。由于原来债法概念的张力不够,包容性不强,因而在债法应对当代社会发展客观要求过程中显得力不从心,债的相对性原则、合同自由原则以及过失责任原则等三大债法原则均遇到严重的危机与挑战,制度内部也出现了一系列自相矛盾的具体规则和司法判例,其结果使整个债法变得混乱与不协调,而制度的规范效率也不可避免地受到了负面影响。由此可见,建立信赖之债概念的意义极为重要,因为在该概念的统一指导下,整个债法各项制度建构的逻辑关系将由此回归正轨,债法各项原则的核心意涵也将因此重新得到定位,从而使债法内部原本存在的矛盾与不协调被重新理顺,恢复其良好的运行状态。

第四,解决好信赖之债与合同之债、侵权之债等相关制度之间的职能划分与管辖界限问题。当代社会发展的客观要求决定了原本合同法与侵权法调整范围之间广大的领域应该被纳入债法调整范围,而立法者和司法者们尽管也意识到了这一点,但由于社会发展并非一蹴而就,因此基于保守的习惯,立法者和司法者们采取的应对举措通常要么是过分扩大合同法调整范围,要么不适当扩充侵权法调整范围。然而随着社会发展的步伐进一步加快,以上通过简单扩充合同法和侵权法的做法显现出了进退失据,因为这样做的结果不仅无法对新领域实施有效规范,还模糊了原本相对明确的合同法与侵权法的管辖边界,并造成了不同法律的规范职能发生了不应有的矛盾与混乱。事实证明,解决上述困难的唯一有效途径,就是建立信赖之债,因为信赖之债设立的目的原本就在于专门调整合同法与侵权法调整范围之间大片的交易与交往信赖领域。这样的结果,将使债法过去的发展畸形得到很好的矫正,合同法与侵权法也不再为曾经的越俎代庖而纠结,主动将自己的调整范围恢复至原来的管辖边界之内,债法的各项制度由此重新回到各司其职、各得其所的状态。

第五,在法律的具体适用层面妥善处理个人利益与信赖利益之间的合理定位。如前所述,当代社会尽管已经进入到信赖社会阶段,社会利益作为独立利益正在成为与个人利益并驾齐驱的主流,但我们在不断强调信赖利益重要性的同时,不应忽视市场经济社会条件下的个人利益仍然占有极为重要的地位。因此,建立信赖之债仅仅意味着法律赋予信赖利益应有的地位,但并非意味着厚此薄彼。事实上,信赖利益与个人利益之间的关系比重从来都不是固定不变的,而是会随着社会关系的具体背景经常发生改变。这需要法律适用者根据实际时刻保持动态平衡,恰如其分地实现信赖利益与个人利益之间的合理定位。换言之,在保持社会主体充分独立与自由的同时,信赖之债的社会作用也能得到有效发挥。

以上五个方面其实也是信赖之债建立的五个主要步骤,这些步骤之间相互紧密联系,形成了一个环环相扣的统一整体。如果将上述步骤归纳起来就形成了整套信赖之债概念体系和法律制度体系的顶层设计。

最后应该指出,建立起一个能够被贴上信赖标签的社会,不仅是美好的,同时也是十分困难的,因为这样的社会中需要有多种交错甚至是相互对立的价值并存,例如个人利益与社会利益的并存;市场经济与人性化、伦理化并存;市场活力与社会和谐并存。这需要社会不仅能够将其承认与保护的各种利益发挥到极致,同时还需要社会具有巨大的包容性与妥协精神,以灵活协调各种相互矛盾对立的利益。如果说过去单纯强调个人利益保护的债法制度由于过分偏执而无法胜任当前社会调整的职能,那么增加了信赖之债的债法制度体系则使其具备了动态平衡与妥善处理各种复杂社会关系的能力,进而使债法能够顺应历史发展潮流,并保持与时俱进的步伐。

当然,这一切尚属于对未来债法的一种展望,到目前为止我们的论证工作也仅仅解决了信赖之债存在的基础性问题,后面还有更多的工作需要做。欲使愿景成为现实,还需要通过后面的章节逐渐深入地加以探讨。

第二部分
法理篇：信赖之债的法理变迁

第五章　从个人主义到社会法理论

第一节　个人主义基本理念

在前一部分，本书详细讨论了信赖之债产生的基础性因素，并论证了信赖之债形成的历史必然性。之所以说这些因素属于基础性的，是因为无论经济、社会或者伦理因素都不可能直接自发地引起信赖之债，该结果必须借助于某种媒介并经过一定的理论转变才可以完成，这种媒介就是作为法律指导思想的基本理念；而理论转变则指相关理论在社会变革力量的驱动下所发生的改变，主要包括个人主义向社群主义转变，个人意思的绝对支配向社会利益优先转变，债法关注个人独立与自由向关注合理信赖利益的转变，等等。根据研究的步骤，阐述理论的这一转变过程，将成为这一部分的核心任务。由于近现代债法从本质上说，属于个人主义的债法，所以欲完成前述转变过程的论述，首先需要从个人主义理论的系统研究入手。

一、个人主义的基本含义

个人主义是一个含义极其丰富的概念。所谓个人，在这里作为共同体、集体、社会的对称来理解，个人主义强调个人，绝非意指与社会无关，恰恰相反，个人主义的基本指向正是标明个人在社会中的位置。换言之，个人主义其实意味着作为独立个体的人，在社会中具有最重要的价值，因而应居于社会中心地位，各种社会关系和社会制度都应以此为坐标而展开。个人主义有时也称为人文主义或者人本主义。一般而言，对个人主义的概念可以从如下方面来解读：

第一，个人主义将个人视为社会的基本元素，认为社会是由无数的个人叠加而成，社会是个人的集合。由此出发，个人不仅是社会发展的动力之源,社会进步应以每个人的自我完善为前提,而且个人还体现了社会的终极价值,个人的自我发展与自我实现,就是社会的最终目的。因此,所谓以人为本其实就是以个人为本。

第二,个人主义概念最早出现于封建社会向资本主义社会的转型阶段,起初其被视为一种对封建整体主义的反动,并被作为负面评价而开始流行于世。随着经济发展,当时社会中的新兴资产阶级开始形成越来越强烈的自主意识和独立精神,每个人都要求得到他人的尊重,这无疑对于当时欧洲的封建传统势力和宗教保守势力构成了极大挑战。作为法国保守理论家的拉梅内(Lamenniais)就完全从贬义角度来描述个人主义:"这种导致人心涣散的同一学说,会进一步导致一种不可救药的政治上的无政府主义,会推翻人类社会的真正基础。……个人主义所摧毁的恰恰是服从和责任的观念,从而也摧毁了权利和法律;剩下的不就只有利益、激情和歧见的可怕混乱了吗?"① 另一位天主教士路易·弗约也同样写道:"折磨着法兰西的那种罪恶并非籍籍无名;人人都给它一个同样的名字:个人主义。不难看出,一个盛行个人主义的国家,就不再能处于正常的社会状态,因为社会是精神和利益的统一,而个人主义则是一种无以复加的分裂。"②

第三,个人主义还意味着个人的身体和思想从旧有的封建社会和封建意识的禁锢中解放出来。所以个人主义一词也被用以描述个人独立、自由和平等,甚至代表一种"个人的进取性",据说用法语里的"自由放任"(laissezfaire)一词表达最为恰当,因为这个词的含义是"让他做、让他去、让他走"。

第四,个人主义强调每个人都是自己身体和意识的主宰,因而每个人要对自己的行为负责。也就是说,社会视每个人为理性人,具有自主决定和自我保护的能力。每个人不仅可以享有各种权利,也要负担必要的义务和承受各种风险。

第五,个人主义的理念中不仅包含了每个人受到别人尊重的意愿,同时也包含了自己对其他人尊重的意愿。被别人尊重意味着尊重别人,不尊重他人的个人自然也不会得到他人的尊重,这是平等含义中的应有

---

① 转引自史蒂文·卢克斯:《个人主义》,阎克文译,江苏人民出版社2001年版,页3以下。
② 转引自史蒂文·卢克斯:同前注,页6。

之意。

第六，个人主义中的个人并非指向具体个人，而是泛指一切人，即此概念将个人视为抽象个人，其剥离了性别、种族、阶层、国籍等各种具体因素。同时，抽象的人还有另一层含义，即个人被抽象成一种脱离社会而存在的人，其有着先在的既定兴趣、愿望、目的、需要，等等，而所有这些都与社会环境无关。

第七，个人主义概念在其发展过程中逐渐形成了这样一种含义，即成为后来出现的集体主义、社会主义以及共同体主义（社群主义）的一种对称。后者要求个人应根据社会需要来为社会的整体利益服务，关心帮助共同体内的其他人，为追求彼此互助合作的社会和谐而自愿地放弃部分个人利益。相反，个人主义却强调个人进入社会的目的是为了追求自己的利益，而非共同体或社会利益；每个人均有权利去替自己的利益着想，而无须考量社会的利益。如果说过去个人主义曾经挑战了封建整体主义并获得了胜利，那么现在其正在经历着从集体主义到共同体主义对自己的一系列挑战。

尽管个人主义的概念含义丰富，内部各种流派颇多，视角不尽相同，但是其基本内涵却差异不大，归纳起来，个人主义蕴含着三个基本观念，分别是个人自由、人格尊严和自我实现。以下分别进行讨论。

二、个人主义基本观念之个人自由

自由可以分为人身自由、思想自由和参与社会活动的自由。人身自由就是个人的人身不受强制、不受拘禁的自由。法国哲学家爱尔维修曾说过："自由人就是没带上镣铐，没有被关进监狱，未像奴隶一样处于惩罚恐惧之中的人。"[①]思想自由针对封建社会专制力量与宗教势力对人们思想的长期禁锢，强调每个人都拥有独立的意识，而每个人都应该成为自己思维意识的主宰，不应屈从于他人或者人云亦云，成为毫无主见的应声虫。只有思想解放，社会才会变得生机勃勃。另外，从思想自由还可以推导出言论自由，言论是思想的表达，言论自由使思想自由变得完整。对于思想自由，英国著名哲学家密尔这样评价道："意识的内向境地，要求着最

[①] 转引自以赛亚·伯林：《自由论》（《自由四论》扩充版），胡传胜译，译林出版社2003年版，页190注。

广义的良心的自由;要求着思想和感情的自由;要求着在不论是实践的或思考的、是科学的、道德的或神学的等等一切题目上的意见和情操的绝对自由。"① 法国思想家贡当斯也曾说道:"凡事只要不打乱秩序;凡事只要仅属于人的内心,如意见;凡事只要在陈述意见时不伤害别人……这都属于个人的事情,不能被合法地从属于社会权力。"② 至于参与社会活动的自由,是指每个人都有权不受限制地参与各种政治、经济、文化等活动,例如可以自由拥有财产、参与商品交换、自由结社、参与选举、从事某种特定职业、参与社会文化交流,等等。

自由的含义同样广泛,例如英国著名学者伯林就从消极与积极两个方面对自由加以解读。柏林指出:"我们一般说,就没有人或人的群体干涉我的活动而言,我是自由的。在这个意义上,政治自由简单地说,就是一个人能够不受别人阻碍地行动的领域。如果别人阻止我做我本来能够做的事,那么我就是不自由的;如果我的不被干涉地行动的领域被别人挤压至最小程度,我便可以说是被强制的,或者说,是处于奴役状态的。"③ 这就是所谓消极自由,对此伯林进一步明确道:"它回答这个问题:'主体(一个人或人的群体)被允许或必须被允许不受别人干涉地做他有能力做的事,成为他愿意成为的人的那个领域是什么?'"④ 简言之,用伯林的话说,即"自由在这一意义上就是'免于……'的自由,就是在虽变动不居但永远清晰可辨的那个疆界内不受干涉。"⑤ "自由意味着不被别人干涉。不受干涉的领域越大,我的自由也就越广。"⑥ 伯林消极自由的观念其实来自于早期个人主义思想家如霍布斯、洛克、亚当·斯密、密尔、潘恩、杰斐逊等人,他们的观点虽各有侧重,但都认为:"人类生存的某些方面必须依然独立于社会控制之外。不管这个保留地多小,只要侵入它,都将是专制"⑦。其中以密尔的论述最为直接:"任何人的行为,只有涉及他人的那部分才须对社会负责。在仅只涉及到本人的那部分,他的独立性在权利

---

① 约翰·密尔:《论自由》,许宝骙译,商务印书馆1959年版,页14。
② 转引自史蒂夫·卢克斯:《个人主义》,阎克文译,江苏人民出版社2001年版,页60。
③ 以赛亚·伯林:《自由论》(《自由四论》扩充版),胡传胜译,译林出版社2003年版,页189。
④ 以赛亚·伯林:同前注。
⑤ 以赛亚·伯林:同前注,页195。
⑥ 以赛亚·伯林:同前注,页191。
⑦ 以赛亚·伯林:同前注,页194。

上则是绝对的。对本人自己,对于他自己的身和心,个人乃是最高主权者。"①

消极自由的观念极为重要,其体现了个人主义的核心价值,因为消极自由为个人提供了一个独立的领地,一个自己可以随心所欲而他人却不得进入的禁区;而且该自由是全方位的,从意志到行动均免于他人的强制与打扰。有学者对此评价道:个人主义的自由观念"强调为个人自由划定一个不可侵犯的最小范围、最小的空间界限。这种自由观的意义在于,使个人自由与社会控制之间相互制约,保持最低限度内的自由,其目的是抑制社会权威的过度扩张,防止个人的基本生存和发展权利受到社会专制的侵犯和束缚。"②只有每个人被允许过自己愿意过的生活,按自己的意愿行事,社会文明才能进步。事实上,人身自由的确极大地调动了人们的生产积极性,并反过来有力地促进了市场经济社会的蓬勃发展与社会生产力水平的提高。

对于积极自由,伯林也有明确的阐述:"自由这个词的'积极'含义源于个体成为他自己的主人的愿望。我希望我的生活与决定取决于我自己,而不是取决于随便哪种外在的强制力。我希望成为我自己而不是他人意志活动的工具。我希望成为一个主体,而不是一个客体;希望被理性、有目的的意识推动,而不是被外在的、影响我的原因推动。我希望是个人物,而不希望什么也不是;希望是一个行动者,也就是说是决定的而不是被决定的,是自我导向的,而不是如一个事物、一个动物、一个无力起到人的作用的奴隶那样只受外在自然或他人的作用,也就是说,我是能够领会我自己的目标与策略且能够实现它们的人。"③相对于消极自由,伯林用同样方式对积极自由作出如下归纳,积极自由"它回答这个问题:'什么东西或什么人,是决定某人做这个、成为这样而不是做那个、成为那样的那种控制或干涉的根源?'"④"积极自由的概念——不是'免于……'的自由,而是'去做……的自由'"。⑤ 显然,从上述描述中我们可以看到,积

---

① 约翰·密尔:《论自由》,许宝骙译,商务印书馆1959年版,页11。
② 宋希仁主编:《西方伦理思想史》(第2版),中国人民大学出版社2004年版,页301。
③ 以赛亚·伯林:《自由论》(《自由四论》扩充版),胡传胜译,译林出版社2003年版,页200。
④ 以赛亚·伯林:同前注,页189。
⑤ 以赛亚·伯林:同前注,页200。

极自由的侧重点是从个人自身出发,其要求个人成为自己的主人,可以按自己的意志塑造自己。

积极自由的关键词为自主,用卢克斯的话说,就是:"如果一个人对于他所承受的压力和规范能够进行自觉的批判性评价,能够通过独立的和理性的反思而形成自己的目标并作出实际的决定,那么,一个人(在社会意义上)就是自主的。"① 自主的具体表现为:个人自主行事的自由、行使权利的自由和个人之间自主联合的自由。所谓自主行事,是指每个人可以按自己的意愿做自己愿意做的事情,这是一种主动的自由,是社会创新与发展的必要条件。孟德斯鸠就是从这一角度来定义自由的:"在一个有法律的社会里,自由仅仅是:一个人能够做他应该做的事情,而不是被强迫去做他不应该做的事情。……自由是做法律所许可的一切事情的权利"。② 可见,积极自由往往将自由看成为一种权利,即我可以自由支配我的意志,来要求他人按照我的意愿行事。

康德的伦理人格主义同样将自主与自由视为不可分割的整体,在他看来,每个理性人的正当意志都体现了普遍立法的意志。自主行使权利,乃是自由的一种表现方式。后来的民事权利乃至债法上的权利都是从这种自由中引申而来的。另外,当代社会中,个人的力量往往微不足道,欲实现宏大的目标,有共同理想的个人必须联合起来,例如结成社团、政党、公司才能从事大规模的社会、政治和经济活动。然而,这种联合是个人主义前提下的联合,联合参与者系出于追求个人目的的自愿行为,正如密尔所说:"人们有自由为着任何无害于他人的目的而彼此联合,只要参加联合的人们是成年,又不是出于被迫或受骗。"③

其实,无论是消极自由还是积极自由,仅仅是出发点与侧重点的不同,两者的根本都是在表达个人作为主体的自由意志可以在一个特定范围内得到彻底贯彻,即自主行使决定权与选择权,而该自由意志不受任何社会力量的打扰。这已经成为近现代社会对个人主义自由观念公认的经典表达方式。的确,几百年以来,正是基于这种观念的引导,并在科学精神、人文主义以及宗教改革的推动下,人们在思想上彻底摆脱了愚昧、君

---

① 史蒂夫·卢克斯:《个人主义》,阎克文译,江苏人民出版社2001年版,页49。
② 孟德斯鸠:《论法的精神》(上册),张雁深译,商务印书馆1961年版,页154。
③ 约翰·密尔:《论自由》,许宝骙译,商务印书馆1959年版,页14。

权及神权的禁锢,形成了个人主义主导的思想潮流。每个人的生存,既不是为了君主或封建领主,也不是为了教皇,而仅仅是为了自己。利己的动机,不再被视为猥琐与邪恶,而成为了堂堂正正的高尚情操,社会鼓励私人充分发挥自己的主观能动性,自主选择进行各种经济行为与社会行为,以达到自己利益之最大化。自由以及对自由的向往,已经不再是一种高不可攀的奢求,其已化作人的本性,化作与生俱来的、不可剥夺的法律赋予。

不过也应该看到,学者们对个人主义的自由观在大体一致的前提下仍存在着一些小的分歧,例如,伯林就正确地指出了密尔关于自由的论断中两个过于绝对化的问题。第一个是密尔认为,"所有的强制,就其挫伤人的欲望而言,总是坏的,虽然它可以被用于防止其他更大的邪恶;而不干涉,作为强制的反面,总是好的,虽然它不是唯一的善。"[①]第二个是在密尔看来,真理只有在自由的前提下才能够被发现,所以自由应该是绝对的和不能够妥协的。相反,在伯林看来,个人主义和个人自由的意识是一个历史范畴,不应被视为绝对化和超历史的,他指出:"私人感本身、私人关系领域本身就是某种神圣之物的意识,起源于这样一种自由观念;这种自由观念尽管有其宗教根源,但其获得发展决不早于文艺复兴或宗教改革。"[②]同时,针对密尔"强制总是坏的"的理论,伯林也批评道:"仍然正确的是,为了保证一些人的自由,另一些人的自由有时候必须被剥夺。……如果自由是一种神圣的、不可侵犯的价值,就不会有这样一种原则。……实际的妥协还是可以发现的。"[③]

当然应该看到,两人所处时代不同,一个处于高擎反封建大旗、倡导资本主义以及弘扬个人自由理念的19世纪;而另一个则处于社会已发生深刻改变的20世纪。后者在认识上的提高不足为奇。不过,伯林作为自由主义者,其并未脱离个人主义立场来看待上述变化,他虽然颇有见地地批判了当代社会所谓以"为你好"的名义实施的家长式的过度呵护,甚至包办代替,认为这实际上是打着教你如何正确行使自由的旗号下的一种变相剥夺自由,属于对个人自由的侵犯。因而旗帜鲜明地提出,自由不能

[①] 以赛亚·伯林:《自由论》(《自由四论》扩充版),许宝骙译,译林出版社2003年版,页196。
[②] 以赛亚·伯林:同前注,页197以下。
[③] 以赛亚·伯林:同前注,页193以下。

以任何善意的理由而演变成为强制,因为这种意义上的自由就可能或已经变成了一种奴役。他指出:"一个人不顾劝说与提醒而可能犯下的所有错误,其为恶远不及允许别人强制他做他们认为于他有益的事。……用迫害威胁一个人,让他服从一种他再也无法选择自己的目标的生活;关闭他面前的所有大门而只留下一扇门,不管所开启的那种景象多么高尚,或者不管那些作此安排的人的动机多么仁慈,都是对这条真理的犯罪:他是一个人,一个有他自己生活的存在者。"①但应该说无论是家长式的包办代替还是伯林的上述批判,两者讨论的问题不过是自由的行使方式,并没有超出个人主义范畴。相反,伯林并没有直接面对20世纪以后因社会联系紧密化、互助合作以及信赖关系地位加强而导致的对个人主义和个人自由的冲击。换言之,当人们面临社会利益相对于个人自由的比重发生某种客观上的逆转时,伯林的理论就显得有些束手无策了,因为社会利益的强化所冲击的对象,恰恰是个人主义本身。

三、个人主义基本观念之人格尊严

所谓人格尊严一般是指一个人基于其人的身份而应获得的基本社会评价。任何个体的人之所以成为人类社会的一员,原因在于他具有人格,全体社会成员都将其视为自己的同类,并给予其必要的尊重。个人在社会中往往有多个身份,例如他是一位教师,一位父亲,一位音乐发烧友,一位登山协会会员,但他首先是一个人,其他人必须依照对待人的待遇对待他。人拥有尊严,使得人与动物相区别,也就是说,凡跻身于人类世界者,均有权获得基本的人道对待。广义上讲,人格尊严还包括个人的自我社会评价,这就是所谓自尊。任何人都要以一个人的标准对待自己,要求自己,做人不能卑躬屈膝,充满奴性和谄媚,也不应自暴自弃,自甘堕落,而是堂堂正正,挺直腰杆。自尊更多涉及自我修养与社会心理学问题,兹不赘述,本书主要集中探讨社会评价问题。

从根本上讲,人格尊严来源于人身自由。如前所述,自由意味着人在特定领域内不受强制和干扰,也就是说,这时个人的决定与选择必须得到他人的尊重,既然每个社会成员都毫无例外地应做到彼此相互尊重各自

---

① 以赛亚·伯林:《自由论》(《自由四论》扩充版),许宝骙译,译林出版社2003年版,页196。

的自由,每个人以人的身份所得到的基本对待就由此明确显现出来。而且由于人格尊严是个人仅仅因其人的身份所获得的最低社会待遇标准,与个人的性别、种族、年龄、出身、财产状况等均无关联,所以每个人在人格意义上都是平等的。不过这种平等人格的获得只是近现代资产阶级革命和社会解放的成果。奴隶制社会下的奴隶虽然具有人的一切生理特征、人的情感和聪明才智,却不具备人格,因而自然失去了人的尊严;封建社会中,由于人身依附与等级特权是其基本社会形态,除了封建贵族、领主与主教们拥有较为完整的人格之外,作为底层的普罗大众,其人格都是不完整的,低贱的身份决定了其低下的社会地位,决定了其注定无法获得社会主流的尊重。值得一提的是,无论是中世纪欧洲还是当时的中国,其实都盛行着一种封建整体主义,即认为社会是一个整体,是不可分割的,在社会当中,个人只不过是微不足道的一部分。用学者沃尔特·厄尔曼(Walter Ullmann)的话说,中世纪的个人不过是"社会自身这一祭坛上的牺牲品"[①]。杀死一个敢于和封建整体利益作对的人并不算侵犯他的尊严,因为此时他根本没有尊严可言。封建整体主义,其实并非代表社会整体,而只是代表了社会中少数上层统治者,属于一种单向的利益驱动。也就是说,大多数社会底层民众,不仅要在只保留维持最低限度生活所需的前提下,向地主、贵族、教会贡献出自己的一切劳动所得,还要无条件依附于上述统治者,并宣誓效忠。而作为上层的地主、贵族及教会主教,则效忠于更高层级的皇帝、国王及教皇。从这层关系而言这些地主与贵族的人格同样是不完整的,因为他们不过是更高层级统治者的奴才而已。理论上只有帝王的人格是完整的,他可以只为自己而活着,并可以理所当然地获得劳动者的财产和臣民们的无条件效忠。尽管他也会将土地、财富及爵位分配给他的臣民,但那不过是他出于仁慈的恩赐而已。

在西方社会,中世纪后期商品经济蓬勃发展,极大地冲击了以人身依附与等级特权为标志的封建社会,正如马克思所说:"商品是天生的平等派"[②],商品交换开始引导着人们走向人格独立与社会平等。经过文艺复兴长期而充分的理论准备,追求自由、平等与个性解放已经成为全社会不可阻挡的历史潮流。与此同时,由路德、加尔文等人所发起和领导的宗教

[①] 转引自史蒂夫·卢克斯:《个人主义》,阎克文译,江苏人民出版社 2001 年版,页 44。
[②] 卡尔·马克思:《资本论》(第一卷),人民出版社 1975 年版,页 103。

改革也轰轰烈烈地开展起来。在他们看来,人人都是上帝的子孙,在上帝面前每个人都是平等的,每个人在迈入天堂之前,都要平等地接受上帝最后的审判。这无疑又在铸造自由、平等与尊严这一社会之鼎的熊熊烈火之上添了一把分量十足的干柴。最终,封建整体主义的腐朽建筑轰然坍塌,而从该废墟上拔地而起的则是以人格尊严为重要特征的个人主义大厦。

那个时代的许多学者都极高地评价了人格尊严的社会价值,例如法国思想家卢梭曾说:"人是最高贵的存在物,根本不能作为别人的工具……"。① 另一位法国哲学家麦克塔格特(McTaggart)也指出:"个人才是目的,社会不过是一种手段"。国家"只有作为一种手段才有价值可言"②。然而,在这方面作出了最深刻而系统分析的人是康德。康德认为人具有最高的社会价值,因而须得到最大程度的尊重,因为人是目的而不是手段。他在多个地方都反复论证过这一点。他指出:"你需要这样行动,做到无论是你自己或别的什么人,你始终把人当目的,总不能把它当做工具。"③在另一著作中,他进一步解释道:"人就是这个地球上的创造的最后目的。因为他是地球上唯一能够给自己造成一个目的的概念、并能从一大堆合乎目的地形成起来的东西中通过自己的理性造成一个目的的系统的存在者。"④在康德看来,一切义务的要求,不是基于其他目的,只是为了人本身,即以人作为最高目的而形成的。也就是说,人具有一种绝对价值,这种价值就在于人有权从自己的要求出发,去追求自己想要的东西。对该愿望的尊重,就是对人格的尊重。

更进一步,从上述人格尊严的论述中还可以推导出另一个重要结论:既然每个人都有权要求他人尊重自己的人格,相应地,他也有义务尊重别人的人格,换言之,尊重是相互的。康德提出:"每个人都享有要求其他人尊重自己的权利;而他也必须相对于任何其他人受到该义务的约束。"⑤黑格尔更加简练地将此概括为:"法的命令是,成为一个人,并尊重他人为

---

① 转引自史蒂夫·卢克斯:《个人主义》,阎克文译,江苏人民出版社2001年版,页46。
② 麦克塔格特:《价值的个人主义》,转引自史蒂夫·卢克斯,同前注,页48。
③ 康德:《道德形而上学原理》,苗力田译,商务印书馆2012年版,页81。
④ 转引自杰弗里·墨菲:《康德:权利哲学》,吴彦译,中国法制出版社2010年版,页90。
⑤ 转引自卡尔·拉伦茨:《德国民法通论》(上册),王晓晔等译,法律出版社2003年版,页47。

人。"① 如果将要求别人尊重视为个人主义中的利己因素,那么尊重他人的要求就是个人主义中的利他因素。可见,康德的个人主义所描述的是个人与社会两者关系的特性之中,始终包含着利己与利他两个因素,而这一点与个人主义是为了确定个人自由边界的初衷完全一致。

四、个人主义基本观念之自我实现

这里的自我实现并非强调个人完成自我实现的方式与过程,其侧重点仍然是就个人与社会的关系而言,即意指每个人都实现了自我,社会才能进步。对此的另一种表达方式是,一个社会只有提供给每个人能够自我实现的环境与机会,这样的社会才是理想的。什么是自我实现呢? 其一般是指个人不受限制地自由发展自己的个性和创造力。个人主义认为,每个人都天生具有不同于他人的个性,这种独立的天性使每个人要求按自己的意志实现自我的发展与完善。卢梭曾说:"我生来便和我所见到的任何人都不同;甚至我敢自信全世界也找不到一个生来像我这样的人,虽然我不比别人好,至少和他们不一样。大自然塑造了我,然后把模子打碎了"。② 然而在封建等级社会,人的个性被极大地压抑,人的思想被严格禁锢在既定的框架内,不得越雷池半步,所有人都被统治者训练成了千人一面的驯服工具。不过,压迫愈深反抗愈烈,正如密尔所说:"凡在不以本人自己的性格却以他人的传统或习俗为行动的准则的地方那里就缺少着人类幸福的主要因素之一。"③ 后来推翻封建社会的资产阶级革命,的确正是从追求个性解放发端的。对于自我实现,德国著名学者洪堡不仅视其为人的最高目标,同时也视其为社会的最高目标,他指出:"人的真正目标"就是"将他的能力高度而协调地发展成一个完善而统一的整体。" "人类共存的……最高理想"就在于"建立一种联盟,其中的每个人都根据他自己的本性,为了他自己的利益,来努力发展他自己。""每个人都必须不断追求的,特别是那些想要给同时代人以影响的人就更应该追求的是,能力与发展的个性。"④ 密尔也指出:"相应于每人的个性发展,每人也变

---

① 黑格尔:《法哲学原理》,范扬、张启泰译,商务印书馆1961年版,页46。
② 卢梭:《忏悔录》,范希衡译,商务印书馆1986年版,页1。
③ 约翰·密尔:《论自由》,许宝骙译,商务印书馆1959年版,页66。
④ 威廉·冯·洪堡:《政府的地位和义务》,转引自史蒂夫·卢克斯:《个人主义》,阎克文译,江苏人民出版社2001年版,页64。

得对于自己更有价值,因而对于他人也能够更有价值。他在自己的存在上有了更大程度的生命的充实"①。密尔在其自传中甚至明确指出,他的《论自由》一书的"唯一真理"就是:"对于人类和社会来说,主要的是性格类型的多样化,以及给人性以充分的自由,以便它能够在众多的、甚至是相互冲突的方向上发展它自己。"②对此,有学者作出如下归纳:"自我发展是个人的自我培养和教育过程,它的最终目标是实现个人的心智、情感和道德上的充分的、全面的发展,表现为个人具有充分发展了的个性、自主性、独创性和健全的社会情感。简单言之,自我发展的过程既是个体充分实现社会化、道德化的过程,同时又是个体保持并充分发挥其个性自由的过程。"③

总之,根据个人主义观点,社会不能从整体意义上得到完善,个人完善才是关键,也就是说,个人追求自我实现才是社会前进的动力。没有必要单独为社会公共利益改善而忧虑,因为任何社会公共利益都必须通过个人理性才能实现,人拥有了理性就拥有了无穷的创造力,就会源源不断地创造出物质财富与精神财富,如同音乐家理解了作曲家的风格和创作意图后,"演奏不再是服从外在法则,不再是一种强迫和对自由的一种阻碍,而是一种自由的、不受阻碍的发挥。"④换言之,当每个人都能够从必然王国走向自由王国时,社会整体利益的实现自然会水到渠成。关于个人自我实现可以促进社会进步的问题,美国思想家潘恩也曾指出:"公共利益不是一个与个人利益相对立的术语;相反,公共利益是每个个人利益的总和。它是所有人的利益,因为它是每个人的利益;因为正如社会是每个个人的总和一样,公共利益也是这些个人利益的总和。"⑤而且如前所述,这种私恶即公益的观点,无论是亚当·斯密在《国富论》中还是曼德维尔在《蜜蜂的寓言》中都有过类似表述⑥。日本著名学者川岛武宜曾为我们精确勾勒出个人主义社会的立体图景:"典型的市民社会是面对绝对权力而主张自己获得自由的近代市民社会,是以经济的自律为基础的自律

---

① 约翰·密尔:《论自由》,许宝骙译,商务印书馆1959年版,页74。
② 转引自史蒂夫·卢克斯:《个人主义》,阎克文译,江苏人民出版社2001年版,页65。
③ 宋希仁主编:《西方伦理思想史》(第2版),中国人民大学出版社2004年版,页301。
④ 以赛亚·伯林:《自由论》(《自由四论》扩充版),胡传胜译,译林出版社2003年版,页212。
⑤ 转引自史蒂夫·卢克斯:《个人主义》,阎克文译,江苏人民出版社2001年版,页46。
⑥ 具体参见本书第三章第一节。

的独自社会。市民社会的首要的根本构造是仅由'自由的个人'而成立的。从封建的或绝对主义的统治(政治的、社会的、道德的)下解放出来的'自由'个人的营利活动成为经济生活的原动力。这种自由人格者首先以营利的独立者的姿态出现。这是作为利己心的承担者而出现的社会成员,是奉行'人为自己而存在'、'世界为我而存在'、以利己的自我主张为目标的人的存在,是黑格尔所谓的被舍去社会的契机而作为孤立的单一体强调其特性的角色。市民社会以这种独立的原子的人为单位而构成。基于这种利己心的原动力,为使每一个个人的活动促进经济发展,这些个人都必须是平等自主的人。自觉地认识到自己的责任,独立决定自己的行为,能自我控制的自主人格的确立成为其现实的历史的前提。近代市民社会因这种人的存在才能形成。"[1]

以上通过较大篇幅并引经据典分析了个人主义的基本内涵和基本观念。之所以如此不惜笔墨于该问题,原因是个人主义作为一种思想价值观,不仅成为了近现代社会政治、经济、文化、伦理、宗教等方方面面的主导性观念,也是近现代社会法律的理论基础,可以说近现代民法理论从基本架构到具体内容都彻底地、毫无保留地贯彻了个人主义理念。同时,个人主义内部存在着不同流派,诸如利己主义、浪漫主义、自由主义、社会达尔文主义和伦理人格主义,等等,而各国民事立法由于社会背景、民族性格、历史文化的差异而体现出不同的特色,例如1804年的《法国民法典》更多地偏向于自由主义与浪漫主义风格,而1900年实施的《德国民法典》则主要以伦理人格主义为基础。[2] 除此之外,影响民法风格的转换因素还包括市场经济本身的不断成熟与完善,如果说19世纪初期的民法以追求浪漫的自由与强调利己以发挥人们的创造力与能动性为其核心目的的话,19世纪末的民法则已经开始兼顾到利己与利他因素在法律运用中的平衡作用,因而变得相对成熟。最后,本节详细描绘个人主义还有一个原因,那就是为后面章节探讨个人主义如何对债法施加影响做必要的铺垫,同时也为其他社会法理论对个人主义的批判提供适当的对照物。

---

[1] 川岛武宜:《现代化与法》,王志安等译,中国政法大学出版社1994年版,页10以下。
[2] 参见卡尔·拉伦茨:《德国民法通论》(上册),王晓晔等译,法律出版社2003年版,页46。

第二节　个人主义权利观

　　整个19世纪的西方世界,总体上可以称为个人主义社会,个人主义一直作为核心价值而存在,并在政治、经济及社会关系领域起着统领作用。例如,在定位个人与国家的关系时,个人主义认为国家仅作为保护个人自由的工具而体现其价值,国家即使基于公共利益也不得侵犯个人自由领域。在经济领域,个人主义以生产资料私有制为基础,以市场经济为前提,坚持私有财产神圣不可侵犯,坚持个人与企业以营利为目的从事各种经济活动的自主性;经济应尽可能自由化,国家不能随意干预。在确定个人与社会的关系时,个人主义强调个人进入社会的目标是为了追求自己的个体利益,而不必替全体社会着想,个人不会为了实现社会公共目标而牺牲私人利益,因为社会利益就是无数个体利益的总和,每个个体利益的实现,其结果就实现了社会总目标。上述这一切,正是19世纪西方社会的真实景象。鉴于近现代与当代社会目标存在着如此的巨大反差,欲全面阐述债法的当代发展趋势及其因由,必须以详细介绍与评价个人主义权利观为起点。

一、个人主义对民事权利产生的决定性作用

　　与此同时,个人主义对法律特别是民法也显现出巨大而直接的影响,甚至可以说个人主义为民事权利的产生、发展及定性铺平了道路。德国学者冯·图尔(Andreas von Tuhr)曾说:"权利是私法的核心概念,同时也是对法律生活多样性的最后抽象。"[①]在此观点的基础上学界逐渐形成了"民法是权利法"的共识。之所以权利能够成为民法的核心,而各种民事活动的结果最终也都可以归结为民事权利,一个根本原因就在于,民事权利是指个人权利(即私权利),权利只不过是个人利益与意志的集中体现。正是个人主义社会赋予了权利以崇高地位,反过来,权利通过自己的行使与表彰,又弘扬了个人主义的价值观。

　　从历史发展的视角来看,民事权利概念的形成及地位的提升是与个人主义理念普及分不开的。早在古希腊时期,正如庞德所说:"希腊人并

[①]　转引自迪特尔·梅迪库斯:《德国民法总论》,邵建东译,法律出版社2000年版,页62。

没有明显的权利观念,他们讲到正义和用于特定场合的正当行为。他们所考虑的毋宁说是一桩确定的或法律上被承认的道德义务。"①而在罗马法时代也同样如此,庞德对此叙述道:"在罗马法中,也没有明确的权利分类或权利概念。"②换言之,人们虽然很看重自己的个人财产,但头脑中却既没有现代人抽象权利的概念,也没有从抽象意义上使用权利的意识,准确地说,罗马人有的只是具体的利益观念和保护自己利益的意识。虽然有时他们也会声称:我有权这样做或那样做,但这仍然仅仅是在具体意义上使用权利的概念。当某人的财产受到别人侵害时,他尽管懂得通过诉讼的途径寻求裁判官对自己的救济,即通过法律上具体的"诉"来保护自己具体的利益,但其从未真正将自己这种诉讼救济手段归结为某种抽象既定权利的产物。罗马时代的人就个体利益寻求法律救济的思路是这样的:具体利益(如财产)受到侵害——寻找法律规定的、可供自己驱使的"诉"——通过裁判使受损利益得到恢复。

而现代人的法律救济观念则完全不同,针对同样的财产侵害,在现代人看来:我对该财产拥有权利(如所有权)——权利受到侵害——通过法律提供的诉由(如恢复原状之诉)提起诉讼——权利得到恢复。

两种救济手段虽然都指向对个体利益的保护,但区别在于现代人头脑中多了权利的概念,也就是说,现代人会将一切自己通过民事活动而获得的受法律保护的利益都归结为抽象权利,并将其分类,诸如物权、债权、知识产权等,这样既便于使自己的权利受保护,也便于他人对该权利的尊重。庞德描绘了权利形成的具体过程,他指出:"在中世纪后期,托马斯·阿奎那向我们提出了把权利理解为正当要求的明确概念。但直到16世纪,jus作为'一个权利'才明确地区别于jus作为正当的和jus作为法律。直到17世纪才发生了从自然法到自然权利的过渡,即:从各种规定正当行为的理想法令这样一个理想体系,过渡为对拥有某些东西和做某些事情的要求,这些要求是在一个理想状态(自然状态)中理想的人会提出的,并且也会承认其他人的这些要求。"③总之,正如德国著名学者温德沙伊德所总结的那样:"罗马法上的诉应该是权利的表达,而非权利的结果;是

---

① 罗斯科·庞德:《通过法律的社会控制》,沈宗灵译,商务印书馆1984年版,页40。
② 罗斯科·庞德:同前注。
③ 罗斯科·庞德:同前注,页41。

诉造就了权利,而非权利造就了诉。"①

之所以利益通过"诉"转变为权利,这绝非历史的偶然,随着社会步入市场经济时代,调动每个社会成员生产经营的积极性已经成为社会进步的主要动力源泉,因而个人主义当然地成为了主流价值观。在此基础上,顺理成章地,提高对个体利益的保护层级和保护效率也就成为民法的主要职能。比起传统民法中对个体利益的单一化、具体化保护水平,通过抽象权利对其实行一体化综合保护,显然具有最好的保护效果。可以说,市场经济造就了个人主义,而个人主义又造就了民事权利。民法从保护"利益"转向保护"权利"的过程,恰恰是传统社会向个人主义社会转型的过程,也是古代民法与近现代民法的分水岭。

二、民事权利体现了个人主义基本理念

个人主义对民法的影响,不仅仅体现在利益转向了权利,更体现在各种具体的民事权利类型当中。根据前一节对个人主义的分析可知,个人主义分别包含了个人自由(包括消极自由与积极自由)、个人尊严和自我实现三大理念,而民法(包括债法)在其制度中则全方位地贯彻了上述理念。首先从权利与自由的关系来看,各种民事权利都可以归结为自由的一种表现形式,例如,物权被定义为权利人对物的支配并排除他人干涉的权利。这其中就包含了自由的两层含义,首先是权利人对物的自由支配;其次是物权人的权利处于不受他人干涉或侵害的状态。前者的核心在于支配自主性,即主体可以凭借自己的意志自主使用或处分某物,这属于伯林所说的"做某事的自由",或称为积极自由;后者侧重于不受干涉,即主体可以在占有、使用、收益、处分等权能中随意选择,甚至不作任何选择。这种选择或不选择的自由意志"免受他人干涉",这与伯林所归纳的消极自由完全相符。与物权相比较,债权则更倾向于积极自由,因为债权通常被定义为一方向特定他方请求给付的权利。这意味着债权人可凭借自己的自由意志支配他人的某项特定行为,相应地,他方应根据债权人的请求履行相应行为。需要指出,债权所体现的积极自由,又来源于两项更为基础的自由:一项是当事人主动缔约的自由(要约与承诺),另一项则是个人

---

① 伯恩哈特·温德沙伊德:《从现代法的立场看罗马民法上的诉》,转引自金可可:《论温德沙伊德的请求权概念》,载《比较法研究》2005 年第 3 期。

领域不受侵犯的自由(绝对权不受侵犯)。也就是说,缔约的积极自由可以转化为另一种积极自由——履约请求权;而不受侵犯的消极自由一旦被打破,也会转化为另一种积极自由——损害赔偿请求权。

同自由一样,人格尊严也是通过权利来表现的。以权利形式表现人格尊严,马上会使人联想起那些耳熟能详的权利,诸如姓名权、名誉权、隐私权、肖像权等。如前一节所述,人格尊严是"视自己为人,并视他人为人"。这意味着,每个人不仅以人的标准看待自己,也必须以同样标准看待别人。换言之,个人主义社会中,不允许以低于这一标准的任何方式来评价或对待他人,如果此情形发生,则属于对该人的侵犯。由此而来,作为人格具体表现方式的姓名、名誉、隐私、肖像等都获得了绝对权利的属性。例如,作为姓名的文字或符号,其社会意义绝非仅仅在于将人与人相区分,姓名还承载着深厚的历史、伦理、法律等文化因素,无论古代中国还是西方,已婚妇女的姓氏之前均须冠以夫姓,这表明了男权社会中人格上的男尊女卑。随着个性解放,妇女人格得到了提升,男女平权成为社会主流,妇女冠夫姓逐渐为立法所废除,即使有些国家依然承认这样做的合法性,也多出于历史传统和习惯因素的考量①。再以名誉权为例,名誉代表着社会对一个人的正面评价。所谓正面,在此是指该人符合社会中抽象人格所应具备的基本标准,也就是说,社会在看待每个人时,并不是从中性视角出发,视其有或者没有名誉的可能性各占50%,相反,社会是从正面看待每个人的,认为所有正常人都是有名誉的,理应获得正面评价,只有当某人做了不名誉的事,其名誉才会受损,社会评价才会降低。所以,名誉意味着得到别人的尊重,任何不尊重名誉的行为均视为对该人的侵害,名誉也因此而成为了权利,并受到法律的保护。

值得一提的是,直到20世纪之后,随着个人主义社会的进一步向前发展,法律才从上述具体的人格权利中抽象出一般人格权的概念,也就是说,即使在1900年生效的《德国民法典》中亦只有具体意义的人格权(如

---

① 例如日本最高法院2015年12月16日裁决《民法》第750条规定的"夫妇需使用同一姓氏"符合日本宪法。理由是:妻子享有选择是否跟丈夫姓的自由不属于宪法中保障人格权的范围。因为夫妇同姓是自明治以来持续的家庭、夫妇关系的传统方式,没有违反宪法,民法规定妻子是否跟丈夫姓由双方协商决定,规定本身并不存在将男女不平等对待的情况。

姓名权),而没有关于一般人格权的规定①。可以说,20世纪之后(特别是第二次世界大战之后),一般人格权概念的出现与发展,使社会相互尊重的观念与意识进入到高级阶段,同时也标志着个人主义社会发展到了顶峰。

顺带指出,我国曾有学者提出:民法在确定其调整对象时,应该将调整顺序改变,即将人身关系置于财产关系之前,这样可以强化人格权民法保护的地位,体现民法的人文主义理念。并进一步认为,只有这样才能突出人的价值,把握时代脉搏,顺应时代潮流②。当代社会确应加强人格权保护力度,本书对此不持异议,2017年10月1日生效的《民法总则》第2条也的确将人身关系置于财产关系之前,但是如果基于各国民法中存在未承认一般人格权或者未将对人身权的保护置于对财产权保护之前的情形,就得出结论说该法律不重视人格利益的保护,甚至认为其已经落后于时代,这未免有失偏颇。事实上,人格权在20世纪之后的兴起只不过是人格尊严发展的一条较新路径而已,在此之前,人格尊严早在19世纪已经大张旗鼓地沿着另一条路径蓬勃发展起来,这条路径偏重于每个人的财产性人格的完善。事实上,所谓人格问题有两个层面,首先是财产性人格,其次是精神性人格(人格权)。前者是基础,没有前者,后者亦失去意义。毋庸置疑,财产性人格较之精神性人格(人格权)更具有优先价值,没有前者地位的提升,后者地位提升的意义则明显变弱。所谓财产性人格,用法律术语表达就是个人权利能力的概念。而权利能力的概念起初含义单纯,就是指民事主体是在从事商品生产与商品交换过程中所具有的取得权利和承担义务的资格。简言之,即民事主体的法律人格。一个人具备权利能力,意味着其成为完整的民事主体;拥有民法上的人格,则意味着社会对其法律身份及地位的承认。早在罗马时代,作为"简单商品生产社会的完善立法"③的罗马法已经承认个人的权利能力,并将之具体区分为交易资格和婚姻资格。不过,正如意大利学者彼德罗·彭梵得所言:"并非一切人均为罗马社会的权利主体,除了是人以外,还需要具备其他条

---

① 参见卡尔·拉伦茨:《德国民法通论》(上册),王晓晔等译,法律出版社2003年版,页165以下。迪特尔·梅迪库斯:《德国民法总论》,邵建东译,法律出版社2000年版,页805以下。
② 参见徐国栋:《民法典草案的基本结构——以民法的调整对象理论为中心》,载《中国民法典起草思路论战》,中国政法大学出版社2001年版,页57以下。
③ 恩格斯:《马克思恩格斯全集》(第36卷),人民出版社1956年版,页169。

件：是自由的(status libertatis)，而且，就市民法关系而言，还应该是市民(status civitatis)。"①"奴隶既无婚姻资格，也无交易资格，他不是主体，而是权利标的。"②

随着人类进入到资本主义社会，权利能力开始走向平等，这首先表现在 19 世纪初的《法国民法典》中，当时，权利能力被明确赋予全体法国人③，但在大约 100 年后的《德国民法典》和《瑞士民法典》之中，权利能力则被进一步赋予了一切人(抽象人)④，从而使得人格保护实现了意义上的升华。其次，权利能力作为个人民法上的人格，已经融入每个人的灵魂与躯体，成为人不可分割的一部分。权利能力不仅与生俱来，而且伴其一生，至死方休；中途不得放弃，也不能被剥夺。正如德国著名学者拉伦茨所言："《德国民法典》将'权利能力'视为法律意义上的人——包括'自然人'和'法人'——的本质属性。"⑤再有，人格尊严在个人主义社会中必然体现出人与人相互尊重的性格，即每个人的权利能力不分优劣，彼此一律平等。此外，应该看到，个人尊严在民法人格的具体发展过程中，表现得并不完全同步，其中交易资格(权利能力)的发展随着市场经济的高度发达而表现出极强的平等性取向，较早地突破了封建观念的束缚，表现出充分的人格独立与尊严；而人格权和婚姻(包括家庭关系)资格部分的平等性则由于历史、文化、宗教习惯等因素的影响，表现出较强的滞后性⑥，直至第二次世界大战之后所兴起的人权运动的影响下，西方各国开始才逐渐建立并完善了关于一般人格权制度；而德国甚至直到 1976 年才通过《第一号婚姻改革法》消除了家庭内部的男女不平等，从而使妇女获得了与男子同等的"钥匙掌管权"(Schlüsselgewalt)。直到这时，权利能力的概念才完成了其演变过程，完整地包含了交易资格、婚姻资格和精神人格等多种法律人格。这说明民法向个人主义化的转变，经历了从财产尊重

---

① 彼德罗·彭梵得：《罗马法教科书》，黄风译，中国政法大学出版社 1992 年版，页 29。
② 彼德罗·彭梵得：同前注，页 32。
③ 《法国民法典》第 8 条规定："所有法国人都享有民事权利。"
④ 《德国民法典》第 1 条："人的权利能力始于出生的完成。"以及《瑞士民法典》第 11 条第 1 款："人都有权利能力。"
⑤ 卡尔·拉伦茨：《德国民法通论》(上册)，王晓晔等译，法律出版社 2003 年版，页 48。
⑥ 《法国民法典》213 条："夫应保护其妻，妻应顺从其夫。"《德国民法典》第 1354 条："夫有权决定共同生活的一切事务。"《瑞士民法典》第 160 条："(一)夫为婚姻共同生活的主体。(二)夫决定婚姻住所并应以适当的方式抚养妻及子女。"

到人身尊重的过程,从财产权利主体资格的变革开始并逐渐过渡到一般人格权和婚姻资格变革。尽管后两者发展较为缓慢,但随着以上三种人格观念的形成,民法最终还是完成了向个人主义的华丽转身。

如果说个人主义理念中的自由与人格尊严较为偏重于功能性,自我实现则更偏重于目的性。因为每个人的天性决定了其具有追求个性化生活和努力实现个人幸福的权利,通过发展自己的个性和创造力来实现自我完善,是每个人的终极目的。从某种意义上说,个人获得自由与尊严正是为了实现自我价值。如果说自由与尊严是由权利本身来表达的话,那么,自我实现则是由权利行使来表达的,该表达方式的法律术语就是意思自治(私法自治)。意思自治是指在私法领域内,参与民事活动的当事人实行自治,权利的设立、行使、支配都由当事人自己做主,其自由意志不受任何当事方以外力量(包括国家和第三人)的干涉。用拉伦茨的说法就是:"法律制度赋予并且确保每个人都具有在一定的范围内,通过法律行为特别是合同来调整相互关系的可能性。人们把这种可能性称为'私法自治'。人总是生活在同他人的不断交往之中,每个人都需要私法自治制度,只有这样他才能在自己的切身事务方面自由地作出决定,并以自己的责任处理这些事情。一个人只有具备了这种能力,他才能充分发展自己的人格,维护自己的尊严。"①

的确,当一个人无权对自己事务作出决定时,不能称得上自由和有尊严;失去了自由与尊严,个人的自我实现便成为一句空话。因此,个人主义社会必须为每个人提供其能够自我完善、自我发展、自我实现的良好氛围,或者说要建立起意思自治(私法自治)的法律环境。在这个环境中,每个人不仅可以根据自己的意志和需求任意设立、支配和行使各种民事权利,也能够根据人格对等和尊重他人的要求自觉履行必要的法律义务,以满足他人的权利。也就是说,每个人都力求将履行这种义务化作发自内心的意愿,并由此形成了被社会广为认同的道德与良知。尽管出于个人利益考量,人们时常会存有违反义务的利益诱因,但这时法律作为威慑和制裁手段,能及时起到督促其自觉履行义务的作用。对此套用康德的话就是,由法律构成的"外在义务"与当事人良知和道德感所构成的"内在义务",两者通过私法自治达到了完美的统一。可见,私法自治并非仅限于

---

① 卡尔·拉伦茨:《德国民法通论》(上册),王晓晔等译,法律出版社2003年版,页48。

权利的自由支配,也包括了义务在法律指导下的自觉履行。正如拉伦茨评价私法自治时所指出的那样:"法律制度的出发点是:公民之所以能够履行日常生活中的大部分法律义务,是出于他们的法律意识,而并不仅仅是因为他们害怕会承担不利的后果。要只是这样的话,那么所有的法院和执行机关加起来也是难以维护法律制度的正常运行的。"[①]

三、私法自治是民事权利实现的主要途径

从全社会范围来看,在个人自我实现的过程中,私法自治始终扮演了至关重要的角色。因为欲在保持良好秩序前提下,建立起全社会规模的个人自我价值实现机制,私法自治可以说是唯一可行的选择。私人生活纷繁复杂、浩如烟海,每个人的意愿不同,目的不同,实现自我的方式不同,社会不可能为其提供整齐划一的行为模式,法律也不能做到尽数予以涵盖,只能任其自由选择。从更深层意义上讲,在个人主义看来,人人从事生产或经营活动的初衷都是为了自己和自己的家人,而不是出于为他人的目的,只有此时,其生产经营的积极性才最高,效率也最高。可以想象,如果一个社会能够保证每个社会成员都能做到为自己而劳动,为自己利益去追求财富和生活的幸福,这样的社会无疑是最理想的。当人们根据自己的意愿处分属于自己的财产时,或者与他人自主订立契约并加以履行时,这恰恰是个人正在实现自我的过程。为了达到这样的社会效果,国家应不主动介入私人事务,相反,却应该为私人的各种自由选择提供必要的保护,并最大限度地加强民法(特别是债法)在调整社会关系中的作用。对此可以用德国学者施瓦布的话加以概括:"一个注重自由的民法典(ein freiheitliches Zivilrecht)在相当大的范围内把决定权留给个人和按照私法组织的团体,让其以协商一致的方法规划安排其关系。"[②]

相较于刑法、行政法、诉讼法等公法制度,民法作为私法具有独一无二的社会功能——自治功能,这种功能社会价值极高,却又极易被忽视,原因在于私法自治作用的发挥完全是通过无形方式来展现的。该功能具体表现为,当人与人交易中发生了合同违约时,或者因社会活动造成他人

[①] 卡尔·拉伦茨:《德国民法通论》(上册),王晓晔等译,法律出版社出版2003年版,页49。

[②] 迪特尔·施瓦布:《民法导论》,郑冲译,法律出版社2006年版,页38。

损害时,法律对这种违法行为并不立即发起法律责任追究(不主动介入),而是从程序上采取"不告不理"原则,由当事人自行选择引入公权力责任追究机制抑或是"私下解决";同时,在实体上法律采取所谓债的转换的方式,将合同之债和侵害行为转换成为一个新生的损害赔偿之债,并交由债务人依债的原则自觉加以履行,从而完成纠纷的化解。事实上,将一切民事纠纷都强制性提交司法部门来实现权利保护和责任追究的做法,既不现实也不必要,因为果真如此的话,不仅社会资源会极大浪费,而且司法机关将完全不堪重负。通过对每年全国法院系统审结的民事纠纷案件统计数字与我国人口基数相对比,可以肯定,在所有已发生的民事纠纷中最终入禀法庭的数量不足1%。换言之,99%以上的纠纷都通过私法自治得以化解,消弭于无形。① 究竟是什么因素蕴含如此大的正能量来维持如此复杂社会关系的日常运转?除了道德与良知起到促使债务人履行的一定作用以外,真正起主导作用的当属私法自治的功能。在近现代社会因商品交换而形成的趋利避害的环境中,人们几乎完全是出于对法律的敬畏才会有如此高的合同履约率和纠纷化解率。私法自治不仅充分调动了人们的生产与交换的积极性,也调动了人们自觉化解矛盾的主观能动性;不仅为权利人支配和行使权利提供了动力,也为义务人自觉接受法律约束创造了适当氛围。可以说,私法自治不仅是一种极佳的权利行使方式,同时也是一种效率极高的义务人自我约束机制。当债务到期时,债权人一方会背靠国家机器这一强大靠山向对方行使约定或法定的权利,而义务方的履行则从开始的慑于法律的权威而逐渐演变成为一种自觉的习惯和道德素养。正如拉伦茨所说:"承担义务、通过相应的表示使自己在道德上和法律上受到'约束',是(伦理学意义上的)人的本质所在。"② 从表面上看,民法并不像刑法与行政法那样表现为轰轰烈烈的制裁或处罚,似乎并未直接介入到当事人的纷争,不过千万不要以为这是民法的软弱无力,相反,民法能量的正常释放其实恰恰就存乎于潜移默化之间,因为双方每一项纷争解决的背后,都有法律规范的身影,只不过法律实施过程是由当事人自行完成的,他们以协商和谈判替代了法庭的审判和强制执

---

① 根据最高人民法院院长周强所作2019年《最高人民法院工作报告》提供的数据,2018年全年各级人民法院共审结一审民商事件的总数不到1000万件。

② 卡尔·拉伦茨:《德国民法通论》(上册),王晓晔等译,法律出版社2003年版,页55。

行。什么叫做法律实施的最高层次？那就是法律对被规范者的要求，以最低社会成本的付出而得到了不折不扣的自觉执行。民法恰恰能够体现出这样的特点。

总之，民法无所不在，凡是有商品交换的地方，就有私法自治。以至于现代社会对私法自治已经到了须臾不可离之的地步，其能量之巨大以及其影响力之深远实在令人叹为观止。老子在《道德经》中说道："太上，不知有之；其次，亲而誉之；其次，畏之；其次，侮之。"的确，私法自治真正做到了春风化雨，润物无声，无为而实无不为。在"不知有之"的情形之下，即实现了无为而治，这不仅是法律的最高境界，也为个人主义的权利观作出了最好的诠释。事实上，越是商品经济发达的社会，人们追求私法自治的主动性就越强，私法自治的能量释放也就越充分、越彻底。这种在相互尊重人格前提下的自主和自觉，再加上其与法治精神的密切结合，使个人获得了自我价值实现的最佳方式，因为私法自治不仅将个人塑造成为了一个守约、守法的社会主体，也塑造成为了一个道德高尚的利己者。

在个人主义旗帜下，除了个人创造力和自主性需要通过意思自治（私法自治）来表达以外，个人追求自我实现的利益也与社会整体利益具有高度契合性。如前一节所述，个人主义的目的在于明确个人在社会中的定位，以及在个人与社会之间形成和谐的相互关系，因此对于高度个性化的个人而言，追求个人价值的实现不仅是为了实现个人的幸福，也是为了实现社会多元化的理想。一方面，社会给予个人高度的自治空间，会使个人在任意领域及任意方向上充分发挥自己的个性和聪明才智；另一方面，由于社会的发展高度依赖于个人的主观能动性与创造力，而当每个人都具备了自我实现的能力时，社会财富的增速自然就会最大化，社会关系也必然会变得和谐、完美。可见，个人自我完善的愿望不仅是社会发展的驱动力，也是判断社会和谐与否的试金石，更是检验个人行为是否具有社会价值的标准。

四、民事权利的本质——个人意思力与意思支配

通过上述分析可以看出，意思自治和民事权利正是弘扬与表彰个人主义理念的载体。在个人主义看来，个人对民事权利的享有和行使，本质上是通过意思自治反映出来的，人们正是依据权利来自由发展其意思，而义务人则必须顺从于权利人的意思，满足权利人的愿望。于是，在 19 世

纪的德国,民事权利的本质就被定位为个人意思力或个人意思的自由支配。据说,这一观点最早来源于黑格尔①,后来则成为当时主流民法学家诸如萨维尼、普赫塔、温德沙伊德等人的共识②。温德沙伊德较为详细地阐述了作为权利本质这两方面的含义:所谓意思力(Willensmacht),即"要求与权利人相对的世人或特定人行为(作为或不作为)的权利"③。所谓意思支配(Willensherrwchaft),即"权利人的意思应在根本上是为了形成上面所说的第一种权利(指意思力——本书作者注),或者是为了消灭或变更已产生的此种权利"④。具体讲,前者指向请求权,而后者则指向支配权和形成权。

很显然,近现代学界主流观点将民事权利的本质定义为个人意思力或意思支配绝非偶然,这样认定的逻辑必然性在于,既然近现代社会的基本属性是大规模市场经济,与此相适应,个人主义的观念必然会成为法律的基本指导思想和理论基础;既然个人主义具体表现为自由、人格尊严和自我实现,意思自治必然成为实现个人理想和社会和谐的基本手段;既然以意思自治为基本特征的民事权利成为民法的核心概念,个人意思力或意思支配必然成为权利的本质。换言之,黑格尔及其追随者们之所以强调权利的意思要素和支配要素,其实正是适应了当时自由资本主义社会的必然要求,并为市场经济的发展服务。有自由的市场,就有自由的意思力和对意思的自由支配。个人和社会的关系通过意思力和意思支配等因素被连接起来,人们通过权利的获得以及按照自己的意志行使或支配这些权利,不断实现着各自的目的,同时也在实现着社会整体目的。

五、"法的当为"与"法的强制"——债与责任的区别

值得注意的一点是,既然民事权利的行使属于在意思自治基础上的意思力或意思支配,那么权利按照拉伦茨的说法就是:"指一种规范的情

---

① 参见吴从周:《概念法学、利益法学与价值法学:探索一部民法方法论的演变史》,中国法制出版社 2011 年版,页 109。
② 参见迪特尔·梅迪库斯:《德国民法总论》,邵建东译,法律出版社 2000 年版,页 62。
③ 伯恩哈特·温德沙伊德,转引自金可可:《论温德沙伊德的请求权概念》,载《比较法研究》2005 年第 3 期。
④ 伯恩哈特·温德沙伊德,转引自金可可:同前注。

况,即法律制度对权利人的一种授权,一种'可以作为'(Handelndürfen),或者是一种'法律上的可能'(rechtliches Können)"。①通俗地说,权利就是权利人以直接支配的方式(支配物)或者向他人主张的方式(支配行为)实现自己利益的可能性。对此拉伦茨以债权为例进一步阐释道:"如果人们称债权人的这种权利为'法律之力',那么,人们首先想到的是债权人的诉权,也即债权人对债务人提起诉讼,用法律来强制要求债务人履行债务。……如果有人认为诉权是'权利'的具有重要意义的标准,那么,他就错了,因为法院所提供的司法保护不是权利的目的,而仅仅是权利人行使基于自己权利之上的各种权能的一种手段而已。"②这里,拉伦茨所表述的思想十分明确,即债权的优先方向乃是直接针对他人的权利(直接请求权),而并非针对诉讼的权利(诉讼请求权),意思自治才是当事人之间解决债权债务问题的主要手段,诉讼只不过作为辅助手段偶尔被采用而已。这表明,作为直接请求权的对象——债务和作为司法保护的诉讼结果——民事责任,两者在近现代民法中已获得严格区分。温德沙伊德就曾提出:"法律秩序基于权利人的请求,而向其提供了强制方法(Zwangsmittel),以贯彻法律秩序本身所授予的支配——但这一点则不属于权利概念的组成部分。"③台湾著名学者郑玉波先生则更为明确地指出:"在日耳曼古法上,债务(Schuld)与责任(Haftung)两概念之对立,最为明显,即债务仅属于法的当为(Rechtliches Sollen),而不含有法的强制(Rechtliches Mussen)之观念,因而依契约或其他事由所发生之债务,即不伴有责任,而责任则须另依以发生责任为标的之契约或其他事由始能成立。"④

"当为"亦可称为"应为",具体是指债务人在法律上应当为债权人做某事。"当为"仅指法律上的倾向性要求,其强制色彩较法律责任具有本质差异。拉伦茨对此进行了细化解释:"法律义务(Rechts pflict)是法律制度的规范命令使人承担的一种特定的'应为'。'应为'和'义务'……原来是伦理上的概念。这里,它意味着一种要求,接受这种要求的人自觉地

---

① 卡尔·拉伦茨:《德国民法通论》(上册),王晓晔等译,法律出版社2003年版,页277。
② 卡尔·拉伦茨:同前注,页278。
③ 伯恩哈特·温德沙伊德,转引自金可可:《论温德沙伊德的请求权概念》,载《比较法研究》2005年第3期。
④ 郑玉波:《民法债编总论》,三民书局1978年版,页11。

将这种要求作为一种必要,作为一种命令,如果他不遵守这种要求,他就会失去自尊和他人的尊重。权利相应的义务,首先要求接受者的理解和善意,但遵守这种命令并不需要考虑到,接受者是否自觉地把它作为一种义务接受和同意。因此,法律上的应该,是'非自动的应该',和'自动'的道德上义务不同。"①

可以说,债与责任概念的分离是日耳曼法对民法发展的重大贡献之一。尽管其产生于中世纪,但内涵却完全契合了近现代市场经济社会的个人权利观和意思自治的精神实质。学理上一般认为,法律责任至少应包含两个基本特征:强制性和制裁性。② 所谓强制性是指责任具有法律的强制,其排斥当事人协商的法律自治,行政责任与刑事责任无疑都会强制责任人承担,一旦司法机关确定某一民事责任的成立,自然也就排除了私法自治的适用(执行和解仍具有强制执行力,故并不属于典型意义上的私法自治)。这正是民事责任与债的本质区别之一。所谓制裁性是指国家强制力直接干预的结果,没有行政或司法机关的介入就不可能形成真正意义上的法律责任。例如犯罪行为当未受到定罪量刑之前,对犯罪嫌疑人而言其并未承担刑事责任;汽车司机违反交通法规未被行政处罚之前,其也并未承担行政责任;同理,某公司因产品质量问题导致他人受到损失,在受害人未起诉致害人之前,其也同样并未承担民事责任。可见,制裁意味着已经受到了法律追究。至于人们在平常意义上说:某人应对其行为承担法律责任,这里所说的责任仅仅是一种习惯表达,只表明了法律对这些行为抽象意义上的否定态度,行为人是否会真的承担法律责任,最终须由司法机关确定。所以,对于债务与责任的关系,梅迪库斯这样解释道:"在以给付之诉取得判决之后,债权人可以依强制执行方法对债务人采取行动(《民事诉讼法》第 704 条以下)。债务人必须以此种方式对自己的债务负责,人们亦将此称为'责任'"。③ 由此可以得出这样的结论,违反刑法或行政法的法律后果是唯一的,即法律责任。然而民法中的违法行为,或者说违反民事义务的行为,其导出的法律后果并非唯一,而是

---

① 卡尔·拉伦茨:《德国民法通论》(上册),王晓晔等译,法律出版社 2003 年版,页 266。

② 除此之外,还可以包含第三种特性,即国家追究性(参见张文显:《法哲学范畴研究(修订版)》,中国政法大学出版社 2001 年版,页 121;以及本书第十四章第三节)。但也有主张认为,国家追究性可以被纳入制裁性中,因为制裁主体是国家。

③ 迪特尔·梅迪库斯:《德国债法总论》,邵建东译,法律出版社 2004 年版,页 16 以下。

有两种,即债和责任。而这两种后果之间又存在一种递进关系。之所以民事违法行为比起犯罪行为和行政违法行为会多出债这样一个法律后果,是因为前两者是公法,而民法属于私法,由于私法自治为民法所独有,因而针对违反民事义务,法律采取了独特的处理模式,即在义务与责任之间插入一个中间环节——债。

将债务定义为法律上的"当为",这不应被理解为一种偶然的或无谓的多此一举,相反,这是一种必要的、煞费苦心的刻意而为,其目的极为明确,就是使违反民事义务不直接与法律责任挂钩,国家强制力并不介入。因为责任是刚性的,会排斥当事人的自由协商。如果违反民事义务产生的不是一个必将发生的责任(像刑事责任那样),而是一个"当为"的债,这样在双方之间自然就形成了一个巨大的缓冲地带,使双方有机会通过自由协商在债的层面解决纠纷,而责任作为"债的影子"仅起到间接的威慑作用,只有当协商不成时再引入国家强制力启动法律责任追究程序不迟。其实,私法自治的魅力恰恰就在这里。

与此相比较,我国古代法律中债与责任的概念一直未作明确区分,例如:"《周礼》中有'听称责'、'有责者'、'属责者'三见债字,都是指借贷之债。"①李志敏教授则更明确指出:"从我国古代的文献可以看出,债有广狭二义,广义的包括由契约产生的义务和责任,狭义的仅指由消费借贷特别是金钱借贷产生的义务和责任。""同西欧大陆的法律比较,我国古代的债只包括义务、责任,不包括权利。"②上述"责""债"不分的状态一直延续到清朝末期,究其原因,这与我国自古缺乏西方那样相对发达的市场经济有直接关系。即使在当代,我国关于法理学和民法学的研究中,私法自治的社会功能也远未得到应有的认识,这也成为理论界长期重视法律责任而忽略债的原因之一,取消债编或以民事责任替代债的主张,在民法学者中大有人在。我们有理由相信,今后随着我国市场经济的不断深入,这种错误认识会有所改观。

债脱胎于责任,债独立于责任。③ 这是近现代民法演变为权利法的重要标志。债是国家强制力直接干预之前,由当事人自觉化解民事纠纷

---

① 孔庆明等:《中国民法史》,吉林人民出版社1996年版,页61。
② 李志敏:《中国古代民法》,法律出版社1988年版,页136。
③ 具体过程可参见第十四章第三节。

的主要法律手段,而真正演变成民事责任的情形仅为极个别现象。如果说中世纪债作为刚从责任中分离出来的新生事物,尚无法受到社会的瞩目并获得与责任对等的地位,那么在近现代社会,民事责任所发出的光芒早已被债权的夺目光辉所掩盖,此时责任仅仅成为一种威慑力量而极少被真正运用,其几乎沦为了债权的备份而存在。

综上所述,市场经济的发展使法律充分体现了自由、尊严和自我实现的价值理念,从而彻底地实现了法律的个人主义化;个人主义理念通过其在法律中的具体贯彻,使权利从"诉"当中产生并使债与责任相分离,从而使权利上升为民法的核心概念;权利行使必须通过当事人主观意思自治来完成,从而使权利被定位为个人的意思力和意思支配,私法自治因而成为权利行使与保障过程中最主要的法律手段。由此,民法最终完成了个人主义权利观的塑造。

同时需要指出,以上对个人主义权利观、意思自治、债与责任等问题的描述与分析,其目的尽管有准确认识近现代债法的本质的一面,但其实还有更为重要的另一面,那就是作为对比因素,为后面阐述当代债法的信赖利益保护倾向提供必要铺垫。

第三节　个人主义债法的局限性

近现代债法体系以个人主义为指导思想而建立,因而称为个人主义债法。在19世纪末,其实整个民法已经相当成熟,极好地实现了自由竞争时期的市场要求,例如1900年生效的《德国民法典》就"具有自由资本主义时代法律思想的鲜明烙印"[①]。不过当西方社会开始进入到垄断阶段,社会环境发生了显著变化,而当时欧洲包括《德国民法典》在内的一系列民法对于上述变化程度均始料未及,以至于表现出明显的不适应。德国学者茨威格特和克茨对此曾尖锐地指出:"一些法典编纂则是在政治和社会关系相对稳定的时期完成。它们有节制地毋宁说是逆向地汲取着安稳悠闲的思想并把自身局限于现状的守成……当时在这个国家起主导作用的乃是一个具有自由主义倾向的大市民阶层……当时的经济生活完全由一种色彩鲜明的自由主义所左右,这种思想深信,只要经济力量的作用

[①] K.茨威格特、H.克茨:《比较法总论》,潘汉典等译,法律出版社2003年版,页225。

能够不受国家干预的阻滞而自由扩展,那么普遍的繁荣兴盛便会自然成就。虽然19世纪70年代和80年代,一种出于家长式集权国家的关怀思想的社会政策已经开始出现,它促成了劳工保护规定的颁布特别是社会保险的重要立法,然而直到这时那些社会倾向几乎还没有渗入私法。……民法典的起草者完全没有注意到以下事实:19世纪最后数十年德国的社会结构已发生了全面深刻的转变。"①另一位学者安东·门格尔(Anton Menger)也作出了几乎相同的批评:"德国民法典的立法者并没有考虑到工业社会的情形。这些法典仍旧沿着历史的老路前进。这一里程碑式的法典对产业工人阶级一无所知。当时的法律只知道农业劳动者。"②

一、个人主义的时代局限性及其改良

社会现实的改变,严重冲击了个人主义在社会中的核心地位,对债法演变也产生了深远的影响。具体而言,个人主义理论分别从外在和内在两个方面受到了冲击:外在冲击来自共产主义(社会主义)、无政府主义以及后来的社群主义等思想;内在冲击则来自个人主义的一系列变种。从个人主义的各种流派观察,个人主义其实是沿着极端个人主义和折中化个人主义两个方向发展的,前者强调利己而忽略利他,因而称为个人利己主义;后者则力图顺应历史潮流,在利己与利他之间寻求一种平衡与妥协,在追求个人利益保护的同时适当兼顾他人利益,只不过各种理论的妥协程度不尽相同。

(一)霍布斯的极端个人主义

回溯到17世纪,当时对社会影响较大的个人主义理论是霍布斯的极端个人主义。他以人性恶和社会的自私本性为出发点,将社会形成之前的阶段描绘成一群极端利己者之间相互恶斗的"自然状态"。是理性与法律使人们抑制了自身的"狼性",服从了公共利益的要求,从而进入到和平共处的社会之中。这种观点正好与当时自由资本主义早期原始积累过程中市场主体表现出的相互争夺、尔虞我诈的残酷竞争状态相吻合。对此前已详述,兹不赘。

---

① K.茨威格特、H.克茨:《比较法总论》,潘汉典等译,法律出版社2003年版,页218以下。
② 转引自罗斯科·庞德:《法理学》(第一卷),余履雪译,法律出版社2007年版,页253。

(二)亚当·斯密的个人主义

到了 18 世纪,一些相对温和的个人主义开始取代霍布斯那种对社会赤裸裸的血腥描述,其中较有代表性的就是亚当·斯密的经济个人主义。亚当·斯密认为,那些并不打算出于公心去增进公共福利,而仅仅是为了追求自身安乐和个人私利的人们,会在市场神奇之手的作用下,自发地实现促进社会利益的效果。换言之,亚当·斯密并非只看到了个人利益而无视社会利益,只不过他并不认同个人利益与社会公益之间存在对立,相反却认为它们之间具有利益的一致性。在他看来,每个人的个人利益相叠加,就构成了社会公共利益,所以当每个人通过市场实现了自己的利益追求时,社会利益的实现自然水到渠成。依其观点,利己就是利他,尽力追求个人利益就是在追求社会公共利益。这显然受到了曼德维尔"私恶即公益"观念的影响。当然,亚当·斯密并非极端利己主义者,他在其与《国富论》齐名的另一著作《道德情操论》一书中明确主张人具有自私与同情两种本性。所谓同情就是人们具有一样的感官,并对同样对象或相同的境况,会产生相同的感觉,人们感受一致性是人们的同情发生的基础。他认为,自私的本性使人成为一个"经济人",而同情与仁慈的情感使人成为一个"道德人",因此人应该是经济人与道德人的混合体。不过,这两种本性当中,亚当·斯密还是更强调前者,他说:"毫无疑问,每个人生来首先和主要关注自己;而且,因为他比任何其他人都更适合关心自己,所以他如果这样做的话是恰当和正确的。"[①]可见,亚当·斯密尽管没有像霍布斯那样走极端,而是力图实现利己与利他的统一,但归根结底,其思想还是个人主义的,他并未将同情的本性坚持到底,他忽视了在经济领域内人们残酷竞争所带来的社会破坏力。在他看来,人们只需在社会一般生活领域内表现出仁慈与同情即可,没有必要将其带入经济生活的相关领域中,因为在经济生活领域,无论你出于自私还是同情,市场之手会对每个人就如同磁铁对于一堆杂乱无章的铁屑那样,自然而然地将其沿磁力线方向有序排列。但事实上,20 世纪以后的社会特点越来越表明,对他人的仁慈、同情与关爱即使在经济关系当中,对于维持社会秩序而言也同样是必不可少的,这表现在世界各国现在均已接受对消费者等社会弱势群体应提供特殊保护等方面。不过应该看到,相较于霍布斯的理论,

---

[①] 亚当·斯密:《道德情操论》,蒋自强等译,商务印书馆 2003 年版,页 101 以下。

亚当·斯密的理论明显更有生命力,近现代债法中当事人平等、等价有偿、契约自由等原则无不是该理论直接影响下的结果。即使到了20世纪70年代以后,新自由主义经济学家们仍然将之奉为圭臬,例如诺贝尔奖获得者弗里德曼充满赞许地指出:"亚当·斯密最重要的见解是:参加一项交易的双方都能得到好处,而且,只要合作是严格自愿的,交易双方得不到好处,就不会有任何交易。在大家都能得到好处的情况下,不需要任何外力、强制和对自由的侵犯来促使人们合作。"①在探讨价格的作用时他再一次称赞道:"亚当·斯密的天才的闪光在于他认识到,在买者和卖者之间的自愿交易中——简单地说就是在自由市场上——出现的价格能够协调千百万人的活动。人们各自谋求自身利益,却能使每个人都得益。……这在当时是个惊人的思想,直到今天仍不失其意义。"②

(三)边沁和密尔的功利个人主义

与亚当·斯密同时代,另一种相对折中的理论也逐渐兴起,这就是边沁与密尔所创的功利个人主义。功利主义起初的基点是个人的苦乐感受,后来该基点被提升至个人对幸福的追求,再后来幸福的范围又被扩展到"最大多数人的最大幸福"。由此推论,功利主义认为,人虽然是利己的,但当其利益与最大多数人的最大幸福相冲突时,个人利益应该被放弃,而利他因素则应占据主导地位。比起极端利己主义,这显然也属于一种追求利己与利他因素相平衡的折中观点。不过,不要误以为此处的"最大多数人"针对的是社会公众或社会整体,由于功利主义是以个人的苦乐和个人的利益作为功利原理的基础,所以所谓"多数人",在此单纯是针对人数的多少,具体而言,在个人主义框架下的利益冲突中,人数占优的一方利益也优先。换言之,"如果你必须在一群人和另一群人的生命之间做出选择,那么你应该选择人数更多的那群人。"③在边沁看来,"社会只是一个虚构的团体,由被认作其成员的个人所组成"④,因此,社会整体利益不过是"组成社会之所有单个成员的利益之总和"⑤。从这一点看,功利

---

① 米尔顿·弗里德曼、罗斯·弗里德曼:《自由选择》,胡奇等译,商务印书馆1982年版,页3。
② 米尔顿·弗里德曼、罗斯·弗里德曼:同前注,页8。
③ 蒂姆·摩尔根:《理解功利主义》,谭志福译,山东人民出版社2012年版,页73。
④ 周辅成编:《西方伦理学名著选辑》(下卷),商务印书馆1996年版,页211以下。
⑤ 周辅成编:同前注,页211以下。

主义与其他个人主义本质上并无区别。因为其不认为个人利益与社会整体利益存在冲突,每个人追求个体利益,社会整体利益自然随之而增加,当个人利益实现最大化,最终也就实现了社会整体利益的最大化。应该注意到,也恰恰是在这一点上,功利主义受到了较多的诟病,由于其仅承认存在个体利益以及个体利益的叠加,而不承认独立于个体并与之存在冲突的社会整体利益,所以该理论在一系列问题上无法自圆其说。例如格罗特(J. Grote)指出,功利主义必须要对幸福在社会层面作出公正的分配,忽视这种分配的合理性将会给被忽视的个人带来巨大的痛苦。① 著名学者西季威克则更为直接地指出:"密尔的论证中存在着一个明显的漏洞,这个漏洞在我看来只能靠某种命题来弥补……这种命题就是对'合理仁爱'的直觉。"②合理仁爱,其实不仅意味着合理照顾他人利益(利他),更意味着应该追求一种全社会层面的正义,即从社会整体的高度来理解功利主义,而不能将利益归属的评判标准建立在人数的简单相加之上。

（四）康德的伦理人格主义

应该说,对近现代债法影响最大的折中化个人主义当属伦理人格主义。伦理人格主义为康德所首创。如前所述③,其核心观点是将人视为目的,在任何情形下人都不能成为手段。既然人只能作为目的而存在,所以人就具有了终极价值,而这意味着他的人格必须得到别人的完全尊重。同理,他也必须同样尊重别人的人格。这种人与人之间相互尊重人格的道德准则,就是伦理人格主义。之所以说伦理人格主义属于个人主义,是因为这里所谓的人是指个体的人,而非由个人有机组合而成的社会中的人,尽管人的概念从起初仅指自然个体发展到后来也包含了作为社会组织体的法人,但法人却依然被作为个体人格来对待。之所以将伦理人格主义视为折中化的个人主义,是因为该观点比其他个人主义理论更为强调对他人人格及切身利益的尊重。如果说其他个人主义主张要么出于纯粹利己,要么将利他因素作为追求更大利己目的而付出的策略性代价,那么伦理人格主义则是从更为中立的立场出发,在人际关系的定位上更加注重利己与利他关系的平衡。事实上,正是在伦理人格主义指导下,人与

---

① 参见宋希仁主编:《西方伦理思想史》(第2版),中国人民大学出版社2010年版,页314。
② H. 西季威克:《伦理学方法》,廖申白译,中国社会科学出版社1993年版,页403。
③ 伦理人格主义的具体内容可参阅本书第三章第一节和本章第一节的介绍。

人之间的自由、平等、尊严和自我发展都变得比以往更加真实、自然和富有成效。也就是说,这种理论比其他个人主义理论更能对不断膨胀的个人私欲提供某种必要的约束。美国学者墨菲对康德的这一理论评价道:"如果要直接适用道德法则,那么我们必须赋予每个人以追求其自身之目的的自由——无论这些目的是什么。……幸好,康德非常明智地看出,人,作为一种有限的存在者,并不直接归属于那种纯粹的法则。因为它拥有另外一种关于自由的评价机制,也就是说,它甚至可能会把压制自由的那种自由视为是有价值的。因此我们需要某种道德基础以便用于干涉某些人的自由,即干涉那些可能会使用他们的自由来剥夺其他人作为人所拥有的权利。"①

通过上述对个人主义各种形式的简单考察,已经可以清晰地看出,各种个人主义理论尽管长期并存,处于百家争鸣状态,但是随着社会进步,那些过分注重绝对自由、绝对自利和完全可以无视他人利益与诉求的个人主义观点逐渐丧失主导地位,相反,能够较多兼顾利己与利他两种利益的观点则更为流行。究其根源,这还是社会进步的结果。由于在个人主义理论下社会的概念仅仅意味着个人活动的平台,而不具有任何独立价值,也就是说,其从根本上仅承认存在着个人与个人、个人与机构(法人)之间的相互利益关系,并不承认存在一种与个人利益相对的、独特的、整体性的社会利益。所以,当社会发展的步伐已经迈入了产生独立社会利益的阶段时,各种个人主义理论均显现出其历史局限性。尽管相对靠拢社会利益考量的个人主义理论比起极端利己主义理论具有更强的社会适应性,但鉴于其仍然属于个人主义理论,适应能力毕竟有限。由此,在个人主义观念指导下的债法,表现出前面茨威格特和克茨所说的对社会发展的不适应,就变得顺理成章了。即使在伦理人格主义出现后,一定程度上加强了对利他因素的关注,力图扭转以前利己因素比重过大的情形,但由于该理论无法彻底摆脱其立论的基础,故而改良效果十分有限。

二、近现代债法的个人主义特色

几个世纪以来,进入资本主义社会之后的债法一直以个人主义为唯一的指导理念,个人主义在这期间的任何趋势性调整,无不对债法产生莫

---

① 杰弗里·墨菲:《康德:权利哲学》,吴彦译,中国法制出版社 2010 年版,页 93。

大影响。下面不妨从具体内容的变化来观察近现代债法对社会进步的适应过程及其局限性。

(一) 过分的合同自由

在资本主义早期,随着法国大革命的胜利,社会中弥漫着一股个人主义的激进主义气氛。作为大革命精神的产物,《法国民法典》担负起"旨在消灭往昔的封建制度,并在其废墟上配置财产、契约自由、家庭以及家庭财产方面的自然法价值"[①]的重任。"在那里,人是一种理性的、可以自己负责的创造物,自出生之日起便获得了关于良心、宗教信仰和经济活动的自由的不可割让的权利。人们无需再与旧制度的那个中间身份集团打交道,而只和国家本身发生联系。这个国家有义务通过它的立法把公民从封建的、教会的、家庭的、行会的以及身份集团的传统权威中解放出来,并赋予全体公民以平等的权利。"[②]因此,在 19 世纪欧洲各国民法的债与合同制度中体现出强烈的个人自由绝对化色彩。例如,契约自由随着商品交换重要性的提高而上升为民法的基本原则,甚至资本主义社会的法制原则。用茨威格特和克茨的话说:"《法国民法典》的债法中首先贯穿着契约自由原则,这一原则几乎完全不受强制性法规(法国称之为'公共秩序法',见《法国民法典》第 6 条)的限制。"[③]与此相吻合的是"《法国民法典》1134 条不无激情地将'契约应遵守'(Pacta Sunt Servanda)的条款以明白易懂的措词予以表述:'依法成立的契约,对缔结契约的双方当事人具有相当于法律的效力'"。[④] 这样做绝非偶然,以契约自由为核心的经济自由是资本主义社会人身自由的关键一环,法律强调其重要性并突出其自由度,旨在以此宣示个人主义重要的社会意义。

(二) 严格的侵权过错责任原则

同时,为了最大限度保护人们的消极自由,债法在侵权行为法领域,为行为人的活动空间与他人的受侵害之间,划定了一条对受害人而言较为严苛的界线,这就是严格的过错责任原则。茨威格特和克茨就此对《法国民法典》进一步解释道:"根据市民的责任自负的思想,还得出了这一结论,如同这部民法典 1382 条颇为感人地宣布的那样,每个人都须对因可

[①] K. 茨威格特、H. 克茨:《比较法总论》,潘汉典等译,法律出版社 2003 年版,页 87。
[②] K. 茨威格特、H. 克茨:同前注,页 126。
[③] K. 茨威格特、H. 克茨:同前注,页 144。
[④] K. 茨威格特、H. 克茨:同前注,页 140。

归咎于他的疏忽行为(过错,faute)所造成的损害予以赔偿;人们以此维护这种行动自由的范围又维护个别人的责任感,而由于较为严格的损害赔偿归责形式,它们只能被加以缩小和限制。"[①]

(三)过度强化债的相对性

在契约自由原则与过错责任原则的基础之上,《德国民法典》更通过借鉴罗马法关于债是当事人之间的"法锁"的原理,构建出绝对权与相对权的理论划分,并进而整合了不当得利、无因管理等相关债法关系,创造出了逻辑上更高层级的债的相对性原则。根据该原则,债权人只能对与其有法律关系的债务人主张权利,而债务人以外的第三人则是自由的,不会受到该债权的约束。将债的相对性确立为人们交易关系的基本准则,不允许随意突破,使得法律对个人自由的保护不再停留在具体关系阶段,而是上升为更为抽象的体系化阶段,贯穿于整个交易过程的各个环节,最终使个人主义在债法中得到更为全面而彻底的贯彻与落实。这里不妨举个例子,甲司机驾车不慎将正在前往音乐厅参加商业演出的钢琴家乙撞伤。其行为导致了两个后果,其一是乙受伤入院的人身损害;其二是已购票观众无法观看演出且徒劳往返的损失。对前一损失,甲基于侵权损害之债对乙赔偿毫无疑问;但对后一损失甲是否也应予以赔偿?从一般经验逻辑出发,除了甲的违章行为之外似乎再无其他原因导致演出的取消,但是如果此时将退票等损失也加之于甲,则会造成如下社会关系的困境:甲过失行为的直接受害人完全是偶然的和随机的,换言之,任何当时恰好出现在肇事地点的人都可能成为受害者,如果被撞者是一个正在回家路上的公司职员,甲只需赔偿其因伤而发生的损失即可,然而不幸的是,甲撞到的恰好是几千名观众正翘首以盼的钢琴家,这时甲的赔偿数额必将大大增加,较之对几千观众的赔偿总额而言,甲对乙的赔偿数额却可谓九牛一毛。这样的结果所引发的最大问题是,甲对自己的行为后果失去了可预测性,也就是说,任何不测因素都会成为压垮骆驼的最后一根稻草。这种结果固然使所有受害者都能得到赔偿,但是该原理推而广之,任何人在驾车出行或者参与任何其他类似有风险的活动时,势必畏首畏尾,人们在风险行为致人损害(哪怕概率很小)与明哲保身的利益权衡之中多半会选择后者。这最终会对人的行为的自主性以及人身自由构成重大限制。

[①] K.茨威格特、H.克茨:《比较法总论》,潘汉典等译,法律出版社2003年版,页144。

总之,为了实现自由利益的最大化,用债的相对性原则来隔绝损害赔偿的因果链条,将赔偿主体局限于直接当事人之间,这成为个人主义指导下债法的金科玉律。

(四)债权无条件化、理性人标准以及婚姻契约化

根据前一节所述,近现代社会民法发展的结果是,从利益中抽象出权利,使权利与当事人的意思挂钩,并将其定性为当事人的意思力或意思支配,强调权利行使中的意思自由与支配力。再加上债法在决定其基本架构的债的相对性、契约自由与过错责任等方面均彻底奉行个人主义与自由主义,两者作用相叠加,不仅使具体债的关系以及债权的行使趋向于无条件化,也为后来权利的绝对化倾向甚至权利滥用提供了肥沃的土壤。最明显的例子就是在契约自由的旗号下,人们对其任意扩大理解和随意使用,社会逐渐发生异化,出现了垄断和不正当竞争等形式的侵害社会弱势群体和阻碍自由竞争的异己力量。其次,基于意思自治的观念,人与人在交易与交往过程中由于实行了统一的理性人标准,不考虑个体之间在认知能力方面的差异,这无形中出现了巨大的社会漏洞,一些人完全可以通过合同方式,利用他人在能力、经验、信息占有、注意程度等方面的劣势,达到损人利己的目的。而且,由于社会所秉持的个人主义本身就具有鼓励个人追求自己目标而无需关注他人利益的趋向,这使得漏洞不仅无法被填补,相反只能越来越大。此外,由于个人主义将社会视为个人的简单相加,从而拒绝承认个人与社会之间存在着利益冲突(如亚当·斯密认为经济上看不见的手会自然协调个人与社会利益的矛盾),因而原本曾卓有成效地维持社会秩序特别是社会经济秩序的"公序良俗"完全被以自由的名义而忽略掉了,国家干预(哪怕是正当的干预)也都被视为洪水猛兽而完全遭到了排斥。甚至,作为自由资本主义兴起标志的《法国民法典》,也全盘接受1791年《法国宪法》的精神,将婚姻关系定性为普通的民事契约[①]。这样以法律形式激进地宣示人身自由、行为自主与意思自治,固然是出于冲破旧有封建身份关系与宗教对家庭束缚的目的,这在当时虽有一定的积极意义,但不可否认的是,这种定性违背了婚姻关系的本质,黑格尔对此深刻地批判道:"婚姻实质上是伦理关系。……至于把婚姻理解

---

① 1791年《法国宪法》第2编第7条:"法律认定婚姻只是民事的契约。"《法国民法典》第146条:"未经合意不得成立婚姻。"

为仅仅是民事契约,这种在康德那里也能看到的观念,同样是粗鲁的,因为根据这种观念,双方彼此任意地以个人为订约的对象,婚姻也就降格为按照契约而彼此相互利用的形式。"①可见,这种自由过度化与权利绝对化的做法,带有明显的急功近利的考量,虽然能带来一时的益处,却不能维持长久。当今各国均已放弃用民事契约这种原本用来表达商品交换的形式来定性婚姻关系本质的做法。

(五)过度利己使社会达尔文主义拥有广泛市场

事实上,个人主义理应包含利己与利他两种因素,但是,资本主义社会初期阶段,出于调动个人积极性和解放生产力的目的,无论在理论上和立法中都始终强调其中的利己因素,而忽视两者之间的平衡,其结果是极端个人主义往往在社会中占据主导地位,甚至社会原子主义和社会达尔文主义等理论也拥有了广泛市场,社会关系中一时出现了利己主义完全战胜了利他主义的情形。意思自治原本对债权人和债务人来说都是一种自我约束机制,现在却演变成为仅仅是债务人单方的自我约束机制,而对于权利日趋绝对化的债权人而言,该自我约束机制已完全失灵。这样的社会中,人与人之间尽管不是霍布斯所描述的你死我活的恶斗,也是一种充满敌意的博弈关系或残酷竞争关系,优胜劣汰成为黄金法则,大家都在拼命争夺,以图占据食物链的顶端,并将别人踩在脚下,由此演绎出一幕幕尔虞我诈、钩心斗角、损人利己的生活戏剧。个人通过追求意思自治和自我实现的本意固然可取,不过一旦超过限度即成为谬误。恶性竞争毒化了亚当·斯密所设想的良性竞争、互利共赢的社会氛围,人与人的关系成为要么"治人"要么"治于人"的对立关系,自由竞争变成了一种零和游戏。我们也许不应该怀疑社会达尔文主义之父斯宾塞用物竞天择来解释人类竞争关系的初衷是为了使人类不断进化;也不应该怀疑亚当·斯密之所以在经济关系中刻意忽略同情与关爱他人,是因为他确认"看不见的手"会自然而然地替代人们去实现这种关爱;甚至也不应怀疑美国个人主义思想家爱默生以诗一般的语言充满激情地歌颂个人主义的主观精神与自治权,是出于将人的个性视作现代社会的本质要素,并意图通过提高人的灵魂与精神来战胜物质主义与拜金主义。但是他们终究还是低估了将人性中"恶"的魔鬼从囚笼中释放而不加以约束所带来的恶果。美国学者

---

① 黑格尔:《法哲学原理》,范扬、张企泰译,商务印书馆1982年版,页177。

帕尼考克在类比人在自然环境中与在社会环境的不同时就曾指出:"人类之间的矛盾斗争并没有导致最好和最优,恰恰相反,许多强壮和健康的人由于贫穷而遭淘汰;而同时许多富裕的人,尽管他们体弱多病,却得以生存。"① 而亚当·斯密将人在不同社会关系中的本性割裂开来,只承认在一般社会交往中人需要并具有同情与仁爱的本性;而在经济关系中,人则只受自私利己的本性驱动,俨然就是毫无关爱与怜悯之心的铁石心肠。这种割裂造成了其理论上始终无法自圆其说的所谓"亚当·斯密问题"。同样,爱默生的个人主义尽管带有强烈的个人自立精神和对抗专制的理念,但其中那种明显的美国西部开疆辟土时的边疆个人主义性格,试图通过单打独斗,在远离社会的环境之下亦可获得经济独立和内心解放的浪漫情怀,与社会化大生产时代人和人联系日益密切的现实越来越显得格格不入了。

三、伦理人格主义对债法的修正

其实,《德国民法典》的立法者并非完全没有意识到上述自由与权利绝对化带来的弊端,其在诸多个人主义理论中选取了伦理人格主义作为主要立法指导,这已经含有在利己与利他之间取得平衡之意。另外,德国债法在一些原则性和具体规定中也作出了一定程度的妥协。

(一) 通过增加客观等价标准修正主观等价标准

德国债法修正了曾经被普遍接受的主观等价原则,而在一定范围内开始尝试适用客观等价原则,并由此提出了所谓公平原则。所谓主观等价,是指"只要每一方合同当事人根据他们自己的判断,认为另一方提供的给付与自己所提供的给付具有相等的价值,即可认定给付与对待给付之间具有等价关系"②。这是典型的理性人社会的产物,是以供需关系作为判断商品价值的标准。相反,客观等价则是指按照商品的劳动价值量来计算其价值,因为每一种商品的社会必要劳动时间是一定的,所以其价值自然也是客观与确定的。公平原则虽然更早可以见之于《法国民法典》(第1135条)的规定,但该规定较为笼统,实用性不强。在《德国民法典》

---

① 转引自宋希仁主编:《西方伦理思想史》(第2版),中国人民大学出版社2010年版,页403。

② 卡尔·拉伦茨:《德国民法通论》(上册),王晓晔等译,法律出版社2003年版,页61。

的相关条款中,该原则却得到相对细化的体现,例如第 315 条明确规定了由一方指定合同给付时,其应依照公平原则为指定行为。又如第 459 条、第 462 条和第 472 条则规定了在买卖合同的瑕疵担保责任中无需机械固守契约必须严守的规则,而是可视实际情况采取依客观价值按比例降低价金的灵活方式处理。

(二)增加善良风俗原则

德国债法还较大幅度地发展了《法国民法典》中关于合同"应以善意履行之"(第 1134 条)的精神,设计出善良风俗原则,将法律行为无效的情形不仅仅局限于违背法律的强制性规定,而且扩展到了违背善良风俗的情形(《德国民法典》第 138 条)。其目的同样在于限制意思自治的过度化。

(三)创造出诚实信用原则

同样出于对《法国民法典》第 1134 条的继承与发展,德国债法还创造了诚实信用原则,例如其规定,契约的解释应依据诚实信用原则(《德国民法典》第 157 条);债以诚实信用为给付(《德国民法典》第 242 条)。诚信原则的确立,虽然仅限于债法,但意义极为重大,其启动了债法乃至于整个民法进入当代社会的进程,对 20 世纪之后的民法社会化产生了深远影响。

(四)发展出权利滥用禁止原则

德国债法针对过去民事权利的绝对化倾向所采取的另一个重要限制手段,就是认为权利人所享有的任何民事权利,都应该以追求合法利益或正当社会目的为前提,不具正当性的权利不应该得到法律的支持。换言之,对于那些专门以刁难他人为目的而行使权利的行为,即使权利确实存在,法律仍将视其为权利的滥用,并禁止该权利的行使。这就是所谓的权利滥用禁止原则,其任务是使民事权利回归原本的初衷(《德国民法典》第 226 条)。

(五)意思自治受到限制

在经过激烈的争论之后,德国债法开始对意思表示的自治程度进行一定限制。如前所述,民法将权利定性为个人的意思力或意思支配,在这一基础上建立的法律行为与合同理论,亦将意思表示作为其内容的核心,用意十分明显,就是以此强调当事人意思自治的绝对性,这反映出法律践行个人主义的总基调。然而,当面临对个人意思表示真实性如何理解这一问题时,理论上却出现了两种截然对立的观点,一种是从表意人的主观意志角度出发,认为既然意思表示是当事人为追求预期法律后果而将自己内心意思通过某种特定方式的对外表达,因而意思表示的价值就在于表意人内心意思的对外告示。这一观点来源于萨维尼,他认为:"实际上,应当将意志本身看成是唯一(!)重要和有效的东西";因为"意志是一个内在的、看不见的事实,所以它需要一种符号,只有这样其他人才能通过这个符号认识到意志"[1]。冯·图尔也继承了这一观点,他提出:"意思表示是一种行为,从事这种行为是为了将内心生活(!)的某个过程告知于大家。"[2]因此,在意思与表示这两个关键因素中,意思才是核心,而表示仅仅成为了判断意思的证据。这种观点也被学界称为主观说(意志说、意思说)。相反,另一种观点则从意思表示的受领人角度出发,认为既然一个人的主观意志是看不见的,外界难以判断其在进行意思表示时的内心真实想法究竟是什么,只有行为是客观的和可被别人所理解的,因此,应将表示行为视为比内心意思更重要的因素。这样,受领人(大众)所理解的表示内容才是表意人真实的意思。这种观点也被称为客观说(表示说)。很显然,主观说突出的是表意人意志的自由和表达的随心所欲;而客观说则更倾向于表意人和受领人之间的相互尊重与利益的平衡。对于上述争论,拉伦茨结合《德国民法典》的规定写道:"在19世纪占主导地位的'意志说'认为,即使这一证据有错,即使能够证明表意人不具有这样一种法律行为意志,意志在私法自治制度的适用范围内,仍然是与表示无关的、产生法律后果的唯一原因。如果适用这种'意志说',那么在上述情形中,表示就不发生它所表明的效果。然而,《德国民法典》并没有做出这样的规定。同'意志说'相比,《德国民法典》在更大程度上重视表示的意义;表示的受领人通常可以信赖表示的可资识别的内容。"[3]

由此可见,《德国民法典》之所以一定程度上吸收了"表示说"的合理内涵,而对原本占主导地位的"意志说"作出修正,不能不说是伦理人格主义影响的结果。

---

[1] 冯·萨维尼:《当代罗马法体系》(第3卷);转引自卡尔·拉伦茨:《德国民法通论》(下册),王晓晔等译,法律出版社2003年版,页452。
[2] 冯·图尔:《德国民法总则》(第2卷 第1册);转引自卡尔·拉伦茨:同前注。
[3] 卡尔·拉伦茨:《德国民法通论》(上册),王晓晔等译,法律出版社2003年版,页61。

四、伦理人格主义债法的当代局限性

不过可以肯定的是,19世纪的立法者仍然以自由主义的思维为指导,未能充分预料到20世纪社会现实的变化之大,以至于当时的债法较之先前虽有一定调整,但仍未能完全适应新的社会现状。其局限性主要体现在以下几个方面:

首先,个人主义一如既往地主导着债法立法。尽管在利己与利他观念的定位上有一些微调,但利己因素的主导性并未改变,利他作为辅助性因素只起到对利己绝对化的矫正作用,远远未达到与利己因素作用的对等程度。

其次,债法关系中的理性人标准虽有所弱化,但仍然起到判断公平与否的关键性作用。相比较而言,公平原则、权利滥用禁止原则以及诚实信用原则都只在少数领域内起作用,远远达不到后来社会发展对上述原则在广度与深度上的适用要求。

再者,契约关系中的意思表示虽然从"意志说"向"表示说"靠拢,将两种学说相结合,而形成了所谓"折中说"(亦称"结合说"),但由于其指导思想上仍明显偏向利己,所以在适用"折中说"时,德国债法所采用的还是保守色彩浓厚的"主观折中说"(以意思说为原则,以表示说为例外),而非后来一些立法所采用的"客观折中说"(以表示说为原则,以意思说为例外)。这两种观点的基本区别在于折中程度不同:前者(主观折中说)仍以表意人的意志为标准来鉴别,如果表意人的表示行为与其内心意志不符时,意思表示视为不真实并且合同可以撤销;但如果当表意人意思表示错误是由于自己过错所造成(例如单纯的笔误或口误)而受领者并无过错时,表意人应对受领人承担过错赔偿责任(缔约过失责任)。然而根据后者(客观折中说),当表意人过错致其意思表示错误,而受领人在接受该意思表示时对该错误无从认知(无过错),表意人的意思表示应视为真实,不得撤销。

此外,给法律本身带来长期稳定性的强大的习惯力量,对于债法的现代化发展也起到了一定阻碍作用。最典型的情形就是概念法学体系的建立。由于诸如私法自治、契约自由、过错责任等观念,其社会价值已为近现代社会所公认,于是经过19世纪德国民法学家们的努力,建立起以上述基本原则为指导的一整套债法理论与制度体系,这个体系从概念出发,

环环相扣,层层递进,逻辑联系缜密而完整。法官作出法律判断时不需要深究每个具体法律关系的社会背景和特殊原因,而仅仅根据既定的原则概念,经过单纯的逻辑分析和推理,就能够获得正确的判决结果。因此该法律体系的实际操作过程也呈现出便捷而高效的特点。

不过这种超稳定的法律结构,在20世纪开始变得不合时宜了,那种曾经在法官心目中永远不变的社会背景突然模糊了,甚至面目全非了,以至于那种公式化法律推理无法再像先前那样百试不爽了。事实是,20世纪通过判例而逐渐发展起来的一系列行之有效的债法制度,与其原本所依据的金科玉律出现了明显的背离。例如,强制性合同、事实上的合同、缔约过失责任与合同自由原则的背离;合同重大情事变更、合同附随义务和从给付义务的扩张与契约必须严守的背离;以限制垄断利益和保护消费者利益为目的而对合同弱者的倾斜保护制度与理性人基础上的公平原则的背离;债的保全、侵害债权、债权物权化等制度的出现与债的相对性原则的背离;侵权制度中的过错推定原则、无过错原则、公平责任原则的出现与严格的过错责任原则的背离;等等。

总之,个人主义经过几百年的发展,已经顶到了天花板,没有了继续向上的空间。随着社会的变革,将个人主义发挥到极致的近现代债法也显现出其历史局限性,而通过在利己与利他关系定位上的微调显然不足以扭转局面,可以说,从20世纪伊始,债法就面临着重新定位和深入改造的社会需求。

第四节 社会法理论的兴起与债法社会化

随着20世纪的到来,社会关系的特点发生了巨大的变化,作为19世纪债法占统治地位的理论依据,个人主义受到了很大的冲击,而在原有基础上建立的债法制度也表现出对新时代特点的严重不适应,这无疑给当代的立法者带来了一系列困惑。当新旧交替之际,如何改造债法以跟上时代发展步伐,便成为立法者的当务之急。作为改造立法的前提,立法者首先需要清晰把握以下问题:社会究竟向哪个方向改变?改变的幅度有多大?原本行之有效的个人主义能否继续作为债法唯一的理论基础?什么样的新理论可以补充、修正个人主义,甚至作为个人主义的替代物?事实上,社会对这些困惑并没有消极等待,一批有识之士自19世纪后期以来就已经在理论革新方面开始了积极探索,并有各种新的理论观点不断涌现。这些观点虽然色彩纷呈,但越来越多观点的指向性逐渐汇集到一个方向,即法律改造应当朝向社会化方向,而具体到债法,其改造则以增进人际相互信赖为发展方向。

至于债法改造的基本原因,本书在前几章中已经进行了详细阐述,归纳起来就是,在经济、社会以及伦理因素的叠加作用之下,债法被引入到社会化、信赖化的发展轨道上来。这其中,经济因素对于债法的进步起到了决定性作用,社会因素、伦理因素也起到了重要作用。本章的前几节中,我们也整体考察了个人主义的哲学理念是如何影响社会的普遍价值观、近现代法律理论以及债法制度本身的。同时,我们还考察了个人主义如何为因应社会变革而逐渐进行的一系列自我改造。如果对这场声势浩大的理论改造进行更具象的观察,就不难发现,20世纪之后,理论界不仅出现了许多对个人主义极端化强烈批判的声音,更重要的是涌现出一系列与个人主义绝对化针锋相对的社会法理论,这些理论被统称为法律社会化思潮。社会法学是这一法学流派的统称,具体由不同的分支所构成。本书选取其中较有代表性的观点作为考察素材。

一、社会连带法学对个人主义的否定

首先需要考察的是社会连带法学学派。该学派是由法国著名学者狄骥所创。他深受涂尔干关于"有机团结"(亦称"有机连带")思想的影响,对当代社会中的人际关系作出了完全不同于个人主义的解释。狄骥在其著作中详细描述了个人主义关于权利的种种基本观念,首先,关于个人与社会以及权利三者的关系,狄骥这样描述道:"我们看出这种观念中人之所以有权利,是因为他是人,因为这些权利是先于社会而存在的,因为人在进入社会时就随身带来这些权利,而且也因为每个人都有这些权利,才有意志社会的规则,而这些规则的对象和目的则在于保护这些权利。"[①]其次,关于个人自由与权利的关系,狄骥继续描绘道:"个人主义学说的主张是以人类个人的天性为基础的。这种学说认为,人是自由的,也是自律的……人是一种个体;他是孤立的和自律的自然人,在他进入社会时就保

---

① 莱翁·狄骥:《宪法论(第一卷)——法律规则和国家问题》,钱克新译,商务印书馆1959年版,页147。

持他的自律性,保持自律性所含有的能力,保持他的权利。……法律规则一方面强迫全体人尊重每个人的个人权利,另一方面又对每个人的个人权利加以限制,以便确保个人的权利受到全体人的保护。"① 此外,关于个人平等与权利的关系,狄骥进一步描绘道:"这个学说含有全体人一律平等的意义,因为一切人生来都有同样的权利,因而必须保有同样的权利……老实说,平等不是一种权利,不过它却强迫全体人遵守它。如果法律规则侵犯了平等,那末它同时也就必然要侵犯某些人的权利。"②

总之,在狄骥笔下,个人主义基本观念具有如下特色:第一,社会是由无数孤立的个人叠加而成,人先于社会而存在。第二,个人是社会的核心,脱离开个人,社会不具有任何独立的意义与价值。第三,人之所以组成社会,是因为人们需要以社会为平台进行各种有目的的活动,实现自己的利益与价值。最后,为此需要建立一系列他律和自律机制,作为保护个人自由、平等与权利的工具,这种机制就是法律。也就是说,法律的终极目的和意义就在于保护个人自由、平等与权利。

在陈述了个人主义在 18、19 世纪曾经流行的上述基本主张之后,狄骥火力全开,对其进行了猛烈的抨击,他旗帜鲜明地写道:"不难肯定,个人主义学说在理论上是无法辩护的,而在实践上,更是无法辩护的。"③ 在他看来,个人主义已经过时,无法适应已经变化了的社会状况,狄骥认为我们"应该完全抛弃那种形而上学的、分析式的、19 世纪的自然法思想"④,他进而指出:"是的,人无疑是一种个人的、自律的、具有这种自律的自觉意识的实体,可他同时也是一种社会存在……如果只考虑个人自己和人本身,那只看到现实的一部分。这就是 18 世纪只看到抽象人的巨大错误。"⑤ 在具体层面,狄骥还逐一提出了以下批判主张:首先,他着力抨击了人是孤立的和先于社会而存在的观点,他写道:"一切人类学和社会学的研究,证明人类既然赋有器官、生理和心理结构,就不可能孤立地生活,也永远不会孤立地生活,而只能在社会中生活,也永远只能在社会

---

① 莱翁·狄骥:《宪法论(第一卷)——法律规则和国家问题》,钱克新译,商务印书馆 1959 年版,页 148。
② 莱翁·狄骥:同前注。
③ 莱翁·狄骥:同前注,页 152。
④ 罗斯科·庞德:《法理学》(第一卷),余履雪译,法律出版社 2007 年版,页 150。
⑤ 莱翁·狄骥:《宪法论(第一卷)——法律规则和国家问题》,钱克新译,商务印书馆 1959 年版,页 62。

中生活。一切自然科学的进步越来越肯定了这个事实。……人不是先于社会而存在的,他只有在社会中生存,也只能依靠社会来生存。从什么时候有人,就有人的社会,设想有孤立的人,就是设想一件不存在的东西。"[1]其次,针对人生而独立(孤立个人)、生而自由的个人主义观点,狄骥视其为"毫无现实性的抽象说法"[2],并提出:"自然人不是18世纪哲学家所说的孤立而自由的人,是按照社会连带关系来理解的个人,我们必须肯定:人们不是生来就有自由和平等权利的,但他们生来就是集体的一个成员,并且由于这个事实他们有服从维持和发展集体生活的一切义务。"[3]同时,狄骥也否定了个人主义关于个人绝对平等的观点,对此他论证道:"每一个人绝对平等是个人主义原则的逻辑结果,这样的说法也是违反事实的。人们绝对不是平等的,在实际上他们彼此有基本的不同,而社会越加文明,这种歧异也就越加明显。人们之所以必须有区别对待,是因为他们是互相不同的;他们的法律地位只不过是对别人说明自己所处的地位,那末每个人的法律地位就必须是不同的,因为每个人对全体所发生的作用基本上是不同的。"[4]此外,狄骥还有力地批判了个人主义关于天赋人权以及从中引申出的绝对权利和绝对法的观点,并认为这种说法是反科学的,因为在他看来,"法是一种人类进化的产物,一种社会的现象"[5]。他进而提出:"人不可能把他自己没有的和他进入社会以前不可能有的权利带进社会中来。他只能在进入社会之后才拥有权利,因为他进入了社会就和其他人发生了关系。鲁滨逊在他的孤岛上就因为他是孤立的,所以没有权利,当他和人类接触到一起的时候才取得权利。如果有权利可言,人只有在他成为社会的一员之后,并且因为他是社会成员,才有权利。"[6]

总之,狄骥认为任何个人绝非孤立地存在,由于人类的共同生活需要和劳动的分工,社会成员之间从一出生就具有一种普遍存在的相互依赖性,并且其思想与行动无时无刻不受到这一社会因素的广泛制约。他的

---

[1] 莱翁·狄骥:《宪法论(第一卷)——法律规则和国家问题》,钱克新译,商务印书馆1959年版,页153。
[2] 莱翁·狄骥:同前注。
[3] 莱翁·狄骥:同前注,页153。
[4] 莱翁·狄骥:同前注,页153以下。
[5] 莱翁·狄骥:同前注,页154。
[6] 莱翁·狄骥:同前注,页155。

名言是:"人是一种社会的存在,生活在社会之中,而且只可能生活在社会之中。"① 在此基础上,他进一步提出:"人由此服从一种行为规则,这种规则在它的基础上有社会性。"② 他将这种人与人之间关系的属性定义为社会连带关系。他认为,社会关系的连带性不仅是人类一切社会的基本事实,也是社会存在的基本条件。进而,他又提出了自己社会连带法学的基本理论。对此问题他系统地论证道:"人们有共同的需要,这种需要只能通过共同生活来获得满足。人们为实现他们的共同需要而作出了一种相互援助,而这种共同需要的实现是通过其共同事业而贡献自己同样的能力来完成的。这就构成社会生活的第一要素。另一方面,人们有不同的能力和不同的需要。他们通过一种交换的服务来保证这些需要的满足,每个人贡献出自己固有的能力来满足他人的需要,并由此从他人手中带来一种服务的报酬。这样便在人类社会中产生了一种广泛的分工,这种分工主要构成了社会的团结。……在这里,人们自由是作为社会连带关系的基本因素出现的,因为这种连带关系越加增大,个人的活动也将日益发展起来。不同的需要越得到满足,社会纽带便更加坚固;社会生活也愈益紧张,个人的活动将发展得更加积极和更加自由。"③

另外,针对个人主义各种流派的各种辩护和反击,他还以不容置疑的口吻写道:"社会连带的事实是不容争辩的,老实说是无法争辩的:它是一种不能成为争论对象的由观察所得的事实。……无论如何,连带关系是一种永恒不变的事实,它本身往往是同一的,并且是一切社会集团不可排除的组成要素。"④

由上述论证可见,狄骥在这一理论中,将人际关系中的社会连带性视为社会生活和政治生活的基础原则,法律等一切社会规范的内容与功能都自然以此为基础。法律存在的目的也是为了满足社会连带的需要和维持社会连带关系的稳定。

当然也应指出,由于他过分强调这种连带性,以至于在他的理念中,个人权利的观念已经被某种"义务观念"所替代,即根据人与人在社会中

---

① 莱翁·狄骥:《宪法论(第一卷)——法律规则和国家问题》,钱克新译,商务印书馆1959年版,页50。
② 莱翁·狄骥:同前注,页146。
③ 莱翁·狄骥:同前注,页63以下。
④ 莱翁·狄骥:同前注,页64。

的相互依赖性,人没有权利,只有遵循社会连带关系、服从和发展集体生活的义务。如果说个人有什么权利的话,那就是始终履行对社会的义务的权利。对狄骥这一突兀的观点,庞德从侧面为其作出了一定注释与辩解:"他认为法律所规定的促使行为或不行为的各种能力背后,不存在人类的任何品质、道德主张或被承认的利益,法律单纯地实施它所确定的社会职能。在社会中,每个人都有自己要履行的某种职能,不能容许他不去履行这种职能,因为如果他不去履行,就会产生对社会的危害。所以他所做的违反这种职能的每一个行为都要受到压制,而他为了实现这种职能所做的一切都受到保护。……狄骥向我们提出的,实际上只是一种用来确定承认利益和划定利益界限的价值准则。"①

即便如此,应该说狄骥这种以义务替代权利的观点仍然过于绝对,相较于个人主义,其社会观念似乎又走向了另一极端。但是瑕不掩瑜,尽管其理论存在着明显缺陷,不应否认的是,结合本书第一部分对社会进化趋势和原因的阐述,不难发现,狄骥准确把握住了时代的脉搏,正确地将社会成员之间的相互依赖性作为未来立法的指导原则,这无疑具有时代的前瞻性,从而也为20世纪之后的法律社会化提供了一种有力的理论依据。

二、利益法学对个人利益优先的突破

社会法学派的另一个分支是利益法学派。其缔造者为耶林,而集大成者则为另一位德国法学家黑克(Philipp Heck)。同狄骥的观点一样,黑克也认为法律不是来源于概念本身,他认为:"法律源于生活的需要,这对每个外行来说都是理所当然的……要根据生活需要对现有规范进行解释,并在必要时进行补充。"②然而与狄骥不同的是,利益法学将法律与利益联系起来,耶林认为:"创造法律者,不是概念,而是利益和目的。③"黑克也认为:"从历史角度看,法律是利益的产物。"④在利益法学派看来,个

---

① 罗斯科·庞德:《通过法律的社会控制》,沈宗灵译,商务印书馆1984年版,页44。
② 菲利普·黑克:《利益法学》,傅广宇译,载《比较法研究》2006年第6期,页145。
③ 转引自菲利普·黑克:同前注,页148。
④ 菲利普·黑克:同前注。

人利益并不是社会中最高的利益,事实上,社会中存在着各种利益相互冲突的社会集团,这些社会集团的共同利益远远高于个人利益本身。而法律的目的就是平衡与协调他们之间的利益关系,法律根据一定原则确定其中某集团的利益优先于其他集团的利益,或者两者利益均应服从于第三方的利益。这种通过社会中的各种利益关系来定位法律关系基础的做法,使我们对法律的观察获得了全新视角。从某种意义上说,利益法学不仅是一种社会法思潮,它还是一种法学方法论。事实上,该学说的建立,为我们提供了一种适应20世纪社会发展的新型法律模式,并为近现代债法向当代债法的转化提供了极为重要的并且是直接的理论支撑。本书在下一章将对此予以详细阐述。

三、自由法学运动

与利益法学派比较,自由法学(亦称为自由法运动)的观点相似却显得更为激进,其代表人物是奥地利的尤根·埃利希、德国的坎特诺维茨、厄恩斯特·富克斯以及法国的佛朗索瓦·热尼等。表面上看,自由法学是为了反对概念法学过分拘泥于法律的文字与概念的逻辑关系,而使得成文法在适用过程中出现了过多的荒谬与不公正,用爱尔兰学者凯利的话说,就是:"概念法学想象自己已经建构了无缝的规则网络,可以科学地回答所有问题,排斥所有外在价值。"[1]其实在更深层次上,自由法学所针对的是,法律长期以来过度个人主义化所带来的一系列社会弊端以及对社会现实发展的不适应。与之相反,"在范围更大的视角内观察,自由法学运动指向了法律的社会化"[2]。

埃利希在其著作《法律社会学基本原理》中详细地阐述了个人主义与作为社会化结果的集体主义的递进关系。他首先这样描绘了个人主义:"个人主义的顶点是这样的原则:每一个人对于自己来说都是目的,他不屈服任何权力而为他人所用。具体包括:不使自己受控于他人意志的支配,也不使自己受控于一切联合体——其中他不为自己工作,只为联合体效劳——之意志的支配。个人主义的正义理想就是个人及其财产,个人对其财产享有不受妨碍的处分权,他不承认国家之外的任何其他的上级,

---

[1] J. M. 凯利:《西方法律思想简史》,王笑红译,法律出版社2002年版,页341。
[2] J. M. 凯利:同前注,页342。

并且,除了他自己自由缔结的契约之外,他不受任何其他约束。"①关于个人主义的历史意义,他作出了这样的评价:"它通过废除联合体方式取消了联合体内的惯例;它通过改变联合体的结构而改变它们,特别是通过疏松家庭结构和通过在国家和个人之间建立全新的关系来改变它们;而且,尤其是,在文明民族中,它给予家庭中和统治阶级中的支配权致命的打击。个人主义彻底改变了占有关系;通过契约自由,个人主义使贸易和商业从数不清的桎梏中解放出来"。②然而话锋一转,他将矛头直接指向了个人主义在当代社会的缺陷:"个人主义的出发点就是一种巨大的内在矛盾体,个人因此承受着巨大痛苦。尽管个人主义努力以同样的方式对待所有人,但它允许巨大的不平等存在,尤其是允许财富的不平等存在,法律面前的平等也仅仅是为了加剧这种不平等。越是依据同样的法律命题处理富人和穷人,就越增加富人的优势。"③

与个人主义相比较,他认为,随着人类的进步,社会化程度更高的集体主义(为了与社会主义相区别,他将自己的社会观称为集体主义)变得更有优势,他指出:"19世纪,集体主义作为对个人主义的回应而出现。……集体主义观念形式,特别是在最后10年中,却在所有的法律部门中都具有了重大的意义。集体主义表达的是个人主义所倡导的个体思维(Einzelgedanke)的反面。按照个人主义的个体思维的观点,照料自己是每个人的责任,每个人要尽可能以最有利的方式利用自己的财产和工作。但是个人主义,即使在它最强大、最有影响的时候,也不能阻止社会团体的形成和继续存在,其中,对于成员的一些特定权利要求,整个社团依据完全不同的原则满足了它们。"④他认为集体主义相较于个人主义的具体优势在于:"与社会主义相比,以集体主义为基础的社会运动并不试图废除这些不平等,而是仅仅试图减轻这种不平等。它的目的是,通过给富人强加限制的社会制度和法律命题来抵消富人事实上所享有的优势,并防止富人过度地利用这些优势。"⑤他最后总结道:"在两个世纪里,先

---

① 尤根·埃利希:《法律社会学基本原理》,叶名怡、袁震译,中国社会科学出版社2009年版,页176以下。
② 尤根·埃利希:同前注,页178。
③ 尤根·埃利希:同前注,页179。
④ 尤根·埃利希:同前注,页178。
⑤ 尤根·埃利希:同前注,页179。

是个人主义,然后是集体主义,自觉地成为了法律创设的动力。他们不仅促生了法律命题,而且还强有力地影响了人类行为,并且导致大量的新法律产生。"①

从这一连串的论述中,我们可以清晰地看到,正是基于这种类似于社会连带法学派和利益法学派的社会观,自由法学派更重视现时代集体、团体、人际联系等社会因素对立法的作用与影响,而原本作为立法主要影响因素的个人独立及自由等,虽然没有废止,但已经降至次要地位。也正是在此基础上,埃利希说出了他的那句名言:"不论是现在还是其他任何时候,法律发展的重心不是立法、法学,也不在司法裁决,而在社会本身。"②

自由法学之所以冠之以"自由"之名,是因为从现实来看,原本那些作为法律指导原则的个人主义已经成为僵化的教条,在一些简单案件处理中似乎还可行,但欲解决复杂的社会冲突时则变得无能为力。所以坎特诺维茨将法律具体划分为"正式法"和"自由法",并"强调自由法——习惯、法律解释、判例理由、法学家的权威论述等也是法的渊源"。③ 在自由法学看来,传统法律总是想以某些既定的原则作为公理,不允许任何质疑和挑战,其直接结果就是消灭了法官在判决里的个性。但实际上个性总是有的,"当出现这样的不寻常案件时,法官应在考虑问题所在的,以及法律试图规制的法律领域的性质以后,自由地运用正确的解决之道。"④换言之,自由法学强调法官应该有创造法律的机能,法官判决不是根据成文法律,而是根据法官"发现的法律",并称之为"自由的判决方法"。他们认为,法官的这种自由不是法官的专横,"自由意味着责任,而对法官的限制却不过是将责任转移到别人肩上而已。"⑤例如热尼就曾指出:"在法院适用民法典的过程中,法典的文本远不能自动地回答一切问题,为了使法律秩序令人满意地运作,法官还有必要依赖自己对社会因素和其他价值的理解。"⑥而埃利希在其另一部著作《法律的目的自由发现和自由法学》中对此则有更直白的表达:"关于法律适用的任何学说,都不可能摆脱下面

---

① 尤根·埃利希:《法律社会学基本原理》,叶名怡、袁震译,中国社会科学出版社 2009 年版,页 181。
② 尤根·埃利希:同前注,前言,页 1。
③ 张文显:《二十世纪西方法哲学思潮研究》,法律出版社 2006 年版,页 112。
④ J.M.凯利:《西方法律思想简史》,王笑红译,法律出版社 2002 年版,页 341 以下。
⑤ 转引自张宏生、谷春德主编:《西方法律思想史》,北京大学出版社 1990 年版,页 404。
⑥ J.M.凯利:《西方法律思想简史》,王笑红译,法律出版社 2002 年版,页 344。

这些困难,即:每一次制定出来的规则,从本质上说,都是不完整的,一旦当它被制定出来时,它在实际上就变成旧的东西了。最后,这种规则既难治理现在,更不用说治理将来了。……负责适用法律的人,既然是本民族和本时代的人,他就会根据本民族和本时代的精神,就不会根据'立法者的意图',用以往世纪的精神来适用法律。所以,即使是最稳定的学说和最强有力的立法,当它们一遇上现实生活的暗礁时,便非粉身碎骨不可。"[①]由此出发,自由法学认为《德国民法典》第157条和第242条中规定合同应依诚信原则解释和履行,虽然出于社会现实的考虑而适用了较为宽泛的衡平标准,但仍远远不够;相反,认为《瑞士民法典》第1条第2款所规定的"如本法无相应规定时,法官应依惯例;如无惯例时,依据自己作为立法人所提出的规则裁判"的精神,更体现出法律社会化的真谛。

总之,正如凯利所说:"'法律人的法'不过是社会自身演化出的在历史上先于法律的,一系列规范秩序之一;诸如婚姻、继承和商业关系的制度先于对他们的一切国家规制,只能在历史背景中,以社会赋予它们的形式得以理解。"[②]的确,有什么样的社会背景和社会关系特点,就会有什么样的法律,个人主义时期是这样,人际关系紧密的"集体主义"时期也是这样。自由法学不仅清醒地认识到社会发展规律,准确把握社会发展脉络,并对未来社会进步方向作出正确预测;更为难能可贵的是,自由法学在对个人主义脱离社会现实的批判、法律进步途径是由法官通过自由方法超越旧法而去发现法律等方面的阐述,具有很强的真理性。可以说,自由法学对20世纪法律在理解、适用与创新等方面作出了相当有益的贡献。

当然,自由法学的缺陷也十分明显,主要体现为其过分强调法官对法律运用的自由度,例如埃利希就曾说:"就长远而言,除了法官的人格外,就没有其他东西可以保证实现正义"[③]。尽管社会的确不断发生变化,但是不可否认,社会并非始终处于高速转变过程之中,在完成了某一较为剧烈的转型之后,社会将会迎来一个相对平稳的时期,而在这一时期,法律的相对稳定性是完全可以预期的。埃利希所提出的任何法律一旦制定出来就已经过时的观点,属于夸大其词,因为果真如此,当今社会的任何成

---

① 转引自张宏生、谷春德主编:《西方法律思想史》,北京大学出版社1990年版,页403以下。
② J.M.凯利:《西方法律思想简史》,王笑红译,法律出版社2002年版,页343。
③ 转引自本杰明·卡多佐:《司法过程的性质》,苏力译,商务印书馆1997年版,页6。

文法将都失去价值。而事实显然并非如此,现时代,不仅成文法的作用依旧,而且经过千百年检验的一系列法律原则至今也仍然屹立不倒。所以说自由法学为了突破原有过度僵化的个人主义立法框架,却不经意间走向了过度自由化的另一极端。总之,去其糟粕,取其精华,正确认识自由法学的当代价值,借鉴其理论中合理的营养成分,对我们建构新时代债法观念与制度体系具有重要指导意义。

四、社会工程法学对个人利益优先的修正

社会法学派中另一较有影响力的分支是社会工程法学派。该学派是由美国法学家庞德所创设,该学派对20世纪初期的西方乃至我国当时的立法都产生了深远的影响。社会工程法学派接受了利益法学派关于法律以调整社会利益为目的的观点,认为研究法律制度时,不应仅研究权利,而更应注重利益、主张和要求。庞德将利益分为三类,分别是个人利益、国家利益和社会利益。他认为这三种利益本身必然会存在矛盾与冲突,因而需要建立一种可比较的价值标准对上述利益进行具体的选择和取舍。他将对社会的观察、各种利益的比较以及通过法律实现对社会的控制等一系列复杂而有次序的过程,类比为一种社会工程。工程意味着内部关系的系统化,意味着影响工程的各种因素之间必然存在着相互矛盾、制约,工程的建设过程其实就是各种因素妥协与平衡的过程。通过这一工程,个人利益可以通过社会利益得到表彰,不同类型的利益之间因而得到良好的润滑,彼此和谐,社会内耗减到最低。他具体指出:"从功能的视角观察,法律是调和、协调、折中这些彼此交叉和冲突的利益的努力,或者通过直接的现实的保障,或者通过对某些个人利益的保障……法律的目的是产生最大多数的利益,或在最低程度地牺牲其他利益的情况下,产生在我们的文明中分量最重的利益……我试图考虑的问题是,在人类现有物品的享有,以及作为这些目的赖以成就的社会工程制度的法律秩序方面,消除摩擦,避免浪费。"[①]

虽然通过价值比较的方式来评价各种利益的相互冲突极为不易,但庞德还是在这方面进行了有益的尝试,并作出了一定贡献。本书在下一

[①] 罗斯科·庞德:转引自J. M. 凯利:《西方法律思想简史》,王笑红译,法律出版社2002年版,页345。

章对此将作较为详细的阐述。

五、新社会契约论对个人主义的超越

除了上述社会法理论以外,还有一种较新的社会法理论也值得介绍,那就是新社会契约论。新社会契约论的发明者当属麦克尼尔,该理论虽然完成度不够高,却是典型的社会法理论,具有鲜明的时代特征。麦克尼尔对当代社会交易关系从社会学意义上作出了如下归纳:"所谓契约,不过是有关规划将来交换的过程的当事人之间的各种关系。"[①]他进一步指出,契约概念中包含了两种契约类型——个别性契约和关系性契约。关于前者麦克尼尔写道:"个别性契约是这样一种契约,当事人之间除了单纯的物品交换外不存在任何关系。"[②]而关于后者麦克尼尔认为,存在着两种不同的关系性契约,分别是原始关系性契约和现代关系性契约。所谓原始关系性契约"包括一个原始共同体中所有的相互交错在一起的交换行为。这个共同体有独立的经济,但专业化程度较低,相对稳定,几乎没有根本上的变化。……现代关系性契约,与之密切联系的是高度复杂的、专业化极其发达的、经常变化的大型社会。"[③]

麦克尼尔从社会学视角出发,认为"契约的基本根源,它的基础,是社会"[④],因而"在考察契约的概念性质时,我们必须紧紧抓住社会中劳动的专业化和与之相伴随的必然的交换这两个根源"[⑤]。由此推论,任何法律意义上的契约其实都是个别性契约与关系性契约的混合体,只不过它们所体现的劳动分工专业化程度与交换复杂程度不同而已。究竟是什么原因使得麦克尼尔对原本含义单纯的契约作如此复杂的区分?事实上这正是为了适应当代社会共同体内成员之间客观存在的凝聚性与合作性,正如麦克尼尔所说:"关系本身无始无终……个人呱呱坠地起就参与了共同体的经济网络,到一命归西才结束"[⑥],这种共同体内的密切关系虽然被冠以"契约"之名,其实并不需要履行双方意思表示一致这样的程序,而属

---

① I. R. 麦克尼尔:《新社会契约论》,雷喜宁译,中国政法大学出版社1994年版,页4。
② I. R. 麦克尼尔:同前注,页10。
③ I. R. 麦克尼尔:同前注。
④ I. R. 麦克尼尔:同前注,页2。
⑤ I. R. 麦克尼尔:同前注,页3。
⑥ I. R. 麦克尼尔:同前注,页15。

于一种"社会契约",即交易信赖关系本身,因为"其基本的内部来源都是关系本身造成的复杂的相互依赖之网"①。总之,当代社会中"现代关系的扩大使参与人的个人特性减弱了"②,虽然没有危及原始关系性契约的生存,却极大地扩展了现代关系性契约的生存空间,换言之,基于相互依赖而形成的相互信任、相互合作的交易信赖关系已经在全部社会关系中占据了重要地位,用麦克尼尔的话说:"关系中的许多因素如对未来合作的需要造成了当事人之间的高度的相互依赖,在这种依赖中,每一方当事人的利益变成了他方当事人的利益。"③应该说麦克尼尔的新社会契约论对法律特别是债法现代化有着重要影响,当代债法在变革中必须考虑到当事人之间除了原本典型意义上的商品交换关系以外,还存在着并不需要双方约定的"社会契约"——信赖利益关系,法律必须将其纳入自己调整的范围。从这个意义上讲,新社会契约论为当代法律的社会化特别是债法社会化提供了重要的理论支撑。

六、对社会法理论的综合评述

通观以上几种社会法理论,不难发现它们存在以下共同特点:第一,对传统社会法律所奉行的个人主义指导思想均秉持批判态度。认为将人视为孤立的个人,否认社会独立存在的意义,仅将其视为个人活动的平台,这样的观点既不符合历史,也不能适应未来。第二,对传统债法所普遍遵循的概念法学方法论均持否定立场。认为概念法学从个人主义的单一理念出发,过分强调个人的自由、权利以及意思自治,并将其程式化,意图作为处理各种债权债务关系的不变法则,其结果使法律陷于机械和僵化,不能顺应社会变化的现实,从而无法妥善完成对正常交易关系的调整与规制。第三,与个人主义针锋相对,认为人基于共同生活的客观事实,自古以来就早已形成了社会,人居于社会中,并属于社会的一分子,无法做到如个人主义所描述的那样是完全孤立的个体。相反,人与人之间始终有着紧密联系,这种联系或被描绘为社会连带性,或被形容为相互依赖性,或被比喻为社会群体性,称谓虽然不同,但共同的一点是,均认为人具

---

① I.R.麦克尼尔:《新社会契约论》,雷喜宁译,中国政法大学出版社1994年版,页21。
② I.R.麦克尼尔:同前注,页26。
③ I.R.麦克尼尔:同前注,页27。

有强烈的社会性,而且这一属性在当代社会显得尤为突出。第四,由于承认社会的独立存在,自然也承认存在着独立的社会利益,而且强调社会利益与个人利益相比较具有明显的优越性,即在很多情形下,个人利益均应服从于社会利益,而自己退居次要地位。第五,将立法与司法的重心从个人转向社会,从强调对个人利益的保护转向对社会利益的保护,从而为未来法律寻找到明确的发展方向。第六,自觉或不自觉地运用利益的价值比较方式,结合立法但并不拘泥于立法,对市场交换中形成的各种关系进行利益衡量与价值评判,并将此方式作为当社会之中各种利益出现矛盾与对立时更高层级的判断依据与取舍标准。

身处21世纪的今天,当我们回顾整个20世纪的法律发展历程时,可以清晰地看到,随着各种社会法理论的兴起,当代法律基本上一直沿着法律社会化的方向前行,虽然中间某个时期出现了一些波折与反复,但这一基本趋势却大体保持。与此同时,我们还清晰地看到了另一点,那就是个人主义并没有就此彻底衰落,只不过是原先那种绝对化、极端化的个人主义理念有所收敛,逐渐向中间靠拢而已。即使社会法理论家们也普遍承认,在以私有制为基础的社会中,个人主义永远是社会发展的动力,彻底放弃个人主义,将会颠覆几百年来业已成型的资本主义社会体制。他们所要做的并非放弃这种体制,而是改善这种体制。由此出发,社会法理论中那些较为激进的流派,诸如社会连带法学和自由法学,都因对个人主义伤害过重而逐渐失去市场。如前所述,社会连带法学强调人与人之间的连带性,强调人必须为促进社会和谐而履行社会义务,因而忽视了人本身所具有的个人意愿和个人感受。这种过分限制个性发展以适应社会的情形,明显走向了另一极端,有削足适履之嫌。自由法学的问题在于,出于法律社会化的目的,而全盘否定个人主义基础上形成的概念法学体系,将其视为刻板、僵化和不合时宜的代名词,必须彻底废弃,并用法官基于良知与社会责任感而建立起来的"自由的判决方法"加以替代,这样不加区别地随意打破甚至彻底否定几百年来所形成的一切法律原则(大多数原则至今仍行之有效)的做法可谓揠苗助长,同样属于一种极端化的表现。可见,法律发展的脉络虽然以社会化为趋势走向,但并非一味强调社会化,而是兼顾个人化与社会化两种社会力量的利益诉求,在两者之间谨慎地寻找恰当的平衡点。申言之,社会法思潮与其说是要取代个人主义法律理念,不如说过去那种个人主义理念就像一匹脱缰之马,正在向绝对化和极端利己化方向飞驰,而社会法思潮则像一名横空出现的驭手,发力挽住其缰绳,将其拉向注重社会利益方向,使其向中间线回归。相较于社会连带法学和自由法学的激进而言,相对中庸、平和的利益法学(包括其升级版价值法学)和社会工程法学,由于强调各种利益的平衡与兼顾,因而成为了抑制个人主义泛滥的较为合格的驭手。的确,利益法学、价值法学和社会工程法学在20世纪法律社会化进程中一直扮演着主要的角色,对法律的发展包括债法的发展影响至深。即使是20世纪70、80年代的法律自由化回潮和其后不久作为其对立理论而出现的社群主义(共同体主义),也不过是这种争论在新层面上的重新展开而已。

综上,绝对化个人主义是一种强烈的社会腐蚀剂,对其不加抑制,社会机体必然会被锈蚀。相反,社会法理论的兴起,是作为一种防腐剂而出现的,其功能就在于使社会机体能够正常运作并保持光亮如新。同时,由于社会具有自发性,其表现为发展大趋势的可预测性和细微变化的偶然性,而法律不过是对自发性过度化的矫正手段。实践中,鉴于法律适用者对社会细微变化的偶然性预测不足,以及主观上急于实现矫正效果最大化,所以法律认识与调整手段往往会出现偏差,无法对社会关系现状做到药到病除,有时不可避免地会在两个极端之间来回摆动。这种法律手段运用不纯熟的现象,在一个社会转型期其实是一种普遍现象。其解决办法是通过法律宽严程度的不断微调,达到社会利益的平衡。当然,这是一种动态平衡,不能指望一蹴而就,需要逐渐磨合,找到最佳的社会利益动态平衡点,以适应社会不断发生的细微变化。理解了这一点,我们也就会理解为什么在社会转型期,会有如此多或激进、或平和、或对立的理论出现,也会理解为什么经过历史的大浪淘沙,有些理论逐渐被人们所遗忘,而有些理论则能够或历久弥新,或焕发青春。这些理论兴衰走向的决定性因素不是别的,正是该理论能否准确把握时代发展脉搏,并提供符合现实的矛盾解决方法。总之,社会的进步为法律提出了理论难题,而社会法理论家们对此给出了明确的和较为切合实际的回答。不过该回答主要是在法理学层面完成的,尚未具体到民法或债法层面,上述法理研究成果还需要向部门法领域传导。

七、社会法理论对债法的传导效应

不言而喻,社会法理论的兴起,对现实生活中的法律产生了本质性的影响，债法作为原本最集中体现个人主义的法律制度，受到的影响尤为明显，主要表现在以下几个方面：

第一，自由竞争时期所普遍认可的人际关系原则是：无合同即无法律关系，或者说人们相互间仅存在最低限度的消极注意关系，这是出于个人自由与独立的需要。债法为适应这一人际关系原则，形成了其最主要的两大制度体系：合同之债和侵权之债。但如今，此原则已不再完全适用，因为当代人与人之间存在着较当时更为紧密的社会关系已成为不争的事实，原有以合同法与侵权法为基础的债法已经不能满足新的社会需要，必须进行改进。

第二，前述紧密社会联系的称呼虽然各异，分别有"有机团结"（涂尔干）、"社会连带"（狄骥）以及"社会依赖性"等不同叫法，但其实关系属性的指向却大同小异。该社会联系在现实中具体体现为，在商品交易环节产生了一种新型财产关系——交易信赖关系；在交易以外的环节，产生了一种积极照顾他人利益的新关系类型——交往信赖关系。而这两种新型社会关系归结起来可以统称为社会信赖关系，是一种以前不曾存在的新型社会关系。由于这种关系处于广义的财产交换领域，因而成为债法所调整的对象。也就是说，法律社会化的结果使法律开始承认在原有交易形式以外出现了全新的交易关系，并且通过债法将其纳入法律的调整范围。

第三，前述交易信赖关系虽然与传统合同交易关系联系密切，却并不包含在其中。它的存在并非基于人们之间的相互约定，而是源于人与人之间紧密的社会联系而引发的相互依赖性。换言之，这种关系并非当事人主观意志的产物，而是一种债法所认可和保护的客观事实。同理，前述交往信赖关系同样是当代社会联系紧密的产物，是人际交往过程中客观形成的新型社会关系。该关系要求一方对与之有依赖关系的对方负有关注、照顾其利益的法定债务，而对方受关注和受照顾的需要就成为一种法定债权。而传统社会关系中，这种法定债权债务关系原本是并不存在的。

第四，无论交易信赖还是交往信赖关系的性质，从广义上讲都属于商品交换关系范畴，因而根据法律对社会关系调整的分工，其当由债法调整。由于该关系属于全新的社会关系，其并不在原有债法调整范围之内，所以无论是通过扩大原有债法制度的调整范围还是通过法律的扩大解释将其硬性纳入原有债法体系都是不恰当的，最好的解决方法是在债法领域内建立起全新制度——信赖之债。

第五,当前市场经济关系中的社会化程度随时代进步而不断提高,这意味着交易信赖关系与交往信赖关系在整个社会关系中的比重亦在持续加强。法律理论不能忽视这种客观趋势,在积极进行一系列社会关系定位的社会法解释的同时,也需要在相关制度体系建设层面作出必要探索。就债法而言,目前变革尚处于起步阶段,信赖之债概念的提出仅仅是顺应法律社会化趋势所走的第一步。在相关理论指引下,信赖之债将会逐渐完成从理论体系到法律适用的全过程。

可以这样归纳:社会的进步导致新型社会关系的生成;而新的社会关系又呼唤新的法律理论作为实践的指导;在新的社会法理论指导下自然会产生出全新的法律原则与法律体系;原则与体系最终会还原为条文化的制度规范和具体化的法律适用。回顾20世纪以来整个债法的进化过程,完全可以用债法的社会化过程加以概括,而这棵社会化之树上所结出最饱满的那颗果实正是信赖之债。

第六章　信赖利益保护的法理流变

第一节　概念法学及对其的超越

前一章讨论了个人主义债法的衰落与社会法理论的兴起,并得出以下结论,即债法的社会化和信赖之债的产生,总体讲都是这一社会法思潮涌起的结果。不过,在探讨具体法律理论和制度进化过程时,一个议题始终无法回避,这就是如何评价概念法学以及债法能否完成对其的超越。关于概念法学本身以及学者对其的评价,本书前面章节不止一次涉及,然而欲更充分阐述法律社会化的演进,还必须从概念法学谈起,因为概念法学是个人主义时代最伟大的创造之一,欲超越个人主义,就必须超越概念法学。事实上,利益法学的发端正是在耶林对概念法学提出的质疑声中开始的。

一、概念法学的五位巨匠及概念法学的兴起

谈起概念法学,不得不提起五位德国著名学者,他们分别是:康德、萨维尼、普赫塔、温德沙伊德以及耶林,这五个人可以说贯穿了概念法学从兴到衰的整个过程,叙述概念法学不妨从上述五人的观点谈起。由于19世纪德国法律在个人主义旗帜下得以兴旺发达,而当时在德国居于统治地位的哲学理念是康德的伦理人格主义和形而上学式的自由价值观。如前所述,这一理念对法律产生了至关重要的影响。康德将人的自由、平等与尊严视为绝对价值和人类活动不容置疑的行为准则,并且他试图从这一抽象的价值形态中推导出全部法律理念与法律原则。他指出:"使立法简单化的秘密"就在于运用归纳的原则。因为"许多确定的案件实验出一个可以从中流衍出这些案件的规则",然后,"基于该规则的普遍性",从该

规则演绎地"推演至该规则尚未包括的案件"。① 并且，康德在其《法的形而上学原理——权利的科学》一书中明确地运用这一演绎规则来解释租赁物买卖过程中的物权（对物权）与债权（对人权）的先后次序关系，他认为：此时"'交易中断了租赁'的命题便被认为是一条原则，因为对于作为财产的一个物件的全部权利超过所有的对人权，两种权利是不一致的。但是，承租人依然存在一种行为的权利，根据对人权，他有权要求赔偿由于中断出租契约而产生的任何损失。"②这就是著名的"买卖打破租赁"的逻辑推论。从现代观点观察，尽管难以将康德视为概念法学的开创者，但将其身份定位为概念法学的先行者似乎并不过分。其形而上学的法律思维模式，为概念法学的开创提供了极好的土壤，他的以上论述，也被后来的学者视为"树立了第一个概念法学操作的基本模范"③。

概念法学的第二个关键人物是萨维尼。众所周知，萨维尼所开创的历史法学派是概念法学的重要推手，从其学术成熟期，萨维尼"均严守法理论学与康德的自由伦理"④，并要求将历史的法学方法与体系的方法相结合，对法律进行"历史的处理"和"哲学的处理"。其中，"哲学的处理"即指把法律素材"组成一个'内在体系'，这个体系……不再应是法律规范的单纯'堆砌'，而应建构法律素材的普遍精神关联。"⑤对此，萨维尼具体解释道："体系的内容是立法，还包括法律规范。为在关联中认识它们，我们需要一种逻辑方法，即形式，这是指逻辑地处理有关立法的全部内容的认识。最终，一切体系走向统一，走向理想"⑥。关于其体系的方法，萨维尼在其另一部重要著作《论立法与法学的当代使命》中有一段极为精彩的论述，借此构成了概念法学方法论的立足起点："确乎存在着一种别样的完美，或可以通过几何的技术性术语而得以说明。即是说，在每一个三角形中，均有其特定的已知条件，从此已知条件的关系中，必然可以推导出其

---

① 转引自吴从周：《概念法学、利益法学与价值法学：探索一部民法方法论的演变史》，中国法制出版社 2011 年版，页 33。
② 康德：《法的形而上学原理——权利的科学》，吴彦译，商务印书馆 1991 年版，页 114。
③ 吴从周：《概念法学、利益法学与价值法学：探索一部民法方法论的演变史》，中国法制出版社 2011 年版，页 34。
④ 弗朗茨·维亚克尔：《近代私法史——以德意志的发展为观察重点》（下），陈爱娥、黄建辉译，上海三联书店 2006 年版，页 375。
⑤ 弗朗茨·维亚克尔：《历史法学派形象的变迁》，载弗雷德里希·卡尔·冯·萨维尼：《历史法学派的基本思想(1814—1840 年)》，郑永流译，法律出版社 2009 年版，页 64。
⑥ 转引自弗朗茨·维亚克尔：同前注，页 64 以下。

余各边的数据。这样,已知两条边和一个夹角,则整个三角形一目了然。与此类似,吾人法律之每一部分均各有其旨意所在,藉此,则其余部分益且昭然若揭:这些或可被称为基本公理(leading axioms)。法理学诸问题中之最大难题在于,对于这些公理进行厘别和区辨,从中推导出存在于一切法律概念和规则间的内在联系及其确切的亲合程度。"①由于该论述来自于自然科学启发下的灵感,可以看出,萨维尼试图将自然科学中严谨的逻辑概念体系移植到法律中来,用公理与公式以及逻辑推理处理法律生活中的各种素材,形成具体的系统化的法律规则,从而实现近现代法律制度的续造。萨维尼的上述思想,通过其成名著作《论占有》一书得以全面体现。对此,维亚克尔给予高度评价:"其首次摆脱优雅的考古研究、自然法的抽象化,而针对一项困难且具有典范性的议题,经典地实现新兴法学——不相矛盾且组织上完整地建构一项制度——的理想……对同期的其他思想家而言,同时兼具历史性与'哲学性'的理想,质言之,对历史性素材作原则上一以贯之开展的民法学……其成为德意志学说汇编学中经典的,释义学的专题论著之典范。"②

萨维尼对概念法学的另一贡献则是其法律关系理论。他指出:"生物人(Mensch)处于外在世界中,在他的这种境况中,对他而言,最重要的要素是他与其他人的联系。"③在他看来,对这种联系调整的规则就是法,而这种被法律所调整的联系就是法律关系。因此他进一步阐述道:"所有的具体法律关系就是通过法规则而界定的人(Person)与人之间的联系(Beziehung)。……在每个法律关系中,可以区分出两个部分:第一个部分是素材(Stoff),即联系(Beziehung)本身,第二个部分是法对此素材的界定。我们可以将第一个部分称为法律关系的实质要素,或者称为法律关系中的单纯事实;而将第二个部分称为法律关系的形式要素,即据此将事实联系(die tatsächliche Beziehung)提升为法律形式的要素。"④

应该说,抽象的法律关系理论是萨维尼的一大创造,其奠定了概念法

---

① 弗雷德里希·卡尔·冯·萨维尼:《论立法与法学的当代使命》,许章润译,中国法制出版社2001年版,页17以下。
② 弗朗茨·维亚克尔:《近代私法史——以德意志的发展为观察重点》(下),陈爱娥、黄建辉译,上海三联书店2006年版,页376。
③ 弗雷德里希·卡尔·冯·萨维尼:《当代罗马法体系Ⅰ——法律渊源·制定法解释·法律关系》,朱虎译,中国法制出版社2010年版,页257。
④ 弗雷德里希·卡尔·冯·萨维尼:同前注,页258以下。

学的立论基础,因为即使有了法律公理与公式,以及形式逻辑的分析方法,仍不足以协调且无矛盾地规范如此规模庞大和错综复杂的法律生活,必须有一个能够统领整个法律生活的抽象"纲领"。因而紧接着,萨维尼又从法律关系的本质是个人意志的独立支配领域出发,提出意志支配的两个主要对象是:"不自由的自然以及他人"①。对于前者,萨维尼写道:"不自由的自然不能作为一个整体而被我们支配,我们只能支配其具有特定空间限制的部分;我们将这种优先的部分称为物(Sache),由此,第一种可能的权利就涉及到物,物上的权利(das Recht an einer Sache),其最纯粹和最完整的形态是所有权。"②而对于后者,萨维尼进一步论述道:"它不是对于他人的整体进行支配,而只涉及到此人的特定行为;该特定行为被认为从行为人的自由中分离出来,而从属于我们的意志。这种对于他人特定行为的支配关系,就被称为债(Obligation)。"③

由此,萨维尼不仅创造出法律关系的概念,还总结出物权与债权等法律关系的基本类型,通过纲举目张,实现了所有的法律生活均被归结为人际关系,而各种此类人际关系又被纳入法律关系的轨道,从而形成一张巨大的无形之网,使所有具体法律关系包裹其中。维亚克尔对萨维尼通过法律关系建构概念法学作出了这样的解释:"如何将流传下来的实证法素材无矛盾地纳入这个公理式的法理论中。萨维尼还无从认识到后起之普赫塔的严格——藉由定义式的概念媒介,即使连最具体的条文都可以从公理体系的最高点推导出来——'概念金字塔'。他用来为法秩序建构广泛意义关联的方法工具乃是'制度'或者(与前者未能截然区分开的)'法律关系'。法秩序形式上的统一不是直接透过法条,毋宁是经由'有机之法律关系'的媒介。"④

如果说萨维尼是概念法学的奠基者,那么普赫塔才是19世纪概念法学真正意义上的创建者。在萨维尼之后,为了摆脱法律自身的矛盾和不确定性,普赫塔将法律进一步抽象化与概念化,使学说汇编学(亦称学说

---

① 弗雷德里希・卡尔・冯・萨维尼:《当代罗马法体系 I——法律渊源・制定法解释・法律关系》,朱虎译,中国法制出版社2010年版,页262。
② 弗雷德里希・卡尔・冯・萨维尼:同前注。
③ 弗雷德里希・卡尔・冯・萨维尼:同前注,页263。
④ 弗朗茨・维亚克尔:《近代私法史——以德意志的发展为观察重点》,陈爱娥、黄建辉译,上海三联书店2006年版,页385。

汇纂学)中的严格概念形式主义具有了支配地位。他认为,科学的法应是科学推论的产物,即从公理出发,可以无漏洞地创造出不同层级的法律概念,因此"法律概念不是对既有现实进行描述、领会(掌握)和研究的工具。相反法律概念应该是独立的、具有生产能力的'智慧存在'。按照逻辑的规律,法学概念构成一座概念金字塔"①。他将这些不同层级的概念称为"法学的概念谱系"。在他看来:"法学家应该透过所有——参与其中的——中间环节向上与向下'追寻'概念的来源,质言之,应该清楚地向上一直追溯每个法的'来源'到法的概念,再从这个最高的法的概念向下推导直达个别(主观的)权利为止。如今,法条的正当性只建立在体系上的正确、逻辑上的真理与合理性之上;法的形成只是'概念的演变'。"②对法律条文与法律概念的关系他阐述道:"科学现在的任务在于在体系性的关联上去认识法条,认识这些彼此互为条件且相互衍生的法条,以便能够从个别的谱系学(Genealogie)向上追溯至原则,并且同样地可以从这个原则向下衍生至最外部的分支。在这样的工作上,法条被带进意识里并且从隐藏在民族精神中被挖掘出来,所以法条不是从民族成员的直接确信及其行动中产生,法条也不是出现在立法者的格言里,法条一直在作为科学演绎的产物上,才能看得到。"③

总之,他将法学类比为概念精确的自然科学,认为在立法领域,只要概念金字塔顶端作为"法思想"的大前提是正确的,不需要考虑经济、社会、伦理等因素的变化,就能够推导出正确的、切合现实的具体法律制度;而在司法领域,正如有学者评述的那样:"法官按图索骥,就能够确定每个法律原则、规则、概念的位序、构成元素、分量以及他们的计量方法,只要运用形式逻辑的三段论推理来操作使用规则、概念,就可以得出解决一切法律问题的答案。"④

另外应该指出,普赫塔所强调的概念以及由概念所生成的法律体系,其实并非指法律规范层面的体系,而是指以个人为本位的主观权利层面

---

① 伯恩·魏德士:《法理学》,丁小春、吴越译,法律出版社 2003 年版,页 208。
② 弗朗茨·维亚克尔:《近代私法史——以德意志的发展为观察重点》(下),陈爱娥、黄建辉译,上海三联书店 2006 年版,页 387。
③ 转引自吴从周:《概念法学、利益法学与价值法学:探索一部民法方法论的演变史》,中国法制出版社 2011 年版,页 35 以下。
④ 舒国滢:《19 世纪德国"学说汇纂"体系的形成与发展——基于欧陆近现代法学知识谱系的考察》,载《中外法学》2016 年第 1 期,页 21。

的体系。他顺应了法国大革命之后欧洲追求自由平等的社会潮流,将其概念与体系建立在自由平等的基础之上,在他看来,法律的贯彻并非其自身直接适用的结果,而是通过个人对主观权利的行使,以及社会应个人请求而对其权利提供保护得以实现的,因此,从权利本位出发,以权利行使为主轴,所建立起来的法律概念体系将会长期稳定地对法律生活起到指导作用。

客观地说,普赫塔的概念法学对日后大陆法系各国影响极大,直到今天,无论民事立法或民法教科书均仍然带有强烈的概念法学色彩。如果舍弃其中过分形式主义化和过分理想化的成分,普赫塔的方法论对于当代民法乃至债法的研究仍具有现实意义。

温德沙伊德是另一位概念法学的巨匠,他的贡献不仅在于将普赫塔的理论进一步完善和发扬光大,而且在其影响下,该理论被全面吸纳到《德国民法典》之中,从而成就了概念法学的一时繁荣。温德沙伊德作为历史法学派后期的代表人物以及学说汇纂学派的核心人物,其在方法论上完全追随普赫塔概念的封闭体系思维,反对将法律逻辑以外的各种因素纳入法学家的考量范围。并且,他还将这种概念的运作模式应用于学说汇纂法学中,并使之成为重要的研究工具。正是"透过学说汇纂法学对概念的运用方式,才编织出一幅完整之仿佛制定法般的法秩序图像"[①]。因此可以说,概念法学基本上就是学说汇纂学者的基本研究方法,甚至也有人将概念法学直接称为学说汇纂学(Pandektologie)或学说汇纂主义(Pandektismus)[②]。温德沙伊德对概念法学完善的主要成就之一就是其从罗马法中的"诉"的概念发展出了请求权理论[③]。本书前一章叙述了温德沙伊德从罗马法的"诉"造就了权利的观点,事实上,罗马法上"诉"的概念一直并非很清晰,其虽然具有较为明确的诉讼权利的含义,但却也隐约含有不通过诉讼而面向对方直接主张的含义。不过,温德沙伊德对此却予以了明确化的表述,即通过建立抽象的请求权的概念,将实体请求权和诉讼请求权(诉权)明确作出区分。一方面,这赋予了当事人可以通过直

[①] 转引自吴从周:《概念法学、利益法学与价值法学:探索一部民法方法论的演变史》,中国法制出版社 2011 年版,页 37。

[②] 转引自吴从周:同前注。

[③] 参见卡尔·拉伦茨:《德国民法通论》(上册),王晓晔等译,法律出版社 2003 年版,页 323;迪特尔·梅迪库斯:《德国民法总论》,邵建东译,法律出版社 2001 年版,页 67。

接行使就实现权利,从而适应了近现代社会私法自治的现实需要;另一方面,仍然保留了当实体权利受到侵害时,通过诉讼程序使权利得到保护的救济手段。正如拉伦茨所言:"温德沙伊德的观点是,请求权表示的是实体法的权利,这个权利可以在司法程序以外得到实行(比如,通过抵销),可以通过当事人自愿履行,在许多情况下还可以被转让和免除。……这样一来,就使以诉讼法的观点来考虑程序问题的重点转移到实体法的考虑上来。"①

由此再进一步,请求权又被区分为独立请求权和非独立请求权。前者具有独立的经济价值,本身就是一种独立存在的权利,其主要指债权,也包括亲属关系中的抚养请求权。后者则依附于某种绝对权(如所有权、名誉权),本身并不独立存在,也不能被独立转让。该请求权仅具有一种服务功能或者保障功能,只有当其所依附的绝对权受到侵害时,该请求权的作用才得以彰显,表现为对非法占有者或干扰者侵害行为的排除,使权利人的权利状态恢复圆满。这不仅适应了近现代个人自由领域免于打扰的普遍社会需求,也使得请求权概念体系日趋完善。此外,由于请求权概念的建立,与之相对应的实体意义上的抗辩与抗辩权概念体系也随之建立起来,这又更加丰富了概念法学的内容与形式架构。总之,随着上述理论被《德国民法典》所吸纳,概念法学达到了辉煌的顶点。

概念法学的最后一位关键人物是耶林。耶林可以说是一个"半拉子"概念法学学者,其法学生涯可以截然分成前后两段,前一阶段他是概念法学的狂热拥趸②,并为概念法学的发展作出了杰出贡献;然而在后一阶段,耶林却毅然与概念法学决裂,并创造了与之对立的利益法学。讨论耶林的概念法学,其实只是在讨论其法学生涯的前半部分。耶林关于概念法学的主要观点,集中于他的早期著作《罗马法的精神》一书,在书中,他极力赞美概念和体系对法律的作用,他相信概念的法学体系能够形成新的概念与法条。他还以歌颂的口吻说道:体系,是实证素材实际上最完美的形式,是新的素材永不枯竭的来源,也是法律继续发展的锁匙。③ 在他

---

① 参见卡尔·拉伦茨:《德国民法通论》(上册),王晓晔等译,法律出版社 2003 年版,页 324。
② 参见伯恩·魏德士:《法理学》,丁小春、吴越译,法律出版社 2003 年版,页 210。
③ 转引自吴从周:《概念法学、利益法学与价值法学:探索一部民法方法论的演变史》,中国法制出版社 2011 年版,页 37。

看来,通过法律概念,可以克服庞杂的法律素材所带来的困扰。具体方式是,首先将这些素材压缩到法律概念之中,然后透过概念形成一系列简短的公式,而这些公式最终又结合成为受一个基本思想统一支配的体系①。

耶林对概念法学的最大贡献,来自他的法律体系"建构"理论。在耶林之前,萨维尼曾经将法律条文区分为实证法律条文和在其基础上形成的法律制度与法律概念,并将前者称为较低层次的法条群,将后者称为较高层次的法条群。耶林在此基础上加以发展,提出了较低层次的法学和较高层次的法学的概念,前者是单纯的法律解释活动,其目的在于说明法律素材、排除法律表面矛盾,其结果会形成法律条文和法律原则;而后者则是一种全新的法律"建构"活动,即指"体系的发展以及从体系出发对案件作成判决"②,其结果会形成法律制度与法律概念。对此,耶林阐述道:"对训练有素的人而言,法律是法律制度(Rechtsinstitute)及法律概念(Rechts begriffe)的逻辑有机体(Organismus),对未受过训练的人而言,则是法律条文的综合体(Komplex),前者是法律的内在本质,后者则是运用到实际生活的外在面。"③在耶林看来,较低层次的法学虽然是必要的,但这只是法学的前期阶段,法学不会长久地停留在这一阶段,必须进入到较高层次的法学阶段,才能完成其真正的"建构"。正是从这个意义上他提出:"概念是有生产力的,它们自我配对,然后生产出新的概念。"④这些新产生的概念,则是上述法学"建构"的结果。申言之,法学通过"建构"方法,"使得纯粹逻辑的解释(logische Interpretation)有其优先性。个别案件因此能够被涵摄在普遍概念之下,或归入不同的法律制度中,进而被分析、解答。法学的活动在这种意义下,被理解为依普遍概念所作的逻辑分析。……个别法律规定不应该依其目的而被分别地独立看待,而应该依其在整个体系中的体系位置作解释。"⑤

很显然,耶林的"建构"理论是对普赫塔的"概念谱系"理论的完善与

---

① 吴从周:《概念法学、利益法学与价值法学:探索一部民法方法论的演变史》,中国法制出版社 2011 年版,页 43。
② H.科英:《耶林之法律体系概念》,转引自吴从周:同前注,页 586。
③ H.科英:《耶林之法律体系概念》,转引自吴从周:同前注,页 585。
④ 转引自吴从周:《概念法学、利益法学与价值法学:探索一部民法方法论的演变史》,中国法制出版社 2011 年版,页 39。
⑤ H.科英:《耶林之法律体系概念》,转引自吴从周:《概念法学、利益法学与价值法学:探索一部民法方法论的演变史》,中国法制出版社 2011 年版,页 596。

提高。普赫塔的"概念谱系"理论主要解决的是法律体系的从无到有,即建立问题;而耶林的"建构"理论则前进到了另一阶段,即如何以既有法律体系为前提,通过较高层次的法学活动来进一步建立新的体系,解决的是体系的发展问题。尽管耶林看到概念法学遭遇到了发展的瓶颈,并试图加以改变,但无奈概念法学经过前后几个阶段已经顶到了天花板,再无发展的空间。经过痛苦的反思,耶林义无反顾地抛弃了概念法学,并走上了利益法学之路。

二、以当代视角观察概念法学

当简要浏览了概念法学主要学者的主要思想之后,可以对概念法学的主要特点作出以下总结与评述:

（一）概念法学的主要特点

第一,概念法学是对两千年以来发展起来的罗马法,依照全新的社会发展理念所作出的重新归纳与升华,其针对罗马法中法律概念与制度庞杂和凌乱、有时不乏自相矛盾的弱点,对其重新加以梳理,逐渐形成了以概念为线索的完整逻辑体系,从而使法律摆脱了疲于应对复杂社会生活局面的窘境。

第二,概念法学巧妙地借助于自然科学的方法论,将整个法律制度与体系涵摄于若干基本概念与原则之下,按照一定的逻辑推理方式进行演绎,使"法律体系的各个原则、规则和概念厘定清晰,像'门捷列夫化学元素表'一样精确、直观",因而"从根本上解决了千百年来一直困扰专业法律家的诸多法律难题"。[①]

第三,概念法学坚定秉持个人主义价值观,将立论支点建立在个人自由、人格尊严以及自我实现的基础之上,使这些观念成为不可动摇的社会公理,并进而成为更为具体的一切社会理论与法律理论当然的出发点。

第四,概念法学的最明显特点就是通过从社会生活中归纳出分属于不同层级的一系列概念,建立起由抽象概念所构成的概念金字塔,其内部各环节紧密相扣,毫无违和与矛盾。进而,以这样的概念体系作为工具,反过来指导一切法律实践活动,寻找法律问题的解决方案。申言之,概念

[①] 舒国滢:《19世纪德国"学说汇纂"体系的形成与发展——基于欧陆近现代法学知识谱系的考察》,载《中外法学》2016年第1期,页21。

法学将经验问题简化为相对简单的逻辑推理,原本一个个复杂多变、难以驾驭的鲜活个案,被框定在依照既定公式而进行的数学运算范围内,即使是社会经验并不丰富的法官,亦可以凭借较易掌握的逻辑分析方法,解决各种案件。

第五,概念法学还具有法律的"建构"功能,即通过对抽象概念所涵摄内容的丰富与发展,并通过"较高层次的法学活动",从既有概念中推陈出新,不断发现新的概念,并使其与原有逻辑体系相互协调,建立了解决新问题的新制度。

第六,鉴于概念法学立基于个人主义之上,其概念体系下的民事法律关系体系和法律制度体系,均可以归结为以个人权利为核心,以个人意思自治为主线,也就是说,民法在本质上是权利法和自治的法,整个民法体系就是从个人价值出发而建立起的以个人意思自治为主线的对个人权利确认、行使与保护的法律逻辑体系。同时,判断一部民法成功与否的唯一标准,也就看其是否能够凸显这一核心并将这一主线贯彻始终。

总之,概念法学表面上所突出的要素是:概念——逻辑——体系,但其实质立足点却在于个人主义本身。之所以概念法学中似乎仅突出概念的形式而未突出这一实质,并非因为其不重要,恰恰相反,个人主义这一立论的基点早已溶入那一时代学者的血液中,并化作其不言而喻的精神内在,即历史法学派所宣扬的民族精神。

(二) 概念法学的主要优点

站在当代立场上如何评价概念法学?简单答案是其优点与缺点同样鲜明。其优点可归纳如下:

首先,概念法学统一了法学的概念体系,完成了民法的顶层设计和制度的整合,因而使制度内容之间的互相矛盾最大限度地得以减少。在概念法学整合之前,民法几乎可以说是一盘散沙,庞杂而且相互矛盾,虽然查士丁尼曾经对罗马法做过大规模编纂,使之条理化,但真正完成这一任务的是概念法学。可以说概念法学使法学真正意义上成为一种科学。

其次,法律适用简化。法律从个案复杂的价值考量,变成了简单的定理和公式,法官需要做的仅仅是将查明的事实代入公式,就像做数学习题那样得出正确的推理结论。这样使审判结果标准化,同样的事实会出现同样的结果,因而法律适用的公正性得以加强。与此同时,由于概念的统一,人们对法律的理解较少发生歧义,使法律后果的可预测性加强,守法自觉性也得到显著改善。

此外,法律学习变得相对容易。在古代,法律作为社会行为规范是经过千百年实践磨合与经验积累而成的,对个人而言,由于生命的有限性,熟练掌握法律相当困难,因为那时既没有系统化的法律理论,也没有现代意义上的法典,学习法律的主要方式就像铁匠与木匠一样是师傅带徒弟式的"传帮带"。这种低效的、经验体会式的法律学习途径显然难以适应资本主义高度法治的社会需求。而概念法学的出现,使法律知识被体系化、逻辑化、标准化,成为系统的逻辑知识。这无疑有利于通过学校教育模式学习法律。现在的学生没有很多社会经验也可以学习法律,甚至可以达到相当专业的水平;即使缺少社会经验的法官也能够在大多数情形下作出准确的判决。

(三)概念法学的主要缺陷

然而当我们考察 20 世纪以后的法律演变,就会发现概念法学其实存在如下重大缺陷:

首先,原理过于抽象,推理过程长,导致结论的确定性差,有时不得不借助大量的辅助解释。例如:合同自由的当然结论是合同形式的自由,但实际上有很多法定形式的合同(如需要批准生效的合同、标准化定型化合同),这说明在推理过程中其他一些因素被加了进来,造成了结论的变化。

其次,概念和原则确定后,人们往往将注意力转向了推理过程与适用等具体问题,使原理在人们心目中反而变得模糊起来,往往流于表面化、形式化,内容干瘪,失去了概念原本内涵的丰富性。例如:人们虽然不怀疑自由与正义的正确性,但由于这些概念的含义早已变得过于抽象,从而难以在实践中被准确把握。我们设想这样一个场景:甲正要出门散步,却被警察拦在家里,理由是某领导正在视察该小区,为了领导的安全,禁止住户出门。甲被禁足在家,这是否构成对甲的自由的侵犯?再设想另一场景:甲本可以出门散步,但最后他决定待在家里,哪也不去。但他并不知道,此时警察正在外面实施非法的戒严。此时甲的自由受到了侵犯吗?显然,在这里对自由不能采取抽象式的理解,因为当事人是否知道其选择机会受到了限制,亦属于判断自由是否受侵害的考量因素。另外,关于自由与正义两者的关系定位,还包括我国曾有较大争议的典型案例,即陌生人见到倒地的受伤者是否有扶助的义务。[①] 显然,此时如对自由与正义概念采取扁平化的理解,将无助于该问题的合理解决。

再次,概念法学使法律适用变得非常不灵活。通过推理而简化分析过程,固然有其益处,但机械式推理却往往难以适应各种复杂的具体情况。由于社会生活的复杂性永远超过人们的主观想象,所以从抽象概念出发的逻辑推理经常会陷于脱离实际或自相矛盾的境地,也就是说,当从两个被公认的大前提(基本原理或原则)中按形式逻辑推导的结论本身却发生冲突的话,概念法学对此无能为力。例如从债的相对性原则推导出的结论是债权人不得对债务人以外的第三人直接主张权利,但这与债的保全制度存在直接矛盾,因为债的保全制度恰恰是为了保护债权人利益和交易安全,有意牺牲债务人以外某些特定第三人的利益,使债权人的权利可以及于该第三人。

最后,概念法学过于僵化,不能与时俱进。概念法学的设计模型是建立在社会关系稳定不变的基础之上的,对于不变的社会,其适应能力较强。然而社会是不断前进的,如果社会因进步而改变,决定社会行为与社会关系的基本原则也必然会随之发生改变,换言之,作为法律制度体系的大前提出现了变化,那么原来各种具体的法条自然也需要改变自身以适应社会变化。由于长期以来,在个人主义基础上早已形成了具有强大惯性的概念体系,当概念的信条已经深入人心之后,人们难以及时跟随大前提的微妙变化而作出适当的概念调整,更遑论制度层面的及时调整了。例如概念法学无法解释为什么在19世纪对合同自由原则强化到无以复加的情形下,20世纪以后各国民法却在未实质改变合同自由概念的同时,又对合同自由采取了诸多限制的做法。

以上对概念法学缺陷的描述其实已经接近了问题的核心,那就是个人主义作为唯一且永恒价值追求的时代已经一去不复返了。当社会上出现了两种以上的利益或价值可以成为人们进行法律分析的大前提时,特别是当新兴的社会利益足以与个人主义相匹敌甚至在一定程度上超越个人利益的地位时,概念法学的基础开始瓦解了,人们不能再根据一个前提和一个逻辑进行线性思维,而必须首先对作为法律分析前提的不同利益进行比较,并通过价值选择确定法律分析的适当前提;而且分析结果也不

[①] 相关争议也可参见第三章第三节内容。

一定是唯一且确定的,而是根据社会实际状况形成动态的且属于比较意义上的正确结论。

三、概念法学之下债法变革的迫切性

鉴于近现代债法系由概念法学孕育而生,其保留了概念法学的全部基因的同时,自然也保留了一切概念法学的缺陷与弱点。与概念法学的不合时宜一样,近现代债法也需要根据时代变革趋势作出改变。这种改变的迫切性主要体现在以下方面:

首先,概念法学下债法的宗旨要求一切皆应有统一的逻辑,然而社会进步的现实决定了债法内部其实到处都存在着逻辑矛盾甚至是冲突与对立,逻辑一致性不过是一种幻象。正如本书前述,债法根据概念法学要求所设计出的债的相对性原则,早已被债的保全、债权物权化、缔约过失等制度所突破,变得有些支离破碎了;合同之债中根据概念法学所确立的契约自由原则,也早已几乎被强制缔约、事实上的契约、合同附随义务等制度所颠覆,甚至被怀疑为"契约已经死亡";侵权之债中基于概念法学曾被大力推行的过失责任原则,也早已被无过错原则、过错推定、公平责任原则等所打破,使其所适用的范围日渐缩小。由此可见,徒有其表的概念体系和逻辑一致性,已经不能支撑起整个债法的正常运作和未来发展了,指导思想的改变势在必行。为方便对比,可以再举一例:根据《民法总则》第149条和第150条的规定精神,在保证法律关系中,保证人受第三人胁迫而向善意债权人担保,该担保可撤销;相反,保证人受第三人欺诈向善意债权人担保,该担保却有效。这两种情形中的逻辑关系并无不同,保证人都是在他人重大干扰下作出的保证;保证人都违背了自己的自由意志;第三人(被保证人)都属善意且无过失。为什么逻辑前提相同的两种情形结果却相反?这显然并非出于逻辑推理,而是根据价值所作出的法律选择。

其次,根据概念法学,概念、体系与原则本应成为法律"建构"的基础。也就是说,有了所谓终极的上位概念,也就有了法律不断发展的源泉,因为任何法律发展的基本模式都不过是由上位概念经推理而创造出的下位概念以及具体制度而已。但是当代社会现实告诉我们,通过这种"建构"而发展法律已经过时。例如本节前面提到的康德关于"买卖打破租赁"的法律"建构",就是根据物权优先于债权的原则而来的,但后来的各国民法从利益比较的社会现实出发,早已从"买卖打破租赁"过渡到"买卖不破租

赁",因而否定了康德以单纯逻辑关系作为界定物权与债权顺序颠扑不破真理的理念。又如,利益法学集大成者、德国学者黑克,也曾通过一例"遗赠案"雄辩地论证了在当代社会概念法学"建构"法律的作用已不复存在。该案基本案情如下:老人甲设立遗嘱将财产处分给自己的若干侄女,但却遗漏了侄女乙,于是甲另外存一笔钱至银行,并与银行订立"利益第三人契约",指定乙为受益第三人。依《德国民法典》第328条,当甲去世后,乙得向银行直接行使给付请求权。后甲去世,其遗产不足以清偿债务,根据债权人优先的原则,其他侄女未能获得甲的遗产,但是乙却因"利益第三人契约"的直接请求权而获得了甲的该笔存款。黑克不同意法院的这一处理意见,认为乙此时并无优先于债权人的请求权。理由是:第一,债权人基于继承法而受法律保护的利益与乙基于合同约定而受保护的利益之间存在直接冲突,法律须评价并确认哪个利益优先。第二,被继承人的债权人的利益优先于继承人的利益,这属于社会共识,亦为破产法所认可。此时乙的地位应相当于受遗赠人的地位,尽管其利益的来源是"利益第三人合同",但其地位与利益的性质未变。故在上述利益的对决中,甲的债权人应优先于乙。第三,《德国民法典》第328条尽管规定了利益第三人的直接请求权,但其立法本意只考虑到第三人乙与银行之间的利益状态,而未将遗产债权人利益关系考虑其中。换言之,如果仅存在乙与银行两者,乙的利益优先;但如果还存在遗产债权人,应最优先受到保护的利益则属于该遗产债权人。至于法条中的"直接"二字,并不意味着乙当然获得了先于遗产债权人的地位,故而通过"利益第三人契约"并不能如人所愿地"建构"出乙的利益优先于遗产债权人的结果。

此外,社会现实告诉我们,法律不应是静止的线性思维的产物,而是动态的立体思维的结果。在个人主义全盛时期,其稳定结构决定了简单的线性逻辑推理即足以支持正确判断;然而当社会进入转型期,个人主义这一大前提发生改变,概念法学的衰落势在必然。就债法而言,这意味着当社会基础发生转变时,债法本应该根据社会的进步而改变,但事实是,此前盛极一时的概念法学根深蒂固的逻辑却一直限制着这种改变。例如美国大法官卡多佐就曾以"口头契约"与"盖印契约"的关系举例来论证突破逻辑藩篱的重要性:"一个口头协议,尽管是在正式合同之后制定的,却无法改变或撤销一个封了印的正式合同。在印玺很为人们看重的年代,承认印玺的神秘庄严,也许有某些理由。但是,在我们这个年代,潦草的签名缩写'L.S.'已经取代了这种印章的设置;而法律还保留着这样一个逝去的时代的成规,法律是意识到其自身的荒谬性的。法官们已经作出了有价值的——如果是不惹人瞩目的话——努力,以一些例外来破坏这一规则,并以一些区分使这一规则化成一个幻影,他们只是在口头上重视这一规则。一个新近的案例表明,只是由于胆怯,而不是出于遵从,才推迟了瓦解这一规则的时日。普通法将有理由对那位对这一规则给予最后一击的人表示谢意。"[1]卡多佐还进一步引述维勒法官的论述来印证自己的观点:"服务法律最佳的法院是这样的,它承认人们也许会发现产生于遥远的某代人的法律规则——就其全部经历来说——为另一代人的服务很糟糕,并且只要是它依据社会的既定和稳定的判决发现另一法律规则代表了'应当',且没有相当程度的既得财产权利依赖这一旧规则,就抛弃这一旧规则。正是这样,一些伟大的普通法作者找到了普通法生长的渊源和方法,并且在其生长中发现了普通法的健康和生命。普通法不是,而且也不应当是稳固不变的。立法机关也不应改变普通法的这一特点。"[2]卡多佐将这种突破概括为:"法官就不应被捆在其先辈的手上,无所作为地表示屈从。"[3]同样,大陆法系也很容易找到这种根据时代发展趋势而不是根据逻辑来改进债法的情形,例如《德国民法典》在第 387 条规定了互有同种类债权的双方可以相互抵销的同时,却在第 393 条规定了因故意实施侵权行为而形成的债权不适用抵销。这引出一个疑问,即随着社会进步,在无法通过逻辑推理达到满意的社会效果时,是不是可以放弃逻辑方法转而运用其他方法解释之?答案是肯定的,法官此时应根据双方各自主张所反映出的社会价值进行评估,并选择更有价值的主张作为自己所支持的主张。

综上所述,长期稳定的个人主义时代行将结束,这导致了概念法学一家独大的局面也面临崩溃。此时,作为原有方案的替代物必然是以利益比较为基本方法的全新理论,这就是利益法学。应该说 20 世纪以后的债法,在很大程度上吸收了利益法学的合理因素,对原本在概念法学基础上建立的债法概念体系作出了突破性的改变与更新。这也较好地诠释了为

---

[1] 本杰明·卡多佐:《司法过程的性质》,苏力译,商务印书馆 1997 年版,页 97 以下。
[2] 转引自本杰明·卡多佐:同前注。
[3] 本杰明·卡多佐:同前注,页 95。

什么概念法学视角下自相矛盾的制度，在利益视角下其实并不矛盾。如果说19世纪是概念法学的世纪，那么20世纪以后世界则开始进入到利益法学、价值法学的世纪。同时需指出，利益法学对概念法学的修正，只是一种法律规范重点的转变，并非意味着概念推演式的法学方法完全退出历史舞台，事实上，这种旧有方法因其自身特有的优点，在未来的债法方法论中仍会占有一席之地，只不过其需要将舞台中央让位于新兴的、更能反映时代特点的利益法学和价值法学而已。

第二节 利益法学、价值法学及债法的社会化转型

利益法学作为法律社会化过程中极为重要的一支力量，对20世纪之后的法律特别是民事立法影响极大，经过不断改进，其升级版价值法学更成为了当前各国立法必备的理论参照系。因此，欲探讨20世纪法律如何根据社会信赖利益的扩展而提供保护的问题，根本无法绕开利益法学，原因在于其是按照全新社会关系特点建立起来的法学理论。不仅如此，利益法学还在一定程度上颠覆了推行已久的概念法学，并为全新的以利益比较为核心的法学方法论奠定了基础。尽管在20世纪前半叶的德国，出于当时的政治原因，利益法学曾一度受到忽视，后来拉伦茨教授也仅在方法论层面对其作用予以肯定。[①] 但其实，作为概念法学的否定者和理论替代者，利益法学的当代价值绝不应被低估，相反，其作为一种极具操作性的社会法理论，为法律特别是民法在20世纪之后的发展提供了一片广阔的天地。正如台湾学者吴从周所言："利益法学不仅结束了法学只沉迷于概念的天堂计算之时代，开启了法律人重新拥吻人间利益土地之情怀，使得德国法学从此以后就在他们设定的轨道上正确地奔驰"[②]。

一、利益法学对概念法学的三大质疑

如前所述，利益法学发端于耶林，完成于黑克。早先曾经是概念法学

[①] 拉伦茨："黑克对法学方法论的影响，主要是在民法上，简直无法估算"。转引自吴从周：《概念法学、利益法学与价值法学：探索一部民法方法论的演变史》，中国法制出版社2011年版，页13。

[②] 吴从周：《概念法学、利益法学与价值法学：探索一部民法方法论的演变史》，中国法制出版社2011年版，页15。

忠实拥护者的耶林,在探索真理的勇气与信念激励之下,经过彷徨、反思与自我批判,最终抛弃了概念法学,毅然挥锹铲出了埋葬概念法学的第一锹土,成为概念法学的掘墓人。与此同时,他还是利益法学这棵幼苗最初的栽种者,在其精心培育和浇灌之下,利益法学最终长成为一棵枝繁叶茂的参天大树。之所以说耶林经过了反复的思想斗争,是因为当时概念法学正如日中天,难以撼动,因此对概念法学的颠覆是从对其谨慎的质疑声中开始的。归纳起来,该质疑可以总括为以下三个方面:

(一)价值对逻辑的质疑

概念主义法理学是从这样一个假设出发的,即假定现行法律制度是没有漏洞的,法官只要通过适当的逻辑推论,就可以从现行实在法演绎出正确的判决。而其实这正是概念法学的僵化之处,用一个形象比喻就是:只会埋头拉车,不会抬头看路。现实中,任何一种法律制度必然都是不完整的、有缺陷的,而且根据逻辑推理的过程,也并不总能从现存的法律规范中得出令人满意的结论。如果作为法律适用者的法官,在变化多端的法律纠纷面前,只会照搬法条,而不去体察案件所处的具体环境,也不考虑判决的社会效果,总是以僵硬不变的方式对待复杂的社会生活,则不啻为"法律的自动售货机"。更有甚者,在一些疑难性案件中,这种缺陷表现得尤为明显,有时原被告双方所主张的依据(大前提)都成立,双方的推理过程也均符合逻辑规则,但双方的结论却相互矛盾,甚至完全相反。由于概念法学属于一种线性思维模式,本身不具备根据社会发展变化而对上述前提作出重新评价的能力,所以对这样案件的处理显得无能为力。耶林正是遇到了这样的困境并从中获得启迪,开始了其理论蜕变,并最终踏上了利益法学之路,这就是所谓"大马士革的经历"。1858年,耶林对一个涉及一物两卖的案件作出鉴定报告。一艘价值高昂的船只,被船主分别卖给了两个买家。而在交付前,该船因不可归责于出卖人的事由而灭失。根据当时流行的罗马法理论,买卖合同订立后标的物意外灭失的风险即转移到买方,所以作为卖家,可以分别向这两个买家索要两份价金。[①]对这个案件的审视给耶林带来了极大的心理煎熬,一方面他的法律直觉告诉他,这是完全不合情理的;但另一方面概念法学告诉他,这是

---

① 参见吴从周:《概念法学、利益法学与价值法学:探索一部民法方法论的演变史》,中国法制出版社2011年版,页56以下。

完全符合法律逻辑的。尽管当时他屈服于逻辑的力量,作出了违背内心的选择,但这却为其质疑概念法学的正确性埋下了伏笔。正如他后来对此所发出的感慨:"如果当时我能够不是纯理论地,而是实务地必须去解决一个实际案件,像我不久前必须去解决的案件一样,或许当时我就已经突破而找到正确观点了。不管法条所引起的结果与不幸,一味地纯理论地顺应它或适用它,这事实上是一件没有价值的事。"[①]其实这样可以引起对概念法学质疑的例子在当代债法中已经变得随处可见了。还以债的相对性为例,一直被视为债法基本原则的债的相对性原则,其逻辑性已在多方面被突破。如债的保全制度使得债权人能够有权越过自己的债务人而向第三人行使请求权或撤销权;再如域外立法流行的侵害债权制度和我国商品房买卖预告登记制度都使得债权突破了相对性而具有了对第三人的追及力和对抗效力。

总之,经过"大马士革的经历"以来不断的质疑声,人们对概念法学追求严格逻辑推理的迷信开始退潮,耶林就曾明确指出:"对逻辑的整体崇拜,使得法学变成法律的数学,是一种误解,也是一种对法律之本质(das Wesen des Rechts)的误认。不是逻辑所要求(postuliert)的,而是生活、交易、法律感觉所要求的必须去实现,这在逻辑上可能是可以演绎得出的(deduzierber),也可能在逻辑上是无法演绎得出的。"[②]为了获得正确的法律效果,法律越来越可以忽略逻辑推理而将价值选择作为是非判断的优先考虑因素。法律开始"回归"到价值判断优于逻辑判断之路。之所以说"回归",是因为在概念法学流行之前的法律,由于没有可资使用的判断公式,其实一直都是通过个案进行价值选择和价值判断来实现社会正义的,只不过当概念法学出现后,人们以为找到了一条通往真理的捷径,以为通过法律原则(公理)加上严密逻辑推理的方法,通过线性思维,就可以轻易解决全部法律纠纷,因而逐渐放弃了原本行之有效的法律分析手段。事实上,当人们发现这并非想象中能够开启所有房门的万能钥匙之后,回到现实,重新捡回原有的方法,就变得顺理成章了。

(二) 目的对意志的质疑

如前所述(第五章第二节),概念法学创造出抽象的民事权利概念,并

---

① 转引自吴从周:《概念法学、利益法学与价值法学:探索一部民法方法论的演变史》,中国法制出版社2011年版,页60。

② 转引自吴从周:同前注,页106以下。

且将权利归结为个人对自己意思的自由支配,这就是自由意志说,简称意志说或意思说。19世纪民法的主流观点认为,权利的本质在于权利人的意思力或者意思支配,即人们行使权利就是根据权利自由地发展其意思。换言之,拥有权利就意味着可以根据自由意志随意行使或放弃,意味着任何人都无权干预。密尔就曾旗帜鲜明地指出,允许违反自由意志对个人行为进行干涉而不失正当性的唯一情形是出于自我防卫的需要。[①] 因此,意志理论显然是一种个人主义理论,体现了个人主义哲学思想。这在当时无疑具有合理性,因为法律只有赋予个人民事权利,由权利人自由行使,并且法律对权利提供必要的保护,才能真正调动起人们的积极性,社会生产力才能尽快提高。

与意志说相反,耶林主张目的说。他认为意志只说明了权利的表象,而并未说明权利的本质。他在《法理,实现目的的手段》一书中曾以当时中国政府禁鸦片为例,尖锐地批判了自由意志说:"中国政府是否就无权禁止鸦片贸易呢?当自己的民族正从肉体和精神上毁灭自己的时候,中国政府仅仅出于对自由的那种学究式的尊重,为了不侵犯每个中国人购买任何他想买的物品的固有权利,而应当袖手旁观吗?"[②]他进而提出,"权利不是为意思而存在,而是意思是为权利而存在"。[③] 耶林认为必须另行寻觅权利的本质,他指出:"利益的概念迫使我注意到目的,主观意义的权利催迫我进到客观意义的法律。"[④]由此出发,耶林"把权利中所包含的意思力解释为只是实现权利之本来目的的手段"[⑤]。耶林目的说的核心在于,强调权利的目的是为了满足某种特定的利益。用其自己的话说就是:"要给人以某种好处,满足其需求,促进其利益,促成实现其目的。"[⑥]例如拥有所有权,所有者就是为了实现使用、收益、处分等现实目的;拥有债权,就是为了实现商品交换目的。总之在他看来,"利益构成了

[①] 转引自 E.博登海默:《法理学——法哲学及其方法》,邓正来、姬敬武译,华夏出版社1987年版,页103。
[②] 转引自 E.博登海默:同前注,页103。
[③] 转引自吴从周:《概念法学、利益法学与价值法学:探索一部民法方法论的演变史》,中国法制出版社2011年版,页110以下。
[④] 转引自吴从周:同前注,页108。
[⑤] 迪特尔·施瓦布:《民法导论》,郑冲译,法律出版社2006年版,页133。
[⑥] 迪特尔·施瓦布:同前注。

权利的目的与前提"①。权利的本质就被定义为"法律上受保护的利益"（rechtlich geschütztes Interesse）。

这一观点乍看起来似乎与前一种观点差别不大，德国学者梅迪库斯确实也将两者看作只不过是从不同角度说明同一事物，并认为"这一争论没有多大意义"②。其实不然，这两种观点的差异不仅极大，甚至可以说分别代表了两个时代。其主要不同可以从以下几个方面加以考察和评价：

第一，法律理念不同。两种观点体现了两种完全不同的法律理念，意志说体现的主要是自然法理念，强调权利拥有的正当性和权利支配的自由性，所谓支配自由即权利的绝对性、任意性以及不受他人干涉的属性。因此，任何关于禁止权利滥用和限制契约自由的观念都与该理念相矛盾，必须去除。该观点符合19世纪流行的个人主义原则。目的说则主要体现了社会法理论，准确讲是其分支——利益法学理论。该理论从社会利益视角出发，认为社会中存在着多种利益，个人利益只是其中之一，不能仅突出个人利益保护而不顾及其他正当利益。该理论强调利益与秩序的客观性，强调法律对不同社会利益的协调。因此，在这一理论之下，权利不再是一种绝对的意思支配，不再是可以随意行使或者完全不受干预，而必须受到他人利益或社会利益的制约，在一定情形下，个人利益要服从于社会利益。相比较而言，目的说符合社会本位的思想，属于更先进的法律理念，其反对将权利绝对化的线性思维模式，而是将任何权利与自由都置于利益价值比较的天平上加以衡量，再作出选择。虽然在逻辑上不符合习惯上权利自由的概念，却更符合社会总体利益和社会发展趋势，没必要吹毛求疵。事实上权利概念本身是发展的，不会永远停留在原地，而是跟随着人类历史的前进步伐不断地与时俱进。

第二，目的说逻辑上也更接近事物的本质。强调权利的意思支配因素，并没有反映出权利的深层本质，而相对来说更属于一种表象，因为拥有权利的目的是为了"享受权利"（Genuß des Rechts），也就是说，支配权利的目的与结果最终还是为了实现权利主体所追求的某种特定利益。耶

---

① 转引自吴从周：《概念法学、利益法学与价值法学：探索一部民法方法论的演变史》，中国法制出版社2011年版，页113。

② 迪特尔·梅迪库斯：《德国民法总论》，邵建东译，法律出版社2001年版，页63。

林指出:"主观权利的真正实质是存在于主体的利益、利益的实际效用和享受(genuss)上。……法的存在不是为实现抽象的法律意志的观念;相反的是用以保障生活的利益,用以援助生活的需要并实现生活的目的而服务的。"①在这个意义上,作为目的的利益因素比起意思因素更接近权利的本质。因此耶林断言:"不是意思,也不是实力,而是利益,构成权利的实体"②。

第三,目的说比意志说在逻辑关系上也更为顺畅。意志说将权利理解为权利人对个人意思的自由支配力,这使得其无法解释两种绝对的意思支配力可能发生的相互冲突(权利冲突),例如两个债权,依法都应得到保护,但两者分属于不同主体,且相互对立,如何兼顾?另外耶林还从逻辑性角度举例说,如果将权利理解为个人的意思力,那么无行为能力人的权利又如何通过其意思来行使呢?并指出如果此时仍强调意志能力,"这不过是一种无聊而不可思议的遁词罢了"③。相反,目的说将权利理解为法律所保护的利益,而利益是可以通过比较而取舍的,不像权利那样具有绝对性。这就为以利益平衡方式使权利相对化留下了法律空间。对于目的说的意义,施瓦布曾评价道:"把着眼于利益保护和利益实现的目的纳入权利的定义,使人们可以从保护目的出发来准确地确定权利的内容和范围。"④

顺便指出,有一些学者力图对意志与利益的冲突进行调和,从而提出了所谓意志与利益混合论。他们认为,"利益是主观权利的基本要素……但这不等于说,意志不是权利的基本要素,只在有一种意志能利用权利和实现权利时才有权利可言。"⑤因此,"法律保护的不是意志,而是意志所代表的利益"⑥。例如,作为这一派的主要学者之一的耶律内克就曾提出:"利益的享受因此是主观权利的一种实质要素,可是这不是唯一的要素,在耶林之后,人们都错误地排斥了意志的要素。保持后一种要素是必

---

① 莱翁·狄骥:《宪法论(第一卷)——法律规则与国家问题》,钱克新译,商务印书馆1959年版,页204。
② 转引自吴从周:《概念法学、利益法学与价值法学:探索一部民法方法论的演变史》,中国法制出版社2011年版,页114。
③ 莱翁·狄骥:《宪法论(第一卷)——法律规则与国家问题》,钱克新译,商务印书馆1959年版,页204。
④ 迪特尔·施瓦布:《民法导论》,郑冲译,法律出版社2006年版,页134。
⑤ 莱翁·狄骥:《宪法论(第一卷)——法律规则与国家问题》,钱克新译,商务印书馆1959年版,页208。
⑥ 转引自莱翁·狄骥:同前注。

要的。……一种利益的享受照它本身来理解,如果没有利用这种利益的一种意志,也就不可能是一种权利;这是一种事实的地位,而不是别的。"①基于此,他给权利所下的定义是:"主观权利所保护的利益或利益的享受是由人类的一种意志能力所承认"②。另外,狄骥本人也持相同观点,他一方面表示:"人们绝对不可能自在地来表达意志;他们只能为某种事情而表达意志。"③另一方面,他又明确指出:"自在的一种利益不可能成为权利;相反的它是和权利相对立的。只有在利益受到侵害,而一种意志为捍卫这种利益出来干预时,权利才可能出现。"④从某种意义上讲,这种调和观点自有其道理,因为其毕竟关注到了决定权利属性的两个最重要因素,然而争议的焦点在于,上述两个因素中究竟哪个因素是本质因素,决定了权利的基本属性。事实上,即使是"混合论"的倡导者也不否认两个因素中决定性的因素是利益,他们将权利的本质归结为利益——"意志所代表的利益",意志只是作为利益的从属性因素而出现的。另外,意志因素与利益因素相互间存在着对立,无法并行不悖地运用于对权利本质的表述,意志强调主观性、任意性以及支配的自由性;利益则强调客观性、相对性和受保护性。如果将权利的本质属性理解为意志,则其包容性存在缺陷,随社会发展而出现的、日益重要的、需要被法律保护的利益关系则无法被纳入到权利概念中来,因为这些利益只能被保护,而意志无法对其加以支配。再有,利益取代意志成为权利的本质属性,并非一般的概念游戏或简单的逻辑问题,这是时代的产物,是法律因应社会发展的结果,是法律社会化过程中必须迈出的一步。只有对权利本质依社会进步的要求作出重新解释,20世纪所确立的诸如公序良俗原则、禁止权利滥用原则、诚实信用原则等基本原则才能得到法律的承认与顺利施行,因为这些在当代民法中地位极速跃升的原则与个人意思的绝对支配显然存在着直接或间接的矛盾。

(三) 利益对权利范围的质疑

这是从前一个质疑中演化出的质疑。依传统理解,首先,权利专指一

---

① 参见莱翁·狄骥:《宪法论(第一卷)——法律规则与国家问题》,钱克新译,商务印书馆1959年版,页211。
② 转引自莱翁·狄骥:同前注,页212。
③ 莱翁·狄骥:同前注,页211。
④ 莱翁·狄骥:同前注,页213。

种"有名"权利,即已经被定型化了的权利,其可以被归结为物权或者债权等。其次,权利人的权利,不仅为当事人所认可,同时也为全社会所认可,并且得到法律的承认与保护。此外,拥有权利,意味着权利人可以自由地行使与支配,他人(包括义务人)对权利必须充分尊重,任何藐视或者违反权利的行为都可能会受到法律的追究。凡符合上述标准的对象,才可以进入权利概念的范围。利益却有所不同,利益在这里专指受到法律所保护的利益,简称法益。法益虽受法律保护,但却尚未达到定型化权利的程度,用德国学者施瓦布的话说,就是"尚未达到权利的属性密度"[①]。法益在德国也被称为"框架性权利"。该权利的效力较弱,表现为并非当然存在效力,而往往要通过各方当事人具体利益比较才能确认其效力是否存在。另外,法益的其他法律属性与权利相同,侵害该利益的后果与侵犯权利也相同,然而主要的一点不同在于,法益不像权利那样可以凭借权利主体的意志任意支配。一般而言,法益主要有几类,分别是:(1)营业利益,如商业秘密利益;(2)一般人格利益,指法律未直接规定的人格尊严利益,如身体权;(3)信赖利益,如消费者的知情权;(4)占有利益,指非所有人基于对物的占有事实而享有的受保护的法益。耶林称之为相对于他人的"防御所有权"(das Eigentum in der Defensive)。

对于利益与权利的关系,耶林从理论上作出了进一步阐释,他将权利依实质要素(das substantielle Moment)和形式要素(das formale Moment)作出区分。前者指权利的实践目的,更通俗地讲就是权利人通过拥有权利所欲得到的益处,如获益、财货、价值、享受,等等。后者则指实现目的的手段,如通过诉讼等形式使权利获得保护。一般而言,那些典型的权利或有名权利(如物权、债权)中既包含实质要素也包含了形式要素;而"框架性权利"则是只包含形式要素,并不含有实质要素。[②] 如前所述,意志说反映出传统权利理念,将权利理解为个人对意志的自由支配,这样,权利的概念更多地指向那些包含实质要素的权利,而不包含那些不具支配性的"框架性权利"。换言之,由于法益仅具有权利的形式要素,只能保护,很难像权利那样可以凭意思力加以支配,因而那些缺乏实质要素

[①] 迪特尔·施瓦布:《民法导论》,郑冲译,法律出版社2006年版,页191。
[②] 参见吴从周:《概念法学、利益法学与价值法学:探索一部民法方法论的演变史》,中国法制出版社2011年版,页111。

的权利——法益,长期处于被忽视的状态,人们很少将其当作权利看待。与之相反,目的说将权利理解为法律所保护的利益,而此时利益具有广义性,将包含实质要素的权利和法益(框架性权利)都包括在权利之内。这意味着其权利概念的外延得到最大限度的延伸,故目的说比意志说具有更大的包容性。

同时应该指出,耶林对权利概念范围的扩展意义重大,其突破了权利在人们心目中空洞、僵化以及不容挑战的传统观念,使权利走下神坛,变成了鲜活的、接地气的并与时俱进的全新概念。人们开始改变对权利概念的线性思维,不再在即使双方各自拥有的权利发生冲突与对立时,仍然企图机械和无条件地尊重每一项权利,而是对权利进行逐一的分析与对比,通过利益选择与价值平衡的立体思维模式,找到权利冲突等疑难问题的恰当解决路径。这不仅摆脱了概念法学难以应对权利冲突的尴尬局面,更重要的是,为新时代中社会利益(包括信赖利益)在民法保护对象中的异军突起,奠定了方法论基础。

通过以上质疑,耶林全面检讨了概念法学存在的问题及其形成的原因,并最终"对任何试图用一个抽象的、无所不包的公式来解决控制个人自由问题的做法予以了否定"[①]。在此结论之上,耶林正式抛弃了概念法学,开始依循着"利益——目的"路径,逐渐建立起其关于权利本质的全新理论架构。

应该说耶林利益法学的建立,受到了英国著名学者边沁的影响,作为功利主义的主要创始人,边沁就是通过利益比较来进行法律衡量的,他指出:"决定法律与非法律,只能根据一个对所有的利益——物质的与精神的、暂时的与永存的、现在的与将来的、个人的与普遍的等利益——谨慎的衡量,才能达成。每一个特有的法律关系都是透过这个利益特有的团体而创设下来的"。[②] 在边沁看来,利益属于中性概念,而快乐与痛苦分别代表了利益的正负指标。如果快乐大于痛苦,则利益为正值;反之,利益为负值。同时,获得快乐的人数,也是一个重要指标,因为获得快乐的人数越多,代表法律对其保护的价值越大。因此,边沁所要建立的是一个

[①] E. 博登海默:《法理学——法哲学及其方法》,邓正来、姬敬武译,华夏出版社1987年版,页103以下。

[②] 转引自吴从周:《概念法学、利益法学与价值法学:探索一部民法方法论的演变史》,中国法制出版社2011年版,页200。

考虑到公共利益的法律体系,即法律的目的是为了最大多数人的最大幸福,个别人或少数人的利益要让位于大多数人的共同利益。耶林也正是从这个意义上使用利益概念和进行利益比较的。所以后来学者一般将耶林归类为功利主义者之列。

由此可见,如果说耶林上述对权利概念进行拓展的目的,仅限于抛弃概念法学却不调整个人主义的绝对立场,那就真的如梅迪库斯所说的那样,改变的意义不大了。事实上,恰恰是因为个人主义立场所发生的微妙改变,耶林才鼓起了理论创新的足够勇气。这一改变归结到一点,就是法律单纯从过去重视个人利益,开始向增加社会利益在法律考量中所占的比重转变。耶林认为,个人的存在既为自身也为社会,法律应被看作是"个人和社会之间业已确立的合伙关系"①。因而,法律的目标是在个人原则与社会原则之间形成一种平衡。② 对此耶林具体论述道:"使个人的劳动——无论是体力的劳动还是脑力的劳动——尽可能对他人有益,从而也间接地对自己有益、使每种力量都为人类服务,这是每个独立文明民族都必须解决的问题,并且根据这个问题来调整其整个经济。"③强调人际关系中的利他因素,以及个人与社会之间的利益平衡,就意味着对传统上被过分强化的个人意志与个人自由的抑制,所以在耶林看来:"利益既构成主观权利的实质,它便是全部归属于自由范围的东西,它恰恰就是对一个人的自由加以限制,来保护他人的自由,来保护他人的主观权利。因此所谓主观权利,在实际上只是法律命令限制每个人的自由的反映。"④

总之,耶林所创造的新理论,之所以被称为利益法学,是因为此处利益的含义中具有明显突出社会利益地位的意味,也带有个人利益与社会利益之间比较与平衡的意味。

二、利益法学方法论

利益法学方法论作为一种全新的法学方法论,可以说已经摆脱了传

---

① E. 博登海默:《法理学——法哲学及其方法》,邓正来、姬敬武译,华夏出版社 1987 年版,页 104。
② E. 博登海默:同前注。
③ 转引自 E. 博登海默:同前注。
④ 莱翁·狄骥:《宪法论(第一卷)——法律规则与国家问题》,钱克新译,商务印书馆 1959 年版,页 206。

统上对概念的崇拜和对原则的热衷,脱离了单一逻辑思维,而是把利益置于核心位置,将利益比较作为法律研究和适用的中心任务,形成了一种综合平衡的整体性法律思维模式。根据利益法学的基本观点,社会是由各个不同的社会利益团体所构成,而不同的利益团体具有的自身利益经常会存在相互冲突(如:房主与其邻居、雇主与雇员、医院与患者、机动车与行人、商业机构与消费者,等等),法律固然需要保护各种正当利益,但如果各方的利益存在相互矛盾,法律在定分止争过程中,则需要进行必要的利益取舍与平衡。这时,权利不再是一种绝对的、不受干预的意思支配,而要受到他人利益或社会利益的制约。利益法学进而提出:法是立法者为解决相互冲突的各种利益而制定的原则,因而法是表明某一社会集团的利益胜过另一社会集团的利益,或双方的利益都应服从第三集团的利益。为了获得公正的判决,法官必须首先确定什么是立法者所要保护的利益,因为在相互冲突的利益中,法律所倾向保护的利益应该被认为是优先的利益。在此基础上,通过恰当的价值选择,平衡各种利益,并最终实现冲突的解决。这是法官应采取的正确方法。正是这种从线性思维到整体性思维的转变,最终引发了民法乃至债法的巨大变革。相较于以往概念法学的一潭死水,利益法学具有革命性,其产生如同在法学领域中注入了一股清泉,法学从此又恢复了往日的生机。而作为始作俑者的耶林,对此居功至伟。

然而,利益法学的形成并非一日之功,其经过了耶林和黑克两代学者的共同努力才得以完成。耶林的功绩主要在于,天才地以利益取代了意志,来解释民事权利的本质属性,从而为 20 世纪法律创造了理想的发展空间。不过,正如其继承者黑克所评价的那样,他的理论仅属于"起源的"(genetische Interessentheorie)意义上的利益论,该理论确定了利益在法律形成中的决定性作用,即"法律是由利益、目的所引起与创造"[①]的,换言之,法律规范的形成本质上讲以利益为基础。但是,他并未能在"生产的"(produktive Interessentheorie)意义上进一步发展其利益论,特别是未能认识到法律规范不仅从宏观根源的意义上来自于利益,而且其实"每一个法律诫命都决定了一个利益冲突,每一个法律诫命都以在一个相互

[①] 转引自吴从周:《概念法学、利益法学与价值法学:探索一部民法方法论的演变史》,中国法制出版社 2011 年版,页 239。

对立的利益为基础,仿佛述说着这种冲突利益角力的结果"①。也就是说,每一项法律规范及其具体适用,都是利益衡量的结果。由此,耶林未能将其利益论转化成为一种针对具体法律适用或案件分析的指导理论,用黑克话说就是,"没有足够地细分这种生活作用"②。

黑克对利益法学的主要贡献是在"生产的"利益论方面的续造。在他的努力下,利益法学不仅完成了体系化过程,而且对立法者与适用法律的法官之间的相互关系作出了较好定位。

首先,黑克对利益作出了广义解释和细分处理,他认为,法律所涉及的利益不仅包括了个人利益,也包括了团体利益、公共利益以及人类利益;从利益分类而言,利益既包括了财产利益和精神利益,也包括了伦理、宗教利益,还包括了正义利益和平衡利益,等等。他指出:"任何一种对这个词所作的质的限制(qualitative Einschränkung)都必然会造成而且也已经造成了对这个方法彻底的误解。"③进而,他还对利益冲突本身作出了分类,他提出有三种不同的利益冲突类型,分别是:私权冲突,立法者内部冲突以及强制冲突。

其次,黑克提出,法律是利益衡量的结果,而不是利益衡量的过程。从表面上看,法律规范本身似乎并未反映出利益冲突与衡量,但这不是事实,因为在立法过程中所反映出来的利益冲突被最终的立法所掩盖了,"法律的目的只把得胜的利益彰显出来"④。换言之,并非不存在利益冲突,只不过立法者在相互冲突的利益之间已经作出了选择,而人们所看到的法律规范,正是这种利益选择之后的结果。因此可以说,利益对法律的内容与形成都具有本质性影响。

再有,黑克认为立法者与法官均并非依循自己的价值观来制定或者适用法律,他们必须受到世所公认的价值观念和共同体内通行的伦理和社会观念约束,并将此观念准确反映在立法和司法判决当中。而该社会观念和伦理观念的形成是一个长期过程,是社会上各种利益经过反复磨合、千锤百炼的结果。

---

① 菲利普·黑克:《利益法学》,转引自吴从周:同前注,附录三,页611。
② 转引自吴从周:《概念法学、利益法学与价值法学:探索一部民法方法论的演变史》,中国法制出版社2011年版,页239。
③ 转引自吴从周:同前注,页243。
④ 菲利普·黑克:《利益法学》,转引自吴从周:同前注,附录三,页612。

此外，在立法者与法官的关系方面，黑克也作出了符合社会发展潮流的解释。他提出："现代的法官根本不是法律机器，而是带着较高的自由宽广地作为立法者的助手"①，并将立法者与法官形象地比作主人和忠实而聪明的仆人，当主人发出了含混不清的命令时，仆人应该懂得"思考的服从"，也就是说，仆人不必拘泥于命令的表面含义去机械执行，或者干脆什么都不做，而是应该从主人的立场出发，通过利益比较，准确把握主人切身利益之所在，从而能动地执行命令。他将这称为"利益的探究"，并指出："这种深入的探究是独立自主的仆人的义务。"②在他看来，社会上的各种利益总是处于变化之中，因而法律不可避免地具有滞后性，这在法律适用中往往就表现为"法律漏洞"，此时法官不能拒绝裁判，其重要任务之一是作为立法者的助手，通过对立法者宏观意图的理解，以自由裁量方式填补漏洞，并以此完成法律的续造。

最后，黑克还针对概念法学仅仅是从逻辑整理意义上完成法律体系建构的理论，提出了与之不同的在利益原则指导下的法律体系建构理论。他认为概念法学的错误在于，其以为只要通过逻辑推理就能整理出适当的法律体系，而该体系又能进一步产生合乎需要的新法律规范。事实上这只是法律的外在体系，其对法律发展的意义有限，而真正起决定性作用的恰恰是其内在体系。所谓内在体系是一种价值体系，是在各种利益冲突当中，经过选择与妥协而形成的一系列价值判断规则，这种价值判断规则作为决定性因素会远距离作用于法律制度本身，并依此形成法律的外在体系。可以说内在体系的建构才是关键，其重要性远远大于外在体系的建构。③

与耶林一样，黑克的利益法学具有较多的社会法成分或者说是向社会法发展的趋向，这表现在其利益衡量过程中对社会利益的关注上。关于利益衡量标准，他指出："衡量相互对立的利益是以决定性利益（Entscheidungsinteressen）、较深层存在的共同利益（Gemeinschaftsinteresssn）为基础，它们决定了价值判断，而此时又是再一次的利益的考虑（Interessenberücksichtigung）。在私法领域内的决定性利益，最终涉及的

---

① 菲利普·黑克：《利益法学》，转引自吴从周：《概念法学、利益法学与价值法学：探索一部民法方法论的演变史》，中国法制出版社2011年版，页621。
② 转引自吴从周，同前注，页277。
③ 关于信赖之债内在体系与外在体系的相关论述，参见第十一章第四、第五节。

就是共同体的整体利益。"①

不过,由于利益法学的形成时期正是个人主义与自由主义的鼎盛时期,黑克虽然看到了社会整体利益在衡量过程中的作用,但受限于当时的客观环境以及其主观认识程度,他尚无法像狄骥、涂尔干、埃利希等学者那样坚定地主张社会利益的优越性。因此黑克虽然成功地颠覆了旧的判断标准,却未能建立起一套新的判断标准。他也为此受到了来自两个方向的攻击,一方是传统的概念法学派,而另一方则是更为激进的自由法学派。两个攻击来源虽然基于不同立场,但攻击点却相同,都认为利益法学并没有回答立法者究竟应该适用什么具体标准来界定和衡量利益冲突。例如自由法学派代表人物之一的赫尔曼·伊塞(Hermann·Isay)就曾尖锐地指出,一个方法至少必须告诉立法者及法官:他必须根据何种观点去评价以及去衡量已被评价的利益。它不能只说要评价,而应该告诉我们如何评价②。

这的确触到了黑克理论的软肋,由于受到上述主客观局限,黑克显然无法与绝对个人主义决裂,这决定了他在试图建立社会中各种利益衡量的价值标准过程中,仅仅是浅尝辄止,一旦碰到了强大的反对力量,就只好无奈地退缩回去。例如他曾试图以"法律的直觉"来作为价值判断和利益衡量的根据,他指出:"生活及其要求在其深层之处有着奥秘(Geheimnis)。我们无法根据理性对世界观加以证明。因此,法律获得也共同以直觉(intuitiv)、依据感觉(gefühlsmäßig)为其基础。判决是先透过感觉而获得。然后才是进行规范上的考虑(normative Überlegung)。"③的确,直觉和洞察力是发现法律未来走向的手段之一。这里所谓的"法律直觉",意味着他已经隐约感觉到了法律向社会化前进的脚步,但其知识结构与其所处的历史环境,却无法从理论角度给予他明确的支撑,以至于他只好借助于"法律直觉"来回避个人主义与社会利益之间的巨大碰撞。而且,当各方反对声音日渐高涨,而自己又无法彻底突破个人主义的束缚之际,为摆脱困境,黑克只好在充满荆棘的探索之路上选择了战略性退却,将利益法学降格为单纯的方法论,他指出:"这种自己的评价会与世界观

---

① 转引自吴从周:《概念法学、利益法学与价值法学:探索一部民法方法论的演变史》,中国法制出版社 2011 年版,页 255。
② 转引自吴从周:同前注,页 342。
③ 转引自吴从周:同前注,页 263。

相关联,而建立世界观已经超出了法学的范围。法学及利益法学必须在此问题上打住。……利益法学不是实质的价值学,它独立于世界观,而且它对每一个世界观都是同样有价值的。"①

我们不应苛求黑克,站在 21 世纪的今天回顾历史,我们自然可以较为清晰地看出法律的发展脉络,但要求一百年前的学者不仅具有深邃的历史洞察力,还要具备充分的理论证明力是不现实的。我们只是为黑克扼腕叹息,他也许再努力坚持一下,就可以挣脱传统束缚,使自己的利益法学变成真正的世界观与方法论的统一体了。正是由于黑克的退却,他的利益法学的影响力有所降低,后来所得到的社会评价正如本节开始所提到的那样,意义大体被局限于方法论方面。其实这样评价并不完全公平,正如德国学者恩吉施所指出的那样:"黑克的概论立足于对法的本质和使命的'基本看法',人们可以将此看法仍称为法哲学。"②如果说耶林的利益法学是在个人主义大幕上戳破了一个小洞,而黑克对利益法学的续造就是将这个本不易察觉的破口彻底撕开,透过这个被撕开的缺口,人们开始看到了大幕另一边丰富多彩的景色。事实上,自由法学就是建立在利益法学的基础之上的。可以说,自由法学不过是在利益法学肥沃土壤上开出的另一支鲜艳花朵而已。正是在这个意义上,利益法学并非所谓的"价值中立"或"政治中立"的科学,而是被视为 20 世纪社会法学思潮中独立的一股潮流。

三、价值法学对利益法学的续造

如同黑克继承了耶林的衣钵那样,黑克的支持者们也开始了对其利益法学的再续造,而续造的成果就是价值法学。由于黑克主张以利益作为法律的衡量标准,而衡量的对象恰恰也是利益,这不禁引起了人们的如下质疑:利益既作为标准又作为对象,这似乎存在逻辑上的矛盾。例如拉伦茨就指出:"他对利益的见解时有不同,有时是促进使立法者立法的原因,有时是立法者评价的对象,有时甚至是其评价准则。"③解决这一难题,必须为作为法律衡量标准的利益重新定位,这一定位就是用价值概念

---

① 转引自吴从周:《概念法学、利益法学与价值法学:探索一部民法方法论的演变史》,中国法制出版社 2011 年版,页 346。
② 卡尔·恩吉施:《法律思维导论》,郑永流译,法律出版社 2004 年版,页 231。
③ 卡尔·拉伦茨:《法学方法论》,陈爱娥译,商务印书馆 2003 年版,页 1。

替换利益概念,以价值高低来衡量各种利益在法律中的顺位,因此这种理论被称为价值法学,亦称为评价法学。

价值法学的提出,其实并不是一种真正独立的理论,而是利益法学的延伸,或者说是利益法学的升级版。其出现并非仅仅出于概念修正或逻辑调整的目的,而是基于如下原因:鉴于利益法学将法律的任务定位为利益冲突中的选择与平衡,而社会中的利益错综复杂,分属不同领域和不同层次,例如不分背景与场合地抽象对比一项经济利益和另一项政治利益,或者一项安全利益与另一项财产利益,判断其中究竟哪个利益优先,显然并非易事。欲实现直接比较,需要将上述利益进行某种转化,使其成为可以在同一个平台上加以比较的同类利益(类似于数学中对分母进行的"通分")。价值法学的职能正是完成这种转化,并在此基础上进行利益比较与选择。具体讲,价值法学就是将所有的利益都还原为一定的社会价值,并通过社会价值量的不同来区分利益的优劣与受保护的顺序。因此,价值法学其实就是要建立一个利益的价值评价体系。与此同时,价值法学的出现使利益法学脱胎换骨,彻底摆脱了单纯方法论的认识误区。当代学者越来越多地认识到"任何法律秩序都以特定的价值为基础,任何法律规范都回溯到立法者的价值判断"[①]。因而"任何法理学如果不研究法的价值基础就等于失去了自身对象"[②]。并且进而认识到,"法哲学对法的基本价值的回答随着历史的发展而转换。"[③]

不过,知易行难,如何保证价值评价体系的客观公正性是一个难题,这涉及关于社会正义的激烈争论,因为从不同的立场出发,就会有不同的评判标准和评判方法,也会有不同的评判结果。由此便引发了另一个真正的难题,那就是在每一种自我标榜为最公正的价值评判标准当中,如何准确寻找到最佳标准。事实上,对价值法学标准构建的探索一直都在艰难进行之中,目前仅取得了一些暂时性成果;同样,利益价值评判体系的全面完成也尚需假以时日。可喜的是,随着后来学者对这一问题讨论的深入,大的方向已经明确,那就是沿着法律社会化的道路不断向前推进。几十年来,不少德国学者都曾试图建立自己关于利益价值的客观评价标

[①] 伯恩·魏德士:《法理学》,丁小春、吴越译,法律出版社 2003 年版,页 422。
[②] 伯恩·魏德士:同前注,页 423。
[③] 伯恩·魏德士:同前注,页 422。

准,例如:H.胡布曼提出的价值标准是"符合人性的自然之法";H.科因提出的价值标准是,显现在法律原则中的,超越时代的价值内容。他对此具体论述道:"道德的价值,如平等,信赖,尊重人的尊严,不是其他某一种利益:它们毋宁是私法原本具有决定性意义的秩序要素(即当然尤其是刑法和公法其他部分的秩序要素);它们不是处在待规定的事实构成一旁,而是位居其上。"①另一位学者比德林斯基提出的价值标准是"通过法定范畴筛选之通行的社会评价"②。此外,恩吉施在其《法律思维导论》一书中则提出了以"普遍共同体或特定群体的价值评判"为标准③。齐佩利乌斯更是提出了"具有多数公认力的正义观念"的评价标准,认为:"应寻找尽可能广泛的民意基础(intersubjektive Grundlage),也就是说要从尽可能多的人的法感受,以及以此为基础的,可为大多数人接受的正义观念中去寻找。"④并且反对法官在判案过程中依自己的价值标准,以"高度个人化观点为基础"⑤作出法律评价。当然,除了德国学者以外,其他国家的学者(如庞德、富勒、卡多佐)也都纷纷提出过不少关于利益的价值标准的观点及理由,对此将在后面几节予以讨论。另外,关于社会价值评价体系的建立,难度极大,也极具挑战性,这涉及如何理解当代社会正义的标准问题,本书将在下一章集中探讨。

还需要指出,价值法学对概念法学的否定,根本上讲,只是否定概念法学企图单纯通过概念推理就能完成法律进步的认识论,以及过于僵化和形而上的方法论。但这并不等同于否定法学概念,其实价值法学是在概念推理的方法之外,创造出一种新的法学方法论。从某种意义上说,两种方法论均存在,并各有其适用领域。从社会成本考量,价值法学无法完全替代逻辑推理,因为大多数法律问题均非疑难性问题,仅属于一般性和普遍性问题,衡量价值较为容易,没有必要逐一进行利益的价值比较,只需要按照以前设定好的公式简单推理即可得到正确的结果。况且,作为

---

① H.科因:《私法中的体系,历史和利益》,转引自卡尔·恩吉施:《法律思维导论》,郑永流译,法律出版社2004年版,页239。
② 陈爱娥:《法学方法论导读——代译序》,载卡尔·拉伦茨:《法学方法论》,商务印书馆2003年版,页3。
③ 参见罗伯特·阿列克西:《法律论证理论面临的问题和进路——〈法律论证理论〉导论》,载郑永流主编:《法哲学与法社会学论丛》(四),中国政法大学出版社2001年版,页89。
④ 齐佩利乌斯:《法学方法论》,金振豹译,法律出版社2009年版,页21以下。
⑤ 齐佩利乌斯:同前注,页23。

衡量基础的概念,其形成原本也是来自于价值判断。所以,逻辑推理方法在此类问题的判断上具有最好的效费比。相反,价值法学需要对每一个案中各方利益进行逐一比较,虽然正确率较高,但却具有成本高和效率低的缺点。由此可见,两种方法论各有其优势,具有较强的互补性,可以根据法律判断的疑难程度灵活采用相关的方法论。具体讲,两者在应用中的选择关系如下:第一,逻辑判断着重解决浅层次问题,而价值判断着重解决深层次问题。第二,逻辑判断是在价值判断基础上进行的第二次判断,换言之,价值判断相较于逻辑判断处于优先顺位,因为作为逻辑判断的各项依据,都是建立在价值判断之上的。第三,没有现成法律规则或相关规则本身存在冲突的情形下,适用价值判断,因为逻辑判断此时无能为力。第四,对旧有规则的突破以及发展新规则,适用价值判断。例如当代债法中债的相对性的突破、合同自由的限制、权利滥用禁止、过错原则的突破等,均属此类。前述黑克曾通过对"遗赠案"的分析(见前一节),为我们详细解读了利益比较方法对概念推理方法的优先性应如何具体适用。

四、价值法学与债法转型

如前所述,从概念法学到利益法学和价值法学,表面上似乎仅仅是一种方法论的转变,其实,这一转变的背后却蕴含着世界观的深刻变革,即从一种彻底的、无条件的个人本位向更多关注社会利益的方向转变。这种转变虽然从局部开始并且缓慢地进行着,但随着时间的推移,该变化逐渐显现出了对社会的巨大推动作用,并对法律包括债法的发展方向带来了深远的影响。相较于以往概念法学的一潭死水,利益法学和价值法学具有革命性,如同在法学领域中注入了一股清泉,法学从此又恢复了往日的生机。具体而言,其在债法方面的引领功能主要表现如下:第一,债法的核心从权利转向了利益;第二,债法保护的方向从个人开始转向了社会;第三,债法对社会关系的规制方式,从绝对保护权利转向了利益的相对平衡;第四,债法的具体保护内容从现实利益转向了信赖利益。当然,这种功能表述显然过于简单,本书在后面章节中还将对此予以展开,进行详细阐述(参见第三部分:制度篇)。总之,加强对信赖利益的保护,代表了 20 世纪以后整个债法发展的方向与侧重点,而建立信赖之债则正是其中最大的亮点。

第三节 庞德社会利益理论的启示

20世纪上半叶,法学界高擎利益旗帜的代表人物,除了德国的黑克之外,还有美国的庞德。庞德并未直接使用利益法学的提法,而是创造出了与之相近的社会工程法学。这两种理论属于姐妹理论,具有相同的血缘,都来源于耶林的学说,庞德曾指出:"在法理学上,我更愿意以耶林(Jhering)的利益思想做基础。"①从其理论的具体内容看也确实如此,庞德全盘吸收了耶林从法律目的出发而将利益视为法律本质的观点,并致力于将此理论继续向前推进,以图建立起区别于19世纪的法律新体系。由于庞德敏锐地把握住了社会发展脉络,以当代而非近现代视角审视法律,因而其理论不仅具有鲜明的时代特色,而且对后来的法律乃至债法也产生了深远影响。可以说,庞德的社会利益理论为信赖之债的建立作出了很好的背书,如果没有庞德在法理学领域的贡献,信赖之债的法理基础将会显得苍白无力。

一、庞德对耶林利益法学的继受

不出意料,庞德的理论是从对利益的阐释开始的。他认为:"哪里有许多人发生接触,那里就有人们对享有某些东西和做某事情的各种要求。"②因此,"我们必须以个人对享有某种东西或做某些事情的要求、愿望或需要作为出发点……在法律科学中,从耶林以来,我们把这些要求、愿望或需要称为利益。"③不过,与以前学者不同的是,他不是单纯从权利的确认与保护角度对待这种利益,他认为:"各种利益之间之所以产生冲突或竞争,就是由于个人相互间的竞争、由于个人集团、联合或社团相互之间的竞争,以及由于个人和这些集团、联合或社团在竭力满足人类的各项需求、需要和愿望时所发生的竞争。"④换言之,他没有将利益简单化地区分为只有两种类型——应该保护的利益和应该禁止的利益。因为人们的愿望是复杂的,即使是正常需求,也经常会是相互冲突和彼此矛盾的,

---

① 罗斯科·庞德:《法理学》(第三卷),廖德宇译,法律出版社2007年版,页13。
② 罗斯科·庞德:《通过法律的社会控制》,沈宗灵译,商务印书馆1984年版,页33。
③ 罗斯科·庞德:同前注。
④ 罗斯科·庞德:同前注。

在他看来，"人类的内在本性并不是和谐一致的。它有两面性：侵犯性的、我行我素的一面和合作性的、社会性的一面。前一方面会导致忽视他人的需要而一味追求满足自己的需要，后一方面则使人们在认同共同目标的基础上，与他人在团队和群体中协作"①。因此任何法律必须考量利益的协调与平衡因素。

鉴于这些冲突与竞争在所难免，他提出法律除具有确认与保护功能之外还有如下功能："从功能角度上讲，法律致力于满足、折中、协调这些交错的、经常有冲突的主张或需求——或通过直接、迅速地保护这些利益，或通过保护某些个人利益，或通过界定、折中个人利益——对最大多数的利益或者在我们现代社会中最有分量的利益赋予法律效力，同时使整个利益体系的损失最少。"②

以上论述，几乎可以说均属于庞德从耶林那里继承来的成果，只不过表述更为直接与明确罢了。如果横向比较，这些论述也未超越同时代的黑克的理论。不过与黑克最大的不同在于，庞德没有就此止步，而是沿着利益比较途径继续向前探索。前一节中曾指出，黑克的利益法学受到各方最大的责难就在于，其没有提出界定与衡量利益冲突的客观标准，而黑克囿于主客观条件的限制，无法逾越这一巨大屏障，以致其理论沦为一个"半截子工程"。相反庞德却坚信，即使困难，仍然有必要寻找到一条通往理想的道路，他指出："无疑，我们不能提出一种每个人都必须接受和遵从的价值尺度。但是我们不能因为这一缘故，就必须要把法律秩序搁在一边，直到完成这一不可能完成的任务为止。法律是一个实际的东西。如果我们不能建立一个为每个人所同意的普遍的法律价值尺度，也不能由此得出结论，我们必须放弃一切而将社会交给不受制约的强力。"③

长期以来，人们已经习惯于概念法学那种直接以法律公式作为法律判断的客观标准的做法，而庞德清醒地认识到，社会发展程度会限制人类理论发展水平，社会化相对于过去的个人化和自由化而言，只是新生事物，尚不成熟，所以他并没有打算直接提出一个一目了然的公式，而是从现实出发，采取了较为迂回的方法，逐渐接近真理。为此，他提出了获得

---

① 罗斯科·庞德：《通过法律的社会控制》，沈宗灵译，商务印书馆1984年版，页15以下。
② 罗斯科·庞德：同前注，页244。
③ 罗斯科·庞德：同前注，页52。

实际判断标准的五个步骤:(1)制定一个利益列表,列出要求得到认可的利益;(2)选择和决定哪些是法律将认可和予以保护的利益;(3)确定对选定的利益予以保护的界限;(4)当利益被认可和确定界限后,还要权衡用以保护它们的法律手段;(5)制定利益评价原则。①

二、三种利益划分以及社会利益理论

依照上述步骤,庞德的第一项任务是罗列出所有对法律产生影响的各种利益,并对这些利益进行概括与归纳,这是进行利益比较与协调的前提。由此,庞德提出了其著名的利益分类理论。他将社会上存在的各种复杂利益关系归结为三类,即个人利益、公共利益和社会利益。所谓个人利益,就是直接涉及个人生活,并以个人生活名义所提出的主张、要求或愿望。所谓公共利益,就是涉及政治组织社会的生活并以政治组织社会名义提出的主张、要求和愿望。所谓社会利益,就是涉及文明社会的社会生活并以社会生活的名义提出的主张、要求和愿望。②

庞德对这三种利益进行了详细的阐述,其中,个人利益基本上并未超过本书前面章节所描述的个人主义理念的范围。这在19世纪被人们普遍称为自然权利,即这种利益并非来自于国家,而是来自于"假定的社会契约"或者"抽象的人的本性"③。换言之,这时"抽象的个人被认为是个体的人而不是社会的人"④。庞德认为,个人利益大致包括三种:人格利益(个人人身、自由意志、尊严与荣誉、隐私与情感、信仰与思想)、家庭利益(父母子女利益关系、婚姻利益关系)和物质利益(财产权、营业权、结社自由权、就业权、合同自由权等)。公共利益并非我们日常理解的社会大众的共同利益,而是一种"以有组织的政治社会的名义提出的主张,简单地说,就是国家"⑤。在庞德笔下,国家并非天然代表了社会大众的共同利益,它有着独立而特殊的自身利益,这种利益包括作为社会利益监护者的国家利益(如行政权与司法权)和"作为法人的国家利益"⑥(以国库的

---

① 罗斯科·庞德:《法理学》(第三卷),廖德宇译,法律出版社2007年版,页18。
② 参见罗斯科·庞德:同前注,页34;E.博登海默:《法理学——法哲学及其方法》,邓正来、姬敬武译,华夏出版社1987年版,页141。
③ 罗斯科·庞德:同前注,页20。
④ 罗斯科·庞德:同前注。
⑤ 罗斯科·庞德:同前注,页180。
⑥ 罗斯科·庞德:同前注,页181。

名义,如国家所有权、发行国债等)。国库参与民事活动时所代表的是其自身利益,自不待言;即使国家在以社会监护人身份出现时,尽管其利益通常会与社会利益重合,但也不能排除国家利益与个人利益乃至社会利益存在冲突的情形,例如政府的非法强制拆迁、司法机关因错判形成冤狱等即属于此类。其实,为了方便与社会利益相区分,对该利益与其称为公共利益,毋宁称之为国家利益更为恰当。与前两者相比,庞德最有创意的当属其关于社会利益的分类。庞德为社会利益所下的定义是:"从社会生活的角度考虑,被归结为社会集团的请求的需求、要求和请求。它们是事关社会维持、社会活动和社会功能的请求,是以社会生活的名义提出、从文明社会的社会生活的角度看待的更为宽泛的需求与要求。"[①]从这一定义可以看出,庞德的社会利益其实是一个意涵广泛且丰富的概念,凡是维持其理想中文明社会正常运转和不断前进所必需的各种利益关系均包括在内。这种利益并非某一特定化的利益,而是基于整体社会目的的需要而产生并随社会目标变动而随时转化的,其中既包括了独立于某类特定主体之外的抽象利益,也包括了与社会不断文明化这一基本目的相一致的个人利益和公共利益(国家利益)。总之,只要是在最低限度内牺牲其他利益的情况下,能最大限度地促进社会文明发展的利益就是社会利益。庞德将社会利益归纳为以下几种:公共安全利益、社会制度安全利益、公共道德利益、社会资源利益、公共发展利益以及个人生活利益,并以大量篇幅对其进行了详细论述[②]。现仅选取与本书主旨最为密切的其中两项加以解读。

第一项是公共安全利益。庞德认为必须首先考虑公共安全这个社会利益,他引用一句法律格言:"人民安全是最高的法律",并由此出发,将经济关系中的公共安全利益归结为如下利益:"在一个经济发达的社会,它表现为另外两种紧密相关的形式,就是取得安全的社会利益和交易安全的社会利益。"[③]他接着指出:"现代法院逐渐看到这里有比原告、被告的个人利益更重要的东西。他们逐渐认识到成文法的基础一方面是在取得安全中的社会利益,这就是要求所有权不能毫无保护地面对不确定的侵

---

① 罗斯科·庞德:《法理学》(第三卷),廖德宇译,法律出版社 2007 年版,页 19。
② 参见罗斯科·庞德:同前注,页 203—244。
③ 罗斯科·庞德:同前注,页 219 以下。

犯；另一方面，其基础也是交易安全中的社会利益，要求过去的交易不能受制于不确定的追索，因为这样会扰乱信用，干扰商业和贸易。"① 这两种安全是指《法国民法典》第 2279 条、第 2280 条所规定的基于占有取得所有权的情形，以及其改进版《德国民法典》第 932 条所规定的动产所有权善意取得的情形。这种财产所有权的取得突破了罗马法关于"没有人能转让比自己所拥有权利更多的权利"的原则，使法律站在了通过交易去获取权利一方的立场上，为了保障买方对卖方拥有权利的合理信赖（这是具有社会意义的利益），不惜牺牲原物所有者的利益。也就是说，前两者代表了更高层面公共安全的社会利益，其地位优于较低层面个人所有权所代表的个人利益。

第二项是个人生活中的社会利益。在庞德看来，文明社会的社会生活要求"每个人都能根据社会标准在那里过一种社会化生活"②。文明社会应该能够满足个人实现"个人自我主张、个人机会和个人生活条件"③等各项利益需求。自我主张是指个人的基本自由，其中最重要的部分是个人的意志自由；个人机会是指所有个体应当在政治、经济、文化、社会等诸方面均拥有公平或合理的机会；个人生活条件是指在每个人具体所在的时空条件下，确保他至少具备维持人类生活的最低条件。这表面上虽然似乎仅针对个人利益，其实这体现了社会利益，只不过此时个人利益与社会利益相重合罢了，因为一个和谐、文明的社会需要让正当的个人利益得到满足，这本身就体现了一种社会整体利益。

应该说庞德的社会利益理论具有创造性，因为在之前的个人主义社会中，只强调两种利益关系，即个人利益和国家利益。个人享有自由权，国家享有警察权。虽然这两种利益之间经常会发生碰撞与摩擦，但毫无疑问是个人利益优先。拥有警察权是为了使国家可以扮演好守夜人的角色，进而使个人利益最大限度得以实现。然而庞德根据社会进步的现实，发现在这两种利益之外又产生出了第三种利益——社会利益。他同时认识到，这种利益不仅是客观存在，并具有独立的社会价值，而且其地位不断上升，甚至已经在某种程度上超越了个人利益和国家利益。他指出：

---

① 罗斯科·庞德：《法理学》（第三卷），廖德宇译，法律出版社 2007 年版，页 220 以下。
② 罗斯科·庞德：同前注，页 238。
③ 罗斯科·庞德：同前注。

"耶林在 1884 年所写的划时代著作的影响,在半个世纪以后才开始在美国一般地为人们所感到,显然,人们不能有把握地说,我们最后将怎样对这一世纪各种相互竞争的和重叠的利益去进行评价,但是今后法学思想的道路的某些部分已经是清楚了,它似乎是一条通向合作理想而不是通向相互竞争的自我主张理想的道路。"①

这些发现无疑具有重大历史意义,它颠覆了 18、19 世纪以来一直居于统治地位的个人利益优先的思想观念。在其影响下,作为调整社会关系工具的法律,必然会发生深刻的改变。尽管不能说法律在当代的变革就是因为庞德上述理论带来的结果,但不可否认,其理论对 20 世纪法律社会化具有极为重要的意义,民法乃至债法向道德化、信赖化的转变均与此密切相关,信赖之债理论也是在此大背景下方得以产生。

三、社会利益优先

与此相关的另一项重要贡献是,庞德的三种利益划分理论将黑克的利益法学向前实质性推进了一步。如前一节所述,黑克根据时代的呼唤,其实已经提出了利益法学的社会法命题,但是在众人群起围攻之下,他又退回到自然法时代,将自己的理论自动地降格为一种单纯的方法论。究其原因,就在于黑克未能发现并归纳出当代已经实际存在着一种能够支撑建立利益比较原则的基础——社会利益,他对利益的比较,仅停留在具体的个体利益之间,无法真正跳脱个人利益优先的窠臼。所以,他利用利益比较方法,尽管可以在某一具体案件中做到正确的利益选择,但由于缺乏一种宏观利益选择理论的支撑,以至于在多重复杂和利益交织的关系中,难以建立起一种具有普遍意义的利益选择标准。故其具体的选择经常被攻击为随意而为也就不足为奇了。

与之相反,庞德提出三种利益划分理论和社会利益优先理论,对原有错综复杂的各种利益进行了类型化处理,寻找到了因社会现实改变而出现的全新性质的社会利益,从而使性质不同但却属于同一层次的利益之间具备了相互比较的条件。换言之,黑克的利益比较是在两个具体的个体利益之间进行的,如果两个来源均正当的个体利益发生冲突时,哪一个优先?黑克难以提供准确的客观标准。庞德则不然,他会在两个冲突的

---

① 罗斯科·庞德:《通过法律的社会控制》,沈宗灵译,商务印书馆 1984 年版,页 60。

利益中寻找出究竟哪一个符合社会利益,然后根据社会利益优先的原则,作出实际的利益选择。因为法律保护符合社会利益的个体利益,其实是在保护社会利益。用庞德的话说就是:"将个人利益汇入社会利益,并这样去权衡它们是非常重要的。"①可见,正是由于庞德在世界观方面的认识比之前理论界的认识有所前进,即发现了独立的社会利益,并将其置于优先位置,所以,利益比较方法论才摆脱过去的瘸腿状态,开始真正发挥出巨大的理论推动作用。

四、建立利益比较平台

要进行利益比较就要有利益比较平台。事实上,利益比较并不简单,原因在于利益仍然是一个相当抽象的概念,其内部关系十分复杂,当三种利益均存在并发生冲突时,被冠以社会利益之名的利益也并不一定就永远优先,当另一种利益与更高级别的社会利益具有一致性时,其完全可能会超越某项社会利益。庞德清楚地看到了这一点,知道"这是一个令人望而却步的艰苦工作"②,因而他指出:"所有利益不能全部得到保护也不能彻底地得到保护,因为许多利益是交错的,或多或少有冲突的。如何衡量这些利益就成为摆在我们面前的一个问题"③。如何解决这一难题? 对此他给出的答案是首先建立起统一的利益比较平台:"在考虑到其他主张或需要的基础上权衡、评判主张或需要时,必须小心地在同一水平上比较它们。"④这也就是本书前一节所说的进行利益"通分",而"通分"的结果就是将相互难以比较的利益转换为容易比较的利益——价值,然后通过利益的价值衡量完成法律对所保护利益的选择。不过,庞德反对机械地进行个人利益与社会利益的简单比较,反对将"各个要求可以绝对地、一劳永逸地归入个人范畴或社会利益范畴"⑤。而是认为"应当将个人的要求放在更大的背景下考察,将它们置于某些社会利益之下,由此将个人的要求与他人的要求放在同一水平上考虑"⑥。

---

① 罗斯科·庞德:《法理学》(第三卷),廖德宇译,法律出版社2007年版,页248。
② 罗斯科·庞德:同前注。
③ 罗斯科·庞德:同前注,页246以下。
④ 罗斯科·庞德:同前注,页247。
⑤ 罗斯科·庞德:同前注,页250。
⑥ 罗斯科·庞德:同前注,页250以下。

庞德的思路与价值法学异曲同工，都是欲将利益置于价值平台上，以期找到简明、直观的评价标准。他指出："价值问题虽然是一个困难的问题，但它是法律科学所不能回避的。即使是最粗糙的、最草率的或最反复无常的关系调整或行为安排，在其背后总有对各种相互冲突和相互重叠的利益进行评价的某种准则。"①不过鉴于理论尚属初创，以及各种利益架构尚处于不断磨合与调整过程中，利益客观价值评价标准的建立不可能一蹴而就。即便如此，向这一目标前进的任何努力都是值得肯定的，庞德所采取的正是这种务实策略。他认为可以通过渐进方式来不断靠近目标："作为一种实际活动的各种假设，它们为了某种实际活动的需要，已经相当接近真实。被近代各种法律体系所假设或接受的价值尺度，即使我们不能证明它们，我们却可以利用它们，把它们看作为了我们的实际目的已经足够地接近于真实。"②

五、对利益比较标准的探索

庞德的另一项任务，就是确定落实具体方式和步骤。具体而言，首先，建立利益价值评判的参考系。也就是说，寻找到影响价值评判的各种因素，诸如前面提到的人格利益、家庭利益、物质利益（经济利益）、作为社会利益监护者的国家利益、作为法人的国家利益、公共安全利益、社会制度安全利益、公共道德利益、社会资源利益、公共发展利益以及个人生活利益，等等；然后将这些因素依其重要性进行顺序排列。当然，排列顺序并非一成不变，而是根据一定的价值取向因时因地制宜地进行。

其次，确定建立客观评价标准的价值取向。博登海默在评价庞德的观点时曾失望地写道："庞德拒绝就上述利益评价问题进行表态。他认为，在一定的时期可能应该优先考虑一些利益，而在另一时期则应该优先考虑别的利益……这就给法学家提出了一项不确定的任务。"③爱尔兰学者凯利对此也表达了同样的情绪："不幸的是，这一方案并没有，也不能提出计算公式，使得我们在具体情境中能够衡量这些利益的各自分量。……不能告诉我们国家安全的利益可以在何种程度上逾越民事权

---

① 罗斯科·庞德：《通过法律的社会控制》，沈宗灵译，商务印书馆1984年版，页50。
② 罗斯科·庞德：同前注，页52以下。
③ E.博登海默：《法理学——法哲学及其方法》，丁小春、吴越译，华夏出版社1987年版，页141以下。

利。……庞德的方案是对现代立法者肩负的任务所作的一个分析。而且,这一方案不具有任何革命性。"①

应该说上述评价仅在一定程度上是正确的。的确,庞德没有给出利益评判的具体价值标准,但这不等于说庞德对此没有倾向性意见,事实上着眼于 20 世纪法律的社会化发展方向,他提出了建立相关标准的若干价值取向:第一,法律的道德化。强调法律主体同时也是道德主体,应该"将道德义务纳入法律义务"②之中。以庞德之见,道德的脚步在 20 世纪已经远远走在了法律之前,道德之中体现出的社会利益原则,应当被法律所借鉴与吸收。第二,法律"应该深入实质(substance)而非形式(form),关注精神而不是仅关注字面含义"③。这是指以前概念法学那种基于个人主义而形成的僵硬与武断的形式正义,应该被当代广泛社会利益背景下而形成的实质公平与正义所取代。第三,诚实信用观念的引入。即个人不应使他人基于其行为的正当预期落空。④ 这是典型的个人主义向社会利益靠拢的表现。第四,一方不得以牺牲别人的利益为代价获得不正当的利益。⑤ 任何一方拥有权利,并不意味着其可以毫无节制地使用权利,因为权利并非单纯的自由意志,如果权利拥有者滥用权利,使他人正当利益受损,将对社会利益产生破坏作用。上述价值取向虽然较为粗线条,具象程度不足,但社会价值取向却十分清晰。用庞德的话说就是:"个体利益充其量不会处于比社会利益更高的地位,而且这些个体利益一般正是借助于赋予其效力的社会的力量才具有了法理上的重要价值。因而,对个体利益的强调逐渐过渡到了对社会利益的关注。……这一法律的新阶段可称作法律的社会化"。⑥ 应该说在如此错综复杂的利益纠葛中抽丝剥茧,难度可想而知,本不应指望以简单方式获得答案。正如阿玛蒂亚·森所指出的:"允许判断的不全面性或承认没有一劳永逸的定论,这不意味着某一方法的失败。"⑦事实上,庞德这种由表及里,通过不断强化社会利益保护而逐渐接近真理的做法本身就值得高度肯定,这也为后继

---

① J. M. 凯利:《西方法律思想简史》,王笑红译,法律出版社 2002 年版,页 346。
② 罗斯科·庞德:《法理学》(第一卷),余履雪译,法律出版社 2007 年版,页 334。
③ 罗斯科·庞德:同前注,页 338。
④ 罗斯科·庞德:同前注,页 339。
⑤ 罗斯科·庞德:同前注,页 341。
⑥ 罗斯科·庞德:同前注,页 355。
⑦ 阿玛蒂亚·森:《正义的理念》,王磊、李航译,中国人民大学出版社 2012 年版,页 89。

者在这条路上继续探索指明了方向。

再次,确定当代文明社会的基本要求。在庞德眼中,当代社会应该是文明社会,而文明社会属于高等级社会,其必须达到较之近现代社会更高的基本要求。庞德罗列了五种法律假定作为判断社会文明程度以及确定那些被认可和被保护利益的判断标准。① 这五种假定可以分为两个部分,前两个假定属于从传统社会继受而来的结果;后三个假定则属于根据社会进步而形成的较高标准的社会要求。

前两个关于文明社会的法律假定分别是:假定一,"人们必须能假定其他人不会故意对他们进行侵犯。"②假定二,"人们必须能假定他们为了享受其利益的各种目的,可以控制他们所发现和占用的东西,他们自己劳动的成果和他们在现行的社会和经济秩序下所获得的东西。"③这其中,假定一所对应的民法规范是侵权制度,假定二所对应的民法规范则是物权制度和合同制度。应该说,这是近现代以来一直为民法所秉持的观念,至今也未改变。

从假定三开始则属于对新的文明社会的要求。假定三,"人们必须能假定与他们进行一般社会交往的人将会善意地行为。"④假定四,"人们必须能假定那些采取某种行动的人将在行动中以应有的注意不给其他人造成不合理损害的危险。"⑤假定五,"人们必须假定那些持有可能约束不住或可能逸出而造成损害的东西的人,将对它们加以约束或把它们置于适当范围内。"⑥与前两项假定不同的是,后三项假定的出现是当代社会利益受到重视的结果,当代社会人与人之间联系的紧密程度,决定了人与人之间客观上的相互依赖性,决定了人们交往中对他方存在着相当程度的合理期待,而他方对此必须报以善意,否则社会将根本无法正常运行。善意只是一种形象比喻,它意味着当代社会中,即使是表面上利益无关的人之间,甚至利益存在对立的人之间,也已经不能像近现代社会那样,可以对他人利益轻易采取漠不关心的态度,只要做到不故意侵害他人即可。

---

① 参见罗斯科·庞德:《通过法律的社会控制》,沈宗灵译,商务印书馆1984,页54以下;罗斯科·庞德:《法理学》(第三卷),廖德宇译,法律出版社2007年版,页7以下。
② 罗斯科·庞德:《通过法律的社会控制》,廖德宇译,商务印书馆1984年版,页54以下。
③ 罗斯科·庞德:同前注,页55。
④ 罗斯科·庞德:同前注。
⑤ 罗斯科·庞德:同前注。
⑥ 罗斯科·庞德:同前注。

他需要做的比这更多,他必须站在对方立场上设身处地为对方着想。比起近现代社会,在交易中他必须更多地考虑到对方的知识、信息占有以及认识能力等方面的缺陷,向其提供约定以外的说明、通知、协助等服务;在交往中他必须充分注意他人在其所控制的范围内可能遭遇的危险,并及时采取提示、保护等必要手段以防止损害的发生;另外他也不能利用别人出于无心、莽撞或过度关切等心理因素,而有意无意地获取不义之财。换言之,法律出于社会利益的需要,改变了过去对注意义务的界限要求,重新界定了"给其他人造成不合理损害的危险",从而给另一方施加了更多的要求。之所以如此,是因为以此原则而设立的新的是非标准,是维持当代社会合理运行所必需的。更有甚者,根据假定五,为了社会整体安全的需要,人们有时甚至对于自己通过主观努力仍然无法防止的损害(如高度危险业务致人损害)也必须负起法律上的责任。总而言之,原本属于道德情感方面的行为规范,被移植到法律规范当中,社会的进步,使得道德义务变成了法律义务,出于良心与情感的非议与谴责被硬性的法律制裁所替代。这就是前面所提到的当代社会法律的伦理化过程,而这种法律伦理化其实也可以被认为是法律社会化的另一种表述。

最后,确定寻找和辨别价值尺度的方法。在建立起价值评判的参考系并确立了评价标准的价值取向及对文明社会的基本评价标准之后,对当代社会中各种利益的鉴别与衡量就有了大致的方向与轮廓。而剩下的问题就是通过何种具体方法来完成上述任务。

欲做到这一点,依然需要克服许多困难。原因在于原本作为法学研究最得心应手的工具——概念法学,在此处几乎没有用武之地,而新的完整理论体系尚未建立起来,人们(包括博登海默和凯利)无法按过去所习惯的那样,建立新的法律公式加逻辑推理模式并轻易地得出正确结论,必须寻找新的可行方法。对此庞德给出了三个具体方法,分别是:经验、法律假说以及公认的社会观念。

所谓经验方法,就是指"从经验中寻找某种能在丝毫无损于整个利益方案的条件下使各种冲突的和重叠的利益得到调整,并同时给予这种经验以合理发展的方法"[①]。经验来自对事物的观察与探索,而理论往往是经验总结后的产物。由此出发,当新生事物出现而缺乏理论对其规划与

[①] 罗斯科·庞德:《通过法律的社会控制》,沈宗灵译,商务印书馆1984年版,页53。

指导时,不断积累经验就变得非常重要了,法律发展亦遵循这一规律。美国大法官霍姆斯曾说过一句名言:"法律的生命始终不是逻辑,而是经验。"[1]这是说,通过脚踏实地获得的知识远比通过空洞逻辑推理获得的知识更为可靠。事实上,当两种利益发生冲突而理论上却没有解决问题的实际办法时,通过经验而进行的利益权衡往往能够找到一个适宜各方的大体妥协方案。

当然,法律不可能永远停留在经验阶段,为了使具体经验真正具有普遍指导意义,其还应该上升为理论,因此庞德提出了第二种方法——法律假说。假说就是一种理论模型或公式,但由于缺乏实践检验,因而只是一种理论推测,这种推测经常会存在错误或不完善之处,现实中往往需要通过不断试错的方式来验证和提供改进思路。随着时间的推移,理论逐渐成熟,从易到难,从简单到复杂,从具体到整体,最终可以形成一套具有实际指导意义的法律理论。

第三种价值尺度来自被社会所公认的权威性观念,即社会主流价值观。根据社会的发展,社会主流价值观在不断演变,从17世纪至19世纪,个人独立存在,在各方面均属于自足的个体,其通过自由竞争完成自我实现,这就是当时的主流价值观。而法律的目的就是保护这种独立、自由与竞争,换言之,就是要反映这种价值观。不过,20世纪之后,社会价值观开始了新的演变过程,庞德就此罗列了六大方面[2],这里仅抽取其中两方面加以阐述:一个方面,社会开始摒弃萨维尼所创造的强调主观事物的意志理论,而发生了向强调客观事物的转变。其实这就是指前面讨论过的权利本质究竟是主观意志还是客观利益的问题。另一方面,社会开始强调关注具体人的具体利益和要求,而不再强调抽象人的抽象意志。19世纪以前形而上学意义上的个人自由意志曾经被强调到无以复加的地步,这种完全出于抽象个人保护的观念,已经与当今社会基于人与人之间具体的合理相互依赖与期待而引发的与人为善的价值观念相背离。

总而言之,庞德所进行的一切关于区分不同利益类型、建立利益比较平台以及确立价值评价标准和方法等的努力都是值得肯定的,也是卓有

---

[1] O. W. 霍姆斯:《普通法》,转引自伯恩·魏德士:《法理学》,丁小春、吴越译,法律出版社2003年版,页1。

[2] 罗斯科·庞德:《通过法律的社会控制》,沈宗灵译,商务印书馆1984年版,页58以下。

成效的。尽管受限于社会发展阶段,其并未能如人所愿地端出一份制作精良的完美蛋糕,但其研究指向明确,思路正确,理论铺陈充分。

六、庞德的理论对当代债法发展的启示

作为阶段性研究成果,庞德的理论为其后继者着手建立利益评判客观标准打下良好基础。与此同时,他的理论无疑也给我们今天对债法发展前景的思考提供了有益的启迪。启迪具体表现在以下三个方面:

第一,近现代社会,债法以保护个体利益为最高宗旨,尽管当国家以"法人身份"参与民事活动时,也受到债法的保护,但这与债法对私人的保护不可同日而语。然而,当代社会出现了全新且独立的社会利益,此时情形变得完全不同了,由于社会利益地位的全面迅速提升,已经达到甚至超过个体利益的重要程度,所以债法在保护个体利益的同时,必须将社会利益也纳入其保护范围。事实上,当上述汹涌而来的社会利益大潮以命令式口吻要求法律对其提供保护时,原有法律对此明显严重准备不足,无奈之下,债法只能采取确立抽象的诚实信用、公序良俗及权利滥用禁止等原则作为立法的应急之策;在司法过程中,法官则只能提供法律的变通性解释、扩大自由裁量权以及法官造法等方式来加以应对。而庞德在此给我们的启示是,随着社会利益地位的最终确立,债法必须改变过去那种狭窄的保护视野,在保持对原有各种利益调整与保护的同时,对社会利益也要提供全面的法律保护。

第二,近现代社会债法的任务仅在于解决个人与国家之间以及个人相互之间的利益冲突。在个人本位传统之下,债法着重保护个人利益,国家不得出于自身利益擅自干预个人意思自治和契约自由,因而个人利益与国家利益的冲突较易解决;在解决个人之间的利益冲突中,债法所依据的则是平等、自愿、等价有偿等保护原则,并不刻意强调对某些特定主体提供特殊保护。然而,当代社会由于出现了独立的社会利益,而且该利益的地位与价值日益突出,例如在商品交换中,并非基于合同约定,在各方彼此之间也会产生主观上的合理期待(如获得对方必要的通知、说明、提示等);在人际交往中,由于人们之间事实上存在着19世纪以前社会所无法比拟的紧密联系,彼此间的客观相互依赖已经成为常态,因而任何人都不能像传统社会那样,对待他人的人身或财产安全在任何时候都可以采取漠不关心的态度,相反需要从善意的立场更多地关注他人切身利益(如对他人实施保护或协助等)。这些对他人利益的"额外"关注与照顾,表面上针对的是他人的个人利益,实质上该利益却代表社会的整体需要,与社会利益具有一致性,因而该利益本身就是社会利益,具体表现为社会信赖利益。可见,当代债法的重要任务之一就是必须解决在个人利益与上述社会利益发生冲突时的选择问题。在这一问题上庞德给我们的启示是,作为社会利益的信赖利益虽属于新兴利益,但由于其是维系当代社会正常运行和顺利发展的关键性因素,其地位与作用日渐突出,从长远观点看,信赖利益已经或必将超越个体利益而成为法律保护的重点,所以债法的社会化改造就成为了一项紧迫的任务。

第三,当代债法要突破个人主义藩篱并建立对信赖利益的保护机制,需要的是从顶层设计到系统性集成再到具体规范的制定与落实。庞德帮我们进行了基础性论证与宏观方向的趋势性把握,在此基础上我们可以相对容易地建立起债法信赖利益保护的基本原则,这一任务经过各国法律的共同努力,已接近完成。然而前面还有一系列新的任务等待完成,那就是构建信赖之债的法律体系,形成相关利益选择的具体标准,以及建立法律适用的相关具体规则与步骤(参见第十三章第一节)。任重而道远,只要我们把握航向,保持信心,坚持原则,同时善于协调,灵活应对,化解冲突,以信赖之债为代表的债法社会化进程,一定会脚踏实地地向前推进。

第四节　富勒法律道德化思想的启示

通观 20 世纪各国法学界,除了前述黑克和庞德的社会法理论之外,还有一大批学者也在各自学术领域内始终不懈地坚持着社会法理论导向,并取得了一系列重要的研究成果,而这些成果或间接或直接地承认了存在着法律上独立的社会信赖利益,同时这些成果也在更具体的层面为债法对信赖利益的保护提供了极好的注脚。富勒就是其中较为典型的一个。作为美国著名学者,富勒虽然被认为是 20 世纪新自然法学派的代表人物,但深究其理论,会发现他的观点中含有大量社会法理论倾向。早在 1936 年,他发表了《合同损害赔偿中的信赖利益》一文,文章借鉴了耶林关于信赖保护的观点,首次提出了信赖利益的概念和对损害信赖利益的赔偿问题;1964 年他又出版了著名的《法律的道德性》一书,详尽探讨了道德观念与道德规范对法律的影响。

一、愿望的道德和义务的道德

在富勒看来,法律作为人类社会的规范,面对的对象是主客观相结合的人,人作为社会性存在的动物,决定了法律本身脱离不了社会目的与社会价值,故研究法律必须以此为出发点,信赖利益恰恰由于具有社会价值而应当成为社会目的,也因而成为法律保护的目的。由此出发,他将道德区分为两类,分别是愿望的道德和义务的道德。所谓愿望的道德,是指"善的生活的道德、卓越的道德以及充分实现人之力量的道德"[1]。该道德"以人类所能达致的最高境界作为出发点"[2]。而义务的道德"则是从最低点出发。它确立了使社会秩序成为可能或者使有序社会得以达致其特定目标的那些规则。……它会因为人们未能遵从社会生活的基本要求而责备他们。"[3]以一种形象的方式来比喻:"义务的道德'可以比作语法规则';而愿望的道德则'好比批评家为卓越而优雅的写作所确立的标准'"[4]。更通俗地讲,愿望的道德是指一种高尚的、值得推崇与颂扬的行为,如舍己为人、大公无私等。该行为虽然是人们追求的楷模,但却无法要求每个人必须做到。而义务的道德则属于基本社会行为规范,要求社会成员必须做到,如不随地吐痰、不说脏话等。之所以作出上述区分,其意义在于,"愿望的道德与法律不具有直接的相关性"[5],因为"法律不可能强迫一个人做到他的才智所能允许的最好程度"[6];相反,法律只和义务的道德有关,根据法律与道德的一致性,违反义务的道德的行为才有可能违法,并受到法律的制裁。正是从这个意义上,富勒说:"要寻找可行的裁断标准,法律必须转向它的'表亲'——义务的道德。"[7]

二、道德尺度划分的根源——互助合作成为现实需要

在区分了两种道德之后,紧接着富勒从理论上为两种道德的划分提

---

[1] L.富勒:《法律的道德性》,郑戈译,商务印书馆 2005 年版,页 7。
[2] L.富勒:同前注,页 8。
[3] L.富勒:同前注。
[4] L.富勒:同前注。
[5] L.富勒:同前注,页 11。
[6] L.富勒:同前注。
[7] L.富勒:同前注。

供了一个价值尺度。他写道:"当我们考虑各种类型的道德问题的时候,我们可以很方便地设想出某种刻度或标尺,它的最低起点是社会生活的最明显要求,向上逐渐延伸到人类愿望所能企及的最高境界。在这一标尺上有一个看不见的指针,它标志着一条分界线——在这里,义务的压力消失,而追求卓越的挑战开始发挥作用。"①事实上,这条分界线极为重要,因为它代表了社会整体的价值取向。同时这条界线应划在何处又是一个难题,因为改变划线位置将会对社会既有利益关系造成重大影响。富勒充分认识到了这一点,他指出:"我认为去找那枚指针的准确位置是社会哲学的一道基本难题。如果它被定得过低,义务的概念本身便会在只适合于较高层次的愿望的道德的那些思维模式的影响下解体。如果这枚指针的位置被定得过高,义务的严苛性就升高到窒息追求卓越的强烈欲望的程度"②。

这一指针的定位在19世纪曾经并不怎么困难,那时以康德伦理人格主义为核心的个人主义理念早已稳居统治地位,只要是在个人积极自由和消极自由的范围内,其行为不仅合法,也符合社会道德规范。③但20世纪之后,定位之所以变得困难了,是因为以前那种绝对个人主义道德规范已经随时代的进步而发生了改变,根据社会整体发展目标,原本属于愿望的道德领域内的道德法则已经开始转向了义务的道德领域,只不过这一转变正处于进行时,而且是一个渐变过程,其程度与范围无法准确厘定。换言之,在法律和道德体系内,个人主义与社会利益正处于此消彼长的微妙阶段,富勒尚难以对两者关系的定位作出准确判断。但有一点可以肯定,即20世纪后的明显趋势是,法律与道德不再是个人主义的一统天下,社会利益在其中所占分量已经变得越来越重了。

其实,富勒内心对此充满了彷徨,一方面他向往着新社会人与人之间因紧密联系而形成的互惠关系,另一方面,他又对个人独立与自由的既有社会本质保持着相当的留恋之情。于是他以圣经中耶稣讲述的撒玛利亚人救人的故事(本书前面曾多次提到)表达其矛盾的心情④,对与己无关的受伤者是否有道德上或法律上的救助义务呢?富勒认为这种义务如果

---

① L. 富勒:《法律的道德性》,郑戈译,商务印书馆2005年版,页12。
② L. 富勒:同前注,页197。
③ 具体可参见本书第五章第一节内容。
④ L. 富勒:《法律的道德性》,郑戈译,商务印书馆2005年版,页210以下。同时可参见本书第三章第一节内容。

存在,也不能从义务的道德中获得,而只能从愿望的道德中获得,因为每个人都是自由的,无人能够强迫其救助与自己无关的人。不过,他马上又从另一角度否定了自己的这一主张:"我相信这样一项原则是存在的。在这种情况下,愿望的道德可以发出与义务的道德同样的强硬命令,因此,两种道德之间的区分在这一点上消失了。愿望的道德毕竟是一种人的愿望的道德。它如果不顾及人类的特有品质,便会陷入自我否定之中。"①为什么原本属于愿望的道德领域的事务却被富勒划入义务的道德领域了呢？他在此给出的理由虽然是"人类不能自我否定",但显然这并非其理由的核心之处,在他心目中,正在酝酿着的真正原因应该是:居于社会共同体内的人类共生共存的客观事实和共同需求。对这一点富勒自己也有论述,他指出:义务的道德"假定人们彼此之间有着活生生的接触,或者是通过一种明显的互惠,或者是通过体现在一个有组织社会的种种行使当中的隐含的互惠关系"②。也就是说,其实正是因为人与人之间的接触与互惠的紧密关系,使人们之间客观上存在相互救助的必要,因而使得愿望的道德有了转换成为义务的道德的必要性。他对此进一步肯定道:"我认为,这则寓言(关于撒玛利亚人救助伤者的寓言——引者注)的意思不是我们应当把每个人都纳入到道德共同体当中,而是说,我们应当有志于抓住每一次机会来扩展这一共同体,并且最终将所有抱有善意的人们都纳入到这一共同体(如果可能的话)。"③这才是富勒的真正理由。尽管他认为人都是自由的个体,具有独立性,但人类更生活在共同体当中,或正在被纳入共同体的过程中。陌生的受伤者应该得到他人的救助,这不仅出于愿望的道德,也出于共同体内部的义务的道德。未来随着义务的道德的指针根据社会需要而不断向上移动,以及道德共同体需要向全社会扩展,基于法律与义务的道德的一致性原则,即使对于陌生人而言,关注、帮助及救助的行为在必要时也会成为一种法律上的义务。

那么,这种人际互助关系的根源何在呢？富勒从更深层面作出了分析:"人之所以能够生存到现在,是因为他的交流能力。在其与其他物种——这些物种往往比人更强壮,而且有时还具有更敏锐的感觉能

---

① L. 富勒:《法律的道德性》,郑戈译,商务印书馆 2005 年版,页 211。
② L. 富勒:同前注,页 210。
③ L. 富勒:同前注,页 211。

力——竞争的过程中,人到今天已经是胜利者。他之所以能够取得胜利,是因为他能够获取和交流知识,也因为他能够有意识地、精心谋划地促成与其他人的通力合作。……交流不只是一种生存的手段(a means of staying alive)。它是一种生存方式(a way of being alive)。正是通过交流,我们得以继承过去的人类努力的成就。……我们完成彼此之间交流的方式和时间可能会扩展或缩小生活本身的疆界。"[1]与个体的独立、自由的个人奋斗相比,人际的相互交流、学习、互利合作更能使人类在物种竞争中脱颖而出。人们之间的相互依存,并非源于人类软弱的被迫所为,而恰恰是人类发展最重要的路径。在可见的将来,人类仍将会沿着这一路径砥砺前行,会在更大范围和更高程度上进行协作,人类的共生共存、互助合作会成为未来社会的主要特征。后来的著名学者阿玛蒂亚·森其实正是在此理念的基础上,以同一个寓言故事来借古喻今,并将旧约中"爱邻如己"道德箴言的范围扩充至全世界,提出"人人都可以成为邻居"的主张[2]。

由此出发,法律的社会化和法律的伦理化也自然会成为保障这一进程顺利的重要手段。所以富勒总结道:"如果有人要求我指出可以被称为实质性自然法的那种东西——大写的自然法——的无可争议的核心原则,我会说它存在于这样的一项命令当中:开放、维持并保护交流渠道的完整性,借此人们可以彼此表达人们的所见、所感、所想。在这个事项上,愿望的道德所提供的绝不只是善意的忠告和追求卓越的挑战。在这里,它是用我们习惯于从义务的道德那里听到的那种命令式的语气在说话。……它可以穿越界限并跨过现在将人们彼此分割开来的障碍。"[3]如果说旧自然法是基于个人自由、尊严和自我发展等个人主义理念所建立的"个人自然法",那么富勒的新自然法其实就是包含了更多社会因素和整体意义的自然法——"社会自然法"。其道德标尺在不断向社会化靠拢。

---

[1] L.富勒:《法律的道德性》,郑戈译,商务印书馆2005年版,页214以下。
[2] 阿玛蒂亚·森:《正义的理念》,王磊、李航译,中国人民大学出版社2012年版,页160。同时参见本书第三章第二节内容。
[3] L.富勒:《法律的道德性》,郑戈译,商务印书馆2005年版,页215。

三、富勒的理论对当代债法的启示

当我们将富勒的以上论述贯穿起来，并将之作为理论工具指导当代债法研究时，会得出如下见解：

第一，19世纪，债作为个人之间进行商品交换的工具，曾经以体现个人独立与自由价值为其最高使命，因而债被理解为绝对个人化的东西，是特定个人之间的关系，与他人无涉。但20世纪之后，债的本性发生了显著变化，开始体现出其作为社会群体中的个人之间相互依存方式的明显特征。债不再是单纯出于个人目的而在陌生人之间完成的一桩自利性交易，同时还体现出人际互助、协作的情感交流。

第二，传统上债一直被认为是一种典型的利益互换，自己未获得现实好处，则无义务去替他人谋取利益，或者说任何为他人的付出都需要以某种利益的回报为前提。但是，当代债法将原本一对一的交易扩大化，变成一种更为宏观意义上的交易关系，也就是说，在某些具体债的关系中，并不必然反映出交易双方完全对等的权利义务，而是在全社会层面符合总体交易规律的前提下，在某些特定场合体现出单方面的权利或者义务（如先契约义务、附随义务、单方的安全保障义务等），而过去这样的义务是不能被强加给债的另一方，除非其出于自愿。

第三，传统债法尽管会支持和鼓励助人为乐的行为（如无因管理、因拾得遗失物归还失主而获得奖励），但债的建立不能以剥夺和限制个人意志自由为前提（如法律不能强迫管理他人事务或发现遗失物者必须捡起并交还失主），因为个人自由始终具有最高价值。但是，当代债法出于社会利益的需要，在某些领域内开始要求一方以某种不计较个人得失的方式帮助他人，而这恰恰是以限制帮忙者一定自由为代价的，例如交易之前的信息披露义务、协力义务、安全保障义务等。这其实正是富勒所说的愿望的道德在某些特定时候可以转变为义务的道德的情形。

第四，传统债法只关注因合同而产生的直接交易利益（履行利益）和因侵权而产生的间接交易利益（固有利益），个别时候还包括因不当得利产生的返还利益，但却很少注意到所谓信赖利益。其原因在于该利益既不是原本存在的利益，也不是因交易所期待获得的利益，它往往只关涉交易的成本或者机会成本。传统市场关系中由于秉持个人主义立场，强调市场参与者的交易自由，尽可能减少对其的限制，所以对交易成本一直采取内化的方式处理(参见第一章第五节)。而富勒关于对信赖利益提供法律保护的理论,与其法律的道德性理论一脉相承,将法律的道德指针向上方拨动,也就是说,将原本属于愿望的道德的信赖利益划入了义务的道德,使对信赖利益的保护被纳入了法律调整的范围,开创了信赖之债的先河。可以想见,如果没有法律社会化的宏观历史背景,这样的转换是不可想象的。

第五,法律与道德向社会化靠拢,并不意味着放弃了个体以及对个体利益的保护,恰恰相反,在市场经济社会中,个体利益的法律保护永远都具有极端重要性。当代债法要做的仅仅是:一方面,改变过去那种对个人利益所采取的片面绝对化保护倾向,正视社会中还存在其他需要保护的正当利益的现实;另一方面,根据社会发展的具体阶段,对上述的利益或进行必要的取舍与侧重,或采取必要的协调与平衡,以达到富勒所说的那种既"开放、维持并保护交流渠道的完整性",又可以自主"表达人们的所见、所感、所想"的理想境界。

富勒的《法律的道德性》属于鸿篇巨制,探讨的是法律的终极价值问题。但是其理论的形成,却是建立在对具体法律关系和法律制度的总结与归纳之上的,当所有具体环节的验证结果都支持其基本观点时,其理论成立。信赖之债其实正是上述无数具体关系与制度之一。反过来,基本理论建立的目的不为别的,正是为具体层面的理论提供宏观依据,并且为社会实践活动提供指导。因此当我们站在富勒的高度,俯首检视当代社会法律对信赖利益的保护力度不断增加以及因此而生长出信赖之债时,可以清晰地看到,这正是富勒法律社会化和道德化观念的具体体现。

第五节 卡多佐司法变革观念的启示

卡多佐是20世纪上半叶美国极具影响力的联邦最高法院大法官,同时也是法律社会化的积极鼓吹者。当时的美国正处于工业化和城市化的高速发展阶段,社会正面临巨大转型。他敏锐地观察到19世纪末以来个人主义法律体系已笼罩于僵化、保守的沉沉暮色之中,难以适应社会变革,亟须注入新的活力。在当时欧美法律社会化思潮的影响下,卡多佐不仅在理论上形成了自己一系列变革的观念,在司法实践中也充分践行了自己的改革主张,并取得了良好社会效果。

一、指导思想从自由化向社会化的变革

卡多佐的理论尽管不像大陆法系学者那样追求高度体系性,而且其侧重点也主要针对的是司法过程,美国著名学者吉尔莫曾以"机敏、躲闪而犹豫不决"却又"含义深远"来评价卡多佐的理论①,然而,他观点中关于法律认识标准的问题,从绝对自由化的单一标准向综合多种社会因素加以认识的复合标准转化,却是异常鲜明的。以至吉尔莫作出上述评价后马上话锋一转:"有一点可以肯定,即从卡多佐的观点占统治地位的纽约上诉法院的意见中形成的契约法,其轮廓与其同时期哈佛大学所讲授的契约法已没有什么联系了。"②

卡多佐关于法律社会化的论述,以及对流行理论的超越,集中反映在他的代表作《司法过程的性质》一书当中。在该书中,与同时代大陆法学者对概念法学的批判一样,他也是从对过去司法中刻板坚守逻辑关系的高度一致性和严格遵循前例原则的批判开始的。卡多佐在开篇即提出了一个极为尖锐的实际问题:"如果寻求的是逻辑上的前后一致,寻求法律结构上的对称,这种寻求又应走多远?在哪一点上,这种追求应当在某些与之不一致的习惯的面前、在某些关于社会福利的考虑因素的面前以及在我个人的或共同的关于正义和道德的标准面前止步?"③如何回答这一问题?卡多佐首先从当时法律所坚持的两个方向性选择出发加以阐述。

第一个方向性选择是,当时所公认的自由价值观。对此他描绘道:"50年前,我想,作为一个一般性原则,当时会这样说,只要甲的活动不造成公害,甲就可以随其所愿地从事自己的生意,哪怕其目的是要伤害乙。大量的例子是那些处于使邻居不便的恶意而建立的篱笆(spite fence);并且在这种情况下,不承担侵权责任被认为是一个原则,而不是一种例外。"④第二个方向性选择是,法官究竟应该从哪里找到体现在他判决中的法律。对此他引用了庞德的话说:"比较早的作者的理论是,法官完全不立法。一个先前的既成规则就在那里,埋藏在或者是掩藏在习惯法的

---

① 格兰特·吉尔莫:《契约的死亡》,载梁慧星主编:《民商法论丛》(第3卷),法律出版社1995年版,页252。
② 格兰特·吉尔莫:同前注。
③ 本杰明·卡多佐:《司法过程的性质》,苏力译,商务印书馆1997年版,页1以下。
④ 本杰明·卡多佐:同前注,页11。

机体之中。法官所做的一切就是剥开其外衣，在我们的眼前展示它的身姿。"①

的确，19世纪以来，由于个人主义已经成为社会不变的最高价值选择，法官也已经养成了按照这一前提进行逻辑推理与遵循先例来完成司法任务的习惯，用卡多佐的话说，就是"把理想的然而就其性质而言是暂时的和纯粹主观的概念视为一种具有永久性的客观实体"②。并且当"这些基本概念一旦获得，它们就构成起点，从此将推演出一些新的后果。……因此，法律概念和公式是从先例到先例成长起来的。"③而对于这一逻辑过程，"无论你怎样称呼它，它的精华都是从一个规则、一个原则或一个先例引申出一个结果。"④

与欧洲利益法学派和自由法学派学者的观点如出一辙，卡多佐对上述观念的批评，首先也是从概念方法论的局限性这一较浅显的问题开始的。除了庞德以外，他的观点还受到了霍姆斯的影响。在霍姆斯看来，"形式逻辑的背后是针对相互冲突的立法理由的相对价值与轻重程度作出的判断。当然，这往往是未经道出且不知不觉的判断，然而却是整个司法过程的根基与核心所在。……我认为法官自己并未充分认识到他们有责任权衡社会利益的利弊得失。"⑤与霍姆斯一样，他也认为"法律已在一定程度上走到这样的地步：概念已过于僵化，原则不再经过推敲，认为一切结论都可以从这些概念与原则中轻而易举地推导出来，法律只是规则的总和。"⑥因此，卡多佐在详细描绘了19世纪以逻辑与先例为特征的理想法律体系后，清醒地指出："但是生活太复杂了，以至于在人的能力范围之内不可能实现这一理想。……一部制定法几乎总是只看到某个单独的点。"⑦同时，针对"原则＋推理"这把法官们在断案中曾经屡试不爽的尚方宝剑，他也一针见血地指出："一个原则有自身扩展直到逻辑极限的倾向，这种倾向也许会为另一种倾向所抵消，这就是，一个原则本身的历史

---

① 参见本杰明·卡多佐：《司法过程的性质》，苏力译，商务印书馆1997年版，页77。
② 本杰明·卡多佐：同前注，页27。
③ 本杰明·卡多佐：同前注。
④ 本杰明·卡多佐：同前注，页28。
⑤ 转引自A.L.考夫曼：《卡多佐》，张守东译，法律出版社2001年版，页209。
⑥ A.L.考夫曼：同前注，页210。
⑦ 本杰明·卡多佐：《司法过程的性质》，苏力译，商务印书馆1997年版，页90。

限度会限定其自身。"①更进一步,卡多佐还分析了这一局限性的具体原因:"这些概念本身是从法律的外部而不是从法律内部来到我们面前的;它们所体现的,许多都不是现在的思想,更多是昔日的思想;如果与昔日相分离,这些概念的形式和含义就无法理解并且是恣意专断的……那些形而上的原则很少是这些概念的生命"。②

由于逻辑推理与遵循先例的法律方法论,在20世纪初已显露出因循守旧和故步自封,无法适应社会变革的前进步伐。其主要表现在法官断案过程中,出现了大量无法适用前例的所谓"法律空白"。对此卡多佐指出:"随着社会关系的日益复杂,它的不足就显示出来了。当具体正义大大增加并且人们试图以这个旧原则来检验这些正义时,人们就发现结果有某些错误;这导致了对这个原则本身重新加以系统阐述。今天,大多数法官都倾向于认为,那些一度被认为是例外的才是规则,而那一度被认为是规则的只是例外。"③

而作为一名勇于面对现实并有社会责任感的法官,卡多佐极力主张冲破原有法律束缚,敢于"填补那或多或少见之于每一个实在法的空白"④,并认为:"在正式的法律渊源沉默无言或不充分时,我会毫不迟疑地指示以下面的话作为法官的基本指导路线:他应当服从当立法者自己来管制这个问题时将会有的目标,并以此来塑造他的法律判决。"⑤他断言:"正是在没有决定性先例时,严肃的法官工作才刚刚开始。"⑥

如前所述,在20世纪初期,作为身处司法第一线且极具社会敏感性的法官,卡多佐已经意识到,原先在绝对个人主义指导下的法律运行路线图严重脱离了社会现实,以至于出现了越来越多的法律空白。此时,卡多佐面临的另一个难题自然就是判断规则改变的方向。与其他社会法学者一样,他的大方向是明确的,即他认为单纯从个人主义推导出逻辑结果的道路已经走到尽头,法律必须寻求摆脱逻辑束缚,而将社会利益和社会需求作为未来发展方向选择的新起点。

---

① 本杰明·卡多佐:《司法过程的性质》,苏力译,商务印书馆1997年版,页30。
② 本杰明·卡多佐:同前注,页33。
③ 本杰明·卡多佐:同前注,页11。
④ 本杰明·卡多佐:同前注,页5。
⑤ 本杰明·卡多佐:同前注,页74。
⑥ 本杰明·卡多佐:同前注,页9。

二、法律方法论的转型:从"自由—逻辑"到"社会—价值"

卡多佐所说的这种法律改变,可以归纳为从"自由—逻辑"向"社会—价值"的转变。经过合同、侵权以及信托等不同案例的实证分析后,卡多佐作出了以下归纳:"逻辑的指导力并不总是沿着独一无二且毫无障碍的道路发挥作用。一个原则或先例,当推到其逻辑极端,也许会指向某个结论。而另一个原则或先例,遵循类似的逻辑,就可能指向另一个结论且具有同样的确定性。在这一冲突中,我们就必须在两条道路间做出选择,选择这条或那条,或者是开出第三条路来,而这第三条路将或者是两种力量合力的结果,或者代表了两个极端之间的中间位置。"① 两个前提均源自个人自由,但各自经过严谨的逻辑推理之后,却得出了相互矛盾的结论,这种尴尬的情形在审判实践中越来越频繁地出现。此时法官被迫开始放弃对绝对自由的信任和对推理程序的依赖,而转向了社会。用英国学者戴雪的话说就是"从个人主义的自由主义向非系统的集体主义的转变"②。卡多佐对此论证道:"之所以遵循了一条道路,而关闭了另一条道路,这是因为在这位司法者的心目中有这样的确信,即他所选择的道路导向了正义。诸多类推和先例以及它们背后的原则都摆到一起,相互争夺着优先权;但最终,那个被认为是最根本的、代表了更大更深广的社会利益的原则打得其他竞争原则落荒而去。"③ 由此他得出这样的结论:"和自由一样,尽管依据美国宪法财产不允许受到侵害,但财产并不能不受对共同福利至关重要的法律之规制。"④

为了增加论证力度,卡多佐还引用了同时代其他学者颇有见地的论述,例如他非常赞赏格梅林的如下分析:"司法决定和判决中的国家意志就是以法官固有的主观正义感为手段来获得一个公正的决定,作为指南的是对于各方当事人利益的有效掂量,并参照社区中普遍流行的对于这类正义的交易的看法。除非是为某个实在制定法所禁止,司法决定在任何情况下都应当与商业交往所要求的诚信以及实际生活的需要相和谐;而在掂量相互冲突的利益时,应当帮助那种更有理想基础并且更值得保

---

① 本杰明·卡多佐:《司法过程的性质》,苏力译,商务印书馆1997年版,页22以下。
② 参见本杰明·卡多佐:同前注,页47。
③ 本杰明·卡多佐:同前注,页23。
④ 本杰明·卡多佐:同前注,页53。

护的利益,直到其获取胜利"①。这种以利益比较方式作为法律选择保护利益标准的做法与本章第二节中所述的利益法学派的观点完全一致。将以上论述用一句话加以概括就是:"当需要填补法律的空白之际,我们应当向它寻求解决办法的对象并不是逻辑演绎,而更多是社会需求。"②

其实,卡多佐的社会法学方法论是一种综合方法论,他认为法律是由社会、历史、习惯、伦理、经验、逻辑等多重因素的复合作用所决定的,因此,寻找决定法律的根源,可以通过逻辑方法(类推与哲学)、历史方法(进化论)、习惯方法(传统方法)以及社会学方法(正义、道德、社会福利)来进行③。他写道:"我对司法过程的分析所得出的就仅仅是这样一个结论:逻辑、历史、习惯、效用以及为人们接受的正确行为标准是一些独自或共同影响法律进步的力量。在某个具体案件中,哪种力量将起支配作用,这在很大程度上必定取决于将因此得以推进或损害的诸多社会利益的相对重要性或相对价值。"④

卡多佐尽管鼓励法律创新,鼓励法官凭借其专业精神与社会价值理念填补法律的空白,但他却反对仅凭所谓的个人主观正义感而随性臆断,他提出:"即使法官是自由的时候,他也不是完全自由。他不得随意创新。……他应当运用一种以传统为知识根据的裁量,以类比为方法,受到制度的纪律约束,并服从'社会生活对秩序的基本需要'。"⑤在卡多佐心目中,法官职业相较于绝大多数职业而言,注定属于最复杂与困难之列,因为他必须"将他所拥有的成分,他的哲学、他的逻辑、他的类比、他的历史、他的习惯、他的权利感以及所有其他成分加以平衡,在这里加一点,在那里减一点,他必须尽可能明智地决定哪种因素将起决定性作用"⑥。一句话,就是在诸多不确定因素中寻找确定性。

而如何准确把握这一确定性,他以继承人因谋杀被继承人而被剥夺继承权为例阐述道:"谋杀者由于谋杀而失去了继承权,这是因为不允许罪犯从犯罪中获利所服务的社会利益比维护并强制执行法定所有权所服

---

① 转引自本杰明·卡多佐:《司法过程的性质》,苏力译,商务印书馆1997年版,页45。
② 本杰明·卡多佐:同前注,页76。
③ 本杰明·卡多佐:同前注,页16。
④ 本杰明·卡多佐:同前注,页69。
⑤ 本杰明·卡多佐:同前注,页88。
⑥ 本杰明·卡多佐:同前注,页101以下。

务的社会利益更为重大。"①但是"如果你们要问,法官将如何得知什么时候一种利益已经超过了另一种利益,我只能回答,他必须像立法者那样从经验、研究和反思中获取他的知识;简言之,就是从生活本身获取。"②

尽管卡多佐在个人自由和社会利益的冲突中有时会犹疑或摇摆,不过可以肯定的是,比起他的法官前辈们,在其作出抉择需考量的所有各种因素中,有一点在他内心中越来越坚定地树立起来了,那就是社会价值的考量因素的重要程度,他说道:"在今天法律的每个部分,这个社会价值的规则都已经成为一个日益有力且日益重要的检验标准。"③他甚至不排除将社会利益始终置于优先地位的做法:"当社会的需要要求这种解决办法而不是另一种的时候,这时,为了追求其他更大的目的,我们就必须扭曲对称、忽略历史和牺牲习惯。"④

三、卡多佐理论对当代债法发展的启示

卡多佐在其长期的审判生涯中,不仅在理论上坚持法律社会化的主张,而且在实践中也确实身体力行,在债法、合同法领域开创了不少基于社会利益考量的新型判例。与庞德和富勒不同的是,他的观点由于更贴近于现实,因而对我们当前研究债法特别是信赖之债问题也就更有直接和独到的启发。这里从卡多佐所列举的诸多实务素材中仅选取三方面进行分析:

第一方面的素材涉及债的担保。保证法律关系中的债权人和债务人在保证期间,未经保证人同意而擅自延长了债务清偿期限,该行为会对保证人产生什么法律影响?英美法对此的传统处理方式是,保证人将因此而解除全部保证义务⑤。但卡多佐在综合各方利益以及考量多种因素后认为,这种结论仅仅是一种单纯逻辑推理的结果,因而有失偏颇。他主张保证人免责与否应根据社会关系特点的变化来衡量,而不应一刀切。传统上之所以认定保证人完全免责,其社会背景在于"这样的规则是当年商

---

① 转引自本杰明·卡多佐:《司法过程的性质》,苏力译,商务印书馆1997年版,页24。
② 本杰明·卡多佐:同前注,页70。
③ 本杰明·卡多佐:同前注,页44。
④ 本杰明·卡多佐:同前注,页39。
⑤ 参见本杰明·卡多佐:同前注,页95以下;并参见 N. Y. Life. Co. V. Casey,178 N. Y. 381。

业交易比较简单时的残留物,……那时的担保人通常还是慷慨的朋友,而朋友的这种信任又被滥用了"①。而在大规模市场经济时代情形则完全不同,保证更多发生在商业活动中,是增加商业交易成功率有益的润滑剂,不仅一般公司或个人经常采用,还有很多是由专业担保公司甚至政府担任保证人的角色。这时的担保已不再是简单的慷慨表现,而是经过精心计算后的商业行为。因此,在充分考虑该制度存在的历史环境并均衡考虑交易各方的正当利益之后再来看待这一问题,逻辑因素就显得微不足道了。用卡多佐的话说就是:应该将担保法"置于一个与现实的商业经验和生活道德更为一致的基础之上"②。从而他的结论是,应该根据保证人受损害的程度来认定保证义务是否应该被免除。很显然,这一当代债法思维的结果已经超越了近现代债法思维。事实上,卡多佐的上述评述,也同样反映在我国当前的立法当中,例如《担保法》第 24 条的规定与英美法传统做法并无二致,即保证人可以免责。然而这一规定在实践中很快就被发现与社会现实明显不符,其后最高人民法院《关于适用〈中华人民共和国担保法〉若干问题的解释》第 30 条第 2 款、第 3 款,果断根据当今时代特点,在各方利益之间作出了必要的平衡。其变通结果是:认定保证人并不免责,但债权人与债务人的延期约定,对保证人不发生效力,保证人仍在原保证期间内承担保证义务。③ 显然,最高人民法院此时摒弃了逻辑考量,而选择了社会价值考量。

第二方面的素材涉及合同。合同以外的第三人,在被指定为受益人后并当受益条件具备时,能否以合同当事人身份提起诉讼。对此长期以来,"英格兰的法律在逻辑上一直保持了一贯性,完全拒绝这种案件的诉权。"④而美国却选择了变革,起初"纽约和大多数州屈从了便利的要求并实施了这种诉权,但最初也只是偶尔地,并且受到许多限制。渐渐地,这种例外扩大了,今天这种例外给规则留下的地盘已经所剩无几。"⑤上述变革在大陆法系也同样存在,第三人从无请求权变为有请求权。这属于

---

① 本杰明·卡多佐:《司法过程的性质》,苏力译,商务印书馆 1997 年版,页 96。
② 本杰明·卡多佐:同前注,页 97。
③ 具体理由可参考李国光、奚晓明、金剑峰、曹士兵:《关于〈中华人民共和国担保法〉若干问题的解释理解与适用》,吉林人民出版社 2000 年版,页 137 以下。
④ 本杰明·卡多佐:《司法过程的性质》,苏力译,商务印书馆 1997 年版,页 60 以下。
⑤ 本杰明·卡多佐:同前注,页 61。

对债的相对性突破的一种情形,其目的是出于维护社会现实需要而进行的各方利益平衡。而德国法上为了最大限度照顾到与原来法律的逻辑一致性,将该情形解释为"利益第三人合同",即认定在受益第三人和原来合同债务人之间形成了一种"准合同"的法律关系,故该第三人获得了依照该"准合同"向原债务人主张的权利(诉权)。其实这一合同是主观拟制的,其原本并不存在,之所以此时一定要生造出一个合同关系,与其是出于当事人意志的考量,毋宁是出于社会利益考量;与其说创造出了一个合同关系,毋宁说创造出了一种全新的法定之债。用卡多佐的话说就是:"在效用和正义的缓慢但坚定且具有侵蚀性的行动面前,从先前对合同和债的既定理解经过逻辑演绎过程所推出的一些规则已经破碎了。"①

合同解释的领域也同样存在这样的改变,而且大陆法系由于强调意志理论,这种改变显得更加突出。起初,合同解释必须以探求当事人的"真意"为原则,而这里的"真意"是以当事人意思表示时的主观心理状态为依据的(主观说)。英美法中的合同解释规则也基本大同小异。不过随着法律对交易安全保护的兴起,通过社会利益考量来限制合同自由意志,成为法律的必然选择。正如卡多佐所言:"在合同解释时,如果与合同的精神有冲突,我们已不再过分细致地执着于法律文字。如果我们以'一种有责任感的本能'发现合同表述不完善,我们就会从合同中读出隐含之意。'当年,语词的精确是至高无上的法宝,每一次失足都可能丧命,而如今,法律已经走过了它形式主义的初级阶段。'"②

第三方面的素材涉及法定债权。1916 年,卡多佐通过审理著名的"麦克弗森诉别克汽车公司案"③创造出了后来被世界各国普遍接受的产品责任制度。该案曾带来了相当的困惑。生产商将汽车卖给经销商,再由经销商卖给使用者(车主),后车主在使用中发生事故并受到伤害,而造成伤害的原因是该汽车在设计及生产过程存在瑕疵所致,此时车主能否越过经销商直接向生产商索赔?依照传统债(合同)的相对性原则,车主因与生产商之间并无合同关系而无法向其直接索赔。但是从 20 世纪后的社会现实出发,当社会安全的利益需求足以在某些特定领域内对个人

---

① 本杰明·卡多佐:《司法过程的性质》,苏力译,商务印书馆 1997 年版,页 60。
② 本杰明·卡多佐:同前注,页 61。
③ MacPherson V. Buick Motor Co., 217 N. Y. 382.

自由取得压倒优势之后,债的相对性原则即被突破,其结果就是即使不存在合同关系的情形下,车主依然可以直接对生产商依侵权之诉索赔。此做法具有创造性,它使两个原本只有间接关系的双方具有了直接法律关系。

不过需要指出,无论是英美法还是大陆法都将该关系界定为侵权损害法律关系,其实这样似乎并不准确,因为依侵权制度原理,在发生侵权行为之前,致害方和受害方之间视同于陌生人,并没有法律关系可言。而在此案中,两者之间其实并非毫无关系,正如苏力所言:"产品制造商和购买产品的个人之间存在一种隐含的安全保证。"①这即意味着在损害发生之前,基于社会依赖性,两者之间已经"隐含"地存在了"安全保证"法律关系②,而该关系的性质其实就是一种法定之债,准确地讲就是信赖之债。汽车瑕疵致人损害的事实构成了对既存债务的违反。之所以上述关系过去一直被定性为侵权,是因为在无法准确定性时,只能类推最接近的法律关系,以尽可能达到逻辑的完满性(具体参见第十二章第六节)。

该制度的发展并未就此止步,债的关系在此基础上还在扩展,即车主以外的其他人也可以被纳入索赔的主体,例如车上的乘客或被该车撞伤的行人,等等。源于相同原理,这些受害者同样有权提出索赔,因为他们都处于上述信赖关系的保护范围之内。事实上,卡多佐也确实以设问方式提出了这样的构想:"一辆车造出来了,轮子有瑕疵;这里的问题是,除了买主之外,制造商是否还对其他的任何人负有商品检查的义务。"③如今,这种义务不仅一直在延续,而且还进一步发展出所谓汽车质量后续观察义务和汽车召回义务,等等。这些义务都是法定义务,其存在的根源,本质上并非合同,亦非侵权,而是信赖之债(参见第十二章第一节)。

此外,英美法沿着这一条路走得更远的另一项例证就是因救助受害者而受到伤害的索赔问题。例如甲过失致乙受伤,素不相识的路人丙见状对乙实施救助,过程中又被丁驾车撞伤。此时,丙向丁依侵权主张索赔固无任何疑问,但丙就自己的伤害能否向甲主张呢?对此,英美法早期采否定说,理由有二:第一,丙自发的介入中断了加害行为的因

---

① 苏力:"译者前言",参见本杰明·卡多佐:《司法过程的性质》,商务印书馆1997年版,页3。
② 当代德国法称之为"交易安全义务"。
③ 本杰明·卡多佐:《司法过程的性质》,商务印书馆1997年版,页91。

果关系;第二,丙系自甘冒险。然而,20世纪30年代后法院开始改采肯定说,认定加害人甲对救助者丙负有注意义务。① 在美国纽约州,Wagner v. International Railway Company 一案,卡多佐法官创造性地提出"危险招来救助,痛苦呼唤解困"的理念,从而使得加害人对救助者负有注意义务即赔偿责任。② 很明显,甲的行为致乙损害,其对乙赔偿自不待言,但甲并未造成丙的伤害,伤害丙的罪魁祸首乃是丁,为什么甲与丙所受到的伤害却脱不了干系? 其实,甲与丙之间建立起的民事法律关系不是别的,正是信赖之债。也就是说,丙对乙实施救助,起到了事实上帮助甲的作用,或者说客观上有利于甲,因而甲此时对丙负有法定的注意义务,该义务的内容是防止丙不要受到意外伤害。由此可见,该甲对丙所受伤害予以赔偿的原因,已经超出了侵权损害赔偿的范围,真正的原因不是甲造成了丙的损害,而是法律认定甲未能恰当履行自己对丙的注意义务(信赖之债)。

---

① 参见王泽鉴:《侵权行为法》(第一册),中国政法大学出版社 2001 年版,页 210。
② 参见王泽鉴:同前注,页 210 以下。

第七章　当代正义论中的信赖保护精髓

第一节　社会正义方向与标准之争

上一章介绍了一百多年以来法学理论的历史演进过程。这种演进不仅使人际交易与交往中形成的信赖利益得到了彰显，而且信赖利益应得到更完善法律保护的观点，也逐渐成为社会共识。当然这种共识的取得并非易事，历尽艰辛，并伴随着多次的左右摇摆，法学理论才最终确定了未来发展方向。

一、探讨社会正义方向与标准的意义

不过新的难题马上接踵而至，理论家们虽然打破了旧体系，否定了旧标准，明确了新方向，却无法建立起新的替代标准和以该标准为支撑的新体系。如上一章所述，黑克虽然用利益法学否定了概念法学，然而却因无法明确提出具体、客观的利益衡量标准而饱受指责；自由法学派则更是以法官的主观理解与认识取代客观的是非标准，因而难以为社会普遍接受；庞德虽然准确划定了三种利益类型，并提出了一些衡量利益标准的外围性参考指标，然而就像博登海默和凯利所评价的那样，其理论拒绝对如何评估各种利益的具体分量作出论证；富勒虽然也试图寻找到上述利益的具体标准，但他的研究最终也仅仅停留在以下成果上：将愿望的道德和义务的道德分别作为利益衡量标准的上下限，并指出具体的标准是居于两者之间的一条不断变动的线，然而却无法对该标准准确加以描绘；卡多佐则从一开始就清醒地意识到确定上述标准的困难程度，所以尽管他在总体方向上对社会利益的重视与强化采取了坚定的支持态度，然而一碰到具体标准问题时就马上变得"躲闪和犹豫不决"。此后的不少学者，如科宾、阿狄亚、拉伦茨等人在各自著作中对此问题虽然都有所涉及，但也均

无突破性建树。

这的确是一道暂时无解却又不能回避的难题。法律作为行为规范和裁判规范,理应具有确定性和可操作性,在是非判断标准的关键问题上,没有模糊的空间。法学家们有义务提出新的利益衡量标准,将其作为合格的法律产品提供给社会大众。如果不尽快摆脱这种尴尬的两难境地,法律无法与时俱进,势必落后于社会的发展。

如何面对上述困惑?本书认为,当从现有法学领域难以获得突破时,我们不妨吸收邻近学科的研究成果,作为法学研究的借鉴。事实上,政治学长期以来一直都在进行着关于当代社会公平正义标准的艰难探索。两个学科同源同理,各自的研究成果完全可以互为借鉴。鉴于法律是社会正义的体现,前述给学者们带来巨大困扰的法律标准问题,其实质就是关于正义标准的问题,当从政治学视角确定了什么是社会正义的标准时,法律也就找到了自己的定位准星。由此出发,本章将探讨当代社会关于正义标准的不同观点,并将其结论移植到法律领域,特别是债法领域,以求在概念法学没落而导致的前述判断标准缺失的情形下,尽快在寻找新标准方面有所进展。

需要说明,在18、19两个世纪中,正义标准问题无论在政治学还是法学领域都不是什么难题,原因是那时主流的社会正义标准简单明确,不存在实质性分歧。首先在政治上实行自由、平等;其次在经济领域推行市场化,通过看不见的手自发调节经济关系;进而在法律上实行私法自治。总之,在平等前提下的自由与自治成为那一时期正义的客观标准。不过,当今时代由于社会巨变,过去那种自由主义正义观开始受到越来越多的挑战,不仅出现了与之针锋相对的马克思主义正义观,也出现了为自由主义辩护的所谓新绝对自由主义正义观,还出现了一些相对折中的正义观,例如罗尔斯的福利主义正义观、阿玛蒂亚·森的比较正义观(广义上亦属于福利主义正义观)以及20世纪80年代后开始流行的社群主义正义观,从而形成了规模宏大的正义的方向与标准之争。

二、古典自由主义正义观

18世纪流行的自由主义正义观较为分散,代表人物较多,例如霍布斯、洛克、卢梭、边沁、亚当·斯密以及杰斐逊等,然而到19世纪则集中为两大流派,分别是边沁、密尔的功利主义正义观和康德的义务论正义观

(亦称伦理人格主义正义观)。这两个流派分别形成了各自的伦理学说、政治学说和法律学说。本书第三章曾论述了两个流派的伦理学说及其对法理学说所构成的影响,鉴于这些学说之间的共通性,这里仅从正义观的视角作一分析。

首先是功利主义正义观。"功"乃功能、功用、方法、效果之意;"利"指利益。所谓功利即获得利益的方法或实现幸福的工具。功利能够增加快乐与幸福,避免痛苦与不幸。而快乐与痛苦是人的一种感受,人类天生就有趋向快乐逃避痛苦的本性(趋利避害),所以,功利主义就是根据快乐与痛苦的具体多少来衡量任意行为正确与否的标准。如前所述,功利主义的创造者是英国的边沁,他认为,道德的全部就是提升快乐,减少痛苦,法律的任务就是使人民幸福最大化。这被后人称为"最大多数人的最大幸福"。由此出发,功利主义的正义观就是:只要是为了实现最大多数人的最大幸福的行为,就都是正义的。

不过,苦乐感受是一种主观感受,因人而异,而且有时人们愿意忍受某种暂时的痛苦以换取更大的幸福。所以单纯以苦乐感觉来判断是否幸福和公正似乎并不准确。于是,边沁的继承者密尔对功利主义进行改良,提出了"偏好理论",用偏好替代苦乐感觉,提出高尚的东西最能代表欢乐、愉悦,因此也就代表最高的价值。并认为理性人可以根据对自己有利的原则作出恰当的选择,这种选择就是偏好。例如:莎士比亚的著作比起一般的畅销书能带来更高级、更持久的快乐,所以人们会选择莎士比亚。然而,偏好还是过于主观化,难以成为统一标准,因为世界过于复杂,不同民族、文化背景、社会习惯、宗教传统会带来完全不同的偏好,因而难以断定哪种偏好具有优势。例如,口味偏酸或偏辣,哪个更好?爱好读书与爱好旅游哪个更佳?事实上,一个小学文化程度的人可能难以从莎士比亚的作品中获得更高的享受。

此后的功利主义者又进行了新的改良尝试,提出能否建立一系列客观标准来衡量功利的值。例如,有学者试图用商业价值来换算每一种偏好的实际价值,具体讲,就是评估每个人究竟愿意用什么代价换取快乐或者忍受痛苦。前者其实已经存在市场价格标准(例如旅游、球赛、音乐会等),因为商品社会几乎任何物品都可以商品化;而后者则需要通过民意测验的方法来建立市场价格标准(例如孤独、被暴打一顿、吃一条令人恶心的蚯蚓等)。

现实中,功利主义有向两极化发展的倾向,一种倾向是向庸俗化方向发展,即个人利己主义方向,以对自己是否有利作为选择标准,追求个人利益的最大化,这一般称为功利或者市侩。另一种倾向是结果主义方向,即以实现全社会最大幸福的结果为选择标准,而不考虑少数人的意愿与幸福。换言之,就是根据结果来判断,只要结果是为了大多数人的幸福,牺牲少数人的幸福也是可以的。例如著名学者西季威克对功利主义正义观的描述就是:"如果一个社会的主要制度被安排得能够达到所有社会成员满足总量的最大余额,那么这种社会就是被正确组织的,因而也是正义的。"[①]

另一种正义观是伦理人格主义正义观。该正义观为康德所创设,他认为人是目的而不是手段,因而人有一种绝对价值,这种价值就是人有权追求自己想要追求的东西。人是自我的主人,也就是说人有尊严。康德提出,人在本性上有两种本能,一种是被尊重,一种是被爱。由人的尊严可以推导出:每个人都有权要求他人尊重自己的人格,相应的,每个人也有义务尊重他人的人格。尊重人,最根本的一点就体现为尊重人的自由。在康德看来,自由就是"善",是不需要证明的,人是从自由那里获得价值的。所谓正当行为,就是一种不侵犯其他理性存在者之自由的行为。所以自由被作为用来判断符合正义与否的一个绝对标准。

从自由的原则出发,康德进而为人际关系划定了正义的疆界。他将人们之间的相互义务分为两种:完全义务和不完全义务。前者指法律义务,即如果不履行,他人可以追究,如契约义务等;而不完全义务则指这样一种义务,义务人可以主动履行,但其如果不履行,没有人能够强迫他履行(类似道德义务)。他认为,一个人如果违背了与他人订立的契约,那么对方就受到了不公正的对待;但如果一个人只是没有积极增进他人的幸福,对方则没有受到不公正的对待。因此一个人不能因为"忽视"他人的幸福而构成对他人的侵犯。

基于此,康德对什么是公正作出了如下的总结:"一个人的意志得以同他人的意志自由的普遍法则相统一的综合状态,谓之公正。"[②]对此还

[①] 转引自约翰·罗尔斯:《正义论》(修订版),何怀宏等译,中国社会科学出版社 2009 年版,页 18。

[②] 转引自宋希仁主编:《西方伦理思想史》(第二版),中国人民大学出版社 2004 年版,页 336。

可以采用另一种表达:"公正的普遍法则是,对外行为务必确保个人的意志自由同一切人的自由在普遍法则的指引下得以和谐共存。"①由以上可见,康德的正义观是一种典型的自由主义的正义观。他坚决反对功利主义为了大多人的善可以去剥夺一个无辜者的自由与生命,他认为,一个人的生命和自由只属于他自己,是任何人都不能随意剥夺的,尊重与被尊重是至高的善,至高的道德准则,任何价值与此绝对价值(终极价值)相背离都变得毫无意义。也就是说,任何利益的获得都不应以此价值的失去为代价,即使为了大多数人的生命也没有权利牺牲一个人的生命,为了换取大多数人的自由也不应牺牲一个人的自由。

尽管功利主义和伦理人格主义在对待个人价值与自由的态度上存在着程度差异,但不可否认两者广义上都属于个人主义正义观,它们都是以实现个人自主性与自我实现为终极价值,都认为维护人们出于任何无害于他人目的而彼此联合的自由,就是维护社会正义。

三、福利自由主义正义观

福利自由主义正义观针对传统自由主义正义观过分强调个人自由所带来的副作用进行了某种修正,其特点是主张在保持个人自由优先的前提下,尽可能照顾到社会整体的福利,尽量使社会中的弱者普遍受惠,因此属于一种较为折中化的正义观。其主要代表人物有罗尔斯以及阿玛蒂亚·森等学者。

罗尔斯全面继承了康德赋予个人生命与自由绝对价值的观点,同时在此基础上作出了一定的改进。1971年他发表了影响极大的《正义论》。罗尔斯的正义原则由两部分原则构成,第一原则是每个人都有同样的权利享有完全的平等与基本自由。第二原则是在以下两种情况下的社会与经济的不平等是被允许的:其一是"被合理地期望适合于每一个人的利益"②。意指只有在给那些最少受惠的社会成员也带来收益情况下的不平等。此即所谓"效率原则"。其二是"依系于地位和职务向所有人开放"。③

---

① 转引自宋希仁主编:《西方伦理思想史》(第二版),中国人民大学出版社2004年版,页336。
② 约翰·罗尔斯:《正义论》(修订版),何怀宏等译,中国社会科学出版社2009年版,页47。
③ 约翰·罗尔斯:同前注。

意指在机会均等的前提下,由于个人能力、地位差异造成的不平等。此即所谓的"开放体系"原则。

从罗尔斯正义原则的内容看,其第一原则完全继承了康德的观点,即坚持了康德的自由、平等的绝对价值和至高无上的优先地位,他明确提出:"每个人都拥有一种基于正义的不可侵犯性,这种不可侵犯性即使以整个社会的福利之名也不能逾越。因此,正义否认为了一些人分享更大利益而剥夺另一些人的自由是正当的,不承认许多人享受较大利益能绰绰有余地补偿强加于少数人的牺牲。"①并认为自由"只能因与其他基本自由冲突才受到限制和需做出妥协"②;与此同时,根据社会现实发展水平,罗尔斯在第二原则中对康德观点中自由的过分绝对化进行了一定程度的改进,即将个体自由区分为基本自由和非基本自由,对其中的非基本自由(如参与社会生活和经济生活方面的自由),则强调社会中的强势群体需要照顾到弱势群体的特殊利益。

与罗尔斯观点相近的另一位学者是福利经济学代表人物之一——阿玛蒂亚·森。与罗尔斯一样,他也认为应该对原本过分绝对的自由观念进行某种改造,即通过增加社会化因素和社会弱势群体的福利,使正义不仅建立在人与人相互尊重的基础上,而且还建立在相互关心、帮助及彼此合作的基础之上。不过,其正义观与罗尔斯的观点也存在一定程度的差别,具体表现为他对正义标准采取了更贴近实际的做法。他反对通过先验主义的方式,追求所谓抽象和空洞的正义准则,认为罗尔斯的正义原则虽然方向可取,其实却存在着诸多严重的漏洞:第一,罗尔斯正义论建立的前提是假设人们在其所谓原初状态中必定会"选择一套公正社会所需要的公正制度原则"③,该原则具有唯一性,即人们不存在选择任何其他类型正义观念的可能性。这种形而上的方法论明显带有一厢情愿的味道。第二,罗尔斯主要着眼于"个人利益和个人安排的优先排序的多样性上"④,并"只根据刚性的单一制度框架去确定公正原则,然后由此逐步讲述'假想'中的公正如何展开"⑤。这样,他的正义标准本身就因为忽略了

---

① 约翰·罗尔斯:《正义论》(修订版),何怀宏等译,中国社会科学出版社 2009 年版,页 3。
② 约翰·罗尔斯:同前注,页 48。
③ 阿玛蒂亚·森:《正义的理念》,王磊、李航译,中国人民大学出版社 2012 年版,页 51。
④ 阿玛蒂亚·森:同前注,页 38。
⑤ 阿玛蒂亚·森:同前注,页 81。

广泛的社会现实视角以及未考虑到社会的多元因素,而显得缺乏客观中立性。第三,罗尔斯未能考虑到世界其他国家本身长期一直存在的各种不同类型的社会价值观,而企图仅以单一的绝对公正标准适用于全世界。第四,即使真的存在这样一套正义的客观标准,其也无法在全球范围内得以实现,因为体现正义的法律必须由每个单一的主权国家来实施,如果缺乏这样一个全球性的主权国家,这套正义标准的推行就是一句空话。

因此,阿玛蒂亚·森从社会现实的复杂性和社会生活的多样性出发,有针对性地提出正义标准并非先验地存在,相反其正是在比较中存在的,与其不切实际地寻找单一的正义标准,不如从比较正义入手,通过克服每一个明显的不正义而逐渐走上实现社会终极正义的坦途。再有,在阿玛蒂亚·森看来,正义绝非只有一个孤立且一成不变的客观标准,事实上,正义标准往往表现为多种因素相互交织、缠绕不清的状态。一般而言,正义可以分为目标正义、过程正义和结果正义。本着正义的出发点,并不能保证总会经过一个正义的过程,最终实现正义的结果。换言之,为了结果正义的实现,是否可以完全不考虑过程的正义,甚至牺牲过程的正义?例如政治领袖出于实现国家统一的良好愿望而发动战争,在各方经历了无比惨烈的杀戮与血流成河之后,不仅没有实现国家统一的结果,反而造成了生灵涂炭、民生凋敝,并加剧了各方敌对的状态。阿玛蒂亚·森据此认为:"要恰当理解社会结果,即正理正义观的核心,也必须将过程纳入全面的考虑范围。我们不能认为社会现实视角是一种狭隘后果论,忽略了道义所关注的问题,而对其不予考虑。"① 可见,必须在事物不断变化的动态中,将目标正义、结果正义与过程正义综合起来加以评估,才能真正做到贴近正义的本质。

四、绝对自由主义正义观

绝对自由主义不仅继承了康德以来的传统自由主义绝对价值观,更继承了霍布斯、洛克等人的绝对个人主义价值观,并针对福利主义等对自由主义的攻击与批判进行了辩护与反击,进而形成了对正义的新论述。相关主要代表人物是哈耶克与诺齐克等学者。该观点认为:社会上存在着一种自生自发的秩序,这种秩序自动地调整着社会关系,国家只应在最

---

① 阿玛蒂亚·森:《正义的理念》,王磊、李航译,中国人民大学出版社2012年版,页20。

弱意义上存在,承担保证个人基本自由与平等的守夜人角色即可。国家不能干预社会的自由,强行对正义进行社会分配,其结果实际上是违反正义的。

诺齐克在他的主要著作《无政府、国家和乌托邦》一书中认为,功利主义和福利主义正义观只考虑到利益的分配,准确讲是只考虑到利益在当下的分配结果(正义的即时原则或结果原则),只要能最大化社会福利或者最有利于社会中的弱者,就是符合正义的。其实这些观点并没有注意到问题的关键在于利益获得的历史来源上的正义性(正义的历史原则),只关注到利益分配中接受者的利益,而完全忽略了给予者的正当利益。例如哈耶克、诺齐克都反对通过提高税收然后将财产转移给社会中的贫困者的所谓福利制度(哈耶克更主张比例税而反对累进税),认为如果说这样是正义的,那无异于穷人有权获得富人的部分财产所有权,无异于强迫他人进行无偿劳动。因此诺齐克说:"对劳动者征税等于是强迫劳动。"①换言之,他认为忽略了"给予正义"的"接受正义观",是对他人个人生活的干涉和对他人自由与权利的侵犯。② 有学者对诺齐克的上述观点用一段诉诸人的直觉和常识感染力的表述作出如下解读:"这些东西是我以正当手段得来的,我一没偷,二没抢,三没骗,你有什么权利和理由剥夺我的这些东西呢?你的东西是你的,我的东西是我的,我没有去夺走属于你的东西,你为什么要夺走属于我的东西呢?如果你说我的这些东西曾经在某个先前的持有者那里是非法所得,那么你必须给出事实的证据。如果你给不出证据而仅是猜测,那么你就不能夺走它们。甚至你给出了证据,可以取走它们,你也要给我适当的赔偿。至于你说到平等的好处,或说到别人的巨大不幸,或者有功、有德,应当让些东西给他们,那么我可以在仔细考虑之后或许自愿让给他们,但你不能强迫我给。"③

诺齐克进而从上述正义观念中推导出了三个正义原则,即持有正义、转让正义和矫正正义。他认为,社会财富的持有为自然分配(如生产、先占),也称第一次分配;而对自然分配进行的改变就是人为的分配,或称为

---

① 罗伯特·诺齐克:《无政府、国家和乌托邦》,姚大志译,中国社会科学出版社 2008 年版,页 202。
② 哈耶克和诺齐克的有关具体理论还可以参见本书第一章第六节内容。
③ 何怀宏等:《诺齐克与罗尔斯之争》,载罗伯特·诺齐克:《无政府、国家与乌托邦》——代译序,中国社会科学出版社 1991 年版,页 22。

第二次分配。在他看来,作为第一次分配的持有只要没有损害到别人就是正义的,这叫做持有正义;而凡通过交易、赠与等自愿方式进行的财产转让,作为第二次分配也是正义的,这叫做转让正义;第三种正义叫做矫正正义,即防止别人通过盗窃、欺诈和奴役获取财产。矫正正义的目的在于纠正对前两个正义原则的违反。

与诺齐克相比,哈耶克表现得更为极端,他从根本上就反对社会正义的提法,他称社会正义是一个"海市蜃楼"①,是一个伪命题。在他看来,正义只在个体之间存在,"个人或组织所做的也许被认为是正当的或不正当的"②,而社会本身是一个自生自发的秩序,无所谓正义或非正义之说,"社会正义注定是一个虚幻的梦"③。

五、社群主义正义观

关于社群主义的基本观点,本书在前面章节已有所涉及(参见第三章第一节、第四章第一节),这里着重结合社群主义理论探讨其正义观。如前所述,社群主义是以存在决定意识的出发点看待个人与社会的关系,认为本质上人"是社会动物,根植于我们生存的社会中"④。因此,"社群构成了我们属性的一部分"⑤。人基于社会生活的需要,可以同时隶属于多个不同社群,如家庭、族群、邻里、社团、行业协会、教会、党派,等等。根据构成的不同,社群可以区分为"地域性社群""记忆性社群"以及"心理性社群"⑥。

在美国,一份有50多位社群主义者签署的"回应性社群主义宣言"中就明确宣示道:"我们都属于各种相互依存的重叠的社群。如果置身于这些社群之外,人类就不能长久生存,个人自由也不能长久维护。不论哪个社群,假如它的成员不关注并将精力和资源奉献给共同事业,它亦不能长久生存下去。单纯追求私利会腐蚀我们赖以生存的社会环境体系,并将破坏我们共同进行的民主自治实验。基于这些原因,我们认为,没有一个

---

① 参见菲利普·塞尔兹尼克:《社群主义的说服力》,马洪、李清伟译,上海世纪出版集团2009年版,页104。
② 参见菲利普·塞尔兹尼克:同前注。
③ 参见菲利普·塞尔兹尼克:同前注。
④ 丹尼尔·贝尔:《社群主义及其批评者》,李琨译,三联书店2002年版,前言,页19。
⑤ 丹尼尔·贝尔:同前注,前言,页20。
⑥ 丹尼尔·贝尔:同前注。

社群的观念,个人权利就无法长期存在。社群观念既承认个人的尊严,也承认人的生存的社会性。"①这说明在社群主义看来,个人意志和个人的自利观念都不是与生俱来的,而是来源于其所处群体的共同意志的影响,没有接触过社会的人,不可能凭空具备独立的理想、信念。事实上,新出生的婴儿仅在其本能的控制之下,根本没有完整的独立意识,更不可能具有成熟的自由意志来确定其生活目的和不断进行自我完善。正是由于他人(如父母)不断灌输、传授的熏陶,其个人意识才开始觉醒。人们首先是下意识地通过模仿或依照长辈的教导逐渐学会生活起居、待人接物、判断是非,直到形成自己的独立意志和独立人格。换言之,"社群的隐蔽的手,可以比喻说就是社会惯例,通常决定我们多数人做什么,而我们从来都察觉不到。"②对此,另一位社群主义学者塞尔兹尼克也作出了同样的表达:"共同体的契约起源于相互依赖,来源于共同身份的意识。"③他还指出:"一个共同体的记忆是共享的信念、思想方法和正当的行为规则的源泉。在很大程度上,这是一个想当然的世界,在成长过程中无意识地接受,在践行中毫不质疑。"④

不仅如此,社群主义并不满足于论证个人意识来源于共同身份意识,他们认为,即使人们在长大成人并形成了自己的独立个人意志之后,其思想与行为仍然会受到社群的深刻影响。塞尔兹尼克指出:"共同体的道德联系更像是朋友和家庭成员之间的协议。这些忠诚(attachment)也展现了连带和尊重的联合。人们在他们作为个体的需求和他们彼此之间的相互需求之间达成了一种平衡。在一个良好的朋友关系、婚姻或家庭关系中,人们乐于让渡尊重所需要的自由。"⑤所以,人的一生事实上都无法摆脱社群而孤立地生存,而只能生活在各种各样的共同体当中。"共同体是由日常生活的现实维持的,包括相互依赖、互惠和私利。"⑥也就是说,"共同体是一个结构,人们在其中追求着许多不同的目的,在共同体中,人们

---

① 转引自丹尼尔·贝尔:《社群主义及其批评者》,李琨译,三联书店2002年版,前言,页1。
② 丹尼尔·贝尔:同前注,页18。
③ 菲利普·塞尔兹尼克:《社群主义的说服力》,马洪、李清伟译,上海世纪出版集团2009年版,页17。
④ 菲利普·塞尔兹尼克:同前注,页18。
⑤ 菲利普·塞尔兹尼克:同前注,页17。
⑥ 菲利普·塞尔兹尼克:同前注,页19。

过着共同的生活。他们是被支配的,但是他们不是被操纵或命令的。"①因此,共同体也被称为"社会连带和尊重的联合体"②。

由于社群主义与自由主义的立论出发点截然不同,因而形成了两种不同的社会文化。自由主义是一种不信任文化,推崇个人独立奋斗,强调权利本位,漠视合作;相反,社群主义则是一种信任文化,将信任视为一种可资利用的社会资本,赞成权利与义务的结合,而不应仅强调前者。对社群主义来说,自由主义是一种权利的绝对诱惑和市场的盲目崇拜。前者是指:"当权利被认为是神圣的或当它们成为政治斗争的武器时,它们不易被理解为有细微差别和有限的。……它们变成了想当然的世界的一部分,其前提被无意识地接受,毫不深思。"③后者是指:"鼓励把自由市场原则适用于生活的所有领域,而忽略经济生活所依赖的社会和政治框架。"④

在社群主义看来,权利的绝对诱惑和市场的盲目崇拜在现实中有以下几大弊端:第一,个体利益的最大化。将个体利益最大化作为唯一目标和成功的唯一标准是狭隘的,因为作为单个的人或者企业都生活在社群中,其目标不可能单一,过分强调个体利益的目标,势必会影响到其他目标、价值与利益的实现。所以,"不承认对自己所作所为的限制,不承认在追求特定目标中能够走多远的限制,任何企业都不可能成为共同体的组成部分。"⑤第二,财产权利的绝对化。个人的财产权利是重要的,然而共同体中其他利益也始终是值得保护的。"对私有财产权和自由交易的同时崇拜对公共政策产生了重大影响。它们挫败了市场力量对重要价值的保护"⑥,因而具有明显的商品拜物教色彩。相反,"当私有财产权的主张缓和时,我们可以制定更为合理的公共政策,免受诱人的图景和过度修辞的曲解"⑦。第三,有限义务。自由主义追求个体的独立性,认为只要不给他人造成伤害,其行为即为自由的和不得被追究的。这意味着个体对

---

① 菲利普·塞尔兹尼克:《社群主义的说服力》,马洪、李清伟译,上海世纪出版集团 2009 年版,页 16。
② 菲利普·塞尔兹尼克:同前注,页 17。
③ 菲利普·塞尔兹尼克:同前注,页 70。
④ 菲利普·塞尔兹尼克:同前注,页 91。
⑤ 菲利普·塞尔兹尼克:同前注,页 92。
⑥ 菲利普·塞尔兹尼克:同前注,页 93。
⑦ 菲利普·塞尔兹尼克:同前注,页 71。

他人义务的有限性,意味着没有义务去关注自己之外的人的生存状况和现实利益。然而这不符合社会的现代性要求,"当人们之间的关系更为持久时(如婚姻关系),或当持续存在的组织被创造出来时,有限义务原则就遇到了麻烦"①,因为出于维持共同体正常运转的需要,鼓励人际相互信任和激励为他人利益而适当牺牲自己利益有时是必不可少的。第四,草率的选择。自由主义将选择自由视为一种文化图标,认为每个人根据自己的偏好进行的选择都不能被限制。事实上,个人偏好需要被尊重,但这种尊重并不能被绝对化,当个人偏好与其他重要的社会价值(如社会共同利益)发生冲突时,不顾及共同体内部的和谐与稳定,却仍然死抱着个人选择不放,无疑是短视和草率的。综上可以看出,责任精神是社群主义的核心价值,而个人责任伦理的缺乏则是自由主义的致命缺陷。

正是通过对自由主义的深刻批判,社群主义逐渐构建起了以追求共同体的目的、价值以及内部和谐为首要目的的理论体系,也形成了其对社会正义标准与自由主义完全不同的理解。自由主义认为,个人先天拥有一个超验的自我,自我意识并非后天养成,因而个人的基本属性与其所处的社会环境无关,相反,个人的自由选择最终会决定环境状态。正如美国著名学者桑德尔所描绘的那样:传统个人主义认为"主体的自利动机是自然而然的。这种解释以完全工具性的方法来设想共同体,令人想到的是'私人社会'的形象,在这样的社会里,个人视社会安排为必要的负担,仅仅是为了追求私人目的而进行的合作。"②

总之,自由主义认为个人自由和意志的独立才是社会之本,任何他人(即使是大多数人)的利益都无法压倒个人的自由与权利,换言之,即使为了普遍利益也不能以牺牲个人权利为代价。一个公正的社会不在于努力促进任何特定的目的,而在于使其公民能够在追逐自己目的时不与其他人的自由相冲突。也就是说,最大限度地保护个人自由与权利才符合社会的终极正义,否则社会将会垮塌。自由主义的理想社会正义模式是:个人独立——个人之间由合同作为链接纽带——人与人之间仅承担有限义务——抽象的个体正义。

---

① 菲利普·塞尔兹尼克:《社群主义的说服力》,马洪、李清伟译,上海世纪出版集团2009年版,页93以下。
② 迈克尔·J.桑德尔:《自由主义与正义的局限》,万俊人译,凤凰出版集团、译林出版社2011年版,页169。

与之相反,社群主义则认为,社会关系决定着个人的基本属性。无论是否出于自愿,一个客观事实是,社群不仅是个人成长的摇篮,也是个人生活的基本环境,个人自始至终属于社群的一个部分,个人的自我意识、生活目的以及理想信念归根到底都是由社会关系赋予的,个人表面上的选择自由与权利行使自由,在终极意义上也都是由社会关系所决定的。也就是说,不是个人之间的契约,而是密集的社会网络、组织确定了社会成员之间的相互义务。由此出发,社群主义认为自密尔以来的自由主义将不伤害他人作为正义的底线是不恰当的,甚至罗尔斯等人对自由所作的限缩性解释也是远远不够的,因为当今时代,根据社会生态学的要求,不只对个体的损害是伤害他人,对他人赖以生存的社会环境的破坏,同样也是对他人的伤害(间接伤害)。用塞尔兹尼克的话说就是:"社会生态学的想象力是反对这样一种政策的一种声音,即不关心生活的质量,漠视相互支持的环境,对相互依赖的生活的广义理解无动于衷的政策。"[1]因此,社群主义认为正义与权利一样都是存在语境的,权利是具体的而非抽象的,只有在特定语境下理解权利,才有所谓的正当性;不考虑语境去行使权利,权利很可能被滥用。同样,正义也只有与其存在的背景与目的联系起来,才能得到正确的理解。

正是考虑到当今社会化的时代背景,社群主义才会强调社群对于个人的优先性,对此,塞尔兹尼克指出:"社群主义的批判提醒我们,权利属于集体生活而不是在集体生活之外,权利属于社会组织的整体思考而不是不考虑社会组织的整体。"[2]对于个人来说,在这一大背景下,社群不仅是必要的,而且是一种善。社群赋予个人以诸如团结、奉献、互助、和睦、诚信、友善、正直、包容等美德,个人只有通过社群才能实现其自我价值。进而,个人自由、权利也都必须建立在普遍的善(universal good)之上。换言之,为了普遍的善能够得以保持,个人自由与权利有必要作出让步。如果将自由与权利称为一种正当性的话,那么善优先于正当。

普遍的善在现实社会生活中的物化形式便是公共利益。自由主义只看到了对个人利益的追求是社会发展的动力,而没有看到基于相互依赖

---

[1] 菲利普·塞尔兹尼克:《社群主义的说服力》,马洪、李清伟译,上海世纪出版集团 2009 年版,页 65 以下。

[2] 菲利普·塞尔兹尼克:同前注,页 78。

而形成的共同利益,同样是使社会进步的更大马力的发动机。诚信、互助与自由、权利本身就是交织在一起的,对于社会正义而言,前者甚至是更为根本的因素。于是,从善优先于正当的命题,又可以引申出另一个结论:社会正义的真谛在于公共利益优先于个人权利。由此可见,社群主义的正义观具有较强烈的社会性,如果说自由主义将个人自由的保持和权利的行使作为社会正义的标准的话,社群主义则建立了更高层级的社会正义标准——维护社会公共利益。

社群主义的社会模式是:个人相互依赖——个人之间的连接纽带是合同+无条件互助——人与人之间存在无限义务——由关爱与互助所构成的具体正义。

六、社会正义观对债法的影响

以上对除马克思主义正义观以外的几种正义观作出了简略概括(马克思主义正义观将在第三节叙述)。作为确立法律标准的参照系,这几种正义观在债法实施过程中,当出现了因各方利益相互冲突而造成的是非标准选择困难时,无疑会对法律判断向不同方向牵引。

这其中,古典自由主义与绝对自由主义正义观本质上并无区别,均以强调个人自由与权利为最高标准,即使是功利主义正义观,表面上是以"最大多数人的最大幸福"为判断正义的标准,但本质上仍是以个人主义为其出发点的(参见本书第五章第三节)。福利自由主义和社群主义正义观则在不同程度上开始向社会利益靠拢,呈现出一种在个人利益与社会利益选择之间的折中化,而社群主义在社会利益考量方面显然走得更远。到目前为止,这几种正义观仍处于争论之中,并未形成明显一面倒的局面。这也说明了为什么在法律领域发生纠纷时的利益评价过程中尚无法形成一套客观的利益衡量标准。

不过,细致探讨各种正义观的意义仍然是十分明显的,因为就债法未来的发展而言,其在相互对立的正义观的撕扯下将会展现出完全不同的趋向。不过现阶段这种僵持仅仅是暂时的,从长远看,随着社会的发展,这种平衡必将被打破,债法将会沿着其中的某个既定的轨道前行。而根据本书前面的所有论述,其实这个前景已经显现,那就是社会中的各种利益关系的分量对比会逐渐向着公共利益倾斜。也就是说,自由主义正义观越来越显现出较多的社会弊端,其一家独大的局面已难以适应当今社会发展的要求,这使其不能再像19世纪那样作为债法调节社会矛盾的万应灵丹。当然,这并不意味着自由主义正义观的彻底退出,上述倾斜的程度或者说折中化的程度还存在着相当大的讨论空间。

如何使正义理论以及在正义理论指导下的债法与社会发展的节奏同步,而不是过快或过慢,同样并非易事。下一节将具体分析各种正义观的利弊优劣、正义标准向社会公益倾斜化的程度以及发展步骤等问题。

第二节 利益兼顾的正义导向

上一节介绍了自19世纪以来几种主要的正义理论,这些理论归纳起来可以看到有如下发展脉络:首先是以霍布斯、洛克、亚当·斯密为代表的古典绝对自由主义正义观和与之一脉相承的以哈耶克、诺齐克为代表的新绝对自由主义正义观;其次是以边沁为代表的旧功利主义正义观和后来的以密尔、耶林、庞德为代表的新功利主义正义观;再次是以康德为代表的伦理人格主义正义观和作为其理论的继承及改进者的以罗尔斯、阿玛蒂亚·森为代表的福利自由主义正义观;此外是20世纪80年代才异军突起且独树一帜的社群主义正义观。上述正义理论尽管都有适合其存在的社会环境及合理性,然而从当代社会发展的客观要求出发,这些理论又都显现出明显的缺陷或不足。不过可以肯定的是,原本熠熠生辉的个人主义正义观正逐渐褪色,而朝着社会公共利益方向倾斜的正义观开始显现出迷人的色彩,利益兼顾正在成为社会正义的主要导向。现以此为切入点对上述理论评述如下。

一、对绝对自由主义正义观的评述

不论是早期的霍布斯、洛克还是当代的哈耶克、诺齐克等人均主张个人是社会的核心,每个人都是自由且平等的主体,其有着在不损害别人利益前提下追求自己利益的无限权利。社会仅仅是个人发展的平台,社会利益就是每个人利益的总和,并不存在所谓的独立的社会利益,每个人完成了自我实现,社会利益也就得以满足。而国家只应在最弱意义上存在,其职能在于担任市场的守夜人,而不得主动对社会自发形成的财富、资源以及机会分配模式加以干预。因此在他们看来,凡是有助于维护或促进个人自由与权利的行为或制度就是正义的,否则就是不正义的。

上述正义观尽管在其建立的早期曾经起到过一定积极作用,然而在当代却受到了越来越多的批判。例如阿玛蒂亚·森就将这种有意识地作出能够使自己利益最大化的选择称为"理性选择理论"(Rational Choice Theory)[1],并且对其具体描绘道:"这种方法认为,人们如果没有明智地只是追求自身的利益,并且不对任何其他事物加以考虑(除非'其他事物'会直接或间接地推进他们自己的利益),那就是不理性的。"[2]在阿玛蒂亚·森看来,"理性选择理论确实反映了一种对理智和理性极为狭隘的认识"[3],因为"一个选择只有在经受了批判性思考后还能成立,才可以被称为理性的"[4]。而且,理性选择也并非只有自利这一个选项,同情、承诺、奉献往往也是出于理性的选择。同情自不必说,关于承诺,阿玛蒂亚·森解释道:"如果某人承诺,比如说,尽自己所能来减轻他人的苦难——无论其自身的福利是否会受到影响,也不仅仅是在其自身福利受到影响的程度上,那么这就是明显的对于自利行为的偏离。"[5]关于奉献,他接着解释道:"奉献不仅可以是追求那些并非完全符合自身利益的目标,而且可以是遵从可行的甚至是最宽容的行为规范,这些规范可以限制我们这样一种倾向,即追求自身目标的实现,而不顾对他人造成的影响。考虑他人的愿望与追求并不违背理性的原则。"[6]总之,他认为现代经济学"越来越倾向于对除利己之外的其他所有动机一概予以忽略"[7],而将理性选择理论看成是"人类行为动机一致性"[8],是完全错误的看法。

比起阿玛蒂亚·森温和的批评,来自社群主义的批评声音则直接得多。例如社群主义指出,自由主义正义观来自以下的出发点,即假定社会是由独特的个人组成的,每个个人都先验地拥有一种作为其认同的自我,因此,个人的属性不为其所处的社群决定,相反,个人的自由选择最终决定社群的状态。其实,这种出发点是完全不符合事实的。人作为社会动物,一出生就居于某个社群之中,其自我意识的形成只能在社群中完成,

---

[1] 阿玛蒂亚·森:《正义的理念》,王磊、李航译,中国人民大学出版社2012年版,页166。
[2] 阿玛蒂亚·森:同前注。
[3] 阿玛蒂亚·森:同前注。
[4] 阿玛蒂亚·森:同前注,页168。
[5] 阿玛蒂亚·森:同前注,页175。
[6] 阿玛蒂亚·森:同前注,页179。
[7] 阿玛蒂亚·森:同前注,页174。
[8] 阿玛蒂亚·森:同前注。

也就是说，只有理解个人所处的社群的历史传统和社会文化环境，才能解释个人所拥有的价值与目的。即使某个人出于其自由意志自发组建起一个社群或者主动参与到另一个社群之中，也不能说该自由意志是来自于先验的自我认知，恰恰相反，由社群共同历史文化所形成的道德价值才是真正决定每个人自我认知的核心要素，其早已潜移默化地在每个人内心打上了不可磨灭的烙印。有鉴于此，社群主义认为所谓个人权利其实仅仅在表面上来自个人的自由意志，而其深层源泉却是社会共同利益。

对自由主义正义观最尖锐而深刻的批判来自马克思主义。在马克思主义看来，人绝非如霍布斯所说的那样是由自然状态通过社会契约过渡到社会状态的，人与人之间也并非是一种机械式的结合。自由主义的错误就在于，其完全将人视为相互分离的个体，将人际关系视为孤立且割裂的一段段单一关系。马克思在《论犹太人问题》一文中针对自由主义关于自由的经典主张写道："这里所说的人的自由，是作为孤立的、封闭在自身的单子里的那种人的自由。……自由这项人权并不是建立在人与人结合起来的基础上，而是建立在人与人分离的基础上。这项权利就是这种分离的权利，是狭隘的、封闭在自身的个人的权利。"① 与之相反，马克思主义认为，个人与社会具有一种有机的联系，即人是社会的细胞，不能脱离社会而生存与发展，"人的本质不是单个人所固有的抽象物，在其现实性上，它是一切社会关系的总和"②。因此，社会才是个人与个人生活的本质。

如果我们以批判视角重新审视诺齐克的持有正义、转让正义和矫正正义这三种正义观，就不难发现其中的谬误所在。

首先，关于持有正义，诺齐克将人们之间对物质财富占有的不平等视为理所当然，原因则归结为人的天赋与勤劳程度的不同，他认为美国篮球巨星张伯伦因其过人的天赋而获得超过一般人很多的巨额财富是正当的；一个愿意付出辛勤劳动的人获得比别人更多的收入也是理所当然的。不过他遗漏了最重要的一项原因，那就是人们基于对生产资料的占有数额的不同所带来的收入上的巨大差异。当少部分人占有了大部分社会生产资料时，这些人再也不需要身体和智力的天赋以及辛勤的劳动付出，就

---

① 马克思：《马克思恩格斯全集》第 1 卷，人民出版社 1956 年版，页 438。
② 马克思：同前注，页 56。

可以通过对他人劳动的剥夺而为自身聚集起巨额财富。这一点 19 世纪是如此，21 世纪依然如此。法国学者皮凯蒂在其《二十一世纪资本论》一书中，曾经通过大量各国公布的第一手经济数据为我们揭示出，当个人资产超过一定门槛时，该财产拥有者是如何并不需要付出任何劳动，而仅仅在资本主义制度的保护下，就会自动地使自己的财富飞快地不断升值[①]。所以，我们能够接受一个人因自己的天赋和勤劳而获得较多的财富，因为那是劳动所得，但无论如何都不应支持因占有大量生产资料即可以不劳而获的正当性。

其次，关于转让正义，诺齐克认为只要是通过自愿方式所进行的财产转让，就都是符合正义的。然而他的这种转让正义仅停留在一般商品买卖的狭隘层面，却未能对当代社会出现的各种垄断和不正当竞争所造成的客观上的转让不公平予以重视；对普遍存在的雇主通过购买雇员的劳动力而剥夺其剩余价值的转让中存在的非正义事实则更是熟视无睹。而这一切，已经为当代社会实践所一再证实。

最后，关于矫正正义，诺齐克强调个人的经济理性，认为国家的司法机关仅在最弱意义上干预自发的市场，即该矫正的仅仅是在交易过程中出现的胁迫、欺诈等非正义行为。这种正义显然也是不完整的，其观点的前提是将所有市场主体都视为理性人，而事实上人的理性其实都是有限的，社会经济关系中并不存在完全意义上的理性人；而且，诺齐克并未关注到那些由于专业程度不对等、信息不对称等原因造成的不公正也需要矫正；更有甚者，该观点由于未能关注到在持有和转让阶段存在的非正义情形，因而也就根本谈不上对前两个阶段非正义的矫正。总之，绝对自由主义正义观由于过于极端，未能考虑到社会不公正的深层原因和复杂性因素，故而难以适应当代社会发展要求。

二、对功利主义正义观的评述

如前所述，功利主义正义观用一句话概括，就是凡为了实现最大多数人的最大幸福的行为与制度都是正义的，反之就是不正义的。这种观点曾经广为流行，并在社会实践中发挥了一定作用，特别是在各种相互冲突的利益关系中发生难以抉择的情形时，这种理论为人们提供了一种较直

[①] 皮凯蒂的相关具体论述，可参见本书第一章第六节。

观的判断标准。但在后人看来,该正义观存在着以下方面的解释困难:

第一方面,就是功利主义过分注重效率,它以增加社会幸福总量为唯一目标。功利主义的设计初衷是通过精密的计算,使得各种相互矛盾的事物与利益被"通分"为可以衡量的价值,然后对价值量进行简单判断,以两利取其大的原则进行取舍。这种方法在简单环境中是可行的,我们凭借计算和经验,可以较为准确地衡量具体价值量,然而在一个复杂环境中,由于需要考虑的因素太多并且具有过多的不确定性,这种方法论就完全难以应对了。事实上,幸福总量本身就是一个过于抽象和极为含混不清的概念,再精确的方法也无法对其加以准确衡量。而且任何一项具体行为或具体利益与这个幸福总量之间又存在着无数的联系层级,各层级内部还有数不清且各不相同的影响因素,充斥着大量的蝴蝶效应,只要任一层级中的任一因素发生微小的改变,最终结果的幸福总量就会有天壤之别,存在着从双赢、零和、此消彼长到双输等各种结果的可能性。一句话,变数极大。

第二方面,功利主义只考虑幸福的数量因素,而未考虑幸福的总量在全体社会成员之间是如何分配的。如果大多数的幸福被分配给了少数人,而大多数人没有获得幸福或者幸福感很低,这样的社会难道是正义的吗?

第三方面,判断幸福并非只依据量的指标,事实上构成幸福的内在指标很多,个人指标包括生命、健康、自由、平等、财富等;社会指标包括关爱、尊重、秩序、地位等,上述这些指标之间也并非完全兼容,经常会出现当满足某一项指标时就会妨碍另一项指标满足的相互排斥现象,此时在两个幸福指标之间如何取舍呢?是否存在罗尔斯所主张的那种将生命、自由、平等指标按照"字典顺序"那样绝对优先加以排列呢?如果将上述幸福指标优先排列会导致幸福总量下降时,又当如何处理呢?

第四方面,使幸福最大化的结果固然重要,为达致幸福而运用的手段难道不重要吗?当人们笃定其做法能够实现最大的幸福总量时,是否可以不择手段?这样做显然违背了千百年来人类业已形成的共同道德准则。正如前一节提到的阿玛蒂亚·森关于正义过程与正义结果关系的论述,当人们只关注结果正义,而完全不关心实现正义过程所使用手段的正义性,这个结果的正义性同样是不完整的。例如为了保证正在进行的奥运会开幕式的火炬点火程序顺利完成,体育场馆的工作人员能否在发现配电室内随时有生命危险的偶然误入者,本可以临时关闭电闸拯救其生命时,却采取置之不理的做法?事实上,利己与利他是每个人都具备的基本属性,根据普适的人性化伦理规范,只有在战争这种特殊的环境中,长官可以命令士兵以牺牲自己生命为代价而掩护主力转移;或在海难时,船长可以命令将唯一的救生船留给妇女与儿童。此外,任何人都没有权利从利他原则出发,为了所谓最大幸福总量,去剥夺别人的生命。正如学者摩尔根所说:"功利主义忽略了施行和允许之间至关重要的道德区别……由于功利主义者只对结果感兴趣,使得他们无法做出这种区分。……功利主义者忽视了每个人的生活都是独立的这一事实。所以他们无法看出为了其他人而牺牲一个人有什么不妥,或是期望每个行动者都会为了他人而牺牲自己有什么不对。缺少了一种关于人类本性的充分理论,功利主义甚至无法看出为什么其结果是非正义的。"①

第五方面,功利主义将个人选择模式放大到全社会,个人既然是根据自己的所得来衡量自己的所失,那么社会也可以将社会作为联合体去追求群体幸福并以此判断公正与否,也就是说,当一个社会能最大限度增加满足的净余额时,这个社会就是正义的。事实上社会是由目标相异的人组成,这使得他们的利益和追求往往相互矛盾,甚至对立,然而这些利益有时却又都具有某种合理性,因而对其并不能简单进行正负充抵、只看净余额,而需要在两者间进行必要的折中与妥协,有时需要双方各让一步。由此可见,社会正义经常体现为相互冲突的个体利益之间的平衡与协调。

应该指出,上述功利主义的缺陷主要针对古典功利主义而言,后来功利主义经过了若干改良,例如**密尔**就提出了一种人性化的功利主义,他认为,在符合人性前提下的功利主义才是可行的。也就是说,应该承认个人独立、自由、平等均具有最高价值,这些价值代表了社会的最大幸福。同时,另一些著名的功利主义者,如耶林也是按照此原则形成了自己的理论体系的,既坚持了功利主义方法论,又保持了对独立、自由、平等等价值的尊重。

此外,在20世纪法律社会化与道德化思潮的影响下,功利主义又被引入了新的最高价值,那就是社会利益,其中最有代表性的人物当属庞德,如前所述,他将社会中普遍存在的利益归结为三种,分别是个人利益、

---

① 蒂姆·摩尔根:《理解功利主义》,谭志福译,山东人民出版社2012年版,页126。

国家利益(公共利益)、社会利益。在他看来,其中个人利益就是指包括个人自由与平等在内的全部个体利益,国家不得出于政治统治的需要而随意侵害、干预个人利益。但是与个人利益相比,社会利益要明显优于个人利益,也就是说,一般情况下,社会利益必须尊重个人利益中关于自由平等这样的根本利益的优先性,但却优于其他一些较为不具根本性的个人利益;在某些特殊情况下,社会利益甚至也不排除高于个人自由平等等个人根本利益。这使得功利主义在很大程度上已经接近了罗尔斯的正义理论,例如罗尔斯也曾提出:"这些自由有一个中心的应用范围,在这一范围内,它们只能因与其他的基本自由的冲突才受到限制和需做出妥协。"①

三、对伦理人格主义和福利主义正义观的评述

如前所述,发端于康德的伦理人格主义正义观,将人格尊严及人的绝对价值作为观察世界的出发点,其观点的核心是将人视为目的而非手段,强调人格具有至高无上的伦理价值,强调个人独立、自由与平等的重要意义。将上述概念移植到民法领域,这种对自由与权利的绝对尊重,就意味着对人格的尊重,对人的绝对价值的尊重。因此,所谓正义就是要突出人的意志自由,并将该自由视为民事权利的本质。也就是说,最大限度地维护个人基于自由意志实现其民事权利,以及强化对民事权利的保护,就体现了社会正义的要求。由于这种正义观与19世纪社会发展潮流完全吻合,故而成为当时的社会主流正义观,事实上也对自由主义市场经济起到了巨大的推动作用。拉伦茨对此曾这样评价道:"康德的学说对《德国民法典》制定者的精神世界产生了深刻的影响,其程度类似于18世纪的自然法学说对《普鲁士普通民法》以及《奥地利普通民法》的制定者们所产生的影响。"②

然而,这种正义观自20世纪开始受到了越来越多的诟病,质疑声主要表现在以下几个方面:首先,该理论的方法论过于形而上学。尽管其力求透过现象深入到事物的本质,意图彻底揭示出个人应然的社会价值与主导地位,但是却陷入了静态的历史观,与历史发展的真实性完全不符。

---

① 约翰·罗尔斯:《正义论》(修订版),何怀宏等译,中国社会科学出版社2009年版,页48。
② 卡尔·拉伦茨:《德国民法通论》(上册),王晓晔等译,法律出版社2003年版,页46。

事实上，人的独立、自由与平等始终处于变化状态中，虽然在奴隶制、封建农奴制下人们的自由受到巨大限制，也缺乏基本平等，但由于其发达程度本质上取决于社会生产力的发展水平，所以人类社会无法跨越这样一个阶段而直接进入自由平等的社会。以后代的眼光看来，以前的社会固然是非正义的，但如果从历史的、发展的视角观察，就会发现在特定历史环境之下，其存在正义与合理的一面，因为人类毕竟需要一步一步地从不平等走向平等。这就是所谓正义的阶段性。换言之，当我们抛弃了静止的社会观与历史观之后，我们将不再会对个人赋予其绝对价值，也不会将人的自由与平等视为不可突破的至高顶点。

其次，该正义观在人的价值上具有绝对化倾向，否定社会中任何因素对个人自由具有优先性，并因此得出结论认为，尊重个人自由是最高的道德准则，无论出于任何原因都不能对人的自由加以干预和限制。这种做法在现实中显然与千百年来早已为人类所接受的普世伦理存在对立，无论是从圣经中记载的耶稣关于撒玛利亚人救助陌生受伤者的寓言（参见本书第三章第一节），还是对一个落水的陌生人能否出于自由至上原则而在可举手之劳救人一命时却袖手旁观的假设故事当中（参见本书第三章第二节），我们都可以看到，过度绝对化的自由观所具有的非正义性，至少会带来正义的巨大疏漏。

最后，该正义观以个人主义为出发点，其所强调的人的绝对价值实际上是指个人的绝对价值，也就是说，该正义观将个人利益始终放在了一切社会价值的首位，从而排斥了社会共同利益对个人利益的超越，并认为从正义的要求出发，个人自由与支配领域必须受到最大程度的尊重与保护，与此同时，只要个人意志与行为保持在他人的自由领域之外，就不会对他人构成负面影响，因而也是正义的。然而，正如本书前面所述，这种正义观未能与时俱进，没有看到当代由于社会分工、城市化等原因早已使得人们活动的自由范围发生了巨大改变，过去那种在个人支配领域与他人支配领域之间，存在着广大的可以恣意放纵的"无人地带"其实早已不复存在，已经被社会普遍信赖关系所填充（参见第四章第二节）。因此对正义标准的考量，除了对每个个人的自由支配领域的保护与尊重之外，还必须在社会关系领域对人际普遍存在的必要社会信赖利益予以保护。换言之，将个人主义作为判断正义标准唯一基础的做法，其正义性将大打折扣。

对于康德关于正义标准的形而上学理论，其继承者罗尔斯虽然没有全盘吸收，却继承了其基本教义，将抽象的、静态的自由平等理念作为判断正义与否一成不变的标准，并因此受到了广泛批评。事实上，判断正义时对自由的理解不应是抽象的而应是具体的。自由本身有多重表现形式，除了人身自由、思想自由这种较抽象的表达方式以外，还包括了拥有与处分财产的自由、营业自由、契约自由等经济自由以及信仰自由、言论自由等政治自由。同样，对平等的判断也是这样，其不仅仅意味着抽象的地位平等，还包含着丰富的具体层面，例如资源与财富分配的平等、风险分配平等以及机会平等。而机会平等还可以细分为拥有财产的机会、营业机会、缔约机会、就学机会、就业机会等多方面内容。如果不能将对正义的理解落实到这些具体层面，空泛地讲自由与平等则毫无意义。

其实，罗尔斯也意识到了抽象、静态化的正义原则过于绝对，用于指导当代社会实践时存在疏漏，所以他在一定程度上对上述理论作了修正。具体讲，罗尔斯在坚持将"每个人都有同样的权利享有完全的平等与基本自由"作为第一正义原则的基础上，增加了起到变通和转圜功能的第二正义原则：即"在机会均等的前提下，由于个人能力、地位差异造成的不平等"，以及"只有在给那些最少受惠的社会成员也带来收益情况下的不平等"是可以接受的。在他看来，这种不平等并非不正义。很显然，罗尔斯的第二正义原则在逻辑上已经突破了康德正义观念的原本含义。尽管罗尔斯并没有对康德的绝对正义观提出异议，但其第二正义原则其实已经间接地揭示出康德理论的时代局限性。这说明，罗尔斯此时对自由与平等的理解已经在一定程度上超越了康德，对其理解更为具体化和有层次性。而且在对待不同主体的基本自由之间发生冲突的问题上，他也更愿意采取妥协与折中的处理方式。从某种意义上说，第二正义原则才是他的真正创造。罗尔斯煞费苦心地将体现个人主义的第一正义原则和体现对社会公共利益保护的第二正义原则糅合在一起，力图通过这种折中做法，从根本上解决社会的不公平。换言之，就是通过社会既得利益群体以某种社会福利形式向社会弱势群体作出适当利益让步，以此达到各方利益的平衡，从而实现社会正义。也正因为如此，康德伦理人格主义正义观才能够以新的形式得以延续。

尽管罗尔斯声称自己的正义观是全面的，但其实却是在某种暗含的前提下对正义标准所作出的判断。这个前提就是必须在市场经济条件下的自由与平等的社会中,以及必须以自利至上的个人主义为出发点。阿玛蒂亚·森曾这样评价道:"罗尔斯的主要着眼点似乎在于个人利益和个人安排的优先排序的多样性上。"①另外,罗尔斯在其《正义论》中关于"原初状态"和"无知之幕"的论述,均以个人主义为基础而进行,其中所描绘的社会正义标准,本质上均属于个人选择,即依据每个人对自己现实社会地位的判断,以及如何实现自己利益最大化为目标所作出。也正因为如此,罗尔斯的正义观仍然存在着诸多问题,并受到了来自几个方向上的压力。一方面是在前一节提到的阿玛蒂亚·森、桑德尔以及塞尔兹尼克等人的质疑声音,主要是认为其理论对社会公共利益的重视程度明显不够。另一方面他也受到了来自绝对自由主义方面的压力,认为其理论对个人利益保护得还不够,尤其是未能就如下问题予以说明,即在不否定资产来源合理(符合持有正义)的前提下,其第二正义原则为什么会采取类似于对富人多征税的方法用以补贴给穷人。不过,这些尚不是罗尔斯理论的真正危机,其真正的危机在于,罗尔斯仅仅将社会利益的第二次分配作为改变的对象,而未能解决第一次社会分配即生产资料占有的不公正问题,而后者才是导致社会不公正的真正根源。当前西方社会的现实充分证明,这种治标不治本的做法无法根本改变当前社会穷者愈穷、富者愈富的格局。

与罗尔斯相比,阿玛蒂亚·森的正义观更贴近现实。除了上一节所述两人观点的差异性之外,后者还提出了两方面改进意见。一方面,他认为自由与平等并非如罗尔斯所说的那样先验地成为正义的来源,因而在考察正义标准时应该将自由与平等也纳入正义标准的考察对象。换言之,在判断正义标准时对自由与平等因素也要加以考量,不能为了保障个人的自由与平等而不计任何代价。另一方面,他将正义看成是一个历史范畴,判断某一事物正义与否,主要是从该事物是否符合当代社会客观要求出发,具体讲,与其寻求抽象且单一的正义标准,并意图建立缺乏可行性的所谓正义社会,不如从消除明显的不正义入手,通过比较正义的手段,由简到难,使社会逐渐向正义靠拢。

其实,阿玛蒂亚·森的理论属于一种侧面理论,而非正面理论。其核心意涵就是在目前难以准确找到正义的客观标准的情形下,暂时放弃正

---

① 阿玛蒂亚·森:《正义的理念》,王磊、李航译,中国人民大学出版社2012年版,页38。

向的强行寻找,而是另辟蹊径,反向寻找那些明显的不正义并加以克服,以期实现社会正义。阿玛蒂亚·森的苦衷完全可以理解,实践中其理论也确有一定效果,但这仅仅是一种权宜之计,长远看难以形成对现实的支撑,因为法律本身就是以建立正义的客观标准为己任,缺乏正向的正义标准,社会将无法为每个社会主体提供参与社会活动的正常行为准则。

从这个意义上讲,罗尔斯的正义论尽管有诸多问题,但不失为一次大胆的尝试,其在追求自由平等的同时,尽可能融合某些社会化思想理念,以适应当代社会需求。尽管在这一方面做得还很不够,但其努力却值得肯定。与罗尔斯在政治领域的勇于进取相比,法律领域却从社会稳定的利益考虑,采取了与阿玛蒂亚·森观点相近的路线图,即在抽象层面上坚持自由平等原则的同时,却在具体层面采取一系列法律手段对自由与平等的含义重新定义,并通过对过度自由采取适时限制的做法来克服不正义的情形。目前,正义标准正处于发展演变之中,法律的目的绝不会满足于克服具体的不正义,因为不建立正向的客观正义标准,非正义就会层出不穷,屡禁不止。不过我们应该从阿玛蒂亚·森的观点中体会到这一过程的艰巨性与复杂性。可以预期,经过长期的不懈努力,社会必将发展出较为完善的新的正义原则与旧有正义原则形成抗衡之势,并经过多回合博弈,最终搭建起基于新正义原则的较为稳定的社会结构。

四、对社群主义正义观的评述

与以上各种正义观将社会正义建立在个人主义之上的立场不同,社群主义将个人定性为在社群中成长并长期生活于社群中的人,也就是说,个人的意识、认知、情感、道德伦理观念等无不被打上极深的社会烙印,以至于享有自由意志和独立之身的个人并不会将自己的自由与权利放在首位,也不会排斥人与人之间的深度合作。相反,人们在保持适当自利性的同时,会欣然接受彼此相互依赖的事实,并乐于帮助他人或者为共同体作出必要的奉献。因此,如果说自由主义将强调自由、保护权利作为正义的标准,其目的在于最大限度调动每个人创造物质财富的积极性,以增进社会福祉,而将维持社会公平与稳定的职能交由"看不见的手"来调节的话,社群主义则是将这只"看不见的手"显性化,因为在社群主义看来,自由主义过分注重社会财富总量的增加,而明显忽略了对财富与社会义务分配公平的调节。事实上,仅仅依靠市场的自发调节功能来完成上述任务愈发显现出难以胜任的颓势。所以,在公平正义观念中引入互助合作精神和保护社会利益观念,是完全必要的。正如同自由主义正义观将权利视为正义的核心那样,社群主义正义观是将责任伦理视为其正义的核心。因此可以说,社群主义正义观是一种兼顾到个人自由、权利与社会共同利益的正义观,或者说是一种由个人主义向社会化过渡的正义观。

之所以社群主义正义观会在20世纪80年代出现,其实并非偶然。正如本书前几章所分析的那样,20世纪社会发展变化的趋势,使得原本占统治地位的自由主义正义观的固有不足开始不断显现。经济关系、社会因素以及伦理观念的演变汇集成为一股社会化洪流,连续冲刷着自由主义大厦的根基。两次世界大战虽然表面上是国与国之间的战争,但其实不过是各国内部长期矛盾积累的转移所致,由于西方各列强均推行自私自利、漠视合作、缺乏互助精神的基本理念和基于此理念的各项社会制度,其最终结果是上述深刻社会对立以战争的极端形式总爆发。顺应历史潮流以及出于反思历史教训的需求,使社群主义这一与传统自由主义迥然不同的正义理论得以形成。由此可见,社群主义正义观的积极意义十分明显。

尽管如此,社群主义正义观存在的缺陷也不能不提。首先,社群主义是以批判为主的理论,自身立论不足。其开始主要是针对各种自由主义正义观的弊端,这种批判直击自由主义的要害,不可谓不尖锐,例如著名学者麦金太尔在其著作《德性之后》一书中提出:进入近现代社会,西方世界道德传统发生了深刻变化,逐渐背离了自亚里士多德以来的德性伦理导向,过分的个人主义把每个人的生活分割为无数片段,人们自我消解为一系列角色扮演的分离领域,个人生活的整体消失了。人们习惯于原子式地思考个人行为,并依据简单的行为成分来分析复杂的行为和处理问题。但如果把这种具体行为置于更大的社会背景中来考察,则完全会得出相反的结论。进而,他将这视为近现代社会伦理进入"德性之后"的"黑暗时代"的原因。[①] 不过,如何对这样的社会实施体系化改造,社群主义者们并没有拿出建设性的可行方案。这使其理论的功效大打折扣。其

---

① 参见龚群:《德性之后》——译者前言,载 A. 麦金太尔:《德性之后》,中国社会科学出版社 1995 年版,页 20。

次,社群主义并非对建立在个人主义基础上的自由主义的否定,而仅仅是对自由主义作出向社会化方向的微调与修正。塞尔兹尼克指出:"新社群主义是反对自由主义吗?似乎是这样,因为他们通常批评自由主义的理论和政策。但是,他们并不反对自由主义制度和自由主义传统。"① 其修正的要旨是"社会连带的修复"②。换言之,就是使社群主义与自由主义相融合,建立起一种使每个人都具有自我管理偏好以及注重自己社会义务与责任的理想社会形态。这种变革的思路注定流于表面化,因为个人主义的过分利己因素,是造就自由的放任和人际的隔阂的根本原因,不从根本因素入手,将难以彻底消除上述社会弊端存在的土壤。此外,由于未对形成社会不公正的根本原因进行深刻反思,因而社群主义就其本质而言,仍属于改良版的个人主义。换言之,是增加了社会化因素的个人主义正义观。其对待个人利益与社会公共利益存在的根本性冲突,仅表现出有限度地向社会利益倾斜,而每当这种社会推动力触及个人主义的底线时,马上就会停手。所以,社群主义正义观相对于之前所述的各种正义观而言,仅具有阶段性优势,而非革命性变革;仅能够在结果层面调节公平尺度,改变社会分配不公,而不能从基本原因入手,全方位解决公平正义的社会环境问题。

综上所述,当今社会,除了绝对自由主义正义观仍然较为顽固地坚持将个人视为孤立的个体,看不到人与人之间客观存在的密切联系以及否认独立社会利益的存在之外,功利主义正义观、伦理人格主义正义观、福利自由主义正义观都或多或少地正在向社会利益方面靠拢,承认社会性对公平正义具有一定的影响力;社群主义则由于更多地从正义源头出发解释正义所天生具有的社会属性,而显现出更多的社会活力。这种发展变化说明了一点,那就是,尽管几种观点各有所长,并且会长期共存,但它们有着相互融合的趋势,人性化和社会化等折中色彩日益浓厚。随着社会的不断演进,在今后相当长的一个历史阶段,正义理论的发展趋势将会是:在自由化与社会化两极之间来回微调,有时偏向自由化,有时社会化成分更多一些,但总体会朝向各种利益兼顾的方向。

---

① 菲利普·塞尔兹尼克:《社群主义的说服力》,马洪、李清伟译,上海世纪出版集团2009年版,页7。

② 菲利普·塞尔兹尼克:同前注,页10。

第三节　马克思主义正义观

马克思主义正义观在立意方面超越了前述各种正义观，不仅面向当代，更面向未来，将理想正义与现实正义有机结合，因而其属于更高层次的正义观。探讨马克思主义正义观首先应该从对前几种正义观的批判入手。

一、马克思主义对各种正义观的评价

基于经济基础决定上层建筑的原理，马克思主义将正义问题优先集中于经济关系与财富分配的正义方面。由此出发，马克思主义认为，功利主义正义观只关注社会幸福的总量，而不关注幸福在社会成员之间的分配公平，其结果是社会财富虽然在不断增加，但是由于分配不公导致财富主要集中在少数人手中，而大多数人的生活未能相应得到改善。尽管庞德等人已经意识到此问题并对功利主义作出了某些人性化调整，在财富利益分配方面开始向社会整体利益倾斜，但该改变并未触及根本，故仍难以完全适应社会未来走向。

相对于功利主义而言，伦理人格主义以及其后继者罗尔斯的正义观虽然也开始更多地关注到了财富利益的现实分配问题，也提出了一些解决办法，例如提出富人的财富增加，应以增加穷人财富为前提。但由于其对财富来源的正当性与公正性缺乏足够关注，也就是说只关注财富的第二次分配而不关注财富的第一次分配，这导致了其正义观注定是一个"半截子"工程。

绝对自由主义正义观虽然关注到了财富来源问题，但是对来源的正当性认识却存在着根本性错误，将人的财富收入差异归结为天赋与勤劳程度的区别，而遗漏掉对生产资料占有的差异这一最关键因素。

社群主义同样注意到了财富分配的公平问题，而且其对于公平分配的理由与意义作出了比罗尔斯更为合理的说明，可以说最接近马克思主义的正义观。然而该正义观最大的问题却同样是对导致分配不公的根源缺乏正确认识。

归根到底，这些正义观都存在一个共性问题，那就是对于社会贫富差距过大的问题要么无动于衷，要么无可奈何或办法不多。究其原因，这些

正义观从根本上讲都是源自个人主义的指导原则。对于已经预先埋下的个人主义种子,无论怎样浇水施肥,剪枝修叶,也不会生长出理想的公平正义之果。

二、马克思主义正义观的实质

马克思主义认为,判断正义的首要问题,就是解决好个人与社会的关系定位问题。一般而言,个人主义把个人看成是先于社会的存在,认为在社会形成之前人类即以个人的形式存在于"自然状态"之中,而社会只是个人之间订立社会契约的结果,是个人的机械组合。由此出发,凡是有助于维护或促进自由权利的行为就被认为是正义的,否则就是不正义的。与之相反,马克思主义认为,人存在于社会中,而且只能存在于社会中。社会是个人存在与发展的先决条件。本质上讲,社会关系的基本特性决定了一个人的经济地位、政治立场、思想观念、人生态度等各个方面。马克思指出:"只有在共同体中,个人才能获得全面发展其才能的手段,也就是说,只有在共同体中才可能有个人自由。"①在这一点上,马克思主义与社群主义的理解具有一致性。然而,与社群主义不同的是,马克思主义把正义的主题归结为社会制度的正义而不仅仅是个人行为的正义,这使得马克思主义能够从宏观社会结构层面看待正义问题,并从整体意义上构建社会正义体系,这显然超越了社群主义的自身局限性,后者仅从微观的个体关系层面理解正义和力图通过个体意义上的有限调节来实现社会正义。

与自由主义正义观偏重形式正义不同,马克思主义尤其注重实质正义。实质正义是指社会制度必须体现人类理想的价值追求,在财富以及个人权利义务的分配方面具有合理性,即社会法律制度在来源意义上必须是正义的。而形式正义则要求社会制度和法律在运行过程中遵循一套程序上公平、公正、公开的统一标准,必须保证所有参与者在法律程序上具有平等的权利和义务,受到一视同仁的对待。之所以自由主义只强调形式正义,是因为他们认为私有制与市场经济已经为社会奠定了自由与平等的基础,在此基础上,每个市场参与者作为理性人都可以不受限制地自主追求其各自的目标。所以实质正义问题已经得到解决,剩下的问题

---

① 马克思:《马克思恩格斯选集》第 1 卷,人民出版社 1972 年版,页 119。

仅仅是,社会通过法律手段保证每个人能够充分行使该自由,以及保护好每个人取得财产的权利和参与平等交换的权利,不受到他人的胁迫或欺骗。这样,社会正义自然会水到渠成。而马克思主义却认为,理想的社会正义并非建立在私有制基础之上,因此欲实现真正的公平正义,则必须重新确定实质正义的标准。没有实质正义,单纯的形式正义也就失去了存在的实际意义。马克思明确指出:"如果认为在立法者偏私的情况下可以有公正的法官,那简直是愚蠢而不切实际的幻想!既然法律是自私自利的,那末大公无私的判决还能有什么意义呢?法官只能够丝毫不苟地表达法律的自私自利,只能够无条件地执行它。在这种情形下,公正是判决的形式,但不是它的内容。内容早被法律所规定。如果审判程序只归结为一种毫无内容的形式,那末这种空洞的形式就没有任何独立的价值了。"①

然而,即使是福利自由主义和社群主义正义观已经意识到以往的社会存在着实质意义上的不公平,并力图有所改变。但令人遗憾的是,其改变仅仅停留在财富与机会的分配(例如通过累进税率调节贫富差距)以及商品交易过程中(如何避免垄断与不正当竞争等),而对于更具根本意义的生产领域中存在的实质非正义却未能进行任何反思,更谈不上加以改变了。这就是马克思在《资本论》中所揭示的资本通过支配劳动力而不经过交换就无偿占有了他人的劳动产品。这使得交换过程中的自由和平等最终让位于生产过程中的剥削。马克思曾尖锐地指出:"在市场上,他作为'劳动力'这种商品的占有者与其他商品的占有者相对立,即作为商品占有者与商品占有者相对立。他把自己的劳动力卖给资本家时所缔结的契约,可以说像白纸黑字一样表明了他可以自由支配自己。在成交以后却发现:他不是'自由的当事人',他自由出卖自己劳动力的时间,是他被迫出卖劳动力的时间;实际上,他'只要还有一块肉、一根筋、一滴血可供榨取',吸血鬼就决不罢休。"②在马克思看来,当前社会不正义的根本原因在于私有制与剥削。私有制使得私人独占巨额生产资料成为合法;而剥削使得资本家可以用一种巧妙的交易方式(劳动力买卖),表面自由公正而实际却不正义地获得他人的劳动成果。

---

① 马克思:《马克思恩格斯全集》第1卷,人民出版社1956年版,页178。
② 马克思:《资本论》第1卷(上),人民出版社1975年版,页334以下。

可见,正义的体现应该是全方位的,如果只注重其中的某一方面,而忽略了其他更重要的方面,就会得出错误的结论。对于这一点,罗尔斯尽管并不认同,但其实也有所体察,罗尔斯写道:"马克思并不把剥削看成是由市场不完善或由于寡头垄断因素的存在而引发的。他的劳动价值论意在表明(当然还包括对其他现象的说明),即使处于充分竞争的状态之中,资本主义社会也仍然存在着剥削。他想要揭露——并使所有人都清楚看到——的是,就算资本主义是允分竞争的,甚至就算它完全满足了最适合它的正义观念,资本主义制度仍然是一种统治和剥削的不正义的社会制度。"①

三、自由主义正义观的辩解

正是由于马克思主义与建立在资本主义基础上的自由主义在这一最关键问题上存在分歧,导致了两种截然不同的正义观之间长期持久的争论。然而,自苏联解体之后,一时间自由主义观点在争论中明显占据了上风,一种颇具广泛性的观点是资本主义比社会主义更具优越性。美国学者福山甚至提出了所谓"制度终结论",认为资本主义是人类社会的终极模式,社会主义最终注定将失败。为了论证资本主义社会的合理性和应对马克思主义对资本主义的批判,自由主义正义观作出了如下主要辩解:

第一,用主观价值论取代客观价值论。所谓客观价值论,亦称劳动价值论,是由亚当·斯密和大卫·李嘉图所创造,其认为商品的价值是客观的,可以通过劳动量加以衡量,所以价值由劳动所创造。正是在此基础上马克思推导出剩余价值理论,并得出了私有制导致剥削,而剥削等同于非正义的著名论断。而当前西方的主流经济学家们并不愿意放弃资本主义的道德高地,于是放弃了原本作为主流观点的客观价值论,转而重拾边沁基于功利主义思想而创造的主观价值论。根据边沁述及的关于人的苦乐感受以及其具有的边际效用,提出商品的价值来源于人的主观需求程度,并由此进一步推导出交换与投资创造价值而非劳动创造价值的理论。根据主观价值论,任何交换只要出于自愿就是公平的。雇主与雇员之间之所以能够订立合同,是因为他们各自对对方提供的价值存在着期待,期待程度根据其对该价值需要的主观迫切程度会有所不同,需要程度高,则愿

---

① 罗尔斯:《政治哲学史讲义》,杨通进等译,中国社会科学出版社 2011 年版,页 343。

意支付较多的对价;需要程度低,则只愿意支付较低对价。这种自愿基础上的交换是公平的,并不存在剥削。由此可见,主观价值论将所有经济领域的正义都归结为交换领域的正义,根本不承认生产领域中存在正义问题。这样一种基于功利主义的主观价值论,不仅受到了绝对自由主义正义观的大力支持(例如诺齐克就将此称为"持有正义"),而且即使是号称反对功利主义的福利主义正义观,也并没有否定之。

第二,否认在资本家与工人之间存在根本对立。自由主义正义观认为,马克思将资本家与工人之间的矛盾看成一种"零和游戏",即社会财富的总量是固定的,资本家获得了其中大部分,工人的所获份额自然就减少;而且资本家贪得无厌,不断地压榨,以至于工人最终会陷于贫困境地。但其实并非如此,社会财富的总量一直以来都在不断增加,而且普通劳动者的生活质量伴随着社会财富的增加也在不断提高,社会幸福指数并没有像马克思所预言的那样下降。

第三,以苏联为代表的社会主义国家的失败反向证明了自由主义正义观的合理性。社会主义的发展需要依靠普通劳动者很高的社会觉悟和牺牲精神,只有这样才能保持较高的劳动热情,但这不符合人性,因为从人的自利本性出发,每个人只有在为自己而劳动时,才可能最大限度地发挥出劳动积极性。社会主义条件下的劳动是一种为他人利益的劳动,所以社会主义社会存在无法克服的弊病就是"搭顺风车"现象。尽管资本主义社会存在贫富不均,但这却具有调动人们劳动积极性的优势,比较起来,不平均好过大锅饭。所以罗尔斯等人仅主张通过对财富第二次分配进行必要调节来实现正义,而不愿意触动生产资料占有导致的不公正问题;而根据诺齐克等人的观点,贫富不均则根本不属于社会弊端。

四、马克思主义正义观的回应

对于以上反驳,从马克思主义的立场出发,可以作出如下回应:

第一,就个人而言,财富来源于交易和投资,或者说交易与投资创造价值的说法可以理解,因为一个人通过交易获利,或者通过投资股票使自己的财富增值,这都是寻常之事,但从全社会而言,这种说法就无法自圆其说了。事实上,当今社会财富的绝大部分并非来源于大自然的赋予,而是来源于劳动创造。人类社会在近一百年间的财富总量增加了成百上千倍,原因在于社会生产力的空前提高,这充分证明了财富的价值越来越多地体现为人的脑力和体力劳动成果。商品交换和投资只是改变了财富在社会中的分配关系,这虽然可以刺激人们的劳动热情,但其本身却不能创造出新的财富。尽管人们的主观需求有时可以将某个商品的价格推到很高的地步,但这种价格对价值的背离不可能持续,从整个市场出发并在长远意义上看,该商品的价格会逐渐趋向于生产该商品的社会必要劳动时间。所以归根到底,意图通过主观价值论来否定劳动创造价值,进一步通过否定存在剥削来保持资本主义在道德上的制高点,并以此来证明自由主义正义观的合理性,是经不住推敲的。

第二,社会财富分配差距过大是否违背社会正义?答案应该是肯定的!因为很清楚的一点是,所谓"零和"不是指财富绝对量上的分配关系(绝对量肯定在不断增加),而是指财富在比例关系上的分配,即指少数人占据大多数社会财富和社会资源的现象。本书前面不止一次提到皮凯蒂提供的大量数据都证明了一点,即当今西方世界的财富增量部分正不断向少数人倾斜,贫富差距加大是不争的事实。2011年美国占领华尔街运动的抗议者的口号就是:"我们是占总人口99%的那部分人"。正如有学者所评论的那样:"他(指皮凯蒂——引者注)认为,资本主义的自由市场是催生这种根源性不平等的温床;与通常教科书中强调的市场机制能实现资源配置最优化的看法相反,在皮凯蒂的分析框架下,市场越完备越有效率,资本再投资就越有可能获得较为丰厚的回报,如果整个经济体的增长在彼时非常缓慢,这往往就使得资本收益大于经济增长率的可能性大大增加。而那些原本的高收入群体只需投入原有财富的一小部分,其资本收益就能跑赢经济增长所带来的较低收益,令他们与一般收入者的财富鸿沟越来越大。"①

事实上,即使按照罗尔斯第二正义原则中的效率原则,贫富差距问题仍然无解,因为效率原则所遵循的是"转用于社会基本结构的帕累托最佳原则(Pareto Optimality)"②,也就是说,只要不使穷人进一步变穷,富人

---

① 巴曙松:《21世纪资本论》译者序,载托马斯·皮凯蒂:《21世纪资本论》,中信出版集团股份有限公司,2014年版,页Ⅷ。

② 帕累托最佳:是指资源分配的一种理想状态,即假定固有的一群人和可分配的资源,从一种分配状态到另一种状态的变化中,在没有使任何人境况变坏的前提下,也不可能再使某些人的处境变好。换句话说,当改变它以使某些人状况变好的同时,不可能不使他人状况变坏,这时的结构就是最有效率的。简言之,不可能再改善某些人的境况,而不使任何其他人受损。

的财富无论怎么增加都是正义的。如前所述,这完全没有考虑到财富的根本来源问题,鉴于社会财富不是由少数富人的劳动创造,而是由大多数人的劳动所共同创造的,然而少数富人却占据了远超过其所创造比例的财富,那么唯一合理的解释就是,其通过非劳动途径而获得的财富,来自剥夺并占有他人劳动成果的增量部分,也就是说,广大劳动者虽然没有因此导致自己原有财产的绝对值下降(绝对贫困化),然而在社会财产增量中自己应得的部分却被少数富人通过某种技术手段而占据,这相当于广大劳动者本该得到的却没有得到(相对贫困化)。故而,无论绝对自由主义者如何花言巧语,这其中的非正义性同样显而易见。

第三,不论是以前的苏联还是现时代的我国,都不是马克思笔下理想的社会主义社会。就我国目前实际状况而言,尚属于社会主义初级阶段,此时的确不能指望劳动者有很高的奉献精神与觉悟水准。正是为了调动劳动者的生产积极性,我们才选择了市场经济的道路。但这并不等于说我们认同福山的"制度终结论",并永远满足于停留在资本主义这样一种明显带有不公平性的社会中,而放弃探索社会发展的更合理模式。马克思主义认为,随着社会物质财富的极大丰富,人们的觉悟将会随之极大地提高。所以从长远看,只要我们对社会物质财富的增长速度保持乐观,那么,寻求一种既能保持劳动积极性,同时又具有较高道德觉悟与奉献精神的社会模式,来替代本质上缺乏公正性的资本主义制度,就是值得期待的,尽管这还有相当长的路要走。

在否定了资本主义社会按资分配的正义性之后,马克思主义提出了两种更为正义的分配模式,那就是作为替代方案的按劳分配模式和作为理想方案的按需分配模式。按劳分配遵循各尽所能、多劳多得原则,因而真正做到了将财富的获得与个体所付出的劳动紧密结合,使先天禀赋与勤劳智慧真正成为财富源泉。换言之,这种模式剔除了打着交易与投资幌子进行剥削的可能途径。所以,按劳分配属于更平等和更符合正义要求的社会分配模式。当然,从追求平等的正义而言,按劳分配仍然存在着不足,因为其将劳动贡献大小作为获得相应收入的标准,而人的劳动能力存在个体差异,有些差异是先天的(如体能、智商、相貌),这使得个人因具体能力的先天差异而导致收入不平等。可见,按劳分配其实仍是一种过渡性的分配模式,将来还会被更理想的财富分配模式——按需分配所取代。

五、马克思主义阶段性正义理论

不过值得注意的是，理想的实现需要从现实出发，脚踏实地，稳步前进。正因为对前途的艰难险阻具有充分认识，马克思主义反对对正义标准进行僵化的抽象理解，而是从辩证唯物论出发，兼顾到正义的理想与现实。具体而言就是马克思主义不会仅限于追求一种遥远的终极正义而忘记了社会现实中的正义，而是实事求是地承认正义具有历史性与阶段性。在马克思主义看来，每个社会发展阶段都具有其历史的局限性，而该阶段所能够容纳的正义准则是与当时社会历史条件相吻合的，任何超越历史阶段的正义观都会被现实所粉碎。马克思曾指出："只要与生产方式相适应，相一致，就是正义的；只要与生产方式相矛盾，就是非正义的。在资本主义生产方式的基础上，奴隶制是非正义的"①。这种阶段性正义观对我们认识当前社会具有重要指导意义。如果将社会主义视为共产主义初级阶段的话，那么我们目前仅处于社会主义的初级阶段。由于社会条件所限，我们必须寻找到一种适合现阶段时代特点的利益分配方式，正如马克思所说："人们每次都不是在他们关于人的理想所决定和所容许的范围之内，而是在现有的生产力所决定和所容许的范围之内取得自由的"②。

将马克思主义阶段性正义观的思想方法运用于当前社会，我们就不仅可以理解为什么我国当前社会性质是社会主义市场经济，也可以理解现阶段我国为什么会实行一种以按劳分配为主并相当程度地吸收了按资分配的混合分配制度。尽管按劳分配虽然比按资分配更为公平，其本身也具有一定程度调动劳动者积极性的功能，但由于社会财富就整体而言，其丰富程度远远不足，再加上社会个体的自利性追求仍然较强，所以社会还需要借助于按资分配这种当前最具鼓动价值的分配方式。试想当前人们普遍推崇的经济界偶像都是诸如比尔·盖茨、乔布斯、马云等人，由此可以看出按资分配仍有其存在的阶段性历史价值。当然，这里的按资分配，并非传统绝对自由主义意义上的按资分配，而是更接近于罗尔斯和社群主义那样经过利益平衡的折中化按资分配。总之，上述两种正义程度

---

① 马克思：《资本论》第 3 卷（上），人民出版社 1975 年版，页 379。
② 马克思：《马克思恩格斯全集》第 3 卷，人民出版社 1956 年版，页 507。

皆有缺陷的分配方式,恰恰是当代社会所能容纳的分配方式,虽不完美,但却是适宜的。

第四节 当代正义与信赖之债

马克思主义始终从发展眼光看待正义标准问题,不仅为我们指出了人类社会未来理想的社会形态和正义标准,同时也根据人类发展现状,为当代社会正义的阶段性留下了必要的空间,允许社会现实在尚不能接受更高层级正义观念时,可以参照社会发展现实水平确定正义的具体标准。

一、阶段性正义的合理性

我们将目光转向当代社会。放眼世界,目前西方各主要国家均实行资本主义,在财富分配方式上皆以按资分配为主,这是否意味着其经济关系以及财富分配皆违背正义的要求?本书认为对此应一分为二地加以看待。一方面,从终极正义的社会理想而言,这种分配方式当然是违背正义的,前面所述马克思主义正义观对自由主义正义观的批判都是从这个意义上阐述的。然而另一方面,之所以一种具有明显非正义性的分配方式会在社会中得到长期稳定的推行,而且暂时看不到其基础崩塌的迹象,其中必有原因。该原因至少可以归结为以下两点:其一,由于近一百年以来科学技术的持续高速发展和社会生产力水平空前提高,社会财富总量同样以前所未有的速度得以膨胀。在蛋糕做大的情况下,人们受益程度尽管严重不均衡,但不可否认的是,全体社会成员都感受到了科技革命所带来的红利,社会富裕程度普遍提高。这在一定程度上缓解了19世纪中后期以来西方社会十分严重的阶级对立,或者说将上述社会矛盾尖锐化的时间大大延后。其二,20世纪以后,特别是二次世界大战以后,西方发达国家开始对导致社会矛盾尖锐化的原因进行主动反思,开始意识到分配不公所带来的社会破坏作用正在逐渐加剧,迟早会抵销掉科技革命的正能量。在两害取其轻的原则之下,通过某些妥协,即在生产与交换领域内限制垄断与不正当竞争,在分配领域内通过财富累进税限制贫富差距过大,并且由国家对社会中的弱势群体实行福利补贴等等,成为另一种减轻破坏力的必要手段。虽然西方各国所采取的福利政策程度不尽相同,但成效却是显而易见的,其结果是进一步缓和了社会矛盾。总之,在基本的社会分配制度未做根本改变、资本家个人的贪婪本性也未见收敛的情况下，实现了富人客观上一定程度向穷人让利的结果，社会也因此在一定期间内进入了利益相对平衡的状态。

如果我们将上述原因与罗尔斯的正义论联系在一起就会发现，罗尔斯关于正义标准的第一项原则，其实就是在宏观上坚持资本主义原本的价值理念；而其第二项正义原则中的"效率原则"，则是一种明显的利益折中，既在一定程度上照顾到弱者（贫困者）的利益，也在相当程度上考虑到富人的利益。为增加这一观点的说服力，除了罗尔斯引入了"帕累托最佳"原理之外，福利自由主义还引入了另一项经济学原理，即所谓"卡尔多—希克斯改进"[1]，以期证明富人的财富增加只要不以减少穷人财富拥有总量或者适当给予穷人一定的补偿为前提就是可行的。罗尔斯的正义论在20世纪70年代以后之所以影响如此巨大，很大原因就在于，其理论贴合了当时具体的社会情景，在本来冲突日渐尖锐化的各种社会利益之间起到了较好的平衡作用，换言之，其正义原则在当时历史环境中具有一定正当性，因而较易为社会所接受。

不过应看到，科学技术呈现阶梯式发展的特点，厚积薄发，一旦主要领域内形成技术突破，就会在短期内极大地促进生产力水平的提高，与此同时也会使社会财富总量迅速增加，此时的社会矛盾变得较为缓和。然而当上述红利消耗殆尽，科学技术却未能继续登上新的台阶时，则生产力进步幅度显著缩小，蛋糕无法持续做大。2008年，正是由于科技发展尚处于新突破前的瓶颈期，而此时人们却热衷于通过经济杠杆投资金融资本追逐高利润，忘记了创造财富的根本在于发展实体经济，从而最终引爆了席卷西方世界的金融危机。这再一次重创了社会原本脆弱的平衡关系，社会分配差距在迅速扩大，财富向少数社会精英集中，而占社会大多数的底层劳动者生活水平没有得到改善。这造成了社会对立情绪再一次升高。前述美国的占领华尔街运动就是在这一背景之下发生的。而此

---

[1] 卡尔多—希克斯改进是福利经济学中的概念。在一项变革中，主要考虑的是社会价值最大化和社会财富最大化，当然这里可能包含着很大的收入分配不公。按照帕累托最优的标准，只要有任何一个人受损，整个社会变革就无法进行；但是按照卡尔多—希克斯改进的标准，如果能使整个社会的收益增大，变革也可以进行，无非是如何确定补偿方案的问题。那些从社会资源再分配中获利的人获得的利益足够补偿那些从中受损的人的利益，那么社会资源的再分配就是有效率的。当然，这种补偿不是直接的补偿，而是通过将这份利益转变为社会福利的方式来补偿。

时,被金融危机所困扰的各国内部又陷入了新一轮争论:究竟是将蛋糕进一步做大抑或是增加对富人收税以补贴穷人。显然这两种摆脱困境的措施实施起来均属不易,前者需要科技的逐渐积累,条件不成熟即无法登上新的台阶;后者则会加剧富人的反对,以致社会矛盾进一步加剧,而且这样做也会在一定程度上影响财富创造的积极性。目前,世界各国正在根据各自实际,有所侧重地综合适用这两种措施,慢慢修复创伤,重建社会平衡。从中短期而言,西方国家的自我修复能力仍然较强,尚可在相当程度上支撑社会平衡打破后的重建。然而从长远看,如果这种恶性循环持续加剧且缺乏彻底改善措施的话,资本主义社会大的结构平衡最终会被颠覆。到那时,新的社会形态必将会取而代之,而新的社会正义理念也会在新社会基础上重新建立。

总之,马克思主义坚持发展的正义观,不仅秉持终极的正义理念,而且能够依照正义的发展规律,根据社会不同的历史发展阶段,在更高层级的正义标准实行条件具备之前,允许符合当时时代特点的阶段性正义的存在。这不仅为西方国家目前适用正义原则的阶段合理性作出了很好的解释,也为我国目前在按劳分配以外所实行的按资分配方式作出了合理的说明。从社会现实出发,站在马克思主义正义观的立场上考察当前几种主流正义观的现实性,显然更倾向于社群主义正义观和罗尔斯的正义观,尽管后两者之间还存在着程度差异,但其与马克思主义理念相对较接近,正如塞尔兹尼克所言:社群主义"分享了社会主义的某些观点……社会主义是对社会正义的一种追求,它首先意味着,不屈不挠地关注那些从现代繁荣、教育和民主中受益最少的人"[①]。

当前社会发展阶段,我们之所以愿意选择社群主义与罗尔斯正义观,当然不仅仅是因为这两种正义观与马克思主义正义观较接近,更主要的原因还在于它们是目前社会所能接受的最贴近社会发展潮流的正义观,这两种正义观相对于其他几种个人主义正义观而言,具有更好的社会亲和力和包容性,较能兼顾到社会各利益集团的自身利益,并具有较强的利益冲突调和能力。从这个意义上讲,这两种正义观尽管因存在各种瑕疵而无法成为终极意义的正义观,但作为合乎现实的正义观,其在未来可预

---

① 菲利普·塞尔兹尼克:《社群主义的说服力》,马洪、李清伟译,上海世纪出版集团 2009 年版,页 11。

见的社会发展阶段中仍将会持续流行,并一直保持着较强的社会适应性和生命活力。

当然也要看到,绝对自由主义正义观并不会自动退出历史舞台,而是在不断寻找着东山再起的机会。由于绝对自由主义关于社会平衡的基点,是建立在将蛋糕不断做大的前提之下,认为只要经济持续发展,市场就会自发地平衡社会矛盾,富人无需向穷人让利,也能使各方相安无事,各得其所。事实证明,西方社会每当遇到大规模经济危机之后所采取的惯常应对手段,就是鼓励私人投资、增加政府投资、实施减税计划、实施技术创新,等等,其目的是使科技水平和经济发展水平迅速迈上新台阶,以期重新恢复原有的社会平衡。因此,如果将时间标尺的刻度从以 1 年为单位放大到以 50 年或 100 年为单位,我们就可以清晰地观察到两者此消彼长的变动曲线,每当一次大的技术革命引发了社会经济进入高速发展期,绝对自由主义正义观的身影就自然会以胜利者的姿态回归到社会舞台的中央,因为那时社会经济的"股票"会进入普涨期,大小股东都忙着从中受益,社会矛盾趋向缓和。所以,两种正义观可能会长期处于此消彼长的状态,形成所谓钟摆效应。福利自由主义和社群主义正义观完全占据上风可能还需要较长时间。

二、信赖之债体现正义发展方向的五个方面

以上关于正义的论述,目的是为了论证债法正义性而进行的铺垫,现在让我们回到债法。当我们详细讨论了正义的历史发展性以及阶段性之后,可以得出这样的结论,即社会正义标准正在向兼顾个人与社会关系的相对折中化发展,而过去那种绝对自由主义正义观已经明显地不合时宜了。但从整体而言,目前世界各国的债法制度体系仍然停留在个人绝对化的传统时代,债法规范中所体现的正义观念基本上也还是绝对自由主义正义观。尽管近一百多年来,债法因受到正义观念社会化的影响,发展出了若干兼顾社会利益分配的法律原则和具体规范,然而这些新债法原则与规范的形成,主要是"法官造法"的结果,与其说是出于对债法理念整体更新的需求,毋宁说是来自立法者与法官对当代社会正义零散的直观感觉。由于新思维无法真正突破传统的债法架构,导致这些规范散见于债法各处,毫无系统可言,自然也就无法彰显出推进债法全面变革的合力。由此可见,使债法发展顺应历史潮流的必由之路是,突破近现代债法

偏于保守的指导思想,在坚持对社会公平正义观念进行整体阐述的基础上,重新完成对当代债法的顶层设计。

当然,新的顶层设计并非意味着要彻底推翻债法原有的理念与架构,而是通过对其进行大幅更新和调整,彻底矫正传统债法中过分注重个人自由保护、忽略社会利益的旧正义观念,树立起统筹兼顾个人利益与社会利益的新正义标准,进而构建符合当前社会发展潮流的债法新体系。而实现这一目标的核心工作就是建立信赖之债。本书认为,信赖之债从以下五个方面及时而深刻地反映出了当代社会阶段性正义的客观要求:

(一)适度缩小了个人自由的范围

如前所述,无论是古典绝对自由主义正义观、新绝对自由主义正义观还是伦理人格主义正义观,均以个人为中心,尽力强化个人自由的程度。这些正义观都认为,只要扩大个人自由的空间,减少国家等外力的干预,社会便会自发地生长出前进的动力,并会自然地沿着正确的轨道持续前行。故而,自由、平等不仅成为了道德的至高法则,也成为了社会正义的首要标准,对此的任何质疑声音和弱化行动都遭到了坚决的排斥。在这种长期居于统治地位的正义观之下,债法逐渐养成了与之完全适应的独特性格,即所谓债的相对性、契约自由以及过失责任原则。债法领域成为了贯彻自由理念的重要阵地。

然而,随着经济发展、社会演变、道德进化,上述以自由为核心的正义观愈来愈显现出对社会进步的不适应,社会中相继涌现出了各种革命性或改良型的新正义观,前者如马克思主义正义观,后者如福利主义正义观和社群主义正义观。这些正义观无不切中时弊,提出或彻底或缓和的变革主张。这些主张的变革激进程度虽有不同,但都有一个共同点,即认为过度绝对化的自由观念已经侵蚀了社会机体,正在导致越来越多的社会不公,因而有必要对自由实施必要的限制。不过,考虑到目前尚不具备条件实施彻底的革命性变革,退而求其次,较缓和的福利自由主义和社群主义等阶段性正义观念就成为目前社会的主要合理诉求。

其实,债法的上述改变自20世纪初已经开始,首先,表现为通过诚实信用、公序良俗以及禁止权利滥用等原则从宏观层面限制个人自由的过度化发展。然后,在此基础上,债法中逐渐出现了诸如先契约义务、后契约义务、附随义务、缔约过失责任、经营者安全保障义务等一大批以实现上述目标为宗旨的具体法律规范,并取得了良好的社会效果。信赖之债的概念就是在这一社会背景之下为因应债法的变革而提出的,是上述具体制度的体系化与抽象化。也就是说,当社会正义向债法提出了适度抑制个人自由的任务时,信赖之债应运而生。通过信赖之债的建立,法律全面系统地落实了诚实信用、公序良俗以及禁止权利滥用等原则,使这些原则理念具备了转变为精确法律规范体系的可行性,从而将个人自由框定在某个适当范围内,不使其因过度泛滥而引发对社会秩序的破坏。从这个意义上说,信赖之债通过适度抑制个人自由而实现了社会正义。

（二）方法论反映了新的正义要求

在自由主义观念之下,民法将意思自治视为至高无上的准则,一切民事权利都被理解为个人的意思力或意思支配,这意味着债权拥有者在既定范围内可以无所顾忌地任意行使权利,他可以尽情地追逐自身利益,而完全无需考虑权利行使可能给他人造成的负面影响,因为意思的自由支配本身就是社会正义的体现。这也正是萨维尼、普赫塔、温德沙伊德等人均以意思说作为其民法方法论基础的原因所在。应该看到,意思说盛行所对应的是自由资本主义时代,那时在每个人的独立支配领域之外均存在一片宽阔的缓冲空间,除非刻意侵犯,每个人皆可轻易做到在发展自我的同时互不干涉。从这个意义上说,以意思说为导向所发展而来的债法原则与具体规范,在那个时代皆具有阶段正义性。

然而,自19世纪后期以来,债法领域内越来越多的迹象表明,无数个人意思支配领域之间,已经不总能保持彼此独立、互不干涉。相反在经济一体化、人际关系紧密化等因素作用下,人际矛盾与冲突开始加剧。由于社会长期在个人主义理念支配下,每个人的私欲不断膨胀,个人意思支配领域也随之日益扩张；与此同时,由于意思说仍居于主导地位,已经养成贪婪习性的人们都习惯于依据意思支配原则推导出自己的权利边界,从而理直气壮地要求他人让步,自己却不愿意作出任何妥协。这使得个人私欲之间原本存在的巨大缓冲地带逐渐被蚕食殆尽。其结果是引发了人与人权利的巨大摩擦乃至直接对撞。一方面,基于意思支配原则,甲方有权将其主观意图强加给乙方；另一方面,法律却又允许乙方基于完全相同的理由拒绝这一意思支配。换言之,双方都拥有法律承认的债权,然而这两个债权本身却彼此对立,无法兼容。意思说因此陷入了自相矛盾的窘境。

事实证明,原本以意思说为导向的债法正义标准,已经很大程度上失去了其正义属性,这也从根本上促使耶林提出了全新的替代理论——目的说。目的说认为,人们之所以拥有权利是有目的的,而这个目的就是通过权利行使满足自己的预期利益。因此,就权利本质而言,与其说是一种自由意志,毋宁说是一种特定的利益。① 耶林就曾明确提出:"不是意思,也不是实力,而是利益,构成权利的实体。"② 以目的说取代意思说,表面看来的确有改进权利解释逻辑缺陷的用意,因为意思说偏重权利的主动行使,当两种意思支配发生冲突时这种解释难以自圆其说;但如果将权利本质理解为特定利益,则权利受保护的被动性则凸显出来,这为权利发生冲突时通过利益比较选择其中占优势的利益预留了必要空间。不过从更深层次讲,目的说还蕴含着另一种意义,即过去那种认为个人自由意志具有天然优势的传统已经过时,任何个人利益能否成为受法律保护的权利,均需要与其他利益比较之后才能决定,而比较的标准则是各种利益所代表的社会价值。也就是说,个人的自由意志不再是正义当然的标准,而要受到他人利益或社会利益的制约。在一定条件下,个人自由必须服从于社会利益。由此出发,债权也不应再被视为个人对其意思任意支配的当然结果,而应该被还原为一种不同利益比较之后的选择结果来加以对待。

应该说信赖之债正是上述理论变革的成果,其恰好印证了目的说方法论取代意思说方法论的现实意义,并反映出当代社会正义观念在债法领域内的转型。事实上,当代社会的一个显著特点是,表现为人际相互信赖的社会公共利益已经逐渐成长为一种独立的社会利益。面对这一客观现实,法律显然不能无动于衷,不能再死抱着个人自由意志至上的片面逻辑不放,而是应该将包括社会信赖利益在内的各种利益均纳入法律的考量范围,然后根据每种利益的重要性,作出选择性的保护。信赖之债正是这样一种法律方法论变革的产物,因为信赖之债的保护对象并非某人自由的主观意志,而是一种客观存在的信赖利益。信赖之债的保护方法也是通过对相互冲突的利益进行比较,选择其中最值得保护的利益,而不是不加鉴别地单纯保护。事实上,由于信赖之债能够提供比原有债法更为精准的社会利益保护,因而其比传统债法保护方法也更卓有成效。随着

---

① 可参阅本书第六章第二节内容。
② 转引自吴从周:《概念法学、利益法学与价值法学:探索一部民法方法论的演变史》,中国法制出版社 2011 年版,页 114。

社会进步，信赖利益在整个社会关系中的比重日益增大，其重要性已经达到甚至超越了个人利益，建立信赖之债的正义呼声空前高涨，这无疑进一步加速了利益比较方法论对意思支配方法论的取代。

总之，当绝对自由主义正义观居于统治地位时，个人自由意志被无限放大，意思说因此大行其道；然而当福利主义正义观和社群主义正义观兴起之际，将每个人的个体意志置于社会环境中加以衡量，通过信赖之债建立起恰当的利益比较机制，最终构建起合乎社会整体利益的流通制度体系，成为了当代正义的现实要求，目的说也因此变得顺理成章。

（三）完美体现了兼顾个人和社会利益的正义要求

传统债法建立在个人主义基础之上，将个人利益等同于社会利益，满足每个人的个体利益被视为社会整体目标的实现。由此出发，债法保护个体利益就意味着对社会利益的保护。然而自庞德将社会利益作为一种独立利益与个人利益相区分以来，我们开始明白，法律调整对象不仅仅指向个人利益，同时也指向社会利益。如前所述，当前社会是一种典型的市场经济社会，其特点是趋向于以个人为本位，法律通过对个人利益的严格保护，激发起每个人的生产经营积极性，以实现增加社会财富的目的。尽管上述社会形态到目前为止并未发生根本改变，但不容否认的是，当市场经济社会发展到较高级阶段时，其性质开始发生了某些微妙变化，具体体现在商品关系中逐渐增添了较多的伦理化色彩，社会正在转向一种人性化市场经济阶段。这一阶段的人际关系与传统社会的一个鲜明不同点是，市场主体虽然仍然被视为理性人，但完全理性已被有限理性所替代；同时，彼此关心、以诚相待、互助合作等道德因素比重增加；社会公共利益越来越受到重视，而纯粹的个人利己因素地位日益下降。在其影响下，债法过去那种无条件坚持债的相对性、契约自由以及过失责任等原则的做法，因过分个人主义化而显得有些不合时宜，需要作出改变。而改变的方向就是通过调整债法来抑制个人自由的过分泛滥。不过，抑制并不意味着取消，不争的事实是，目前个人自由在市场经济社会仍然占有极为重要的地位，追求个人利益在当前社会关系中仍具有举足轻重的作用。所以，在个人利益与社会利益之间保持恰当的比例关系就显得尤为重要。

这的确给债法出了一道难题，在目前复杂多变的社会环境中，准确把握个人利益和社会利益保护的关系比例确属不易。不过可喜的是，信赖之债恰恰是我们解决这一难题的钥匙，原因是其能够有效形成个人利益与社会利益之间的动态平衡。具体而言,信赖之债的出现事实上将债法划分为两部分,一部分继续保持债法传统状态,主要以意思自治和个人利益满足为归宿,如合同之债、侵权之债等;另一部分则适应社会变革的需求,以关注他人利益、互助合作为宗旨,以保护社会公共利益为首要目标,由此形成了信赖之债。应该看到,信赖之债尽管表面上显示出对债法传统的一种背离,但其实这既是依照正义观念的新变革对债法所进行的必要修正;同时也是在人性化市场经济条件下实现个人利益与社会利益相互妥协与协调的具体举措;更是对当代民法突出诚实信用原则、公序良俗原则、禁止权利滥用原则精神在债法中的具体适用。信赖之债并未推翻债法既有的基本特征、结构体系以及内容形式,仅仅通过增加债的发生根据的方式达到有效化解上述矛盾的目的,将过去零散的法律冲突调节机制转换为系统化的整体调节机制,在尽可能沿袭债法传统架构的情形下,以最小社会代价保持个人利益与社会利益在现实中的平衡,从而提高法律的规范效率,实现社会正义的目标。

总之,社会发展导致了社会正义观念的进步,新的正义观念又直接催生了债法的变革,而信赖之债恰恰是这一变革的丰硕成果之一。从这个意义上讲,信赖之债反映了当代阶段性社会正义的客观要求。

(四)关注他人信赖利益上升为"当为"的法定义务

债是法律上的当为,而不包含法律的强制,这来自古代日耳曼法对债的描述,在此概念之下,债意味着债务人应当按照债权人的请求行事。自近现代以来,债的这个含义一直得以延续并被普遍接受。以当今视角观察,将债解释成法律上的当为至少有以下意义:第一,债务人为债权人完成某项任务是法律对其的要求,因而属于一种法律义务。第二,该义务来自特定债权人与债务人之间已经建立起的法律关系,而该关系仅停留在当事人双方之间,与他人(包括国家司法机关)无关。第三,该义务在法律上虽然有履行必要,但履行的完成须借助于债务人的自觉行为,而不是国家强制力的直接介入。债的上述意义使债的概念与法律责任的概念得以严格区别,债其实是居于个人自由和国家强制力干预两者之间的一种中间状态,简单说债就是自由与责任之间的法律状态。其实历史上很长时期,个人自由与法律责任之间曾经是直接相连的,法律并不认可独立的债,正如德国学者柯拉(Josef Kohler)所言:"在人文史上,债务人对债权人的关系,起初是作为责任关系而发达的"①。但随着社会从简单商品经济开始向大规模商品经济转化,法律也开始了相应变化,对此柯拉接着写道:"法律的发展,使债务人从人身责任中解放,使债权伦理化,即把法制的重心从不履行的客观状态推移到和不履行相伴的伦理要素。"②正是由于法律的这种伦理化,使得债最终从责任中分离出去,成为独立的法律制度。由此可见,债被解释成法律上的当为,或者将债作为自由与责任之间的中间状态,归结为一点,正是源于自由主义观念以及在此基础上所形成的近现代社会正义准则——私法自治。

自从步入当代社会以来,尽管私法自治的总体趋势并未改变,但社会公共利益却开始获得与个人利益同等的重要地位,保护公共利益也成为这一时代阶段性正义的基本要求。据此,法律不再仅仅关注个人利益,同时也要以不低于对个人利益的关注程度来关注社会利益。在人际交易与交往关系中,这种社会利益主要是指信赖利益,因此不言而喻,当代法律的重点之一就是对他人的信赖利益持续保持关注。然而更为核心的问题是法律的上述关注应保持在何等水平?如前所述,如果过分强调个人自由,会忽视对他人信赖利益的关注;而如果将信赖利益时刻置于国家强制力直接保护下,则会使个人自由受到不应有的削弱。此时,恰当的做法是在两个极端之间选取一种折中状态,并将双方利益平衡的任务尽可能交由当事人自己来完成。具体而言,首先,根据权利本质的目的说,法律将信赖利益视为一种受保护的利益,并由此构成一种债权。其次,对该债权的保护程度,放弃通过传统的逻辑判断来确定,而是通过利益比较的方式加以确定,如果人际关系中信赖利益的重要性超过个人自由时,信赖之债成立。再有,保持债法原有私法自治的模式,信赖之债仍将被视为一种法律上的当为,而非法律上的强制。该债权的实现也同样主要依赖于债务人的自觉行为,国家司法机关一般无需介入。

总之,信赖之债顺应了社会正义的新要求,以意思自治替代法律上的强制,从单方强调保护个人利益转向个人利益与社会利益兼顾,这不仅顺应了法律转型的客观需要,而且最大限度地发挥了民事主体的自主性和

---

① 柯拉:转引自我妻荣:《债权在近代法中的优越地位》,王书江、张雷译,中国大百科全书出版社 1999 年版,页 20。

② 柯拉:转引自我妻荣:同前注。

主观能动性；同时由于其并未改变债的当为属性，仅仅是根据现实需要对债的外延作出适当扩充，这极大地降低了维持秩序平衡的社会成本。可以说，信赖之债完美体现了当代阶段性社会正义。

（五）信赖之债属于新型法定正义

市场经济社会正常的人际交易和交往关系中，正义通常表现为两种类型——约定正义与法定正义。这也称为二元制正义模式。前者针对的是经协商而建立的交换关系，以合同约定来确定当事各方权利和义务，其中的正义要求是信守承诺、履行义务，而正义表达载体一般是合同法；后者针对的是一般社会交往关系，通常表现为法律直接规定的绝对权（财产权和人身权），其中正义的要求是对这些权利的必要尊重，任何对其的侵犯皆会使侵权人承担法定的不利后果，此时的正义表达载体一般是侵权法。不过，合同法和侵权法并未涵盖人际关系的全部领域，在传统法律看来，在约定正义与法定正义控制范围以外的广大领域，皆属于每个人的自由活动空间，依正义的要求，法律不再对身处其中的当事人的行为加以约束。其实，这种法律架构所体现的正是源自康德、密尔等人的自由主义正义观，该正义观也同为当代绝对自由主义者如哈耶克、诺齐克等人所主张。

然而在当代社会，社会信赖利益的比重不断加大，意义日益突出，并逐渐占据了传统法律控制范围以外那些自由的空间。原来人们可以为所欲为的自由领域现在已被社会信赖关系所填补，变得不那么随心所欲了。面对这种新的社会关系形态，原来的自由正义准则已无法适应，社会有必要衍生出新的秩序正义标准作为替代。鉴于信赖利益是根据新正义观念而在人际交易与交往关系中自然生成的客观利益，不属于约定利益，因而针对此利益的新正义标准亦应属于法定正义。至此，尽管正义架构总体并未改变，依然是约定正义和法定正义，但一个重大区别在于，在原本侵权之债的法定正义之外，又衍生出一种全新的与之并列的正义模式——信赖之债。信赖之债虽然同属于法定正义类型，但其所针对的却是原来正义标准未曾顾及的全新领域，故而此时的正义模式已经从传统的二元制演变为三元制。长期以来，各国法律因囿于概念法学传统而拒绝承认第三种正义模式的存在，总试图通过扩大另外两种正义模式的外延来实现对现有法律的小修小补，但这种做法并不能跟上现实改变的巨大步伐。因此，打破传统概念法学的束缚，构建信赖之债这一新的法定正义类型，已经成为实现当代社会总体正义的迫切之需。

总之,信赖之债吸收了当代福利自由主义和社群主义正义观中的营养成分,将人际交易与交往中形成的客观信赖利益纳入法律保护范围,使人与人之间互助合作、彼此照顾成为一种法律义务,这不仅大大扩充了传统债法中有约定才有合作与照顾的正义要求范围,也相当程度上丰富了对社会正义的保护手段。可以说,信赖之债使指导当代人际交易与交往正常关系中所需社会正义的全面化和谐系化的目标得以实现。

三、信赖之债与社会正义标准

以上论述了信赖之债是如何具体体现当代社会正义的,这解决了信赖之债与正义发展方向的关系问题。然而另一个同样重要的问题有待解决,那就是信赖之债能否依照确定标准准确反映出当代社会正义的要求。前述各种正义观探讨的重点在于正义的发展方向,而针对正义标准问题,仅有绝对自由主义正义观、罗尔斯的福利主义正义观以及马克思主义正义观涉及较为具体。绝对自由主义正义观认为,在平等前提下的个人自由与意思自治构成了正义的客观标准;罗尔斯正义观认为,上述标准过于绝对,应当适当加以限制,即在保持自由与平等不变的前提下,通过"效率原则"和"开放体系原则"对自由与平等作出必要限制,以此构成新的正义客观标准;马克思主义正义观则认为,正义建立在自由与平等基础上并没有问题,然而自由平等不应是抽象和形式化的,而应在具体层面实质地加以体现,例如经济领域中的等量劳动相交换与按劳分配原则,较之前面两种正义观更为实际地体现出正义的本质,因而属于更合理的正义客观标准。

总体而言,由于绝对自由主义、伦理人格主义正义观仍停留在近现代社会,不能适应当代社会发展的客观要求而开始逐渐被边缘化。马克思主义正义观从长远看虽然更具合理性,但由于现实社会整体仍处在市场经济时代,追求投资获利较之按劳分配仍具有更大的社会吸引力,故总体未完全达到适用这一正义理念的客观条件(这正是我国之所以从计划经济退回到市场经济的重要原因所在)。此外,阿玛蒂亚·森的比较正义观以及社群主义正义观虽然某种程度上较之罗尔斯的正义观更具合理性,但由于其未能提出具体的正义客观标准,因而实用价值大打折扣。因此,罗尔斯的正义标准是目前既能满足当代社会发展要求又具有实用性的一项正义标准,尽管其存在诸多不足,但仍不失为一种可资借鉴的正义标准。

本章开始曾提到,探讨正义的方向和标准的目的是为了确定法律实施中是否需要对自由予以限制以及寻找对自由的限制程度,换言之,就是确定权利与义务的法定界线。如果将这一问题限缩到债法领域,那就是是否要建立信赖之债以及如何将信赖之债细化为具体的法律规范。信赖之债制度本身合乎当代正义要求的问题前已详述,可是根据正义要求建立信赖之债制度体系难度依然很大,因为当代社会已经不满足于对自由限制明显不够的罗尔斯模式,而要求更强调互助合作精神和更能兼顾到个人自由与社会共同利益的正义标准,但遗憾的是,到目前为止我们尚不能够对这样一种正义标准作出正面概括。此时我们似乎能够体会到卡多佐在触及当代正义标准问题时的犹疑与躲闪,也能够理解富勒为什么会明确在"愿望的道德"与"义务的道德"之间设定标尺和指针作为自由与义务界限的同时,却不肯指出该指针的准确位置。事实上,正义标准目前尚处于变革的过程之中,社会尚在不断积累确定正义指针的社会素材与经验,客观化的新正义标准的出现尚需待以时日,其实这也正是为什么阿玛蒂亚·森的正义观是一种比较正义观,而社群主义正义观是一种批判正义观。

不过本书认为,这并不能妨碍我们开始着手建立信赖之债的制度体系。因为一方面,确定化的社会发展趋势决定了正义的演进方向,构建新的社会正义客观标准成为当代社会的迫切需求,已时不我待;另一方面,我们虽然不能够精确描绘出当代正义的客观标准,但其实已经具备了判断正义与否的方向性标准和较为粗略的具体标准,那就是适度抑制个体的过度自由,合理关注社会信赖利益,妥善协调人际交易与交往中个人利益和社会利益的平衡关系。尽管此处"适度""合理""妥善"等用语均非确切概念,这意味着我们的标准仍然很粗糙,仍具有较强的主观色彩,但我们不妨沿着这一正确的既定路线图持续前行,通过"法官造法"式的不断积累,将已成熟的部分变为立法,加以固定,而对不成熟的部分继续不懈探索。要知道,我们正在走前人没有走过的路,我们正在创造历史,这其中的艰辛程度完全是可以想象的。我们要树立信心,要迎难而上,不回避、躲闪,只要假以时日,我们终将会到达成功的彼岸,在寻找到全新社会正义客观标准的同时,构建起完善的信赖之债制度体系。其实这种探索模式并非孤例,只要回顾过往各种法律制度的发展历程,这种经过不断反复、逐渐完善并最终构建起某项法律制度的情形不胜枚举。

  到目前为止,本书都在研究宏观方面的问题,以确定债法方向、寻找道路为宗旨。而后面将要做的工作,则是从可行性出发,全方位建立信赖之债的概念、制度体系以及对法律适用等方面予以探讨。

第三部分
制度篇：信赖之债的制度构建

第八章　债法对信赖利益保护的兴起

本书前两部分对信赖之债的形成进行了基础性研究。首先，论述了在经济、社会以及伦理等历史背景之下当代债法的信赖化走向；其次，从法理学视角梳理了债法信赖保护导向的理论基础；再次，分析了债法信赖化的演变过程。正是由于社会信赖利益的产生，激发了保护信赖利益的相关法律制度的兴起。不过，作为一本民法专著，讨论显然不能止步于此，正如本书引言中所指出的那样，研究还需要从宏观层面回归到微观层面，即从社会研究、法理研究返回到民法本体研究。完成这一任务同样困难，因为信赖之债的横空出世，对于传统民法尤其是债法体系而言，影响之大不言而喻。本书的后两部分将研究重心置于民法领域，完成从建立信赖之债的概念、体系、类型化到制度构建、法律适用等一系列工作。当然，从宏观理论到微观理论这中间的跨度依然不小，现实中完成这一跨越还需要一个中间环节，即必须在民法中建立起一整套信赖保护指导思想。针对信赖之债而言，该指导思想其实早已存在，就是诚实信用原则、公序良俗原则和权利滥用禁止原则。正是这三个原则在民法中的兴起，使得信赖利益保护成为与当代债法对自由平等保护同样重要的核心任务。

第一节　诚实信用原则与债法信赖保护

诚实信用作为民法的一个基本原则在今天已成为定论。然而回顾民法的发展历程我们可以看到，诚实信用在历史上的地位远远不能与当今相比拟，概念内涵的丰富性也远远达不到当今的程度。诚实信用的概念虽然出现较早，却一直在不断演变之中，其上升为基本原则也仅仅是近现代以后的事了。这不禁引起了我们的研究兴趣，为什么诚实信用可以从原本不起眼的地位跃升为民法基本原则？诚实信用与信赖之债存在着怎样的联系？该原则对信赖之债的产生又有何种影响？总之，研究信赖之债，无法绕过对诚实信用的深入研究，而研究的侧重点是用历史眼光动态地审视它，而不是僵化和一成不变地看待它。

一、诚实信用的三种表达方法

何谓民法中的诚实信用？这个看似简单的问题回答起来其实一点也不容易。之所以如此，除了上面提到概念一直在变的原因之外，还有一个原因是，即使在概念内容相对稳定的阶段，其概念边界也往往是模糊的。正如学者所指出的那样："在现代法学家看来，诚实信用这个概念与生俱来地无法被定义。有些德国法学家曾经告诫过我们，不要指望能够找到一条清晰的规则。"①尽管如此，为了研究和适用的需要，人们还是不懈地寻找其定义的方法。

首先一种方法就是根据语义列举概念的各种含义，称为列举法。一般认为，诚实信用的概念最早出现在罗马法当中，以当时人们对此概念的理解，基本上并不超出其字面含义，所谓诚实，意指如实告知，不欺骗，不作假；所谓信用，意指恪守承诺，严格履约，不出尔反尔。但是，随着社会的发展，导致社会关系日益复杂化，诚实信用的概念不断被赋予新的内涵：忠实、公开、真诚、善意、信义、信赖等也逐渐成为诚实信用的题中应有之意。以至于当代学者在给诚实信用原则下定义时通常会采取这种罗列方式：诚实信用原则"指民事主体参加民事活动、行使权利和履行义务，都应当持有善意。它要求当事人所作的意思表示真实、行为合法、讲究信誉、恪守诺言、不规避法律、履行义务时考虑他方利益，行使权利时不得损害他人利益，等等。"②另外，1979年出版的《布莱克法律词典》对诚实信用的解释也基本采用同样的描述性方式。③ 这种解释方式的好处是直观和通俗，但其缺陷在于表述不完整，总会存在某些遗漏。当人们不满足于以上定义方式时，便会寻求其他定义方式。

诚实信用的第二种表达方式是排除法。人们发现难以从正面准确地

---

① 詹姆斯·戈德利：《中世纪共同法中合同法上的诚信原则》，载莱因哈特·齐默曼、西蒙·惠特克：《欧洲合同法中的诚信原则》，丁广宇等译，法律出版社 2005 年版，页 96。

② 佟柔主编：《中国民法学·民法总则》，中国人民公安大学出版社 1990 年版，页 19。

③ 参见《Black'S Law Dictionary》By Henry Campbell Black，M. A. Fifth Edition. West Publishing CO. 1979，页 623 以下。

表述诚实信用,遂改用反向方式来表达。美国学者萨默斯(Robert S. Summers)指出:"在有疑问的情况下,律师可以更准确地确定法官使用'诚信'这个词的意思是什么,如果他不问诚信本身是什么意思,而是问:在实际的或假设的情况下,法官通过使用这个词想要排除什么东西?一旦相关的恶意形式因此得以确定,律师可以——如果他愿意的话——通过阐明被排除的恶意类型的反面来赋予诚信以具体含义。……诚信是一个'排除器'。它是一个没有自己的一般含义(或者含义)的短语,它所起到的作用是排除范围广泛的不同形式的恶意。"[1]同时他还罗列了八种恶意行为的形式[2],并以这些恶意行为的反义词作为诚实信用的表达。其实,排除法并未创造出全新的表达方式,仅仅是采取了反向罗列方式,因此也可以称为逆向列举法。这种方式的优缺点与第一种方式并无不同,至于为何采取逆向列举,只是为了对某些行为的认定更容易看清和更容易理解而已。

诚实信用的第三种表达方式是归纳法。尽管人们认识到诚实信用概念的复杂性和边缘的模糊性,但鉴于诚实信用在现实中极为重要,对其含义加以归纳还是必须的。如果说一步到位目前存在困难,那么逐步归纳、分步到位亦可以接受。归纳法的初步归纳成果是将诚实信用归为两大类:主观诚信与客观诚信。主观诚信将诚信视为一种对他人持有善意的主观心理状态。与善意相反的就是恶意。善意的概念来自古希腊的伦理观念,正如本书第三章中所述,古希腊人将善作为终极目的,拥有善则拥有幸福。在他们看来,行为的善(客观的善)与人本身的善(主观的善)是联系在一起的,人主观上能够善待他人是拥有善并最终获得幸福的基本素质,这被称为个人的德性品质或个人的社会品德。由此出发,主观诚信实际上包含了诸如诚以待人、与人为善、怜悯与同情、为他人利益着想等诸多含义。客观诚信则专指行为的善,即做自己该做的事,而不去做自己不该做的事。这包括了信守诺言,忠实履行自己的义务;尊重他人,不做损害他人的事情。如充分披露事实,不欺骗他人;合乎情理地行为,不恶意刁难他人;合作地行为,不给他人制造障碍。正如史尚宽先生所言:"诚

---

[1] 罗伯特·S.萨默斯:《美国合同法中的诚实信用的界定:概述》,载莱因哈特·齐默曼、西蒙·惠特克:《欧洲合同法中的诚信原则》,丁广宇等译,法律出版社2005年版,页103。

[2] 罗伯特·S.萨默斯:同前注,页104。

者成也,成己,成人,成物。成人,包括相对人及第三人之利益。成物,谓成其事物。"①中国古语有云,君子有成人之美。可见,对他人以诚相待,扶危济困,乐于助人,这体现出了诚实信用概念的真谛。

需要说明的是,主观诚信作为一种伦理观念而持续存在是顺理成章的,但作为一种法律观念则不时会遇到障碍,因为伦理规范可以是一种思想规范,而法律规范则主要属于一种行为规范,法律操作上难以对人的主观心理状态进行规制,这使得近现代以来人们在使用诚信原则时自然会偏向于客观诚信。道理很简单,客观诚信容易把控,也容易建立统一标准。此外还有一个原因就是,近现代以来法律开始强调个人自由,以及对个人自由的优先保护,如果过分强调主观诚信则势必会限制个人自由的张扬,与时代大趋势不相符合。因此,善意成为主观诚信的代名词并被限缩在较小的范围内加以使用,诸如:善意相对人、善意第三人、善意占有、善意取得,等等。也就是说,善意一般会被理解为以下两种心理状态:第一种,确信自己并未侵害他人。因为根据自由主义理论,人只要不侵害他人就符合正义的要求。第二种,即使客观上对他人利益构成了损害,如果是在行为人不知且不应知的情形下发生的,亦不违反诚信原则。因为损害并非来源于行为人的过错,根据自由主义理念,人不应为没有过错的行为负责。总之,人被推定为善意的,没有恶意即为善意;恶意来源于人的故意或者过失,没有过错即没有恶意。

不过,诚如本书第一部分所论证的那样,进入当代社会以来,个人自由开始向社会利益作出重大让步,这导致了诚实信用概念内涵的显著变化。具体而言,一个主要变化就体现在法律上开始将善意这种主观诚信的内容进行充分扩张,从"确信"和"不知"两种情形迅速扩充到以下方面:为他人着想,合理照顾他人利益;在他人(包括陌生人)发生困难时,主动提供必要帮助;为了社会共同目的而尽可能与他人协作。总之,相较于之前的自由主义时代,当代法律中一些原本属于自由的领域被诚实信用要求所取代而变得没那么自由了。

二、诚实信用的含义扩展与法律地位演变

在历史上,诚实信用不仅是一个法律观念,更是一个伦理观念,两

---

① 史尚宽:《债法总论》,荣泰印书馆有限公司1954年版,页320。

者的演变过程大体具有同步性。纵观历史,诚实信用的含义呈不断扩展之势,而其地位变化则大致呈螺旋式上升,具体可以细分为以下几个阶段:

(一) 古希腊时代的诚信

如前所述,古希腊居于统治地位的指导思想是一种善的理念。就个人而言,善是人所应当具备的德性品质,拥有德性的人就是一个公正的人,而每个人都拥有德性,社会才能实现正义。例如亚里士多德在其《尼可马科伦理学》中明确指出:"公正自身是一种充满的德性……在各种德性中,人们认为公正是最主要的……由于有了这种德性,就能以德性对待他人,而不只是自身。""公正不是德性的一部分,而是整个德性"。①

之所以如此,是因为过去曾经广为流行的那种以血亲复仇和私人战争等残酷方式作为实现正义的手段,已经使当时的人们感到深受其害,社会开始将其视为弊端并进行了深刻的反思,用庞德的话说就是:"希腊哲学很快超越了这一理念,取而代之的是认为法律秩序是维持社会现状(social status quo)的手段,使个体各司其职并且避免与他人冲突。希腊哲学家坚持的美德是节制(sophrosyne)——懂得自然(nature,即完美,ideal)加在人类行为之上的局限,并且在这一界限内行为。他们将过度(hybris)看做一种邪念——僭越,即故意逾越社会确定的界限。"②例如在柏拉图的理想国中,每个人都应根据其天生确定的身份居于社会中适当的位置,公平的效用在于使每个人获得属于他的东西③。这样使国家与个体之间形成一种完美的和谐状态。同样,在亚里士多德看来,人是社会中的人,如果一个人缺乏德性的品质,他将无法与他人为伍。他认为:"脱离了城邦的个人会成为'最邪恶和最危险的动物',所以,'个人只能在城邦中实现其道德归宿'。"④在此基础上,他提出共同体的生存与德性内在相关,真正好的法律要求人们自觉地按照合乎德性的方式行事。

除了从德性品质的主观视角解释公正以外,亚里士多德还从客观视角对公正作出进一步阐释,他指出:"所谓公正,是一种所有人由之而做出

---

① 亚里士多德:《尼可马科伦理学》,苗力田译,中国社会科学出版社1999年版,页97。
② 罗斯科·庞德:《法理学》(第一卷),余履雪译,法律出版社2007年版,页381。
③ 雅克·盖斯旦、吉勒·古博:《法国民法总论》,陈鹏等译,法律出版社2004年版,页9。
④ 参见罗斯科·庞德:《法理学》(第一卷),余履雪译,法律出版社2007年版,页383。

公正的事情的品质,是他们成为做公正事情的人,由于这种品质,人的行为公正和想要做公正的事情。"①也就是说,每个人客观上应该做到公平交易,不欺诈、盗窃、诱骗、伪证,等等。他将此称为守法正义。由此可见,在古希腊时期,修身养性、自我克制、对人真诚、善待他人等等成为了一种公众所共同崇尚的社会性品德。亚里士多德说:"正直与公正实际上相等同,虽然正直更有力些,但两者都是真诚。"②诚实信用在这一时期虽然还未形成一个法律专有名词,但从伦理到法律中都始终充斥着诚信的氛围,这为诚实信用概念的诞生奠定了基础。

(二) 罗马时代的诚信

尽管诚实信用概念肇端于罗马法,但其开始仅仅是出于对法律变通适用的技术性要求,这一时代对诚实信用的重视程度并无法与古希腊时代相比拟。罗马的时代特点就是简单商品经济发达。这是由于当时地中海和亚得里亚海周边各地经济特点鲜明,分别突出农业、种植园业或手工业,这种互补性极强的经济模式决定了各地之间贸易的发达。随着后来罗马帝国逐渐强大并对外实行扩张,又进一步繁荣了商品交换关系。正如意大利学者朱塞佩·格罗索所言:"扩张使罗马开始实现了对海洋的统治并打开了地中海帝国的大门,这种扩张自然而然地把国际贸易提到罗马人经济生活和法律生活的首要层面上来。整个商品经济的发展自然地同这种贸易的发展联系在一起。"③除此之外,罗马社会所秉持的自由民法律地位一律平等的社会观念也为其商品经济发达提供了必要保障。

完善的简单商品经济如同画笔一般为我们勾勒出罗马社会法律的基本形制。如果说古希腊法律的重心在于摆脱人们相互复仇、到处械斗的局面以实现社会的和平秩序,那么罗马法则是通过法律救济规则以实现社会安全和社会秩序的确定性为其核心目的。罗马广袤疆域内普遍而发达的商品经济,决定了罗马市民之间以及罗马人与异邦人之间,对长期形成的交换关系模式具有认识上的一致性和交易结果可预见性的需求,也进而决定了罗马法的以下显著特点:(1) 形式主义;(2) 硬性和不可变更;(3) 极端个体主义;(4) 拒绝考虑当时情势和交易行为的道德因素;(5) 权

---

① 亚里士多德:《尼可马科伦理学》,苗力田译,中国社会科学出版社1999年版,页95。
② 亚里士多德:同前注,页117。
③ 朱塞佩·格罗索:《罗马法史》,黄风译,中国政法大学出版社1994年版,页235。

利义务只限于具有法律人格的人。① 庞德将此时的法律概括为"严格法"。

严格法被用以指称法律"机械""僵化"和"形式主义",这种现在被公认为负面的描述,在当时的待遇却恰恰相反,属于对法律的褒义形容。如果我们设身处地为那时的立法者着想就会发现,在缺乏文字载体的年代,如何防止商品交换中的法律争议是一件相当困难的事情。庞德说:"仪式是记忆的强心剂。"② 刻板到极致的法律诉由和契约具体条款必须遵守固定格式以及交易过程的仪式化,无不起到强化契约法律效力的作用。同时,鉴于社会长期处于平等商品交换的时代,人们对行为法律后果的一致性存在普遍期待,交易参与者期望遵守稳定的交易规则,所以法律被视为具有神圣性而不会轻易发生变动。此外,在那个缺乏精确法律制度体系的年代,严格法还有利于防止法官可能的对法律恣意歪曲和主观臆断,从而保持法律的确定性。总之,僵化不变的法律,固然呆板和缺乏适应性,与诚实信用所倡导的灵活与变通宗旨背道而驰,但看似是缺点其实也是优点,罗马法的设计者正是明智地从当时社会核心价值的实际出发来塑造其法律制度的。

极端个体主义作为罗马法的另一主要特点同样也不是出于偶然,因为商品社会中平等的两造当然是出于自己的利益需求而参与交换。也就是说,利己是法律的出发点,法官提供的司法救济是从客观中立的角度平等地赋予交易双方的。作为交易的主体,应对自己的行为负有足够的注意义务,他必须谨慎行事并自担风险,而不能指望国家对其利益提供超过对另一方的保护力度。显然,这又与诚实信用沾不上边,诚实信用是从利他基点出发,待人如己,乐于助人而不求私利,而以利己为出发点的罗马法却与此大相径庭。

再有,作为简单商品社会,罗马时代与古希腊的单纯农业(种植园)时代的另一个重要差别存在于社会伦理观念方面。前面谈到,古希腊所追求的伦理观念是一种社会的共同善。就个体而言,每个人都应该扮演自己适当的社会角色,本分地做好自己的事情;同时应秉持高尚的德性品质,愿意牺牲自身利益而对他人提供无私帮助,并将此视为维持社会安定的最重要环节。这种道德理念显然与其社会性质及其商品经济不发达的

---

① 参见罗斯科·庞德:《法理学》(第一卷),余履雪译,法律出版社2007年版,页314。
② 罗斯科·庞德:同前注,页322。

特征具有密切相关性。罗马时代的伦理观念则完全与此相异。个人以追求自身利益为首要目标,对他人利益无需过分加以顾及。如果遇到风险,他不能指望别人的帮助,而应通过自力脱困。庞德引用埃姆斯(Ames)的话说就是:"严格法不是不道德的(immoral)而是与道德无涉的(unmoral)。"① 其实,罗马法并非真的与道德无涉,准确讲是罗马社会伦理规范在新的时代背景下已经发生了改变,利他与助人为乐的道德被利己与无须顾及他人的道德所替代而已。

综上所述,罗马法中总体上并不具备诚实信用原则的生存土壤。那么为什么诚实信用概念却会从罗马法中生长出来呢?请注意,这里所说的是"概念"而非"原则",也就是说,罗马法中虽然可以产生诚实信用概念,但概念上升为法律原则却是很久以后的事了。之所以诚实信用会产生,这与罗马法所实行的严格法关系密切。前面谈到严格法形式主义与僵化不变的特点其实是利弊交织的,财产关系特别是交换关系本身具有活跃性,而法律的过分僵化所带来的结果有时完全不近人情。罗马法早期的法律诉讼被称为严法诉讼,要求原告严格依照法律的字面含义提起诉讼,例如原告起诉被告要求偿还 20 先令,但证明债务其实是 21 先令,原告也要完全败诉。② 罗马法中"契约必须严守"的法律谚语就是这种形式主义的产物。再如罗马著名法学家盖尤斯也给出过一个相当经典的案例:"某人在就砍葡萄树一事诉讼,在诉讼中使用的是'葡萄树'这一名词,得到的回答是败诉。因为他本应使用'树'这个名词,人们有权据以就砍葡萄树一事提起诉讼的《十二表法》笼统谈到的是树。"③ 也就是说,根据严法诉讼的要求,"裁判官无权创设新的诉讼,因此必须服从法律所规定的数量有限的诉讼"。④ 在具体裁判中,裁判官亦只能严格依照契约的字面含义理解,而不能根据实际进行自由裁量。然而,经济生活是复杂多变和不断创新的过程,墨守成规、故步自封毕竟无法适应经济的发展,当时的罗马人就曾经用"法愈严格则愈不公"(summum ius, summa iniuria)的格言来形容制定法与正义之间的矛盾。⑤ 总之,当那些匪夷所

---

① 罗斯科·庞德:《法理学》(第一卷),余履雪译,法律出版社 2007 年版,页 314。
② 参见罗斯科·庞德:同前注,页 315。
③ 盖尤斯:《法学阶梯》,黄风译,中国政法大学出版社 1996 年版,页 290。
④ 马丁·约瑟夫·舍尔迈尔:《罗马合同法中的诚实信用》,载莱因哈特·齐默曼、西蒙·惠特克:《欧洲合同法中的诚信原则》,丁广宇等译,法律出版社 2005 年版,页 57。
⑤ 参见马丁·约瑟夫·舍尔迈尔:载莱因哈特·齐默曼、西蒙·惠特克:同前注,页 50。

思的案件结果不断积累以致最终突破了社会容忍底线时,进行变通就成为法律改进的合理选项。

变通起初是技术性的和浅尝辄止的,并未动摇严格法的根本。例如在诉讼程序方面,除了过去的严法诉讼以外,开始出现了被称为诚信诉讼的程式诉讼模式。在这样的程式中须注明"依诚信"(ex bona fide)的字样,这"使承审员可斟酌案情,根据当事人在法律关系中应该诚实信用,按公平正义的精神而恰当的判决。不必严守法规,拘泥形式"[①]。再例如,诉讼中被告的抗辩也得到了适当的宽松化。严法诉讼中,被告如果认为原告要求自己还债的行为不合理(原因是自己其实已经偿还了债务),他必须在预审(法律审)阶段将这一拒绝履行的理由向裁判官提出,并要求将其作为对原告存在恶意诉讼的抗辩纳入程式当中。这样,经裁判官授权的承审员在下一阶段审理中才会对此抗辩是否成立予以实质性考察。换言之,如果被告是在诉讼的第二阶段才提出这样的抗辩理由,则该理由即使成立,也无法得到承审员的认可。诚信诉讼的审判方式则与此完全不同,承审员不仅可以对上述"迟到的"恶意抗辩直接予以采纳,还可以全面考虑影响原被告双方在履行契约过程中的各种因素。

不过,一切变通和突破都是有限的,"罗马的法学家都比较谨慎,没有将诚实信用延伸到诚信审判的范围之外"[②]。盖尤斯则明确将诚信审判局限于以下范围:"诚信审判是涉及下列事项的诉讼:买卖,租赁,无因管理,委托,寄托,信托,合伙,监护,嫁资,使用借贷,质押,遗产分割,共同财产分割。"[③]总体而言,罗马社会的极端个体性和相对于希腊伦理而言的非道德性,仍占据着主导地位。因此,尽管罗马法在其发展过程中存在着突破严格法的一定需求,但这仍属于零散的和非体系化的。诚实信用的概念进入法律领域虽已成不争事实,但法律伦理化却仅仅是初露端倪,诚实信用戴上法律基本原则的桂冠并对整个民法领域实施统治的时代还远远没有到来。

(三)中世纪的诚信

如果说罗马时期因为严格法盛行使诚实信用被全面压制,只是在变

[①] 周枬:《罗马法原论》(下册),商务印书馆1996年版,页957。

[②] 马丁·约瑟夫·舍尔迈尔:《罗马合同法中的诚实信用》,载莱因哈特·齐默曼、西蒙·惠特克:《欧洲合同法中的诚信原则》,丁广宇等译,法律出版社2005年版,页69。

[③] 盖尤斯:《法学阶梯》,黄风译,中国政法大学出版社1996年版,页320。

通意义上被法律所有限采用,那么中世纪其所受到的待遇则完全不同。由于教会法占据统治地位,罗马法逐渐退居二线甚至销声匿迹,取而代之的是基督教理念开始了对法律的大举浸染。由于诚实信用与基督教伦理的契合度较高,所以诚实信用在法律中的地位上升成为必然。

关于中世纪如何划定的问题,诚如徐国栋教授所言:"通常意义上的中世纪是5世纪到15世纪的时期……我宁愿把这个词用来指称从西罗马帝国灭亡直到18世纪欧洲开始法典编纂运动之间的时期。"①本书同意这样的划分,而且将这一时代再具体划分为两个阶段,第一阶段是5世纪到13世纪,第二个阶段是从13世纪到18世纪。而这中间的分割标志就是社会学家托马斯·阿奎那运用亚里士多德的思想构建了一个体系化的思辨神学伦理体系,以及其后的巴尔杜斯吸收前两者的哲学思想并将之有效结合而运用到法律的解释和适用中来。

中世纪虽然教会法兴起,但其取代罗马法是一个渐进的过程,很长一段时间内罗马法仍拥有很大市场。正如有学者所言:中世纪共同法是"由罗马法、教会法及封建法混合而成"②。尽管当时收录于格雷戈里九世教令集中的一条教令已经谴责了罗马法关于恶意占有人因时效取得所有权的规定,认为"因为凡事只要不是出于忠诚就是出于罪恶……在教会法和罗马法中,时效在并非出于诚实信用的情况下毫无价值"③。但教会法学家们还是"消极地接受了罗马法学家(civil lawyers)基于罗马法教科书所得出的结论"④,继续在变通之路上缓慢前行,"1070年之后,相当多的罗马法之概念与规范继续融入教会法,并通过教会司法机构把罗马法之概念与规范播散到拉丁西方的各个角落"⑤。

教会法学家将"诚实信用"和"公平"等同看待,并将其归纳为缔约时的以下三种行为:"第一,每一方当事人都应遵守诺言。第二,任何一方均不得误导对方或进行过分苛刻交易来图利自己。第三,每一方当事人都

---

① 徐国栋:《民法基本原则解释——诚信原则的历史、实务、法理研究》,北京大学出版社2013年版,页155。
② 苏彦新:《欧洲中世纪共同法的形成》,载《比较法研究》2011年第3期。
③ 转引自詹姆斯·戈德利:《中世纪共同法中合同法上的诚信原则》,载莱因哈特·齐默曼、西蒙·惠特克:《欧洲合同法中的诚信原则》,丁广宇等译,法律出版社2005年版,页76。
④ 詹姆斯·戈德利:同前注,页77。
⑤ 苏彦新:《欧洲中世纪共同法的形成》,载《比较法研究》2011年第3期。

应遵守一个诚实的人即使在没有明确承诺的情况下也会承认的义务。"①
从实务层面来看,首先,遵守诺言并不再如严格法时期那般僵化,而是开始贴近社会实际,例如,奴隶订立的合同或者家父与家子之间订立的合同依严格法而不具有强制性,但该义务可以变通地以一种"自然义务"的形式而存在,由当事人自愿履行,一旦履行完毕则不能再要求返还。再如,与严格法中仅承认符合严格形式的合同才有效的情形不同,"教会法学者得出结论认为,在教会法中协议是具有强制性的,而无需考虑罗马法上关于合意合同(contracts consensus)与要物合同(contracts re)以及有名合同与无名合同之间的区别。他们引用了一句格言:'上帝不会在纯粹的语言与誓言之间做出区分。'"②其次,依照严格法,要式口约不存在欺诈。但中世纪法学家却突破这一藩篱,创造出了"原因欺诈"(causal fraud)、"附带欺诈"(incidental fraud)和"源于交易本身的欺诈"(dolus ex re ipsa)等概念③,并通过撤销合同、作为一种抗辩甚至使合同无效等手段为受害一方提供救济。他们宣称,诚信是欺诈的对立面,"即使在合同是严法合同而非诚信合同的情况下,一方当事人也可享有上述救济。"④再有,为适应诚实信用的要求,中世纪法学家开始将默示义务或默示条款悄悄地塞进合同之中,使其成为合同"自然的"(naturally)组成部分,这些在严格法时期完全不被考虑的情形是"被万民法经由自然理性引进来的"⑤。尽管他们并没有直接援引诚实信用,而是用"性质"(nature)、"实质"(substance)和"附带事件"(accident)等概念来间接表达,⑥但最终结果却依然是,诚实信用的灵魂借助了性质、实质、附带事件的身体进入了合同法之中。

总之,罗马时代作为简单商品经济最发达的阶段,其商业发达的结果

---

① 詹姆斯·戈德利:《中世纪共同法中合同法上的诚信原则》,载莱因哈特·齐默曼、西蒙·惠特克:《欧洲合同法中的诚信原则》,丁广宇等译,法律出版社 2005 年版,页 76。
② 詹姆斯·戈德利:同前注,页 80。
③ 原因欺诈,与当代欺诈概念相当。附带欺诈,是由于被误导而使一个人订立更加不利于自己的合同条款,但该条款在合同中只居于从属地位,不至于影响整个合同的效力。源于交易本身的欺诈,则指受害者并未受到有意误导,他只是以过高或过低的价格获得了对价物(如高于或低于公平交易价格的一半),与当代显失公平的概念相当。
④ 詹姆斯·戈德利:《中世纪共同法中合同法上的诚信原则》,载莱因哈特·齐默曼、西蒙·惠特克:《欧洲合同法中的诚信原则》,丁广宇等译,法律出版社 2005 年版,页 83。
⑤ 奥多弗雷德:转引自詹姆斯·戈德利:《中世纪共同法中合同法上的诚信原则》,载莱因哈特·齐默曼、西蒙·惠特克:同前注,页 84。
⑥ 莱因哈特·齐默曼、西蒙·惠特克:同前注。

使社会整体价值自然地倾向于个体化,即个人追求私利,以及在社会关系方面偏向于自由与平等。而这两者的结合使原本在古希腊曾流行一时的利他主义道德伦理被全面废弛。然而在中世纪,基督教思想成为了社会主流价值观,以此为基础的教会法所奉行的价值观与罗马法相比存在很大不同。在中世纪的前一阶段,上述教会法对罗马法的种种改变,集中表现在诚实信用概念有所进展、地位有所提高等方面,但碍于罗马法历史传统的强大影响力,教会法对罗马法的改造只能用"笨拙"来形容,教会法学家看到了严格法与诚实信用的矛盾,也看到了市民法与万民法之间存在的紧张关系,然而他们却"用了比人们想象更长的时间来抛弃罗马法的技术细节"[①]。归根到底,在这一阶段尚未形成适合于当时社会形态的伦理架构与法学体系。直到托马斯·阿奎那和巴尔杜斯的出现,这一局面才彻底改观。

托马斯·阿奎那不仅仅是中世纪伟大的经院哲学家和神学家,还是著名的法学家,其理论中蕴含了丰富的自然法思想,在自然法发展史上具有重要地位。托马斯·阿奎那法律理论中极为重要的一环,就是将基督教神学与亚里士多德关于伦理美德的学说相结合,"实现了基督教思想对亚里士多德哲学的同化"[②],创造出适合于中世纪社会形态的自然法理论。与亚里士多德的观点一脉相承,托马斯·阿奎那认为人的行为如果要趋向于完美,则必须具备善的习性,即个人的德性品德。德性的获得需要通过训练和养成,这就要求人们在其日常行为中从理性出发培养自己的四种基本美德,即谨慎、正义、节制和坚韧[③]。关于正义,托马斯·阿奎那同样借鉴了亚里士多德的思想,例如亚里士多德把正义分为分配正义和交换正义,所谓分配正义就是每个公民应该获得社会必须分配的任何财富和荣誉的公平的一份;交换正义就是当事人必须为其所获得的财产付出等价物。由此出发,托马斯·阿奎那提出,既然等价物之间的交换是依照正义的要求而为,那么作为交换实现环节的信守契约,忠于诺言就是一种美德。进而,他还将常见的各种合同归结为交换正义行为和慷慨行

[①] 詹姆斯·戈德利:《中世纪共同法中合同法上的诚信原则》,载莱因哈特·齐默曼、西蒙·惠特克:《欧洲合同法中的诚信原则》,丁广宇等译,法律出版社2005年版,页86。
[②] 雅克·盖斯旦、吉勒·古博:《法国民法总论》,陈鹏等译,法律出版社2004年版,页12。
[③] 宋希仁主编:《西方伦理思想史》(第二版),中国人民大学出版社2010年版,页144。

为两大类①,其中慷慨行为是指一方不需要任何回报而对另一方的财产付出,即赠与行为,此时虽然没有对价,但这是出于赠与人自愿的意志,故而也是符合正义要求的。

概括起来,托马斯·阿奎那在法律领域的主要贡献有二。其一,他使中世纪摸索前行的法律变革完成了理论化的成功转身,依自然法—神法—人定法的顺序重新确定了法律的依归,将行善避恶作为自然法的基本原则,从而为中世纪法律奠定了理论基础。其二,从哲学、伦理学高度宏观地将合同行为与正义、诚信精神联系起来;将洁身自好、反躬自省、扶危济困等宗教戒律与日常生活中的交易关系结合起来。其具体成果就是几乎所有合同都被赋予了诚实信用观念。

以托马斯·阿奎那的思想为理论武器,对罗马法的改造开始变得顺畅起来。严格法的坚冰逐渐为诚实信用观念的炽热所融化,法律的极端个体主义和非道德性也因基于共同生活而形成的重诺守信、乐于助人、公共幸福等观念而大为缓解。理论家们似乎找到了砥砺前行的理论自信,这其中的典型代表就是巴尔杜斯。作为法学家,巴尔杜斯继承了亚里士多德和托马斯·阿奎那的德性理论和正义思想,并将其全面适用于法律领域。首先,巴尔杜斯根据德性论提出,不说谎属于亚里士多德和托马斯·阿奎那所谓的"诚实"(truth)这种与忠实密切相关的美德;而不违背诺言属于托马斯·阿奎那所谓"忠实"(fidelity)这种美德。② 由此出发,巴尔杜斯进一步将诚实信用观念适用于对合同效力的判断以及合同履行等方面,从而使诚实信用开始成为对合同有全面影响力和指导意义的概念。其次,通过对亚里士多德和托马斯·阿奎那正义理念的引申,巴尔杜斯创造出"自然公平"(natural equity)的重要概念,并将其定义为:获得一种公正的结果。具体而言,就是指任何人都不得利用他人的受损而获利。他将此称为"道德生活中规则之规则"③。以此为依据,他提出了与严格法完全不同的结论:"'自然公平'要求获得不公平价格的人应得到救济"④。同时,通过对"自然公平"的阐释,相较于诚实信用原本不欺骗和

---

① 詹姆斯·戈德利:《中世纪共同法中合同法上的诚信原则》,载莱因哈特·齐默曼、西蒙·惠特克:《欧洲合同法中的诚信原则》,丁广宇等译,法律出版社2005年版,页87。
② 詹姆斯·戈德利:同前注,页89。
③ 詹姆斯·戈德利:同前注,页88。
④ 詹姆斯·戈德利:同前注,页90。

信守承诺的单纯含义,他又将另一种新的精神添加进来,那就是"在当事人之间的合同和法律对某个问题没有做出规定的时候,'自然公平'可以确定他们的义务是什么"①。另外,巴尔杜斯还将诚实信用观念与正义原则相结合,进而提出了所谓合同"默示义务"和"自然条款"的概念。他认为,"默示义务"来源于当事人平等原则,也可以说来源于当事人之间合同的性质,而合同性质其实在当时就是诚实信用观念的另一种表达②。所以,"默示义务"属于合同中固有的、不言而喻的和自然存在的条款。换言之,这种条款不存在就会产生合同的不公平和违反交换正义。他甚至主张,当事人不得通过增加其他条款而取消合同的"自然效力",并指出:"不能实现依合同性质所赋予它们的正当目的的协议被认为是有瑕疵的"③。

总之,在巴尔杜斯时代,法律开始了向道德的回归,随着法律界碑上的尘封被抹去,伦理的光芒又渐渐显现出来。罗马法基于商品经济和个体主义而形成的严格性和非道德性特征被极大地缓解。相应地,诚实信用观念逐渐扎根于法律特别是合同法之中。巴尔杜斯对此总结道:依教会法,所有的合同都是诚信合同④。不过应该看到,中世纪法学家们虽然接受并发展了诚实信用观念,但并没有对其进一步抽象,以至给出一个定义,而是通过"性质""实质"和"附带条款"等词汇间接予以表达。诚实信用作为法律原则的提出,是近现代以后的事情了。

(四)近现代的诚信

经过 17、18 世纪的理论积累和组织准备,19 世纪资本主义在西方已经取得了全面胜利。正如本书第一部分所论述的,高度发达的市场经济在全世界范围内逐渐成为主要的经济模式,个人主义与自由主义也自然成为社会的主流价值观。与此相适应,法律以实现每个个体追求自己的目的与利益为首要目标,以维护每个个体充分的意思自治为基本手段。而先前为社会所接受的亚里士多德的德性伦理以及其交易平等的交易正义观念已经成为过去时。随着对亚里士多德的传统伦理的背离,近现代

---

① 詹姆斯·戈德利:《中世纪共同法中合同法上的诚信原则》,载莱因哈特·齐默曼、西蒙·惠特克:《欧洲合同法中的诚信原则》,丁广宇等译,法律出版社 2005 年版,页 90。
② 詹姆斯·戈德利:同前注,页 84。
③ 詹姆斯·戈德利:同前注,页 91。
④ 参见徐国栋:《民法基本原则解释——诚信原则的历史、实务、法理研究》,北京大学出版社 2013 年版,页 167。

法律最显著的特征之一就是再一次转向非伦理化,其表现为所谓的全面复兴罗马法。不过这种复兴不是简单重复罗马时代陈旧的社会理念,而是在更高层面对之加以改造,以适应资本主义社会的时代要求。例如以《法国民法典》和《德国民法典》为代表的近现代立法,开始以个人意志来解释民事权利乃至合同关系的本质,认为权利是个人自由意志的体现,合同是双方当事人意思表示的合致。在此观念体系中,意志替代了"性质"和"实质"成为当事人全部义务的来源。根据法国学者劳伦(Francois Laurent)的说法:"当事人协议的默示条款仅仅是当事人自己本来所选择的条款,法律依照一定的理解将其补充进协议当中只不过是为了'使当事人无需将其写入他们的文件……'法官应注意不要以公平的名义干涉当事人的决定。"①

近现代社会把权利与义务的本质归结为个人的自由意志,而不论该意志是否合乎道德的做法,使法律与伦理重新发生背离,并有渐行渐远的态势,这亦使得中世纪建立起来的诚实信用和交易正义观念地位上升的势头戛然而止。即使近现代法律中同样秉持当事人平等和等价交换的原则,但这种等价是有条件的,是在当事人意志自由前提下的等价,换言之,只要出于自愿,任何不等价交换对当事人而言都是公平的。可以这样说,近现代社会虽然存在着远远超过传统社会对于商品等价交换的实际需求,但由于法律更需要追求个体自由的价值,因而将平等交换的价值置于次要地位就成了社会的必然选择。在此背景下,《法国民法典》第1135条尽管明确规定了诚实信用的内容,而《德国民法典》第157条、第242条甚至将诚实信用列为债法原则,但该概念此时似乎又回归传统的不欺骗、不作假,恪守承诺、严格履约等相对狭窄的范围之内,"不再意味着存在当事人必须遵守的与实质公平有关的义务"②。特别在德国,诚实信用原则"与其说是一条宣布履行合同义务的法律规范,不如说是一条关于解释的一般规则"③,其适用在现实中也受到以下三方面的严格限制,第一,仅作为债法原则,并未被赋予民法基本原则的重要地位;第二,仅适用于债法、合同法领域,该领域之外则不适用此原则;第三;其作用仅属于拾遗补阙,

---

① 参见詹姆斯·戈德利:《中世纪共同法中合同法上的诚信原则》,载莱因哈特·齐默曼、西蒙·惠特克:《欧洲合同法中的诚信原则》,丁广宇等译,法律出版社2005年版,页95。
② 参见詹姆斯·戈德利:同前注。
③ 詹姆斯·戈德利:同前注。

当法律无明确规定及合同无约定时才有适用余地。总之,鉴于近现代立法坚持自由价值的绝对性和第一性,诚实信用所代表的社会整体安全价值就无法实现对其的超越,而只能屈居次要位置,这一点是毋庸置疑的。

(五) 当代的诚信

有趣的是,这次法律的去伦理化过程并没有持续太长时间,到 20 世纪初就再一次发生了逆转。其原因在于:"对于个人法律权利的社会伦理相对化,民法典(指德国民法典——引者注)那种严密交错的规定常常提供不了充分的论据"[1]。逆转标志就是 1907 年的《瑞士民法典》。该法典第 2 条即开宗明义将诚实信用作为民法的基本原则,而不仅仅适用于债法领域。其根本原因在于社会历史背景发生了显著的新变化,无论人们之间的商品交易还是一般交往关系客观上都出现了明显的社会化倾向,个人利益的权重持续下降而社会共同利益的权重呈上升趋势,仅仅经过几十年的发展,社会利益与个人利益并驾齐驱甚至在某些领域对个人利益有所超越已成为现实。在这样的社会环境下,诚实信用因其具有的崇尚合作、关注他人、与人为善等社会化特质,而被重新激活,成为法律的核心观念,并被赋予更为重要的社会职能。

如果说《德国民法典》关于诚实信用的规定是在自由资本主义理念、概念法学的巨大社会惯性、社会基础变革初期法律社会化呼声较微弱以及立法者较为保守等诸多因素的交互作用之下产生的,尚无法对原有制度及理论有所突破的话,《瑞士民法典》的出台其实已经印证了这一变化的实质性影响。尽管该法典几乎可以说是主要起草人欧耿·胡贝尔"个人的作品"[2],当时他也许仅仅是凭灵感所为,可能并未清醒意识到此一举措的重大历史意义,但随着时间推移,这种必然性逐渐为越来越多的人所看清。可以这样讲,《瑞士民法典》客观上是对诚实信用进行法律重塑的开始,诚实信用从此迈上了从普通原则蜕变为帝王条款的辉煌旅程。尽管有学者认为《德国民法典》第 157 条和第 242 条与《瑞士民法典》第 2 条"实际上有相同效果"[3],但两者的意义与气势则完全不可相提并论。相比较而言,《德国民法典》的规定显得更为"狭隘和僵硬"[4]。事实上,德

---

[1] K. 茨威格特、H. 克茨:《比较法总论》,潘汉典等译,法律出版社 2003 年版,页 226。
[2] K. 茨威格特、H. 克茨:同前注,页 254。
[3] K. 茨威格特、H. 克茨:同前注,页 259。
[4] K. 茨威格特、H. 克茨:同前注。

国法不久之后即通过司法判例等手段在诚实信用原则的认定方面加快了对《瑞士民法典》的追赶步伐。"这些司法判例反映了由于第一次世界大战后的经济混乱、通货膨胀、物价上涨以及第二次世界大战以后德国东部地区的丧失和货币兑换等带来的一系列重要的经济和社会问题"①，由这些司法判例逐渐印证了"《德国民法典》第 242 条的一般条款已被证明是契约法适应变化了的社会伦理观念的一种重要手段"②。梅迪库斯对诚实信用原则地位的上升过程曾有过同样的详细描述："还是在第一次世界大战之前，司法实践即已使第 242 条的功能发生了实质性扩展，……就是说，第 242 条在这里不再只是在细节上对法律规定或者合同规定进行补充的手段。这条规定的意义在这里不再限于债务关系。"③他进一步指出："第 242 条的这种功能在第一次世界大战期间和之后取得了巨大的意义"。④ 而在第二次世界大战之后，诚实信用原则的地位非但没有减弱，反而变得更加突出，梅迪库斯接着写道："在1948 年之后具有了一项新的功能，即在使《基本法》的价值判断借以能够在民法中得到反映的一般条款中，第 242 条处于第一位置。"⑤

总之，诚实信用成为了新的社会正义标准，甚至当合同约定与诚实信用原则出现抵触时，合同的实质有效性也完全可能受到影响。这表面上看起来是诚实信用适用范围的扩张，其实是整体层次的大幅度提升。用梅迪库斯的话说："帝国法院更多的是将诚实信用理解为置于各项具体法律规定之上的上位原则"。⑥ 用另外两位学者的话说，它是"能被用来动摇已确立的法律世界的'规则之王'"⑦。时至今日，诚实信用原则终于拾级而上，阔步迈入了民法的帝王殿堂，君临天下，威仪八面，开始接受无数具体民法规则的顶礼膜拜。

---

① K.茨威格特、H.克茨：《比较法总论》，潘汉典等译，法律出版社 2003 年版，页 227。
② K.茨威格特、H.克茨：同前注。
③ 迪特尔·梅迪库斯：《德国债法总论》，杜景林、卢谌译，法律出版社 2001 年版，页 119 以下。
④ 迪特尔·梅迪库斯：同前注，页 120。
⑤ 迪特尔·梅迪库斯：同前注。
⑥ 迪特尔·梅迪库斯：同前注，页 120。
⑦ 转引自莱茵哈德·齐默曼、西蒙·惠特克：《欧洲合同法中的诚信原则》，丁广宇等译，法律出版社 2005 年版，页 14。

三、诚实信用原则、信赖保护原则和信赖之债

以上花费很大篇幅叙述了诚实信用从一个普通概念蜕变为民法基本原则的整个过程。但本书主要意图并非探讨诚实信用原则本身，而是透过此一视角来宏观考察当代债法信赖保护兴起的原因以及诚实信用原则对信赖之债建立的指导意义。

（一）诚实信用观念发展对我们的启发

前述对诚实信用的五个发展阶段所作出的归纳与总结，至少在以下四方面给我们以有益的启发：

第一，从前面的分析可以清晰看出，诚实信用观念在法律中并非依线性路径发展，而是以典型的螺旋方式上升。罗马时代和近现代比较轻视诚实信用，而其他时代则对其比较重视。重视程度其实仅仅是相对而言，并不是说近现代立法比中世纪更反对诚实信用，也不意味着近现代社会关系中在诚实信用方面较之中世纪做得更差，只不过近现代立法由于找到了更高的保护目标，即将个体利益保护和个人自由的价值置于首位，所以诚实信用这种与之存在某种对立的观念自然在一定程度上受到了冷落。

第二，诚实信用的概念意涵在上千年的发展历程中始终保持扩张的态势，在每个阶段其内容都因被增加进新的含义而变得更加丰富。从起初单纯的诚实、守信逐渐膨胀，直到今天达到某种极致状态，例如所谓"诚实"的适用范围从不欺骗、不胁迫、不乘人之危等消极层面扩展到通知、协助、说明、保护等积极层面；所谓"信用"的适用范围也从严格局限于遵守契约、履行约定义务扩展到互助合作、与人为善、以诚相待、乐于助人，主动履行双方并未约定但基于相互信赖而形成的其他必要义务。此外更多由此派生的概念也应运而生，诸如：权利外观理论、善意占有人或善意第三人的保护、缔约过失、附随义务、前契约义务和后契约义务、情势变更原则、产品责任，以及英美法中专有的允诺禁反言、邻居规则等等，不胜枚举。以至于有学者不得不从反向入手，通过排除法来为诚实信用概念划定界限。由于内容复杂，学界还从不同角度对诚实信用作出了一定归纳，除了刚才提到的从消极和积极角度的归纳以外，还有前面提到的从客观诚信与主观诚信方面作出的归纳。这一切都说明了一点，那就是诚实信用发展到今天，已经成为一个几乎包罗万象的庞大的法律概念体系。

第三,有如四季更迭一样循环往复,诚实信用如今又恰逢一个蓬勃发展的春天,随着社会关系的日益复杂和人际关系的日趋紧密,以及个体利益法律保护地位的相对降低,在可以预见的未来,社会关系相互信赖化的发展前景一片光明,我们看不到这一趋势会有任何反转的势头。由此可见,诚实信用的概念与过去一样,其含义中势必还会增加更多新的内容,我们不应对此采取拒绝或怠慢态度,而是要敞开胸怀,以积极心态努力做好接受并吸纳新鲜血液的各种准备。

第四,如前所述,诚实信用遵循一种否定之否定的螺旋式发展路径,形象地说就是法律时钟在伦理化与去伦理化之间来回摆动。而今天,法律的钟摆正在以前所未有的速度摆向伦理化一边,这意味着社会关系的各个方面正在飞速向全面信赖化转向。拉伦茨教授曾正确地指出:"只有当人与人之间的信赖至少普遍能够得到维持,信赖能够成为人与人之间关系基础的时候,人们才能和平地生活在一个哪怕是关系很宽松的共同体中。在一个人与人之间互不信任的社会中,大家就像处于一种潜在的战争状态中,这时候就无和平可言了。信赖丧失殆尽时,人们之间的交往也就受到了至深的干扰。"①这很好地揭示了诚实信用为什么会在20世纪之后成为民法基本原则的根本原因。不过,近几十年来的社会实践表明,这一发展的步伐其实早已远远超越了拉伦茨教授的论述,目前整个世界无论经济、政治、文化乃至于环境都呈现出明显的一体化倾向,尽管其中各种因素发展程度不尽一致,但地球村或人类命运共同体的理念正在或将会成为全人类的普遍共识。主动和有意识地兼顾各方核心利益的高层次合作理念将会逐渐取代传统上仅从个体利益出发的低层次合作理念。这两种理念的差异在于,前者的关注焦点是合作方利益的共享和共赢,而不是单方获益;后者则将合作只看作是实现自己利益的一种手段,合作中优先考虑自己的利益,故而会一定程度地倾向于损人利己。显而易见,诚实信用这一最能够代表时代发展趋势的理念,已经成为当今法律特别是民法一个完全不可或缺的重要理念。

(二)诚实信用原则建立的理论与实践指导意义

当然,长期以来,尤其是最近一百年以来,诚实守信概念的成功扩张直到诚实信用原则在民法中的确立,绝不仅仅是为了追求法律纸面意义

---

① 卡尔·拉伦茨:《德国民法通论》(上册),王晓晔等译,法律出版社2003年版,页58。

上的完美，其对当代民法体系的建立也有着极端重要的指导意义。总体而言，诚实信用为民法建立起了一套全新的指导思想，而这套思想与传统民法人格独立、意思自治的思想可以说等量齐观。如果说近现代民法沿着独立与自治的单轨运行，那么自诚实信用原则确立之后，民法则开始运行在并列的双轨之上。拉伦茨教授对此也有所论述："伦理学上的人格主义以每个人都有自主决定以及自己承担责任的能力为出发点，将尊重每一个人的尊严上升为最高的道德命令。不过，仅凭借这种人格主义，而不另外加入社会伦理方面的因素，那也无法构筑某项法律制度，就连构筑私法制度也是不够的。《德国民法典》中的这一社会伦理因素就是信赖保护原则。……在《德国民法典》中，这项不辜负他人已经表示和付出的信赖的命令，首先体现在遵守'诚实信用'（第242条）的要求中。"[①]完全可以想象，这种从单轨到双轨的改变，对整个民法的影响究竟会有多大。而事实上，民法的这种双轨并行在近几十年来一直在持续并不断被强化。

此外，诚实信用原则的确立，不仅具有明确的宣示和指标意义，还对民法实践具有极强的理论指导意义。整个20世纪直到21世纪的各国民法，主要任务之一就是围绕着诚实信用原则着手建立与基于独立、自由及意思自治的制度体系相并列的以相互信赖为导向的全新制度体系。这一新体系的重要意义在于，其并非仅针对民法的某项具体制度，而是全面针对民法的各项制度。诚实信用原则将会贯穿于民法总则、物权和债权等所有部分，这一点已经从《德国民法典》只针对债权到《瑞士民法典》针对整个民法的转变得到印证，从那时起一百多年的民法发展史也印证了这一点。我们可以清晰地看到，无论是民法总则中的法律行为、代理和时效制度中对诚实信用的特殊保护，物权法中对善意占有人利益的特殊保护，还是债法中对交易信赖利益的特殊保护，都达到了空前普遍和严格的程度。对当代民法的特点以双轨并行、两翼齐飞来评价并不过分。

一百多年以来，债法的信赖化在诚实信用原则的指导之下取得了长足发展。无论是合同、侵权还是其他法定之债，均已广泛吸纳了大量对信赖利益保护的相关内容，其法律地位持续上升，已经实质性地影响了诸如债的相对性、合同自由以及过失责任等债法传统原则，以至于契约的死亡、过错的死亡等提法频现于学者讨论之中。目前学术界研究成果总体

---

① 卡尔·拉伦茨：《德国民法通论》（上册），王晓晔等译，法律出版社2003年版，页58。

表明,将对信赖利益保护与对自由价值的保护等量齐观,共同作为民法核心任务,已逐渐成为共识。而当前研究的主要不足在于:其一,与债法对自由价值保护的体系化相比,对信赖保护方面的内容尚处于形成阶段,无法达到与前者同一系统性水平。其二,鉴于债法信赖保护机制是为弥补传统债法缺失而在传统债法架构中生成,其发展壮大的结果一定会形成对传统债法的挑战和挤压态势,因此必须在自由与信赖之间作出适当区隔,让债法中自由部分归于自治,信赖部分归于法定。应该说,这给我们未来的债法研究提出了明确任务,也指明了研究方向。我们在以上两方面研究所获得的任何成果,都将有助于实现未来社会信赖化条件下人际交易与交往关系的和谐与稳定。

然而多年以来,债法研究仅仅局限于微观层面的进展,研究者往往满足于对传统债法小修小补式的改进,缺乏进行宏观观察和系统化改造的气魄。其实,社会实践早已走在理论研究和立法前面,司法机关为了解决现实中各种利益的碰撞也已经积累了大量宝贵的创造性判例和司法解释,其所缺少的只是上升为理论并系统化而已。顺应时代的呼唤,完成对债法信赖化的理论归纳,正是目前债法研究的当务之急。本书关于信赖之债的提法,正是沿着系统化理论路径所作出的一项探索。

(三) 尚需厘清的具体困惑

从以上宏观视角入手来观察债法变革的具体层面,尚有困惑需要我们厘清,那就是诚实信用原则、信赖关系保护原则和信赖之债三者的关系究竟如何定位?对此可以从以下两个方面加以分析:

一方面,诚实信用的概念已如前述,既包括主观诚信也包括客观诚信,内容包罗万象,并对交易与交往中一切有关信任、信用和信赖等关系提供宏观指导。诚信原则作为民法最上位的指导原则之一,与互相尊重原则、自觉原则(私法自治原则)和自我约束原则相并列。与之相比,信赖关系保护原则可以简称信赖原则,其与诚实信用原则不仅理论同源,而且宗旨相同,具有相当程度的重合性(有时完全可以混用),在很多时候两者的指向也完全一致。但两者其实也存在一定差异,这就是信赖原则更强调诚信的客观化。换言之,其专指在财产占有或流转关系中,当事人一方只要客观上居于信赖地位并对对方有合理信赖的理由和需求,不论其是否已经意识到这种信赖关系的存在,对方都有为其信赖提供保护的义务。信赖原则可以被视为诚信原则的一个下位原则,如果说诚实信用原则的指导范围既包括当事人有自由约定的情形,也包括没有约定的情形,那么信赖原则更偏重于当事人在没有约定的情形下如何保持诚信的问题。实践中其往往体现为当事人的一种法定义务,诸如尊重善意占有的义务、附随义务等。当法律没有明确规定时,这种信赖保护义务则常常被称为依诚实信用原则而产生的义务,或简称诚信义务。

另一方面,由于诚实信用原则概念过于宏观,不易直接与信赖之债的概念相联系,而是通过信赖保护原则这一中间概念加以对接的。也就是说,信赖之债相对于信赖保护原则而言,又是一个下位概念。信赖保护原则不仅在债法当中体现,在民法的其他各项制度中也会体现,而信赖之债则属于信赖保护原则在债法的集中体现。法律作为行为规范,不能仅仅表现为抽象的原则,最终必须通过具体化的法律条文形式来表达。事实上,无论是更为宏观的诚实信用原则还是中间层的信赖保护原则都不足以准确而具体地实现当代法律对交易与交往中信赖利益的各种保护。所以,在信赖保护原则之下,需要建立起更为细化的法律制度与之配套,从而使诚实信用原则能够切实地被贯彻到所有法律末梢,在民法中得到最为充分的展现。这一细化过程在债法中就表现为信赖之债。其实,上述细化的具体过程在债法中已经早有贯彻,例如所谓先契约义务、后契约义务和缔约过失责任,等等。信赖之债不过是将这些零敲碎打的信赖保护规则加以归纳并重新系统化而已。

综上所述,两千年以来,围绕着法律的伦理化与去伦理化的来回拉锯从未停止,诚实信用概念也因之而产生并且含义不断扩张。一百年以来,诚实信用更从一个普通的债法原则走向高位,成为民法皇冠上的明珠。而这一切如同江海大潮的涨落,绝非任何个人的主观臆断或任何统治者的心血来潮所能左右,这是由社会历史发展规律所决定的。任何立法者或司法机关,都只能顺势而为,对其作出恰当的解释或总结,并结合本时代特点将这一规律转变为可操作的法律规范和司法判决。可以说,自从诚实信用成为民法基本原则的那一刻起,信赖利益保护原则和信赖之债的命运其实已经注定,只不过人们需要一个认识与理解的过程,以及通过具体方式将诚实信用原则的指导思想转化为法律规范的过程。这一转化尽管有时会碍于旧有法律传统而显得较为漫长,然而诚实信用原则之母一定会孕育出信赖利益保护原则之子,并使其茁壮成长。而再经过一个潜移默化的过程,信赖之债作为在债法中反映信赖原则和诚信原则的集成化法律方案,其降生也是完全可以期待的。

第二节　公序良俗原则与债法信赖保护

当今民法中,与诚实信用原则同时崛起的还有另一项基本原则,这就是公序良俗原则。后者虽然没有前者那样悠久的历史,但以当代视角观察,两者都是社会信赖化和法律社会化的产物,也有着共同的价值取向、相似的形成环境以及相近的社会功能。尽管公序良俗本身并非法律,而是游离于法律之外的观念和规则,但这并不等于说其没有法律意义,恰恰相反,公序良俗对法律的影响可谓巨大,可以说公序良俗原则与诚实信用原则一样,同属民法的基本原则,其为当代民法乃至债法奠定了坚实基础,也为信赖之债的建立和运行发挥了重要指导作用。

一、公序良俗的来源

(一)"公序"与"良俗"的概念

学理上一般认为,公序良俗由公共秩序和善良风俗两者构成。关于善良风俗本书前面其实已经有较多论述,其属于社会伦理道德范畴,指符合社会需要并为大多数社会成员所认可的社会公德。郑玉波先生称之为"社会的一般道德观念"[1]。而史尚宽先生则将之归结为"社会国家之存在及其发展所必要之一般道德"[2]。相对而言,对公共秩序在历史上却讨论较少,近现代以后才开始受到法律的重视,其一般含义是指全体社会成员因共同生活需要而产生的共同利益以及在此基础上所形成的社会秩序。郑玉波先生简单将其归纳为"国家社会之一般利益"[3]。史尚宽先生则称之为"社会国家之存在及其发展所必须之一般秩序"[4]。之所以公序与良俗概念被一并使用,是因为两者不仅同属于行为规范,而且含义相近、意义相通、内容相互衔接互补,"故公共秩序与善良风俗大部分同其范围,而且有时明为区别,亦甚困难"[5]。有日本学者甚至将两者统一起来

---

[1] 郑玉波:《民法总则》,中国政法大学出版社2003年版,页467。
[2] 史尚宽:《民法总论》,正大印书馆1970年版,页300。
[3] 郑玉波:同前注。
[4] 史尚宽:同前注。
[5] 史尚宽:同前注,页301。

并以"社会妥当性"概括之。①

不过,稍加留意就可看出两者还是存在一定差异的。善良风俗一般是基于历史传统而从社会内部自发形成的一种社会风尚,或者说是经过了长时间传承而获得人们普遍认同的一种价值取向,主要集中于人们日常社会生活和家庭生活当中,毕竟以家庭为基本单位的自然经济千百年来一直决定着人类社会生活的基本规则。公共秩序则往往存在于人类共同的政治生活、经济生活和文化生活当中。而这部分社会生活类型在近现代以后才开始急剧膨胀,快速发展,并占据了社会生活的半壁江山。与传统观念相比,人们对这类社会生活中的秩序较为陌生,接受并适应这些新观念需要时间积累,因此就社会整体而言,公共秩序尚难依旧循有传统形成机制迅速演变为社会生活新类型的所谓"善良风俗"的内容之一。另外,公共秩序的来源通常也不像善良风俗那样是自发形成的"内部规范",而属于从外部形成并强加给社会大众的"外部规范",例如英美法中经常将所谓公共政策(public police)等同于公共秩序。公共秩序尽管不是法律本身,但其来源有些类似于法律那样,属于国家认可的社会正义观念和社会公共利益。换言之,当这部分正义观念和秩序规则成为除法律以外维持社会有序运行所必不可少的工具时,公共秩序出现于法律当中就变得顺理成章了。

(二)公共秩序观念的兴起

关于善良风俗(社会道德伦理观念)的来源以及其如何对法律发挥至关重要影响力的问题,在前面章节已做过大幅阐述,兹不赘述。这里主要探讨一下民法中公共秩序观念的兴起过程。与道德观念很早就出现于法律或研究文献中不同,公共秩序的观念出现较晚。从现有法律文献看,其首先出现于《法国民法典》第 6 条和第 1133 条。② 从该规定内容观察,当时立法已经开始了以法律规定之外的公共秩序规则作为限制当事人自由约定的工具。也就是说,当时的立法者通过移植道德规范的做法,把公共秩序也纳入了法律范畴,使之具有了鲜明的法律意义。我们知道,《法国

---

① 参见梁慧星:《市场经济与公序良俗原则》,载《民商法论丛》第 1 卷,法律出版社 1994 年版,页 51。
② 《法国民法典》第 6 条规定:"个人不得以特别约定违反有关公共秩序和善良风俗的法律。"第 1133 条规定:"如原因为法律所禁止,或原因违反善良风俗或公共秩序时,此种原因为不法的原因。"

民法典》产生于资本主义蓬勃发展时期,正如学者所阐述的那样:"该法典是法国大革命精神的一个产物,这场革命旨在消灭往昔的封建制度,并在其废墟上培植财产、契约自由、家庭以及家庭财产继承方面的自然法价值。"① 然而这不禁引发了我们的两点好奇:第一,《法国民法典》作为崇尚自由与独立的急先锋,本以破除一切传统人身桎梏和精神枷锁为宗旨,以保护所有权绝对和契约自由为主要使命,这要求对自由的限制越小越好,但却为什么"多此一举"地在法律强制性规定和善良风俗之外,又叠加公共秩序规则来限制个人的自由? 第二,将近100年之后的《德国民法典》为什么却又有意删除了公序良俗的规定,而仅保留了善良风俗原则②? 这看起来似乎有些反常,但如果研究一下当时的立法史,就会发现其中一些端倪。

的确,《法国民法典》全面反映了市民阶层的社会诉求,极力贯彻独立、自由和平等的社会理念,有着革命成功后激情与狂热的一面,但同时该法典又是一部相当理性化的作品,已经在很大程度上修正了曾经的盲目、疯狂和过激。事实上,自1789年大革命到1799年拿破仑上台执政的十年被称为"过渡时期"。在此期间法国曾先后出现过三个民法典草案,然而这些草案最终并未成为后来正式法典的前身,《法国民法典》完全是拿破仑另起炉灶的结果。之所以这些草案并未衍生出正式法典,除了社会动荡和立法技术等原因之外,一个重要原因是当时正处于大革命后的立法狂热期,个人至上和激进主义盛行,法律草案往往立足于过于极端的立场,而对社会现实缺乏理性的关注。不过在拿破仑主持制定民法典的阶段,冷静开始回归,以至于"在民法典颁布时,法典起草者们所遵循的几乎都是老生常谈的传统私法概念"③。与此同时,理性的折中化也成为法典的鲜明特色,"民法典体现了对大革命成果的巩固,同时又缓和了某些过激的做法"④。例如,"契约自由原则一再得到重申,尤其是通过第1134条,该条文规定合同是当事人之间的法律。但契约自由原则又需要

---

① K. 茨威格特、H. 克茨:《比较法总论》,潘汉典等译,法律出版社2003年版,页118。
② 参见《德国民法典》第138条、第826条。
③ 詹姆斯·高德利:《法国民法典的奥秘》,载梁慧星主编:《民商法论丛》(第5卷),法律出版社1996年版,页554。
④ 雅克·盖斯旦、吉勒·古博:《法国民法总论》,陈鹏等译,法律出版社2004年版,页99。

与契约公平、诚信、善意以及安全原则相调和。"①其实,前面提到的第1133条就是上述起平衡作用的条款之一。可见,尽管《法国民法典》中关于公共秩序概念的出现似乎有些突兀,但如果考虑到针对过渡时期激进的个人至上和自由绝对化确有约束的必要,而且再考虑到这些措施的确超出了伦理道德的传统范畴,以致难以借助道德规范加以限制,此时立法者创造出公共秩序的概念,是一种补强措施,这使得法律规制谱系更加完整。因此该做法值得高度肯定。

至于为什么《德国民法典》将公共秩序概念予以删除,史尚宽先生曾这样解释道:"公共秩序与善良风俗之基础观念,大致相同。……而德国民法则以'善良风俗'为已足,而将其剔除。"②梁慧星的解释则相对详细:"删除公共秩序概念的原因,主要是在德国当时将公共秩序作为法律概念的时机尚不成熟。其次,善良风俗概念本来的涵义,虽以道德为其核心,像营业自由及人权等原则亦可涵括,是一个相当概括的概念。"③上述解释虽有一定道理,但不够全面。首先,从限制个人自由的制度完整性而言,强行法限制、善良风俗限制以及公共秩序限制共同构成了法律规制谱系,如果缺少公共秩序一环,其规制涵摄度下降,逻辑上存在缺陷。其次,德国民法以严谨著称,精确、有条理与抽象化是其突出标志,故而当时的立法者不可能忽略以善良风俗替代公序良俗所带来的逻辑问题。再次,《德国民法典》起草过程中曾经将公共秩序与善良风俗并列写入了第一草案,只不过正式法典中公共秩序却被刻意删去。在这种情形下,用两者意义相近、可以替代为理由来解释显然有牵强、敷衍之嫌。

其实《德国民法典》中删除公共秩序的做法应该另有深意。如果在合并的简化考量和有意贬低公共秩序地位的考量两者之间进行选择,后者才是主要原因。当时立法者的决策过程至少基于以下思考:第一,考虑到当时的历史背景。正如学者所描述的那样:"当时在这个国家起主导作用的乃是一个具有自由主义倾向的大市民阶层……当时的经济生活完全由一种色彩鲜明的自由主义所左右,这种思想倾向深信,只要经济力量的作用能够不受国家干预的阻滞而自由扩展,那么普遍的繁荣兴盛便会自然

---

① 雅克·盖斯旦、吉勒·古博:同前注,页100。
② 史尚宽:《民法总论》,正大印书馆1970年版,页301。
③ 梁慧星:《市场经济与公序良俗原则》,载《民商法论丛》(第1卷),法律出版社1994年版,页46。

成就。"①在此背景下,法律应最小程度地对自由予以限制,故而在善良风俗之外再叠加公共秩序显然"不合时宜"。第二,考虑到法典制定的指导思想。本书在前面部分(第五章第三节)提到了《德国民法典》主要以康德的伦理人格主义作为理论依据,并将其贯彻始终。伦理人格主义就是将个人自由意志视为社会的核心,将人的自由及人与人之间的尊重视为绝对价值,作为立法的出发点。因此,民事权利也被抽象为个人的自由意志。尽管伦理人格主义在一定程度上也兼顾尊重他人利益和各方利益的协调,但从本质上讲,对个人独立与意志自由的保护永远是其考虑的优先方向。在此理论指导下的立法将公共秩序删除自然也在情理之中。第三,基于前两种考量,立法者对公序良俗的适用存在着相当程度的顾虑。正如有学者所担忧的那样:"同样不可忽视的是,它(指公序良俗——引者注)也潜藏着不稳定和破坏的因子。如果任其发挥,则会完全背离立法者欲以国家强力和道德恰当调控私人自治的预期,使既有的法律秩序受到重创。"②第四,公共秩序属于"模糊概念",其内涵和外延均不够明确,这给该原则的具体适用带来了不确定性。正如德国著名学者弗卢梅所说:"第二草案删除了违反'公共秩序'这一无效原因。理由是人们无法对公共秩序这一概念'进行准确无误的界定'。"③如果说善良风俗尚具有社会大众客观的民意基础,那么公共秩序其实说到底就是一些由国家制定和解释的公共政策。在西方所流行的"如果没有制约,政府一定为恶"理念之下,公共秩序的模糊性很容易成为政府手上的操弄工具,人民大众则沦为无力反抗的受害者。同时,公共秩序作为法律原则,实施中还容易给法官的擅权留有空间,使其成为恣意专断的工具。可见,梁慧星提到的时机尚不成熟,其实就具有此等含义。

  产生于自由资本主义加速期的《法国民法典》,本该摒弃一切妨碍自由的羁绊,然而其却将公共秩序纳入其中;而完成于自由资本主义成熟期的《德国民法典》,本该保留并加强公共秩序原则,但其却将之剔除出去。上述情形多少给人以时光倒错之感。不过这恰好可以说明一点,那就是个人自由价值与社会公益价值在19世纪的民事立法当中已经开始了相

---

① K.茨威格特、H.克茨:《比较法总论》,潘汉典等译,法律出版社2003年版,页218。
② 易军:《民法上公序良俗条款的政治哲学思考——以私人自治的维护为中心》,载《法商研究》2005年第6期。
③ 维尔纳·弗卢梅:《法律行为论》,迟颖译,法律出版社2013年版,页431。

互博弈,而相对于 20 世纪以后的法律发展趋势而言,《德国民法典》显现出其保守的一面。正如德国著名学者冯·基尔克所讽刺的那样,其忽视了德意志民族中许多有生命力的日耳曼源流的法律传统,取而代之的是一种没有灵魂的极端个人主义立场①。事实上,博弈的胜负在 20 世纪之后已渐见分晓,即使那些属于德国法系的各国,在这一点上亦未追随德国排斥公共秩序的做法,例如当时日本法和中国法都将公序与良俗并列为一个原则。而与法、德构成三足鼎立的瑞士,则更是早在 1881 年颁布的《瑞士债法典》第 19 条和第 20 条中已经明确将公共秩序与善良风俗合并使用。这意味着相较于 19 世纪民法而言,20 世纪民法整体上已经开始注意克服过往忽视社会公共利益而过于偏重个人利益的局面。如果说在 19 世纪,以良俗替代公序尚勉强可以维持法律运行顺畅的话,20 世纪之后私法的社会化已经成为一种趋势,公共利益的社会价值在民法中地位日益突出,任何对其的忽视必将给法律实施带来现实困难。

事实证明,20 世纪之后的德国债法发展的确一定程度陷入了困境,表现为"许多债法的规定零星地体现在一些特别法以及由联邦法院的判决形成的新型制度中,而这些规定与判例制度长期以来没有被纳入民法典之中"②。梅迪库斯还耸人听闻地将此形容为"民法典已经腐朽"③。严格讲这种情形的出现与当时删除公共秩序原则的举措不无关联。因为一方面,国家干预经济所依据的各种公共利益已经在不断渗入法律,而其远远超出了传统一般社会观念下的伦理道德范畴;另一方面,即使这些新的社会利益最终会被道德观念所接受,但理念的形成需要认知逐渐积累,绝非朝夕之功可成,故而这部分尚待转化的"道德伦理",由于无法用公共秩序加以定位而使立法陷于持续被动的局面。

几乎整个 20 世纪,德国其实都在为克服这一失误而努力。这种努力体现在两个方面:其一是扩大善良风俗的概念,因为"违反公共秩序的法律行为大多可以被视为违反法律或善良风俗的法律行为"④。其二是通过单项立法弥补不足。例如,为改变交易关系中频繁出现的混乱和不公

---

① 参见 K. 茨威格特、H. 克茨:《比较法总论》,潘汉典等译,法律出版社 2003 年版,页 216。
② 参见吴越:《德国债法改革对中国未来民法典的启示》(代序),载朱岩编译:《德国新债法——条文及官方解释》,法律出版社 2003 年版,页 2。
③ 转引自吴越:同前注。
④ 维尔纳·弗卢梅:《法律行为论》,迟颖译,法律出版社 2013 年版,页 431。

正并维持交易秩序,德国曾被迫先后制定了一系列单行法作为民法典的补充,包括《一般交易条款法》《上门交易法》《消费信贷法》《远程销售法》等等。这种被称为"体外循环"的立法现象有一个共同目的,即为了弥补《德国民法典》对新型社会关系调整能力的缺失。可以想象,如果当时《德国民法典》中存在公共秩序原则,其作为规范新型社会关系的法源意义将会凸显,法官具有足够的聪明才智,一定可以根据公共秩序原则发展出大批维护交易公平、保护消费者利益的司法判例,并进而形成一整套当代社会交易秩序的运行规则,而未必需要制定如此之多的单行法。当然,结果其实是殊途同归,大量单行法的基本内涵最终被整合进了2002年《德国债法现代化法》当中。即便如此,两种选择的社会成本和社会效率却高下立判。相比较而言,立法中承认公共秩序的其他国家则没有走此弯路。

(三)公序良俗的意义

公序良俗原则在民法中的兴起,是顺应社会发展潮流的有利举措。其意义在于抑制过分自由化的泛滥,矫正个人主义恶性膨胀带来的社会弊端,平衡新形势下个人利益与社会公共利益的相互关系。尽管长期以来,人们一直对公序良俗原则存在着某种担忧,例如早在1824年,英国的伯勒法官就曾比喻道:"反对过于激烈地议论公共政策——它是一匹难以驯服的烈马,当你骑上马背时,你不知道它会将你驰向何方。"[①]现在也仍有学者认为在私法自治的社会环境中,"鉴于公序良俗在对法律行为的控制中可能蜕变为以维护道德之名而滥用公众授予的权力,立法上所保障的个人自由可能在司法的层面因公权力的销蚀而化为乌有,因此,法官在运用公序良俗要件否定法律行为效力时应当慎之又慎。"[②]应该说,这些担忧不无道理,公序良俗原则也确实存在被滥用的可能。不过,我们还是应当对此问题进行全面评估,也就是说,将宏观定位与微观调整区别开来,首先解决宏观上是否需要公序良俗原则来指导民法特别是债法运行的问题,如果答案是肯定的,那么设立该原则即属合理选择;其次是在此基础上解决如何正确发挥该原则社会功能的问题,这属于微观上调整的问题。用英国丹宁法官的话说就是:"由有能力的人骑马,烈马也能操纵,

---

[①] A.G.盖斯特:《英国合同法与案例》,张文镇等译,中国大百科全书出版社1998年版,页318。
[②] 易军:《民法上公序良俗条款的政治哲学思考——以私人自治的维护为中心》,载《法商研究》2005年第6期。

并能跨过障碍。"① 总之,严谨探索和慎重平衡是必要的,但不应因为微观上存在一些操作困难而怀疑宏观选择的正确性。

二、公序良俗原则与信赖利益保护

众所周知,公序良俗原则伴随着个人利益与公共利益的争论而兴起,这说明 20 世纪以后法律对公共利益保护的呼声持续走强。信赖利益属于公共利益的一种,因此,公序良俗原则的确立,尽管对加强信赖利益保护的意义不一定非常直接,但宏观影响却十分明显。

关于公序良俗在民法中的地位,其争论源自 19 世纪下半叶,本书前面提到耶林对民事权利本质的质疑(参见第六章第二节)已经拉开了公共利益地位提升的序幕。耶林反对当时将民事权利定位为"个人自由意志"的传统观念,旗帜鲜明地提出了民事权利是"受法律保护的利益"。这种对权利本质的解释之所以具有革命性意义,在于该观点质疑并纠正了长期流行的权利绝对化倾向。拥有权利不再意味着可以任意支配或随意行使,因为社会中利益呈多元化分布,各种利益之间存在矛盾与冲突不足为奇。如果权利被理解为自由意志,其实现可以不受阻碍,这将无法合理解释两种权利所含自由意志发生的相互冲突;而如果将权利解释为利益,则即使是两种正当利益都有必要被法律保护,但如果两者发生冲突,法律还是会有选择性地加以保护。换言之,此时,一项权利必须对另一项权利作出让步。其实,耶林的"利益说"还有一个重要意义,那就是为社会公共利益(公序良俗)在法律中地位的崛起提供了良好的理论支撑。当把民事权利从自由意志的神坛上请下来之后,我们马上面临的问题就是,民事权利所代表的个人利益不仅需要与其他人的个人利益相比较,还存在着个人利益与社会公共利益的比较问题。18、19 世纪曾有流行观点认为,不存在独立意义的社会公共利益,社会利益不过是所有个人利益的总和(简单相加),但 20 世纪之后的社会现实告诉我们,独立的社会公共利益不仅存在,而且其重要性还在不断加强。因此,现实中当公共利益的地位达到与个人利益平起平坐之时,公序良俗原则即完成了其基础构建;而当以利益说取代意志说来解释民事权利的本质时,公序良俗原则又完成了其法理构建。总之,公序良俗原则在民法中的确立,意味着社会公共利益在同个

---

① A.G.盖斯特:《英国合同法与案例》,张文镇等译,中国大百科全书出版社 1998 年版,页 318。

人利益的博弈中取得了阶段性胜利,同时从另一个层面看,这还意味着法律加强信赖利益保护也获得了更坚实的理论支撑。

需要指出,公序良俗原则是首次整体意义上将社会公共利益直接引入民法,而此前,这只能借助诚实信用的通道间接实现。这种引入的意义十分明显,首先,民法对公共利益的保护达到了系统性水平,凡是直接体现社会公共利益的关系、权利、行为都被加以整合,统一调整,从而使个人权利绝对化倾向受到了适度抑制。其次,公序良俗原则强力贯彻了权利非绝对化的理念。体现在民法具体内容上,公序良俗成为了判断任何当事人自行设定的权利乃至于法定权利是否有效的标准,即使那些号称绝对权的个人权利(如所有权),同样需要摆在利益平台之上进行比较,凡与之相抵触的民事权利和法律行为均可能被认定为无效。此外,由于公共利益地位的整体提升,交易中的信赖利益因属于公共利益或者与公共利益相吻合,因而受到了公序良俗原则的格外青睐,当一方的个人权利或自由与另一方的信赖利益相冲突时,可以通过衡量两方利益与公序良俗的吻合程度来判断其效力优劣。不过,由于当代信赖利益保护的重要性提高,民法中特别设计了诚实信用原则作为衡量信赖利益的专门标准,故而出现了保护社会公共利益的分工,信赖利益保护被划出来专门由诚实信用原则负责,而公序良俗原则转而集中于对一般意义上的社会公共利益提供保护。当然,这主要是出于强化法律规范效力的技术性举措,并不意味着两者截然区分。事实上民法中既违背诚实信用原则又与公序良俗原则相抵触的情形也十分普遍,例如欺诈、隐瞒产品瑕疵、散布虚假信息用两个原则皆可解释。总之,在保护信赖利益方面,公序良俗原则和诚实信用原则之间是一种分工与合作的关系。

三、公序良俗原则和诚实信用原则的分工与合作

20世纪以后,为了顺应社会公共利益地位上升的特点,公序良俗原则与诚实信用原则都获得了持续发展,地位也得到了极大提高。前者被称为"魔法条文",后者被称为"帝王条款"。如前所述,为了实现对社会关系的有效调节,使规范职能得以充分发挥,两者在内容与功能等方面的分工也逐渐明确,这主要体现在以下几个方面:

第一,两者尽管都反映了社会公共利益在民法中的作用,但其所针对的公共利益范围存在一定分工。公序良俗所指向的就是最广泛意义上的

公共秩序和善良风俗,并未作范围和层级的区分。就公共秩序而言,无论是政治秩序、经济秩序、文化秩序以及一般生活秩序均包括在内;就善良风俗而言,借用富勒的话说,就是将低标准的"义务的道德"和高标准的"愿望的道德"均包括在内。公序良俗虽然并非由法律规定,但已被全体社会成员共同接受和认可,被固化为全社会的共同意志,因而具有客观性。从适用角度看,公序良俗更强调秩序和伦理的最低要求,即以"做自己的事,不加害他人"为标准。事实上,这样的广泛性有利于最大限度弥补强行法规定不足所带来行为过度自由化和无秩序化的缺失。相反,诚实信用原则的规范指向往往有一定的范围与层级偏差。就范围而言,诚实信用并不针对公共利益的全部,而是人们相互关系中关于信任与信赖的部分,也就是说,基于信赖关系而形成的社会公共利益,由诚实信用原则管辖;就层级而言,诚实信用原则也突破了"不害他人"的较低水平,而将公共利益的触角扩展至交易与交往中主动关注他人切身利益与需求。如果说根据公序良俗原则,你只要做到尊重他人、不损害他人利益即为足够的话,那么根据诚实信用原则,你至少需要主动"关心你的邻居",甚至将"世人皆视为邻居"才符合其初衷。

第二,如前所述,公序良俗原则在民法中的确立,是将道德规范引入法律,使道德标准演化为法律标准。如果说法律(主要是强行法)是判断民事活动能否为社会所接受从而产生法律效力的标准的话,公序良俗实际上也起到了相同作用。换言之,公序良俗原则的功能在于,从消极层面出发,对法律行为的内容进行效力审查,凡不符合公序良俗原则的行为,一般不承认其有效性。这从我国《民法总则》的规定范式就可轻易看出①。可以说,公序良俗原则是合法性原则的一种有益补充与扩张,事实上构成了划分个人意思自治范围的法律界线。而与公序良俗不同,诚实信用原则的主要功能不在于对人们的行为进行消极效力审查,而是对其行为及权利行使的正确性进行积极引导。当代社会,人际关系日益紧密,人与人之间相互依赖性越来越强。也就是说,一个自由人自己所能支配的绝对自由空间客观上在缩小,而对他人利益必须的主动顾及与关心范围在不断扩大。诚实信用原则为我们划定了那些应该对他人利益(信赖

---

① 《民法总则》第 8 条:"民事主体从事民事活动,不得违反法律,不得违背公序良俗。"

利益)付出必要注意的范围,并指导我们应该如何去做①。这意味着民事活动中,在原本属于我们自由和权利的意思自治范围之内,诚实信用原则却为我们设定了一系列"额外的"法定义务(诚信义务),要求我们去履行;同时这还意味着,司法机关有权对我们是否履行上述义务进行积极审查,如果该义务未得到履行,则因违反诚信原则而需要承担相应的民事责任。20世纪债法中发展起来的缔约过失责任即属此类。对两个原则的功能差异,拉伦茨为我们作出了很好的总结:"保护诚实与维护信用塑造了法律交往的基础,尤其塑造了一切法律上的特别关联(Sonderbeziehung)。……与之相反,若既不存在,也不试图产生法律上的特别关联之时,如竞争的多个参与者之间,或对债务人主张同一标的的多数债权人之间(如多重买卖),其行为就不能再以诚实信用标准衡量,而是只能以在人类社会中对一切行为普遍有效的'善良风俗'(第138、826条)标准去衡量了。"②

第三,公序良俗原则与诚实信用原则的法律适用效果也各有特色。由于公序良俗属于国家干预意志和社会约束意志,效果相当于强行法的延伸,故而其一般起到与禁止性法律规范同样的作用,即违反公序良俗的合同应属无效。不过,与强行法规范可以分为禁止型规范和取缔型(管理型)规范一样,如果某项个人行为虽然违反公共秩序和公共道德,但尚未达到使其无效的严重程度时,该行为在民法上亦可有效。这表明了个人自由利益与社会公共利益总体而言皆属正当利益,但当两者发生冲突时,相互之间有时需要一定的妥协。国家管制和社会监督固然重要,但如果其过分限制个人的自由意志,则社会将缺乏必要的激励机制,影响到社会成员发挥其创造财富的主观能动性。与公序良俗原则被作为法律行为效力判断工具不同,诚实信用原则除了对已经存在的法律关系具有规范与指导意义以外,还具有一项独特功能,即在本无法律关系的双方之间直接"创造出"新的法律关系,为本来单纯拥有权利的人"创造出"一定的法律义务。前述拉伦茨所谓的"特别关联"其实指的正是这种以诚实信用原则为依据而产生的法律关系。因此诚实信用原则具体适用的法律效果,主要是法定义务(诚信义务)的履行以及对不履行课以民事责任。

---

① 《民法总则》第7条规定:"民事主体从事民事活动,应当遵循诚信原则,秉持诚实,恪守信用。"
② 转引自于飞:《公序良俗原则与诚实信用原则的区分》,载《中国社会科学》2015年第11期。

第四，在某些情形下，也不排除诚实信用原则像公序良俗原则一样可以成为法律关系效力的判断标准。这主要是为了解决一般公序良俗无法涵盖的情形。也就是说，当有些法律关系并不明显违反公序良俗原则，但依照诚实信用原则却是不可接受的时候，依据诚实信用原则同样可以宣布该行为无效。例如合同的格式条款，原本被认为与其他条款一样视为当事人平等协商的结果，但20世纪合同发展史告诉我们，合同中往往存在事实上居于优势地位的一方，他们利用其格式合同文本提供者的身份，在合同条款中塞进一些对弱势一方不利的内容，这些内容貌似公平，实则存在利益陷阱，对方只要稍不留意，即落入圈套。即使陷阱事前被发现，优势一方仍会以格式合同对所有相对方皆须保持一致性、不得改动等理由强迫对方接受。对此，债法现代化后重新修订的《德国民法典》第307条第1款规定："一般交易条款中的规定违背诚信原则而不适当地损害使用人的合同相对人的利益的，其不生效力。"我国《消费者权益保护法》也有类似规定①。正如有学者所指出的那样："这实际上是要求当事人主动实现双方之间的利益平衡。此时，审查格式条款的核心思想和标准就发生了一个根本变迁，原标准'不得滥用垄断地位'是对竞争秩序的尊重和维护，这还是公序良俗的意义领域，而主动关照对方当事人利益、保持自己与对方当事人之间的利益平衡就已逸出公序良俗的意义领域，进入了诚信原则的核心意义领域。"②可见，诚实信用原则的上述变迁，不仅说明了当代社会法律对个人自由空间有进一步压缩的必要性，也代表了在个人利益与社会公共利益的博弈中，天平在持续向公共利益方面倾斜。

综上，公序良俗原则与诚实信用原则一样，本质上都来源于社会伦理道德。这种背景的同源性决定了两者在法律中均以实现社会关系与社会行为伦理化和有序化为目的。从这个意义上说，两者所发挥社会作用的空间存在一定程度的重合。与此同时，重合性并非意味着两个原则可以相互替代。事实上，两者功能各有其侧重点，而两者的分工也正发挥了其各自特点，完成了对社会的有效调控。而从社会功效角度观察，公序良俗

---

① 《消费者权益保护法》第26条第2、3款："经营者不得以格式条款、通知、声明、店堂告示等方式，作出排除或者限制消费者权利、减轻或者免除经营者责任、加重消费者责任等对消费者不公平、不合理的规定，不得利用格式条款并借助技术手段强制交易。格式条款、通知、声明、店堂告示等含有前款所列内容的，其内容无效。"

② 于飞：《公序良俗原则与诚实信用原则的区分》，载《中国社会科学》2015年第11期。

原则与诚实信用原则在实现其各自社会目的方面相互补强,形成了加成效应。

第三节　权利滥用禁止原则与债法信赖保护

自古以来,权利被滥用的事实早已存在,不过无论是在古代民法还是近现代民法中,并不认可民事权利存在被滥用的可能。如前所述,罗马法的时代特点是崇尚自由,权利行使的任意性居于支配地位,当时曾有法谚称:"凡行使自己之权利者,无论对于何人,皆非不法。"① 而 18、19 世纪,个人主义正值兴盛期,权利绝对化的趋势变得更加明显,以萨维尼等人为代表的民法学家,为了突出个人自由意志,将权利定义为"个人的意思力和意思支配"。在这样的社会背景下,不可能出现权利滥用的法律原则和制度体系。当然,零星限制还是存在的,例如法国 1855 年和 1856 年分别出现了对专为遮挡邻居阳光为目的而修建的烟筒必须拆除,以及禁止专以枯竭邻地矿泉为目的而在自家院内挖井行为的判例;《德国民法典》第226 条也有相关规定:"权利的行使不得专以损害他人为目的。"

准确讲,权利滥用概念和权利滥用禁止原则的真正形成是在 20 世纪之后。首先见之于《瑞士民法典》第 2 条② 和《日本民法典》第 1 条③。与法、德民法明显不同的是,瑞、日民法不仅明确使用了"权利滥用"的概念,而且还将禁止权利滥用升格为民法基本原则。其后各国纷纷效法,禁止权利滥用的规定遂成为民法之必备。其地位提升的原因与诚信原则和公序良俗原则地位如出一辙,均可归结为当代法律的社会化和权利的伦理化,正如李宜琛先生所指出的:"盖因权利本位社会的制度,因规律个人于社会生活中活动之限界而承认者,故其行使也,必有一定之范围,倘于行使权利之际,完全无视他人之利益,几似权利人可自社会绝缘,独立存在者,自属违反权利存在之理由。"④ 尽管目前在我国,权利滥用禁止能否成

---

① 李宜琛:《民法总则》,台湾正中书局 1997 年版,页 399。
② 《瑞士民法典》第 2 条第 2 款:"明显地滥用权利,不受保护。"
③ 《日本民法典》第 1 条第 3 款:"不许可滥用权利。"
④ 李宜琛:《民法总则》,台湾正中书局 1977 年版,页 399。

为一项民法基本原则尚存在不同看法①,但其在当代民法中的重要性已成为社会共识。可以说,该原则系由诚实信用原则和公诉良俗原则派生而出,同样与当今社会的信赖化发展趋势密切相关。

一、关于权利滥用禁止本质的争议

关于权利滥用禁止的本质如何,学界解释不一,有的从逻辑入手,有的从功能入手,有的从社会深层原因入手。不过认识的发展呈现出明显趋势,就是从个人主义向法律社会化方向转变。现分述如下:

(一) 否认说

此观点的主要代表人物之一是法国学者普拉尼奥尔(Planiol)。他主张,承认权利和承认权利滥用在逻辑上存在着自相矛盾。由于权利是由法律所授予的,所以在法律范围内行使权利就是合法的,是不应受到任何指摘的。依此逻辑,如果一个人因"滥用权利"而受到法律追究,即说明他其实根本没有权利。权利既然合法,就不存在权利不法的情形。故而权利滥用其实是纯粹的文字游戏,是一个伪命题。

持此观点的还有美国学者诺齐克。与普拉尼奥尔不同的是,他从实质意义上否认权利的滥用。他认为所谓对权利的限制,其实来自一种"模式化原则"②。所谓模式化原则是指,根据某一确定的标准,在某些确定方面对权利的行使进行利益平衡,由此得到的利益分配结果就称为模式化原则。也就是说,对某人的权利,要么根据道德价值、要么是根据社会贡献、要么是根据社会需求等固定模式加以限制。与之相反,诺齐克认为权利原则实质上是一种非模式化原则,它不存在任何限定尺度,道德、贡献和需求等因素也不应成为其厘定标准。他指出模式化原则的最严重问题,就是干涉个人生活和侵犯个人权利。因为模式化原则强调对个人权利的限制是只注重利益接受者的权利,而忽略了利益给予者的权利,因而是不正当的。那么是否真的会出现权利滥用的情形呢?诺齐克的答案是否定的,因为在他看来,大部分人都是理性的和合理自利的,不会出现任

---

① 我国《民法总则》仅在第 132 条规定了禁止权利滥用的条款。但学者中亦有承认其民法基本原则的观点,可参见魏振瀛主编:《民法》,北京大学出版社、高等教育出版社 2000 年版,页 28。

② 具体参见罗伯特·诺齐克:《无政府、国家与乌托邦》,何怀宏译,中国社会科学出版社 1991 年版,页 161。

性与专断行使权利的情形。

其实,无论是持形式意义上的否认说,还是持实质意义上的否认说,基本出发点都一样,均出自传统个人主义理念,体现为自由与权利绝对化的追求,代表了绝对自由主义正义观(参见第七章第一节)。该观点直到目前在理论界仍有其市场。

(二) 主观权利和客观法说

对否认说的一种反驳来自法国的约瑟朗德教授。他从逻辑层面将普拉尼奥尔的观点归结为一种概念的混淆,即该说混淆了主观权利与客观法不同的法律意义。他认为,由于主观权利与客观法均以同一个词来表达,所以否认说其实就是利用这一词语进行的诡辩。[①] 他指出:"权利滥用实际上很简单,它是指某一行为未超越主观权利的范围,却违反了整体意义上的——即作为强制性社会规范的集合的——法律。完全有可能的是:个体行使某一特定的权利,但却违反了整体的法律。"[②]

很明显,约瑟朗德清晰认识到了权利概念的发展方向,但其意图从逻辑层面简单解决争议,而不必从实质层面进行复杂阐释。不过,此说法逻辑上似乎并不周延,正如有学者指出的那样:"我们的各种'主观权利'只能够依据明示或默示地规定它们存在的法律规范而存在。如果'客观法'没有提供基础和依据,'主观权利'也将不复存在。"[③] 显然,约瑟朗德教授并没有完全摆脱普拉尼奥尔所指出的困境。换言之,解决这个问题的复杂性已经超出了逻辑推理范围,而必须进入到更深刻的价值选择层面。

(三) 外部限制和内部限制说

此观点认为法律对权利的限制,应从外部限制和内部限制两个维度来理解。所谓外部限制,就是通常意义上的权利范围限制。任何权利都有其外部边界,在该边界以外即属于自由活动空间和他人的权利领域。例如财产所有权指的是对自己财产的一种自由支配,该支配权并不及于他人的财产。除了外部限制之外,权利本身还存在着内部限制,这是指对权利行使在时间、地点和方式等方面的限制。尽管权利主体是在权利范围内行使权利,但仍然不能够恣意妄为,权利行使要受到"度"的限制。例

---

① 雅克·盖斯旦、吉勒·古博:《法国民法总论》,陈鹏等译,法律出版社 2004 年版,页 703。
② 雅克·盖斯旦、吉勒·古博:同前注。
③ 斯塔克:《债》,第一卷(第 4 版),转引自雅克·盖斯旦、吉勒·古博:同前注。

如我国法律虽然规定农村集体经济组织可以拥有农村土地所有权,但其对该土地并不能随意支配,相反其支配要受到法律的严格限制。假设该农村集体经济组织真的对外出售其所有的土地,那么套用主观权利和客观法的思路,这就符合了主观权利(所有权)拥有者违反了客观法规定的权利行使方式(不得买卖土地)的情形,从而构成了对该权利的滥用。

该观点的一大特点是对权利增加了内部限制,改变了人们曾经习惯的在权利范围内权利人可以为所欲为的认识。由于法律向社会化方向发展,人们在权利范围内拥有绝对支配能力的传统观念受到大幅度抑制,而权利限制已经开始从外部走向了权利内部。这种观点较之主观权利客观法说更清晰地反映出当代社会变革对法律产生的切实影响,逻辑关系上也更加顺畅。不过,该观点并未能很好地解释实施权利内部限制的原因,或者说过去曾经几乎不受内部限制的民事权利,现在开始受到法律限制的理由究竟是什么。

(四) 目的—利益说

严格讲,目的—利益说并非直接针对权利滥用,而是针对权利本身而言的。其来自著名学者耶林和黑克的利益法学[①]。仅仅是由于该说对权利本质的认定与意志说不同,故而对权利是否存在滥用可能的解释也形成了鲜明的反差。如前所述,否认说认为权利本质是自由意志,由此,简单的逻辑推理就是不承认权利滥用的存在。而目的—利益说对权利重新作出了如下定义:权利是主体欲实现特定目而受法律保护的利益。由此出发,权利是否成立的标准不再是当事人的自由意志,而变成了经过与其他利益比较而居于优势地位的特定利益。这样,当原本构成权利的某一利益在与其他利益发生冲突时,其权利属性是否仍将存在,并不必然,这需要看两种利益之间的对比结果,正如黑克所言:法律的目的只把最后得胜的利益(des siegende Interesse)彰显出来。[②] 如果某一利益在竞争中无法对另一利益形成优势而只能被迫甘居从属地位时,该利益就不会被视为权利。当该利益拥有者非要将其作为权利行使时,就构成了权利的滥用。

---

① 具体参见本书第六章第二节内容。
② 菲利普·黑克:转引自吴从周:《概念法学、利益法学与价值法学——探索一部民法方法论的演变史》,中国法制出版社 2011 年版,页 285。

例如甲对乙拥有交付某一特定物的债权,但由于交付前标的物意外灭失,而甲拒绝乙以相当价金替代支付的请求,仍坚持交付原物,这即属于权利滥用。在本例中,甲的利益(获得原物)原本因符合社会利益的基本目的,而较之乙的利益具有优势,故其债权成立。但后来标的物灭失,甲对乙利益的正当性变成了用等价补偿替代原物履行,而该替代利益较之乙的利益而言仍具有优势,故变更后的债权依然成立。不过,甲脱离正常途径,仍然坚持原物履行,而该利益在原物灭失后的正当性已不具备,故较之乙的利益而言,交付原物的利益此时变成了从属利益。甲在失去正当性的情形下继续行使原物交付请求权,就具备了权利滥用属性。

应该说目的—利益说完全超越了自由意志说,在全新的权利理论基础上解释了权利滥用以及对其禁止的合理性。这种解释不仅逻辑关系通顺,而且更为关键之点在于,一方面,该解释将社会公共利益和社会道德因素恰如其分地引入了对具体民事权利的正当性判断之中,而不再将个人利益的满足作为权利判断的唯一标准。另一方面,该解释不再简单依靠逻辑推论,而是升格为依靠对不同利益的价值比较来解决问题。在社会关系日益紧密的今天,这种对权利的社会化解释符合社会发展的潮流。

不过,有人担心这种权利观念向社会利益的偏转会抹杀个人利益在权利中的价值,这亦有一定道理。事实上,利益之间的相互平衡才是最佳选择。有学者对此论述道:"我们完全可以对集体意识的进步保持信心。'目的论'完全可以与尊重人的个人尊严的'个体'因素相兼容。"[1]因为人具有"天生的道德责任感,以及促使个人在社会的整体福利中寻找个人的幸福的人的社会倾向。……法律秩序为每个人保证了一个自由发挥和主动性的范围,因为它指望个人在追逐共同利益中能够积极合作。"[2]所以,"在主观权利和对之的控制之间,并不存在着任何矛盾。"[3]可见,目的—利益说只是将个人利益与社会利益较好结合,以达到一种总体利益平衡,而不意味着排斥对权利滥用禁止的适度性要求。例如法国1971年曾有判例显现出法院在处理类似案件时的谨慎态度:甲面包制作商租用乙的房屋经营面包铺。合同中约定,甲对房屋的任何改造均需得到乙的同意。

---

[1] 雅克·盖斯旦、吉勒·古博:《法国民法总论》,陈鹏等译,法律出版社2004年版,页724。

[2] 转引自雅克·盖斯旦、吉勒·古博:同前注,页724。

[3] 雅克·盖斯旦、吉勒·古博:同前注。

经营中甲欲增添一个新的烤炉,却遭到乙的拒绝。甲以乙滥用出租权为由起诉。原审法官认为乙的行为构成权利滥用,理由是新安装烤炉对双方均有利,乙的反对行为仅仅是出于"自私心和固执己见"。然而该判决最终被撤销。上级法院认为应严格而审慎地对待私权,不应轻易否定之,本案并没有证据显示乙有损害甲的主观恶意,同时乙的行为也未直接违背合同目的。

总之,尽管目的—利益说在适用过程中显现出必要的严谨性,但其原理仍是旗帜鲜明的,表达出了对权利本质的全新认识,并以这一新认识作为权利滥用本质的基本解释工具。相对于外部限制和内部限制说那样遮遮掩掩而言,目的—利益说是当前解释权利滥用及其禁止最有说服力也最符合社会发展潮流的观点。

二、对于权利滥用的社会化界定

18、19 世纪个人主义如日中天,权利作为自由意志,从形式到实质均不存在整体意义上的滥用,至多只有一些轻描淡写的限制而已(如《德国民法典》第 226 条)。20 世纪之后,随着权利滥用禁止原则逐渐为社会所广泛接受,权利滥用的界定问题提上了议事日程。准确区分权利的正确行使和权利的滥用,关系到新时期社会关系如何定位,特别是个人行动自由的边界,兹事体大。从当前社会现实出发,对权利滥用可以作出如下界定。

首先,任何单纯出于破坏他人正当利益的意图而行使自己权利的,均属于权利滥用。这个标准被普遍公认,即使是从自由意志说角度理解,该界定也能被接受,因为拥有权利是为了追求和实现权利人的个人利益,而那种出于恶意且损人不利己的行为对各方均无正面意义。这一点从法国 1855 年和之后出现的相关判例以及《德国民法典》第 226 条的规定都有所体现,但仅限于此,两国在 20 世纪以前对权利滥用的理解均没有超出这一范围。之所以强调权利人的主观恶意,是因为权利行使在客观上会损害对方的利益,但对权利人是否有益处却不容易判断(例如权利人行使权利有时是为了追求自己心理或感官的满足),不能将无从判断是否出于恶意的权利行使行为轻易地认定为权利滥用。正如学者指出的那样:"个体性权利应当保证一定程度的行动自由,以及此行动可能损害他人时的豁免,没有这一点权利就什么也不是。权利是一种既得的优越性;这种优越性的获得从来都不是无因的;它意味着此前的劳动或者是牺牲了另一个权利。"①

其次,刚才提到,权利滥用的构成曾经需要出于恶意和损人不利己双重标准,那么在当代社会,如果权利人并非出于恶意,是否可能构成权利滥用呢? 随着法律社会化与道德化日益加强,权利人主观恶意在认定权利滥用中的权重逐渐下降,与之相反,开始出现了如下观点,即无论是否出于恶意,只要权利人背离了权利行使的社会目的,即应构成权利滥用。这一观点最早来自耶林。耶林认为,人类存在的目的可以分为两大类:个人目的和社会目的。个人目的即自我维持和自我发展目的,这属于自利目的;此外,人还具有共同生活的目的,也就是完成社会的任务,或者说是为他人而行动。② 法国学者约瑟朗德将这一观点引入对权利滥用的界定,认为所有的权利都具有某种功用,某种社会目的。因此,权利的行使只能以符合此种目的的方式进行,背离该目的即构成滥用。③ 他明确指出:"所有的法律权利,从根源上说,就其实质和所要达到的目的而言,都是社会性的。"④在他看来,即使是最自私的权利,法律将其授予权利主体,也非基于他们的个人利益,而是基于社会整体的利益。⑤ 他接着指出:"每一权利都负有一定的社会使命;这也就是说每一权利都应该以符合其制度目的的方式来实现。"⑥由此他得出如下结论:"它们应当在相应的社会职能范围内行使,否则其主体就构成了对此的背离(détournement),构成了权利滥用。权利滥用行为是违反制度宗旨的,违反其精神和终极目的的行为。"⑦

这一观点在实践上取得了巨大成功。此后,权利拥有者在错误的时间、地点和以不正当方式行使权利的,凡是与该权利社会目的相背离的,

---

① 里佩尔:《民主制度与现代民法》,转引自雅克·盖斯旦、吉勒·古博:同前注,页717以下。
② 参见吴从周:《概念法学、利益法学与价值法学——探索一部民法方法论的演变史》,中国法制出版社2011年版,页130。
③ 雅克·盖斯旦、吉勒·古博:《法国民法总论》,陈鹏等译,法律出版社2004年版,页720。
④ 约瑟朗德:《权利的精神及其相对性》,转引自雅克·盖斯旦、吉勒·古博:同前注。
⑤ 雅克·盖斯旦、吉勒·古博:《法国民法总论》,陈鹏等译,法律出版社2004年版,页720以下。
⑥ 约瑟朗德:《权利的精神及其相对性》,转引自雅克·盖斯旦、吉勒·古博:同前注,页721。
⑦ 约瑟朗德:同前注。

均可能被视为权利滥用。例如,甲对乙拥有到期债权,甲固然有权随时上门催债,但其应避开半夜到凌晨这一不合理时间段。尽管甲急于收回债权,但挑选错误的讨债时间违背了该行为社会目的和权利保护制度的宗旨,故属于权利滥用。又如,乙公司依照买卖合同送货上门,向甲公司一次性交付冰箱100台。当卸货时发现,其中一台冰箱因卡车运输途中颠簸而损坏。此时甲的正确做法是收下合格的99台冰箱,由乙将有问题的那台冰箱拉回,改日补送一台合格产品即可。但假如甲以合同约定的是"一次性交付"为借口,竟要求乙将100台冰箱全数拉回,改日再整体送来,这就属于只考虑到了自己利益,而未能顾及对方的正当利益和合同本身的社会目的。因而该行为属于权利行使方式不当,符合权利滥用的条件。不过,如果权利人行使权利时仅仅是方式发生错误,而该错误与社会目的无关,则不属于权利滥用。

再有,权利滥用禁止原则的适用的对象,其实是专指那些法律未明确规定,但确实又属于权利滥用的情形,而那些已经有法律明确规定禁止行使权利的情形不在此列。之所以会有法律未能涵盖的情形,是因为20世纪后,人际关系的紧密性和相互注意义务的提升程度,远远超过了法律本身的更新速度,过去一些曾属于个人自由的领域,已经基于诚实信用原则和公序良俗原则的广泛适用而变得没那么自由了,个人权利的支配性也变得没那么绝对了。例如所有权尽管还被称为绝对权,所有者对其财产的处分权能依然存在,但出于不良动机而行使则会遭到司法机关的禁止或限制。例如法国曾有一个著名案例:某飞艇仓库与甲的土地为邻。甲为了迫使仓库以高价购买其土地,而在自家院内树立起多个上部为铁桩的木架,客观上造成了飞艇起降的困难。最终法院判决其拆除这些危险装置。可见,将某一行为界定为权利滥用,正是为了弥补法律规定有缺失的情形,或者说正是为了适应法律的首要目的从保护个人意志自由向维护交易安全和社会公共利益的转变需要。换言之,如果法律已经明确规定了禁止行使权利的情形,尽管其表面上与权利滥用非常相似,但不构成权利滥用。例如,《德国民法典》第393条规定,债权人禁止以故意侵权方式行使对债务人债务的抵销权。我国《民事诉讼法》第243条、第244条规定,执行程序中,执行机关在查封、扣押、冻结、拍卖、变卖被执行人财产时,从基本人道主义出发,不得对被执行人及其所扶养家属的生活必需品予以执行。这些规定所依据的原理虽然与权利滥用禁止相同,但法律上视其为无权利状态。由此可以得出结论,权利滥用的构成固然指向与社会目的相背离的行为,但这并不包括那些已为法律明确禁止的情形,相反仅包括在法律规定以外,依照诚实信用原则和公序良俗原则应被禁止行使权利的情形。

此外,所谓权利一般包括两类,即法律规定的权利和当事人通过合同约定的权利,所以权利滥用似乎只应该局限在这两类权利范围内。不过在当代,权利的概念范围明显扩展,一些本不属于传统法定或约定权利的自由利益,被冠以"框架性权利"[①]"法益"或"自由裁量性权利"[②]的名目,越来越频繁地出现在法律文件之中,例如营业权、知情权,等等。而权利滥用问题的争议也自然而然地延伸到这些权利层面,一种观点认为,由于传统权利和新类型权利的本质并无不同,因而同样会碰到权利滥用问题。另一种观点则认为,权利滥用应只针对传统的"有名"权利,因为新类型权利其实更接近于一种层级较低的自由,如果对此类自由也基于权利滥用禁止原则加以限制,会影响到人们的基本自由,而使得"这些个别的个人主义的小岛,一个个将被淹没消失"[③]。

这个问题的确属于两难选择,一方面,对权利的限制本质上就是对自由的限制;另一方面,在一个以自由为标签的社会中,如果过分限制自由,则会严重冲击社会的核心架构。然而不可否认的是,当代司法实践似乎更支持第二种观点,而通过扩展权利滥用禁止范围的做法现实中也确实卓有成效,以下对营业权滥用的案例处理可以为此提供佐证:甲乙二人均为职业医师,原本分别在两个相距很远的小镇执业。某日两人订立合同互相交换诊所,并且各自随后也实际将诊所迁到了对方小镇。一年后,甲由于不习惯在新地方的生活,于是自行决定迁回原先地方,并重新开设了一家诊所。小镇中病人客源有限,故甲乙双方事实上构成了一种竞争关系;且由于甲过去一直在该镇执业,有稳定的客户关系,故存在竞争优势。对该案处理的大致方向各方并无争议,均认为甲医师的做法不正当,但具体处理路径则存在差异。一种路径是仍停留于合同范围内,认为双方合

[①] 迪特尔·梅迪库斯:《德国民法总论》,邵建东译,法律出版社2001年版,页64。

[②] 雅克·盖斯旦、吉勒·古博:《法国民法总论》,陈鹏等译,法律出版社2004年版,页711。

[③] 雅克·盖斯旦、吉勒·古博:同前注。

同出现了漏洞,故利用合同的补充性解释方法对合同加以补充,认定存在着甲在若干年内不得返回原地执业的双方约定。另一种路径就是通过权利滥用禁止方式,即甲虽然有迁徙自由和自由开设诊所的营业权,但其在与乙订立互换诊所合同之时,乙就具有了某种受法律保护的法益,而甲对乙也产生了一项"特别注意义务"。当甲的营业权与乙的法益之间发生冲突时,营业权因违背社会目的而无法与乙的法益相对抗,故而甲的行为不仅属于对法定注意义务的违反,同时也构成了对营业权的滥用。两种解释中明显后一种解释较为妥当。依合同补充的解释,则无法绕开双方意思表示一致,这就要求双方必须事前已经预见到了该种情形,但这显然不是事实;而依权利滥用禁止原则,不仅逻辑上无瑕疵,而且与社会发展趋势相吻合。

不过几十年来,该争议还是得到了各国立法相当程度的谨慎对待,人们逐渐认识到,这些框架性权利或法益其实是一般性自由向有名权利过渡的中间环节,属于非典型性权利,仅仅是因为当代法律的社会化,使这些权利从一般性自由中脱离而具有了独立属性。为了寻求一种社会平衡,有必要在总体承认此类权利可被滥用的同时,在认定标准上采取较对有名权利更严格的方式。其原则大致如下:第一,根据法律社会化的总体趋势,承认任何意义上的权利都存在着滥用问题,禁止滥用应扩展至这一领域。第二,为了尽量保证自由不被过分限制,那些纯粹的一般性自由应被排除在权利滥用范围之外。因为"对这些情形不加区分,权利滥用理论就会被融化,失去其特殊性"[1]。第三,为了防止权利滥用范围的无限扩大,对待那些可能会被滥用的法益,尽可能明确其外延,例如采用类型化和"有名化"方式加以明确。第四,对法益的滥用界定比一般有名权利更加审慎和严格。第五,在对上述法益进行界定时,尽量设定更多客观化的具体权利滥用标准,以便于判断的准确性和统一性。总之,正如有学者所指出的那样:"所谓自由裁量权的问题在更大程度上是在于权利滥用标准的灵活性,而不是对权利滥用理论适用范围的多少带有任意性的确定问题。"[2]目前,权利滥用禁止理论仍然处于探索之中,经验积累和理论总结

---

[1] 雅克·盖斯旦、吉勒·古博:《法国民法总论》,陈鹏等译,法律出版社2004年版,页706。
[2] 雅克·盖斯旦、吉勒·古博:同前注,页714。

还有待于时日。

最后,顺便指出,权利滥用还关涉另外两种情形,第一种是资格权的问题,第二种是权利人超越权利范围行使权利的问题。这两种情形是否属于权利滥用,值得商榷。所谓资格权,是指民事主体根据某种特定身份而享有的与身份相关的处分与决策的自由权。例如父母的亲权、监护权,企业法人的法定代表权,律师的委托代理权,等等。这种特定身份来源于法律直接规定或者合同约定。凭借法定或约定,某人可以取得某种特定资格;而基于资格,他又获得了替他人决策事务或处分他人财产的权利。应该说这种资格权与一般民事权利存在很大的不同,一般权利为自利性权利,即以实现自己利益为目的;而资格权不是直接为了自己的利益,而是为他人利益而行使权利。另外,一般权利仅指单纯的权利,不包含义务,因而可以放弃;而资格权则是权利义务的混合体,无法分离,故而不能放弃。由于资格权的这种特殊性,该权利滥用的表现与一般权利也有差异,滥用资格权其实就是对其中所涉义务的违反。例如,监护人用被监护人拥有的资金为自己购买奢侈品,法定代表人违反法人宗旨而以法人名义对外提供担保,均属此类。尽管此类行为广义上亦属于权利滥用,但鉴于其已经由设定义务方式加以限制,所以上述行为一般不以权利滥用论处,而直接按照违反法定或约定义务方式追究相应责任。

权利人超越权利范围的行使行为,有时也被人们定性为权利滥用。此观点认为,任何权利都有其界限,如果行使权利过程中随意扩张权利范围,不加节制,亦属于权利滥用。笔者认为,严格讲,这种情形仅仅是与权利滥用相类似,其实并不属于权利滥用。权利滥用是指有权利而滥用,即违反诚信原则和公序良俗原则以及违背权利目的、方式等行使权利的情形。而超出权利范围则意味着该领域已经不在权利保护范围之内,也就是说,只是行为人自认为有权利,而实际上并没有权利。例如,房屋租赁合同的承租人,获得了出租人可以根据需要自行改造和装修房屋的授权。然而在装修过程中承租人拆掉了屋内的承重墙,使房屋的安全性下降。该行为并不属于承租权的滥用,而应视为处于无权的状态,因为承租人从来就没有获得过拆掉承重墙的权利。其行为直接构成了侵权。

三、债权滥用禁止与债法信赖保护

前面通过对权利滥用本质的讨论,一个结论已十分清晰,那就是对权利滥用的判断应根据目的—利益说进行。具体而言，就是通过利益比较方法，判断在相互冲突的利益中哪个利益更符合社会目的和社会利益，以此作为标准来衡量某项权利在行使中是否被滥用。个人主义占统治地位的时期，保护个人意志自由成为了社会的根本目的之一，民事权利作为个人自由与利益的载体，其优越地位不可撼动。权利只能保护，不存在滥用。20世纪之后，社会公共利益的地位迅速跃升，已达到了与个人利益分庭抗礼的程度，自由意志一家独大的局面已成为历史。相应地，信赖利益便成为了不可忽视的重要因素。一个权利是否成立或者是否属于滥用，均要考察自由意志所代表的个人利益与信赖利益所代表的公共利益之间的相互关系，如果两者一致则权利成立，如果不一致则存在权利被滥用的可能。为了弥补传统法律在衡量两者利益时的固有缺失，立法者通过将伦理观念引入到法律中的做法，使诚实信用、善良风俗等道德规范全面进入法律领域，甚至成为民法的基本原则。由此，民法进入了个人主义与公共利益相互平衡的新时代。

具体到债法，传统上将债权视为个人意思支配的观念也在发生着显著改变。债权作为请求权，不再是债权人凭借其主张就应几乎无条件地得到满足，而是有不同层级的条件对其加以限制。这既是出于对各方正当利益平衡保护的需要，也是出于稳定社会交易秩序的需要。对债权行使的限制层级主要有三个，分别是债权违法、违反公序良俗原则以及违反诚实信用原则。其中债权违法和违反公序良俗具有共通性，其限制效果主要是债权不成立或者合同无效。与前两者存在一定差异的是，权利滥用往往与行使权利时是否出于诚信的关系密切，所以违反诚实信用原则常常被作为认定债权滥用的主要依据。

如前所述，当代社会的人际交易与交往过程中，除了通过约定而产生的合同关系和没有合同时仅存在的最低注意以外，当事人之间还会存在另一种关系——相互信赖的利益关系，这种关系并非来源于当事人的意志，而是来源于诚实信用原则。当事人之间的关系状态一旦符合条件，这种信赖利益关系即自动产生，成为一种不以人的意志为转移的客观存在。在诚实信用原则作用下，信赖关系从一般社会关系升级为法律关系，形成了当事人之间的债权债务关系。这也就是很多学者都谈到的"当事人之间的特殊注意义务"或"积极注意义务"，本书将其称为信赖之债。

当今时代，信赖之债不仅变得越来越普遍，而且地位也越来越重要，以致其成为鉴别一般债权是否被滥用的重要标准。假定某人享有合同债权,这并不意味着其行使债权即具有正当性,还需要看债权人是否存在对债务人的"必要注意义务",如果存在这样的义务,则需要对双方各自利益的正当性进行比较,如果合同债权人在违反诚实信用原则且不顾及对方利益的正当性的情形下,径行行使债权时,就可能触发权利滥用禁止机制。例如,甲大学毕业后在本市找到固定工作,其与乙订立房屋租赁合同,约定了租期为三年,且不得转租他人等事项。不料甲租房半年后即被单位派往国外分公司常驻,甲遂与乙协商愿意以多支付6个月房租(当地房屋租赁闲置期为3个月)为条件解除合同,但遭到了乙的拒绝。本案中,乙坚持按原合同约定期限履行逻辑上固然并无不当,但从价值衡量角度出发,对双方利益的正当性进行比较评估后就会发现,乙的行为涉嫌债权滥用。合同解除,乙的房屋很容易再行出租,故其利益并不会受到实际损失;但如果不解除合同,甲则须毫无意义地多支付2年租金,从而遭受重大损失。从权利的利己目的出发,拒绝解除合同对乙而言固然可行,但从权利的社会目的出发,则乙的行为损害了甲的利益的同时也损害了社会公共利益。也就是说,当甲与乙的利益在此发生冲突时,甲的利益相较于乙的利益而言,更符合社会整体利益,更具有价值合理性。另外,从信赖利益保护的角度解释本案,也可以得出同样的结论。合同订立后,乙对甲有租赁债权,这不言而喻。但是,基于甲乙之间的紧密关系,乙对甲还具有基于诚信原则而产生的法律义务(债务),该义务的内容就是乙有义务关注甲合理的切身利益,当甲发生类似于出国工作的特殊情形时,乙应该在公平合理的前提下,尽可能为甲提供必要的协助。如果乙坚持拒绝解除合同,则其行为除了构成权利滥用之外,还构成了对信赖之债的违反。

从上述分析可以看出,现实中债权滥用与违反信赖保护利益的关系密切。债权滥用一般是在违背诚实信用原则的情况下发生的,而违反交易信赖利益的行为同样是违背诚实信用原则的,两者功能相近,意义相同。不过应该看到,这两者毕竟分属于两个制度,法律效力并不相同。违反权利滥用禁止原则的行为,其法律后果一般如下:第一,债权行使不能发生预期的效力。第二,债权一般不因滥用而消灭,只要债权人改正行使的错误,债权依然存在。第三,某些权利滥用则可能因被剥夺而消灭,例如委托代理权的代理人与第三人恶意串通而损害被代理人利益的行为。

债权滥用造成他人损害的,固然其应承担相应赔偿责任,但这时的赔偿责任并非基于权利滥用禁止的原理,而是基于信赖之债的原理。也就是说,一个人成为合同债权人的同时,他也成为了信赖之债的债务人,他的权利滥用行为不发生债权效力的同时,也构成了对信赖保护义务的违反。因此,他赔偿的责任来源不是权利滥用禁止制度,而是信赖之债。另外应注意,这时的责任性质既不是合同责任,也不是侵权责任,而是基于信赖之债而产生的独立民事责任。

第九章　信赖保护原则的建立

　　上一章详细讨论了诚实信用、公序良俗和权利滥用禁止等三个原则与信赖之债的相互关系,并阐述了上述原则对信赖之债的指导意义,同时也指出了在诚实信用原则与信赖之债中间还存在着一个信赖保护原则作为将两者连接到一起的桥梁。如果说诚实信用原则为债法发展提供了宏观指导,那么信赖保护原则则从更具体的层面为信赖之债的确立提供了法理依据。虽然信赖保护原则与诚实信用原则具有相当的重合性,但相对于后者,前者更强调诚信的客观方面,更偏重于在交易与交往中,主体之间并没有约定而只存在正当信赖利益时,如何实现对该信赖利益的保护。如同诚实信用原则的螺旋式成长一样,信赖保护原则在两大法系的成长过程也一直伴随着各种争论,不过最终是殊途同归,信赖保护原则在两大法系内均得到了普遍认可。本章重点将分别探讨两大法系的法理是如何承认信赖保护原则的,以及这种承认的旋风在债法领域究竟会掀起何等波涛。

第一节　大陆法系对信赖保护原则的承认

　　正如前一章所述,18、19世纪是西方自由市场经济发展的高峰阶段,在私法自治的主旋律下,诚实信用观念并没有得到足够重视,其概念与适用范围都受到了严格限制。然而19世纪的中后期,欧洲大陆的社会结构已经发生了全面而深刻的转变,工商业发达和城市化等因素正潜移默化地改变着法理中传统的理性人规则与私法自治的定位。尽管表面上私权神圣、契约自由、营业自由等法律原则仍不可动摇,但这种平静的表面之下却暗潮汹涌,以维护自由为核心价值的法律观念开始频现破绽,而沿着这些破绽的裂缝渗入法律中的正是法律社会化观念。

一、耶林的缔约过失责任理论

这其中最早也是最典型的例子就是德国著名学者耶林在1861年提出的缔约过失责任理论。该理论的主要意图在于对合同之外的信赖关系进行法律保护。关于缔约过失责任问题,在德意志的法律实践中并非从耶林提出缔约过失理论之后才出现的,在此之前,1794年的《普鲁士普通邦法》中即已见到零星规定,但相关系统理论探讨却极少。"一直到了 Jhering,才开始将它当做一个基本问题加以研究,而且从历史及理论的观点详加阐述。"①

如前所述(参见第六章第二节),耶林曾经是概念法学的狂热拥趸,在1859年经过"大马士革经历"的痛苦煎熬之后,蜕变成为利益法学的开创者。在这一过程中他逐渐清晰地认识到民事权利的本质不是"意思力和意思支配",而是体现一定社会目的的利益,或者说是法律所保护的利益。正是这种用"利益说"否定"意思说"的做法,使得耶林首次在理论上发现了现实中还存在着一种需要由法律保护的正当利益——信赖利益。这里我们不妨引用耶林一段为民法学者所耳熟能详的论述,看看耶林的认识思路究竟是如何发展的。耶林写道:"从事契约缔结的人,是从契约交易外的消极义务范畴,进入契约上的积极义务范畴,其因而承担的首要义务,系于缔约时须善尽必要的注意。法律所保护的,并非一个业已存在的契约关系,正在发生中的契约关系亦应包括在内。否则,契约交易将暴露于外,不受保护,缔约一方当事人不免成为他方疏忽或不注意的牺牲品!契约的缔约产生了一种履行义务,若此种效力因法律上的障碍而被排除时,则会产生一种损害赔偿义务,因此,所谓契约无效者,仅指不发生履行效力,非谓不发生任何效力。简言之,当事人因自己过失致使契约不成立者,对信其契约有效成立的相对人,应赔偿基于此项信赖而产生的损害。"②

耶林的以上表述,具有开创性且含义极其丰富,至少可以从如下方面加以解读:首先,基于传统法律观念,合同过程分为两个阶段,即生效前阶

---

① 王泽鉴:《法学上的发现》,载《民法学说与判例研究》(第四册),中国政法大学出版社1998年版,页10。

② 转引自王泽鉴:《缔约上之过失》,载《民法学说与判例研究》(第一册),中国政法大学出版社1998年版,页88以下。

段和生效后阶段；而耶林却提出了一个"正在发生中的契约"的概念,这样,耶林实际上将契约从生效前和生效后两个阶段演变为生效前、生效后以及契约发生过程三个阶段。其次,基于传统法律观念,法律仅仅保护业已生效的契约,也就是说,当事人在契约生效后才会因其自愿举动(缔约行为)使自己的自由受到法律约束,而在合同生效之前的阶段,当事人的自由并未受到限制；但耶林却将法律保护范围向前推移,把契约发生阶段也纳入其中。当然,法律对这一新阶段提供保护的属性,与合同生效前和生效后的保护并不相同。再次,由于没有传统可资借鉴,故耶林将这种在新阶段出现的法律关系称为"正在发生中的契约关系",后来有学者认为耶林其实是将此种关系视为"准契约"。有一点可以肯定,耶林笔下这种契约生效前的新型法律关系,所引发的既非传统上的消极义务,也非合同上的积极义务,而是合同义务以外的另一种积极义务。而且,为了强调该义务的重要性,耶林还称其为"首要义务"。此外,耶林明确阐述了上述保护范围推移的理由是出于交易公正的需要,是为了避免契约一方"成为他方疏忽或不注意的牺牲品"。这无疑是通过价值评价方式突破了债法的相关传统观念,为其理论创新的正当性提供了极好的注释。最后,也是最重要的一点,那就是当事人一方如果违反了该种法律关系所对应的积极义务,其要赔偿对方损失的性质是一种信赖损失。换言之,法律在此应保护的利益不是什么其他利益,而是信赖利益。这进而说明,耶林认为这种积极义务的性质其实是一种信赖义务,而赔偿责任的性质是一种信赖责任。

由上述解读可知,对缔约过失者追究责任,其实远非耶林这一理论的全部内容,该理论之所以被后人誉为法学上一项伟大发现,是因为它仅仅是一项宏大理论的突破口,是整个信赖保护原则确立的起点。由于合同生效之前与生效之后曾经是法律对当事人提供积极保护与否的分水岭,而合同从谈判到生效的过程无疑最鲜明地反映出了信赖利益的产生过程。因而王泽鉴教授对此解释道:"对足以建立债之关系社会接触而言,进入缔约过程固然是一个特别具有代表性的实例,但亦仅为一个实例而已。……更进一步贯彻他的理论,认为纵无缔约行为及契约上之意思,亦得直接由客观的社会关系关连产生法律关系及债之关系。"[①]可见,后世

---

① 王泽鉴:《法学上的发现》,载《民法学说与判例研究》(第四册),中国政法大学出版社1998年版,页11。

学者的探索领域并不仅限于缔约过失责任领域,而是将其扩展至一切基于信赖而产生的客观社会关联关系。

总之,耶林的缔约过失责任理论,对于信赖利益保护原则的产生意义巨大。从后来理论的发展看,信赖利益保护原则运用范围极广,的确远远超过了耶林当时的视野,但绝不能低估耶林的开创性贡献,因为没有缔约过失责任理论,就没有信赖利益保护原则。正如王泽鉴教授所评价的那样:"Jhering 阐释了一个极为重要的观念,即侵权行为法仅宜适用于尚未频繁社会接触而结合之当事人间所生的摩擦冲突;倘若当事人因其社会接触,自置于一个具体生活关系中,并负有相互照顾的具体义务时,则法律应使此种生活关系成为法律关系,使当事人互负具体的债务。"①事实上,耶林通过缔约过失责任理论,为我们掀开了基于社会接触而形成广泛信赖保护这一历史大幕的一角,因社会接触而客观形成的法律关系由此开始蔚然成风,经过不断扩展和演变,最终衍生出了信赖保护原则。在该原则的指导下,又产生了法定的信赖之债。

二、《德国民法典》对耶林理论的继受

耶林尽管只提出了缔约过失责任理论,但该理论作为信赖保护原则的前身,对《德国民法典》的制定还是产生了直接影响。《德国民法典》起草过程中曾对是否设立缔约过失责任制度发生激烈争论,一方面,诚实信用原则在债法中确立已成为共识,善良风俗原则也获得了承认,缔约过失责任制度中所体现出的对交易信赖提供保护的理念理应得到认可;但另一方面,以意思自治与权利保护为核心的民法精神早已深入人心,强调信赖保护势必会对这一民法根基造成冲击,牵一发而动全身。立法者在经过反复权衡之后,《德国民法典》的以下条款当中确实明确体现出追究缔约过失责任和保护信赖利益的理念:第 122 条(撤销人的损害赔偿义务)、第 149 条,第 179 条第 1 款、第 2 款,旧法 307 条(消极利益),旧法 309 条(违法合同),第 1298 条(婚约解除的赔偿义务)。甚至有学者认为除了《德国民法典》第 242 条以外,第 241 条第 1 款、第 280 条第 1 款和第 3 款、第 527 条第 1 款、第 600 条、第 663 条以及第 694 条等条文中也具有

---

① 王泽鉴:《法学上的发现》,载《民法学说与判例研究》(第四册),中国政法大学出版社 1998 年版,页 10 以下。

信赖利益保护的含义①。

但令人奇怪的是，向以概念准确、逻辑性强著称的《德国民法典》为什么会在如此多的条款中突然放弃了一贯秉持的严谨风格，而是采取了诸如"赔偿消极利益""损害赔偿义务"等相对模糊的概念，并回避将该赔偿义务或者赔偿责任的法律性质进行明确化，而往往将其含混地归结为一种"特别结合关系"②或"法定请求权"③？这当然不是疏忽，而是刻意而为。依概念法学，这种定性不清、定位不准的概念和制度实为立法之大忌。应该说，面对这样的两难选择，《德国民法典》打破传统，采取了抽象否定但具体肯定的技术性手法，即在宏观层面并未承认缔约过失责任制度，也未直接承认存在需要保护的抽象信赖利益；然而迫于现实需要，在具体制度中对这两者却不得不事实上予以认可。这种做法隐含着一种利益妥协的意图，即在尽量避免直接挑战当时德国立法赖以生存的自由根基的同时，还能够顺利解决现实问题。

总体而言，《德国民法典》虽然继受了耶林关于缔约过失责任的理论，并在债法适用层面适当加以扩展，但囿于权利本质"意思说"的正统观念，不愿意沿着耶林打破的概念法学的裂缝，将其发扬光大，直至抽象出一个交易信赖保护原则，这显示出该法典被很多后世学者所诟病的保守性。不过，这种明修栈道、暗度陈仓的做法，虽然是当时立法者的无奈之举，却还是为后来法理上的全面突破预留了口子。在《德国民法典》实施了多年之后，大陆法系各国的立法对此均纷纷效法，开始明确接受缔约过失责任制度，并出现了将该制度明确化和扩大其适用范围的种种尝试。与此同时，如下情景已经变得相当明显，那就是当如此多的法条均基于诚实信用原则，以各种不同名目出现，而将保护目标共同指向交易与交往中的信赖关系时，这意味着不论表面上承认与否，在诚实信用原则之下，其实已经成立了一个不成文的交易信赖保护的操作性原则。

---

① 迪特尔·梅迪库斯：《德国民法总论》，邵建东译，法律出版社 2001 年版，页 341；迪特尔·施瓦布：《民法导论》，郑冲译，法律出版社 2006 年版，页 697；王泽鉴：《缔约上之过失》，载《民法学说与判例研究》（第一册），中国政法大学出版社 1998 年版，页 90 以下。
② 迪特尔·梅迪库斯：《德国债法总论》，杜景林、卢谌译，法律出版社 2004 年版，页 4。
③ 迪特尔·梅迪库斯：《请求权基础》，陈卫佐等译，法律出版社 2012 年版，页 109。

三、拉伦茨关于信赖保护原则的理论

与其他学者相比较,拉伦茨教授直截了当地提出了在诚实信用原则之下还存在着一个更为具体的信赖保护原则。该原则与诚实信用原则在很多方面相重合,而在某些方面虽有其自身特点,但仍然处于诚实信用原则的指导之下。尽管他的相关论述,有些在本书的其他章节为印证其他观点而有所引述,但出于本节论述目的,这里仍有引述的必要。

首先,拉伦茨阐述了《德国民法典》的理论基础是康德的伦理人格主义[1],但同时也明确指出:"仅凭这种人格主义,而不另外加入社会伦理方面的因素,那也无法构筑某项法律制度,就连构筑私法法律制度也是不够的。"[2]在拉伦茨看来,人类生活于一个大的共同体当中,而维持人类正常发展的关键因素除了个人自由、独立与尊严之外,还有一项就是信赖保护原则,其作为社会伦理因素被引入到法律当中。用他的话说,信赖就是"作为人与人之间的关系基础"[3]。相对于独立人格,信赖保护原则起步较晚,自19世纪后期开始出现,直到20世纪才逐渐成长起来。不过该原则却成长迅速,起初在债法范围内,后来扩大到整个民法。信赖因素如今已经同人格独立并驾齐驱,共同构筑起了维持社会秩序与发展的两大原则。

其次,拉伦茨认为信赖保护原则最重要的层面与诚实信用原则相重合,即"这项不辜负他人已经表示和付出的信赖的命令,首先体现在遵守'诚实信用'(第242条)的要求中"[4]。他进一步阐述道:"它不但适用于业已发生的债务关系,也适用于开始就合同进行谈判的阶段,而且还适用于任何形式的法律上的特殊联系。根据'诚实信用'原则,任何一方当事人都应当谨慎维护对方的利益、满足对方的正当期待、给对方提供必要的信息——总之,他的行为应该是'忠诚'的。"[5]这里的"忠诚",其实就是"善意"。具体是指在正常的交易与交往中,当事人不应当仅注重自己的

---

[1] 卡尔·拉伦茨:《德国民法通论》(上册),王晓晔等译,法律出版社2003年版,页34以下。
[2] 卡尔·拉伦茨:同前注,页58。
[3] 卡尔·拉伦茨:同前注。
[4] 卡尔·拉伦茨:同前注。
[5] 卡尔·拉伦茨:同前注。

个人利益,采取以邻为壑、唯利是图的态度,而是应该与人为善,站在对方立场上,主动为对方利益着想,谋求互利合作的共赢之道。这事实上展现出了诚实信用原则中关于主观诚信的一面。

另外,在拉伦茨看来,信赖保护原则还适用于另一种情形,即受领意思表示过程中的表见信赖。他指出:"人们不但可以信赖于法律行为上的意思表示;而且,只要表意人通过某种行为以可归责于自己的方式造成了存在某种意思表示的表见,那么人们还可以信赖于这种表见。"①这意味着,凡以正式身份进入到交易关系中的当事人,其所作出的意思表示均会对交易对方产生实质性影响,所以任何被正确理解的意思表示,都应当是值得信赖的。如果因可归责于表意人的原因所发生的意思表示错误,引起了对方的合理信赖时,尽管法律上基于意思自治精神允许其撤销之,但是该撤销行为势必造成受领这一意思表示的一方的信赖损失,因为"要是表意人没有发出意思表示,对方就不会由于(信赖表示的效力)为履行合同而支出费用"②。所以对上述损失,表意人予以赔偿顺理成章。如果对此依法律关系的权利义务理论来解释,即表意人在意思表示时已经对对方负有一项诚信义务,他必须做到表达清晰,不存在发生歧义或令对方误解的可能性。如果因其意思表示错误,表意人虽可以撤销意思表示,却无法逃避因违反诚信义务而对对方信赖损失的赔偿。当然,这种诚信义务其实并非仅针对表意人一方,而是针对交易双方的。也就是说,如果表意人的意思表示符合"规范性的表示意义"③,就不存在错误,而表意受领人因理解错误导致了表意人的信赖损害,则属于该受领人违反了诚信义务。因此,表意人作出的规范性意思表示由于被误解而遭受的信赖损失,受领人也应该予以赔偿。

需要指出,信赖保护原则的这一种表现方式与前一种情形确有不同,用拉伦茨的话说就是:"信赖保护,即如对意思表示的表见的信赖,对某些证书和登记簿册的信赖,与遵守'诚实信用'的要求不同,它没有法律伦理方面的基础,保护信赖往往只是一种旨在提高法律行为交换稳定性的法

---

① 卡尔·拉伦茨:《德国民法通论》(上册),王晓晔等译,法律出版社2003年版,页59。
② 卡尔·拉伦茨:《德国民法通论》(下册),王晓晔等译,法律出版社2003年版,页528。
③ 卡尔·拉伦茨:同前注。

律技术手段。"① 有人认为拉伦茨此话的意思是指,在表见信赖领域,虽然也适用信赖保护原则,但这已经超出了诚实信用原则的范围。这其实是一种误解,有澄清的必要。如前所述,信赖保护原则是以诚实信用原则为指导的一个下位原则,它不可能脱离诚实信用原则而存在。拉伦茨这里所说的"诚实信用",属狭义的诚实信用,仅指主观诚信而言。换言之,拉伦茨的意思是说在表见信赖中不适用"善意"和"忠诚"这种主观诚信,当事人没有必要出于伦理考量而主动替对方着想,只是依据对方行为或者表示的表象作出正确判断即可,因为对于他人的规范性意思表示以及登记簿和登记证书,当事人没有不信赖的理由。对这种表示行为和法律文件,与其说是基于某种伦理原因而信赖对方,毋宁说是基于对业已形成的交易法律秩序的信赖。所以这里所涉及的恰恰是前文所述的所谓客观诚信(参见第八章第一节),即人们应该合乎情理地行为,完成好自己的本职,尊重他人,不去做损害他人的事情。只要做到行为的善,即符合诚实信用的要求。他人往往是根据当事人的这些行为来形成自己的判断并作出相应的决定,而不去考量该行为是否是出于善意。可见,其实如果我们将诚实信用原则从主观诚信扩展到客观诚信,表见信赖关系则自然落入到诚实信用原则的范围中来。正是在这个意义上,我们得出了信赖保护原则在诚实信用原则指导之下并有某些自己特点的结论。

综上,拉伦茨这一理论的意义十分明显,如果说耶林仅仅是在缔约过失层面涉及了信赖利益保护的问题,不能将理论视野扩展到债法乃至民法的全部;而《德国民法典》虽然有所进展,却在对信赖保护的扩展方面表现得瞻前顾后、遮遮掩掩;那么拉伦茨则一方面通过对信赖保护原则与诚实信用原则的关系进行梳理使信赖利益的重要性得到了凸显,另一方面又将诚实信用原则的指导思想,通过明确的信赖保护原则变得具体化和易于操作,并广泛地贯彻到债法乃至整个民法实践活动当中。由此,信赖利益保护原则不仅成为学者的普遍共识,而且民法领域中以此为核心的崭新规范领域的雏形已若隐若现。法律对交易与交往中的信赖利益提供保护,不再仅具有个体意义,而是成为了具有普遍意义的新制度的开端。在信赖保护原则之下,债法乃至整个民法中,一切以促进社会健康发展为

---

① 卡尔·拉伦茨:《德国民法通论》(上册),王晓晔等译,法律出版社2003年版,页59以下。

目的的合理信赖关系均会得到系统性保护。在此基础上,整个社会将在保持每个民事主体的人格独立和尊严以及社会创造力的同时,还会显现出一派公平正义与互利合作相协调的新气象。

四、法国权利外观(表见)理论中的信赖保护原则

权利外观和权利表见的提法虽然不同,但意思相同,都是法语中"apparence"一词的中译。① 与德国法发展路径不同,法国信赖保护理论并非以缔约过失责任制度为契机发展起来的,而是循着自己的轨迹发展,通过较为抽象的权利外观理论逐步实现的。何为外观或表见?法国学者雅克·盖斯旦、吉勒·古博解释道:这"有两个意思,其一,'眼睛清楚看到的,明摆着的',即'显然的,可见的';其二,'并不是表面所显示的那样',而是'虚幻的,迷惑人的'。"② 由此,所谓权利外观就是指这样一种情形,当事人仅在表面上拥有某项民事权利,但实际上并不拥有,拥有权利不过是海市蜃楼而已;不过,上述假象并非外人所能够辨别出的,换言之,任何其他人凭着正常观察都会相信其真的拥有该项权利。

当代社会中,人们生活联系相对紧密,人与人之间的关系总处于相互影响状态,每个人都会根据别人的某一特定行为或状态来调整自己的对应状态。事实上,拥有权利至少可在以下两个层面对他人构成直接影响:第一,尊重权利本身,即他人出于尊重考量而不去侵害其权利,此亦称为权利的受保护性;第二,尊重权利的行使,即权利人拥有权利的另一目的是为了处分该权利,此亦称为权利的可支配性。当他人通过外部观察能够判断出某人拥有某项权利时,对其权利的行使同样应当予以尊重。因此,当事人一方即使存在着拥有权利的假象,其实也并非如我们想象的那样毫无意义可言,事实上这种虚幻的表象往往会直接迷惑到另一方当事人,使其作出错误的决定或采取错误的应对行为。法律对此应该采取何种态度?究竟是无视上述情形的存在,任由其自生自灭,还是对那些被迷惑的无辜者所犯下的"错误"提供帮助?从一般逻辑而言,法律似乎应该肯定前者,因为毕竟没有权利的确是事实,凡建立在这一虚假权利之上的

---

① 参见雅克·盖斯旦、吉勒·古博:《法国民法总论》,陈鹏等译,法律出版社2004年版,页777;罗瑶:《法国民法外观理论研究》,法律出版社2011年版,页8以下。

② 雅克·盖斯旦、吉勒·古博:同前注。

行为与决定都如水上浮萍一般并无根基可言。然而,"现实并不总是可塑的","现实的发展有时脱离法律甚至违反法律,它会为了得到法律的认可而对法律施加巨大的影响。……当某一特定事实状况在法律规范之外形成,特别是当它和某一强大的社会群体利益相符合时,它通常会很快地被立法或判例考虑。"① 这就是说,法律并不总是按照既定逻辑关系塑造和演变,从社会现实出发,从各种相关利益的社会价值出发,当某种利益价值高于沿既定法律逻辑所形成的利益价值时,法律便会打破原有逻辑,而重新确定权利保护状态。这种"法律对事实的某种屈从"②,与本书前述耶林、黑克的利益法学以及后来的价值法学有异曲同工之妙。可见,所谓权利外观(表见)理论的实质大致可以这样表述:在人们相互间的交易与交往中,如果一方仅仅在表面上拥有某项权利(虚假权利),但是该假象被另一方依正常观察与判断无法发现,并依据其判断作出了必要的决定和应对行为时,该另一方当事人因此而形成的信赖利益应受到法律的保护。而关于对信赖利益保护的意义,雅克·盖斯旦、吉勒·古博有如下精彩论述:"它指的是对基于可见事实状态表象的共同的或至少是合理的信任,尽管实际不存在这一权利状态。物质层面的表见(可见事实状态)和精神层面的表见(错误信任)结合在了一起。这样,共同或合理错误产生的法律后果使事实的真实优于了法律推理的真实。这就是表见理论的意义。"③

应该看到,法国权利外观(表见)理论是伴随着法律社会化逐渐形成的,确切讲是基于社会联系紧密而导致的人与人之间信赖关系的日益强化而发展起来的,其演变经历了多次更替和相对漫长的过程。最初的相关理论是"错误说"和"虚伪行为说"④。所谓"错误说"包括"共同错误说"和"合理错误说"。"共同错误说"指一方的权利外观导致了所有看到这一外观的人,均会出现判断错误,因此该错误是"共同的"。如法国学者普拉尼奥尔、里佩尔(Ripert)认为:"基于交易安全的需要,共同错误应当产生

---

① 雅克·盖斯旦、吉勒·古博:《法国民法总论》,陈鹏等译,法律出版社2004年版,页775。
② 雅克·盖斯旦、吉勒·古博:同前注,页776。
③ 雅克·盖斯旦、吉勒·古博:同前注,页789。
④ 罗瑶:《法国民法外观理论研究》,法律出版社2011年版,页76以下。

相应的权利。"①"合理错误说"则更强调该错误并不是一般意义上的错误,而是一种被赋予了某种合理性的错误,因而应被同情和受到法律保护。所谓"虚伪行为说"是指以一种虚假的权利外观掩盖了事实上的真实权利状态。虚伪行为固然可以在相对人之间依其真实状态发生法律效力,但该效力不得对抗对此不知情的善意第三人。

由于这两种观点不能够很好地解释权利外观的本质,故而又出现了一些替代学说,主要有"过错责任说""风险责任说"和"准合同说"②。所谓"过错责任说"是指权利外观的形成是因为外观权利人的过错所引起的,因此,对于信赖其外观的善意第三人,可以依照过错责任原理得到法律的保护。然而这一观点的问题在于,如果无法证明外观权利人有过错,或者外观权利人对于对方信赖的引起根本没有过错,则善意第三人利益是否还应该得到保护?即使法律硬性对其提供保护,依据又是什么?针对于此,"风险责任说"作出了一定改进。该学说认为,法律之所以要保护善意相对人的利益,并非出于对真正权利人一方过错责任的追究,而是将造成一方善意相信对方拥有权利的错误认识的情形视为一种商业风险,而"外观权利人之所以应当承担风险,是因为它所实施的行为是商业行为,而商业行为本身就是风险"③。不过这种解释仍不妥当,因为外观权利人所从事的商业行为属于正当行为,商业风险属于固有风险,并非由其创造,为什么却一定要将该风险强行分配给他呢?为了弥补这一理论漏洞,于是又出现了"准合同说"。该说根据《法国民法典》第1371条规定而将上述风险承担归结为外观权利人的"自愿行为"④。准合同相当于德国法中的无因管理和不当得利制度,这两项制度皆为法定之债。也就是说,以准合同来解释权利外观所引起的信赖法律后果,已经将该制度引向了法定之债。相较于之前的各种观点,此观点固然有所进步,因为这一观点已经逐渐摆脱了基于错误认识或追究过错责任的传统思路,而走上了基于"公平的考量或者为了解决实际问题而确立的法定的债的发生原

---

① 转引自:罗瑶:《法国民法外观理论研究》,法律出版社2011年版,页78。
② 罗瑶:同前注,页81以下。
③ 罗瑶:同前注,页88。
④ 《法国民法典》第1371条规定:"准契约为因人自愿的行为而对第三人发生的债务,有时于双方之间发生相互债务。"

因"①的新思路,但是该解释仍然不能令人满意,因为权利外观固然可以引起某种法定之债,而这一债的性质与无因管理、不当得利制度并不能完全吻合。正如学者所指出的那样:"'准合同'仅仅是一个法律技术概念,《拿破仑民法典》借助这一概念以区分债的种类,对那些既非基于合意又非基于侵权而发生的债进行归类。然而,与外观理论相连的,是信赖,是安全,它超越了简单的技术性考量,而构成了对原有法制度体系的挑战。"②

最后的也是为当代法国学术界所接受的一种观点当属"安全说"③。"安全说"不再纠结于传统理论的线性思维,而是从宏观层面入手,以合理信赖(诚实信用原则)和交易安全(公序良俗原则)为总体依据,通盘考虑外观权利人与善意第三人各自所代表的群体利益,通过比较与平衡,选择出最有利于促进社会整体发展和社会进步的利益加以保护。由此出发,安全说将外观权利人的利益归结为"静的安全",而将在交易与交往过程中形成的善意第三人利益归结为交易安全,或者称为"动的安全"。"静的安全"理念来自个人主义,特别是个人主义指导下的所有权原则,用德国著名学者拉德布鲁赫的话说,就是:"静态形式是中世纪法律生活直到近代的形式"④;而"动的安全"则代表了当代社会经济整体发展的趋势,代表社会交易秩序,属于共同体安全。而当两者的安全需要发生直接冲突时,静的安全(个体安全)要让位于动的安全(共同体安全)。雅克·盖斯旦、吉勒·古博对此阐述道:"问题始终在于'动态安全'和'静态安全'的冲突。但是前者相对于后者优势更大,通过向个人保证其合理信任以保障其权利,更能促使他们行动,并且由于不必采取一些可能的、但复杂的预防措施,使他们能够更快地行动。"⑤此外,上述作者还从更宏观意义上对此作出总结:"独立的表见理论则将该问题提到一个更为广泛的层面上:这是两种法律安全观念的冲突,'说到底是两种不同的生活观念'。"⑥这里所谓"更为广泛的层面"意指表见理论仅仅是一个切入点,事实上基

---

① 罗瑶:《法国民法外观理论研究》,法律出版社2011年版,页90。
② 转引自:罗瑶:同前注,页97。
③ 罗瑶:同前注。
④ 拉德布鲁赫:《法学导论》,米健、朱林译,中国大百科全书出版社1997年版,页64。
⑤ 雅克·盖斯旦、吉勒·古博:《法国民法总论》,陈鹏等译,法律出版社2004年版,页787。
⑥ 雅克·盖斯旦、吉勒·古博:同前注,页784。

于信赖的动态安全追求已经延伸到了交易与交往关系的各个角落,该原理具有广泛适用性;所谓"两种不同的生活观念"意指法律对信赖利益的保护已经超越了个人主义优先的传统生活状态,而进入了一种全新的社会化生活状态,在这种生活状态中,以信赖利益为代表的社会共同利益具有优先性,则成为人们的普遍共识。用另一位法国学者阿里吉(Arrighi)的话说就是:"对共同体安全的选择,则意味着'个体权利的社会化',意味着共同体利益优于个人利益。"①

通过对上述各种权利外观(表见)理论更替的递进关系的阐述,我们看到,法国的法律社会化之路尽管与德国有所不同,但殊途同归,经过长期演变,跨越重重障碍,最终同样发展出了自己的信赖保护原则。当然,原则的名称并不尽相同,原则的抽象程度和系统化也有差异,但不容否认的是,两个原则的内涵相通,功能相近,目的也完全一致。该原则在法国被称为"作为法律原则的合理信任"②,或简称为合理信任原则。对此原则的含义,雅克·盖斯旦、吉勒·古博作出如下解释:"在我们的法律制度(从广义上讲的'法律')中存在着一个不成文、在法律条文中只是很零散地体现的原则,根据该原则善意第三人的误信是可以产生法律后果的。在真正的权利人没有转让的意思,而表见权利人又没有权利转让的情况下,权利可以仅根据相信表见的人的信任而产生。"③并明确指出"这一原则适应了法律关系安全的需要"④。

综上所述,无论是德国以缔约过失责任为契机发展出信赖利益保护原则,还是法国以权利外观(表见)理论为契机发展出合理信任原则,均反映出当代社会结构的变化特点。而通过大陆法系中最具代表性的两个国家各自全盘接受了信赖保护原则的现实,也使得法律社会化变革的一些共同脉络清晰显现:传统法律关系的逻辑联系逐渐让位于利益选择的价值比较;交易与交往中的传统个体利益优先逐渐让位于社会共同利益;传统静态安全观念逐渐让位于动态安全观念;传统个人权利保护原则逐渐让位于交易信赖保护原则。而这给我们的进一步启迪是,随着信赖保护

---

① 转引自罗瑶:《法国民法外观理论研究》,法律出版社 2011 年版,页 100 以下。
② 参见雅克·盖斯旦、吉勒·古博:《法国民法总论》,陈鹏等译,法律出版社 2004 年版,页 784,注(1)。
③ 雅克·盖斯旦、吉勒·古博:同前注,页 783 以下。
④ 雅克·盖斯旦、吉勒·古博:同前注,页 784。

原则在大陆法系的兴起,其必将全面而深刻地影响到整个债法乃至整个民法的各个环节,信赖保护观念必定会发扬光大,与人为善、互助合作、和谐共赢的指导思想必将上升为未来民法的主基调。

第二节 英美法系对信赖保护原则的认可

虽然两大法系的法律表现形式存在较大差异,但由于社会基本结构与发展水平的同步性,所以法律也保持着大致相同的发展脉络。大陆法系各国对信赖利益的保护随着法律社会化趋势而日渐明晰,英美法在这方面的进步也毫不逊色。尽管英美法系并不过分追求体系与原则的抽象化,但以承认信赖利益保护具有普遍意义的方式认可信赖保护原则,其实已经成为法律界的共识。研究英美法信赖保护原则的兴起,富勒、科宾、吉尔莫、阿狄亚等人的观点最具代表性。

一、富勒的信赖利益损害赔偿理论

尽管针对信赖利益保护最早的理论来自德国学者耶林的缔约过失责任,然而从总体上抽象出信赖利益并使之与合同履行利益(期待利益)区别开来则主要应归功于美国的学者富勒。早在1936年,富勒与帕迪尤即发表了极具影响力的《合同损害赔偿中的信赖利益》一文。该文受到了耶林缔约过失责任理论的启发,将该理论的核心内涵应用到英美合同理论当中,从而在广义的合同概念(包括准合同)中成功地分离出了与合同期待利益、返还利益相并列的第三种利益——合同信赖利益。

在此之前,英美合同法原本曾严格奉行合同交易原则,即任何合同都应是一种交换关系,而交换的核心则在于有对价(consideration),虽然对价不一定非要等价,且其形式也可不同,但对价环节不可或缺。因此,与大陆法将合同理解为双方意思表示一致不同,英美法认为合同是由允诺＋对价所构成的。允诺类似于大陆法的意思表示,然而仅有允诺却构不成合同,因为欠缺对价的允诺不属于交易。可见,大陆法系合同法理论更重视双方的意思合致,将双方相互承诺这一伦理规则直接上升为法律规则,却较少关注双方关系的交易属性。换言之,只要双方形成合意,即产生合同约束力,而不必考虑合意是否具有交易属性。与此相反,英美法则将合同的交易属性置于与意思同等的地位,如果只有允诺而缺乏对方提供相应的对价,则允诺人完全可以背弃其诺言,而不需承担任何责任。英美法此时的伦理依据是这样的:允诺之前,双方皆为自由之身,彼此不受约束。即使一方在允诺之后,如果没有得到对方提供的对价,对方并未为此有所付出,从交易的对等性出发,允诺方也没有必要受到自己允诺的约束;只有当对方提供了对价,交易正式形成,允诺方才会受到合同效力的约束。可见,英美合同法所秉持的是交易伦理观念,强调双方利益的对等性;这与大陆法系合同伦理中强调"言出必行"的无条件信守诺言有着明显不同。正如富勒所指出的那样,英美法传统的合同请求权是一种"要么全有,要么全无"①的二元结构。

然而,富勒却打破了这一传统,在一方有允诺而对方无对价的情形下,增加了对方是否形成必要的信赖利益这一考量因素,也就是说,尽管对方并未就一方的允诺付出对价,但"基于被告之允诺的信赖,原告改变了他的处境。例如依据土地买卖合同,买方在调查卖方的所有权上支付了费用、或者错过了订立其他合同的机会。我们可以判给原告损害赔偿以消除他因信赖被告之允诺而遭受的损害"。② 从这个意义上说,允诺方其实在避免对方信赖利益损失方面应该受到自己允诺的约束。

以当今视角观察,富勒的观点在当时的确具有革命性,后来英国著名学者阿狄亚就曾高度评价其这一主张:"无论如何,在普通法世界全部现代合同法学术中,大概已成为最有影响力的一篇论文。"③但对于为什么要创造出信赖利益这一概念,富勒本人却没有给出详尽的解释,而仅仅是援引亚里士多德的正义观作为支持,他指出:"我们是经由矫正正义(corrective justice)而至分配正义(distributive justice)。法律不再仅仅寻求对扰乱了的事物现状的恢复原状(to heal a disturbed status que),还要缔造新的情形,它不再防御性地或恢复性地作为,而是充当了一个更为积极的角色。"④不过,在多年之后的今天,理论上能给其观点提供支持的论据已经丰富了许多。其实即使是与富勒同时代的学者,如庞德、卡多佐等

---

① L. L. 富勒和小威廉·R. 帕迪尤:《合同损害赔偿中的信赖利益》,载梁慧星主编:《民商法论丛》(第 11 卷),法律出版社 1999 年版,页 254。
② L. L. 富勒和小威廉·R. 帕迪尤:《合同损害赔偿中的信赖利益》,载梁慧星主编:《民商法论丛》(第 7 卷),法律出版社 1999 年版,页 413。
③ 参见 L. L. 富勒和小威廉·R. 帕迪尤:同前注,译者注,页 410。
④ L. L. 富勒和小威廉·R. 帕迪尤:同前注,页 416。

人的观点与富勒信赖利益保护思想也具有相通性,例如我们今天经常援引庞德的社会利益理论来概括信赖利益,并将其重要性提升至个人意思自治之前。至于卡多佐,虽然他并没有直接使用信赖利益保护的概念,但在他的思想意识中,这种观念不仅鲜明而且坚定。在 Wendt v. Fisher 一案中,卡多佐认定一位房地产经纪人在代售过程中未履行对卖主应尽的诚信义务,因为他没有向卖主透露自己与买主之间存在利益关系。卡多佐指出:"惟有这样不折不扣地依法办事才能使完全信实(undivided loyalty)这一规则不至于瓦解。"①在 1928 年的 Meinherd v. Salmon 一案中,卡多佐同样认定合资做生意的人之间应该存在"绝对诚信义务",他在该案意见书中写道:"在日常生活中,互不相干的人们可以从事的多种行为,受信托关系约束的人不能做。受托人理应比在市场上具有更高品德。其行为标准中不仅应有诚实,还应有无可挑剔的信誉。……每逢有人请求在具体案件中避开完全信实这一规则从而使它被'瓦解',衡平法院向来都采取不折不扣地依法办事的态度"②。

  正如本书前文多次提到的那样,自进入到 20 世纪以来,人们逐渐对独立社会利益有所认识,而其中的信赖利益保护问题也开始受到了法律界的高度关注。庞德、卡多佐、富勒分别从各自研究领域敏锐地感受到这一社会变革的影响力,并能够顺应社会发展趋势,高瞻远瞩地提出了自己关于信赖利益和信赖保护的精辟见解,从而引领了法律进步的时代潮流,这的确难能可贵。以富勒而言,他虽然没有将其信赖利益赔偿理论进一步系统化,也没有就正面保护信赖利益的法律手段作出全面归纳,但是他首先提出的返还利益、期待利益和信赖利益相区分的观点,包括其罗列出围绕合同关系存在着需要对信赖利益提供保护的多重领域的观点,都大大丰富了我们对信赖利益内容的理解以及对法律保护信赖利益社会意义的认识。我们可以从以下一些情形中看到富勒为我们所罗列的需要保护的信赖利益:

  首先,关于交易机会丧失。富勒以紧张开业的医生向不遵守预约的患者索赔的案例,说明信赖利益赔偿的合理性。他指出:"对它我们称之为因信赖而'妨碍的收益',亦即,因错过缔结其他合同的机会造成的损

---

① 转引自:A. L. 考夫曼:《卡多佐》,张守东译,法律出版社 2001 年版,页 246。
② 转引自:A. L. 考夫曼:同前注,页 247。

失,保护信赖的规则被采用为对致害信赖进行赔偿的最为有效的手段这一观念看起来一点也不牵强。"① 这里隐约可以见到耶林理论中关于"一方不应成为他方疏忽的牺牲品"的影子。

其次,关于减轻损失规则。当一方违约后,其固然对守约方负有损害赔偿义务,但是,这并不意味着赔偿是无限制的,因为守约方自己亦应在力所能及的范围内控制风险或者利用其他可能的机会来减轻损失。富勒指出:"在被告违约后的机会依然对原告开放着以使其将其服务或商品卖往别处或通过另一途径满足他的需要之场合,他必须抓住该机会。由此看来,'可避免的损害'规则是对期待作出保护的一项限定条件,因为在适用它的那些案件中,它意味着原告只有在他业已信赖该合同而错过了其他的就达到同样目的而言同样有利的机会这一限度内始受保护。"② 这也就是说,被告因违约而承担违约责任的同时,其对原告也有着某种合理的信赖利益,该信赖体现在他会指望原告通过及时抓住其他机会而减少损失,从而间接地减少被告可能的赔偿数额。如果原告有明显的这种机会而其却选择放弃,对于由此而增加的损失,被告不应予以赔偿。

再次,信赖利益的客观化。在富勒看来,当代社会的一个显著特点就是对他人的合理信赖已经不再停留于主观层面,不再需要对存在主观上的信赖予以证明,而是将信赖直接定性为一种客观信赖,由此他指出:"为了鼓励信赖我们必须省却对它的证明,因而,在有些案件中尽管允诺未被信赖亦予以执行(如对于双务商事协议)之意义上和在赔偿并不局限于信赖造成的损害之意义上,基于允诺进行赔偿而不管其是否被信赖,这已被认为是明智的。"③ 而且他更进一步认为,从经济观点而言,这已经是"一种被接受了的生活方式"④。很显然,信赖利益的客观化对法律加强信赖利益保护的促进意义十分明显。

此外,将信赖区分为必要信赖和附带信赖。富勒还通过借鉴《德国民法典》第122条、第179条以及第307条规定的精神来说明围绕合同存在着必要信赖和附带信赖两种类型。他指出:"某些信赖行为从不严格的意

---

① L.L.富勒和小威廉·R.帕迪尤:《合同损害赔偿中的信赖利益》,载梁慧星主编:《民商法论丛》(第7卷),法律出版社1997年版,页421。
② L.L.富勒和小威廉·R.帕迪尤:同前注,页422。
③ L.L.富勒和小威廉·R.帕迪尤:同前注,页423。
④ L.L.富勒和小威廉·R.帕迪尤:同前注。

义上讲乃是原告通过合同所可获得之好处的'代价',我们将这类信赖称为'必要信赖'(essential reliance)。"①此处,必要信赖的利益指向是通过履行合同而获得的利润(履行利益),这一利益早已属于传统合同法保护范围。然而,富勒以 Nurse v. Barns 这一古老案例论证还存在着另一种信赖利益,即附带信赖(incidental reliance)。该案案情如下:被告以10磅的对价允许原告使用其房产6个月,基于这一允诺,原告在该房屋内存放了一批货物。由于被告违约,使得原告货物存放失去意义,并因此损失了500磅。显然,该损失是原告基于对被告的信赖而发生的,但并不属于对合同履行利益的预期和信赖,故而被称为"附带信赖"损失。由于此时的信赖损失与前述房屋租赁合同中少得可怜的履行利益完全不成比例,如果参考适用《德国民法典》第307条(对信赖利益的赔偿不得超过履行利益),则极不合理,所以对该损失的赔偿应以实际损失为准,而不应局限于合同履行利益的限度之内。

最后,关于适用信赖利益赔偿的其他情形。除了上述信赖利益案型以外,富勒还详细列举了大量其他适用信赖利益保护的案型:诸如允诺禁反言、错误陈述、撤回要约、代理人对代理权的默示担保、欺诈、缔约过失等有关交易关系案型,另外还包括委托、收养、婚约等关系中涉及信赖利益的案型。尽管以上列举并不系统,也不够完整,但这仍然使法学界对信赖利益保护所涉范围的深度和广度,达到了空前的认识水平。

总而言之,通过富勒的开创性工作,我们不仅获得了独立于其他社会利益的信赖利益概念,而且还将该利益的适用范围扩展到了合同信赖以外的广泛领域。法律发展已经达到了这样一种程度,用富勒的话说就是"有必要考虑普遍承认信赖利益是否可欲"②。于是,探索又实质性地深入到是否应该构建独立的信赖保护原则的问题。尽管富勒对此并没有给出最终答案,而且他还在文章的末尾提到,如果接受普遍承认信赖利益的观点,有人可能会担忧存在诸如影响既有法律的安定性、信赖利益不适当扩充可能会侵入其他法律领域等问题。不过,富勒显然对接受信赖保护原则秉持积极态度并抱有足够的信心,针对以上担忧,他反驳道:"上述反

---

① L.L.富勒和小威廉·R.帕迪尤:《合同损害赔偿中的信赖利益》,载梁慧星主编:《民商法论丛》(第7卷),法律出版社1997年版,页443。
② L.L.富勒和小威廉·R.帕迪尤:《合同损害赔偿中的信赖利益》,载梁慧星主编:《民商法论丛》(第11卷),法律出版社1999年版,页254。

对意见(从其反面来看)恰恰反映出十分有必要普遍承认信赖利益,这种必要性触及到本期所讨论的全部案件。"①事实证明,富勒的预见是正确的。自从信赖利益概念提出以后的几十年间,整个债法(合同法)乃至民法各项制度在对信赖利益的保护适用的普遍性方面有了长足发展,系统化水平也有了相应提高。承认信赖保护原则即使在英美法也已几乎成为了一种必然选项。

二、科宾的信赖行为学说

科宾是20世纪上半叶美国著名的合同法学者,与庞德、卡多佐、富勒等人处于同一时代。科宾虽然不像另外几位学者那样以更为宽广的视野探讨信赖利益,而仅仅将其研究重点集中在对合同允诺的信赖问题上,但同样获得了重要研究成果,对信赖利益保护制度的发展作出了积极贡献。

一般而言,传统英美法的合同包括两大类,分别是盖印合同(要式合同)和简单合同(不要式合同)。前者是"加盖印鉴的或者已在地方法官面前履行保结的允诺,可以无需任何对价或者受约人的同意表示即具有约束力"②的合同。后者则是需要有一方的允诺和对方的对价两个要素才成立的合同。如果从信赖角度而言,前者由于加盖印章(过去为火漆或蜡封)或者有保结形式而具有了极端郑重的属性,代表了以言出必行的姿态来博取对方的信任。此时对方无需提供任何对价即获得了对该允诺的强制执行力。这属于一种较为特殊的交易模式,在市场经济发达后较少采用。相对而言,不要式合同仅以建立普通的交易关系为目的,故不具有前者赌咒发誓般的庄严,其允诺所引起对方的信赖度较低,因而允诺人受到自己允诺的约束力自然也就较低。从当事人地位平等出发,仅仅在受约方提供了相应对价后方才具有对上述允诺的强制执行力。由此,我们可以将由盖印合同引发的信赖关系称为要式信赖,而将简单合同引发的信赖关系称为不要式信赖。

简单商品社会中,由于市场交换的水平很低,盖印合同一直作为合同的主要形式,而不要式合同并不发达,正如科宾所言:"在英国法的早期历

---

① L.L.富勒和小威廉·R.帕迪尤:《合同损害赔偿中的信赖利益》,载梁慧星主编:《民商法论丛》(第11卷),法律出版社1999年版,页255。
② A.L.科宾:《科宾论合同》(一卷版上册),王卫国等译,中国大百科全书出版社1997年版,页355。

史上，对价学说不起任何作用……一项债务常常是在没有任何明示或者默示的允诺的情况下被认为存在。"①然而，随着社会进入大规模市场经济阶段，交易无论在数量、频率、规模等方面都空前发展，这时盖印合同因其繁琐性被逐渐边缘化，而不要式合同则走上了商品交换舞台的中央，"允诺加对价"这样一种信赖模式逐渐成为合同信赖的主流②，对价理论的统治地位也随之得以确立。这一成果被贯彻在了《美国合同法重述》第75条当中。该条严格遵循双方地位平等和合同的交易属性，从保护个人自由角度出发，将交易参与者之间的信赖程度一般性地局限于不要式信赖。可以说，这是对19世纪英美法合同自由主流价值观的集中肯定。

不过，20世纪之后，曾经盛极一时的对价理论开始受到极大挑战，实践中各地法院自发形成了大量无对价允诺却具有强制执行力的判例。正是这些默默无闻却极为重要的判例铺垫，给予法律改革者们以巨大支持，使得作为改革派代表人物之一的科宾，在《美国合同法重述》的起草过程中对以威灵斯顿为代表的保守派发起了巨大冲击。吉尔莫曾极为生动地描述了当时两派激烈交锋的情景：起初，作为《美国合同法重述》的主编，威灵斯顿严格依照霍姆斯的传统对价理论起草了第75条，然而却在一次起草小组会上遭到了来自科宾的猛烈反击。科宾说道："现在我提供给你们一份案例清单——有成百上千个——在这里，在根据你们的定义既不存在约因也不存在责任的情况中，法院都加进了契约责任。先生们，你们准备怎么对待这些案例呢？"③尽管保守派曾经试图通过"扩大'对价'的范围而使之符合他们的目的"④，然而，这却使得对价定义变得"宽泛、含

---

① A. L. 科宾：《科宾论合同》（一卷版上册），王卫国等译，中国大百科全书出版社1997年版，页361。

② 吉尔莫对此有较为详细的阐述：英国"也开始首次尝试对约因（对价的另一种译法——引者注。下同）的内涵作了自以为是的解释。于是，一个所谓'获益—受损规则'的公式开始流行起来。其内容大致为：如果要约人从交易中获益，那么这种获益就是其作出允诺的充分约因。另一方面，如果承诺人因立约而受损，那么这种损失也是其作出允诺的充分约因。简言之，获益与受损均为允诺之约因。"吉尔莫：《契约的死亡》，载梁慧星主编：《民商法论丛》（第3卷），法律出版社1995年版，页210。

③ 吉尔莫：《契约的死亡》，载梁慧星主编：《民商法论丛》（第3卷），法律出版社1995年版，页256。

④ A. L. 科宾：《科宾论合同》（一卷版上册），王卫国等译，中国大百科全书出版社1997年版，页357。

糊而意义不明"①,所以一切辩解都是徒劳的。吉尔莫对此描述道:"这些'重述'者都是些可敬的先生,他们显然发现科宾的论点不容辩驳。"②即便如此,在保守派仍然占上风的美国法学会,并未抛弃对价理论,而是采取了一种妥协的立场,即"为了避免重新引发约因定义之争,他们选择了一种替代方法,坚持第 75 节(亦称为第 75 条——引者注,下同)的立场,但增加新的一部分——第 90 节——它虽没有使用'不得反悔'这个词,却包含了'不得反悔'的思想,它虽允许新增的第 90 节对第 75 节的主要原则进行一定程度的削弱,但问题本身仍然悬而未决。"③

事实上,《美国合同法重述》第 90 条的出现极为重要,这标志着英美合同法的一项重要进步。该条的大体含义是这样的:合同中的"非正式允诺可以因为基于对它的信赖的行为而成为能够强制执行,尽管此行为并非立约人所谋求而并非作为该允诺的约定交换物而被履行。"④从第 75 条的坚持允诺必须有对价才可以被强制执行,到第 90 条的符合必要条件时,没有对价的允诺也同样具有可强制执行性,该条将挑战矛头直接指向了僵化、保守的第 75 条的权威性。这样的对立不仅代表了保守派与改革派在信赖利益保护方面法律观点和思想观念上的分歧,更代表了新旧两个时代的冲突,用吉尔莫的话说就是《美国合同法重述》患上了"精神分裂症"⑤。

值得注意的是,在科宾的坚持下,《美国合同法重述》虽然增加了第 90 条,但这并不意味着他试图彻底颠覆第 75 条,他的意图其实在于对合同法进行与时俱进的修正。针对第 75 条与第 90 条的关系,科宾指出:"在大多数使允诺被强制执行的判例中,都存在着允诺与对价的协议交换。这是人们作允诺的习惯。我们不要忽视这个事实,同时我们也要承认,它不是排他性的习惯。法院总是在不断地发现使非正式允诺被强制执行的其他充足理由。"由此可见,科宾真正的目的是在保持第 75 条的前提下补充一种新的信赖模式,即在要式信赖和不要式信赖之外,再增加第

---

① 吉尔莫:《契约的死亡》,载梁慧星主编:《民商法论丛》(第 3 卷),法律出版社 1995 年版,页 256。
② 吉尔莫:同前注,页 257。
③ 吉尔莫:同前注。
④ A. L. 科宾:《科宾论合同》(一卷版上册),王卫国等译,中国大百科全书出版社 1997 年版,页 358。
⑤ 吉尔莫:《契约的死亡》,载梁慧星主编:《民商法论丛》(第 3 卷),法律出版社 1995 年版,页 254。

三种信赖模式——对非正式允诺的信赖。科宾将此称为"基于对允诺信赖的后续行为"①或简称"基于信赖的行为"②。在此,他特别强调允诺和"基于信赖的行为"之间与允诺和对价之间关系的区别。他以通过"既往对价"而形成的合同为例指出:"该允诺并没有引起这一对价的提供。在基于信赖的行为的情况下,这两个因素的关系正好相反:允诺首先出现,然后引起了后续的基于信赖的行为,这一后续行为是允诺的结果而不是允诺的原因。"③其后不久,他再一次明确了这两者的关系:"基于信赖的行为是允诺的'自然结果',而不是诱导原因。"④

为什么会存在一种基于对非正式允诺的信赖行为或信赖利益?而且该行为或利益在未付出对价的情形下依然受到法律保护?究其原因,虽然科宾并未直接给出答案,但正如本书前面曾多次提到的那样,社会关系的基本面已经发生变革,社会公共利益的地位逐渐提高也已经成为一种趋势,这使得建立在传统个人绝对自由理念上的对价理论出现了对新社会特点的严重不适应。尽管基于对价逻辑的合同信赖体系仍占据着主导地位,然而,作为司法第一线的法院,"一向总是重视社会的和经济的理由,无论是自觉地还是下意识地,并且以司法程序在拘泥于演绎推理的情况下根本不可能的方式来使法律随时代而发展。"⑤换言之,就一般法官而言,他们可能难以从宏观理论层面质疑对价理论,然而基于对社会进步而导致社会正义观念变化趋势的敏感直觉,他们客观上成为了打破旧有观念的时代先锋,"他们的注意力不仅放在以或许为演绎的逻辑程序来确定对价的充分性上,而且放到斟酌对庭审案件中的允诺予以强制执行的社会的和经济的理由上来。"⑥至于科宾本人,正如吉尔莫所评价的那样:"对理论既不热衷也无耐心"⑦,然而在面临如此重大的争议时,他也不禁从理论层面尽可能表达出自己的理由:"在确定基于信赖的行为是否为实

---

① A. L. 科宾:《科宾论合同》(一卷版上册),王卫国等译,中国大百科全书出版社 1997 年版,页 360。
② A. L. 科宾:同前注,页 362。
③ A. L. 科宾:同前注。
④ A. L. 科宾:同前注,页 362。
⑤ A. L. 科宾:同前注,页 357。
⑥ A. L. 科宾:同前注。
⑦ 吉尔莫:《契约的死亡》,载梁慧星主编:《民商法论丛》(第 3 卷),法律出版社 1995 年版,页 253。

质性的时候,法院应该审慎地面对它的职责,并明确地认识到,至少在这里,公正的答案是不可能通过逻辑演绎或者通过机械的法理论证去获得的。它总是要求经验丰富的判断力,要求对人们的态度和情感以及当时社会习惯的了解。"①

将科宾的"信赖行为学说"加以延伸,并将其整合进本书前面所述的信赖保护原则中,我们可以得出如下结论,即科宾创造了一种全新的应受法律保护的信赖利益——与合同信赖密切相关但并不属于传统合同范围内的信赖利益。首先,这种利益不同于已有的要式信赖和不要式信赖,而属于两者之外的第三种信赖。其次,这种信赖是一种一方单纯对另一方允诺的信赖,而不涉及对价问题,故在英美法合同理论中,这不属于真正合同信赖的范围,充其量是与合同有关的信赖。再次,这种信赖利益在过去因不符合对价理论而一直不被视为合同利益,故而也得不到法律的保护。但随着社会化程度的提高,这种信赖利益应受到法律保护的趋势变得明显,大量提供保护的判例相继涌现,无视其普遍存在的鸵鸟政策已无济于事。最后,鉴于这种信赖利益的普遍性和重要性,尽管英美法内部还存在着重大分歧(科宾仍倾向于在合同信赖内部解决,吉尔莫则倾向于跳脱合同而在侵权法中加以解决),但其实从更高层面考量,超越合同与侵权之外,针对这第三种独立信赖利益,建立一个独立的信赖保护原则也完全属于理论上可行的选项。

如果将科宾的上述论述与本书前面提到的耶林、庞德、卡多佐等人的观点加以比较,就可以看出,无论是理论的指导原则还是思想方法,两者都何其相近。针对相似的历史背景与共同的时代特征,从法律智者那里得到的反馈往往总是相同的。尽管"不善理论"的科宾,没有像耶林那样创设出利益法学,没有像庞德那样提出社会利益的独立概念,也没有像富勒那样创造出信赖利益的提法,但他们的法理观念是相通的,是在同一理论高度思考法学问题的,用吉尔莫的话说:"我们也倾向于把他看作一个超出其实际贡献的开创性人物"②。尽管科宾未能将其理论创造进一步发展并构建起独立的学术体系,但他的思想还是"像母亲的乳汁一样哺育

---

① A. L. 科宾:《科宾论合同》(一卷版上册),王卫国等译,中国大百科全书出版社1997年版,页368。

② 吉尔莫:《契约的死亡》,载梁慧星主编:《民商法论丛》(第3卷),法律出版社1995年版,页252。

了一代又一代的法律学子"①,为后辈学者发展信赖保护理论提供了重要的精神食粮。

三、吉尔莫对科宾信赖行为学说的继承与发展

如果说科宾合同信赖行为学说20世纪上半叶在美国独领风骚的话,20世纪的下半叶,另一位重要学者吉尔莫则在此基础上又进一步发展了信赖理论,并使之逐渐上升为法律原则。1974年吉尔莫发表了极具影响力的长篇论文《契约的死亡》,在该文章中,他极力支持科宾的信赖行为学说,认为社会发展的脚步必将会迈向没有对价的允诺也要受到法律保护的阶段,这就是"允诺禁反言"。同时,他还援引另外两位同样宣扬信赖利益保护的著名学者的论文以作为其观点的佐证,一篇就是本节前面提到的富勒于1936年发表的《合同损害赔偿中的信赖利益》,另一篇则是凯斯勒(Friedrich Kessler)于1964年发表的《诚实信用与契约自由》,前一篇论文内容前已详述,兹不赘。后一篇论文的核心观点则是首次在美国学术界提出,依照诚实信用原则,存在着"一种前契约义务的东西,该义务要求缔约者以诚实信用为交易前提"②。针对霍姆斯和威灵斯顿时代那种对合同对价理论的盲目遵守与机械运用,吉尔莫旗帜鲜明地指出:"显然,我们已经进入了一个与霍姆斯迥然不同的新天地。"③这一新天地毫无疑问就是指即使没有对价的合同允诺,只要在符合必要信赖的场合,同样可以具有强制执行力。在详细比较了严格的对价理论和科宾的信赖行为学说之后,吉尔莫总结道:"发生于威灵斯顿与科宾间的争论(或者说他们的'委托人'霍姆斯和卡多佐之间的争论)……科宾与卡多佐确实比他们的对手对法律的发展有更清楚的认识。如果真理即是对将来发生的事情的预见能力,那么他们可能更接近真理。"④

当然,如果吉尔莫的论述仅止于此的话,其地位则会只停留于科宾理论拥趸的水平。其实吉尔莫的真正卓越之处在于,他从科宾所在的位置更向前跨出了一步,而且是极为重要的一步,这一步恰恰反映出其理论的

---

① 吉尔莫:《契约的死亡》,载梁慧星主编:《民商法论丛》(第3卷),法律出版社1995年版,页252。
② 吉尔莫:同前注。
③ 吉尔莫:同前注,页253。
④ 吉尔莫:同前注,页289。

创新。吉尔莫在叙述了历史上侵权责任曾经占主导地位以及市场经济发达使得契约责任的光芒迅速压过了前者之后,提出了他新的著名论断:"客观地看,契约发展表现为契约责任正被侵权责任这一主流逐渐融合"①。这也就是其所谓"契约的死亡"。换言之,他认为契约责任已经再一次陷于颓势,而侵权责任将取而代之成为民事责任的主流。吉尔莫的论证过程是这样的:他从分析古典契约法核心诉求入手,认为古典契约法为了突出个人自由,通过严格的对价理论(亦称交易理论),确立契约是责任的前提,以及无契约则无责任的理念,用他的话说就是:"古典契约理论试图在一般侵权行为范围之外区分出一个特殊的领地——契约责任。"②然后,他以此为靶标进行了犀利的攻击:"如今,它为保护其领地而建立起来的防护堤,显而易见地正以较快的速度趋于崩溃。随着准契约理论和不当得利理论的发展,古典约因理论在'获益'方面有了突破。同时,随着允诺不得反悔理论的发展,它又在'受损'理论方面也有了发展。"③接着,他在此基础上展开了自己的理论阐述:"我们认为,'准契约'是契约与侵权之间存在的一个无人领域……准契约并非真实契约,它不过是为了达到公平之结果而作出的一种法律拟制。"④很明显,这一观点与科宾关于第三种信赖——"对非正式允诺的信赖"是完全相通的。也就是说,吉尔莫认为应该存在一种"允诺禁反言"的情形,这种情形并不真正属于合同法,而已经跳出合同法进入侵权法领地。他提出如下主张:"允诺不能反悔原则更适合于原告向被告索赔其因基于信任被告之允诺与陈述所受到的损害。……'信任损害'原则更适宜于侵权而非契约,用侵权(或准契约)加以解释更为恰当。"⑤此外,他还援引《契约法重述》(第二版)第 90 条的介绍性说明,强调了"以信任为责任和补救的主要因素并非为契约法所特有"⑥以及"把信任作为责任的主要因素"⑦的重要理念。

为什么吉尔莫一定要借"契约的死亡"这样令人惊悚的表述来强调信

---

① 吉尔莫:《契约的死亡》,载梁慧星主编:《民商法论丛》(第 3 卷),法律出版社 1995 年版,页 279 以下。
② 吉尔莫:同前注,页 280。
③ 吉尔莫:同前注。
④ 吉尔莫:同前注,页 280 以下。
⑤ 吉尔莫:同前注,页 281。
⑥ 吉尔莫:同前注。
⑦ 吉尔莫:同前注。

任和信赖是考量民事责任时的主要因素？究竟又是什么原因使其坚持认为允诺禁反言制度应脱离合同法而归入侵权法？经过仔细思考就会感受到其中的深意。日本学者内田贵在其著名论文《契约的再生》中对此深意作出了如下揭示："美国契约法学中所谓的'契约之死'并不单指作为特殊的美国契约法原理的交易理论的崩溃，是波及面更广的现象。这些法理中所表现出的新倾向是，把超过当事人约定的社会性的标准引入契约关系（包括缔约前），创设与具体案件相适合形式的权利、义务，这不能不说是与传统的契约法相异质的法理，它通过扩大契约责任，对以约定为核心的传统契约法理论进行挑战。"①的确如此，吉尔莫已经从宏观方面认识到以下事实，即本书前面曾反复提到的社会关系基本架构从个人自由与独立向相互依存与互助的转变。他正是基于对这一历史转变的正确认识完成了他对交易信赖保护理论的阐述。

吉尔莫首先以经济与法律的相互关系为切入点，并通过对古典经济学代表人物弗里德曼的批评入手，指出古典契约法理论与放任主义经济模式是相对应的，故而弗里德曼相信"只要人们真正按照自己的自由意志行事，一切事情必定都有最好的结局"②。然而，在吉尔莫看来，由于上述社会基本架构的变革，"古典契约理论提倡自由却不可能也产生同样的'最好结局'，原因在于古典契约理论之自由把法律责任压缩至最小范围，也把对违法行为的制裁减到了最低点。"③他进而旗帜鲜明地批评道："20世纪的观念已不同于19世纪的观念。如今，如果有那么一种理论体系只鼓励人们去做自己的事情而不管对其邻人有何损害的话，我们就会将它视为为富有者和有权势者谋利的理论体系。……而当我们回顾19世纪的理论时，我想我们首先会因富有者所承担的社会责任范围如此的狭小而震惊。那时，兄弟成陌路而互不问冷暖，竞争不留情而落后自遭殃。现在，无论如何，我们已经改变了那一切。在机器面前我们大家都那么软弱无力，因而必须相互依靠。"④由此可见，人们之间的信任与信赖已经不再

---

① 内田贵：《契约的再生》，载梁慧星主编：《民商法论丛》（第3卷），法律出版社1995年版，页316。
② 吉尔莫：《契约的死亡》，载梁慧星主编：《民商法论丛》（第3卷），法律出版社1995年版，页285。
③ 吉尔莫：同前注。
④ 吉尔莫：同前注，页285以下。

是通过合同而自愿设定的权利了,它已经成为人们在当代社会生存的必要条件,因而应当成为当然的法定权利。

从经济、社会层面返回到法律层面,吉尔莫同样清楚地认识到:"契约一般理论与放任主义经济理论的衰落,可以看作是对 19 世纪的个人主义向福利国家与超福利国家的转变所作出的最初反映。"①将这一观点具体化到合同制度,其结论就是,信赖关系虽然是在合同中得以孕育和成长,但是其理念却已经超出了合同范畴,因为合同是在自由基础上形成的对等关系,是以对价换取允诺的严格交易行为;相反从信赖行为理论出发,任何交易与交往中存在的合理信赖关系(包括对非正式允诺的信赖)都应得到保护,而不论其是否符合严格的交易关系原理。因此,仍将信赖行为学说勉强置于合同法中已不合时宜。不过,信赖责任被从合同法中移出后的归宿又如何呢?囿于民事责任的二元结构,其结果自然只能是由侵权法接收。这样,吉尔莫用侵权理论解释信赖责任的观点变得顺理成章。而且,由于信赖责任被从合同法中移除,其结果又反过来大大伤害了曾经被奉为圭臬的合同对价理论,使其陷于难以自圆其说的窘境。这样一来,"契约的死亡"的提法似乎也变得不那么耸人听闻了。正是从这一视角出发,吉尔莫提出了如下论断:"事实上,19 世纪有关侵权责任是或者应当是基于过失或者其他瑕疵而产生的理论,其衰落与我们所谈论的约因与契约理论的衰落是相伴随而发生的……可以设想,契约法为侵权法所吞并(或者它们都被一体化的民事责任理论所吞并)是其命中注定。"②

吉尔莫从起初对科宾的信赖行为学说的继受开始,继而创造出脱离合同的信赖利益保护制度,使信赖利益得到了法律的广泛承认和普遍性保护,这无疑从一个侧面反映出当代法律中确立信赖保护原则的必要性。正如修订后的关于《美国合同法重述》(第一版)的评论中所阐述的那样:"信赖是强制执行已完成了一半的交易的一个主要基础,信赖之可能性为强制执行正待进行的交易提供了支持……这一部分表述了一个基本原则。"③这个原则正是指信赖保护原则。依吉尔莫的理解,"信赖原则已历

---

① 吉尔莫:《契约的死亡》,载梁慧星主编:《民商法论丛》(第 3 卷),法律出版社 1995 年版,页 286。
② 吉尔莫:同前注,页 284 以下。
③ 参见吉尔莫:同前注,页 262。

史性地成为'损害赔偿之诉中非正式契约强制执行'的基础。"①尽管吉尔莫将保护这种信赖关系的职责赋予侵权法,而未以合同与侵权之外的第三种独立责任形式加以概括,但这仍不失为英美法社会化已达到一个前所未有新高度的重要标志。正如 19 世纪必须将契约自由、契约严守等作为契约法的基本原则那样,信赖利益保护已成为当代社会不可或缺的法律原则。

吉尔莫的理论中还有一点值得重视,那就是他的法学方法论。应该说,吉尔莫是西方为数不多的以动态视角与发展的眼光看待法律的学者之一。针对美国合同法长期以来形成的僵化思维模式,他一针见血地指出:过去美国法律的基本思想认为"在世上的确存在着一种真正的法律原则,它既包罗万象又永恒不变,既无处不在又无时不有;是一种神秘的绝对存在。对我们大家来说,我想这种观点似乎有些荒谬。我们坚信,法律是一个过程,具有连续性和可变性"②。从这个意义上说,契约的死亡并不意味着世界的末日,法律不过是根据社会发展趋势而转换为一种新的生命形态而已。最后,他还以文学和艺术上古典主义和浪漫主义交替出现的规律来比喻法律的发展脉络:古典主义时代,"一切事情都那么简洁、有条不紊和合乎逻辑"③;而浪漫主义时代,"一切都是相互混淆的、散漫的、无定型的和混沌的"④。两个时代交替运行,周而复始。"我们已经目睹了古典主义理论家所建构的正式的契约理论体系的解体。现在,我们正又忍受着自己时代的浪漫主义的痛苦"⑤。正是基于这样深刻的洞见。他才能够这样宣称:"在我看来,具有独立自主的逻辑上协调统一的规则和原则体系的契约法理论的衰落,正是 19 世纪末 20 世纪初法学发展的主要特征和重大成就。"⑥在他看来,社会进步带来的合同责任向侵权责任的转化,正是为信赖原则这一法律新生儿所举行的一场盛大洗礼。

应该说吉尔莫的这一思想对我们具有很好的启示作用。如果沿着这一思路继续前行,我们自然也可以为信赖原则乃至信赖之债找到如下解

---

① 吉尔莫:《契约的死亡》,载梁慧星主编:《民商法论丛》(第 3 卷),法律出版社 1995 年版,页 262。
② 吉尔莫:同前注,页 287。
③ 吉尔莫:同前注,页 290。
④ 吉尔莫:同前注。
⑤ 吉尔莫:同前注。
⑥ 吉尔莫:同前注,页 289 以下。

释依据:尽管信赖利益保护制度在法律中的崛起,打破了原先完美的债法二元结构体系,似乎使法律陷入了缺乏逻辑的混乱局面,但这种"浪漫主义"恰恰意味着法律的进步而并非倒退。不破不立,我们应该有充分的信心,在经过不可避免的阵痛期之后,一定会实现全新债法体系的逻辑重构,向简洁的"古典主义"回归亦将成为必然。

四、阿狄亚的信赖保护理论

阿狄亚是英国著名的合同法学者,其重要著作《合同法导论》几经再版,影响深远。与美国合同法略有区别的是,英国合同法相对保守,例如其对诚实信用原则的适用就显得较为谨慎①,所以在阿狄亚那里似乎找不到吉尔莫那种颠覆性的激烈论调,更多的却是在个人自由与社会信赖两种理念之间反复权衡后的老成持重。即便如此,在《合同法导论》第5版中,阿狄亚仍作出了大量的修订,我们看到那些超越传统合同原则而重新定位交易与交往中当事人法律关系,并以信赖为权利基础的法律现象,已经变得比比皆是。这说明在其心目中,信赖利益保护观念的成长已达到与合同自由原则并驾齐驱的程度。

众所周知,私法领域内的义务可以分为两类,分别是自我设定的义务和外部施加的义务。两者此消彼长,当自我设定的义务扩张时,外部施加的义务就会相应收缩,反之亦然。中世纪以前,以合同形式自愿进行商品交换的形式并不普遍,因而诸如侵权法这样外部施加的义务在私法中占据主流;但当社会步入市场经济时代后,交易频繁,规模扩大,自由主义与个人主义成为社会观念的主流,合同这种自我设定的义务开始受到重视。不过,在经过了整个19世纪合同自由的大爆发之后,人们逐渐发现,在自由选择、自我照顾和不干涉私人生活的旗号下,却出现了越来越多的不公平,用阿狄亚的话说就是:"在大约1870年和1950年之间英国经济完全为限制性措施和垄断所覆盖"②。标准合同泛滥、议价能力不对等以及消费者长期处于弱势地位等已经严重地削弱了合同自由的正面功效。这时社会亟需一种新的法律观念对此予以矫正。新观念从何而来?正如本书前面庞德和富勒所述,新观念从道德中产生。阿狄亚对此也持相同观点,

---

① 阿狄亚:《合同法导论》(第五版),赵旭东等译,法律出版社2002年版,页92。
② 阿狄亚:同前注,页18。

面对合同自治日益背离社会良知的情形,他提出法律对道德具有依赖性:"尽管英国法律工作者和理论学者传统上倾向于应将法律和道德加以区分,但是法律在一定程度上反映了道德标准和社会理想却是千真万确的。因此,我们不难发现,在大量的合同法背后其实蕴涵了一个人应信守允诺和遵守协议的简单道德原则。"①

绝对自由带来了绝对的利己主义。要求"每一方当事人应自力更生,照顾好自己的利益"②,即所谓"保持距离"(at arms' length)③,其结果却使得人们被培养出极端自私自利,对他人极度冷漠的狭隘心态,完全忘记了社会其实是一个共同体,人与人之间的相互依赖与相互合作其实不可或缺,即使是被视为私人事务的合同关系也是如此。正是看到这一点,阿狄亚认为应将合同拉回到互利合作的道德轨道,他指出:"很多合同要求一定程度上的合作,没有很大程度的合作活动,现代社会将无法存在。"④阿狄亚还针对那些诸如陈述义务、说明义务等本质上属于法定义务,过去却一直被归结为有"默示约定"的情形,来说明当代社会自我设定义务的收缩和外部施加义务的扩张其实是一种必然趋势,他指出:"强调意向和'默示'协议经常误导法院和学者,使他们认识不到,大量的合同法涉及来自于当事人行为的义务,并不仅仅是来自他们的同意或允诺的义务。并且在由于当事人的行为而不是他们的意向而施加义务时,法官必然援用公平和正义的理念。"⑤

阿狄亚清醒地认识到,当代的社会现实决定了相互依赖和互利合作逐渐成为人际关系的主流,并开始取代传统社会那种通过理性人自由选择与自愿约定形成的合作模式,由此使信赖利益从人际关系的边缘进入到中央地带。所以人们在相互合作关系中,如果"某人因其合理地信赖另一人所说的或所做的而导致的实际损失,以及使其地位变得更糟。通过一个'信赖损失'的判决来保护他的倾向变得更加强烈"⑥。信赖利益崛起的直接结果之一就是合同自由的受限,对此阿狄亚使用了与吉尔莫本

---

① 阿狄亚:《合同法导论》(第五版),赵旭东等译,法律出版社2002年版,页2。
② 阿狄亚:同前注,页92。
③ 阿狄亚:同前注。
④ 阿狄亚:同前注,页19。
⑤ 阿狄亚:同前注,页11。
⑥ 阿狄亚:同前注,页23以下。

质上相同形式上却较为缓和的提法——合同衰落。而结果之二则是侵权法的扩张。这也与吉尔莫的观点一脉相承,阿狄亚指出:"合同法重要性的衰落,是与义务法的其他部分重要性的增强相对应的。尤其是,在这一方面,侵权法的重要性有很大增强……侵权法通常保护一方当事人——通过赋予获得赔偿的权利——合理地信赖另一人,虽然当事人之间没有订立合同。事实上,今天如果说存在一个法律的基本原则——合理地信赖另一方可以产生甚至超过合同领域的义务——并不过分。"①。应该注意,这等于直接承认了在英美法中也应确立信赖保护原则。

不过,阿狄亚竭力避免按照吉尔莫的逻辑,使"契约法融入侵权法"或"侵权法吞并契约法",因为在其心目中,对于以侵权法作为合同法保护信赖利益替代工具的观念还是有所保留的。他认为,合同法与侵权法在保护他人合理信赖方面"大部分是重叠的"②,而"鉴于侵权法仅有一小部分关于因合理的信赖而产生的损害,而这一点是合同法在防止损害方面的主要核心"③。换言之,与吉尔莫的激进主张不同的是,阿狄亚倾向于主要通过合同法来完成对信赖利益保护的任务,因而他主张合同法同时存在两项功能——实现交易的功能和救济功能,这里的救济功能就包括了通过对交易信赖利益的保护来矫正合同过分自由的非正义,用阿狄亚的语言表达就是:"它能使法院通过使人们对其已经做的而不是已经同意的事情承担义务来实现正义。"④力图通过扩展合同救济与矫正功能来尽力减少侵权法对合同法的伤害,这反映出阿狄亚理论中追求循序渐进的指导思想。

另外需要强调的是,阿狄亚所修订的《合同法导论》(第五版)出版于1995年,而这时西方社会合同法从"衰退期"又重新进入了"复兴期",这一点也与前几位英美法学者所处历史环境有较大不同。而这一点可能会成为否定信赖保护原则建立的一个理由。不过值得注意的是,阿狄亚并未盲目追随,他在详细陈述了合同复兴的主张表现之后写道:"我们面临着两个方向相反的重大趋势。一方面,存在着一个合同自由原则复兴的新趋势,虽然这意味着19世纪早期思想的回归。另一方面,存在着一个

---

① 阿狄亚:《合同法导论》(第五版),赵旭东等译,法律出版社2002年版,页24。
② 阿狄亚:同前注,页35。
③ 阿狄亚:同前注。
④ 阿狄亚:同前注,页92。

旧趋势,来自 19 世纪晚期,即背离合同自由的趋势。这个旧趋势已经正在退出历史的潮流,但绝不是完全终止。"这一论述表明了两点:第一,阿狄亚的思想并不偏激,而是趋向于相对平衡;第二,即便阿狄亚是对合同法复兴持肯定态度,这也并非意味着他无条件支持合同传统的全面回归。从其大量论述可以看出,他认为法律中那些加强信赖利益保护的举措不应轻言放弃。应该说阿狄亚的这一温和态度值得肯定,因为如果联想到后来爆发于 2008 年深刻影响到整个西方世界的金融危机的起因恰恰就是合同再一次自由过度,以及后来发生的对合同自由的再一次收紧,就会使人感叹实事求是的良好品德的可贵之处。对于阿狄亚理论的稳健,日本学者内田贵曾给予了中肯的评价:"阿狄亚的信赖理论在思想上处于传统个人主义的自由主义与麦克尼尔共同体主义的中间位置,在这个意义上,也许可以说它代表既有说服力,同时又内含矛盾的现在契约法学(作为阿狄亚的意识,印象是更亲近于共同体主义)。"[1]同样,关于合同的衰落和复兴(或者契约的死亡与再生),我们也可以引用内田贵的表述来说明其绝不是一种简单的回归:"乍看仿佛死亡了的契约,通过转换契约观,打开了全新视野。"[2]而所谓再生其实正是在原有基础上的螺旋式进步:"本书要主张的并不是那种自由主义的契约观念的复活,而是主张追求超越自由主义契约观念的麦克尼尔的理论。"[3]

正是基于正反两方面的综合考量,与科宾和吉尔莫将攻击火力集中于传统对价理论(交易理论)借以宣扬信赖保护的必要性不同,阿狄亚认为保护交易与交往中信赖利益应当与否的问题事实上已经解决,没有必要再在这方面浪费笔墨。而接下来的任务主要有二:其一,如何在法律制度层面具体落实信赖利益保护;其二,针对信赖利益崛起后带来的法定义务与约定义务界线的混乱问题,如何通过有效的法律平衡达到最佳的社会效果。因此,阿狄亚花费大量篇幅论证了一系列交易与交往中的信赖利益保护问题,诸如:当事人谈判中的先契约义务、告知和说明义务(揭示重要事实义务)、欺诈与错误陈述问题、引诱违约问题、代理人越权造成信赖损失问题、缔约过失责任以及受害方竭力减轻损失义务,等等。较之富

---

[1] 内田贵:《契约的再生》,载梁慧星主编:《民商法论丛》(第 5 卷),法律出版社 1996 年版,页 500。

[2] 内田贵:同前注,页 501。

[3] 内田贵:同前注,页 502。

勒、科宾、吉尔莫等人对信赖保护的论述而言，阿狄亚的上述论述在具体制度方面不仅更加细化和深化，而且也更为平衡。可以说阿狄亚进一步丰富与完善了信赖保护理论，并使信赖保护理论发展到了更高水平。

不过遗憾也是明显的，其理论中最大的不足在于缺乏系统性，对信赖利益的保护仍停留在松散层面，或者说依然沿袭着合同制度体系加以阐述，制度建设也呈现出未经整合和各自为政的松散状态。当然，这也给后世学者留下了进一步改革的机会，那就是通过不懈努力，构建起独立的信赖保护法律体系，从而最终完成信赖利益保护理论的系统化。当今社会，信赖利益的崛起和信赖利益保护制度的独立化趋势，已经是不争的事实，因此，只有加快其理论体系与制度体系的建设，才能与社会发展步伐相匹配，实现制度效益的最大化。

第三节 债法信赖保护原则的确立

前两节详细阐述了信赖保护原则在两大法系中成长的过程。从中我们不仅看到了法律变革的历史必然性，也看到了其过程的渐进性，不断交织着新旧两种社会观念的剧烈冲突与艰难妥协。然而道路曲折却殊途同归，两大法系对待信赖利益的保护，最终均从开始的漠视与拒绝走向接受与认可，形成了各自的信赖保护原则，并在各自法律中发挥着重要作用。尽管该原则的影响其实遍及整个民法，但在债法中体现得尤为突出。从本书主旨出发，现侧重对债法信赖保护原则的确立加以讨论。

一、两大法系债法信赖保护原则的共通性

与两大法系中很多制度均可以追溯到共同的根源不同，信赖保护原则最早形成于两大法系分野之后，在各自土壤中发芽、开花、结果。然而不可思议的是，在不同法律环境下却几乎同时孕育出具有高度共通性的信赖保护原则。那么这种不约而同是否出于偶然呢？两大法系重视对信赖利益保护的真正原因究竟又是什么？经过分析就会发现，两大法系之所以都发展出了各自的信赖保护原则，其实具有以下相同或相近的原因。

第一，大的社会背景相同。信赖保护原则在两大法系均产生于19世纪下半叶到20世纪的上半叶，这时的西方社会整体上正处于自由市场经济向垄断的过渡阶段。这种转化深刻改变了传统社会关系的固有特征，

一方面，人际日益紧密化的社会关系和逐渐提高的相互依赖性正在成为普遍的客观现实；另一方面，传统社会所极力保护的自由与上述社会现实之间形成了尖锐对立。长期以来对自由保护的过度化事实上已严重地侵蚀了市场秩序和社会秩序，加剧了社会不公平和不正义。面临社会裂痕加深、矛盾日益激化的情形，变革是唯一的出路。由于两大法系国家发展水平大致相同，故而所遇到的问题自然也相同。因此不论是否出于自觉，两大法系的有识之士均对法律改革持肯定态度，所不同的只是对改革的力度存在认识差异。我们只需要回顾一下前两节中曾引述过的那些学者的至理名言就可看出，他们的论述正是基于这样考虑的而作出的。

第二，指导思想相同。面对的问题既然属于同类型，解决问题的思路自然也具有相似性。上述变革导致社会矛盾的核心演变为个人的自由价值与相互信赖的社会价值之间的矛盾。随着信赖利益重要性的成长，个人自由的价值比重逐渐削弱，法律根本目的亦随之开始调整，即从单纯强调对个人自由的绝对保护为基点，向着个人自由与社会利益并重的方向发展。由此而来，信赖利益较之以往应受到更多法律保护的观念，正在成为两大法系共同的指导思想。这在大陆法中的具体表现为，忠诚、善意、公序良俗等伦理观念的比重的快速成长，以及权利外观理论和共同体安全观念的持续增长；而在英美法中则表现为，独立化信赖利益的产生以及合同对价观念的衰落，并由此导致私法领域内自我设定义务与外部施加义务发生此消彼长。

第三，发展方向相同，脉络相近。从具体制度层面看，两大法系的变革都沿着个体权利社会化方向前进，例如，大陆法系的缔约过失责任理论、权利外观理论和英美法系信赖行为学说、允诺禁反言理论均属于此。另外，就发展脉络而言，两大法系也都经历了如下步骤：首先，法律改进的矛头均指向过度化的个体自由。例如，大陆法系以限制当事人在缔约前的自由为切入点，为交易参与者施加先契约义务；英美法系则通过扩大侵权责任范围以达到收缩契约自由适用领域的效果。其次，均适时承认信赖利益的独立化，并对独立信赖利益实施必要的法律保护。大陆法系为适应社会变化，虽然经历了究竟是扩张合同制度还是扩张侵权制度的摇摆不定，但最终确立了信赖利益独立化的观念，例如关于缔约过失责任的主流观点既非合同说，也非侵权说，而是法定说或诚信原则说，这说明法律将信赖利益视为一种全新的独立利益与合同利益（合同信赖）和固有利益(一般信赖)相并列;再如拉伦茨所提出的表见信赖和法国法中的权利外观(表见)理论,都体现出信赖利益独立化的意涵。其实这两种表见的实质,基于流行的"安全说",不过是信赖利益的代名词而已。英美法系在信赖利益独立化方面则走得更远,例如,富勒早在1936年就提出了本质上独立于合同损害和侵权损害的信赖利益损害概念;科宾在要式信赖和不要式信赖之外,又设计出"对于非正式允诺的信赖"与前两者相并列。在吉尔莫笔下,"准契约"作为一种"法律拟制",是"契约与侵权之间存在的一个无人领域",其同样属于独立信赖利益的另一种表达。再有,均将信赖利益视为单独法定利益加以肯定与保护。鉴于信赖利益并非合同利益,故不属于约定信赖,又鉴于该利益与侵权法所保护的固有利益(一般信赖)存在差异,因此,两大法系均承认信赖利益具有单独法定利益的特性。同时该利益由于符合社会发展的总体利益趋势,具有正当性,故而两大法系对该利益越来越趋向于实施系统保护。此外,随着信赖利益的社会普遍性和重要性日益提高,两大法系对信赖利益保护均在持续强化之中,故而在现实中衍生出统一的信赖保护原则。该原则在大陆法系表现得较为明确和完整,其隶属于诚信原则之下;而英美法系中对此原则的表述尽管没有大陆法系鲜明,但根据各种蛛丝马迹亦可作出肯定研判。

第四,法律方法论相近。在信赖利益保护独立化之前,大陆法系盛行概念法学,依据法律基本概念和原理所建立的逻辑关系,构成了法律的基本体系。该体系认为法律的基本原理是永恒的,只要根据这些原理进行逻辑推理,任何法律问题都可以得出准确的答案。同理,法律的发展也必须严格遵循上述逻辑关系,任何下位概念对上位概念的僭越以及任何对统一逻辑体系的破坏都是被禁止的。不过,貌似铁板一块的概念法学在19世纪中后期却被耶林所打破。耶林通过对诸如缔约过失责任等制度的论述,颠覆了原本天衣无缝的民法权利保护体系,并由此开创了通过利益价值比较来判断法律取舍的全新方法论——利益法学。可以说,正是在利益法学指导下,信赖利益不仅获得了独立的法律地位,而且传统债法理论中的合同与侵权二元结构也发生了根本性动摇。事实上,信赖保护原则的确立,意味着利益法学全面突破了传统债法研究的天花板,并由此进入了大有作为的广阔天地。与大陆法系的发展相类似,英美法系也曾经受到概念法学的困扰,尽管因为英美法的判例法传统,这种影响相对较小,但结果仍不容小觑。例如英美合同法中所秉持的对价理论(交易理论)和合同相对性等都成为信赖保护原则建立的障碍,如果停留在以上窠臼之内,无论如何都无法建立起独立于合同信赖和一般信赖之外的第三种信赖,基于此而产生的独立法律责任无疑也将不会出现。总之,无论是富勒借鉴耶林的缔约过失责任理论而直接提出的信赖利益概念,还是科宾在与威灵斯顿经过激烈争论之后争取到的《美国合同法重述》第90条规定,抑或是吉尔莫为了突破传统合同自由的逻辑,力图将信赖利益从合同关系中移出并划入侵权法加以保护的思路,都是为了打破僵化债法体系和逻辑藩篱而作出的重要努力。这里不妨再一次引用科宾的表述:"公正的答案是不可能通过逻辑演绎或者通过机械的法理论证去获得的,它总是要求经验丰富的判断力,要求对人们的态度和情感以及当时社会习惯的了解。"[①]

综上所述,信赖保护原则的产生,在两大法系都不是偶然现象。相同的时代,相似的境遇,造就了社会对信赖保护的普遍客观需求。为适应时代进步,法律不仅要提高对信赖利益的保护水平,而且还要使其得到全方位保护。由此可见,信赖保护原则的产生实属历史必然。随着该原则的出现,当代社会关系具有了传统社会所不具有的时代特征,人类开始步入一个可称之为信赖社会的全新发展阶段。

二、债法信赖保护原则的基本含义

所谓法律原则,可以从两个角度来理解:从立法角度看,法律原则是法律规范的基础,是对制定具体制度具有全方位指导意义的准则;从法律实施角度看,法律原则又是法律行为的基础,是对行为人的一项普遍性要求,行为人应严格按照原则理念行事,并以此作为行为正当与否的基本判断规则。在研究债法信赖保护原则过程中,当确定了信赖利益的正当性和信赖保护原则产生的必然性之后,接下来需要做的就是归纳出信赖保护原则的基本含义。只有确定其含义,该原则的作用范围、功能与社会价值才能随之明确。

经过前面一系列的理论铺垫与准备,现在已具备了对债法信赖保护原则进行概念归纳的客观条件。概括起来,债法信赖保护原则属于诚实

[①] A.L.科宾:《科宾论合同》(一卷版上册),王卫国等译,中国大百科全书出版社1997年版,页368。

信用原则的下位原则,其概念与后者有很大重合性,是后者在债法中的具体体现。相比较诚实信用原则平衡对待主观诚信和客观诚信的特征,信赖保护原则更强调诚信的客观方面。该原则应该这样表述:平等民事主体在交易和交往过程所发生的相互关系中,信赖一方只要对受信赖方有必要信赖需求和合理理由,或者客观上居于合理信赖地位,受信赖方都应根据公益和伦理的本质要求,以忠诚与善意方式对待信赖方,主动关注其正当需求,尽力满足其合理期待,谨慎维护其合法利益。仅从以上概念的字面含义就会发现,债法信赖保护原则所含之理念与长期以来传统债法所遵循的原则(债的相对性、契约自由、过错责任等原则)存在较大差异。为便于进一步明确其含义,还需对两者的相同与相异性作出解读。

一方面,两者有以下相同点:第一,两者皆属于广义的商品交换关系。第二,两者所涉当事人均为地位平等的民事主体。第三,两者皆发生于具体的交易与交往过程中。第四,两者所针对的利益既可能是财产利益也可能是人身利益。

而另一方面,两者间的差异则更值得注意:第一,尽管两者皆适用于商品交换,但其各自适用的阶段并不相同,信赖保护原则适用于当事人约定以外的特别结合关系阶段,此亦可称为社会信赖阶段;而传统债法原则适用于合同约定阶段或者一般信赖阶段。第二,信赖保护原则的上位原则是诚实信用原则和公序良俗原则,故该原则所秉持的理念是与人为善的利他思想,这一点与传统债法原则所持理性自利的指导思想完全不同。第三,从信赖保护原则所导出的义务乃属于一种应然性义务,即法定义务,其中并不存在自愿约定的成分;而传统债法原则突出意思自治,其中的义务主要是以双方协商为前提的约定义务,仅有少数属于法定的一般注意义务。第四,信赖保护原则的适用前提具有某种特殊性,即一方当事人对他方存在着必要信赖或者客观依赖的事实状态(其主观上是否意识到对他方有依赖关系,在所不问),换言之,如果没有他方帮助,自己将无法自行避免损失的发生;传统债法原则却奉行各人保持距离和自我照顾的理念,一方无需主动为他方利益着想,各方仅在相互需要时通过合同交易方式自愿进行利益交换,除此以外,一方对他方只需保留最低程度的注意,即不侵害他人。第五,基于信赖保护原则形成的法律关系,表现为一方应通过自己的单方行为去满足和维护他人利益,而对方无需为此支付任何对价;而传统债法原则下的义务大多属于双方对等义务,即一方要求他方履行义务时,应该向对方支付必要的对价。第六,信赖保护原则的目的在于保护他人信赖利益,故其义务具体为说明、告知、保护、协作、保密等注意义务类型而非给付义务类型;而传统债法原则以实现履行利益为主要目的,其义务类型主要为特定的给付义务,仅在极少数情形下存在注意义务。由以上对比可见,这些差异不仅反映出两者针对的是完全不同的社会境况,也反映出两者的价值追求存在本质区别。

需要强调的是,对比两种债法原则的目的并非厚此薄彼,而是想客观指出,在社会已经开始步入信赖化的今天,独立的债法信赖保护原则正在快速成长,并已取得了与传统债法原则相并列的现实地位。我们对此不仅应有足够的意识,而且应学会如何正确运用之。对其采取全然否定或视而不见的态度都是错误的。通观两大法系,以前那种要么扩张合同法,以约定义务替代法定义务,要么扩张侵权法,以侵权责任替代合同责任的做法,只是在旧有观念内的原地打转,其实不过是作茧自缚而已。正视其存在,并对其展开细致研究,才是正途。

三、债法信赖保护原则的功能与价值

长期以来,债法所调整的领域内的各种新兴信赖利益不断涌现,如何对待这些新生事物一直是法律界的一个难题。究竟是墨守成规,旧瓶装新酒,还是打破传统,引领债法时代潮流,人们曾长期犹疑不决,徘徊不前。然而,自从我们清晰勾勒出债法信赖保护原则的轮廓后,前景变得豁然开朗起来。现时代,除了以约定作为人际关系基础的情形以外,还新生出一种以信赖作为人际关系基础的情形与之相并列。由此,尽管债法信赖保护原则与传统债法原则联系紧密,但其实两者各有独立的社会目的,也有着各自独特的法律功能与社会价值,既不能相互混淆,也不能相互取代。具体而言,传统债法原则依然在原有领域内执行着指导功能,而债法信赖保护原则为各种相同属性的信赖利益提供单独且统一的法律规制指导方针。也就是说,当今时代担纲起规范人际日常交易与交往法律职能的,不仅有传统债法原则,还有债法信赖保护原则,两者相辅相成,不可偏废。同时,随着因信赖所形成的债法关系越来越多,相应的法律规则也需要形成自己的体系,而债法信赖保护原则将成为建立这个完整体系的直接纲领。换言之,只有在统一原则指导之下,新时代债法构建的顶层设计才能得以完成。此外,债法信赖保护原则还有一项重要功能不容忽视,那就是对具体操作环节的宏观引导功能。相关债法规范体系的建立,属于长期系统工程,绝非朝夕之功可成,因而很多规范起初表现往往并不成熟,需要在立法和司法过程中不断加以修正和改进,最终逐渐趋于完善。这是一个漫长的探索过程,而在这漫漫长夜的艰辛旅途中,债法信赖保护原则犹如远方一座光芒四射的灯塔,为我们指明了正确方向。在其引导下,立法者不仅较易判明旧有立法的缺陷何在,而且可以相对容易地找到法律更新的路径;司法机关即使在缺乏具体成文法律规范时,依然能够准确把握方向,作出正确判决;而市场活动的每个参与者则能够以此为坐标建立起正常交易与交往的行为准则,使市场与社会公平有序。

以历史视角加以衡量,确立信赖保护原则仅仅是债法改革目标实现的第一步,当然也是最困难的一步,经过几十年来两大法系的共同努力,这一目标正接近于完成。应该看到,该目标的实现对于债法乃至民法的整体进步都具有积极意义,因为债法信赖保护原则一旦建立,紧随其后将会出现一系列大刀阔斧式的具体改革措施,各种与之配套的新规范也将逐步建立,而债法的面貌也将由此发生整体改变。从这个意义上说,信赖保护原则是债法全面信赖化的先决条件,而债法信赖化则是信赖保护原则实施的必然结果。然而,改革进程需要脚踏实地,稳步前行。尽管目前阶段全新债法体系尚在酝酿当中,不过债法信赖保护原则确立的意义依然无法抹杀,在该原则引导下,债法对现行社会关系调整的统一性、精确性以及效率均已较传统债法统治阶段有大幅提升,社会也确实变得越来越公平。事实上,债法也因此达到了一个前所未有的新高度。由此再前进一步,当债法信赖保护原则的地位真正达到和债的相对性原则、合同自由原则、过错责任原则相提并论之时,债法的初级改革目标将会实现,自由与信赖这两大引擎将会良性互动,共同发力,推动债法运转,社会效率与公平之间将会日趋平衡。总之,债法信赖保护原则之于债法的价值,就如同诚信原则、公序良俗原则、权利滥用禁止原则之于民法的价值一样,如果说上述三个原则的确立使民法开始摆脱近现代特征而步入当今时代,那么在确认了信赖保护原则之后的债法,也以此为标志而蜕变为当代债法。放眼长远,只要我们继续保持定力,沿着既定方向砥砺奋进,债法改革终将会被填上最后一块拼图,一幅和谐的历史画卷将展现在我们面前,其中主要标志之一就是债法结构组合中衍生出全新构件——信赖之债。而这也意味着我们已经昂首迈进了信赖社会。

第十章　债法信赖保护原则的溢出效应与债法创新

　　社会进步使大量信赖利益在人们的交易与交往过程中浮出水面。这种利益具有正当性且需要法律的保护。为了顺应这一现实需要，当代债法中逐渐衍生出信赖保护原则。上一章通过对该原则具体产生过程以及独立功能和价值的讨论，不仅论证了其地位已提升至与传统债法原则同等的地位，同时也阐释了两者之间存在着某种固有矛盾与冲突，如果从适用结果来看，就是传统债法调整手段已经无法包容对信赖关系的调整而陷于某种困境。我们可以将此种情形称为信赖原则对传统债法的溢出效应。正是这种溢出效应，使得我们在面对新型社会关系和社会利益时，通过贯彻信赖保护原则而对债法进行改造甚至创新，成为一种必然选择。

　　本书前面曾于不同侧面多次提到传统债法及其指导原则不能对信赖利益提供有效保护的问题，也简单提及了相关理由，但并未作详细讨论。为进一步厘清相关疑问，在此有必要专门集中予以讨论。众所周知，传统债法建立在个人主义基础之上，主要贯彻三个原则，即前面提到的债的相对性原则、契约自由原则以及侵权过错责任原则。在传统债法中，这三个原则已经整体包含了债法指导思想，而债法具体规范只要全面贯彻这三个原则，就会顺利实现维护正常交易与交往关系以及促进社会经济发展的目的。然而，随着债法信赖保护原则的确立，曾经运行顺畅的债法开始出现各种阻滞，其主要表现之一就是债法所需要保护的对象已经逐渐外溢，明显超出了传统债法的保护范围。以下将对这种溢出效应的展现及其传导结果进行阐述。

第一节　溢出效应之债的相对性突破

一般而言，债的相对性有两重含义。第一重含义，债是当事人之间的法锁，债权人拥有对债务人特定行为的约束力。第二重含义，债仅存在于债权人与债务人之间，债权的效力只能及于债务人，而不能及于债务人以外的第三人；同时第三人也不能直接介入到债的关系当中。债的相对性的突破主要是针对后一种含义而言，即债权在符合特定条件之下产生了对第三人的法律效力，或者第三人具有直接介入债的关系的能力。再进行细分，对后一种含义又可分为两类：一类称为债权物权化，即原本仅具有相对性的债权，此时却具备了某种物权的绝对性。例如承租权的物权化、通过物权预告登记使债权物权化以及侵害债权制度等均属此类。另一类是对债的相对性的一般突破，即债权性质未变，仅仅是本无关联的第三人变成了债权债务关系的主体。例如，债的保全、利益第三人合同以及缔约过失责任，等等。前一类突破，已使债权的效力外溢到物权领域，应由物权信赖保护原则指导与调整，超出本书探讨范围，兹不赘。这里集中讨论债的相对性一般突破的情形。

一、债的保全的溢出效应

债的保全分为代位权和撤销权。两者虽皆因债权越过原先债务人而对第三人发生了效力（此亦称为债权的对外效力），但由于债权人对第三人权利的债权属性并未磨灭，故而代位权与撤销权仍然属于广义债权[①]，其溢出效果有限。不过需要指出的是，传统债法既然以相对性为原则，则意味着在债法领域内必须追求某种统一的法律效果，而该统一追求源自独立、自由和理性自利的个人主义价值观。所以，假如出现了对债的相对性的溢出效应，那一定是出自某种新价值观影响的结果。这个新价值观其实不是别的，就是债法信赖保护原则。正是由于这一原则的确立，使得以往处处遵守相对性的大一统局面发生动摇，债的相对性被突破，而这种

[①] 代位权性质为请求权自无异议。撤销权性质虽有争议，有债权说、形成权说和折中说，以折中说为通说。然而折中说并未否定其具有债权的属性，因为撤销权中的请求权属性和以给付为内容，在学者间并无争议。故将其定性为广义债权性质尚属得体。

突破从传统视角出发,其实就是对债法的溢出效应。

代位权是怎样体现这种溢出效应的呢?所谓代位权是指在连环请求权法律关系(主要是债权)中,如果债务人怠于对次债务人主张权利,在一定条件下,债权人依法可以自己的名义代债务人之位向该次债务人直接主张之。这当中,债权人与次债务人之间本不存在直接法律关系,故依债的相对性原则,债权人是不能超越债务人而直接向次债务人主张权利的。根据自由价值观,次债务人相对于债权人而言是独立自由的个体,债权人对债务人权利的效力不应及于次债务人;又根据理性自利价值观,债法实行意思自治原则,此时债务人虽对次债务人有权利,但他可以自主选择行使抑或不行使,他人不应干预其意思自治。但是,在符合代位权行使条件的情境中,情况发生了变化,债法信赖保护原则显然取代了相对性原则而成为优先适用的法律原则。因为根据当代债法理论,在上述连环请求权关系中,债权人不仅对债务人拥有债权,他还对债务人拥有另一项权利(法益),就是他可以指望债务人在符合法定的情形下会积极行使对次债务人的权利,这样做固然直接有利于债务人自己,但同时也会间接有利于债权人,即债权人的债权可以得到保全。换言之,债权人对债务人存在着一种应受法律保护的信赖利益,如果不欲使自己的债权落空,其在很大程度上须依赖于债务人及时并有效地对次债务人行使权利。为使这一正当利益得到保护,法律要求债务人对债权人负有某种信赖义务,即债务人会积极行使对次债务人的权利。如果债务人无债务履行能力,却又表现出行使对次债务人权利的懈怠和不积极,这就构成对上述信赖义务的违反,从而引发代位权。可以说,债务人行使对次债务人权利的行为,恰恰正是在履行对债权人的信赖义务,而代位权的发生则正是违反该义务的法律后果。总之,尽管债务人是否行使对次债务人的权利本属于其可以自主决定的事务,但信赖保护原则为其施加了一种法律义务,故而其此时的"自由"变得不那么纯粹和绝对了,债务人积极行使权利与履行信赖义务画上了等号。可见,代位权以突破债的相对性方式溢出了传统债法。

还需要指出,代位权对传统债法的溢出效应其实较为有限。如前所述,代位权的产生源自信赖保护原则,但其并未在债权人与债务人之间形成实质意义上的信赖之债法律关系,因为尽管债务人对债权人存在法定信赖义务,但其不履行该义务的结果并未使其受到任何实质性不利后果,他仅仅是在某种程度上失去了对次债务人的债权请求权而已。依大陆法系的通说,代位权行使的结果仍由债务人承受,代位权人所获得的利益仅是使债权得到保全。① 也就是说,由于债务人所怠于行使的毕竟是权利,而作为权利不行使的自由选择价值亦应得到相当程度的尊重,故而法律作出了必要妥协,只是部分限制了债务人的选择自由,并未追究其违反信赖义务的实质法律责任。

撤销权的溢出效果又如何呢?撤销权是指债权人在对债务人拥有债权的情形下,债务人放弃对第三人的债权、无偿或者以明显不合理的低价对外转让财产给债权人造成损害,为保全债权的需要,在具备法定条件时,债权人可以撤销债务人与第三人之间的法律行为。与代位权相类似,债权人与第三人之间本无法律关系,依照意思自治原则和债的相对性原则,债务人尽管对债权人存在义务,但其放弃债权、低价甚至无偿转让财产的处分行为,明显属于自治领域,任何人包括债权人都不得进行干预;而且第三人亦属于自由个体,债权人同样不得凭借对债务人的权利而介入债务人与第三人的法律关系,这属于对第三人自由的损害。不过,随着债法进入当代社会,自治原则和相对性原则在一定条件下将让位于债法信赖保护原则。此时,尽管债务人拥有处分自己财产的自由,第三人也拥有缔约和接受赠与的自由,但其实他们对债权人都负有一项法定的信赖义务,即债务人与第三人之间的法律行为不应以损害债权人债权为目的。也就是说,债权人除了对债务人有债权以外,其对债务人和第三人而言还拥有一项基于信赖保护原则产生的权利(法益),即他可以指望债务人不会在影响其实现债权的情况下放弃对第三人的债权或低价甚至无偿转让财产,也可以指望第三人在明知或应知的情况下不会接受上述好处。债权人的利益完全是一种符合诚信原则和公序良俗原则的正当利益,相比较债务人和第三人的财产处分自由与缔约自由而言,这一信赖利益具有更值得法律肯定与保护的社会价值。所以,当符合撤销权行使条件时,表面上属于债务人和第三人自由的行为,其实已经构成了对信赖义务的违反,债权人以此为依据行使撤销权,在法律上具有正当性。

撤销权还有一点也与代位权相类似,那就是其对传统债法的溢出效应同样并不十分突出。由于撤销权的设置目的同样是为了保全债权而非直接实现债权,而且债务人处分自己财产以及第三人接受财产的自由在

---

① 这一点与我国立法中将代位权的法律后果直接归属于债权人的做法不一致。

一定程度上也值得尊重,故而撤销权同样可以被理解为信赖利益保护和尊重个体自由博弈后的一种妥协,法律并未将撤销权的结果归结为信赖之债,其效力仅仅是债务人与第三人之间的行为撤销和财产的返还(返还给债务人而非债权人),除故意诈害行为以外,不存在额外承担赔偿责任的情形。

二、利益第三人合同的溢出效应

学理上将利益第三人合同分为两类:一类是我国《合同法》第 64 条所规定的情形,被称为一般或简单利益第三人合同,或称为不纯正利益第三人合同。例如甲与乙订立合同,约定债务人乙不需向甲为给付,而只需向合同以外的第三方丙为实际给付,并将这一给付行为等同于对甲的债务履行。如果乙未按约向丙为给付,则应视为对甲的债不履行。这种情形不具有对传统债法的溢出效应,因为法律关系始终停留于甲乙之间,丙作为关系外的一方仅仅是事实上的受领者,其并未真正参与到法律关系当中,故而此种情形并未违反或者突破债的相对性原则。另一类被称为赋权型利益第三人合同,也称为纯正利益第三人合同。与前者有所不同,该情形突破了债的相对性,体现出对传统债法明显的溢出效应。例如甲与乙订立合同,约定债务人乙应直接向当事人丙履行债务,而丙则因此获得(被赋予)了对乙的债权,如果乙未按照约定向丙为给付,丙有权直接向乙主张。可见,丙是否直接成为债权债务关系的当事人并获得直接对乙的债权,是简单利益第三人合同与赋权型利益第三人合同的根本区别。

然而问题随之而来,在后一种情形中,究竟是什么原因使第三人获得了债权?或者从法律关系发生的角度看,究竟是什么法律事实引起了新债权关系的发生?依传统通行理念,对此无法提供合理解释。因为合同属私密关系,只在约定双方之间存在法律效力,而甲乙丙分别为具有独立性之个体,任何两人之间的约定涉及第三人时,都需要第三人的同意或者参与(被告知),如债权转让和债务转移。任何两人之间均不应通过约定为第三人设定义务,这属于对第三人自由的干涉。

那么甲乙未经丙同意能否为其设定单纯的权利呢?表面上看来似乎可行,因为这毕竟不存在对丙自由的伤害。固然,单纯为他人设定权利的行为不会妨害其自由,不过这其中的逻辑障碍并未消除,如果说甲乙之间以合同形式为丙设定债权,这意味着引起丙对乙的债权关系的法律事实就是甲和乙的双方法律行为,在没有丙参与或以某种方式表态同意的情况下,甲乙之间的行为怎么会成为乙丙之间法律关系发生的桥梁呢?正如罗马法中早已存在的谚语所表达的那样:"任何人不得为他人缔约。"①这同样无法从逻辑上获得合理解释。这种纠结从其学理发展过程亦可以清晰看出,例如起初的"代理说"和"接受说"都力图不超出债的相对性而予以解释,然而并不成功。后来各国逐渐趋向一致,"直接取得说"成为目前的通说②。该说意思明确,即引起丙对乙债权的法律事实并非法律行为,而是法律的直接规定。也就是说,代表自由意志的意思表示并不能成为赋予第三人债权的依据。

之所以"直接取得说"会最终成为共识,逻辑上自圆其说仅仅是表面原因,其根本原因却在于上述法律关系形成的社会必要性与正当性。具体而言,在赋权型利益第三人合同中,导致第三人丙取得债权的因素有三个:一是甲和乙的约定;二是丙对于自己被赋予债权的承认;三是确认丙取得债权的法律规定。在这三个因素中,前两者皆为次要因素,对法律关系仅起到启动效果;而后者才是主要因素,对法律关系发生起决定作用。为什么说社会必要性与正当性才是其中根本原因?理由有二:一方面,近现代以降,人们交往频繁,社会关系日益紧密,相互依存度持续提高,涌现出诸如人寿保险、意外伤害保险、货物运送、邮政快递等一批涉及第三人的合同,从社会效率和安全等客观需求出发,这些合同必然要求第三人在不以他人意思表示为前提的情况下直接取得债权。正是这种社会必要性决定了在简单利益第三人合同类型之外,法律还要增加赋权型利益第三人合同类型。另一方面,这种赋权的法律规定并非以意思表示理论为基础,其法理基础乃源自债法信赖保护原则。第三人虽然不是合同当事人,但合同双方的约定涉及他并对他"赋权",他对此客观上处于一种信赖的状态,因而对合同双方而言具有相应的信赖利益(当然,信赖利益更主要是针对债务人的)。其实,此观点最早来源于德国著名学者黑克,他认为所谓纯正为第三人利益订立合同,意味着"'无自己的协助',即无须以某

---

① 参见桑德罗·斯奇巴尼:《民法大全选译——债 契约之债》,丁玫译,中国政法大学出版社 1992 年版,页 111。
② 具体参见张家勇:《为第三人利益的合同的制度构造》,法律出版社 2007 年版,页 236 以下;吴文嫔:《第三人利益合同原理与制度论》,法律出版社 2009 年版,页 242 以下。

种方式认定为取得。第三人也不需要知悉取得。"[①]可见,对第三人赋予债权的不是合同当事人双方,而是法律本身。第三人正是基于相关"赋权"的法律规定而与债务人建立起一种信赖法律关系,故而这一债权的性质属于信赖之债。

总之,虽然合同当事人订立了合同,第三人就该合同中对自己的赋权表示承认,且其取得的债权也与该约定内容密切相关,但这依然不意味着第三人所取得的债权性质属于合同债权,甲与乙的合同意思表示以及丙的承认意思表示因素仅对债的具体内容产生影响,而并未对债的效力发生产生影响。事实上,在信赖保护原则下形成的法定债权,才是对赋权型利益第三人合同法律关系属性和效力的准确概括。至于债务人向利益第三人履行,表面上系履行合同义务,这似乎与信赖之债的概念和特征相左,但其实两者并不矛盾,对此容后详述(参见第十一章第二节)。另外,由于该合同的实施结果,衍生出了一种与传统债法不同的全新信赖之债法律关系,尽管其性质未超出债法范畴,然而由于没有像债的保全那样在个人自由与信赖保护之间作出妥协,故而其对债的相对性的突破更加全面和彻底。从这个意义上说,该制度对传统债法的溢出效应还是较为明显的。

三、缔约过失责任制度的溢出效应

在本章开始部分谈到,由耶林创造的缔约过失责任理论是债的相对性突破的肇端,并开启了信赖保护原则在债法中广泛推行的大幕。在耶林之前,大陆法系债法的传统体系已经成熟,个人自力更生和自担风险的指导思想贯穿其间,自由不受干涉,只有在自愿前提下才会受到限制。所以,无合同则无约束成为了债的相对性的基本含义之一。耶林敏锐觉察并准确把握社会发展动向,提出在合同生效前的订立阶段,虽然没有合同可以作为保护依据,但当事人基于信赖而形成的正当利益应该得到法律保护,相应地,对方的自由有限制必要。

不过,耶林的缔约过失责任理论属于信赖保护理论的初创,他仅仅从民事责任追究的角度进行了理论构建,即他直接论述了一方当事人在合同未生效之前,如果侵害了另一方的信赖利益将会承担民事责任的情形,

---

① 迪特尔·梅迪库斯:《德国债法总论》,杜景林、卢谌译,法律出版社2004年版,页585。

而对于这一民事责任形成的债之基础却未加以论述。如果将其理论进一步完善,正如后来学者们所指出的那样,其实早在缔约过失责任发生之前,当事人之间原本已经存在了一种"特别结合关系"或称为"法定债"①,而缔约过失责任恰恰是上述债不履行的法律后果。由此可见,该理论的关键不是缔约过失责任,而是责任之前就已存在的法定之债。与传统债法突出当事人自由意志不同,该法定之债以保护信赖利益为首要任务,为此不惜突破传统观念中为保护个人自由而划定的边界,将两个依传统债法本不存在法律关系的当事人强行拉入一个新型债的关系当中,并由此迈出了突破债的相对性原则的第一步。

这样一来,在原本大一统的债法家族中,同时存在着顺从与叛逆两种类型的债,一种是传统的债,以自由为基础并以相对性为准则;而另一种是信赖的债,以社会信赖为原动力,遵循信赖保护原则。两类债设立的目的各不相同,也各有其适用领域和实施条件。换言之,缔约过失造成对方的损害,在传统债法中并不被认可,仅被视为受害人应自担的风险,故亦无责任可言,但信赖利益保护兴起之后,在上述情形下,信赖利益在与个人自由的博弈中占据了优势。这意味着自由受到了挤压,由相对性原则构建的防护层失去了效果,相反,自由压缩后出现的真空立即被信赖关系所填补。总之,支撑起这一领域利益保护的规则不再是意思自治或债的相对性,而是社会信赖。

其实,无论是耶林创立缔约过失责任理论的时代还是其后相当一段时期,学者们总力图用传统观念对其进行解释,提出过诸如"侵权说"和"契约说",但社会的发展证明这一切都是徒劳的,缔约过失责任只是广泛的信赖之债的一个组成部分,只有用"法律规定说"或"诚实信用原则说"对其加以解释,才能够揭示出其社会本质。从这个意义上说,缔约过失责任制度具有极为鲜明的对传统债法的溢出效应。

第二节 溢出效应之合同义务法定化

根据通行说法,合同是当事人双方共同的意思表示,遵守意思自治原

---

① 参见迪特尔·梅迪库斯:《德国债法总论》,杜景林、卢谌译,法律出版社2004年版,页4以下;迪特尔·施瓦布:《民法导论》,郑冲译,法律出版社2004年版,页698。

则；合同义务源自约定，属于约定义务，在传统债法中亦称为约定之债，用以与法定之债相区别；同时，合同的目的在于商品交换，互通有无，因而合同须要履行才能完成，该履行行为被称为"给付"。归纳起来，合同之债可以理解为是基于双方约定的给付行为。那么，是否存在没有约定的合同义务呢？依传统见解，合同当事人之间的确可以有极少数非约定义务，但这些义务仅仅是作为约定的附属物而存在，用以弥补合同约定的不足；而且其存在完全可以从约定事项中直接推导出来，可以用推定的意思表示一致加以解释。也就是说，在合同有需要补足的情形时，当事人自然会作出这样的约定。例如来料加工合同中，承揽人对定做人所提供原材料的保管义务即属此类。一般而言，该义务不属于给付义务，且对合同给付义务而言具有纯粹的附属性质，故而被称为合同附随义务。

一、附随义务的法定化

然而，随着债法信赖保护原则的确立，尽管"约定"和"给付"成分仍为合同义务的主流，但不容否认的事实是，越来越多"非约定"和"非给付"义务开始频现于合同当中。这种合同义务类型繁多，例如：告知、说明、保密、注意、协助、保护义务等等，不胜枚举。而且这类合同义务的重要性也在与日俱增，例如：购买药品时药店有义务提供相关药品的副作用说明；购买纯种赛马时卖方有义务交付马的血统证明书；股民开具股票交易账户时证券公司有义务对股票风险进行如实陈述；超市出售新鲜乳制品时有义务明确标注商品保质期。这些以往被视为起次要作用的附随义务，如今已经成为足以左右交易本身的重要因素。与此同时，附随义务还日益显现出普遍化的趋势。上述义务在几乎所有类型的合同中以及合同的各个阶段中均有所展现，例如买卖合同、承揽合同、租赁合同中普遍存在的瑕疵告知义务和瑕疵担保义务；运输、保管合同中承运人或保管人对货物安全的保护义务和货物发生毁损的及时通知义务；人寿保险合同中被保险人如实提供自己健康信息的义务。再如合同订立过程中承诺迟到的告知义务；顾客聚餐或者观看演出时餐馆或剧院对顾客人身安全的保护义务；合同履行过程中因突遇灾难而触发不可抗力条款，致使免除债不履行责任时，债务人一方对债权人的告知义务；房屋租赁合同到期，承租人将房屋返还后，对于房门密码锁密码的保密义务。

总而言之，当今时代"非约定"的合同义务已经变得如此之多，作用变得如此重要,以至于完全超出了先前附随义务功能的设定初衷。从无足轻重的意思表示附属物发展到几乎与约定义务相提并论,这反映出当代债法不断加快的社会化步伐,已经导致合同领域内不再是意思表示的一统天下了。传统债法"无约定则无义务"的观念必须进行调整,用约定义务的附属或推定意思表示等轻描淡写的提法已经无法对上述义务的性质予以完满解释了。不过,意思理论的含义是明确且周延的,当人们早已习惯于用约定来解释合同义务来源时,很难指望法律会接受"非约定合同义务"的提法。然而,问题并没有到此为止,非通过约定而产生合同义务的情形仍在加剧,现实中除了广泛存在的附随义务以外,还包括以下一些类型。

二、强制缔约制度

依照意思自治理论,合同义务的产生来自当事人在自愿前提下的约定,本不存在强迫,但是随着法律的社会化,合同订立过程亦显现出以社会化替代自由化的现象,其中典型之一为强制缔约。例如供电水暖气、电信网络、公共交通、医疗服务等公用事业,以及其他类似行业如公园、酒店、餐馆、商场、超市等等,对于愿意支付合理对价的消费者的缔约意愿,皆不得基于个人恩怨或自私因素考虑而加以拒绝。这意味着合同自由在一定程度上被颠覆,一方当事人负有响应对方的请求与之订立合同的法定义务。换言之,强制缔约理论建立在人际相互依赖关系日益紧密的基础之上,以信赖保护为原则,一定程度上否定当事人意思自治,认为"凡居于事实上独占地位而供应主要民生必需品者,负有以合理条件与用户订立契约之义务"[①]。可见,尽管此时合同交易的具体内容仍由当事人自由协商,但合同订立与否的自由和合同对方的选择自由却被法律强制所替代,建立合同关系的意愿已从基于约定转变为基于法定。

三、事实上的合同理论

依传统理论,合同是双方意思表示一致的产物,没有意思表示或者意思表示不一致,合同关系就不存在。然而,作为当代法律社会化的结

[①] 王泽鉴:《民法实例研习丛书》(第三册)——债法总论(第一卷),台湾三民书局1988年版,页74。

果之一,上述金科玉律被德国学者赫伯特(Haupt)所提出的事实上的合同理论所打破。该理论认为合同在若干情形下,可因一定事实过程(Tatsächliche Vorägnge)而成立,当事人之意思如何,在所不问①。例如事实上的合伙关系、事实上的劳动关系以及未经协商而径行登上公交车或未经协商而直接将车停入停车场,等等。此情形比强制缔约制度在否定意思自治的道路上走得更远,强制缔约仅仅是在合同订立与否之上存在强制,在合同具体内容上仍可自由协商,即使协商不成,商品或服务的牌价或评估价可以作为确定合同条件的参照,而此种情形则在既无合同意愿又未就合同具体条件形成合意时,仍会强制双方建立合同关系。由于该理论过于生硬,备受各方批评,后来拉伦茨教授又以"社会典型行为理论"对其进行了必要的圆融和进一步深化,他指出,现代大量交易产生了特殊现象,即在甚多情形,当事人无须为真正意思表示,依交易观念因事实行为,即能创设契约关系②。因此,如果存在一方为给付行为而另一方因支付对价利用该给付时,合同就会产生。这两个事实行为"并非系以发生特定法律效果为目的之意思表示,而是一种事实上的合致行为,依其社会典型意义,产生了与法律行为相同之法律效果"③。总之,不通过约定却可以产生合同义务,这不能不说在一定程度上颠覆了合同以意思为核心的观念。

四、英美法允诺禁反言理论

这一理论是英美法关于合同义务法定化的最经典情形,前已详述(参见第九章第二节)。在英美法传统中,对合同的理解虽然不强调意思表示的一致性,而是将允诺 + 对价作为合同的两个基本要素,然而这仅仅是一种表面现象,其背后以平等与自由为基础自发形成的商品交易,才真实反映出合同的本质。从这个意义上说,合同属于双方的自治领域,是由允诺和对价组合而成的协议,来完成当事人合同义务的自主设定。因此传统上,英美法中的"合同义务被看作合同双方自愿选择承担的义务"④。

---

① 王泽鉴:《民法实例研习丛书》(第三册)——债法总论(第一卷),台湾三民书局1988年版,页165以下。
② 王泽鉴:同前注,页166。
③ 王泽鉴:同前注。
④ 阿狄亚:《合同法导论》,赵旭东等译,法律出版社2002年版,页257。

这种由允诺和对价自发形成合同关系的理论被称为对价理论(也称交易理论)。而与对价理论相反,允诺禁反言理论则打破了上述传统,允许在仅有允诺而无对价的情形下,依然可以形成某种法律关系。很显然,这种关系的法律约束力并非来源于合同,而仅仅来自信赖保护原则或由此原则引发的法律规定。允诺禁反言在英美法中已被普遍认可,所不同的是在认识程度上存在差异,例如科宾仍然沿用合同法理论对其加以解释;而吉尔莫则彻底跳脱合同领域,对允诺后又反言的行为,不再视其为违反合同义务,而是作为违反法定义务的情形交由侵权法来调整。

综上所述,正是由于信赖保护原则的出现和不断强化,无论是大陆法还是英美法都随之显现出一个发展动向,那就是合同中的约定义务范围有所收窄,非约定义务开始不断涌现,且其适用范围持续拓展。尽管这中间有很多学者从意思理论出发,力图通过对合同约定概念进行扩大解释,以便使这些义务继续被框定在合同范围之内,例如用推定或默示意思表示来解释附随义务和从给付义务;或者用相对"中性"的非约定合同义务一词来解释强制缔约和事实上的合同。然而,上述义务的发展趋势决定了这些原来的合同义务正在逐渐失去其约定属性,相反作为被强加的法定义务属性却越来越明显。事实上,无论从这些非合同义务的数量、种类、散布范围还是从法定化水平等方面观察,都可以得出以上结论,上述扩大解释的办法只能是舍本逐末的权宜之计。面向未来,我们必须正视传统合同义务向法定之债的溢出效应,并据此将诸如附随义务、强制缔约、事实上契约以及允诺禁反言等法律关系定性为信赖之债,才是合理选择。

第三节　溢出效应之侵权法的扩张

根据传统理论,侵权法的社会功能可以从直接和间接两个方面考察,直接功能无疑就是保护民事主体静态意义上的人身和财产权利,使这些权利不受他人侵害;而侵权法的间接功能则是为每个人的自由活动提供必要空间,这意味着人享有充分的自由,只要一个人不侵犯别人的权利,他的行动自由即不受干涉。可见,侵权法的目的在于为人与人之间的交往划定一条必须遵守的红线,红线的一边是个人自由领域,而另一边则属于他人权利范围。跨越红线仅在两种情形下不被禁止,第一是当事人通过约定(合同)允许他人进入自己的权利领地,第二是基于法律的直接规定。然而,随着社会向信赖化发展和信赖保护原则的确立,侵权责任发生了扩张,法律红线发生了向自由领域的位移。也就是说,债法溢出了原有边界,进入到传统自由领域。具体表现在以下几个方面:

一、不作为侵权问题

依本书前文所述(参见第五章第一节),个人自由分为积极自由与消极自由。前者指"去做……的自由",即积极行为的自由;后者指"免于……的自由",即消极行为的自由,或什么都不做的自由。积极自由与侵权责任的关系问题,理论界研究颇多,当一个人的积极行为超出自由界限而侵入他人权利范围时,即构成侵权(如打伤或者诽谤他人);然而关于消极自由与侵权责任的关系,正如阿狄亚所指出的那样:这属于"尚未彻底挖掘的一个领域"[①]。本书前面曾介绍过康德义务论伦理观(参见第二章第二节),以及在此基础上形成的伦理人格主义权利观(参见第五章第三节),并详细讨论了在绝对自由理念占统治地位的社会环境中,自由属于绝对价值,具有至高位阶。因此,人的不作为本身属于自由的最核心部分——消极自由。如果说积极自由尚可能因为影响他人利益而受到某种限制的话,消极自由则意味着什么事情都不做,不会对他人构成不利影响,故而消极自由在任何情况下皆不应被干涉或被剥夺。由此出发,康德主张一切法律都不应强迫一个人牺牲自由去援救一个素不相识的人(参见第三章第三节),并将此定义为"不完全的义务",即不能被强迫履行的义务。有学者对康德此观点进一步阐释如下:"如果我违反了与他人订立的契约,那么这个人就受到了不正当的对待或侵犯,但是如果我只是没有积极地增进他的幸福,那么他并没有受到不正当的对待或侵犯。我可能会因为'干涉'了他的幸福而侵犯了他的权利,但我却不会因为'忽视'他的幸福而侵犯他的权利。"[②]正是在这个意义上,阿狄亚提出:"一般说来,没有单纯的不作为导致的侵权行为责任。"[③]这一点反映到债法理论中,就意味着以下责任观念:两个陌生人由于都具有法律赋予的消极自由,除

[①] 阿狄亚:《合同法导论》(第五版),赵旭东等译,法律出版社2002年版,页403。
[②] 杰弗里·墨菲:《康德:权利的哲学》,吴彦译,中国法制出版社2010年版,页48。
[③] 阿狄亚:《合同法导论》(第五版),赵旭东等译,法律出版社2002年版,页403。

非因某种积极作为才会产生债的关系,否则他们之间并无任何法律关系可言。

不过,这只是近现代债法逻辑体系下的结论,不作为即无侵权或更准确地讲是不作为就无法律关系的观念,在某种程度上已无法适应当代社会需求。例如我国《侵权责任法》就直接规定了监护人违反监护义务(第32条)、网络服务提供者未采取必要措施(第36条)以及经营者违反安全保障义务(第37条)的民事责任性质为侵权责任。前者实际致害人是被监护人,监护人本身并未实施侵权行为,其承担侵权责任的原因仅仅是未尽到监护职责(不作为);中者实际侵权人为其他网络用户,而非网络服务提供者,其承担侵权责任的原因也是不作为,即未及时"采取删除、屏蔽、断开链接等必要措施";后者实际致害人同样是另有其人,而宾馆、商场、银行、车站、娱乐场所等承担侵权责任的理由仅仅是其该作为却不作为,从而"未尽到安全保障义务"。另外,还有一系列性质类似的情形虽不够典型,但习惯上亦被归为不作为侵权之列,例如本书前述的"枯树案"(1902年)、"撒盐案"(1903年)(参见第二章第二节),以及"软木地毯案"(1911年)[①];再如作为专业机构或专业人员的会计师、鉴定师、评估师、律师等未披露必要信息或未提示商业风险及法律风险导致的不作为侵权;医师未向患者说明病情和医疗措施以及未说明医疗风险和替代医疗方案等亦属于不作为侵权。

这里暂且不论不作为亦可构成侵权是否会引发法律逻辑关系上的矛盾问题[②],仅就客观而言,从传统的不作为即无侵权,演变为即使不作为亦可在陌生人之间引发债的关系,这些20世纪债法新动向,均已跨过了自担风险与承担民事责任之间的原有界线,其成为溢出传统债法的现实存在是显而易见的。

二、过错标准客观化和无过错侵权责任

众所周知,传统债法遵从个人主义原理,于侵权行为中坚持过错责任原则,即行为人致他人损害,如果是在没有过错的情形下发生的,行为人

---

① 参见王泽鉴:《缔约上之过失》,载《民法学说与判例研究》(第一册),中国政法大学出版社1998年版,页91。对此虽有争议,但观点之一是侵权说。
② 相关制度的法律性质问题,请参见第十二章第六节内容。

不承担侵权责任。所谓过错,乃个人自由与对他人利益注意的主观界线标准,某人的行为虽未注意到或顾及他人利益,但如果这是在法律赋予的自由范围之内,其并无过错;如超出这一范围而主观上未注意或未顾及他人利益的行为,才视为有过错。之所以如此,是因为基于个人自由观念而形成的生活习惯早已作出如下假定:你作为独立个体,应有能力照顾自己的利益;而他人作为另一独立个体对你并无照顾义务。每个人遇到自然或社会风险,应由自己一力承担,这就是所谓风险自担原则。可见,一个人只要不侵害他人,就构成了其行为正当性的充分理由。换言之,法律追究侵权者的法律责任,是因为其主动跨越了自己的自由边界而侵入到他人自由领地。相反,如果这种侵入并非其主动而为,而是由自然或社会原因所导致,则意味着行为人"没有意志的自由和选择善恶的自由"①,故不能追究其侵权责任,这即所谓"道义责任论"。

由此原理出发,判断一个致害行为的行为人是否有过错,关键要看该行为人是否在其注意能力控制之下侵害了他人人身或财产利益。因为人的行为是受其主观意志支配的,如果一个人的行为不受意志支配(如未成年人或精神疾病患者缺乏判断力或自制力),则意味着其仅仅是一个被自然力量或他人力量所支配的工具而已。此时,该致害行为对于受害人而言,就相当于风险,受害人应自己承受。而对致害人而言,由于不具有主观上的可归责性,故无过错可言,亦无责任可言。

然而如前所述,20世纪之后侵权法中过错责任原则的一统江山发生动摇,过错标准开始从判断行为人心理状态的主观标准向客观化过渡,甚至于在某些领域内无过错责任原则逐渐取代过错责任原则成为判断侵权构成的基本依据。随着无过错即无责任的铁幕被撬开一个缺口,原本占据主流的自由因素迅速退却,信赖因素立即由缺口溢出并填满上述空间,这即所谓"社会责任论"。可以说,过错标准的客观化和无过错责任同样显现出了信赖保护原则对传统债法的溢出效应。

过错标准的客观化具体表现在两个方面:第一方面是证明方式的客观化,即所谓过错推定。过错推定的特点在于判断致害人是否有过错的标准总体不变,依然沿用传统的主观标准,但判断方式发生了改变,通过举证责任倒置方式从原告举证变为被告举证,如果被告无法证明自己无

---

① 张文显:《法哲学范畴研究》(修订版),中国政法大学出版社2001年版,页125。

过错，则推定其有过错。形象地讲，传统过错责任原则对于致害人是否有过错采取"无罪推定"，而过错推定采取的却是"有罪推定"。尽管学者们多以轻描淡写的口吻将过错推定的功能限定在增加效率和降低成本方面，但其实很明显，过错推定产生的根本原因是从社会安全的总体目标出发，正视人与人之间存在彼此注意和顾及对方利益的客观信赖，刻意将法律保护立场向受害人一方倾斜，对致害人的自由施加相应限制。这样做尽管一定程度上使侵权法溢出了传统债法原本为之划定的边界，但这是为了顺应当代社会化发展的要求而对债法所进行的必要修正。

过错推定对传统债法的溢出大致表现在如下领域：专业机构或作为专业人员的会计师、鉴定师、评估师、律师的专家责任；经营者违反安全保障义务的民事责任(《侵权责任法》第 37 条)；《国家赔偿法》和《行政诉讼法》中规定的行政行为或司法行为侵权引发的责任；医疗行为中违反诊疗规范、拒绝提供或伪造、篡改病历等引发的责任(《侵权责任法》第 58 条)；因物件致人损害责任(《侵权责任法》第 85 条、第 88 条、第 90 条、第 91 条)。

过错标准客观化表现的第二方面是过错判断内容的客观化。传统债法中一直将过错视为致害人的主观心理状态，但心理的主观性决定了其很难从外部把握，人们只能从某些客观表象来间接判断。这尽管最大限度地保障了人的行为自由不受限制，但客观上却也增加了过错认定难度和社会成本。为了使自由与效率取得平衡，美国的汉德法官根据过失侵权主要是造成受害人财产损失的特点，设计出著名的汉德公式作为判断是否存在过错的客观标准。汉德法官从个人对他人的注意程度应符合功利主义的原理出发，认为一个人不能因为保护他人利益而降低社会财富的总量。他假定：每个人对他人的利益应负有在"合理范围内"的注意义务。在汉德法官看来，人的注意程度与注意成本存在正相关，提高对他人利益的注意程度，就意味着支出更高的注意成本，因而一个人为了保持他人的既定利益而支出过高成本(超过被保护利益)是不应该的。于是，汉德公式用文字表达就是：以投入的预防成本(注意成本)作为对他人利益注意程度的客观标准[①]。

[①] 汉德公式的数字表达：预防成本(B)＜他人损失(L)。同时考虑到造成损害并非一定，而是有概率(P)的，所以将概率因素也考虑进去，公式就是：$B < PL$。

如前所述,汉德公式的意义在于过错标准的客观化,一个人的非故意行为造成他人损害,其注意成本低于损害的财产价值时,行为人有过错;如果投入的注意成本大于等于损害的财产价值时,行为人无过错。然而这并非其意义的全部,我们还可以从另一角度对其意义加以诠释:即使交往者为素不相识的两个人,其中一方依然可以被指望为注意和顾及对方利益而付出适当的成本。换言之,两者之间并非没有任何法律关系,而是存在着一定的信赖利益保护法律关系,否则要求一方支出相应注意成本将变得毫无依据可言。

相较于过错证明方式客观化,过错内容客观化更多出于判断成本和操作便利因素的考虑,因此其对传统债法的溢出效果不十分明显。尽管如此,这种方式仍一定程度上溢出了传统债法,原因是这样做客观上降低了证明过错存在的难度,增加了认定致害人存在过错的可能性。这种方式首先并不排斥能够证明致害人有主观过错的情形;其次即使无法直接证明主观过错,通过成本与损害比较的方式,亦可间接认定致害人行为存在过错。从这个意义上讲,过错内容客观化以一定程度溢出传统债法为代价,实现了提高人际的相互信赖程度的社会效果。

如果说过错标准的客观化是在较低层级上反映出当代侵权法对传统债法的溢出效应,那么无过错责任则使这种溢出效应在较高层级上得以展现。正如本书前述(参见第二章第二节),自19世纪后期社会开始展现两大特征,一是城市化,二是机械化。前者使得大规模人口聚集成为一种常态,后者使大工业生产广泛普及以及社会效率迅速提升。但与此同时,这种变化也同比例提高了社会风险,人与人联系密切度的增加,导致相互造成损害的概率与日俱增,各种工业事故和社会安全事故无论从危险水平、发生频率、危害程度还是波及范围等方面都大大超过从前任何时代。美国学者格兰诺维特笔下"低度社会化"[①]的社会正在迅速消失,取而代之的是一个社会化程度较高的社会。在这样的社会中,法律必然会更多地关注人际交往中的人身安全,要求人们在从事存在社会危险性的行为时必须保持较以往更高的注意程度,为此不惜对人们的行动自由采取适当限制措施,而且限制已经达到了这样的程度,以至于在规定的领域内,

---

① 马克·格兰诺维特:《镶嵌:社会网络与经济行动》,罗家德译,社会科学文献出版社2007年版,页3。

法律对致他人损害（主要是人身损害）的行为实行所谓结果责任，即不论行为人是否存在过错，只要存在损害结果，都要承担赔偿责任。

尽管当代各国立法均已承认无过错责任，甚至将其与过错责任相并列，但对其原理的解释却因指导思想不同而存在较大差异。一般认为存在以下三种主要观点：

第一种观点是"报偿理论"。这种观点是指侵权责任中应遵循"利益之所享，风险之所归"的原则。例如法国著名学者约瑟朗德教授就曾提出：高技术行业往往是高风险行业，而高危险业务的利润回报又往往最高，经营者之所以经营高度危险业务是为了追逐高额利润。因此可以说，正是经营高度危险业务本身形成了高度风险，因而当经营者致人损害时，由于其获取了全部利益，自然也应该承担由此带来的全部风险。虽然这一观点有一定的社会化成分，但基本上还停留在个人本位阶段，试图用简单利益交换来解释无过错责任的本质。其实这与现实情形不符，当代社会高度危险业务的主要形式，诸如高空、高速、易燃易爆、高压电等业务领域，风险虽然依旧很高，但却早已不是什么高利润行业，利润低而风险高是这些行业的普遍特点。因此用此观点解释不能令人信服。

第二种观点是"危险控制理论"。与前一种观点将关注重点放在风险由谁带来略有不同，该观点认为在高度危险业务领域内，谁是风险的制造者，谁就应该且能够成为风险的控制者。损害发生的关键因素不仅在于风险的制造，更在于风险的控制，只有使风险得到最大限度的控制，才能够减少损害的发生。让最有能力控制风险的人承担无过错责任，可以促使其尽可能避免危险，减少损害。该观点与前一种观点其实并无本质区别，尽管增加了风险控制这一考量因素，实践中也的确起到一定作用，但其仍然意图通过简单利益交换达到实现社会公平的目的，而未从社会整体层面的利益平衡来考量，因而尚未脱离个人本位立场。以高压输变电行业为例，虽然经营者依照国家安全指导规范已经采取了最严格的防范措施，但依然无法避免诸如在高压线下放风筝、甩线钓鱼、攀爬塔架这样的危险行为，如高压输变电企业仍然要为此承担无过错责任，这显然与以制造和控制风险为责任承担依据的初衷大相径庭。

第三种观点是"风险分担理论"。该理论注重保护受害人的生命健康利益，强调法律的补偿功能，对某些致害人并无过错的侵害行为采取以结果确定责任归属的方式，不再拘泥于究竟由谁制造或能够控制风险，而是直接将风险负担硬性分配给致害人一方。同时为达到利益平衡，再通过保险等方式将该风险转嫁给利益相关的社会群体。该理论的根本出发点是通过价值判断与利益选择方法，最终在债法交易职能与补偿职能的矛盾中舍弃前者而选择了后者，因此其最大特点是在传统的是非标准之外重新树立所谓"分配正义"的理念，抛弃传统债法简单交换的是非评判理念，而以"分配责任"和"社会分担"的理念取而代之。也正是由于这一根本变化，使该观点不仅成为无过错责任理论中唯一逻辑上能够自圆其说的理论，而且也是一种符合"较高社会化"时代要求的理论。

相比较而言，"风险分担理论"对传统债法的溢出效果最为明显。如果说"报偿理论"和"危险控制理论"并没有摆脱"归咎责任"理念的话，"风险分担理论"却是建立在全新法律理念之上的，该理念不是别的，正是信赖保护原则。之所以法律对本无过错的人强行分配责任，恰恰是当代社会人与人之间相互依赖加强、法律社会化程度提高的必然结果。此时，从信赖保护原则出发，在既定领域内，法律对人际交往中的注意义务要求发生了明显变化，主要体现在对他人安全给予更主动和更高的注意，这导致了侵权责任完全溢出了传统债法理论，向无过错责任方向延伸。

三、从事实因果关系走向法律因果关系

侵权责任的构成要件之一是侵权行为与损害结果之间的因果关系问题。传统债法上，因果关系曾一直被视为事物之间的客观联系，人的主观因素不能介入其中，所以因果关系理所当然地被定性为一种事实上的因果关系。换言之，判断因果关系仅仅根据事物关联程度的远近和密切程度，而不考虑其他因素。之所以如此，与当时社会强调追求自由价值不无关联，例如最早出现的关于侵权因果关系的理论是"条件说"，这一理论的特点是将所有与损害后果有联系的事实皆视为原因。但这样认定存在一个明显的缺陷，那就是在多个对结果有影响的条件中，有的条件影响力较强，而有的条件的影响力则较弱；有的联系较密切，有的联系则较疏远。如果凡有联系的因素都被认定为原因，并追究相关人的侵权责任，则势必造成责任追究面过大和过度限制他人行动自由的结果。近现代债法的成熟阶段，出于对人身自由保护的首要目的，另一种被称为"原因说"的理论成为"条件说"的替代物。该理论认为，对结果起决定作用的因素才是原因，而其他关联因素只是条件而已，仅有条件因素而缺乏原因的，不构成

因果关系。这种认定的结果,使得侵权责任的原因力被严格限制在直接原因内,其最大益处是使那些与结果关系较间接者被排除在原因之外,从而充分保障了人们的行动自由。

"原因说"在与"条件说"的博弈中获得了胜利,这固然是个人主义债法的胜利,然而胜利并未能永远保持,随着当代人际关系社会化程度提高,人与人之间相互依赖性明显加强,因果关系理论中将与结果联系最直接的因素作为原因的做法开始显现出弊端,现实中有些因素虽然属于直接联系,但其对结果的影响较小,而另一些因素尽管与结果的联系表面上较疏远,但其对结果的影响力却最大,为追求个人的最大自由度而刻意选择忽略这些真正的原因是不恰当的。有鉴于此,一种将"同样条件可以引发同样损害后果"作为判断基准的"相当因果关系说"逐渐浮出水面。"相当因果关系说"既不是将所有与结果有联系的事实皆作为原因,也不是仅仅将距离结果最近的事实作为原因,而是在与结果有联系的全部事实中,选取对结果有最重要影响的事实(具有相当性)作为原因,因为恰恰这些事实能够对结果的发生起决定性作用。学理上通常将这种决定性的事实定义为以一般人的智识经验可认识和可预见的重要事实。

需要指出,一直以来,因果关系之所以被定性为事物之间的客观联系,其主要目的之一在于充分保障个人自由,使其不会轻易被主观因素所打破。但"相当因果关系说"允许通过"选取"某项事实作为原因,这说明人的主观意志开始介入因果关系,因果关系由此一定程度上失去了纯粹客观联系的属性。这同时也说明价值判断开始介入到传统的事实判断领域,个人自由的防护墙因而被打开一个突破口。可以说,"相当因果关系理论"部分地顾及当代社会关系的紧密性,并将人际存在的客观信赖作为判断侵权因果关系的考量因素之一。当然不容否认的是,"相当因果关系说"主要依然是建立在事实关系的基础之上,对传统债法的突破具有局限性,其本质上并未超出事实上的因果关系范畴。

真正显现出对传统债法溢出效果的是"法规目的说"。该说在"相当因果关系说"基础上又前进了一大步,认为探究事物之间因果关系的目的在于追究肇事者的法律责任。从这一目的出发,因果关系与其被定性为事实上的因果关系,不如被定性为法律上的因果关系,因为事实因果关系与目的无涉,而法律因果关系则具有强烈的目的性;事实因果关系仅是一般意义上的客观联系,而法律因果关系是从一系列客观联系中通过主观取舍而选定的有法律意义的联系。由此出发,法律因果关系的关键之点在于,从结果反向寻找原因时,并非将一切对结果有影响力的条件作为原因看待,也不是简单根据关系的远近来确定原因,而是要找到其中最具法律价值且符合法规目的的因素,并将其作为原因。具体讲就是根据当代社会关系的基本特征,将信赖保护原则引入对因果关系的认定过程,在判断因果关系时除了考量传统自由价值以外,又增添了与之并列的信赖价值。这样,因果关系问题已经从单纯对事实的逻辑判断演变成法律的价值判断。换言之,法律将交往安全与社会和谐列为与自由价值同等的优先目的和首要价值,并以此作为设计侵权因果关系理论的基点。很明显,在新的设计思路中,通过主观意志一定程度的介入,使自由的价值被适度限缩而秩序与信赖保障的价值被相应放大,因而成功使侵权法因果关系理论顺应了当代社会发展大势。而这一切恰恰符合利益法学或价值法学的基本思路。

综上所述,自由利益与信赖利益作为一对矛盾,好比债法天平两端的砝码,而债的相对性、契约自由以及过错责任好比调整债法天平指针的工具。近现代社会,强化这三个原则即可以实现社会的公平,故天平的指针被拨向了自由一端。然而当代社会,信赖利益的地位迅速提高,其作为砝码的分量在不断增加,于是信赖保护原则也被纳入了调整工具范围,天平开始了向信赖方向的回拨。在这些工具的综合调节下,债法天平通过相对性突破、契约义务法定化以及侵权责任扩张等诸多对传统债法的溢出动作得以不断微调,并借以寻求新的平衡点。其实,信赖保护原则所导致的这种溢出效应并不可怕,相反却是完全必要的,因为这是使债法天平指针时刻保持公平的唯一正确选择。死抱着传统的逻辑不放,不能与时俱进,其结果只能造成新的社会不公平。当然,未来债法天平的指针绝非一成不变的,它将会随着现实中自由与信赖关系的此消彼长而动态调节,始终保持社会处于平衡状态。

还有一点,信赖保护原则被引入债法,虽然使新债法溢出了债法的传统范围,但溢出之后的一部分已经发现了新的归宿,如债的保全和无过错责任制度;另一部分虽然与原有制度逐渐分离,但却尚未找到合适的栖身之所,如合同义务的法定化和不作为侵权等。尽管未来的目的非常明确,那就是我们需要一个能够胜任自由与信赖两翼齐飞的新债法,但不言而喻的是,实现上述目的却需付出艰辛的努力,因为打破一项既有制度传统远比重新建立起新的制度体系简单得多。下面章节将围绕债法的改良与创新问题继续深入探讨。

第四节 债法改良的困境

信赖保护原则的产生以及其对传统债法所带来的溢出效应，倒逼着债法革故鼎新，而革新又必须以社会效果良好为目标，因此，未来债法发展路径的选择就成为了当前的首要任务。如果我们回顾一下债法改良已经走过的具体路径就会发现，截止到目前我们似乎并没有行进在一条可以使改良稳定持续下去的道路上。换言之，债法改良遇到了瓶颈。前文已不止一次提到该瓶颈其实就是改良由于是从各具体制度领域内分别兴起，互不衔接，当变革达到一定深度时，就导致各项制度之间出现较为严重的相互矛盾，这造成了对债法既有体系完整性的破坏。一言以蔽之，缺乏顶层设计才是债法改良所遭遇的最大困境。

其实，各国的法律工作者早已敏锐地意识到，债法需要通过改革将新的社会利益纳入债法保护范围，然而鉴于合同与侵权二元制债法体制长期以来的根深蒂固和不容置疑，人们的改革思路首先自然趋向于通过变通而非革新方式。具体就是在以下方向上作出选择：要么是扩大合同覆盖范围，将信赖利益纳入合同法当中；要么是扩大侵权法的覆盖范围，将信赖利益保护作为侵权法保护对象；要么是根据具体情形，分别划归两法调整，即将无法纳入合同法的信赖利益归结为侵权法保护，而将无法纳入侵权法的信赖利益归入到合同法之中。具体思路如下：

一、合同法扩张思路的困境

长期以来，针对加强信赖利益保护的社会需求，世界各国学者首先想到的对策就是通过扩充合同外延的办法来寻求合理解释。例如早在中世纪，伟大的法学家巴尔杜斯就曾提出过合同"默示义务"和"自然条款"的概念，并将其视为合同中固有的、不言而喻的和自然存在的条款（参见第八章第一节）。后来耶林在探讨缔约过失责任性质时，也趋向于将其解释为一种合同责任。① 在法国,这样的理论同样被广泛接受:"今天的法院采更宽泛的立场解释合同。他们认为除了明示义务外,还有其他的需要当事人履行的义务。这种不同于明示的合同主要义务的所谓附随义务,都是源于《民法典》第 1135 条。根据该条规定,公平原则、习惯以及法律依其性质赋予合同之全部后果都可约束合同的当事人。"② 在德国,许多学者都将此种情形称为"侵权法向合同法的位移"③。在日本,学者藤冈康弘的看法具有代表性,他写道:"值得注意的是,出现了一种表明契约发展的现象:契约义务的扩大。就是说,在一种虽然在法律关系上得到承认,但并非传统意义上的约束关系中,也积极地承认契约上的义务。支撑这种法律现象的是,将契约范围扩大、进行肯定性的解释的契约基础理论。"④ 在这样的总体思路之下,一系列具体的观点不断形成,主要有:

(一) 默示责任合同说

此说在大陆法系与英美法系均有之,大陆法系为德国判例法所创,认为:"当事人于从事缔约行为之际,默示缔结责任契约(Haftungsvertrag)。"⑤ 英美法系则有"在特殊合同中广泛使用的'默示条款'。在默认条款制度下,对一些事物状态的保证有法定分配。"⑥ 例如英国对于信赖利益保护经常会引用《1979 年货物买卖法》第 14 条第 2 款的规定:"销售者在商业过程中销售货物的,买卖合同存在按合同提供的货物具有符合要求的品质的默示条款。"⑦ 美国大法官卡多佐也主张:"法院应尽可能创立契约而不是消极干涉;不明条款可以追加,如果缺乏明示约定,隐含约定也能很

---

① 参见王泽鉴:《民法学说与判例研究》(第一册),中国政法大学出版社 1998 年版,页 111。
② 莱茵哈德·齐默曼、西蒙·惠特克:《欧洲合同法中的诚信原则》,丁广宇等译,法律出版社 2005 年版,页 309 以下。
③ 刘海奕:《加害给付研究》,载梁慧星主编:《民商法论丛》(第四卷),法律出版社 1996 年版,页 352。
④ 藤冈康弘:《日本债法总论与契约法的变迁》,载渠涛主编:《中日民商法研究》(第二卷),法律出版社 2004 年版,页 323。
⑤ 王泽鉴:《民法学说与判例研究》(第一册),中国政法大学出版社 1998 年版,页 91。
⑥ 莱茵哈德·齐默曼、西蒙·惠特克:《欧洲合同法中的诚信原则》,丁广宇等译,法律出版社 2005 年版,页 158。
⑦ 莱茵哈德·齐默曼、西蒙·惠特克:同前注,页 134。

容易发现。"①

（二）预备性合同说

此说亦为德国判例所创，认为："当事人为缔约而接触时，即默示意思表示成立了一种'预备性之契约'（Vorbereitender Vertrag）或维护契约（Erhaltungsvertrag）。"②这是指为设立一个正式合同而做的先行准备工作，通过一个预备性合同为后面的正式合同作出必要铺垫。

（三）预约合同说

预约合同为法国民法首创③，后亦为德国、日本民法认可。④ 依预约合同，"根据一方对另一方的允诺，另一方一旦在某一特定期间内提出请求，则该方当事人必须依照已确定好的条件与之订立合同"⑤。如果实践性合同（要物合同）当事人拒绝将合同标的物交付给对方，而辜负了对方的信赖，这虽然并不违反本合同，但却可因违反预约而承担相应的违约责任。也有学者认为此时的责任性质就是缔约过失责任。⑥

（四）事实合同说

该说为德国学者赫伯特（Haupt）所创（参见前一节）。他主张基于社会接触可以产生事实上的契约关系，认为"应放弃以意思表示为契约关系处理之基础，另寻客观要件，此即社会接触之事实。当事人因社会接触产生照顾、通知、保护等义务，基此事实即足以成立契约关系"⑦。

（五）准合同信赖关系说

此说为德国学者施瓦布所主张。他指出："在无给付义务的法律关系中也可以存在准合同照顾义务这个法律思想……这一步由法学界和司法判例通过对出自缔约过失或准合同信赖关系的责任的法律制度的设计而得以完成。"⑧与其观点相近的有王泽鉴教授，他认为："论其性质及强度，

---

① 参见格兰特·吉尔莫：《契约的死亡》，载《民商法论丛》（第3卷），法律出版社1995年版，页255。
② 王泽鉴：《民法学说与判例研究》（第一册），中国政法大学出版社1998年版，页106。
③ 参见《法国民法典》第1589条。
④ 参见《德国民法典》第610条、第1298条；《日本民法典》第589条。
⑤ 尹田：《法国现代合同法》，法律出版社1995年版，页56。
⑥ 魏振瀛主编：《民法》，北京大学出版社、高等教育出版社2000年版，页384；崔建远主编：《合同法》（第三版），北京大学出版社2016年版，页27。
⑦ 王泽鉴：《民法学说与判例研究》（第一册），中国政法大学出版社1998年版，页107。
⑧ 迪特尔·施瓦布：《民法导论》，郑冲译，法律出版社2006年版，页697以下。

超过一般侵权行为法上的注意义务,而与契约关系较为接近"①。不过两者不同的是,施瓦布将该关系属性归结为法定债务,而王泽鉴则将其纳入合同法范围②。

在上述理论指导下,各国在立法与法律操作方面也具体采取了一系列较为缓和的措施,通过扩大解释原有法律条款以实现上述改良目的。例如:德国对《民法典》第122条、138条、179条、242条、278条、307条(后废除)、309条(后废除)、823条、826条等在适用中进行了扩大解释;其后,《德国债法现代化法》还直接增加了第241条第2款、第311条第2款、第3款进一步予以补充和完善。另外,司法实践中还通过对合同附随义务的扩张性解释,将告知、说明、保密、协助、保护等义务纳入合同义务中来。与大陆法系的改良同步,英美法在这方面也有不少改进动作,例如:《美国统一商法典》第2—318条对瑕疵担保的规定和《美国合同法重述》第90条对允诺禁反言的规定,以及创造出大量指导性判例实现对交易中信赖利益的调整,等等。

应该说,各国立法与司法实践中的上述具体措施,表明改良的总体方向是一致的,其顺应了社会发展趋势,在一定程度上也确实缓和了法律社会化需求带来的压力,这一点必须充分肯定。不过需要指出的是,直到今天为止,上述所有改革均属徘徊在原有债法框架内的小修小补,换言之,都是在具体制度层面的添减、修订以及扩张与限缩解释等。这一点在前述《德国债法现代化法》和英美合同法改革现状中已经清晰地显现出来。还应该看到,上述所列的大部分观点都仅仅是针对缔约过失、瑕疵担保等具体制度所提出的,缺少对整个信赖利益保护的宏观考察,也欠缺从整体上对其进行把握。这种做法显然难以真正适应如此深刻的社会变革,因为一部原本以放任自由为基准的债法,很难成为法律社会化的肥沃土壤。

随着债法内各种新兴制度的成长,其与原有债法体系的结构性矛盾变得日益突出。以附随义务为例,学者针对附随义务在合同履行中出现的大量问题,曾力图用默示意思表示加以概括解释,但事实上附随义务却与意思表示渐行渐远。如果说起初因为合同中的确存在少量事前预估不

---

① 王泽鉴:《民法学说与判例研究》(第一册),中国政法大学出版社1998年版,页96。
② 参见迪特尔·施瓦布:《民法导论》,郑冲译,法律出版社2006年版,页698;王泽鉴:《民法学说与判例研究》(第一册),中国政法大学出版社1998年版,页96。

足而需要在合同履行时进行填补的附随义务的话,随后却由于这种义务越来越普遍地被使用,以至于其地位从"附随"上升至与给付义务重要性相当的程度。而且,很多合同附随义务基于各种客观原因,其实已经变得根本无法被牵强地与意思表示联系在一起,甚至有些义务所针对的情形在合同订立时尚不存在,无从预先约定。这样从内容到效力均被歪曲的所谓约定,其实根本不是约定。这样产生的义务与其说是默示约定义务,毋宁说是基于法律或者诚信原则而产生的法定义务。与此同理,如果说附随义务随着不断被法定化而失去了合同约定的属性,那么缔约过失等涉及先契约义务的情形与约定的距离就相去更远了。还有,某些明显属于信赖利益保护的相关案例,如前述"枯树案"和"撒盐案"之类(参见第二章第二节),由于当事人之间根本不存在意思交流的可能性,将其强行解释为一种默示合同,亦难以自圆其说。此外,当前社会交易与交往中的信赖利益保护仍在蓬勃发展之中,类似的新型制度还将不断涌现,死抱着合同说不放将导致泡沫不断膨胀,终有一天会因过大而彻底破裂。总之,扩张解释合同的办法难以成为债法整体改良的合理观点。

二、侵权法扩张思路的困境

与扩张合同法的思路相反,另一派学者力图通过扩张侵权法来解决信赖利益的保护问题。他们认为信赖利益属于法定的固有利益而非约定的履行利益,因此用合同法加以保护并不恰当。固有利益的恰当保护工具当属侵权法,如果当原有侵权法理论无法包容信赖利益保护问题时,可以将侵权法保护范围加以扩张,使其涵盖对信赖利益的保护。

在19世纪大陆法系债法中,关于侵权行为的规定极少,这在《法国民法典》与《德国民法典》中均体现得相当典型。[①] 因而当时对于信赖利益保护的主流观点多采取合同说。不过,20世纪的法律对人际注意义务的要求发生了明显变化,开始承认对他人的人身及财产安全应给予更高、更广泛的注意。这时合同法现出衰落之势,而将信赖利益纳入侵权法保护范围的呼声逐渐升高。

这一点在英美法中体现得尤为明显。例如英国 Atkin 法官在 Donoghue V. Stevenson 案中就创造了"邻居规则"从而为改变注意义务

---

① 《法国民法典》第1382—第1386条;《德国民法典》第823—第853条。

标准作出了重要尝试。对此有学者评价道:"Atkin 勋爵提出的邻居规则的目的好像是为了将其作为扩大过失侵权责任范围的一条路径。"①除此之外,英美法中还发生了大规模的侵权法对契约法的"侵蚀",也就是吉尔莫所称的"契约的死亡"。吉尔莫主要罗列了如下几种"侵蚀"表现:第一,准契约与不当得利理论的发展。吉尔莫认为,"'准契约'是契约与侵权之间存在的一个无人领属。在本世纪早期,'准契约'这个概念的使用,模糊了契约责任与侵权责任的明显界限。"②第二,允诺禁反言的兴起。对此,吉尔莫将因允诺后又反言所引起的民事责任归类为"信任责任",并指出:"'信任责任'原则更适宜于侵权而非契约,用侵权(或准契约)加以解释更为恰当。"③第三,受益第三人契约。吉尔莫引述卢卡斯诉海姆(Lucas V. Hamm)一案,并援引托布勒法官(Tobriner·J)的话说:在卢卡斯一案中对契约理论的讨论纯属"概念上的多余,因为该诉讼之关键在于,无论如何它都应当是一种侵权之诉"。④ 第四,产品责任的兴起。对此,吉尔莫写道:"20 世纪 50 年代中期伊始,法院出人意料地废弃了久已确立且扎根于契约的担保责任,而时兴于采用一种完全基于侵权的新的更有价值的担保法。"⑤其实,英美法系上述关于侵权法上注意义务的扩张,在大陆法系也有同样表现,有些是冠以同样名称,如产品责任,有些则另以相近概念表达,如缔约过失责任、商业机构或者财产管理者的安全保障义务等。由此可见,侵权法注意义务扩张与 20 世纪合同法的衰落相伴而行,作用在于以法定义务填补约定义务减少后形成的空白。

应该指出,侵权法思路尽管准确把握住了信赖利益属于法定利益而非约定利益这一关键之点,力图通过扩大侵权法管辖范围解决合同法思路的不足,因而具有一定合理性,不过这一思路仍然不能成为解释信赖利益保护的恰当观点,表现在以下两个方面:

一方面,该观点存在明显的利益关系缺陷。如前所述,侵权法和合同法各有其分际明确的保护对象,即侵权法保护固有利益,而合同法保护履

---

① 彼得·凯恩:《阿蒂亚论事故、赔偿即法律》(第 6 版),王仰光等译,中国人民大学出版社 2008 年版,页 70。
② 格兰特·吉尔莫:《契约的死亡》,载《民商法论丛》(第 3 卷),法律出版社 1995 年版,页 280。
③ 格兰特·吉尔莫:同前注,页 281。
④ 格兰特·吉尔莫:同前注,页 282 以下。
⑤ 格兰特·吉尔莫:同前注,页 283。

行利益。信赖利益虽然属于法定利益,性质与固有利益较接近,但其作为前两者以外的第三种利益,其独立性已被广泛认可,例如违反先契约义务的赔偿、合同无效或解除后的赔偿、英美法上的允诺禁反言制度等,与侵权行为似乎并不搭界。那种仅仅因这两种利益皆属于法定利益而硬性将它们纳入侵权法统一调整的思路,明显存在逻辑上的硬伤。

另一方面,如欲以侵权法思路解决信赖利益保护问题,唯一办法是大幅度提高不作为侵权在侵权法中的比重,因为大凡违反信赖利益保护的情形,一般都属于不作为导致的结果,例如监护职责上的不作为、保护他人人身或财产上的不作为、通知或说明等方面的不作为致使他人受到损害。但是,这与侵权法原理存在矛盾之处,侵权法向来遵从消极自由观念,只有缔约或侵权等积极行为才会导致两个陌生人之间发生具体民事法律关系,而消极的不作为由于意味着什么事都不做,明显属于个人消极自由范围,故不会在两个人之间引发侵权法律关系。阿狄亚曾一针见血地指出:"某人在因不作为的过失承担责任之前,一定承担了作为的义务。"① 因此,如果承认在承担责任之前,两个人之间已经存在了某种债务,而且属于一种作为的债务,那么该债务绝非侵权损害之债,而属于其他的债。总之,以不作为侵权解释损害信赖利益的做法,不仅逻辑上有瑕疵,而且也伤害了自由价值观。

三、现实操作路径考察

由于缺少顶层设计,现实中对信赖利益保护问题,思路长期不统一,实践操作也处于各自为政的割裂状态。一般做法是,将交易中形成的信赖利益归入合同之债,例如违反合同瑕疵担保义务、违反赋权型利益第三人合同的义务、合同无效与解除后的赔偿、无权代理引发的赔偿、违反合同附随义务,等等;而将交往中的信赖利益归入侵权之债,例如经营者或者管理者的安全保障义务、产品责任、专家责任、积极侵害债权,等等。另外,对于诸如违反先契约义务、后契约义务以及单方行为所生义务等难以划入合同或侵权之列的信赖利益保护制度,单设缔约过失之债或允诺禁

---

① 阿狄亚:《合同法导论》(第五版),赵旭东等译,法律出版社 2002 年版,页 403。

反言制度与合同和侵权并立①。

　　现实中的上述做法,显然是在各个制度内部自发生长起来的应对之策,散乱而无序,缺乏系统性。其实施效果亦因效率低下而只能在最低限度内满足当代社会对信赖利益保护的客观要求。随着债法内部各新型制度的成长,其与原有债法体系的结构性矛盾也变得日益尖锐,梅迪库斯将其形容为"毫无轮廓的信赖责任"②。以缔约过失责任为例,其中牵涉合同生效前的先契约义务、合同效力消灭后的后契约义务以及合同履行期间发生的附随义务。从各国立法或者司法实践来看,对上述关系的调整曾分别运用过合同法、侵权法以及独立调整手段③,这些手段有时矛盾,有时重复,缺乏一贯性。但其实这些关系乃同属一种性质,所涉及的也是同一种利益,并无本质差异。换言之,作为交易与交往中所形成的信赖利益,其本源具有同一性,均属于依广义商品交换程序进行的财产流转,故依相同性质的关系与利益应由同一法律加以调整的原则,上述信赖利益尽管依传统发生在不同领域,但从法律调整社会关系的系统性出发,由债法建立统一机制对其整体实施调整乃属合理举措。

　　综上,截至目前一切关于信赖利益保护的变革努力皆非治本之道,无法解决法律零散保护所带来的低效率和适用中的相互矛盾问题。当人们通过每一个局部的不断试错而逐渐认识到必须通过顶层设计寻找通盘解决办法时,突破债法改良的瓶颈的良机已在眼前。尽管我们并不否认这样的观点,即改良是渐进的,是通过逐渐摸索而向债法中不断注入信赖因素的过程,这几乎是在现实中唯一可能的选择。但同时我们也必须承认,量变不断持续的最终结果会导致质变,法律的形式永远要服从于实体。当社会进步程度大到足以引起法律的重大变革时,一定程度放弃在原有债法框架内继续修补漏洞,而从整体上重新为信赖利益寻找合适定位,就进入了议事日程。

---

① 例如王家福、魏振瀛教授都将缔约过失责任视为与合同、侵权并列的债的发生原因。参见王家福主编:《民法债权》,法律出版社 1991 年版,页 37;魏振瀛主编:《民法》,北京大学出版社、高等教育出版社 2000 年版,页 307。
② 迪特尔·梅迪库斯:《德国债法总论》,杜景林、卢谌译,法律出版社 2004 年版,页 106。
③ 参见莱茵哈德·齐默曼、西蒙·惠特克:《欧洲合同法中的诚信原则》,丁广宇等译,法律出版社 2005 年版,页 164 以下。

第五节 债法创新的意义与路径

一、债法创新的意义

信赖保护原则的确立其实已经注定了债法必须走上创新之路,长期以来勉强修修补补、疲于应对的徒劳之感,终将会转化为法律创新的强大原动力。其根本原因在于,传统债法以调整自由状态下商品交换关系为核心目标,单纯突出了自由价值观,而随着社会信赖关系的大量涌现,以及信赖保护原则的产生,出现了与前者相并列的互助价值观,在这一全新价值观的指导下,债法发生了一系列重大的结构性变化,债法相对性原则、合同自由原则、过错责任原则相继被突破,其溢出效应也十分明显。旧有价值观在经过顽强抵抗后逐渐退却,社会开始接受新价值观,这在债法具体制度中,表现为对信赖利益保护的加强和对自由一定程度的限制。不过,由于传统债法体系彻头彻尾建立在自由价值观之上,与社会信赖关系的衔接无法做到完全对榫,其结果是原有结构中的自相矛盾之处此起彼伏,难以兼顾。如前所述,以意思表示为基础体现自由意志的合同关系中,出现了大量的未约定合同关系(法定条款);从充分保护个人自由出发所确立的以积极行为作为侵权行为主线的侵权法中,却大量出现了各种不作为侵权。总之,不仅指导思想上出现对立,内部逻辑关系发生矛盾,法律实际操作中也表现出混乱和效率低下,以至于吉尔莫将其形象地比喻为患上了"精神分裂症"[①]。

其实,在我们的思维中,经常会出现一些盲点,而创造性思维就是专门来消灭这些盲点的。所谓创造性思维并不一定是提出多么高明的主意,很多时候,这种思维提出的解决方法是很多人都知道和了解的,但问题在于他们都没有意识到这些方法。事实充分证明,在原有体系内小修小补,显然不能根本解决问题,而改变思路,勇于面对债法的各种溢出效应,通过债法创新来消除思维盲点,才是唯一出路。

解决了债法创新的必要性之后,面临的第二个问题就是创新的可能

[①] 格兰特·吉尔莫:《契约的死亡》,载《民商法论丛》(第 3 卷),法律出版社 1995 年版,页 254。

性问题。这本是一个相当困难的问题,原因是传统债法理念几百年以来已经深入人心,概念法学的推广又使债法的实施变得简便易行,以至于人们改变根深蒂固的观念异常困难。即使当面临现况而不得不改变时,也不断幻想着在改变后轻易可以获得一套全新的法律概念、定理和公式,继续方便地推导出正确的结论。那么,现实是否已经完成了债法理论创新的基础准备呢?答案是肯定的!其实,债法变革的序幕早在19世纪后期就已经拉开,而20世纪初随着各国法律中诚实信用原则、公序良俗原则、禁止权利滥用原则的相继确立,以及对在此基础上形成的信赖保护原则的认可,债法中破除旧有观念并以新观念、新方法取而代之,开始变得频繁和顺畅起来。具体而言,近100年来,由于诚实信用原则与信赖保护原则的确立,以及与原有的自由原则、平等原则之间关系的合理定位问题逐渐获得妥善解决,在债法整体框架内并行地建立起以自由为宗旨的债法和以信赖为宗旨的债法,就成为可能。首先,两者虽各有其规范领域,但两个领域可以做到相互协调,并不矛盾;其次,两者价值追求虽有异,但总体目标却相同,都是为了维护正常的商品交易秩序;再有,两者功能具有明显的互补性,因为当前社会不仅追求自由与放任,也要追求和谐与互助。总之,人们既然能够接受一个承认平等、自愿、意思自治原则与诚实信用、公序良俗原则之间关系协调的社会,那么在信赖保护原则之下所进行的债法创新与传统债法实现协调发展亦绝无不可行之理。

经过以上分析可知,债法走上协调的创新之路并非偶然,亦非出于某些人的主观臆断,其背后自有深厚的社会根源和理论背景。在当前社会大趋势下,欲克服因僵化和不思进取所导致的理论与适用困境,开创出一片债法新天地,以信赖保护原则为核心内容的债法创新就越来越显现出意义重大。在此,可以对债法创新的意义具体归纳如下:

首先,债法创新顺应信赖社会的时代要求,能够解决在信赖利益保护原则指导下对新型社会关系的调整问题。当代社会的主要特点之一是信赖关系地位大幅上升,随之而来的就是信赖利益在社会关系中的比例加大,分量加重,以及信赖利益保护原则在债法中的确立。根据债法的这一重大变革需求,创造出对独立信赖利益进行调整的专门法律机制,不仅现实意义明显,而且符合法律依社会关系属性来调整社会关系的规律性。换言之,鉴于传统债法并无应对上述专门任务的功能,故需要突破传统,以创新方式赋予债法新的功能,以期顺利实现对交易与交往中信赖关系的调整。可以说,债法传统的自治功能在于调整自由理念指导下的交易与交往关系,而债法的诚信功能则是为了调整信赖理念下的交易与交往关系。

其次,债法创新能够较好解决传统债法模式下应对新型社会关系时捉襟见肘的尴尬局面。新型社会关系造就了信赖保护原则,这本是社会发展大势,然而传统债法对此却完全没有做好准备,依然因循守旧地坚持绝对自由理念和概念法学方法论,以至于在社会变革大潮到来时盲目被动,疲于应付。面对债法危机,意图通过扩大解释合同或者扩张侵权注意义务等简单做法加以化解。事实证明,这种方式初期似乎还有一定成效,然而在一波又一波社会化浪潮的冲击下,弊端则尽显无遗,既不能合理解释合同中为什么会存在越来越多法定条款,也不能很好说明侵权法中为什么会出现越来越多的不作为侵权。更有甚者,在合同或侵权几经扩张之后,债法又衍生出新的危机,即债法内部合同与侵权的界线开始变得模糊起来,理论上出现了合同吸收侵权说或者侵权替代合同说,有一些无法用合同或侵权加以归类的制度则开始在债法中"漂浮"起来,变得"无家可归"。长此以往,其结果使已经屹立达百年以上的债法大厦受到了严重腐蚀。显然,默守成规看似可以保全债法原有架构,实则漏洞百出;而创新尽管可能付出代价,但所换取的结果却是债法发展的与时俱进和社会的长治久安。

再次,债法创新使我们能够根据时代发展要求,运用新的方法来调整新型社会关系。随着债权关系中信赖利益的比重增加,导致作为债法推理的逻辑前提发生某种程度的改变,这时,不审视大前提的正确性而只注重逻辑分析过程的概念方法论变得不那么奏效了。新的时代衍生出了与自由原则并驾齐驱的诚实信用原则,这两个原则作为大前提又可以分别推导出完全不同的结果,而两个结果之间却完全可能存在直接对立。事实证明,此时单向的线性逻辑分析方法完全无能为力,唯有创新方法论,才能够帮助我们找到不同利益之间一旦发生冲突时的取舍标准。

最后,债法创新能够为我们重新构建债法体系提供帮助。如前所述,无论是合同的扩大解释还是侵权注意义务的扩展,都会带来一个负面结果,那就是对债法基本体系的破坏。这一趋势如果不加以抑制,最终也许会导致债法架构的垮塌。在保证债法适应新时代要求的同时,如何能够使债法体系保持完整,无疑是一个艰巨任务。通观目前世界各国的做法,似乎均难尽如人意。固守传统体系,制度构建无法与时俱进;而强化合同扩展或侵权扩展的做法,又会伤害债法的系统性,降低债法实施效率。可见,债法变革的核心之一就是兼顾公平与效率。具体而言,在保证对信赖利益提供充分保护的前提下,完成重新构建债法体系的工作。这同样需要破除陈规,进行债法体系创新。当我们通过新的利益保护观念、新的方法搭建起崭新的债法体系时,债法变革目标才能最终得以实现。

二、债法创新路径——信赖之债

当今社会,债法创新已迫在眉睫,然而寻找到正确的创新路径却并非易事,这考验着我们这一代人的智慧。尽管面前荆棘密布,但只要我们积蓄了足够的前进能量,建立起充分的信心,并掌握了破除路障的合适工具,披荆斩棘向前探索并取得突破性进展,其实是完全可以期待的。

经过前面所进行的一系列理论铺垫可以看出,债法创新的路径可以体现在以下两个方面,即制度创新和方法论创新。所谓制度创新,就是突破原有债法结构中的利益羁绊和制度矛盾,建立起全新的信赖之债制度,以全面反映当前信赖社会的时代要求。所谓方法论创新,就是指在信赖之债领域内,针对传统概念法学分析模式的弊端,通过打破传统单向线性逻辑思维,并全面吸收价值法学对社会中各种利益进行动态价值比较与评估的分析方法,以确定法律保护的先后顺序,从更积极的层面实现社会的公平与秩序的稳定。

(一)制度创新

建立信赖之债的具体设计思路如下:首先,当前社会交易与交往中并列存在着两大系列的社会关系,一种以独立、自由与意思自治为主线,另一种以信赖、互助合作为主线。其次,为适应上述社会现实,债法领域内也逐渐建立起两大并列的指导原则,一种是债的相对性、契约自由与过错责任原则;另一种是诚实信用、公序良俗、权利滥用禁止原则,以及在这些原则之下的信赖保护原则。进而,根据这两大系列原则,自然的逻辑结果就是分别建立起相关的具体债法制度,在前一系列原则指导下所建立起来的就是传统债法,即所谓合同与侵权二元结构,由于这部分债法所体现的利益核心是自由的价值观念,所以可称之为自由之债;在后一系列原则指导下建立起来的具体制度,显然以信赖利益保护为宗旨,所以我们将其命名为信赖之债。总之,存在决定意识,正因为当前社会自由利益与信赖利益的并存,以及它们相互关系的总体对等性,决定了债法中自由之债与信赖之债的并存与地位的对等。

　　该思路的最大优点在于,第一,彻底解决了传统债法体系由于仅以自由理念为指导,故而难以容纳20世纪以来不断涌现的面对信赖理念的难题,将自由与信赖并列为当代债法的指导理念。第二,通过建立信赖之债制度,使得债法中新生出与合同之债、侵权之债相并列的全新制度模式,两大系列制度各司其职,各有其规范对象和调整方法,妥善解决了原有债法因长期不兼容而带来的内部矛盾与冲突。第三,明确化的信赖之债将会使未来法律操作的效率极大提高,社会公平性得到加强,更有利于法律实现当代社会正义的总体目标。当然,这种创新思路欲彻底实现,也并非易事,还需要解决诸如怎样做到两大理念在同一社会内部相互融合等问题。对此,本书将在后面加以探讨(参见第十一章第五节)。

　　(二) 方法论创新

　　徒法不足以自行,实现制度创新,必须有相应的方法作为有效保障。因此,制度创新的直接结果之一就是方法论的创新。在传统债法模式下几乎只需要单一的概念法学就能胜任。我们知道,概念法学是在既定且不变的价值体系之下,建立起法律的基本概念和基本指导原则,然后以此概念与原则作为大前提进行单向的线性推理,以期达到得出正确法律结论的目的。这种方法论在19世纪曾取得过巨大成功,然而,随着信赖保护原则的出现,债法模式发生了深刻转变,概念法学以及单向逻辑思维涵盖整个债法并作为唯一方法论的日子已经一去不复返了。

　　与此同时,与概念法学意义和地位相并列的价值法学方法论进入到我们的视野。如前所述(参见第六章第二节),价值法学认为法律所调整的社会关系具体体现为各种利益,而不同的利益类型在复杂的人际交往中会展现出不同的动态社会价值。价值法学就是对法律所调整社会关系中的各种利益进行准确动态鉴别,还原其价值量,然后根据价值量的大小来决定法律对不同利益关系的保护顺位。由此可见,价值法学不是一成不变地看待自由、独立、意思自治等理念的社会价值,而是将这些理念放到鲜活的社会关系中加以动态考察。换言之,在价值法学语境中,自由、独立和意思自治等利益已非债法中的绝对价值,也不始终具有至高无上的地位,而是要跟与之发生联系或者相冲突的利益具体比较,用以判断哪种利益应处于受保护的优先地位。究其根本原因,乃在于法律社会化所带来的信赖理念已经成长为与之地位完全可以相提并论的另一种社会价值,自由价值一体独大的现象被自由与信赖价值并驾齐驱的局面所取代。在这样的法律现实中,尽管概念法学并未完全失去用武之地,但起码在有些情形下,特别是在从自由原则与诚实信用原则所分别推导出来的结果之间直接发生冲突的情形下,逻辑判断让位于价值判断就成为法律方法论上的必然选择。

相对于概念法学而言,价值法学无疑属于法学方法论上的创新。这一创新其实并非出于人们主观刻意的猎奇求变,而是社会现实使然。价值法学也不是要彻底取代概念法学,而是对法学分析方法的丰富与完善。一般而言,两者各有其主要适用领域,前者在合同、侵权等制度中仍作为分析与判断的主要手段,后者则作为信赖之债中的主要分析和判断手段。当然,这两种手段即使在合同、侵权以及信赖之债中也并不绝对排斥,债法各项具体制度中都可以根据实际情况随时对其加以运用。另外需要注意,两种分析手段在运用频率等方面也有互补性,一般性债法问题,由于不具有较为复杂的利益冲突,适用逻辑判断即可加以解决。这占据了问题中的绝大多数。而复杂的债法问题,往往涉及两种表面上看来均成立的利益之间的冲突,所以需要运用价值判断方法才能得出正确结论,但这类问题所占比例较小。所以,两种方法论适时地结合使用,才会实现法律效果的最大化。还有一点,两种方法论表面上虽然差异较大,但本质上却有共通之处。价值法学的适用特点是对每一个债法问题均根据一定的原则采用利益比较,以判断哪种利益应优先保护;而概念法学则是在对某一社会关系属性进行了总体利益价值评估之后,根据既定的逻辑加以推理而得出结论,借以简化利益比较程序。所以说,归根结底,两者都具有利益比较的功能,只不过概念法学较为僵化,不能因事制宜、与时俱进罢了。

综上所述,价值法学可以在终极意义上还原法律的是非评判和匡扶正义的功能,而概念法学其实不过是在价值法学基础上追求法律实施效率的一种方法论,本身比价值法学要低一个层次。人类历史上的法学方法论其实主要是价值法学或其前身,只不过19世纪社会自由化潮流席卷整个世界,并经过萨维尼、普赫塔以及温德沙伊德等人的接力创造,才使得概念法学脱离其本身定位而成为唯一主要的法学方法论,其光芒竟一时完全掩盖了价值法学。自19世纪下半叶直到20世纪,价值法学的光芒才又重新突破概念法学的遮蔽而逐渐显现出来。不过,由此也可以看到,价值法学直到今天仍然存在着一个明显的不足,那就是价值判断标准问题。由于人们(包括法官与学者)多年来早已经习惯于利用概念法学的逻辑推理即可方便地达到实现正义的效果,所以当需要其站在第一线对相互冲突的利益具体作出法律上的取舍和抉择时,就变得无所适从起来。当然,由于社会中各种利益错综复杂,有时各种利益又交织在一起,准确对比其价值难度不小。此外,有人还会担心法律适用标准的一致性问题,如果出现同案不同判则会影响法律的规范效率。尽管学者们曾不遗余力地探讨如何建立起一套较为客观的价值评判体系,也取得了一定成果(参见第六章第三节),但不可否认的是,到目前为止,那些真正疑难的债法利益冲突问题的解决办法,仍然主要依靠法律适用者的经验和直觉。我们距离寻找到一套行之有效的价值判断定理或公式仍有相当长的路程。不过,从另一方面看,刻意寻找价值判断规律的做法似乎并不可行,起码说在短期内不可行。如前所述,各种相互冲突的利益完全是动态的,其重要程度与很多因素均有联系,因而比较也是动态的,更需要法律适用者对法律精神实质与总体价值的综合把握。对待疑难法律问题,有如名医诊断疑难杂症,以直觉与经验为基础的法律洞察力显得至关重要。其实,这一点恰恰一直是各国法律实施中的一种普遍规律,并且也许会是永恒的规律,因为即使在概念法学鼎盛时期,也会遇到用逻辑推理解决不了的问题。总之,将概念法学与价值法学相互结合,相互补充,并秉持宏观正义的理念对其灵活加以运用,是我们在可预见的未来对债法方法论的最大创新。同时,将方法论的创新作为制度创新的保障工具,债法终将会突破目前的困局,重新焕发出勃勃生机。

第十一章　信赖之债的概念与体系

上一章论述了社会变化决定了债法必须改革,改革出路在于创新,创新的具体路径则是通过价值法学方法建立起全新的信赖之债。不过这会带来一个疑问:既然价值法学是对概念法学的一种否定,某种意义上说信赖之债也是对传统债法的一种否定,那么建立信赖之债的概念并且构建起与之相配套的体系,岂不又重新回到了概念法学的老路上来?其实两者并不矛盾。如前所述(参见第六章第一节),概念法学是利弊并存的,当代债法所要否定的仅仅是其僵化与保守的部分,而对于其系统化、条理化与适用简便高效等诸多优点,不仅不应否定,相反经过扬弃之后应该使其发扬光大。换言之,建立信赖之债及其体系,并不意味着一种对概念法学的简单回归,实质上这恰恰是债法螺旋式进步的结果,是债法进入到更高层次的一种表现。可以说,否定之否定体现出了债法发展的规律性。因而,本章的目的在于通过论证信赖之债的概念和法律关系构成,借以建立信赖之债的自身体系,继而重新构建起与之相配套的债法体系。

第一节　信赖之债概念之证成

信赖之债这一作为本书书名的概念属于自创概念,本书前面曾多次使用,并对其功能及意义作出了诸多阐述,然而直到目前为止,尚未从债法逻辑视角对此概念进行完整的定义和解读。事实上,任何债法新增概念都必须经过体系化的逻辑自洽性检验,才能被债法所真正接纳。我们将这一过程称为信赖之债概念的证成。

一、信赖之债与合同之债、侵权之债间的共性和个性

一方面,从逻辑关系上讲,欲判断信赖之债是否可以归入债法,必须根据其是否具备债的共同特点加以考察。从债的一般概念可知,债是特定当事人之间的法律关系,在该关系中,债权人对债务人有特定的请求权,而债务人须按照债权人的请求履行特定的行为。合同之债和侵权之债均符合这一特性。我们亦可由此对信赖之债进行逻辑观察。首先,其主体正是交易或交往关系中的特定双方,即信赖方和被信赖方,他们之间基于信赖利益而形成了信赖与被信赖的法律关系。其次,该关系的标的指向被信赖方基于信赖方的某种需要而履行某种特定的行为,具体而言就是被信赖方根据对方的合理信赖,实施满足信赖方利益的行为。最后,该关系的内容表现为信赖方对被信赖方拥有履行上述行为的请求权。可见,信赖之债在逻辑上完全符合合同之债和侵权之债所具备的共同特性。

另一方面,信赖之债尽管符合债的一般特征,然而同时也具有不同于其他债的鲜明个性,这意味着相互信赖的法律事实可以构成债的独立发生根据。这里所谓的个性,是指信赖之债反映出民事主体之间存在的一种独特利益,即特定情形下一方当事人对他方信任与依赖的合理利益,且该利益需要受到法律的保护。之所以说信赖利益具有独特性,是针对债法所调整的另外两种主要利益——履行利益和固有利益——而言的,正因为信赖利益具备了与上述两种利益同等的地位,故而信赖之债也就成为与合同之债及侵权之债并列的概念。其实,对此还可以借用本书前面对这三种利益之间关系的论述(参见第四章第二节)加以阐明,债法所调整的各种关系均可从信赖角度加以区分,即它们都属于某种信赖关系,只是信赖程度不同而已。其中合同因存在约定,故信赖度最高,可称为合同信赖;侵权所涉关系相当于陌生人之间的关系,信赖度最低,可称为一般信赖;而信赖之债所涉关系属于交易与交往信赖(简称社会信赖),其信赖度居于两者之间。三者共同组成了一个由高到低的信赖谱系,并完整涵盖了对平等主体之间交易与交往领域信赖利益的法律保护。可以这样说,这三种债在当代社会中具有三足鼎立之势,如果仅承认合同之债和侵权之债而忽略信赖之债的存在,法律对交易与交往领域的调整与保护将出现不能容忍的巨大缺陷。从这个意义上讲,信赖之债不仅是债法体系中不可或缺的一员,而且具有与合同之债、侵权之债平等的逻辑地位。

二、信赖之债与不当得利之债、无因管理之债的关系解读

还有一点不应忽略,那就是信赖之债与不当得利之债及无因管理之债的逻辑共性与个性问题。尽管后两者在债法中占比较小，分量不足，但从逻辑层面看，它们具有与合同及侵权同等的逻辑地位，如欲使信赖之债进入债法大家庭，亦应考察信赖之债与这两种债的相互关系。

在债法体系中，不当得利与信赖之债相近，都属于法定之债，但前者性质却更接近于侵权之债，都有一方利益受损的情形。不过与侵权明显不同的是，不当得利中的利益受损原因并非出于另一方的致害行为，而是由受害方自己的行为或第三方的行为所致，与获益方的意志无关。如果以信赖视角观察，不当得利之债所涉利益属于返还利益，即受损一方信赖并期待受益一方会将该部分不当利益予以返还。换言之，返还利益的数额以获益数额为标准，而不同于侵权法中赔偿数额以损害数额为标准。另一方面，不当得利之债其实是一种由于意外情形下财产的不当移转而引发的强制性利益矫正（参见第一章第一节），表现为利益的返还，故属于给付之债。与之相反，信赖之债却以通知、说明、协助、照顾等注意义务为特征，不存在给付内容。尽管都存在信赖，但给付信赖与注意信赖的差异极为明显。总之，不当得利之债所涉及的信赖可称为返还信赖，该信赖尽管也属于法定信赖，但其既不同于侵权法上的一般信赖，也不同于信赖之债中的社会信赖，属于与之并列的另一种信赖模式。

另外，无因管理之债也属于法定之债，与信赖之债较为接近。但根据民法一般原理，无因管理主要涉及的同样是返还利益，即管理人因自己所付出的管理成本与劳务而获得向被管理方请求返还上述利益的请求权。这与信赖利益差异明显。由此可以进一步推论，无因管理与信赖之债的关系性质与不当得利和信赖之债相似，亦属于一种并列的逻辑关系。

但是，通过细致观察可以发现，无因管理之债中还存在着另一种确定的利益，即所谓管理利益。管理利益并非管理人所应获得的利益，而是指被管理人因管理行为所应获得的利益。该利益一般会大于无因管理所付出成本或与之相当。具体讲，无因管理行为发生之前，管理人具有充分的自由，其人身和意志并不受法定或约定义务的约束。不过一旦管理人自愿开始实施管理行为，从此刻起债的效力发生。这意味着被管理人由于管理人的管理而获得了一种法定的管理利益，管理人不仅须像管理自己的事务一样进行管理，而且也丧失了任意退出管理的机会，因为不适当管理和退出管理都将会使被管理人的管理利益直接受到损害①,这不为诚实信用原则所允许。也就是说,所谓无因,仅仅是指管理行为发生之前的无因,当管理行为开始以及管理过程中,由于被管理人法定管理利益的产生,无因管理其实已经演变为"有因管理"了。

这不禁引发了我们对另外两个相关问题的研究兴趣。第一个问题:依一般原理,无因管理之债贯穿于债的始终,即从管理行为开始直到管理行为完成并且管理人获得报酬后方才结束。但这里存在矛盾,管理之前确属无因,而一旦管理行为开始,管理行为似乎被"有因管理"所接管。那么后面的"有因"依据何来呢?第二个问题:当代社会无因管理的适用范围是否与近现代社会相同?是否存在无因管理被"有因管理"所压缩的趋势?对此又应如何解释?

首先探讨"无因变有因"的问题。无因管理,顾名思义,是指没有法律或合同依据而替他人管理事务的情形。这显然是以自由为出发点并站在管理人视角的制度设计。人是自由的,而自由中的消极自由则意味着任何人对待陌生人和邻居而言并不存在任何作为义务,因此当他人外出因门窗未关好而被大风损坏时,其邻居并没有为其修缮的义务,因为如果将修缮设定为邻居的法定义务,将势必造成对其邻居自由的不适当限制。不过,法律从鼓励助人为乐的立场出发,允许邻居主动为其修缮,并保护管理人因修缮而付出的管理成本,因为这并不违反自由原则。然而,既然自由是无因管理的主基调,为什么管理人一旦开始了管理行为,其自由被限制却变得理所当然了呢?例如:甲开车上班途中遇到素昧平生的乙晕倒在地,于是用自己的车将其送往医院。途中甲接到领导的电话,让其速到机场接人,他能将乙重新放回到街上吗?结论毋庸置疑,没有人会同意甲这样做。② 但此时我们不禁要问,甲必须继续将乙送往医院抢救的法理依据何在呢?显然,以自由原则为出发点的无因管理之债并没能给我们提供答案。③ 事实上,答案只能从诚实信用原则中寻找。在甲决定对

---

① 魏振瀛主编:《民法》,北京大学出版社、高等教育出版社2000年版,页582以下。
② 参见《德国民法典》第677、678条。
③ 梅迪库斯给我们提供的说法是将该请求权基础指向了《德国民法典》第276条以下(参见迪特尔·梅迪库斯:《请求权基础》,陈卫佐等译,法律出版社2012年版,页118)。不过,该条乃过错致人损害的一般性条款,并未明确法律救济的具体属性。同时,《德国民法典》第680条作为无因管理致人损害的责任限定性规定,亦未明确该责任为何种性质。

乙实施帮助之前，他的确有任意选择是否提供帮助的自由，不过当他一旦作出选择并开始实施帮助行为，他的选择自由即被诚信原则所替代，换言之，他必须好人做到底。正是因为乙此时已经处于对甲事实上的信赖和依赖状态，甲乙之间的无因管理之债已一定程度上被信赖之债所接管。

可以说，无因管理之债的内部其实并存着两个独立的债，即传统无因管理之债和信赖之债。前者强调自由，而后者强调信赖与互助。当然，这并不妨碍我们继续称其为无因管理之债，一是因为传统上并无所谓信赖之债的存在，上述情形可解释为无因管理中加入了一定比例的诚信因素；二是因为无因管理内容仍然是该债的主流，其对信赖之债具有某种程度的吸收功能，根据吸收原则，其仍可称为无因管理之债。不过需强调的是，只要我们不否认无因管理之债中返还利益和管理利益并存的事实，我们在任何时候都不能忽略无因管理中所包含的信赖之债的合理因素。

现在再来探讨无因管理适用范围限缩的问题。本书前面曾详细讨论了康德形而上的绝对自由理论（第五章第三节），也讨论了《圣经》中乐于助人的撒玛利亚人的故事（第三章第一节、第三节）。的确，长久以来一直存在着两种截然对立的伦理观和法律观，一种是自由至高无上，任何原因都不能构成对他人自由限制的理由；另一种是关注他人幸福，必要时对他人实施救助，是人生至高法则，以自由为名逃避对他人的扶危济困是虚伪的，是对自由的滥用。现实生活中，法律对于自由的扩张与压缩始终都处在周期性变化之中。当代社会相较于近现代社会而言，自由明显处于过度化后的回调态势之中。这种社会环境对法律的影响巨大，以无因管理为例，近现代民法认为无因管理适用于一切法律或合同未作限定的领域，换言之，只要在没有法律或合同作为限制依据的领域，行为人面对他人的帮助需求，就拥有完全的选择自由，既可以选择采取行动，助人为乐，也可以干脆对他人的危难视而不见。法律对上述自由予以完全意义上的保障。然而，在当代社会这一自由被大幅限缩了，法律从信赖利益保护原则出发，认为一定条件下，行为人必须放下自由的身段，主动投身于助人为乐或扶危救困的事业当中去。例如本书前面（第三章第三节）所提到的，如果你走在河边，一个落水者在拼命呼救，而你手边恰好有一个救生圈，只要扔下去就可以救人一命。而此时你却本着"生命诚可贵，自由价更高"的原则拒绝出手施救，恐怕任何国家的法律都不会容忍你对自由的如此滥用。其实这一趋势,正如本书前面曾多次提到的,早已为 20 世纪初德国的"枯树案""撒盐案""软木地毯案"以及以后的多起案例所证明。由此我们可以得出如下结论,当代社会无因管理的适用范围在相当程度上被限缩了,过去许多曾经被视为可管可不管的事务现在已被法定义务或者诚信义务所替代,或者说在传统无因管理之债的适用范围内,一定程度上开始适用起了信赖之债的规则。如同合同与侵权向信赖之债让出自己的部分地盘一样,无因管理也因自由的压缩而愉快地作出了与两位老大哥同样的选择。

三、信赖之债的定义

通过前面的论述,一种全新类型债的概念轮廓已经显现出来,这种债与其他债之间既有广泛共性,同时也有其鲜明个性。由于信赖是这种新债的核心要素,故称之为信赖之债。至此,我们可以试着对信赖之债作出如下定义:信赖之债是指平等的民事主体之间,在交易与交往关系中,由于一方客观上处于对另一方合理的信赖状态,依照法律或者信赖保护原则,信赖方有权要求受信赖方对自己的利益提供必要的关注与照顾;而受信赖的一方则有义务从善意立场出发,实施相应的行为。

为便于深入理解,我们还需要进一步对上述概念作出解读:首先,信赖之债仅发生在平等的民事主体之间。主体平等是民事法律关系的基本要求。在信赖之债中,尽管信赖方和受信赖方关系的建立不需要经过协商,关系内容也不体现为直接的等价交换,然而双方地位却是平等的,这符合一般债的共性。其次,信赖之债属于广义的商品交换关系。本书在第一章就已经充分论证过,民法上的债本质上都是商品交换在法律上的体现,信赖之债自然也不例外。只不过,其商品属性体现得较为间接而已。再次,一方对另一方处于合理的信赖状态。信赖状态是引发信赖之债法律关系的法律事实。这里的信赖,既包括信赖方主观上的信任与依赖,也包括信赖方客观上处于对受信赖方有依赖状态而不自知的情形,也就是客观信赖状态。之所以将主客观信赖利益均包括在内,是因为信赖利益是一种独立且完整的利益,该利益作为法律所保护的对象,源于法律规定或信赖利益保护原则,与当事人主观意志无关。也就是说,不论信赖方是否意识到信赖利益存在,其拥有的信赖利益都会得到法律的承认与保护。与此同时,信赖之债从平衡双方利益出发,并非对一切信赖利益都加以保护，而是将其局限于合理范围内，因为法律保护信赖利益就意味着对个人自由的某种限制。毕竟自由仍属当代社会的主流价值，如果由于重视保护信赖利益而对自由限制过甚，亦与社会终极目标不符。那么合理范围是否有客观恒定的标准呢？答案恐怕是否定的。因为社会关系总在不断变动，各种利益自然也相应地处于动态平衡之中，自由利益与信赖利益的先后顺序应根据社会终极正义目标和当代社会阶段性正义标准等因素加以酌定，而斟酌过程除需要把握社会发展趋势以外，还需要结合法律适用者的经验、感觉、洞察力等多重因素考量。其实，这也是为什么法律问题一旦发展到高深之处就会变得异常困难的原因。此外，关注、照顾等注意义务是信赖之债的核心内容。信赖之债的目的在于满足债权人在交易与交往中形成的信赖利益，与合同之债以满足债权人履行利益的目的不同，其主要要求债务人为债权人交易与交往中的人身与财产安全、便利性以及交易成本等利益的实现提供必要帮助。尽管如此，由于该法律关系符合特定当事人之间的特定履行行为的特点，所以其具备债的一般共性。最后，债务人实施关注、照顾行为时须出于善意，这是信赖之债对债务人主观心态的要求。诚如本书前面所述（参见第八章第一节），诚实信用可以分为客观诚信（行为的善）与主观诚信（本身的善，即善意）两部分。在近现代社会，客观诚信在债法中居于主流，即仅强调遵守诺言、不欺骗、尊重他人、合理行为，等等。然而，当代社会，随着债法的再一次伦理化，主观诚信重新被激活，善意概念不仅内容得到了扩张，而且重要性也得到了提升，与人为善、扶危济困、主动与他人合作等精神也被融入人际交易与交往关系中来。债法从偏重客观诚信到对诚信主客观两方面的兼顾，使得信赖之债最终能够脱颖而出，成为独立的债的一种类型。

四、信赖之债的特征

尽管从信赖之债的概念中我们已经可以了解到其某些特性，但为了明确与其他种类的债相区别，还需要探讨信赖之债的特征。这里将从正面与侧面两个方向加以阐述。

首先，从正面可以观察到信赖之债具有以下特征：第一，信赖之债的基础是信赖而非自由。与其他债更多以自由为出发点不同，信赖之债立基于社会成员之间客观的相互依赖。也就是说，信赖之债以实现社会合作与互助为根本目标,而其他债则以实现个人利益和自由价值为根本目标。这种出发点的差异,并不意味着对自由之债(如合同、侵权)的否定,相反,当代社会,信赖之债与其他债一起组成商品社会法律调整不可或缺的两翼,共同担负起维护商品交换健康发展的重任。第二,信赖之债以注意义务为主要内容,而非如其他债那样主要以给付义务为主要内容。第三,信赖之债所保护的对象是法益而非传统权利本身。自从德国法学巨儒耶林对权利本质进行全新阐述以及利益法学兴起之后,民事权利的概念得到了全面扩展,传统"个人意思力与意思支配"被含义更广泛的"法律所保护的利益"所取代(参见第六章第一节、第二节)。传统债法以保护个人的人身、财产以及合同自由权为既定对象,并仅以这些权利为保护对象。而以当代视角观察,传统债法的缺陷在于,无法将信赖利益纳入保护范围,因为信赖利益并非传统意义上的既定权利,而是需要经过比较才能确定是否应予保护的一种法益。根据社会发展趋势,对信赖利益实施债法保护确有必要,所以在传统债法之外,另外增加一种以信赖利益保护为其专项功能的信赖之债就具有了合理性。第四,与其他债有所不同,信赖之债既可以发生在交易关系中,也可以发生在交往关系中。合同乃是最典型的商品交换,因而合同之债仅发生于直接交易关系中;侵权之债属于非典型商品交换,故而其在交往关系中发生。由于信赖之债处在合同之债和侵权之债的中间位置,故而有些信赖之债发生于合同关系中或合同的周边阶段,如附随义务、先契约义务、后契约义务等;有些则发生在与契约距离较远的场合,如商业机构对消费者的安全保障义务等。第五,债不履行的法律后果是损害赔偿。其他债不履行所引发的法律后果主要是强制履行(如合同)、强制利益返还(如不当得利)等形式。而且,根据利益考量,合同债权人甚至可以在运用实际履行请求权或赔偿请求权之间作出选择。其原因在于这些债均属给付之债。与此不同,信赖之债由于主要以注意义务为内容,故而当发生债不履行时,通常不会出现任何履行、返还等结果,其结果往往是赔偿损失。也就是说,信赖之债的违反,债权人一般只能适用损害赔偿请求权。

以上从正面比较了两类债之间的固有差异。另外,进一步针对信赖之债与侵权之债的异同还可以从以下两个侧面作具体考察:一方面,信赖之债属于法定之债,而非约定之债。另一方面,信赖之债属于单向债务,即受信赖方向信赖方单向履行信赖义务,不存在相互履行义务的情形。

这两点都近似于侵权之债,而与合同之债不同。即便如此,信赖之债与侵权之债作为单向债务的差异依然明显,原因在于:首先,两者虽然皆为法定之债,但仅限于法定的形式相同,内容却完全不同。前者指向的是信赖利益,如何满足信赖方合理的信赖利益是该债所涉及法定的内容。相反,后者所涉及的乃是受害人的固有利益,该债的法定内容是对固有利益损失的赔偿。两个"法定"的具体指向并不一致。其次,两者尽管都是单向履行债务,但债务内容存在本质差异。信赖之债是受信赖方直接向信赖方履行注意、通知、保护等行为,这是出于交易与交往本身的需要,以满足债权人正常的利益需求为目的,故属于正常关系范畴。如果该债务得到及时并恰当履行,双方之间的交易或交往关系即可圆满完成,当事人的正当利益亦可顺利实现。而侵权之债却是由于原本正常的社会关系遭到破坏,为了使被破坏的关系重归正常且使受害方损失得到弥补,而专门设置的债。所以说侵权之债属于为保障正常交易与交往关系而设的辅助性法律关系。再有,两者法律后果不同。尽管表面上侵权与信赖之债的法律后果都表现为赔偿损失,但其实这两种"赔偿"的性质并不相同。鉴于侵权发生之前双方之间并无法律关系可言,所以侵权所引发的给付义务(赔偿)其实恰恰是该债的内容,而并非债不履行的后果。与之相反,信赖之债的内容为法定注意义务,而对该注意义务的违反,其法律后果才是所谓的赔偿损失。由此可见,与信赖之债比较,侵权之债属于为保障正常交易与交往关系而设的辅助性法律关系,前者发挥正常社会关系本身的功能,后者发挥保障正常社会关系的辅助功能。从这个意义上说,两者差异的确较大。

五、信赖之债法律关系及其要素

在信赖之债概念证成过程中,一个不可缺少的步骤是将此概念带入到法律关系中并运用法律关系原理加以验证。众所周知,法律事实是引起法律关系发生的事实。引起合同之债和侵权之债的法律事实分别是表意行为(法律行为)和事实行为,那么,引起信赖之债的法律事实又是什么呢?考察后发现,这一法律事实既非表意行为,也非事实行为,而是一种自然事实[①],准确讲是与人的意志无关的客观状态——信赖状态。所谓

[①] 魏振瀛主编:《民法》,北京大学出版社、高等教育出版社2000年版,页36。

信赖状态是指,当代社会人与人交易和交往过程中,由于相互关系的紧密化而使一方对另一方处于依赖或信赖关系的状态。这种紧密关系的形成并非当事人通过约定的有意而为,而是出于社会发展的整体利益需要(理由参见第一章第三节、第六节和第二章第一节、第二节)。而且这种依赖或信赖状态并不需要考虑信赖方的主观因素。换言之,信赖是客观的,只要双方实际处于这样一种关系状态,无论其各自是否意识到,他们之间基于法定或者信赖保护原则已经建立起信赖之债法律关系。信赖状态或者说客观信赖的事实正是引发信赖之债的法律事实。

那么,如何判断信赖之债发生的具体时间点?对此可以这样解读:当代社会已经进入信赖社会,而信赖社会的一个显著特征就是人际关系的个人利益导向逐渐被社会利益导向所修正,个体层面的相互信赖被社会结构层面的整体信赖所取代。在这样的社会中,一个人对另一个人的信赖,并非来自对其具体人格的信赖,而是来自对社会环境体系的信赖,以及对已为社会广泛接受的信赖文化的信赖。换言之,哪怕某人本身的素质令人难以信赖,但只要社会是值得信赖的,法律制度将会迫使这个人正确行事,以满足我们合理的信赖需求。由此可见,当某一事实的出现,引发了一个人的整体社会信赖转化为对某一特定对象的具体信赖时,信赖之债法律关系即随之发生。这里可以用先契约义务关系的产生作为佐证:一个人走在街上,他只对整体社会体系存在着一种抽象的广泛信赖(一般信赖),他仅可以相信别人不会无缘无故地侵害自己的人身或财产。然而当他进入到某一超市的瞬间,无论其是否意识到,这种抽象信赖已经衍生出对该超市的具体信赖。于是,超市与顾客之间产生了信赖之债法律关系,根据该法律关系,超市对顾客具有照顾、保护、说明、告知等一系列法定债务,而这种债务发生在顾客与超市缔约之前,且与顾客是否购买商品并无直接关联。当然,这么多的债务也并非同时发生,而是根据顾客与超市的具体关系进展逐次发生的。例如,当顾客进入超市,超市对顾客的照顾及安全保护义务即发生;而随着顾客走到奶制品购物区并着手选择商品时,关于奶制品有效期的告知义务即开始生效;而当顾客询问起某件电器的使用方法时,超市又开始担负起如实说明的法律义务。一言以蔽之,只要顾客产生合理的信赖需求时,法律或信赖保护原则就会及时创造出各种信赖之债法律关系,以使债权人具体的信赖利益得到保障。

现再将探讨深入一步,信赖之债的法律关系要素又是怎样的呢?从民法基本原理出发,法律关系的要素包括主体、客体和内容。首先,信赖之债的主体为信赖方和受信赖方,其中信赖方是债权人,而受信赖方是债务人。由于信赖关系是一种具有广泛意义的社会联系,其中谁都可能成为信赖方或受信赖方,因此一般自然人或者法人均可以成为该法律关系的主体,法律对其身份不作特别限制。其次,关于信赖之债的客体。客体是法律关系所指向的对象。从前述分析可知,信赖之债与其他债一样绝非指向某种物,而是一定的行为。不过,信赖之债所指向的行为与其他债的客体具体又有不同,其所指向的是诸如保护行为、告知行为、讲解行为、保密行为等以保障合理社会信赖为目的的行为,这与其他债所指向的是体现财产利益或其他利益的行为存在较大差异。所以,应该这样描述:信赖之债法律关系的客体是体现了合理信赖利益的行为。此外,关于信赖之债的内容。所谓内容,即权利义务本身。前面曾提到,信赖之债属于单向的债,一方只享有债权,而对方只承担债务,因而仅讨论债务其实已涵盖了债的全部内容。与此同时,信赖之债以保护义务、协助义务、保密义务等为其基本内容,此可统称为注意义务;而其他债的内容则以给付财产或者履行其他行为为基本内容,统称为给付义务。注意义务与给付义务,两者差异同样明显。总之,尽管信赖之债与其他债在主体要素方面差异不大,但在客体和内容方面由于存在着较大差距,故而信赖之债可以独立于其他债而自立门户。

第二节 对信赖之债的疑问与回应

以上我们不仅全面论证了信赖之债的概念及其存在的合理性,也论证了信赖之债与合同、侵权等其他债之间的共性与个性,还从法律关系视角阐述了信赖之债的发生及其法律关系要素。至此,信赖之债的正面概念形象已经塑造完毕。然而,信赖之债毕竟属于对传统债法的创新,这一概念的树立不仅会牵扯到与传统债法概念的衔接,也会影响到债法既有体系的稳定性,还会引起对新制度效能发挥等方面的种种质疑。例如不少德国学者就曾提出如下疑问:"信赖责任中的'信赖'不是一个具体的法律概念,若以'信赖'为中心来构建相关责任制度,势必将使信赖责任制度变成'万金油',最终损害法律的确定性和可预见性"[①],并将此视为对"推崇信赖责任理论学者的主要挑战"[②]。从统一思想的目的出发,有必要就上述概念与体系设计存在或可能存在的质疑之声作出回应。为论述方便,现从传统债法立场模拟出若干对信赖之债的疑问和质疑,然后针对其一一加以解释,借以消除人们心目中的疑虑。

一、会否重蹈概念法学的覆辙？

正如本章开始时所说,有人认为,既然信赖之债是突破概念法学后的产物,那么如今又在标准化、体系化以及法律关系适用标准同一性方面花费气力,这不等于又重新回到刚刚竭力摆脱的概念法学了吗？换言之,信赖之债概念与体系的建立会否重蹈概念法学的覆辙？其实这属于一种误解。信赖之债的概念化与体系化,绝非意味着回到原来线性法律思维模式,其实当代债法中所出现的以保护交易信赖利益为目的的各项制度恰恰是法律突破概念法学窠臼的结果。尽管概念法学与价值法学分属于两种方法论,但这并不排除两者各有所长以及它们之间的功能互补。我们反对概念法学,是针对其执迷于一成不变的逻辑推理的形式化,而忽略了作为这一逻辑构建基础的社会现实,即以法律关系的形式性替代了法律关系的实质性。但这样做并不等于我们会将概念法学分析方法中的合理部分也一并抛弃。事实上,只要不迷信和盲从于概念、原则单纯推理结果的正确性,学会在必要时通过关系与利益之间的社会价值对比作出符合社会现实的综合判断,我们就剔除了概念法学的糟粕。换言之,我们通过债法创新建立起信赖之债的概念及制度体系的同时,仍然可以对概念统一、结构完整有所期待,因为目前债法内部相互矛盾或者界线模糊的制度现状并非就是立法改革的终极目的。只有条理化、系统化的立法才能使法律实施效率提高,成本降低,其所带来的巨大的法律适用便利性才能充分得到利用,取其精华的效果才会显现。可见,法律实施效能才会最大化。这一点在大陆法系尤其至关重要。因此,否定概念法学其实就是要破除其过分形式主义化、法律与社会现实相割裂以及即使法律已经落后

---

① 转引自李昊:《交易安全义务论——德国侵权法结构变迁的一种解读》,北京大学出版社2008年版,页523。

② 转引自李昊,同前注。

于社会发展现实仍然机械适用的成规戒律,但这并不妨碍债法在以一种开放、灵活方式吸纳新内容的层面重新自成一体,毕竟系统化的法律才具有适用的精确性、统一性与高效性。事实上,任何稳定结构的末期都会伴随着僵化、教条与陈腐,作为替代物的新结构又会滋生出合适的新规则体系,当旧结构向新结构过渡期间,因规则形式与逻辑关系服从于规则实质,故经常表现出松散、具体甚至相互矛盾、缺乏体系的特征。总之,体系——打破体系——建立新体系,这可能就是法律自身发展的规律,有学者将此称为"已经被利益法学抛弃的概念法学又在这里复活了"[①]。

具体而言,在一个相对稳定的社会环境中,针对那些较为单纯的债法关系,我们可以最大限度发挥那些被实践所反复检验过的既有法律教义的功效,因为此时的线性思维逻辑基本可以满足解决争议的需要。然而当社会环境改变或者作为法律教义的两个基本原则发生矛盾与冲突时,不拘泥于逻辑演绎,善于利用价值法学方法解决深层次法律争议就显出其明显优势了。

综上,辩证而非形而上地看待概念法学与价值法学的相互关系,灵活而恰如其分地运用两种分析工具,是我们准确把握当代债法分析方法的钥匙。信赖之债概念的建立以及信赖之债法律关系体系的构建绝非重蹈概念法学的覆辙,相反,其恰恰是法律认识水平螺旋式提升的必然结果。

二、信赖之债与其他信赖保护制度如何区别?

很多人已习惯于将信赖利益保护看成是民商法中的一个统一命题,认为应一体研究。当我们集中讨论信赖之债时,这些人就会提出如下担忧:这是否意味着民法对信赖利益保护研究的割裂呢?突出信赖之债,是否是对物权法、公司法、票据法当中信赖利益保护的忽略呢?

对信赖利益保护的重视,在20世纪民商法各项制度中,确实皆有爆发的趋势,除了债法以外,物权法、公司法、保险法、票据法中也都大幅度增加了对信赖利益保护的相关制度。这些制度虽各有特点,但在限制自由和保护信赖这一点上却具有共同价值取向。不过应该看到,法律的这种新发展是自下而上的,即首先是为解决各自具体目标而产生于各专项制度之中。例如物权法中的善意取得制度,正是为了解决原物所有人与

---

① 伯恩·魏德士:《法理学》,丁小春、吴越译,法律出版社2003年版,页258。

善意取得人之间的利益矛盾问题而特别设置的;公司法中股权善意取得,公司决议被撤销对善意合同相对方利益保护的规定;保险法中最大诚信原则的确立;票据法中关于票据无因性的定性和票据背书转让的形式审查义务,等等,也无不出于此目的。上述各专项制度经过不断发展,最终从具体化走向普遍化和抽象化,民商法信赖保护逐渐成为一个统一命题。然而正因为如此,深入研究信赖利益保护问题首先应分别从各具体制度做起,由溪流汇集而成江河。换言之,当各专项制度中的信赖利益保护问题研究足够成熟时,整体建立民商法信赖保护的法律体系才具有现实性。从这个意义上讲,信赖之债尽管是信赖利益保护在债法中之集大成,但其实不过是作为民商法整体信赖保护制度的一个分支。在信赖之债研究不断进步的同时,民商法其他制度中关于信赖利益保护问题的研究,也正在不断拓展过程当中。

目前加强民商法信赖保护的研究,并未改变各司其职的结构,法律尚不具备在各专项制度之上专门设置统一的信赖利益保护法的需求和条件,因而应将研究重点置于物权、债权等各专项制度中具体的信赖保护问题,信赖之债正是这样一种指导方针的体现。本书从上述分工原则入手,以债法中所大量涉及的信赖利益保护问题为研究标的,以如何高效率和体系化地实现债法信赖利益保护为成果目标,因而其中并未过多涉及物权、公司、保险、票据等其他法律领域相关问题。但这既不等同于对上述领域相关问题熟视无睹,也不会妨碍其他领域的相关研究。相反,在一定条件具备时,有必要对各专项制度中信赖利益保护研究成果进行充分协调,在法律实施中形成合力,实现最大化的综合社会效果。可以说,民商法中的信赖保护理论的确应全面发展,信赖之债仅仅是针对其中最突出也是最复杂的部分,在体系化研究中先行一步而已。

三、能否成为独立类型的债?

从广义上讲,债是商品交换在法律上的体现。交换可以是物与物的交换,也可以是钱与物的交换,还可以是钱与行为的交换,而交换意味着给付与对待给付,因此,大陆法系各国均将给付内容作为债的核心要素。不过,从前述信赖之债的概念与要素看,信赖之债并非以给付为内容,而主要以注意、说明、保护等义务为内容,已经明显脱离了债属于特定当事人之间的特定给付这一被公认的概念范围。这不禁使人产生如下疑问:

既然信赖之债已经脱离了给付关系，它还是商品交换吗？脱离了给付的债又怎么能成为一种独立的债的类型呢？

的确，给付是商品交换过程最典型的表现形式。由此出发，通说认为债权属于请求权，而请求权的内容就是债务人的给付行为，所以债权以给付为权利内容①，例如《德国民法典》第241条第1款明确规定："债权人因债的关系得向债务人请求给付。"②其实，将给付归结为债的唯一内容的主要原因在于过去法律对交易定义的简单化与对债的概念的刻意抽象化所致。鉴于传统概念中，交易被简单地认定为物或者行为的给付，给付完成意味着债履行完毕。但如前所述，商品交换不仅仅是直接交换，其可分为直接和间接两种形式。与近现代社会以直接交换为主的情形有所不同，当代社会除了给付的传统形式以外，间接交换亦开始兴起。尽管信赖之债所针对的不是钱与物之间的交换，而将标的指向了信赖利益，不过，信赖利益不仅具有独立性，也具有价值属性，这使其可以被当做财产进行交换，故当属于广义商品交换（参见第四章第二节）。事实上，当代高度发达的市场经济社会中，对商品交换概念应作广义理解，即商品交换已经不局限于传统上一对一的具体交换关系，交换属性经常会以宏观形式加以展现。也就是说，宏观上一个或一组庞大的交易关系，经常会被分解为若干个具体的微观环节，其中某个微观环节（具体债）可能体现为一方向另一方单向履行义务，但这并不影响整个关系的交易属性。例如：药店对顾客负有详细讲解药品功能、副作用、服用剂量等单方债务（通常体现为药品所附的使用说明书），对此，顾客一方仅是利益享有者却无须承担相应债务，然而，这并不影响该药品买卖合同整体上的商品交换性质。可见，当我们将信赖之债置于商品交换的宏观架构中加以观察，其商品属性就会显露无遗。以上我们论证了无论直接交换还是间接交换都属于商品交换，而接下来的推论自然是，信赖之债作为间接交换形式，虽然不属于给付关系，但这并不妨碍其成为债的关系的一种。其实，只要以发展眼光看待问题，我们就会突破惯性思维，同样重视体现间接商品交换的债，并根据其重要程度在债法体系中赋予其相应的地位。

---

① 参见史尚宽：《债法总论》，荣泰印书馆股份有限公司1978年版，页2；梅仲协：《民法要义》，中国政法大学出版社1998年版，页168；孙森焱《民法债编总论》（下册），法律出版社2006年版，页1；魏振瀛主编《民法》，北京大学出版社2000年版，页301。

② 我国台湾地区"民法"第199条亦有同样规定。

不过反对者可能会进一步诘问：如果说信赖之债并非以给付义务为内容，那将如何解释诸如赋权型利益第三人合同中债务人或者表见代理中的本人向善意第三人所为给付行为的事实呢？表面看来，在这两种情形中债务人或者本人对第三人所负债务似乎的确都指向了给付本身，但从本质而言，这些债务并非给付义务而仍属保护义务，仅仅是与给付义务恰好重合而已。以赋权型利益第三人合同为例，利益第三人确实被赋予了对原合同债务人的某种债权，然而该债权并非源于原债权人的权利让与行为，而是源于法律规定或信赖保护原则（参见第十章第一节），也就是说，该债权的性质不再是约定的合同权利，而是一种独立的信赖债权。根据该信赖债权，原合同债务人对利益第三人有一项保护性法定义务，即由利益第三人获得原债务人向原债权人以合同所承诺的对价等值的利益。这里所强调的是义务的利益价值相等而非义务的内容相同。义务内容相同意味着法律关系性质未变，仍属于合同之债（合同债权转让）；义务的利益等价则意味着价值虽未变，但法律关系的性质却已完全不同了。质言之，保护义务与给付义务由于价值相等而事实上形成了某种"重合"的关系。

严格依法律关系属性而论，利益第三人对原合同债务人的权利属性虽然仍是债权，但性质上却属于出于保护目的的信赖债权，而不再是合同请求权了。不过在法律实务中，我们仍旧常常可以见到这两种情形都存在，有时原债务人向利益第三人为给付行为（实际履行），而有时原债务人则向利益第三人支付等价的货币（信赖利益补偿）。这其实正是因为实践中两者利益的价值相等，人们往往会通过自治方式灵活选择适于自己的处理方式而已。值得注意，现实中这种偶然的重合并非孤例，例如法律关系的客体通常指向的是物或者行为，但在债权转让法律关系中，其客体就是债权本身。换言之，本属于权利的内容的债权，在特定情形下其也可以成为权利客体，这是因为我们将债权作为一项独立的财产加以看待，并比照一项财产那样对其加以转让的结果。可见，特定情形下的权利内容完全可能与权利客体发生表面上的"重合"现象。

此外还需要指出，给付行为与保护行为在价值上相等也完全是可能的。例如《德国民法典》第307条第1款第1项（现已废止）曾规定对信赖利益的赔偿不应超过履行利益，这一规定的初衷在于，人们通过订立合同所预期的利益是其最理想化的利益，而如果该利益因为诸如缔约过失等原因而无法达到,那么对此负有责任的人应赔偿受害人所失去的利益,这一利益一般指交易成本,而根据商品交换规律,成本应小于或至多等于合同利润,所以此时的赔偿范围不应超过合同正常履行所获得的利益顺理成章。① 由此可见,给付义务的结果是履行利益,而保护义务的结果在少数情形下最高达到与履行利益相等价值也并非不当。这从另一侧面证明了给付利益与保护利益存在重合的机会所具有的合理性。

综上所述,债过去之所以被定义为一种给付,是因为恰好所有重要的债的类型均以给付为内容,而非以给付为内容的债均属于次要的附属类型。换言之,债被定义为给付,不是因为给付是债独有的排他性特征,而仅仅在于其重要性。如果有一天,非以给付为内容的债的重要性不断提升并一举跨过自立门户的门槛,对立法者而言,将其升格为独立的债的类型客观上并不存在逻辑障碍,人们所要做的只是接受它而已。

四、会否影响合同及侵权之债的效能?

信赖之债的出现似乎不可避免地会冲击到现有债法,特别是合同法与侵权法,这是否会将原本被视为相同性质的债的内容强行拆开,例如将附随义务、无效合同的法律效力等内容从合同法中移走,将经营者的安全保障义务、加害给付等从侵权之债中剔除,从而影响到合同与侵权制度效能的发挥?对此本书给出的答案是否定的,具体理由如下:

第一,传统债法将附随义务与保护义务置于合同或者侵权之债中并非基于其内容的相同性,而是一定社会背景下的历史产物。曾经,债以给付为主要内容被视为天经地义,故而人们一般都将债定义为一种给付行为,这是长期以来直接交换的思维惯性使然。然而信赖之债的崛起恰恰改变了这一历史惯性,当代债法的要求显然更为全面而复杂,除了给付之外,又大量增加了各种从属或附随债务作为补充,甚至在某种程度上这些"额外债务"受到更多关注,说明、通知、协助、照顾、保密等曾经被视为附随义务或次要义务的债务类型,如今数量及比重不仅大幅提升,已经接近或达到与给付义务比肩的程度,而且其重要性相较于以前仅作为给付义

---

① 其实仅就交易成本赔偿而言,本规定并无不妥。该条被废止系由于无法涵盖所有的损失赔偿(如财产或人身的直接损害),故从全面考虑有其他条款取代之。

务的附属品也有了实质性提升,甚至不排除某些情形下可能超过给付义务本身。换言之,债的履行如果仅仅包含给付内容而缺乏其他内容已与时代发展要求不符。同时需指出,即使在传统债法中,那些附随义务、从给付义务也从没有被真正排除于债的内容之外,只不过由于其作用相对次要而被忽略而已,法律出于刻意追求概念的抽象与简洁,将这些"次要"的属性从债的概念中剔除,给付便成为债的唯一内容。总之,在概念法学的强力统治之下,法律进步只能采取迂回和潜移默化的方式进行,通过不触及制度核心的扩张解释成为一种常态化表现,附随义务的法定性被披上了默示条款或者依合同性质而存在的条款的合同外衣;合同无效后的法律效力也仅仅因为方便而就近植入合同法;以规范非特定人之间消极注意义务违反为条件的侵权之债也越来越多地吸收了特定人之间的积极注意义务内容。不过,这些改变在债法进步中越来越显现出其权宜之计的特征。

第二,这些属性明显不相同的制度放在一起虽然可以在债法改革和法的安定性之间达成暂时平衡,然而随着债法改革的深入其弊端则暴露无遗,例如附随义务并非约定义务,但因为其常常与合同义务非常接近而被理解为合同内容的自然延伸或者当事人虽未约定但依合同性质必然会存在的合同内容,起初这种解释似乎可行,但是随着交易中信赖利益适用范围的不断扩展,很多附随义务已经越来越远离约定而更靠近法定,因而难以再被解释成合同内容的自然延伸。而随着当代债法中那些为体现信赖利益保护而存在的大量非给付义务的重要性提升,债的定义亦需要作出相应调整,全面、均衡关注债的各项内容而非仅关注给付内容将是未来债法的发展方向。从这个意义上说,当扩张解释不断持续并最终超越极限,达到原有制度无法容纳的程度时,事物从量变发展成为质变,另起炉灶就成为唯一的选择。相反,将非给付义务作为债的主要内容纳入债法之中并作为债的独立类型,不但不会导致债的概念混乱,而且会使债的概念与体系更加完善、科学与现代化。

第三,鉴于美国著名学者富勒早在几十年前就已经清楚地区分了履行利益、固有利益与信赖利益[①],并阐明了信赖利益的保护结果与其他两

---

① L. L. 富勒、小威廉·R. 帕迪尤:《合同损害赔偿中的信赖利益》,载梁慧星主编:《民商法论丛》(第7卷),法律出版社1997年版,页413以下。

种利益的保护结果并不相同，因而长期以来债法对信赖利益中相当大一部分未作区分保护有违制度的基本属性，而现在将债法各项制度中被混淆了的内容重新区分，只不过是回归事物的基本面而已，不仅不会影响合同与侵权制度效能的正常发挥，事实上还会促进债法适用的精确性，使权利义务分配更加合理。

五、会否损害债的私法自治功能发挥？

这个疑问与前述第二个疑问具有相关性，都存在对信赖之债会过分限制自由的担心，例如信赖之债会压缩合同与侵权制度的适用范围。这样，在上述制度中原本通过当事人意思自治建立和履行债的方式，无形中被法定义务的强制性所替代，从而使得债法这一最彻底体现私法自治的制度无法充分发挥其效能。

鉴于信赖之债所管辖的领域在传统上本属于合同或者侵权，因而容易造成一种感觉，就是当过去某一领域内一种类型的私法自治（如合同）被另一类型的私法自治（如信赖之债）所替代时，个人自由受到了压缩，因而这种情形被视为是对私法自治的某种负面影响。其实这是对私法自治的误解。法定之债与约定之债相比，虽然其意思的自治程度或范围有所缩减，但这并不妨碍其属于私法自治范畴。而且，债的私法自治程度与范围取决于商品交换的形式是主动还是被动的。换言之，形式上的主动与被动仅体现了制度的功能性要求，并不是具体鉴别其自治等级高低的钥匙。以合同与侵权为例，合同之债是约定之债，属于主动商品交换，侵权之债是法定之债，属于被动商品交换，但我们并不能得出结论说，合同之债属于比侵权之债更高级别的私法自治，因为这两个制度是为了解决不同法律问题而设置的。与此同理，信赖之债亦属于法定之债，其与合同之债、侵权之债并列存在，不分等级高低，各司其职，均在其各自领域内贯彻私法自治的要求。

具体而言，信赖之债不仅在债的传统形态方面（如效力、履行、让与、消灭等）体现了私法自治原则，还在适用领域方面对私法自治原则的运用进行了创新。例如信赖之债将当事人交往关系中原本不受法律调整的部分纳入债法调整范围，使该关系从非法律关系转变为债的法律关系，使其归入私法自治原则管辖，这明显扩大了私法自治的管辖范围。另外，信赖之债还对原本属于合同和侵权的私法自治形态作出部分调整，即将合同中日渐增多的法定义务和侵权法中的不作为义务抽取出来，归入信赖之债范畴。通过私法自治形式的转换，更好地实现其社会调整功能。

总之，信赖之债尽管属于法定之债，但其并未削弱债法的私法自治功能，而仅仅是对债法进行必要的矫正与完善，使私法自治功能得以更好地贯彻和落实。信赖之债产生的目的在于修正个人过分自由所带来的社会负面作用。从效果而言，这绝非否定合同与侵权的私法自治功能，恰恰相反，这是针对过度合同自由和绝对过错责任所导致的债法私法自治功能下降问题所采取的必要对策。由于社会环境的改变，原本二元结构的债法在社会生活新问题困扰下的支撑能力明显不足，而信赖之债的出现以三足鼎立之势为债法结构增加了有效支撑，使得原本陷于危机的债法体系重新恢复了活力。可以说，信赖之债不过是私法自治的一种形式对私法自治另一种形式的替代。这非但没有削弱债的私法自治功能，反而使私法自治得到巩固和强化。

六、会否增加债法运行成本？

有人可能会提出，制度应以简化为优先选择，能以简明体系去构建法律架构的，就不应叠床架屋，将其复杂化。既然二元结构的债法体系已经过百年以上的实践检验，即使存在一定问题亦可以在原有体系内部进行消化，似乎没有必要变为三足鼎立。也就是说，增加信赖之债可能引起债法运行社会成本的徒然增加，得不偿失。

本书前面篇幅已经大量描述与分析了当代社会相较于近现代社会的结构变化，并得出结论认为当前债法体系未能与时俱进，与社会发展存在着结构性矛盾。因此，债法需要变革已经是不争的事实。当前，摆在我们面前的有两种选择：一种是继续保持债法二元结构框架，并在原有体系内进行小修小补；而另一种则是直面信赖利益普遍性与重要性提高的现实，打破传统，建立起独立的信赖之债制度。事实上，无论是大陆法系还是英美法系起初都出于稳妥的考量而选择了前者。然而，多年的社会实践却逐渐向我们揭示出一个真理，那就是仅限于体系内的修修补补并不足以化解结构性矛盾，相反却引发了债法体系的一片混乱。这一方面表现为，大陆法系中债法的溢出效应和英美法中对契约制度的强烈质疑甚至否定；另一方面则表现为，大陆法系内部在应对上述问题时，出现忽而定性为合同忽而定性为侵权的左右摇摆和犹豫不决,在英美合同法中则因为允诺禁反言制度的出现而对合同基础造成前所未有的巨大冲击。上述事实无可辩驳地证明,近现代债法体系在面对社会变革时已经表现出进退失据、无所适从的窘态。正是由于人们在原有思路下根本找不到出路,在历经痛苦、郁闷和反复衡量之后,痛定思痛,信赖之债的建构才被摆上了议事日程。

现在我们终于认识到,以传统债法思路面对当前社会现实,不仅达不到满意效果,还造成了债法适用的混乱。特别是在大陆法系,法律的体系化以及体系运转的顺畅,就意味着法律实施的高效率。如果债法始终处于混乱状态下,其实施效率低下就是完全可以预期的。事实上,从世界各国债法近一百年的实践来看,那种疲于应付和左支右绌已使债法疲态尽显。而且,随着人际交易与交往过程中的信赖利益越来越被社会所普遍接受与保护,在可预见的将来,债法的这种不适应性只会增加而不会减少。由此可见,信赖之债尽管使债法从二元结构变成三足鼎立,似乎因结构增加而变得更复杂了,但这不过是反映出社会关系的本来面目,这样做其实非但不会导致债法适应的社会成本增加,相反却会使日渐风雨飘摇的债法体系得到巩固。事实上,在大陆法系这种通过体系化来控制法律实施成本的法律架构中,如果能够使债法重新系统化,各项具体制度各司其职所带来的结果,一定会使法律的适用保持高效,同时还会使社会成本降低。

现在让我们回应本节开始所提到的德国学者的担忧。首先,担忧信赖之债成为"万金油"是没有必要的,因为它是否属于"万金油",主要取决于其适用范围的广泛程度,事实上,随着信赖利益在社会中的地位提高与普及化,凡居于合同与侵权之间那片"空白"领域内的人际关系,因其社会信赖属性自然应归由信赖之债加以调整,既然有足够多种类的信赖关系在足够多的场合需要得到法律保护,其适用的普遍性就不应受到质疑。其次,学者们所担心的是难以做到"区分足以引起信赖责任之构成要件事实以及不相关联的生活事实"[①]。这的确是一个宏大任务,然而却并非不可完成。其关键在于要从宏观思维入手,而不是仅仅在微观层面打转。

---

① 转引自李昊:《交易安全义务论——德国侵权法结构变迁的一种解读》,北京大学出版社2008年版,页523。

本书正是从这一指导思想出发，从理论到实践，从宏观到微观，力图由远及近地体系化解决以下难题：将各种相关法律事实与一般生活事实相区别；将引发合同及侵权的法律事实与引发信赖之债的法律事实相区别（具体实务类型见第十二章）。再有，法律的可预见性的确很重要，但是一旦社会发生大的变革，法律就必然会随着发生相应的转变，这不以人的主观意志为转移，而此时人们对法律的这种不适应正如常见的"晕车"感觉一样，仅仅是暂时的，经过调整完全可以逐渐适应。事实上，前一章中所谈及的大量债法溢出效应情形，现在人们不也都接受现实并习以为常了吗？可见，法律的可预见性除了立法的确定性以外，还有人们适应能力的养成因素。只要我们最终能够完成信赖之债的体系建设，相信会重新建立起人们对法律可预见性的合理预期。最后，应当注意的是，我们应抛弃概念法学式的幻想。也就是说，以前所谓法律的可预见性，就是只需将既定的"法律公式"代入判案的实际操作过程就可获得正确结论，然而这仅停留在单纯个人主义一统江山的时代，如今社会已经发展出与之平行的另一种社会化体系，两种价值并存，而且它们很多时候会出现冲突和对立。所以我们除了运用概念法学之外还经常要运用价值法学来解决上述矛盾。从这个意义上讲，对法律的确定性和可预见性的理解需要进行一定程度的修正。总之，如今信赖之债早就超越了可随处涂抹的"万金油"阶段，已经成为针对独特社会关系类型的体系化调整手段。

以上尽管回应了一些主要疑问，但完全可以预料到还会有更多疑问在等待回答。其实有疑问并不要紧，只要我们目标明确，思想统一，方法得当，再多的问题也是可以解决的。此处就还存在两个尚未解决的疑问，一是信赖之债建立后，如何解决自由价值与信赖价值之间选择与平衡的问题；二是信赖之债的出现会否影响到债法体系的安定性问题。出于论述安排需要，对这两个疑问留待本章第五节一并予以回应。

第三节　信赖之债体系之一：解构与重构

一、何谓解构与重构

解构一词现实中含义较为复杂，难以直接予以定义。大体上可以对其从以下两个视角来理解：第一层含义是结构性解读。任何事物皆由若干具体要素所构成,这样就形成了所谓事物的结构。而人们对这种结构的成因、功能、价值等所作出的分析和解读,就是解构。例如我们常以这样的方式解构某一法律制度或理论体系。然而解构一词的复杂性在于,其不满足于对事物的正面解读,而是由此延伸出另一种含义,即打破传统思路和人们习以为常的信条,对事物进行某种颠覆性解读,这往往意味着对结构进行拆分和裂解,即造成结构原来状态的破坏。当前人们常在后一种语境中使用解构这一术语。如果说第一种解构含义主观性较强的话,那么其第二层含义则偏向于客观层面。从客观上讲,解构还意味着事物体系在运行过程中由于某种原因而发生了自我解体、垮塌的情形。犹如北极冬天稳定的冰川结构在夏日气温升高的作用下会发生崩塌一样,曾长久统治我们的某一法律制度或理论体系也会因为社会环境的剧烈改变而造成结构失衡并自行坍塌。

其实,解构的以上两层含义属于一体两面,一方面,事物会按照自身发展规律不断演进,其结构发生客观上的改变、解体甚至崩溃均出于历史必然,即使人们出于维护原有体系完整性的考量而主动采取各种补救措施,但该结构体系走向解体的命运却是不以人的主观意志为转移的;另一方面,当某一事物结构体系已经不适应社会发展趋势时,人们就会自然感受到该体系运行自身所带来的掣肘和整体适用效率的下降,而当人们对此愈来愈变得无法忍受时,也就认识到了事物改变的客观必然性,此时主观上对其进行不同于传统逻辑的解读甚至颠覆性的判断,就变得顺理成章了。当然,我们在使用解构概念时,会根据论述的需要在这两种含义间进行切换,如果说前面我们对传统债法所进行的体系上的质疑与否定评价属于对债法主观上的解构,那么,本节内容则偏重于针对债的解构进行客观描述。

与解构相对应的概念是重构。解构是对事物原有结构经过肢解而还原成各个基本原始要素,重构则是把上述基本原始要素再行整合,使其重新构成一个新的事物结构。与事物可以在运行中自行解构不同,重构需要人的主动介入。事物体系的重构不能从垮塌的废墟中自行生长出来,而需要人们从顶层设计到底层设计并将该设计付诸具体实施才能构建起来。可见,解构的重点在于,当某一事物体系客观上已经不适于当代社会需求时,人们能否及时发现,勇于质疑,并对现有体系提出挑战;而重构的重点在于,在旧体系的废墟上,能否寻找到建立全新结构的基本原则,以其为指导完成新的架构设计,并最终形成具体的可行方案。认清这一点,为我们研究债的解构与重构问题提供了重要铺垫。

二、传统二元制债法的解构

前面已用大量篇幅讨论了对传统债法二元结构的颠覆性解读问题,也就是所谓主观性解构,兹不赘述。现将阐述重点转向债法体系运行中客观表现出的自我解体倾向,即所谓客观性解构。

众所周知,债法体系自开始形成已有上千年的历史了,即便是由德国民法所建立起的号称最严谨的债法体系运行也已超过了一百年。这个体系以合同与侵权之债为重点,并附带不当得利、无因管理等次要的债,共同组成了所谓二元制结构的债法。这一债法由于是在近现代历史背景下形成的,故习惯上被称为传统债法。在自由资本主义时代,二元制债法结构一直被奉为债法体系的金科玉律,不容置疑,其实际运行效果也确实不错。不过,随着西方社会进入到垄断阶段,多次金融危机、经济危机以及两次世界大战所带来的影响巨大,结果之一就是使标榜为自由价值典范的债法在其运行中出现了明显的解构现象,而且这一趋势随着社会演进而变得越来越突出。对此,本书在前面论述中尽管已多有涉及,这里还是想对解构表现从三个方面简单加以归纳:

第一,债法主要被限定在动态和静态权利保护两大方面,动态即为合同,静态即为侵权。有约定的由合同法管辖,无约定的则归侵权法管辖(少量其他债经常被忽略不计)。这种结构的问题其实在于其忽视了在合同约定和侵权之间其实还存在着一个广阔且不能被忽略的空间地带需要法律调整。尽管近现代各国立法者已经发现了在合同与侵权之间存在着上述空间地带,但却一直本着自由理念认为这一领域并不受法律所调整,而应属于当事人自由范围。因此,在他们眼中,合同法与侵权法始终是无缝衔接的(当时的社会现实也的确如此)。不过,随着社会变革,一旦上述"空白"领域转变为须由法律管辖时,债法二元制结构就显现出无法容纳新社会关系的弊端。长期以来,仅仅是出于维护二元制结构的完整性考虑,大陆法系和英美法系均只在合同法和侵权法内部进行一系列妥协或变通,其结果不仅未能弥补漏洞,而且使得合同之债与侵权之债发生混淆,两者间原本清晰的界线变得模糊起来,债的二元结构不可避免地遭到了破坏。由此,传统债法体系的解构问题日益凸显。

第二，债的标的被局限为给付行为。当前普遍观点认为，债权人与债务人之间的关系本质上是给付关系，即债务人向债权人为特定的给付行为。然而，基于此观念建立起来的债的体系却存在着一个问题，就是忽视了注意义务在债法中地位的快速成长性。近现代各国立法者虽然承认在债法中除了给付行为之外，也存在着一定数量的非给付义务——注意义务，但是注意义务长期以来不受重视，其只作为给付义务的附属物而存在，称呼通常是附随义务、从属义务，或有时干脆毫无名分地称其为法定债务。不过，当代债法与近现代债法的最大不同之处就在于，那些一直居于次要地位的注意义务，从数量到重要程度上均开始快速提升，而且我们有理由认为其重要性在未来还会有更大程度的提升。债法保护对象已经从给付义务一家独大转变为注意义务逐渐接近给付义务甚至与其比肩的程度，给付义务与注意义务的主辅模式开始退化。正如本书前一节所述，从广义商品交换视角观察，并非只有给付行为才是商品交换，注意义务同样反映出当代社会商品交换的属性，而且是在更高层级和更广领域更宏观地展现出来。所以，债法长期以来根据商品交换关系属性而被定义为特定当事人之间的特定给付，现在看来就显得过于狭窄了。以当代视角观察，这一观点忽略了注意义务的应有地位并武断将其排除于商品交换关系，明显属于刻板的人为设限，缺乏实事求是的态度。如果对此不加以改变，注意义务就一直无法获得合理定位，最终结果必然是债法体系难以适应社会变革需求。由此，债法客观上从另一侧面也显现出了解构迹象。

第三，债权属性长期被局限于个人的意思支配。自萨维尼以来，近现代法律对民事权利乃至债权的主流学说都是意思说，即将其定义为个人的意思力或意思支配，而由耶林所倡导的目的利益说则未受到应有的重视。其结果造成了权利始终被局限于那些可以确定加以支配的意思，也就是法定或约定权利。这些权利的特点在于确定性、程式化且为社会所预先认可，当任何侵犯这些被赋予了"名分"的权利的行为出现时，法律就会立即出面对其提供保护。不过，这一思路的缺陷在于，其忽略了除了那些拥有"名分"的权利之外，其实还大量存在着不能提前加以确定的权利，这些权利就是所谓的"框架性权利"，或直接称之为法益。如果说过去法益在权利体系中所占比例极小，尚对权利概念构不成威胁，然而现在情况却不同了，当代债的关系中一大特征就是那些曾经不被重视的法益不仅日益活跃且与日俱增。尤其是在合同和侵权法所保护的权利之外，交易与交往中以信赖利益为代表的需要保护的利益大量涌现,这些利益不能直接被定性为"有名权利",而大多是一些需要经过具体比较才能够被明确是否应当加以保护的利益,这种利益在当代债法中被称为法益。从当前社会发展现实看,这些法益在债法中不仅成为极为活跃的因素,而且影响巨大,以至于其逻辑地位逐渐升格到与权利比肩的程度,任何法律都已经不能只关注那些"有名权利"而忽视这些法益的存在了。正是这种权利保护与法益保护合流的趋势,促使耶林将民事权利的本质的解读,由"个人意思力和意思支配"转向"依社会目的而由法律所保护的利益"。总之,将法益纳入权利保护范围,会导致权利概念的扩张,而传统债法却依然抱着旧有观念不放,对此加以拒绝,或者勉强将法益保护仅作为极次要部分一笔带过。这一观念形成的重要原因之一,就是不愿意对传统民事权利体系和债法体系作出改变。可是,社会发展的步伐并未就此停歇,权利与法益合流的趋势也从未因此而减缓。拒绝正视这一历史发展趋势的传统债法体系正在陷入前所未有的解构困境之中。

法律是社会关系的产物,法律为保护现实社会利益而存在。一旦社会现实基础发生了改变,法律必须及时调整自己以顺应上述变化。传统债法的上述解构表现,表面上反映出其不能做到与时俱进,使自己陷于逻辑上的困境,然而从更深层级加以挖掘,其根源却在于,长期以来市场经济社会一直被定义为一个个人主义至上的社会,一个自私即公益的社会,一个个人自由拥有绝对价值的社会。而且这一切都被视为永恒不变的信条,不容任何质疑之声存在。这种观念上的呆板和僵化,事实上导致了很多法律新思维往往被扼杀在摇篮中,债法本身自然也就无法突破传统藩篱的束缚,而只能徘徊于无休止的自我纠结之中。事实上,当代社会已进入到市场经济社会的一个崭新阶段,即所谓人性化市场经济社会。在这种社会中,人际关系相对于近现代社会而言产生了巨大改变,表现为在人际日常交易与交往中,除了个人利益追求和实现之外,还有大量基于信赖所形成的社会利益充斥其间,这种信赖利益的兴起使得社会信赖化趋势正迅速蔓延到社会的每一个角落,成为法律调整社会关系一个不可忽视的重要因素。然而,传统债法由于无视这种新型社会关系的存在和壮大,从而使法律在适用中经常出现诸多无所适从的境况,并严重影响了法律的适用效力。与此同时,由于债法体系的解构,导致了债法的结构效率大幅下降。一个体系化的债法,其统一的结构原本可以充分发挥结构优势,做到事半功倍。而处于解构状态的债法，相关立法与司法解读经常出现自相矛盾，这使得法律运行效果相互掣肘甚至相互抵消。由此可见，正确认识到当前社会基本特征的改变，准确把握债法解构的深层原因和现实危害，从而设计出符合当代社会要求的债法体系，正是时代赋予我们的历史使命。从这个意义上说，传统二元制债法体系的解构并不可怕，关键在于我们要敢于理论创新，重新找到适合债法发展的正确道路。完全可以确信，经过必要调整与修正，债法依然可以恢复其往日的勃勃生机。

三、债法的重构

所谓债法的重构，是指重新选择和确定构成债法体系的各个基本元素，然后将其依照当代社会现实的要求重新进行整合，并最终建构起新的债法结构体系的过程。重构可分为理论重构、立法重构和司法重构等具体部分。研究债的重构，重点需要解决两个问题，即是否应该重构和怎样重构。关于第一个问题存在两种选择：选择之一就是继续在原有债法体系内进行法律教义学式的修补，其具体改革成果就是《德国债法现代化法》。然而随着改革深入，这一缓和的改良思路治标不治本的弊端显而易见，不足以应对未来债法发展的要求。选择之二就是重构债法。因为交易关系中的信赖因素增加已经达到了这样的程度，以至于这部分交换关系有必要脱离原有债法调整而由新的债法所规范，也就是说，当法律社会学思想突破法律教义学框架，并且经过重新抽象与整合后再回归法律教义学时，信赖之债理论就提上了议事日程。

其实，通过前面对债法解构的讨论，对于重构债法的必要性已经获得了某种肯定的答案，而长期否定重构所造成债法内部混乱的结果也已经为我们提供了足够的经验教训。事实上，法律的体系化是大陆法系国家法律的基本特征，其重要性无论是在理论上或实践中均已得到广泛认同，尽管在我国关于债的概念以及债法体系的存废问题目前尚有某些不同意见，但无论是国际还是国内的理论和实践中，维持债的概念以及相关法律体系仍属主流观点。故而，当原有法律体系发生解构时，社会所面临的最迫切的问题并非舍弃旧有体系后即置之不理，任其自生自灭，而是积极思考如何建立新体系的问题。事实证明，体系化的债法依然是我们这个时代进行社会治理最有效率且不可替代的法律工具之一。

关于第二个问题即债法如何重构的问题，亦存在着两种方式选择：全部重构和部分重构。全部重构是指对债的概念和体系全部推倒重来。这显然并不现实,无论是理论还是实践对此均无支持理由。因为当代社会市场经济性质决定了债法作为调整商品交换基本法律工具的不可替代性,只要这一社会基本特征不发生根本改变,债法就将永远保持其重要的功能价值。事实上,债法并不需要概念重构,因为现有债的概念可以涵盖传统的债和新增的信赖之债。所以,具有现实性的重构方案只能是部分重构,也就是在不改变整体概念、原则和内容的基本架构的前提下,对债的体系进行某些局部调整。之所以只能选择部分重构,是因为社会市场经济的性质虽未改变,但从指导思想到基本原则均已发生了重要的局部改变,那就是社会正从纯粹个人主义市场经济转向更加社会化和容纳更多信赖因素的市场经济,正从典型的自由社会转向逐渐脱离丛林法则的人性化社会。从社会长远利益出发,债的重构是必要的。对社会发展大势的基本判断告诉我们,以既定权利保护为核心目标的静态债法已经尽显疲态,而以正当社会利益(尤其是信赖利益)保护为核心的动态债法正在逐步取而代之。当然,鉴于传统债法的结构逻辑尚相当严谨,尽管是部分重构,也同样会形成对其原有结构的较大修正。结合前面关于传统二元制债法解构以及债法仅需要部分重构的论述,我们已经可以从宏观层面描绘出重构之后的债法基本框架,而其具体体系架构,待下一节详细探讨。

总之,债的部分重构符合当代债法的发展规律,是针对债法解构而作出的合理应对,不仅具有现实性而且具有可操作性。其操作层面的问题可以通过具体的重构路线图加以描述。

四、债法重构路线图

当我们完成了债法重构的顶层设计之后,更为具体化的重构路线图其实已经跃然纸上,这就是沿着指导思想—基本原则—逻辑架构—具体条款的路线前进。第一,确定指导思想。众所周知,债法从近现代跨入当代,其基本标志在于指导思想的改变。本书前面对此已有充分论述,那就是纯粹个人主义与绝对自由的正义观正逐渐被个人利益与社会利益相协调的正义观所取代。而这一现实正是近现代债法解构的原因,也是当代债法进行重构的基本根据。第二,在广大典型商品交易领域内仍然坚持债法的原有制度,因为该领域内原有债法并未过时,无需改变。第三,根据当前社会关系紧密性的原理,将交易与交往中的信赖这种新型社会关系经过提炼并纳入法律调整范围,使之成为债法的调整对象。第四,引入诚实信用、公序良俗、权利滥用禁止等具有时代特征的信赖利益价值衡量标准,并将这一标准广泛应用于商品交换中无合同约定的领域,与债法原有价值标准相结合而共同构成新债法公平正义的价值准则,使债法由原来着重体现交易自由向自由与诚信两者兼顾转变。其实,关于确定基本原则的工作早已实现,因为早在20世纪上半叶,整个民法领域内已经全面建立起了诚实信用原则、公序良俗原则和禁止权利滥用原则,而这些原则与自由、平等与意思自治原则的和谐共存问题经过长期磨合已获解决,这对于债法重构的指导意义亦无须赘言。当前我们所要做的仅仅是顺着这一轨迹,将上述原则更具体地贯彻于债法运行当中。例如根据上述三个原则,在债法中建立起信赖利益保护原则并对其运用的过程加以完善。第五,吸收民事权利目的利益说与利益法学(以及其发展学说价值法学)等理论营养,将利益评价的法学方法论作为债法中上述新兴领域的主要法律分析手段。第六,根据现实需要调整债法中原有的发生根据类型,对以调整交易信赖关系为目的的债法内容进行统一归纳,建立全新的债的发生根据。具体而言,在合同自由、债的相对性以及过错责任原则与信赖利益保护原则并重的前提下,在债法架构中继续保留合同之债和侵权之债的同时,增加一项与其并列的债的发生根据——信赖之债。即债法事实上被划分成两大部分——原有的债与信赖之债。其中凡交易与交往中涉及合理信赖利益保护的法律关系均划入信赖之债,由其统一管辖。信赖之债的设立,目的在于使债法突破原有体系后再重新系统化,从而完成债法体系重构进程。

上述路线图简单描绘出了债法重构的途径与步骤。而之所以这样具体设计该路线图,一个重要考虑是我们必须同时兼顾以下三个方面,一是顾及债法内容不断扩张导致其概念包容力不足的问题;二是顾及由此带来的债法结构性矛盾和适用中的逻辑混乱;三是顾及债法必须继续保持体系化的问题。事实证明,原有的二元制债法无法完成三者兼顾这一使命,而信赖之债的建立,则是唯一可以同时满足上述条件的方案选择。不过也应看到,债法的重构之路漫长而充满艰辛,当前的主要进路是通过以裁判为中心的法官造法,经过长期司法判例的经验总结,逐渐发展出一套适合于新时代的抽象理论,并最终过渡到制定法阶段。这方面可资借鉴的是,《德国债法现代化法》中关于缔约过失责任的规定就是经过一百多年的酝酿才告阶段性完成。而这一立法进路也完全适用于信赖之债中的其他制度。综上,信赖之债使债法重构具有了可能性,而其路线图的描绘则为我们提供了一把摆脱目前困境的钥匙。

尽管在此路线图的基础上如何确定各项具体法条的位置与表述尚有待细化,其总体上的现实性却是完全可以期待的。因为当我们用对立统一原理解决了自由价值与信赖价值如何同时并存的问题,并且创造出信赖之债的概念对早已遍布于交易与交往关系中的信赖利益保护问题加以统一归纳之后,我们就已经克服了该路线图实现过程中的最大障碍。只要我们沿着这一思路持之以恒地不断探索,在已经建构的信赖之债骨架上填充制度的具体内容,在可预见的将来,经过重构的崭新债法必将会呈现在世人面前。

第四节　信赖之债体系之二:从外在体系到内在体系

一、何谓外在体系与内在体系

在关于债的解构与重构讨论过程中,我们已经将重点集中在了债的体系之上,不过我们发现,传统二元制债法体系之所以已经过时,并非因为其逻辑关系本身的不协调,而是由于该结构已经不能适应社会发展对债法的基本要求,换言之,外在逻辑的严谨与否并不能保证法律制度体系内在关系上的顺畅。冥冥中似乎有另一种逻辑在左右着该体系的演进。由此,引发了我们的如下研究兴趣:外在体系和内在体系的区分以及信赖之债出现对债法外在体系的影响。

外在体系是我们所熟悉的关于法律体系的概念,系由德国学界所创。依拉伦茨和卡纳里斯的观点,"根据形式逻辑的规则,将抽象一般概念建立起来的体系,学说上称为外在体系"[①]。具体而言,"抽象程度低的概念(niederer Begriff)可以涵摄到抽象程度高的概念(höherer Begriff)文中或文下,经由该涵摄过程可以将一切法律规定归结到上述或甚至一个最

[①] 转引自黄茂荣:《法学方法与现代民法》(第五版),法律出版社2007年版,页617。

高概念。由之构成的体系具有树状系统的外观"①。外在体系的特点是封闭性(完整性)、逻辑性(制度间不存在矛盾)和抽象性。事实上传统债法二元制体系正是依照这一模式而建的四层结构:第一层是以自由、独立、平等组成的债法指导思想;第二层建立起债的相对性、合同自由及过失责任等宏观原则;第三层的任务是确立合同与侵权两大体系,以及与之逻辑并列但内容却少得多的不当得利和无因管理之债;最下层则是各个制度的构成要件和法律效力等具体法律条文。可见,所谓外在体系,其实就是指概念法学体系。本书前面已详细讨论过(第六章第一节),这一体系并不完美。拉伦茨和卡纳里斯总结道:"外在体系的建构并非如乍想之下的透彻。"②外在体系的最大不足之处在于,其忽略了建构法律的真正基础——价值判断,而是意图单纯通过形式逻辑的推理演绎,就得出符合社会正义的结果,而事实上这样做却经常会导致最终结果的扭曲和错误。正如拉伦茨在另一处所指出的那样:"这个途径非常危险,因为一个只依据形式逻辑的标准所构成的体系,其将切断规范背后的评价关联,因此也必然会错失法秩序固有的意义脉络,因为这具有目的性,而非形式逻辑所能概括。"③

其实,主宰法律制度基本属性的不是外在体系,而是内在体系。与外在体系属于逻辑体系不同,内在体系是一种价值体系,其意味着在具有共同本质属性的事物之间存在着内在的本质联系,它使复杂的事物形成统一整体。外在体系则是这种内在体系的外在化、模块化。以信赖之债为例,其内在体系反映了该制度中各项法律关系所共同具有的和谐性与人性化的商品交易关系的本质属性,体现了将社会信赖利益作为总体保护目标的价值追求,故也称为价值体系。而信赖之债的外在体系则是将具有内在同一性的各种交易信赖关系进行归纳,并在此基础上形成整齐划一的法律概念、法律关系、法律制度的逻辑结构,故也称为逻辑体系。正如学者所言:"法律思维其实是一种价值的逻辑体系思维。"④因此,任何法律制度的体系形成,皆取决于该制度所要达到的规范目的本身,该目的决定了制度价值的高低,形式逻辑顺畅仅为其表面而已。依德国学者恩

---

① 黄茂荣:《法学方法与现代民法》(第五版),法律出版社2007年版,页618。
② 转引自黄茂荣:同前注。
③ 卡尔·拉伦茨:《法学方法论》,陈爱娥译,商务印书馆2003年版,页49。
④ 黄茂荣:《法学方法与现代民法》(第五版),法律出版社2007年版,页619。

吉施的观点,法秩序是"依照一些——以其整体足以构成一个体系的——内涵的原则"[1]发展而来的,或者说是"由若干——彼此有意义的相互结合之——法律指导原则所构成的体系"[2]。由此,我们可以将内在体系定义为:基于法律制度欲实现的基本社会目的而由一系列相关价值判断构成的价值体系。其一般存在于法律指导思想、基本原则、法律的功能性概念(当为概念而非编纂概念)以及类型划分当中。与外在体系的特点相反,内在体系具有价值性、开放性和具象性的特征。价值性的原因如刚才所述。而之所以具有开放性和具象性,是因为决定价值体系的基础性因素在于社会本身。由于社会始终处于变化当中,法律的价值追求自然会据此而不断调节以顺应社会发展,相应地,法律体系亦会持续进行同样的自身修正。只有保持开放性和具象性,法律体系才能拒绝僵化,及时吐故纳新,永保活力。

需要指出,外在体系和内在体系都可以表现为法律的指导思想和基本原则,这一点两者似乎并无不同,但其实这中间仍存在明显差距。外在体系的最初来源也是价值判断,自由、独立、平等相对于之前社会发展阶段的人身依附和等级特权而言,当然属于完全不同的价值判断,而无论是债法的外在体系还是内在体系无一例外都建构于这样的价值基础之上。但是,外在体系在其后的运行中开始与内在体系分道扬镳,逐渐脱离了法律的目的与价值本身,而将正确结论简单建立在逻辑推论的演绎之上,故而当社会基础价值判断发生微调,诸如增加了诚实信用、公序良俗、权利滥用禁止等原则时,该体系由于自身的封闭性而无法妥善接收这些新观念,因此不可避免地导致了矛盾和扭曲。

由上述分析可知,外在体系和内在体系其实反映了债法的一体两面。内在体系是本质,外在体系是形式,两者具有本质的一致性。内在本质以外在制度的形式被具体化、现实化和可操作化。过去我们曾经只重视债法体系的外在一面,而现在我们尤其应强调其内在本质的一面。正确认识这一问题,需要探讨外在体系与内在体系两者的具体相互关系。

首先,内在体系先于外在体系而存在。两者的基本关系是,外在体系的基本样态来自内在体系,如果说内在体系是一种价值体系,那么外在体

---

[1] 转引自卡尔·拉伦茨:《法学方法论》,陈爱娥译,商务印书馆2003年版,页44。
[2] 卡尔·拉伦茨:同前注。

系则是这一价值体系的逻辑表达和抽象化。任何法律制度均是先有内在体系,然后再由内在体系发展为外在体系的。例如债法在个人自由的基础上首先发展出合同自由,再由合同自由进一步发展出缔约、内容、形式等具体自由。尽管内在体系决定了外在体系,然而前者系由一系列法律价值所构成,不像后者那样容易为外界所直观识别,需要通过后者为媒介表现于外部,所以人们习惯上仅仅依照外在体系(内在体系的外化)作为法律推理的大前提。久而久之,这种经过了抽象化和形式逻辑化的体系观念被后人当作了法律体系的原始来源,人们将合同自由当作了无需证明的公理,却忽略了合同自由本身是有前提和条件的。而这种运行模式长期稳定,人们也早已习惯了这种超稳定的外在体系结构。正因为如此,当社会沿袭了长达百年以上的债法价值体系发生较为剧烈的变化时,才会有如此多人对债法中广泛出现的各种对合同自由的限制性措施,表现出强烈的无所适从。旧债法体系与新债法价值之间的不适应成为必然。

其次,内在体系决定了外在体系。内在体系反映事物的本质,而外在体系则是内在体系的外在表达,因此有什么样的内在体系,就会有与之相适应的外表形式;如果内在体系发生改变,外在体系也必将会随之发生相应变化。例如从前侵权之债中所适用的单一原则是过错原则,这是社会强化个人自由的价值取向的必然。在一个自由社会中,一项原则成为个人行为准则——法无禁止即可为。这意味着人只有做错事才会被追究,不会有人在无过错的情形下承担任何法律责任。然而随着工业化、城市化以及人身利益日益受到重视等社会因素的变化,侵权法所依据的价值选择亦发生了改变,自由首位的观念被自由与安全兼顾的观念所替代。由此债法的外在体系发生了诸多相应改变,过错推定、无过错原则乃至公平责任原则与过错责任原则相并列而存在于法律当中。

再次,外在体系虽然根植于内在体系,但其往往具有相对独立性。在一个相对稳定的社会时段(如自由市场经济阶段),由于内在体系与外在体系具有一致性,故当外在体系建构完成之后即可以依逻辑自行运转,而不再时时需要依赖于内在体系。例如20世纪以前的债法,为了使价值体系社会效果最大化以及出于法的安定性需求,各国将这些原则与制度奉为金科玉律,不容置疑,其结果,法的外在体系在相当程度上被赋予了自由发展的空间,换言之,法律可以越过内在价值而直接依据该外在逻辑进行自身推演、复制,甚至功能的自我发展。有很长一段时间,为了增加法律适用的效率,各种债法具体制度的设立与完善,都直接援引相对性原则、合同自由原则,而无须作更深入的价值判断,概念法学的盛行即与此密切相关。这样做的好处是可以减少法律适用的环节,提高法律实施的效率;而其缺陷则是如果社会发生较剧烈的变化,长期处于独立运行的外在体系,可能有如脱缰之马,难以驾驭。更有甚者,长期的惯性容易使法律适用趋向于僵化,人们对法律原则的理解停留于表面化,而忽略了对其背后真正法律价值的考量。其恶果是使过分依赖外在体系的人在面对正确的社会价值时,反而采取拒绝的态度。这不仅会影响到债法内在体系对外在体系的引导功能,形成外在体系压制内在体系的情形,而且还会反过来抑制内在体系本身的发展,从而拖慢了法律正常的发展步伐。

最后,尽管外在体系在特定的历史时期可能会出现脱序发展的现象,造成两者发展的不平衡,但这并非常规现象,从长远而言,内在体系的强大能量最终会爆发,随着其对外在体系制约作用的逐渐显现,外在体系终将被拉回到正确的轨道。本书前面所阐述的债的各种溢出效应(参见第十章),其实正是债内在体系对脱序的外在体系进行的纠偏与矫正。诚如有学者所指出的那样:"受益第三人理论的最终胜利可被视为自由化的推进或是对19世纪末关于契约义务的严格规则侵蚀的另一个例证。这样一个贯穿整个20世纪的演化进程是如此的明显以至于无需争论,各条战线的运动都一直朝着扩大义务与责任的范围及数量的方向上演进。我们现在已经看到准契约责任理论、允诺禁止反言和缔约过失责任理论,以及或许具有革命性意义的诸如法律强制要求契约双方当事人诚实履行义务等思想的发展。"[①]之所以会出现如此状况,主要因素有二:其一,社会价值体系并非根本改变,不具备完全推翻债的相对性、合同自由等原则的社会基础;其二,在原有制度框架下进行微调对社会造成的冲击较小。具体做法是,在大陆法系,主要是采取默示契约、附随义务契约化、侵权责任契约化等手段;在英美法系,主要是采取承认准契约、允诺禁反言、契约侵权化等做法。方法虽各异,目的却相同,都是以较小社会成本继续维持债法(合同法)外在体系的完整性。事实上,上述做法虽有某种必然性,但却属于权宜之计。之所以债法体系创新不能一蹴而就,原因在于债法的内在

---

① 凯斯勒、吉尔莫:《契约判例集》,转引自邓肯·肯尼迪:《司法判决的形式与实质》,载易继明主编:《私法》第7辑第1卷(总第13卷),华中科技大学出版社2007年版,页223。

价值转化是一个渐进过程。在长达几十年的缓慢积累中，债法中相关探索、质疑、争论不断，革新与复辟交替反复，其新的价值取向在相当长时间之后才得以露出端倪。不过，如今我们对债法内在体系与外在体系相互作用力与反作用力趋势性的认识已经越来越清晰，两者的相互位置属性虽然确定，但并非始终处于静止状态，而是在不断微调之中，而且随着社会变化的剧烈程度，两者相互关系时而一致，时而背离。但背离只是局部的和暂时的，一致性才是两者关系的本质，我们对此不应有所怀疑。

通过以上分析，我们可以得出两点结论：第一，交易关系虽然仍然是债法调整对象，但其中的人性化因素得到了极大加强，主要表现为交易关系中的信赖利益愈来愈成为债法规范的重点，交易信赖关系成为与普通交易关系同等重要的社会关系。这种法律内在价值的变化是如此巨大，以至于为债法外在体系的转变提供了强大的社会原动力。第二，当内在体系变化的力量逐渐积累并最终突破临界点时，给原有债法的外在体系带来无法承受之重，外在体系的顺应性变革随即成为必然。法律发展史中每一次重大演进表面上体现为外在的具体制度层面的变化，其实都是法律内在体系所蕴含能量爆发的结果。

同时，我们也应注意到，这种平衡—背离—再平衡的螺旋模式正是法律体系发展的正常路径。而当我们认识到这一点，就不再会对吉尔莫等人提出的所谓"契约死亡"的提法大惊小怪了，因为契约一定会在更高层次上"再生"。就债法而言，今天正是这样一次新的跃升的前夜。当交易中的信赖利益被广泛关注与保护之后，作为原有债法的外在体系根基的债的相对性原则、合同自由原则、过失责任原则亦被屡屡突破，法律也面临着外在体系重构的问题。可以说，债法目前最核心的任务就是在新的价值体系指导下为债法重新设定一系列概念、原则、构成要件、适用规则以及妥善实现与其他债法制度的衔接。而本书的一切论述，正是为此而做的铺垫和准备。

二、从债的外在体系到内在体系

现在让我们掀开外在体系的面纱，深入到对债的内在体系的探讨之中。只有认清内在体系，才能准确完成债的外在构建。债法自从形成之初，其内部就始终存有两种基本价值——自由价值与信赖价值，两者既相互对立，又相辅相成，相伴而生，不离不弃。两者之所以会形成对立统一的关系,是由商品交换的本质所决定的。任何商品交换都离不开以下两个基本要素:一个是个人自由,没有自由就没有等价交换;另一个是信赖,交易双方以自由意志为手段,目的却是要建立起一种相互约束的机制,这种机制的法律表现就是合同。因此,商品交换其实就是一种自由与信赖结合而成的统一体,而债作为商品交换的法律表现,正是在这两种价值混合作用下所结出的硕果。

如果我们将债法比作一个由无数节点组合而成的链条,就会发现自由价值与信赖价值正好位于这个链条的两端,起始端是不受约束的自由,而终端则是基于信赖的法律约束。在自由一端由侵权之债管辖,范围是从自由到合同开始之前的阶段;而信赖一端由合同之债管辖,范围是合同生效之后的阶段。至于两者之间的划分,并非以中间节点为准,而是根据社会商品交换关系的兴盛程度而定,例如在中世纪,商品交换不仅种类少,形式繁琐,且规模不足,所以侵权之债自然居于债法的核心地位,自由与信赖价值的中间节点迫近信赖一端;反之,近现代社会商品经济发达的结果,使合同迅速超越了侵权而成为债法的核心,其结果自然是两者中间节点又反向迫近了自由的一端。这种分工明确的法律架构就是久负盛名的二元制债法体系。

通过对两种价值相互关系的此消彼长的形象描绘后,我们可以进一步发现,当代社会与近现代社会的不同之处在于,其信赖价值再一次发生了分解,即从过去的信赖等同于合同信赖分解成为合同信赖以及合同之外的社会信赖(亦称为交易与交往信赖)。这样,在债法链条上就出现了三种并存的价值,依次排列为:自由价值—社会信赖价值—约定信赖价值。相应地,债法也就成为了同时反映这三种价值的法律体系。为了比较方便,我们还可以用信赖作为统一尺度对这三种价值进行"单位换算":自由价值可称为一般信赖或最低信赖,即陌生人之间不具有任何相互关注的特殊义务,一个人至多只能寄希望于他人不会主动对自己进行侵害。约定信赖价值即约定信赖,是指合同信赖或最高信赖,合同当事人完全可以寄希望于对方履行合同的约定。社会信赖价值即社会信赖,是指信赖程度居于上述两种信赖之间的信赖,其形成于人际交易与交往过程中,信赖程度较一般信赖更高但尚未达到约定信赖的程度。这三种信赖从低到高依次为:一般信赖—社会信赖—约定信赖。可以说,经过"换算"之后的债法,就是一个由以上三种不同程度的信赖价值所组成的信赖法律体系。

债法所包含的自由与信赖两种价值看似相互对立,然而现实中它们却表现出良好的分工与合作。总体而言,自由价值发挥作用的空间系针对一般信赖的情形,具体包括根本无约定阶段、约定生效之前的阶段以及约定失效后的阶段。在上述阶段内,除非造成他人人身或财产损失,每个人都有充分的自由,没有义务特别关注他人利益或对他人实施给付行为。信赖价值如前所述分为约定信赖与社会信赖两种,前者价值体现系针对当事人有约定的情形,因为一旦约定,就意味着当事人自愿接受约束的法律效力,愿意依约履行,故而最值得信赖。可以说约定信赖恰恰是当前社会实现商品交换最普遍也是最重要的形式。后者尽管也体现出某种信赖价值,但其价值却体现在以上两个阶段之间一个比较特殊的阶段,具体是指人际的信赖紧密度已大大超过一般信赖水平,但由于不存在约定因而尚未达到约定信赖的高度。与前两种信赖一样,社会信赖也有其独立价值,在该阶段内人际所形成的信赖利益事实上已经具备了需要法律保护的必要性。如前所述,该利益本质上亦属于广义的商品交换范畴,当代社会法律如果不对其实施保护,将给整个市场经济关系的顺利发展带来无法承受的负面影响。尽管目前由于以上三个阶段划分节点尚有待进一步明确,但不可否认的是,这三种信赖由低到高依次排列,共同构成了债法链条上的信赖保护谱系。相较于传统二元制债法而言,其弥补了原来的明显缺失,使谱系变得更加完整。因为传统债法由于时代局限仅仅专注于一般信赖和约定信赖两种价值,而当代债法则因充分关注到社会信赖的价值并将其纳入债法,从而补齐了短板,促进了新时代债法内在体系的构建。正是由于上述三种信赖价值在债法中能够做到无缝衔接,完成了法律对于整个交换领域内从自由到信赖的全面保护。从这个意义上说,自由与信赖价值在债法中实现了良好的分工合作。债法不仅是信赖保障谱系,也是自由保障谱系。

当然,我们也应重视人们可能存在的如下怀疑,即自由价值与信赖价值也许并不总是并行不悖,有时不免会出现矛盾与冲突。这种价值冲突主要就表现在前面提到的放任与约束范围的具体划分上。由于传统债法中自由价值(一般信赖)与信赖价值(约定信赖)直接接壤,故而理论上的界线尚属明确(操作中存在严重混淆问题),即有约定的适用合同法,无约定的适用侵权法。但是,由于当代债法在两种价值当中又插入了社会信赖这一全新价值,这使得原本接壤的一般信赖和约定信赖不再连接,而改由社会信赖分别与两者相连,这自然就引起了新出现的两个边界能否清晰界定以及价值能否协调的问题。如果将社会信赖价值嵌入到一般信赖和约定信赖之间,势必会对后两者的调整空间造成挤压,这会否影响到个人自由和意思自治呢?其实,第三种价值的出现并非有人独出心裁地刻意而为,而是事物发展的客观规律使然,是我们必须面对的社会现实。所以归根到底,价值观念层面的问题终究还要在观念层面加以解决。

20世纪以来,世界范围内一直在经历着一种价值观念的蜕变,这致使作为法律基本价值的社会观念逐渐转变。鉴于新旧两种观念同时并存,其反映在债法中,就表现为侵权法管辖范围和合同法管辖范围是否要进行调整的矛盾。例如:扩大侵权法管辖范围,将不作为致人损害也纳入侵权之债,这是否会对个人消极自由观念构成破坏?又如:强制缔约、事实上的契约以及将缔约过失责任视为合同责任,这是否构成了对契约自由观念的否定?与此同时,长期以来畅行无阻的概念法学在解释上也遭遇到了前所未有的危机。不过,当面对这些挑战时有人却望而却步,患得患失地认为,如果全盘接受新的价值理念与方法论,可能会导致债法既有体系的崩溃;也有人怀疑这会使债法实施成本大幅上升,以至于无法承受。

其实,此时我们的心态大可更加积极一些,既然债法价值链中新增社会信赖价值已是无法回避的现实,而我们用传统债法价值理念对其解释显然无法达到化解矛盾的目的,那么,在债法内在体系上作出变革就成为明智的选择。我们不能因为可能存在障碍就裹足不前,关键时刻果断迈出超越前人一步的勇气更加可贵。尽管对社会信赖价值的定位以及其与另外两种价值的具体分割界线目前尚在探索当中,但法学前辈们富有创意的成果仍具有极大的启示意义,例如富勒关于愿望的道德和义务的道德价值尺度的论述(参见第六章第四节),卡多佐关于综合多重因素并结合社会价值判断是非的论述(参见第六章第五节),以及庞德关于社会价值衡量标准所应参照相关因素的论述(参见第六章第三节)。同时,德国学者在这方面的卓越贡献也有目共睹,例如恩吉施、埃塞尔、科英、拉伦茨、卡纳里斯等人对探索价值判断标准的精彩论述[①]。此外,通过借鉴前人的经验我们还应看到,各种信赖价值之间的划分并不总是一条恒定不

[①] 参见卡尔·拉伦茨:《法学方法论》,陈爱娥译,商务印书馆2003年版,页42以下。

变的界线,而是会随着社会化程度的变化而在债法链条上往复调整。而且,该界线有时甚至会被刻意模糊,因为不同价值所代表的利益之间并非总是相互排斥,鉴别价值先后顺序固然属于常态,但利益之间有时通过相互包容、彼此妥协达到平衡与协调也不失为合理选择。总之,我们有理由相信,如今债法发展正走在一条正确的道路上,只要继续努力,未来找到将自由价值、社会信赖价值以及约定信赖价值完整容纳且界定合理的债法内在体系,是完全可以期待的。

第五节 信赖之债体系之三:从内在体系回归外在体系

一、信赖之债与债的内在体系建构

如前所述,债法被定义为由三种信赖价值依次排列而成的价值链。其中最低信赖价值对应侵权之债,约定信赖价值对应合同之债,而新兴的社会信赖价值所对应的制度体系则被称为信赖之债。信赖之债在债法内在体系中具有独特功能和独立地位,其主要调整上述价值链当中非约定信赖、但信赖度又高于最低信赖的那部分信赖利益关系。这具体表现在债法当中的如下部分:合同生效之前双方的信赖价值;合同终止之后双方尚存在的信赖价值;合同履行过程中基于必要信赖而非约定所形成的信赖价值;双方没有约定或约定意向但信赖度又高于最低信赖的信赖价值。前三种价值区别了合同约定价值,后一种区别了侵权之债中的最低信赖价值。因此,交易与交往关系中凡信赖程度低于约定但高于自由的那部分利益,皆属于信赖之债的调整范围。

(一)信赖之债内在价值归纳

关于信赖之债的内在价值可以归纳出如下特点:第一,其属于广义的商品交换。根据前面阐述的扩展交易理论,在单一关系中并不计较是否存在具体的等价交换属性,因此法律上应由债法调整。第二,信赖之债奉行信赖保护原则。因为信赖之债的目的在于实现当事人的社会信赖价值,所以信赖之债关系中主要尊崇诚实信用原则以及由该原则所派生出的信赖利益保护原则,自由原则在此仅作为法律适用时的参考原则。第三,信赖之债的方法论主要为价值法学方法论。这意味着是否构成信赖之债,主要基于价值比较加以判断。换言之,欲实现信赖价值,则该价值必须高于与其存在冲突的其他社会价值。一般而言,信赖之债与合同之债的区分较为容易,主要看是否存在约定;没有约定部分(主要是与侵权之债的区别),则需要对双方关系中的社会信赖价值与自由价值进行对比衡量,选取其中更值得保护的利益作为债法保护对象。鉴于信赖之债尚属于初创阶段,外在体系不够成熟,故而以价值判断为主的方法论无论在内在体系或外在体系中均发挥主要作用,待将来制度理论成熟后,可以从上述价值判断中提炼出较易操作的逻辑判断标准。第四,信赖之债的履行以实现社会信赖价值为标准。信赖之债旨在保护当事人之间合理的社会信赖利益,所以当法律规定一方当事人需要以合理方式关注对方的信赖利益时,一方如果依法实施了诸如注意、帮助、照顾、保护等义务,则其已经履行了自己的债务。应该强调的是,过去人们尽管已经认识到前述预设法律义务的存在,但是却往往只是关注不履行义务的后果,而缺乏对义务本身的关注,所以往往跳过债的层面而直接进入到责任层面,忽视信赖之债的存在,同时也忽视债的不履行才是追究民事责任的前提。如目前理论中将缔约过失直接定性为民事责任的观点即属著例。第五,如果信赖之债得不到履行,且当事人又无法以意思自治方式化解纠纷,这意味着社会信赖价值无法顺利实现,其结果势必会引发民事诉讼,于是国家强制力被迫介入,法律后果最终会转化为民事责任,而该责任具体表现为对信赖利益损失的赔偿。

以社会价值为核心的债法内在体系构建是否成功,除了上述基本问题之外,另外两个问题也需要同时解决,这就是自由价值与社会信赖价值如何平衡的问题,以及信赖之债产生之后会否影响到债法既有体系的安定性问题。这两个问题关系重大,如果得不到妥善解决,债法新的内在体系构建也难以顺利完成。

(二)信赖之债能否使自由与信赖两大理念实现统一?

毋庸讳言,当信赖之债概念建立起来之后,债法确实会出现自由之债(合同、侵权等)与信赖之债分庭抗礼的局面。鉴于自由价值和信赖价值之间存在着固有矛盾,两者如何和平共处的确是一个大问题,因为信赖之债的建立不仅使债法从单一指导原则演变为双重指导原则,而且实际上信赖之债也从合同之债和侵权之债"夺取"了若干地盘,债法从两强并立演变为三足鼎立。这一过程所引起的社会震动不可谓不大,能否妥善化解矛盾与冲突，自然为世人所关注。

一直以来，自由理念与信赖理念价值取向的矛盾因为自由价值居于统治地位而并不突出，但随着社会已迈入当代的门槛而法律却依然停留在近现代，故而矛盾变得尖锐起来。现时代信赖社会的标签，要求债法对人际交易与交往关系中形成的信赖利益尽可能实施保护。固然，这样发展的结果表面上确实在相当程度上背离了债法原本所尊崇的自由首位理念，但如果由此得出结论说当代债法彻底否定了自由理念却又是一种误解。事实上，当代债法的意图在于通过弘扬信赖理念来修正原本过度化的自由理念，从而使社会变得更为公平与和谐。

客观讲，自由理念总体而言非常值得肯定。但同时也应清醒认识到，自康德以来，经由密尔、伯林等人，自由一步步走上了过度个人化和绝对化的道路。那就是自由始终以个人价值为衡量标准，自由被戴上了永远无法摘下的桂冠，无论何时何地，其永远高高在上，不食人间烟火（参见第三章第二节、第三节，第五章第一节）。其实，社会在变革，人们对于人际关系的观念也应随之改变。如果说在康德所处时代，强调自由的个人化和绝对化有其可被理解的时代背景，但两百年后的今天，现实已经无情地粉碎了那些始终以形而上的态度看待自由的人们的幻梦，如果今天还有谁抱残守缺而无视自由观念本身已经在与时俱进，他只能被历史所淘汰。事实上，这一点不仅为许多著名学者（诸如滕尼斯、涂尔干、克鲁泡特金、耶林、狄骥、庞德、富勒、卡多佐等人）从不同侧面和程度上所认识到，即使自诩为康德忠实追随者的罗尔斯也对过分刚性的自由理念作出了一定程度的柔性化处理（参见第七章第二节）。而且，这已经成为当代法律特别是债法中的客观现实。诚实信用、公序良俗和禁止权利滥用原则的确立以及其在债法中所广泛引发的溢出效应，均无可辩驳地证明了这一点。

当代社会所应接受的正确理念是，依然承认自由利益应有的社会价值，但并不将其视为一成不变的恒量，而视其为一种可以随时代进步和社会特点改变而不断调整的变量。换言之，自由具有相对性和可修正性，从现实出发对自由的程度和范围进行一定灵活度的限缩，是实现当代社会公平正义的必然之举。正是从这个意义上讲，罗尔斯和阿玛蒂亚·森的正义观分别都曾经根据当代社会需求而对自由与平等进行了重新定义（参见第七章第一节）。由此出发，当自由根据社会需要而被一定程度地压缩之后，其所腾出的空间自然会被信赖关系所填充，于是自由与信赖的你进我退表面上显现出了两者的对立性。不过,之所以我们依然认定两者可以保持和平共处,是因为从更深层次而言,两者皆为手段而非目的。人们并非为了自由而拥有自由,也不是为了信赖而相互信赖。从根本上说,拥有自由和相互信赖都是为了获得幸福的生活。然而,个人的幸福生活总体上不能脱离社会的安定与正义。在不和谐的社会中,仅会存在少数人的幸福和不能持久的幸福;而在缺乏相互信赖的社会中,正义会因时常受到践踏而使人们不断陷于痛苦。① 因此,自由与信赖本质上又是统一的,我们既不能脱离信赖而享受自由,也不能完全放弃自由而单纯满足对他人的依赖性。可见,以个人幸福与社会整体幸福的对立统一观点看待自由价值与信赖价值的相互关系,才能准确把握其中真谛。

总之,对自由与信赖的认识超越形而上学而进入到对立统一认识论之后,我们就摆脱了过去狭隘的个人最大程度自由即等同于社会和谐的理念,而进入到一种更为高远的境界。在这一境界中,个人自由始终与社会和谐相统一,个人幸福指数永远应该与社会整体的幸福指数成正比。任何以破坏社会和谐为前提的自由,诸如垄断、不正当竞争、以自由为名侵害消费者利益的行为最终都会因为危害整体社会幸福而走向自由的反面,成为自由健康发展的绊脚石。所以,我们需要从古典自由理念中走出来,而从更宽广和更现代的意义上重新理解自由及其价值。也就是说,当纯粹的自由理念被符合社会和谐的自由理念所矫正后,自由获得了新的定位。而当我们接受了这一新的自由理念(符合社会和谐与社会正义)时,我们所担忧的矛盾其实已经化解。这就是为什么当代债法中,债的相对性、合同自由、过失责任原则能够与诚实信用、公序良俗、权利滥用禁止原则并行不悖;由此也不难理解建立信赖之债后,为什么自由价值与信赖价值两大理念仍然能够在债法框架内相统一。

(三)信赖之债会否危害债法的安定性?

前面指出,信赖之债的建立使债法从原来的两强并立变成了三足鼎立,这固然有很多益处,但这会否对现行债法内在体系造成过分冲击?而且,由于信赖之债在各方面尚不成熟,勉强设立会否形成新的不确定因素,从而在法的安定性方面形成弊大于利的局面?

---

① 如前述的枯树案、撒盐案、软木地毯案等,以及当代普遍存在的一方当事人未履行通知、说明、保护、保密等义务给对方带来的损失与不幸等等。

通过前面的分析论述,信赖之债在价值、效果等方面已经得到了证明。应该说这是信赖之债能够确立的根本之所在。如果说当前信赖之债的正当性本身已不容置疑,那么问题争议的焦点就从定性之争转变为定量之争。也就是说,利弊比较从整体而言已不存在疑问,疑问演变为信赖之债融入债法体系的程度、范围与时机等相对具体的问题。鉴于自20世纪初开始,债法中已经并行不悖地确立了债的相对性、合同自由、过错责任与诚实信用、公序良俗、权利滥用禁止等两大系列基本原则,这使得信赖之债理论上具备了能较好融入债法内在体系的现实条件,而上述具体问题在实践中也已得到或正在得到较好的解决。可以说,信赖之债的产生所造成的对既有债法内在体系破坏的疑问,其实已经得到了正面基础性解释。

同时,信赖之债的确立使债法体系变得更为合理,兼顾了债法效能发挥和体系安定性。之所以当前债法亟待变革,主要是因为传统债法体系存在明显短板,以至于无法充分发挥其调整商品交换关系的职能。种种迹象表明,在传统债法框架下所采取的一切变通手段均非治本之道,无论是扩张合同思路还是扩张侵权思路,其结果都造成了债法既有体系的严重破坏,不仅使约定信赖价值和一般信赖价值发生扭曲,而且使得合同与侵权之间的关系界线发生紊乱,在相当程度上对上述两制度本身造成伤害。美国学者吉尔莫在其著作中关于契约已经死亡的宣称就是这种伤害最鲜活的写照。正是由于既有债法体系已经遭到人为破坏而日渐失去活力,而曾经并非对症下药的治疗措施,又使得对债法的修正步入歧途。在此关键时刻,信赖之债应运而生,实属天降大任于斯。

由此可见,信赖之债是果非因,并非信赖之债的出现破坏了债的内在体系,而是债法内在体系遭到破坏在先,信赖之债的产生在后。换言之,信赖之债绝非意味着对现有体系的破坏,恰恰相反,它以拯救陷于危机的债法体系为使命,通过债法现代化,使其回归正轨。信赖之债正视无法回避的社会现实,将交易与交往中所大量形成的信赖关系加以整合,重新定位,并在合同之债与侵权之债两大制度之间构建起一种全新的债权关系,实现了三足鼎立的债法修正方针。这不仅保持了债法各专项制度适用效能的发挥,使其各司其职,不再职能重叠,同时也最大限度地保持了债法体系的安定性,使处于中间状态的法律关系摆脱了忽左忽右,忽而合同忽而侵权的不确定性。从这个意义上说,那些担忧信赖之债会危害债的安

第十一章 信赖之债的概念与体系 483

定性的想法,其实犯了因果关系倒置的错误。

如果从结果观察,关于信赖之债会否带来债法适用方面的不确定性以及这种不确定性的利弊大小等担忧,也是可以理解的,因为法律的安定性在判断法律效能发挥过程中历来都是重中之重,如果轻易破旧却又无法立新,结果可能比维持现状更糟。的确,大幅打破已经正常运行长达两百年的债法体系,对于那些早已习惯于传统债法的法律人而言,当然会造成其内心极大的不适应,而操作上哪怕是让其部分或者暂时放弃对传统债法工具的使用,也会面临其极大的行动反弹。这一方面说明近现代债法在自由市场经济社会中确实表现得太成功了,以至于人们不愿轻易放弃这样顺手的法律工具;另一方面也说明了人们往往会由于懒惰、谨小慎微或者沉迷于对制度效能的过度自信,以为拥有了一项好的制度工具,就可以一劳永逸、高枕无忧,从而忽略了作为制度本身社会基础潜移默化的改变。不过正如前面所述,如果信赖之债顺应了社会发展潮流,则其产生具有历史必然性,不会以人的主观意志为转移。从这个意义上说,信赖之债对既有体系的冲击固然带有一定冒险性,但从社会进步的长远利益出发,这一冒险是值得的。

信赖之债目前仅仅处于初创阶段,其不成熟性在多方面均有所展现,例如信赖之债与合同及侵权界线的具体划分还不够明确,内部架构、类型化以及构成要件、法律效力等问题亦未得到充分研究,具体适用过程尚缺乏实践经验,故而以信赖之债替代传统债法解决模式所面临的副作用和不确定性的风险可以想象。不过需要指出,与适用传统债法所遇到的问题性质截然不同,此时遇到的问题属于发展中的问题,其副作用可以通过不断完善法律逐渐改善,并最终得到解决。如果说以传统债法手段企图解决信赖社会所带来新问题的做法属于一种消极改良,现实中经过多次试错证明并不成功,由此我们被导向了法律的创新方向。那么,通过建立信赖之债以图从根本上对债法实施全面矫正,就是一项积极的变革尝试。这种尝试不会一蹴而就,但与以前的消极保守相比却极具价值。尽管新旧两种手段都存在利弊得失,也都存在着适用的不确定性,但如果我们以发展的眼光看待事物,以长远得失作为衡量标准,就会发现,不确定性仅仅是暂时的问题,只要前进的大方向不错,该问题迟早会得到解决。相反,如果将思想禁锢在传统债法思路之中,则只会在原地打转,永远无法找到正确的前进路径。

二、从债的内在体系回归外在体系

(一) 为什么要回归外在体系

当我们通过长篇大论详细讨论了信赖之债如何重构了债法的内在体系之后,债法从内在体系再回归到外在体系就较为容易了。当然这首先需要解决为什么要回归外在体系的问题。我们所熟悉的传统债法体系是一个外在体系,即由概念、原则、构成要件以及法律效力等所构成的具有逻辑递进关系的体系。与内在体系相比,外在体系不直接反映制度深层的内在价值,而是以较浅层的逻辑判断所构成,因而在立法适用过程中较之内在体系有如下优势:一是直观。外在体系将具体价值判断抽象为一些原则和要件,并最终以条文形式明确加以表达;相反,内在体系则隐藏在具体的社会价值当中,不经过挖掘难以清晰辨别。二是容易学习和领会。领会外在体系所借助的工具是形式逻辑,人们掌握推理能力不需要对法律价值形成的内在机理有详尽的知识或经验;相反,内在体系的掌握则是极为复杂的过程,必须建立在对影响制度价值的经济、社会、伦理等诸多因素准确把握和合理应用的基础之上。两者难易程度不可同日而语。三是易于操作。外在体系遵从逻辑推理的相关定律,法律适用者只需要熟练掌握逻辑三段论即可准确作出是非判断,而无需对推理的逻辑前提进行考察;相反,内在体系的成立与否与逻辑无关,其考察重点恰恰是关于任何法律结论形成的大前提是否成立的问题,而这往往需要透过表面深入到事物的内在,对其本质进行准确把握,难度可想而知。四是效率高。外在体系的运用直接建立在已经完成的价值体系之上,绕过了内在体系运行中每次都要进行的价值判断。要知道,价值判断虽然精确,但其判断方式却是具体的利益比较与衡量,有时还需要进行适当妥协,并无程式化格式可资借鉴,所以在难度较低的债法争议中,其操作效率自然会低得多。

由以上分析可见,内在体系并不能取代外在体系。事实上,需要判断的法律问题中绝大多数尚属一般性问题,只需要外在逻辑推理就能妥善解决,只有少数疑难性问题需要结合更多复杂因素综合考量,故而需要通过把握内在价值的方式加以解决。与此同时,法律本身特别是大陆法系法律所针对的对象,不单单是法官、律师以及学者等专业人士,其更是广大普通民众的行为规范,如果抛弃了债法的外在体系而仅保留内在体系，会造成债法适用难度加大，推广难度提高的不利后果，这对于法律实施本身亦并非幸事。总之，当我们建立了信赖之债的内在体系之后，还要将其成果反馈到债法的外在体系中，才能为社会所接受。内外兼顾才是正确选择。

（二）三原色和同心圆理论

如前所述，在债法内在价值链中的三个组成部分，其实已经为我们勾勒出了其外在体系的主要轮廓。这里我们借助两个形象的比喻对外在体系重构后的债法加以概括，即"三原色理论"和"同心圆理论"。

所谓三原色理论是指经过创新的债法应从二元结构发展为三元结构，即由合同之债、侵权之债和信赖之债所共同组成。它们犹如色彩中的三原色，通过棱镜的折射就形成了一条关于信赖程度的色谱，两端虽然清晰，中间却是渐变的，难以找到明确的边界。其中三种债构成了债法的三种基本色调，而不当得利、无因管理以及将来可能出现的其他类型的债均居于这三种债之间，是它们相互协调与平衡所引发的过渡性色调。在信赖保护二元制时代，侵权与合同的界线尚属较容易划分，即以约定与否为基准。但当第三种信赖关系产生之后，"信赖色谱"区分难度显著加大，合同与侵权不再拥有共同的边界，而是居于信赖的两端，都仅仅与信赖之债接壤。这时"信赖色谱"中形成基本的"三原色"，即侵权之债、信赖之债与合同之债，三者因所规范的信赖程度不同而存在着本质差异，但它们之间在信赖程度上却呈现逐渐过渡的特征。上述特点为债法新体系确定了基本参照系。

所谓同心圆理论是指债法以信赖为圆心，根据信赖程度不同从里到外可以组成三个同心圆：最里面一层信赖程度最高，即合同之债。合同是双方基于约定而形成的相互信赖，信赖度最高不言而喻。往外一层与之衔接的是信赖之债，信赖之债虽不存在双方约定，但根据信赖保护原则，双方之间亦在较高程度上存在信赖利益，故而形成次一级的相互信赖。最外面一层信赖程度最低，当属侵权之债，一般情形下陌生人之间并不存在债法意义上的法律关系，因为自由人在没有法定或约定的前提下无需对他人承担法律义务，充其量也只需承担不主动侵害他人的最低限度注意，故而被称为最低信赖。

其实，无论是三原色理论也好还是同心圆理论也好，它们均未彻底改变债法传统结构，而只是依据内在价值的转变适时作出了两点改变，第一是改变了债法关注的重点,即从无差别地对待各种商品交换关系变为以交易者的信赖程度为核心;第二是在最高信赖与最低信赖之间增加了一个次级信赖层级——社会信赖,从而使债法对社会关系的调整不仅更全面、更丰富,同时也更具精确性。面对社会信赖利益保护需求爆发性增长的今天,世界各国普遍采取的做法仍然停留在传统逻辑体系下简单微调,具体做法不外乎两种——泛合同化和泛侵权化。两者虽各走极端,但其却产生了共同的弊端,就是抹杀了信赖之债在债法信赖色谱中或债法同心圆中的独立地位。这种做法起初尚可应付,但随着信赖之债适用范围与重要性的与日俱增,其明显不同于另外两种债的亮丽的色彩已闪烁出熠熠光辉。被冠以"三原色""同心圆"或"三足鼎立"的当代债法体系已经形态渐成、羽翼渐丰。

(三) 信赖之债的外部疆界

当我们确定了债法外在体系的基本架构之后,接下来的任务就是如何划定债的三种基本类型的各自范围。对此在前面关于债法重构部分已经说明,兹不赘述。这里想着重指出的是,在建立起信赖之债之后,需要对原先债法中的某些错误做法进行必要的矫正,包括诸如缔约过失责任、附随义务、商业机构安全保障义务、专家责任,等等。换言之,在内在体系确定的前提之下,债法外在体系中的三个基本结构亦得到了重新明确,这样,就为我们重新厘清了合同之债与侵权之债的外部疆界,从而使那些原本超出该制度管辖范围却被硬塞进来的制度得以顺利移除。具体讲,首先,让合同概念回归约定的原意,即合同仍然仅仅是当事人双方共同自由意志的表述,修正过去理论上任意扩大合同概念外延、使大量自由意志以外的因素披上约定的外衣混杂进合同之中的做法,实践中真正做到合同法的管辖范围仅涉及当事人存在约定的情形,无约定的情形不能勉强划入其中,例如缔约过失不应被理解为默示合同;附随义务也由于并非基于约定产生而与合同义务相区隔。其次,将侵权之债的调整范围严格界定于民事主体间的一般信赖关系,即每一个自由人对他人(陌路人)只承担最低的消极注意义务,修正过去债法中任意扩大注意范围的弊端,从而打消人们的行为顾虑,为人们划出确定的自由活动领域。从操作层面看,侵权法应只针对那些通过积极作为形式所造成的他人损害,而不要将那些不作为的情形也收入其中。因为从逻辑上讲,如果不作为会构成对他人的侵害,那么一定预先已经存在着一个前提,即存在着某种作为义务(债务),不作为即属于对该债务的不履行,故而产生相应的法律后果。反之,将不作为的法律后果理解为信赖之债则逻辑上顺理成章。最后,对于信赖谱系中低于合同信赖却高于一般信赖的中间色段,统一定义为信赖之债,并以此为基点,将前文所列明显具有信赖之债特征却被错划为侵权之债或者合同之债的各项制度,依照法律的外在体系要求,统一在信赖之债的旗帜之下,终结长期以来各自为政的混乱局面。总之。通过化繁为简,使债法外在体系回归制度初衷。

(四)信赖之债的法律地位

关于债的外在体系,还有最后一个需要解决的问题,就是信赖之债的法律地位问题。毫无疑问,信赖之债的概念体系一旦建立,就意味着社会信赖作为一种法律事实会成为一种独立的债的发生根据。这使其具备了与合同之债及侵权之债并列的逻辑地位,构成三足鼎立之势。当然,就目前而言,其在债法中的实际地位尚无法与合同之债及侵权之债相提并论,只能排在第三位,不过相较于不当得利和无因管理,其无论在内容方面还是重要性方面都居于两者之上。同时也应看到,这个地位并非一成不变,如果我们以更宏观的视角观察就会发现,人类只是刚刚进入到信赖社会,在可预见的未来,社会信赖化程度只会不断强化,在自由与信赖两大利益的长期博弈中,信赖利益的占比会不断提高,因而信赖之债在整个债法中的地位的进一步提升,完全可以期待。

第六节 信赖之债体系之四:债抑或责任体系之辨析

一、责任体系替代债的体系与侵权行为独立化

本来关于债的体系问题的讨论可以到此为止了,不过其实还存在一个插曲,值得我们再花一些笔墨,这就是 21 世纪初开始在我国发生的所谓侵权行为独立化运动对债法体系的冲击。这个冲击开始尽管只涉及侵权行为所生之债被侵权责任所取代,并将侵权法从债法中分离出去,然而其延伸后果却出乎意料地对整个债法体系构成了某种颠覆性影响。国内不少学者认为,传统二元制债法如果被抽掉了侵权法,合同法将独木难支,这样债法体系必将垮塌。因此他们主张干脆废除债的体系,而以民事

责任体系替代之。

主张侵权行为独立化的主要理由可以简单归纳如下①:第一,侵权行为与债的其他发生根据相比个性大于共性,与其他债之间不具有同一性。第二,侵权行为就其本质来说应与民事责任直接挂钩而不应与债挂钩。因为既然不具有债的同一性,那么其本质当属于民事责任,而不属于债。第三,传统债的系统缺乏开放性,不能容纳某些新的社会关系,如精神损害赔偿、惩罚性赔偿、侵害人格权的非财产责任,等等。其最终结论是,侵权行为制度经过多年发展实际上已长大成人,自成一体,应该另立门户。事实上,这一问题之所以有讨论价值,是因为债法重构本来是要在传统二元制债法结构基础上再增加一个新债类型,但如果真废掉了侵权之债,则三足鼎立的债法依然会因缺少一足而无法确立,影响不可谓不大。故本着科学的态度,并结合当前的时代特点,针对上述观点和理由进行一次正本清源式的回应很有意义。

二、对侵权行为独立化观点的具体回应

首先回应侵权行为独立化的第一个理由。有学者指出:"实际上,在合同之债与侵权行为之债之间,个性大于共性,合同之债的个性在于交易性、合法性、自主性,侵权行为之债的个性在于非交易性、不法性、强行性。"②这涉及如何理解债的同一性问题。什么是债的同一性?这一问题在大陆法系特别是德国法系中似乎不是问题,例如王泽鉴就曾指出:"契约、无因管理、不当得利及侵权行为之构成要件、指导原则及社会功能各不相同,不足以作为债之关系之构成要素。其所以构成债之关系的内在统一性者,乃其法律效果之形式相同性,易言之,即上述各种法律事实,在形式上均产生相同之法律效果:一方当事人得向他方当事人请求特定行为(给付)。"③可见,债的同一性似乎可以表述为:特定当事人之间的特定给付行为。一般而言,这样对债的同一性进行定义属于通说。不过,经过

---

① 具体内容可参阅:王利明:《合久必分:论侵权行为与债的关系》,载《民商法研究》(修订本)第 4 辑,法律出版社 2001 年版,页 683 以下。魏振瀛:《民事责任与债分离研究》,北京大学出版社 2013 年版。麻昌华:《侵权行为法地位研究》,中国政法大学出版社 2004 年版,等文章和著作。
② 马俊驹:根据其 2003 年 2 月 17 日、20 日、27 日在清华大学法学院所作民法专题讲座整理。
③ 王泽鉴:《民法学说与判例研究》(第四册),中国政法大学出版社 1998 年版,页 90 以下。

仔细分析就可以看出,这种归纳虽然不错,但其归纳过程其实尚未完成,因为"特定当事人之间的特定给付行为"似乎并不能概括所有民法上的债。例如税收关系就可以被理解为特定当事人之间的给付行为;即使在平等的前提下也会存在例外的情况,例如两地政府就招商引资的信息资源共享达成协议属于行政合同,也不是民法上的债。另外,即使在私法领域也可以轻易找到例外,例如婚姻关系中的请求权、家庭成员之间的抚养费请求权,等等。从这个意义上说,单纯用特定当事人之间的特定给付行为来界定合同与侵权具有同一性,确有不足之处。

那么,债的同一性究竟根源何在呢?其实进一步挖掘就会发现,债的同一性最终应该归结为商品交换。也就是说,债的本质不在于表面上的给付行为,而在于商品交换。或者说,债是商品交换的法律表现。为什么合同、侵权、不当得利、无因管理等债的形式都是商品交换?这需要对商品交换作广义理解:商品交换并不局限于互易与买卖,凡以等价交换形式进行的财产转移本质上均属于商品交换。关于此问题本书在前面章节已有详细论述,兹不赘述(参见第一章第一节)。总之,关于各种债之间的个性与共性之所以存在争议,其实来自观察层次的差异。认为个性大于共性的观点是从较低层面观察的结果,而如果将审视层级提升到宏观层面就会发现,各种债之间的确具有同一性。这是因为它们尽管表现形式各有不同,但从本质上说不过是在直接或间接层面反映了商品交换的属性而已。归结起来,对债的同一性可以这样理解:凡是以商品交换形式(不论直接或间接)所进行的财产转移,其被翻译为法律术语,就是债。一般而言,债的确属于特定行为的给付,但特定行为的给付并不必然是债。决定债的根本原因不是给付行为,而是商品交换本身。

其次回应侵权行为独立化的第二个理由。关于债与法律责任的关系问题,本书也曾有过详细论述(参见第五章第二节)。结合这些论述就会发现,之所以债被定义为法的"当为"而责任被定义为法的"强制",其根本出发点在于顺应私法自治的要求,侵权法作为私法的一个组成部分自然也不能摆脱自治的特征,将其纳入债法范畴,为其提供了在调整商品交换关系过程中发挥决定性作用的巨大空间。事实证明,将侵权直接与债挂钩而不与责任挂钩,不仅可以极大提高债法调节社会矛盾的效率,也可以极大地降低相应的社会成本。其终极效果是鼓励交易关系,促进社会团结。反观将侵权行为直接与责任挂钩的做法,其实是只见责任,不见债,使债与责任这两个存在本质区别的概念发生了混淆,将债误认为是民事责任的形式之一。由于拒绝将侵权行为的本质理解为债,这一观点还出现了难以用法律关系理论解释侵权行为的逻辑障碍,所谓"民事责任法律关系""民事责任请求权"等自相矛盾的提法均属这一错误逻辑的产物。归根到底,将侵权行为与责任直接挂钩做法的最大错误之处,还是在于其忽略了私法自治乃民法之独有原则,在刑事与行政法律关系中不能适用。即使是法理学在探讨法律的职能时,也鲜有对私法自治独特职能的专门探讨,而是习惯于将民事责任与刑事责任、行政责任混在一起加以讨论;再加上我国长久以来相关语境中往往是责债不分,故而出现把犯罪行为和行政违法行为与刑事法律责任和行政法律责任直接挂钩的思路,简单套用在侵权行为上。这种错误认识应当得到纠正。反之,只要我们将私法自治原则纳入侵权行为法中,债与民事责任区别的意义就一目了然,困惑也变得迎刃而解了。

最后回应侵权行为独立化的第三个理由。关于传统债法缺乏开放性且无法容纳新型社会关系的问题确实存在,不过其指向并不正确。传统债法由于具有无法容纳当代社会普遍存在的信赖利益关系的缺陷,并造成了债法的解构,故而需要通过增加信赖之债来重构债法,以适应变化了的客观环境。但主张侵权行为独立化的学者的矛头显然并非针对于此,他们所做的是以精神损害赔偿、惩罚性赔偿以及侵害人格权引发的非财产性法律后果作为例证,意图证明债并非仅限于商品交换关系,进而证明上述责任形式不能为债所涵盖,只有引入侵权责任的概念才能对其予以合理解释。关于上述情形是否属于商品交换,其实本书前面也已经分别作出了详细正面阐释(参见第一章第一节),并明确指出精神损害赔偿和惩罚性赔偿虽与典型商品等价交换有异,但其实前者不过是一种人为的商品化,而后者不过对歪曲商品交换所做的矫枉过正而已,本质上并没有脱离商品交换范畴;至于第三种情形,虽然逻辑关系确有不合之处,但如果从各种因素综合考量,实在没有为这一枝节上的矛盾而毁掉整个债法体系之理。尽管这并非最完美的解决方案,但考虑到债的传统、适用效率、逻辑协调等诸多因素,相对而言,这仍属于综合效果最好的解决方案。况且如果从西方传统债法对债的同一性的理解出发,赔礼道歉、消除影响等做法并未超越特定当事人之间的特定给付行为这一固有逻辑。反之,如果真的实行侵权行为独立化,其带来的负面影响极大,消极后果却是我们无法承受的。例如,侵权行为由于被排除出债法,债法总则的适用必然会发生困难;再有,侵权行为从债法脱离,使得解决侵权纠纷中私法自治功能无法实现,具体讲就是通过债的转化而确立的争议前期解决机制无法适用(参见第五章第二节);另外,赔偿功能淡化的危险增加,即将侵权责任脱离债之后,侵权责任不再受债的商品交易属性制约,惩罚性赔偿、精神损害赔偿有泛滥化的危险。

综上所述,鉴于侵权行为独立化的动力主要局限于对逻辑关系合理性的追求,而并非出于社会价值的综合考量,即使独立之后,其实质性利益亦不突出。再者,由于其自身局限,即使侵权行为独立,仍不能真正获得一种更为合理的法律逻辑体系,反而会造成新的破坏,故实际上得不偿失。换言之,侵权行为独立化的倡导者们的主观期望值过高,而实际适用总体效果却反而会有所下降。债的体系固然陷于解构危机,但完全可以通过重构重新焕发生机。而以责任体系取代债的体系的做法,与债的内在体系以及债法重构路线图可以说是南辕北辙,不仅无助于原有危机的化解,相反只会带来新的麻烦。

第七节　信赖之债与民法典

一、民法典的时代特色

在本章相关讨论的最后,还有一个重要问题必须谈及,那就是信赖之债与民法典的关系。大陆法系各国建立法律框架体系的最终目的之一就是为制度法典化做好铺垫。纵观世界各国民法典,均反映出鲜明的时代特色,《法国民法典》是大革命的产物,其作为自由资本主义的开山之作,打破了过去时代的传统,消灭了封建时代的最后痕迹,完全按照市场经济模式设计,是近现代社会的第一部民法典。而晚于《法国民法典》将近100年的《德国民法典》则可以称为自由资本主义的巅峰之作,其对当时的市场经济关系进行高度概括,极力弘扬和保护各种商品生产和商品交换,使法律对社会关系的调整高效且有序。如果说《法国民法典》是个人权利的宣言书,那么《德国民法典》就是集个人权利保护制度之大成。从这个意义上讲,尽管两大民法典各有其特色,但本质上却处于同一时代。拉德布鲁赫曾这样评述《德国民法典》:"与其说是20世纪的序曲毋宁说是19世纪的尾声。"①与《法国民法典》相比较,冯·基尔克将其比喻为只增加了"一滴社会主义的润滑油"②,因而完全无法应对20世纪所发生的社会巨变。其实比较具有20世纪时代特征的民法典当属《瑞士民法典》,该法典最先在民法领域内全面确立了诚实信用原则、公序良俗原则和禁止权利滥用原则。相较于19世纪以个人自由价值为社会唯一的最高价值而言,20世纪之后社会价值体系的主要特点则是极大程度增加了社会信赖和互助合作的价值比重。任何新时代立法,必须将社会信赖价值置于与个人自由价值同等的逻辑地位之上。不仅如此,当代立法还应该从概念、体系直到具体法律条文贯彻落实这一新理念。不过令人遗憾的是,由于近现代民法保有极大传统惯性,以至于不仅《瑞士民法典》的上述社会化变革仅停留在了抽象原则层面,而其后出现的各国民法典也仅在这些原则指导下进行了部分的和碎片化的改革尝试,而且主要集中表现在通过对原有理论扩大和限缩解释,力图在不超出传统制度体系的前提下解决矛盾。事实证明,随着社会信赖化程度越来越高,传统民法体系已在一定程度上失去了对新事物的适应能力,变革与创新成为了历史必然。时代进步造就了法律对历史的超越,新时代民事立法必须紧紧把握时代脉搏。如果说什么是当代民法的时代性,准确反映人类社会紧密联系的相互信赖化趋势,无疑应当就是当代民法的最大特色,而信赖之债则是其中熠熠生辉的一环。

二、中国民法典中确立信赖之债的可行性

如果将视野从世界拉回到中国,我们可以看到,我国现行民事立法与大陆法系各国基本上处于同步发展的状态,整体上与时代的社会化需求尚存在差距。如果说西方社会因为几百年来的资本主义理念的畅行无阻,给其带来较重的个人主义惯性负担,以至于对信赖利益崛起的接受程度较为滞涩,相对而言,我国民法在引入信赖之债问题上则具有以下两方面优势:

一方面在于我国实行的社会主义制度。由于我国社会基本属性是社

---

① 转引自 K. 茨威格特、H. 克茨:《比较法总论》,潘汉典等译,法律出版社 2003 年版,页 225。
② 格尔德·克莱因海尔、扬·施罗德主编:《九百年来德意志及欧洲法学家》,许兰译,法律出版社 2005 年版,页 154。

会主义市场经济,所以社会理念与资本主义社会理念的最大差异之一,就是始终承认社会内部存在两种基本利益:一种是个人利益,另一种是作为整体存在的社会利益。例如在我国当代社会核心价值观中,既有富强、自由、平等,也有和谐、诚信、友善。那么,这两种利益之间的相互关系如何?西方社会的普遍观点是,要么不承认社会利益,认为社会利益只不过是个人利益的集合(简单相加);要么虽然承认社会利益,但依然认为个人利益具有绝对的优先价值。与之相反,我们认为,个人利益与社会利益并非单纯对立关系,由于社会关系异常复杂,有时两者利益一致,处于和谐统一的状态;有时两者虽然存在一定矛盾,但也并非简单否定其中之一,而往往是彼此妥协,相互兼顾,力求利益平衡。只有当两者发生对抗性矛盾且无法调和时,在终极意义上社会整体利益会优先于个人利益。承认利益的社会性,承认社会利益与个人利益的协调性,以及承认社会利益的终极优先性,这使我国民事立法具备了接受信赖之债制度的社会基础。

另一方面是我国具有社会利益优先的历史文化传统。中国古代先哲们曾为我们树立起了一个纵贯古今的伟大理想——天下大同。在这个理想之下,一个最突出的理念就是儒家"仁"的思想。仁本意为"二人",即指人与人的相互关系。其作为伦理观念,体现为仁慈、仁爱、仁厚的精神,强调人与人之间的相互友爱、帮助与同情。面对每个人自身都有的欲望和利己之心,以及自利观念不可避免会与关爱他人发生矛盾的情形,孔子就曾提出:"克己复礼为仁",意图通过宣扬以克制内心私欲来达到关爱他人的目标。由近及远,孔子还进一步提出了"和为贵"的社会观和伦理观。"和"即和谐、和睦,具有包容、妥协等引申含义。这不仅是治国理政之法,也是普通人际关系中的相处之道。孟子则更为精辟地将这种理念概括为:"仁者爱人"。用后世语言表达,这其实就是倡导一种博爱精神。正是这种"仁"与"和"的理念,构成了中国文化两千年来一以贯之的精神内涵,由此出发,通过"睦邻友好""怀柔远人",才能实现"协和万邦""天下大同"的社会理想。上述理念源远流长,早已渗透到每个社会成员的血液中,成为中华文明重要的标志之一。尽管"仁"与"和"的思想与近代西方启蒙思想中的博爱理念并非同源,但不可否认,由于这种思想对我国民族性的养成具有深刻影响,在我国文化观念中打上了深深的烙印,再加上中国传统文化中所积淀的强烈的家国情怀,因而即使在我国当代基本社会价值观中,西方社会价值观中那种绝对的个人主义理念并不突出,个人利益与社会共同利益的共存均被接受。西方社会长期以来的普遍观念是"以人为本"和"人文主义",这里的人专指个人,即所谓个人本位,并以此作为规范个人与国家之间的关系定位。而我国的传统观念却是"民为邦本",即"以民为本",这里的"民"泛指黎民百姓,不仅含义更宏观,内容也更完整,不仅包括国家与作为共同体的人民之间的关系定位,也包括了国家与具体个人之间的关系定位。在我国,由于承认"和衷共济""兼济天下",所以人与人之间的利益兼顾会得到认可,甚至当个人利益与社会公共利益发生对立时,与人为善、扶危济困、舍己救人、公而忘私等观念,也是从古至今一直为全社会所共同推崇的社会伦理。总之,尽管这些传统文化基因产生于封建整体主义时代,并为当时的社会制度服务,但不可否认,这些思想却恰恰与当今社会现实却存在相当的契合度,例如"民为邦本"与当今的社会本位的理念有相通性;"和衷共济"与强调社会共同富裕和共同进步有相通性;"兼济天下"与个人自由、发展和社会利益兼顾的理念有相通性;"贵和尚中""世界大同"与当代社会正义理念有相通性;"睦邻友好""怀柔远人""协和万邦"又与社会共同体理念、社会和谐理念、地球村理念有相通性。

综上所述,鉴于:第一,我国没有经历资本主义社会因而无须背负西方国家根深蒂固的个人主义价值理念的历史包袱;第二,我国实行社会主义市场经济,可以使社会利益的满足与通过市场追求个体利益两者相得益彰;第三,作为中国特色,我们优秀的民族文化基因经过不断传承,已经塑造出了独一无二的中华文明,而这样的文明背景对我国当代法律社会化的影响有目共睹。所以,在这片土壤中生长起来的民法这棵参天大树上,出现信赖之债这样一丛光彩斑斓的枝叶,并不出人意料。

众所周知,我们目前正处于中华重新崛起的历史大潮当中。几十年改革开放的经验告诉我们,我国的崛起方式与西方国家不同,采取的并非是强权、殖民、掠夺和称霸等方式,而是通过和平崛起的途径,因而在同其他各国的国家关系中,就如同人与人的关系一样,我们也遵循"和为贵"的理念,强调开放的相互性,奉行不将本国的私利凌驾于他国利益之上的原则,以此来推进各国之间的相互尊重、相互包容、平等协商、和谐共处。显然,这样的国家关系准则与国内社会关系准则是相互契合与相互统一的。从根本上说,这不过是将微观的人际关系理念放大到国家关系当中而已。这样,我们不仅从追求当今国与国之间关系和谐反向印证了社会内部人际关系的本质与发展方向,也间接印证了信赖之债的出现恰恰反映出未来国家和社会总体价值的共同趋势。从这个意义上说,建立人类命运共同体的远大目标,不仅仅决定了各个国家在地球这一大家庭中的命运,其实也决定了作为社会细胞的每个个体在社会中的命运。

三、具体方案思路

当然,信赖社会的民法建设是一个宏大的议题,需要谨慎推进。信赖之债理论在债法体系方面的创新,只是这一系统化进程的先导。随着相关研究的深化,民法其他领域内信赖保护制度的体系化工作也必将会随之展开。其实即便是在债法领域,信赖保护研究目前也只涉及定性研究,更细化的工作,例如民法典对信赖之债如何具体进行制度安排尚属空白。在此不妨提出某些初步设想:由于信赖之债是当代债法的产物,从近现代债法中脱胎而来,法律没有必要对近现代债法体系推倒重来,而只是根据新的社会需求对原有体系进行适当的创新性调整即可。由此出发,现实中有两种可供选择的制度设计方案:方案一是独立成章。这是一步走的方案,即比照合同之债和侵权之债那样,将凡属于信赖之债的相关债法内容集中加以规定。这样做的优点是旗帜鲜明,体系明确,对法律适用的指导性、操作性更强;而缺点则是对传统债法体系的扰动太过明显,债法其他部分需要随之做较大调整,但这种调整的精确性目前尚有难度。方案二是分步走的方案。考虑到当前的法律体系和制度安排,并以对现有体系的冲击最小化为目标,可以在债法中进行信赖之债的总括性规定,在观念上厘清其本质,而对已经存在的信赖之债的具体规定仍置于法律原来的位置不变,只不过将这些制度与上位法的关系作出调整即可。这个方案的不足之处在于法律对信赖利益保护的力度不够,信赖之债容易与其他债相混淆,或者被埋没在其他债当中;但好处则是在目前信赖之债与合同及侵权区分研究不够细化的情形下,亦能保持制度实施的连贯性,待到相关宏观和微观研究达到相当程度时,再一鼓作气完成体系化的最后步骤。鉴于信赖之债目前属初创阶段,不够成熟,还需要下大力气进行细化研究和实践的反复检验,且创新本身敏感度较高,因此可以先考虑选择方案二,以信赖之债理论的完善和获得社会的普遍认可为首要任务,其系统化和细致化工作留待该制度的渐渐成熟之后进行以未尝不可。

四、信赖之债——中国对世界民事立法的应有贡献

以上论述了中国作为世界上拥有独一无二历史传承的社会实体,存在着建立信赖社会和相关法律制度的独特优势,包括已具备了实现这一目标的明确法律步骤。不可否认,国内很多民法学者内心中都存在着一个情结,那就是怎样才能使中国的民事立法像法国和德国的民法典那样,成为一个时代的标志性法典,为世界民事立法作出突出贡献。这种愿景固然宏大,但是并非像某些学者所坚持的那样,认为将侵权行为从债法中独立,或干脆将债的概念废弃,美其名曰这是权利、义务和责任并重,并将此作为我国民法对世界民法所作出的突出贡献。事实上,民法作为权利法,以权利为核心,这已经为民法发展史所反复证明。在民事法律关系中,权利为主导。义务作为权利对称物而存在,只起到次要作用。而责任仅仅作为权利功能的辅助手段,居于更次要的地位,其存在只是为了弥补权利行使中偶尔发生的法律之力欠缺的问题而已。只要是在坚持私法自治的前提下,权利、义务和责任的这种主次地位关系就不会发生动摇(参见第五章第二节)。由此可见,与某些学者的想法恰恰相反,中国可以对世界民法作出的突出贡献不在别处,就在于建立起包括信赖之债在内的一系列信赖保护机制和相关法律体系。基于中外历史与现实的考量,中国正是最接近于实现这一目标的法律实体。这里应再次强调,民法绝非只要建立起信赖之债就万事大吉了,我们的目标是在民法中建立起一整套信赖保护体系,这中间既包括物权信赖制度体系,也包括信赖之债体系,还包括诸如人身权和知识产权等其他领域的信赖保护体系。这是一个综合性任务,信赖之债仅仅涉及其中之一。如果说从大清民律草案开始,国人就在孜孜以求,学习国外先进民事立法,努力实现对世界大势的追赶步伐,直到今天,我们终于迎来了这样的历史机遇,即利用后发优势,在民法的某些领域内弯道超车,通过观念创新和制度创新,率先完成先进制度的架构建设,最终形成引领时代的民法典。机遇已经摆在我们面前,对我们的考验就在于是否具备抓住机遇的能力和勇气。展望我国未来民法的法典化,由于我们没有很多西方国家那样绝对个人主义传统的历史包袱,相反却具备能够与当今时代潮流良好互动的文化基因,因而我们更容易接受法律的新思维,也更容易走上法律的创新之路。顺应社会历史发展的洪流,不断吸收、借鉴世界各国先进的法律文化,从紧紧追赶到独自开疆辟土,这难道不正是我们这一代法律学者的历史使命吗!

第四部分
适用篇：信赖之债的法律适用

第十二章　信赖之债的实务类型

本书前面三部分重点讨论了信赖之债的社会背景、法理基础以及制度形成机理,这些内容偏重于宏观视角和理论阐述。然而,任何理论研究最终都将服务于实际目的,信赖之债制度体系的构建也不能停留于搭建逻辑自洽的空中楼阁,而必须脚踏实地地成为指导实践并能经受实践检验的法律应用工具。由此出发,本部分内容将重点转向信赖之债的具体适用层面,意图探讨信赖之债的具体类型、构成标准以及法律效力。同时,鉴于构建信赖之债的很多基本素材其实早已隐含于现有债法具体制度中,我们需要做的就是将这些具体类型的素材依照全新标准加以萃取,划归信赖之债管辖,并按照信赖保护原则重新明确其法律适用定位。不过,萃取工作牵涉到将属于信赖之债的具体内容从原有制度中剥离,从各方面考量,该目标均非一朝一夕可以实现,需要分步骤进行。具体讲,首先需要从合同或侵权等制度中剥离出信赖之债的实务类型;然后再对这些实务类型加以抽象化,归纳出理论构型。目前的任务目标是完成前一步骤,待条件成熟后再进入后一步骤。同时,正是基于分步走的方针,在现阶段具体制度剥离过程中,仍需以传统债法相关制度为参照点,这不仅能够展现新制度的来源,也能厘清新旧制度所存在的微妙差异。此外,信赖之债既可以从债权角度也可以从债务角度加以探讨,由于过去的相关研究基本上均从义务角度进行(例如德国民法研究中发展起来的债之"关系上的义务群"理论[1]),为了使研究衔接不致过于突兀,以下亦尽可能地从相同角度进行阐述。

---

[1] 参见王泽鉴:《债法原理》(第一册),中国政法大学出版社1998年版,页34以下。

第一节　与合同关联紧密的信赖之债类型

信赖之债在以信赖为坐标系的债法谱系内处于中间位置,左面是合同之债,右面是侵权之债。由于谱系是一个渐变过程,界线不十分清晰,因而具体厘清信赖之债与另外两者的关系尤为重要。我们不妨从剥离作为合同内容的权利义务及与合同关系紧密的信赖之债入手。

一、体现为先契约义务的信赖之债

人们对信赖之债的认识,最早其实是从对先契约义务的关注开始的。何谓先契约义务?顾名思义就是在合同生效之前基于法定或诚信原则而存在于当事人双方之间的义务(债务)。起初,在绝对自由的观念统治下,除当事人自愿通过合同限缩自己自由的情形以外,法律不能轻易限制个人自由。也就是说,甲乙双方的权利义务约束从合同生效时开始,甲方在此之前具有完全的自由,乙方对其并不存在任何相对性权利(债权),自然甲方对乙方所谓的先契约义务亦不存在。不过如前所述,从19世纪中后期起,西方社会由于经济、社会以及伦理因素的综合作用结果,人际关系(包括陌生人之间的关系)变得愈发紧密,人们之间无法摆脱彼此之间的客观相互依赖性,当这种依赖性达到某种临界状态时,法律被迫正视这一现实,开始改变一直以来所恪守的无合同即无义务的原则,先契约义务就此产生。对此最具敏锐洞察力的是德国法学家耶林,早在自由主义红得发紫的1861年,他通过探讨缔约过失问题开始了对这一观念的挑战,他就合同订立时当事人双方之间的注意义务发表了《缔约上过失、契约无效与不成立时之损害赔偿》的著名论文,提出在原本不存在积极注意义务的特定双方之间,如果当某些条件具备时会发生法定的积极注意义务,一方违反该义务则对方将成为其"疏忽或不注意的牺牲品",会受到基于信赖而生的损害,因而应该由违反者承担必要的损害后果——缔约过失损害赔偿[①](参见第九章第一节)。之后,学者们又在此基础上进一步整合,抽象出了法定先契约义务的概念,并以此对合同生效之前的注意义务予以

[①] 参见王泽鉴:《民法学说与判例研究》(第一册),中国政法大学出版社1998年版,页88以下。

概括。正如学者所指出的那样：在德国，"判例和学说归纳出下列原则：在合同磋商或类似商业合同之初，与合同关系相类似的信赖关系便已存在，并责成各方负有'债务人'的注意义务"①。无疑，耶林的这一挑战是成功的，因为自此之后，先契约义务逐渐得到理论界与实务界的广泛认可，各国立法也先后对此作出明文规定。②

然而我们不禁要问一个问题：既然存在先契约义务，那么该义务所对应的权利究竟是什么？长期以来人们对此却讳莫如深，正如本书前面指出的那样，学者往往仅从义务视角加以描述，诸如"积极注意义务""损害赔偿义务""赔偿消极利益"等等，似乎在刻意回避权利视角。例如梅迪库斯就曾指出："缔约过程中的任何一种'过错'，都以存在义务为前提；而违反了这些义务，才会使人提出[行为人]是否有过错的问题。"③不仅如此，学者们对于因违反先契约义务的法律关系性质也同样模糊处理，要么认定其为一种"特别结合关系"，要么认定其为一种"法定请求权"。究其原因，在于人们仅仅抽象出了先契约义务的概念，却没有抽象出与之相对应的权利概念。之所以有义务却无对应的权利，是因为该义务所对应的并非传统民法所承认的有名权利，而是一种法律保护的利益——法益，该法益依照传统民事权利的定义，无法被容纳进权利概念之中。根据概念法学理论，民事权利被定性为个人的意思力或意思支配，而法益仅属于一种法律所保护的利益，尚达不到权利属性的"密度"，故而难以称为权利。

事实证明，这种刻板、僵化的概念藩篱，已经严重束缚了民事权利概念的与时俱进，耶林勇于破除陈规，对民事权利的性质以"目的说"替代"意思说"，否认传统权利概念并进而创设了利益法学。在利益法学框架下，民事权利从个人意思转变为法律所保护的利益，名不见经传的法益华丽转身成为"框架性权利"，法益由此被正式引入了民事权利的殿堂（参见第六章第二节）。其实，仅从保护角度看，法益升格为权利似乎无关宏旨，但如果从权利行使的视角出发，意义则变得完全不同，如果甲乙之间的合同生效之前即存在着一种相对性的法益，这意味着一方面，甲方对乙方负

---

① 克里斯蒂安·冯·巴尔、乌里希·德罗布尼希：《欧洲合同法与侵权法及财产法的互动》，吴越等译，法律出版社 2007 年版，页 200。
② 参见《希腊民法典》第 197、198 条，《意大利民法典》第 1337、1338、1398 条，《德国民法典》第 242、311 条，《中国合同法》第 42、43 条，《台湾地区民法》第 245 条。
③ 迪特尔·梅迪库斯：《德国民法总论》，邵建东译，法律出版社 2000 年版，页 342。

有先契约义务,而另一方面,乙方对甲方则享有一个名副其实的债权,该债权既非合同之债,亦非侵权之债,而是乙方对甲方基于合理信赖而产生的信赖之债。换言之,一旦拥有了信赖之债的抽象概念,我们就不再会为找不到先契约义务的对应概念而含糊其词了,我们可以名正言顺地宣称,乙方对甲方而言享有法定的信赖债权,而甲方对乙方负有信赖债务。

需要指出,在法定先契约义务或者更抽象的信赖之债概念出现之前,各国立法往往援引合同原理对上述事实加以解释,例如法国法倾向于将其解释为默示的预约合同,德国法和英美法则倾向于将其解释为默示的责任合同。这显然与概念法学关于权利本质的意思说一脉相承,为了解释先契约义务的来源,不惜杜撰出当事人之间存在默示的意思表示,这一解释不仅牵强附会,而且极易遭受攻击,例如商场在门口张贴告示,声称其不打算与进店顾客建立所谓默示合同,那么根据明示优于默示的原理,当事人双方不可能形成先契约义务。可见,只有将先契约义务的性质理解为法定义务,并进而理解为信赖之债,才是合理且能够经受实践检验的观点。事实上,目前对此的通说认为法定先契约义务的本质是缔约过失责任或者是缔约过失之债,但从宏观视角观察,这样的格局仍然过于狭窄,因为先契约义务只显露了冰山的一角,在水面以下还隐藏着更多的同类法律关系,它们有着共同的基础与相同的本质,即它们同属于广泛存在的信赖之债。

在完成了对先契约义务的定性研究之后,接下来需要讨论的问题是这种信赖之债何时发生,又何时消灭。由于先契约义务属于法定债务,故当符合债务发生的法定条件具备时,债权债务即发生效力。具体而言,当事人双方如欲建立合同关系,则需要订立合同,而合同订立本身是一个过程,在这个过程中双方经过协商,进而达成协议。可见从协商到缔约的过程其实就是双方从一般信赖经过社会信赖最终过渡到合同信赖的过程。所以双方一旦进入到合同订立的前期准备阶段,例如顾客步入商场的一刻或者双方开始展开合同磋商,就意味着双方之间已经客观上形成了某种信赖利益,根据法律规定或者诚实信用原则,此时无论当事人是否意识到,双方之间的信赖之债其实都已经建立,信赖债权和先契约义务对双方开始形成了法律约束。与先契约义务发生的单一情形不同,此类信赖之债的消灭可分为两种情形:一种是合同顺利订立,这意味着负有先契约义务的一方尽到了照顾对方信赖利益的必要注意,故而信赖之债随着合同生效而消灭,双方关系的性质转变为合同关系。另一种是合同虽没有订立,但双方和平分手,一方并未造成另一方的信赖利益损害,此时信赖利益不复存在,双方回归到一般信赖阶段,信赖之债就此消灭。由此可见,所谓先契约义务其实是专指在合同订立阶段双方形成的信赖之债,如果合同订立工作被主动放弃或已经完成,信赖之债则没有存在余地。

如果更加细化,现实中先契约义务大致会存在于与合同相关联的以下阶段:

(一) 要约约束力

这是指要约在到达受约人时即生效,在要约有效期间,要约人不得随意撤销要约。根据合同订立的一般原理,要约和承诺是其不可缺少的两个步骤,仅有要约并不成立合同。但是,要约对合同成立的意义重大,其不仅表达缔约意愿,而且还包含合同必要条款,对方只需简单的同意意思表示就使合同最终成立。这里有两个问题需要考察:第一,要约约束力的来源;第二,要约约束力的性质。要约是受约人思考是否接受合同条款的基础文件,为此必须留给受约人相应的考虑期间,如果该期间内要约人可以随意撤销要约,则势必会造成受约人的困扰,使其为缔约所进行的各种测算与评估等准备工作前功尽弃。这不仅严重影响受约方的切身利益,长此以往还会影响整个交易的秩序和效率。由此可见,法律之所以对受约人思考期间进行保护,是出于对交易的如下考量:交易的前期阶段受约人存在对要约保持的客观依赖,其必须相信对方不会轻易地出尔反尔,这是实现交易的必要条件。所以,要约约束力的来源从根本上说就出自对受约人信赖利益的保护需求。我国《合同法》第 19 条规定了两种情形下要约不得撤销,一是"要约人确定了承诺期限或者以其他形式明示要约不可撤销";二是"受要约人有理由认为要约是不可撤销的,并已经为履行合同作了准备工作"。毫无疑问,这是为保护受约人的信赖利益而作出的规定。与此同时,既然法律认为在合同要约阶段就应该给要约方施加某种法律约束,但由于此时双方尚未形成任何共同意思,无法形成合同约束,那么对该约束性质的唯一合理解释就只能是法定约束。具体讲,要约方不随意撤销生效要约是其针对受约方的法定债务;相应地,受约方因此而取得了对要约方的信赖债权。总之,无论当事人主观上是否意识到,任何合同的订立其实都伴随着先于契约关系而存在的另一种法律关系——信赖之债。可以说,要约的约束力其实就是信赖之债法律效力的体现。当然,如果要约方一定要撤销要约,例如将特定物卖予他人,这可能给受约人造成信赖损害,他对此损害请求赔偿的依据是信赖之债的债不履行。

(二) 与某些要约邀请关联的信赖之债

一般而言,要约邀请作为要约的前置程序,往往不是必需的,而且也没有法律效力可言。不过这并不反映事情的全貌,事实上少量要约邀请不仅会成为某类特定合同订立过程中的法定必经程序,而且该程序的法律意义也体现得十分明显。这里至少可以列举出以下三种合同:招标合同、拍卖合同以及股份公司发行股票时的招股合同。根据相关法律的规定,这三类合同的订立必须经过要约邀请的阶段,例如招标合同中的招标公告或招标通知,拍卖合同中的拍卖公告,股票发行过程中的招股说明书等。之所以法律特别作此规定,是因为这些要约邀请对邀请方而言会产生某种法律约束力,该约束力是指不得随意撤销上述邀请。具体而言,当上述邀请发出并到达受邀请的人手中,受邀请人就会立即产生对邀请人的信赖利益。为了维护受邀请人的参与积极性及其合理信赖利益,法律有必要在既无合同约束也无要约约束的情形下就开始限制邀请方的自由,对其赋予相应的信赖保护义务,相应地,受邀请方因此取得了信赖债权。以拍卖为例:某拍卖公司发布拍卖公告,决定某日举行大型拍卖会,并发出邀请函邀请若干著名收藏家到场竞拍。在开拍当天,当竞拍者们抵达会场并跃跃欲试打算大显身手时,拍卖公司却突然毫无理由地宣布取消拍卖会,这给所有参与者造成的打击可想而知,为准备竞买而筹措资金的财务成本支出暂且不论,即便是徒劳往返所造成的差旅费损失就不在少数。从信赖利益保护原理出发,此时受有损失的竞买者理所当然可以要求拍卖商予以赔偿。这一索赔的法律依据既非合同本身的约束力也非要约约束力,而是拍卖公告或竞拍邀请所具有的约束力,更准确地说就是信赖之债对拍卖公司的法律约束力。事实上拍卖要约邀请到达受邀请人手中时,双方之间的信赖之债已经生效,拍卖公司正是由于违反该信赖之债而应承担相应的损害赔偿责任。

除了以上三种合同情形的要约邀请之外,还有一种情形也会成为产生信赖之债的要约邀请,这就是商品广告。与分发商品清单、寄送商品价目表、饭馆提供菜单等法律意义较低的要约邀请不同,商品广告的法律意义较为明显。不过,由于商品广告法律约束力主要涉及的是其内容的真实性而非是否可以随意撤销的问题,故与招标、拍卖等要约邀请的法律约束力指向不同（招股说明书既涉及内容真实性也涉及不得随意撤销），对于通过商品广告发布虚假广告，欺骗、误导消费者的，可根据《广告法》第56条的规定，以违反信赖之债为由进行损害赔偿。

（三）要约撤回迟到的通知义务

要约生效后不能随意撤销，但在要约尚未到达受约人手中之前，要约人却可以将之撤回，因为这对受约人不会产生任何不利影响。现实中有时会出现如下情形：甲以平信方式对乙发出要约，预计三天后到达，但当天甲反悔，遂立即以电报方式撤回要约。电报本应第二天到达，但由于邮电局的延误，导致该撤回电报在五天后才抵达乙处。此时由于撤回通知晚于要约到达，故无法起到撤回效果，要约依然有效。不过由于甲电报发出后根据日常生活经验认为乙会在第二天收到电报，故在其心目中要约已经被撤回。此时使甲能够了解到错误的唯一机会就是乙将迟到之事告知甲，因此这意味着甲对乙存在一项合理的信赖利益。根据信赖保护原则，甲的信赖利益要优于乙的自由利益，故在乙收到迟到的通知那一刻起，甲乙之间已经构成了信赖之债，乙应当立即履行对甲的告知义务。如果乙未履行此义务，将因违反信赖之债而须对甲的损失予以赔偿。

（四）合同订立之前相关必要信息的提供义务

任何合同的订立都建立在当事人对必要交易信息掌握的前提之下，该信息会对合同目的实现起重要作用，例如商品质量信息、价格信息、商品保质期、功效与副作用，甚至还包括正确安装及使用方法、安全注意事项，等等。简单商品社会时代，由于商品类型较少且大多局限于生活必需品，买卖双方对商品具有的相关知识和经验大致对等，故卖方往往不存在额外的说明、告知义务。当代社会则完全不同，高度商品化导致无数种类的商品涌入市场，任何人面对如此繁多的商品时都会感到其知识与经验的缺乏，这就给商品信息不对称创造了机会。一般而言，卖方为特定商品的经营者，其对商品的相关信息了如指掌，而买方则在了解该商品信息的机会与能力等方面明显处于劣势，再加上商品信息浩如烟海，人们在采购过程中时间、精力以及知识都不足以支持其独立了解和辨别各种交易信息，故而买方在交易过程中必须依赖于卖方的信息提供，由此就产生了一种合理信赖利益。这一制度在德国法院首先是通过司法判例发展起来的，例如有帝国法院的判决认为：一方负有说明义务的前提是"如果诚实信用原则根据交易观点要求一方说明，而另一方根据现实业务往来的原则,可以期待对方做出说明"。① 而联邦最高法院也认为:"即使在当事人追求相反利益的合同的谈判阶段,一方也负有下列义务:他必须对可能破坏(对方)的合同目的,因而对对方的决定具有重要意义的情形作出说明,只要对方根据交易观点可以期待他作出说明。"② 拉伦茨不仅对此表示赞成,而且进一步认为还有扩充的必要:"如果当事人之间业已存在某种信赖关系,那么说明义务就会更加广泛。"③ 换言之,为使交易关系顺利有序进行,商品卖方应当依照信赖保护原则,充分照顾到买方的信赖,对买方承担起告知、说明、讲解等义务;相应地,买方则拥有了债权。由于上述权利义务关系的发生是在合同订立之前,故其当属于体现为先契约义务的信赖之债。

随着当代社会对信赖利益保护需求的增强,我国法律对上述信息提供义务的规定也日渐丰富起来,这里择其要者罗列如下:《合同法》第42条;《保险法》第16条,第17条,第131条;《证券法》第69条,第78条,第171条,第191条;《消费者权益保护法》第8条,第18条,第19条,第20条,第26条,第28条,第45条,第48条;《广告法》第4条,第16条,第18条,第26条,第28条,第56条;《电子商务法》第17条,第18条。上述条款中既包括了从债权人角度规定的知情权,也包括了从债务人角度规定的诸如信息提供义务、瑕疵告知义务、警示义务、说明义务以及不误导、不隐瞒、不虚假陈述等义务。随着当代市场经济的深入发展,这种信赖之债的相关规定会不断增多且越来越完善。

(五)关于恶意磋商问题

所谓恶意磋商是指在合同缔约谈判过程中,一方出于损人利己的目的,以误导、诱骗等方式获取对方的信赖,并将该信赖作为自己的牟利工具,在没有合同作为约束的情形下使自己获利而对方受到损害。例如,某公司遇到一个疑难诉讼,又不愿意花钱聘请律师,于是就以考察律师业务能力为名,要求若干家律师事务所分别就此案出具法律意见书,并言明择优委托。当各律所相继提供法律意见之后,该公司综合各家律所意见找到了最佳诉讼策略,但却拒绝与任何一家律所签订委托代理协议。这是

---

① 转引自卡尔·拉伦茨:《德国民法通论》(下册),王晓晔等译,法律出版社2001年版,页543。
② 转引自卡尔·拉伦茨:同前注。
③ 卡尔·拉伦茨:同前注。

一个典型的恶意磋商案例,该公司恶意地利用律师事务所争取案源的竞争心理,在没有合同约束的前提下,免费获得了律师的智力成果,从而达到了损人利己的结果。事实上,合同缔约的磋商过程是一个积累互信的过程,如果一方出于恶意滥用他人对自己的信任,并以此作为损害他人的工具,而法律却对此无可奈何,其结果只能是毒化商品交易氛围,破坏人际的信任感,从而影响交易效率。所以,为维护交易秩序,法律必须通过某种途径对这样的行为加以抑制,但考虑到上述损害行为是在无合同约束的情形下发生的,为杜绝其发生,唯一可行的办法就是认定恶意磋商的一方违反了先契约义务。由此反推,结论就是当事人一旦进入到合同磋商阶段,双方之间就形成了必要社会信赖,而该信赖利益已经受到债法的保护。换言之,恶意磋商虽然没有合同约束,但绝非意味着没有法律约束,而此时的法律约束性规定就是信赖之债。受害一方要求恶意磋商者赔偿损害,则是对其违反信赖之债的追究。

(六)合同自始客观不能履行的告知义务

合同自始客观不能履行是指在合同生效之时,该合同已经因缺少法律关系构成要素而客观上陷于无法履行的境地。以买卖合同为例,合同约定的特定标的物在合同订立之前已经灭失,在合同成立后客观上以任何方式皆无法完成合同的实际履行。其实,这种情形原本是可以避免的,因为标的物灭失在合同订立之前,卖方完全有告知对方这一事实并不再与之订立合同的机会,但卖方出于过错(可能是故意也可能是过失)没有告知买方,致使实际签订了合同。尽管后来通知了买方,但买方此前已经开始为准备履行合同而付出了相应的成本。

对此情形,原《德国民法典》第 306 条曾规定:"以不能的给付为标的的契约,无效。"该规定所适用的原理如下:任何法律关系必须同时具备主体、客体和内容三个要素,缺一不可,合同关系亦须符合这一要求。如果某一合同缺乏标的要素,则意味着双方的缔约行为并不能构建起有约束力的法律关系。由此推论,自始客观不能履行的合同自然当属无效合同。作为配套,原《德国民法典》第 307 条还规定了相关请求权基础,即债务人对债权人此时的赔偿仅限于信赖利益(消极利益)。这一规定立法意图明确且逻辑推理亦无不妥。然而 2002 年德国债法改革后的新债法却废除了该条,并以第 311a 条予以替代,改变的核心内容是将自始客观不能履行的合同由无效改为了有效,并以违约责任作为相关法律救济手段。其理由归纳起来大致有三点：第一，当事人的义务性质应以缔约时间点加以划分，缔约前的义务主要是信息提供，而缔约后则主要为给付义务。合同尽管是自始客观不能履行，但该义务随着合同缔约而成立，故属于缔约后义务，因此债务人因给付不能而应承担违约损害赔偿责任。第二，《德国民法典》第437条规定了债务人（卖方）应担保债权人（买方）权利真实存在，这相当于卖方向买方提供了合同履行的担保（权利瑕疵担保），故当合同无法履行时，债务人承担违约损害赔偿责任。第三，也是最重要的一点，德国立法者认为债务人对上述情形的赔偿依《德国民法典》第307条仅限于消极利益，这对于债权人利益保护不足，因为依照有效合同，债权人可以向债务人请求赔偿履行利益损失。由此看来，将合同自始客观不能履行的法律后果由无效后的损害赔偿变更为违约损害赔偿，其根本目的在于加强对合同债权人的保护力度。

加强对债权人利益保护，原本无可厚非，但法律作为社会正义的化身，应该合理关切合同双方的正当利益而不仅仅是单方利益。如果将合同自始客观不能履行的情形进行细化，就会发现其中并不简单。

首先，这中间其实存在着几种不同的情形。合同标的物灭失后，卖方因过失不知而与买方签约，这是德国新债法中预设的最典型情形。此时买方对合同履行会存在合理期待，如果卖方仅赔偿消极利益，显然不如赔偿履行利益对买方保护力度大。不过应注意，卖方此时所违反的义务究竟是缔约前的义务还是缔约后的义务呢？有一点毫无疑问，那就是如果卖方缔约前发现特定标的物已经灭失，他应该立即告知买方并停止继续缔约，而他因过失没有这样做，这意味着卖方存在缔约前义务的违反。正是由于这一义务的违反导致了其缔约后无法实际交付标的物，可以说缔约以及无法实际交付标的物，不过都是违反缔约前义务的结果而已。固然，以违反缔约后的义务吸收违反缔约前的义务，可以一定程度达到强化保护买方利益的目的，但这样显然又会带来其他情形的逻辑不周延。不周延情形之一是，卖方明知特定标的物已灭失，故意未告知买方而与之缔约。此情形符合我国《合同法》第42条第2项"故意隐瞒与订立合同有关的重要事实或者提供虚假情况"。不周延情形之二是，买方根本不存在某特定标的物，而故意欺骗买方说自己有该标的物，并与之订立合同。[①] 如

---

① 具体符合《民法总则》第148条或者《合同法》第42条第1项所规定的情形。

果以自始客观不能履行而言,这两种情形亦与之概念相符。但很明显,对此两种情形,公认的观点均认为属于违反了缔约前义务的缔约过失行为,而不能划入违约责任范畴。也就是说,尽管都是合同自始客观不能履行的情形,但其所依据的请求权基础却分别是违约责任和缔约过失,这无疑会影响到法律适用的一致性。可见,将上述三种情形归结为同一种类型并由单一规则加以规制较为恰当。鉴于后两种情形无法被纳入违约责任体系,故将这三种情形统一归入缔约过失责任体系便成了合理选择。

其次,关于如何解释《德国民法典》第437条的适用问题。可以这样理解,该条款其实是一个法定担保条款(权利瑕疵担保),即卖方须向买方担保其对所转让的财产拥有法律上的权利。具体理由容后详述。现实中为了促进交易效率,法律的确允许卖方在尚未对某项财产拥有权利时或者该财产尚未被生产出来时即与买方就该标的物签订合同,然而效率与风险并存,为了保护买方对将来会获得该标的物的合理信赖,卖方须给买方某种保证,使其相信自己将来会通过购买或者生产而取得该特定标的物的所有权,并使该权利转让变为现实。基于此,该条款具体可从两方面解释:一方面,法定担保是法律强加的担保,并非来源于当事人之间的约定,故而不存在所谓主合同与从合同的关系,也与合同履行的担保约定无关。另一方面,法律规定卖方须向买方担保,其目的显然是为了让买方相信卖方对所转让财产拥有或将来拥有权利的确定性,而关于这一点也恰恰是买方缔约前所最担心的。为了打消买方的上述顾虑,立法者以此种强制性规定给了买方一颗定心丸(瑕疵担保义务问题,容后详述)。换言之,上述法定担保的意义完全是出于保护买方信赖利益的需要,而其时间点应该在缔约之前而非缔约之后,因为缔约后再强调这种担保已不具实际意义了,该意义其实早已完全被合同中关于履行约定的承诺所吸收,同时也被法律所规定的对合同履行的保护性规定所取代。

再次,德国新债法改变的根本目的在于,通过将仅仅赔偿消极利益转化为赔偿履行利益,来强化对买方利益的保护,从价值判断原理出发,这一点无可厚非。不过值得强调的是,合同自始客观不能履行的利益其实并非纯粹消极利益(由侵权法所保护的利益),其性质当属于社会信赖利益,该利益的法律保护力度大于纯粹消极利益,小于或等于合同履行利益[1]。如前所述,当代债法所保护的利益包括三种:一般信赖、社会信赖以及合同信赖。如果我们突破德国债法窠臼的束缚,而将社会信赖利益独立化,便可以将合同自始客观不能履行的利益归结为此类,并确定债务人所赔偿的应当是债权人的直接财产损失和缔约成本损失,该损失数额无疑会大于纯粹消极利益(直接损失)。当然由于该利益损失是信赖利益而非履行利益,故而一般会小于履行利益,但也并不尽然,有时不排除可能会接近或等同于履行利益损失,不过不应超出履行利益损失。如果超出,则超出部分应被视为受害人自己经营不力的结果,与对方无关。显然,承认合同自始客观不能履行的法律后果属于对信赖利益的赔偿,可以较好地解决对债权人利益保护与对债务人利益保护平衡的问题。

最后,德国债法体系仍属于近现代债法体系,施行二元制结构,并未从体系上承认第三种类型债的存在(不当得利和无因管理因内容较少,故予以忽略),因此其债法改革属于局部改良而非创新,即使进行大规模修订也仅限于内容,而体系上仍沿袭传统债法,改进不大。应该指出,德国债法认识到在合同只是客观不履行的情形下应对买方利益给予更大的保护力度,但由于德国新债法是在没有创造出信赖之债概念体系前提下的整合,上述改革意愿仍只能借助于传统体系加以表达,这种硬性改变自然不可避免地出现具体制度与债法体系的不协调,以及具体制度相互之间适用的不协调。德国学者卡纳里斯就敏锐地察觉到其中的问题,并提出应类推适用《德国民法典》第122条规定,依照合同撤销原理解决债务人因过失不知情而导致的合同自始客观不能履行的责任归属[2]。其实这就是将缔约过失责任规范引入其中。

总之,一旦将信赖之债纳入债法概念体系,对上述问题的处理顿时会变得容易得多。因合同自始客观不能履行的损害性质明显不适于定性为一般消极利益,也不宜定性为合同履行利益,而将其定性为社会信赖利益,既可以做到双方利益的合理兼顾,又可以实现法律概念以及法律关系的逻辑周延,实现理论与实践的统一,故而甚为恰当。

---

[1] 与之比较,德国债法因限于二元制结构,将由侵权法所保护的利益和社会信赖利益均视为消极利益。

[2] 参见杜景林、卢谌编著:《德国债法改革——〈德国民法典最新进展〉》,法律出版社2003年版,页56。

以上大致罗列并阐述了先契约义务的主要种类。之所以将各种先契约义务均归结为信赖之债，是基于以下共同原因：首先，合同订立是一个过程，随着当代人际交往频繁度的增加，陌生人之间的交易成为普遍现象，因此合同订立其实就是一个从陌生到信任的过程。过去人们曾经简单将其分为陌生与合同信用两个阶段，但经过细分就会发现中间还存在着一个承前启后的阶段，即社会信赖阶段。如果说陌生阶段法律保护程度最低，仅适用一般信赖保护，而合同阶段则法律保护升级为合同信赖保护，中间的社会信赖阶段所适用的法律保护措施就是信赖之债。可以说，先契约义务制度解决了合同订立期间当事人的信赖利益保护问题。其次，当事人在合同订立阶段存在着两项具体利益，一项是顺利完成合同订立，借以实现自己的合同目的；另一项是使自己所付出的交易成本得到法律保障。如果合同有效，后者则不单独存在，而是被并入到合同履行利益当中；但如果合同未生效或被认定无效，后者就具有了独立价值。随着当代交易规模扩大，交易成本的绝对值也随之大幅提高，故而这部分利益日益得到重视，为其提供法律保护也就具有了社会必要性。最后，当代债法将当事人交易利益的保护范围扩大到合同生效之前的阶段，这表面上一定程度限制了当事人的缔约自由，但法律用这种限制换来了当事人合同订立过程中的巨大安全感，反过来极大强化了人们从事交易活动的积极性。这不仅从宏观层面平衡了交易双方的实际利益，整体上对促进交易也大有裨益。

此外，关于先契约义务问题还有一点值得讨论，那就是先契约义务与缔约过失责任的关系问题。如前所述，耶林创设了缔约过失责任的概念，但由于传统债法体系中尚不存在信赖之债的概念，故而先契约义务与缔约过失责任的关系始终不十分清晰。具有代表性的观点是将缔约过失的法律后果既看作法定的债，也看作违反先契约义务后的民事责任[1]。由于债与责任概念不同，因而有必要予以澄清。应该说这里其实存在三个层次：第一层是先契约义务。先契约义务属于法定义务，这意味着当事人之间已经存在了债的法律关系，其性质依前所述为信赖之债。第二层为缔约过失之债。缔约过失是指一方当事人因过失而对法定先契约义务的违反。根据私法自治原则，这时所产生的法律后果并非民事责任（国家强

---

[1] 参见魏振瀛主编：《民法》，北京大学出版社、高等教育出版社2000年版，页307、页421。

制力并未介入），而是另一种法定的新生之债——缔约过失之债，其性质仍是一种信赖之债，具体属于债不履行的"当为赔偿"（参见第十四章第一节），而内容则是有过错的一方应对受害方信赖利益进行损害赔偿，所以这也可以称为损害赔偿之债。第三层才是民事责任。当一方违反了先契约义务且对由此新产生的损害赔偿之债亦不履行时，法律穷尽了一切私法自治手段，最后不得不选择国家强制力介入这一公法手段，通过民事诉讼追究致害一方的法律责任。可见，缔约过失制度总体而言属于信赖之债的组成部分，而缔约过失责任其实就是信赖之债不履行所引发的民事法律责任。

二、体现为后契约义务的信赖之债

后契约义务是与先契约义务相对应的概念，顾名思义，就是指合同效力终止后仍存在于合同当事人之间的法定义务。后契约义务与先契约义务的原理基本相当，都是在没有合同约束的前提下对当事人所提供的信赖利益保护制度。根据传统债法理论，没有合同的陌生人之间不存在法律关系，因为每个人都是自由的主体，相互之间仅存在最低注意，合同生效前如此，合同终止后亦如此。也就是说，合同生效之前的双方作为陌生人，相互无法约束对方；当合同生效后双方关系即进入紧密状态，依照合同约定可以约束对方；而当合同终止后，合同约束力消失，此时双方再一次回归了相互无约束的陌生人状态。然而，当代债法顺应社会关系紧密化的趋势，强调对交易双方的信赖利益保护，所以法律规定有时当事人之间会存在先契约义务。同理，在合同终止后，双方关系也不必然回归陌生人的状态，因为根据现实需要，有时当事人之间仍然会保留某些信赖利益，只不过该利益并非来源于约定，而是由法律直接规定的后契约义务。可见，后契约义务与先契约义务一样，都是为了解决双方在没有合同约束时的信赖利益保护问题，只是发生的时间不同，后契约义务的产生时间是在合同效力终止之后。我国《合同法》第 92 条规定："合同的权利义务终止后，当事人应当遵循诚实信用原则，根据交易习惯履行通知、协助、保密等义务。"因此，后契约义务也属于法定债务，其内容亦等同于先契约义务，甚至违反后契约义务的法律后果与先契约义务也并无不同，可以说两者本质上具有一致性。

尽管后契约义务没有先契约义务那样多的种类，对其归纳和整理做得也不够,但现实中我们仍然可以罗列出一些适用后契约义务的具体情形。

(一) 保密义务

有时出于合同履行需要,一方会了解到对方的某些重要秘密信息,即使当事人对这些信息将如何处理没有具体约定,当合同终止之后,这一方就该信息依然负有不外传的法定义务。当代社会已进入信息时代,一方面基于社交便利性,人们必须经常提供个人信息,而另一方面每个人又都有保持个人隐私的意愿,因此,由法律保护的必要社会信赖利益得以产生。为满足这两种正当社会需求,收集到个人信息的一方即使在合同终止后,亦不能回归陌生人的关系状态,对他方的合理信赖置之不理,而是有义务对上述个人信息对外保密。这种情形在现实中非常普遍,例如,医院基于医疗服务合同而获得的住院患者的疾病信息、身体特征信息以及病例档案信息,即使在其痊愈出院,合同已经终止之后,依然需要持续对外保密。又如,电信、网络、银行等服务型机构对于在本机构开户时个人所留下的相关信息,如通话记录、微信内容以及存款信息等,即使在该客户已经销户之后,依然需要对外保密。再如,甲公司与乙公司签订专有技术实施许可合同,约定乙公司付费使用其专有技术两年。期满后双方合同终止,但由于乙方事实上完全了解该技术的内容,故即使双方在合同中并未对期满后乙方的保密义务加以另行约定,乙方依然根据信赖保护原则负有保密义务。此外,劳动合同终止后,雇员对于因职务知悉雇主的商业秘密,应负保密义务。显然,上述保密义务的来源皆非约定而是法定,因此可以说,随着合同终止,原合同当事人之间在合同法律关系消灭的同时又产生了一项新的法律关系,该法律关系根据其属性,正是信赖之债。

(二) 协助义务

合同终止之后,一方当事人在合同中所获利益仍可能延伸存在,由于这些利益与合同本身关联密切且一直持续,另一方除应尊重该利益以外,还应为该利益的保持提供必要的协助。这显然是基于信赖利益保护原则所形成的结果,因为在合同有效期间,一方的某项合同利益受到合同约定的保护,而一旦合同终止,合同保护作用立即消失,这将有可能使该方利益随之处于缺乏实际保护的状态,从而使利益受损的几率大增,因此,另一方提供临时性协助,自身付出代价虽不大,却帮助对方保全了利益,善莫大焉。这种情形在现实中的确存在,现举几例。例一:甲向乙出租房屋,合同到期,乙应搬走自己的物品,但乙家中突发重大变故,必须回家处理,来不及寻找临时安放点。而甲已将房另租他人,新租户马上就要搬入。此时甲有义务为乙的物品寻找临时安放地点提供帮助,而不能将之简单堆放在房门之外了事。值得注意,此时双方关系的性质并非无因管理,而是基于法定后契约义务的信赖之债。例二:同样是甲租房给乙,合同到期,乙搬走时在房屋门口处张贴搬迁启示,以方便来访者知晓。甲对此请求不能加以拒绝。例三:某人购买了一辆纯电动汽车,若干年后需要更换电池。由于换下的废旧电池属于高危污染物,不能随意抛弃,必须由专业部门处理,故汽车的生产厂家有义务回收该废旧电池予以销毁。当然,为提高效率,将来也可以集中设立回收的专门机构。不过在该机构未建立起来之前,生产厂家的这项后契约义务应持续存在。这属于设想案例,尚未见实例,但却具有现实性。

(三) 产品后续观察义务

当代社会人与人之间的相互联系日益密切,这在商品买卖关系中体现十分明显,其中一点就是生产商和销售商对其产品的后续观察义务。所谓产品后续观察义务,是指生产厂家或者销售商家将产品投入市场流通之后,仍然有义务观察最终用户使用中其产品的安全性,目的在于防止或减轻因其产品缺陷带来的危险与损害。依传统债法原理,生产厂家将合格产品出售后即完成了其合同义务,不再对用户负有注意义务了。但是由于当代科技发展极为迅速,大量新技术、新设计、新材料被广泛使用,这就导致了某些产品尽管出厂前已经过严格检验,符合一切安全标准,但仍有可能存在短期内难以发现的安全隐患,这些隐患一旦显现,则对使用者构成安全威胁,再加上某种同类产品往往生产量巨大,这便将该危害无限放大。由于生产企业是该危险的始作俑者,经销商是产品流入社会的直接经手人,自然也应该是消除该危险的当然责任人。由此出发,当代债法基于信赖利益保护原则给产品的生产者和销售者增加了一项对最终用户的法定义务:即使销售合同已经履行完毕,合同终止,其仍应时刻保持对其产品的使用中的跟踪观察,一旦发现危险隐患,则立即对使用者进行必要的警示,如果隐患严重,还需及时召回,进行安全防护处理。为此,我国《侵权责任法》第46条规定:"产品投入流通后发现存在缺陷的,生产者、销售者应当及时采取警示、召回等补救措施。未及时采取补救措施或者补救措施不力造成损害的,应当承担侵权责任。"

后续观察义务有如下特点:首先,该义务是特定当事人之间的义务,即生产者和销售者直接针对每一个最终用户的义务;其次,该义务并非合同约定的义务,而是一种合同终止后基于法定所产生的义务;再次,该义务的来源并非由于损害已实际发生,而是基于用户对生产者与销售者产品安全性的合理信赖;最后,该义务并非以给付或损害赔偿为其内容,而是以注意、警示和保护等义务为其主要内容。从上述特征可以看出,生产者与销售者的后续观察义务的法律性质既不是合同之债也不是侵权之债,而是信赖之债。

另外还有三点需要说明,第一点,《侵权责任法》第 46 条分为前后两句,前一句单独规定了后续观察义务本身的具体内容,该义务的性质如前所述应被理解为后契约义务;后一句则是因违反后续观察义务而应承担的侵权责任的法律后果。这里存在着明显的矛盾,即违反后契约义务与侵权责任并不具关联性。第二点,上述后契约义务其实与先契约义务的性质并无不同,都是为保护信赖利益而设,如果违反先契约义务的法律后果依现行法属于缔约过失责任,那么违反后契约义务的法律后果应与其一致,也是缔约过失责任。其实这中间存在一个误区,即耶林起初是在合同缔约阶段发现侵害信赖利益造成的损失应予以赔偿,即所谓缔约过失责任。但由于当时相关实践积累不够丰富,其并未能将此原理扩展至与其原理相同的后契约义务。现在如果将后契约义务与先契约义务合并处理,缔约过失责任的提法显然并不合适。第三点,之所以违反该义务的后果在我国被视为侵权责任,主要原因在于,该义务尽管属于法定后契约义务,既不应由合同法规定,也不宜由侵权法规定,同时也不能将其纳入缔约过失责任,但鉴于我国债法体系目前尚属于传统二元制结构,并无专门的信赖之债,故当该义务不属于合同义务时就自然被归入了侵权之债。其实超越传统束缚,后续观察义务的性质和地位皆一目了然,该义务仅仅指向产品售后的持续观察,此时并不存在侵权,亦不存在缔约过失,事实上只有极少数情形可能会转化为民事责任,故该债务本身的性质无疑只能是信赖债务,自然应定性为信赖之债。当然,如果该债务的性质确定之后,该债务不履行所引发的损害赔偿责任亦非侵权责任,而是由缔约过失责任或产品责任演化提升而来的责任——信赖之债不履行的损害赔偿责任。

三、伴随有效合同的信赖之债

传统合同领域内一直存在着这样的情形,有些并非由当事人所约定的义务却成为合同内容,此类义务一般以合同给付义务的附随物、从属物或者额外担保等形式出现,其作用也是辅助合同给付义务的履行或确保合同目的的顺利实现,这些义务一般包括合同附随义务、从给付义务和瑕疵担保义务。

(一) 附随义务和从给付义务

起初,传统债法之所以将附随义务和从给付义务视为合同义务的组成部分,是因为这些义务虽然表面上没有经过约定,但要使合同目的顺利实现,这些义务就必须存在,换言之,这些义务存在于合同之中是唯一合理解释。以附随义务为例,来料加工承揽合同的定做方将待加工的原材料交付给加工方之后,无论双方就该原材料保管问题有无约定,加工方都对其有妥善保管的义务。这里保管义务是加工定做合同目的顺利实现的前提,对双方均属不言自明。不过这似乎存在某些逻辑障碍,因为根据意思自治理论,合同应且仅应被理解为双方的共同意思表示,如何解决没有约定却存在合同这一矛盾情形呢?此时法律的解释功能发挥了作用,尽管事实上双方并不存在明示约定,但法律通过对意思表示本身的扩张解释,推定该约定已经存在于双方之间。

这似乎是解释附随义务和从给付义务法律属性的较好选择,实施中也获得了良好的社会效果。然而20世纪以来,随着诚实信用原则的兴起,这种传统解释又遇到了新的麻烦,因为上述义务无论是种类还是绝对数量都大幅激增,而且离意思表示越来越远。仍以附随义务为例,一般而言,附随义务主要表现为在合同存续期间当事人之间所发生的通知、协助、保密等义务,这些义务大量发生的具体时间并非是合同约定时段,而是在合同履行时段,且其发生具有随机性与临时性的特点,当事人事前往往无法预料,自然也就谈不上存在任何约定了。将如此数量与种类的附随义务均推定为约定义务实属牵强,因为有些附随义务可能根本不存在于合同债权人的意识之中。初次购买汽车者,不知道经销商除了交付汽车本身之外,还应该为其讲解和说明哪些注意事项、安全须知以及应交付哪些相关证书、附件,这是再正常不过的事了。从量变到质变,这意味着再像过去那种通过不断扩张意思表示理论的覆盖范围来解释附随义务与从给付义务属性的做法越来越变得无济于事了。再有,合同中临时发生的附随义务大都是单方义务,是对义务方的单方约束,如果将其理解为约定义务,可能会招致义务方的否认。所以面对现实就会发现,上述义务虽然发生于合同存续期间,但其实已经逐渐脱离开合同约定,不再属于合同义务了。对其更恰当的解释是,基于法律或者诚实信用原则被强加给当事人一方的法定义务。这种义务完全可以与当事人意思表示无关,而与当事人之间客观存在的信赖利益密切关联;这种义务尽管其产生与合同给付义务存在牵连,目的也是为了辅助实现合同的给付,但却有着独立的发生依据。所以从根本上讲,附随义务和从给付义务尽管不排除由当事人进行约定,但其实根本不需要由当事人约定,法律已经将其定性为信赖保护义务。与其说上述义务是约定义务的延伸,毋宁说是基于合理交易信赖而产生的法定债务。换言之,这里的"附随"和"从属"与其定性为合同约定的"附随"和"从属",毋宁定性为对必要社会信赖的"附随"和"从属"。总之,上述义务从约定向法定的转变,从法律对个人意思自治的保护向对社会信赖利益保护的转变,不仅符合社会实际,也符合当代债法的发展趋势。

相较于附随义务,从给付义务的特征具有两面性,一方面与附随义务类似,属于存在于合同之中却与当事人约定无关的法定义务,此特点有别于合同给付义务的约定属性;另一方面其内容并非通知、协助、保密等,而是一种给付义务,与典型的附随义务似有不同。不过应该注意到,从给付义务产生的机理与附随义务并无二致,都是基于当事人之间的信赖关系并为保护一方或双方的信赖利益而存在的,因为其所给付的内容依然是针对合同的附随事项,诸如给付产品合格证书、保修卡、所购买参赛犬的血统证书,等等。从本质上讲,从给付义务不应归类于一般给付义务,其性质更偏向于成为附随义务的一部分,其实德国民法中亦将从给付义务称为"独立的附随义务"[①]。

另外,关于附随义务和从给付义务的法律性质,王泽鉴教授曾说过如下一段发人深省的话:"此类义务,德国法上统称为 Schutzflicht(保护义务),论其性质,实与侵权行为法上之交易安全义务(Verkehrssicherungspflicht)同其性质,与给付义务关连较为疏远。惟债之关系系属一种法律上之特

---

① 王泽鉴:《债法原理》(第一册),中国政法大学出版社 1998 年版,页 41。

别结合关系,已如上述,当事人因社会接触(sozialer Kontakt)而进入彼此可影响之范围,依诚实信用原则,自应善尽交易上之必要注意,以保护相对人人身及财产上之利益。"① 从这段表述当中,我们已经几乎可以看到信赖之债若隐若现的身影了。

当我们说明了附随义务和从给付义务的性质如何从推定的合同约定过渡到法定信赖保护之后,其实已经基本完成了对上述义务属于信赖之债的解释任务。我们可以这样表述:在合同履行过程中,因履行的实际需要,基于法律规定或信赖保护原则,当事人之间会在约定以外产生相关的信赖之债,其内容是通知、说明、协助、保密以及交付辅助文件等相关事项。上述义务的不履行或不适当履行,尽管不影响合同的给付,也不直接构成合同违约,但仍会对受害一方的信赖利益构成损害,所以受害方可以就该损害,依信赖之债原理单独追究其债不履行的损害赔偿责任。可以说,附随义务和从给付义务由推定合同义务向信赖之债的转变,是近现代债法向当代债法蜕变的标志之一。

(二) 瑕疵担保义务

瑕疵担保义务属于合同中的约定义务还是法定义务,长期以来似乎不甚明确。各国立法均针对瑕疵担保义务规定了独立的请求权,且从规定内容看,也未将其设计为约定义务。② 不过近年来有观点认为,没有必要将瑕疵担保义务视为法定义务,因为其更接近于合同约定义务,完全可以用合同义务取代之。例如合同约定了质量标准,债务人即应严格履行,保证交付的标的物没有瑕疵,如果存在瑕疵则属于履行不适当,需承担违约责任。例如《荷兰民法典》就基于此原理放弃了瑕疵担保独立请求权,并明确将其视为一般违约纳入违约请求权;德国新债法虽然并未完全放弃,却朝着这一方向迈出了一大步。

欲对此作出正确评价,首先需要回顾一下瑕疵担保义务的由来。历史上,瑕疵担保义务一直作为一种独立诉由存在,其出现并不晚于一般买主之诉。古代罗马法最初奉行"买者自慎原则",认为如何判断商品瑕疵,乃见仁见智之事,因而"出卖人对物品中的任何瑕疵不承担责任,除非他

---

① 王泽鉴:《民法学说与判例研究》(第四册),中国政法大学出版社 1998 年版,页 101。
② 参见《法国民法典》第 1641 条—第 1649 条,《瑞士债法典》第 197 条—第 210 条,《日本民法典》第 570 条。

通过要式口约明确表示承担这种责任"①。可见,当时法律较为倾向于保护当事人的自由意志。不过,随着商品交换关系的发展,出于交易效率与秩序需要,商品瑕疵有逐渐客观化的趋势,于是原则被打破,在某些类型的交易中,买者自慎原则被市政官救济所替代,例如奴隶与牲畜买卖中经常会出现表面上难以发现的瑕疵(如是否患有疾病、奴隶是否是外逃者等等)。总之,为维护正常交易秩序,法律从强调卖方交易前有声明才承担义务,变为了无需声明即直接对买方形成一种担保,其担保的内容就是所卖商品无瑕疵。导致这种规则转变的原因是最初的诚实信用观念的引入,正如学者指出的那样:"诚信观念的发展赋予了这一规则(指买者自慎——引者注)以新的内涵,让出卖人对任何他知晓、但没有加以说明的瑕疵承担责任。"②具体而言,"对卖主责任的追究不问他是否作过声明,是否实行过隐瞒或是否对瑕疵知情,也就是说,他即便不知情且抱有善意,也应负责。"③显然,这一时代的法律已开始倾向于这样的观念:"由于善意是契约自身所固有的条件,因此出卖人不能脱离上述责任缔结契约。"④毫无疑问,卖方向买方担保并非基于约定,而是直接来源于法定,这种担保义务的法定化体现出对以买者自慎为依据的个人自由意志的必要限缩,也是在买卖法中"关于诚实信用影响的一个特别明显的例证"⑤。可以说瑕疵担保义务制度的产生与当时社会对诚实信用基本要求的提高分不开。

不过,瑕疵担保义务应用的范围有限,仅针对那些最重要的交易关系,如买卖、承揽和租赁,而其他合同种类则适用另一套交易规则,即一般买主之诉。因此,自罗马法延续下来的其实是两套并列的合同救济方式,一种是市政官救济,后来发展为契约瑕疵担保义务;另一种为买主之诉,后来发展为一般违约救济。前者强调法定义务的履行,目的主要是为了加强履行标准的客观性和减少交易中的坑蒙拐骗,保证标的买卖能按质论价。后者强调约定义务的履行,着眼于对当事人自由意志的保护。由

---

① 巴里·尼古拉斯:《罗马法概论》,黄风译,法律出版社2000年版,页191。
② 巴里·尼古拉斯:同前注。
③ 彼德罗·彭梵得:《罗马法教科书》,黄风译,中国政法大学出版社1992年版,页375。
④ 巴里·尼古拉斯:《罗马法概论》,黄风译,法律出版社2000年版,页191。
⑤ 莱茵哈德·齐默曼、西蒙·惠特克:《欧洲合同法中的诚信原则》,丁广宇等译,法律出版社2005年版,页68。

于一般违约救济并未脱离对自由意志的依赖,故其实该制度依然建立在买者自慎的基础之上,也就是说,对买卖、承揽和租赁以外的合同仍然严格实行无约定即无义务的交易规则。但诚实信用观念对合同的渗透是全方位的,其他合同也不可避免地受到影响,所以中世纪法学家开始发明出所谓合同默示义务或默示条款的概念,并将其悄悄塞进了合同之中(参阅第八章第一节),作为合同"自然的"条款,在不打破一般违约救济模式的前提下,用以解决合同交易中普遍性的信赖利益保护问题。总之,债法的发展,使法定和约定两套救济模式有效结合在了一起,异曲同工,相辅相成,共同构成了近现代交易安全的法律保障。

事实上《德国民法典》正是沿袭了上述双轨制立法模式,该法除了针对违约规定了一般性救济请求权以外,还分别规定了权利和物的瑕疵担保请求权。尽管立法当时也存在着一些争议,主要集中在罗马法中的瑕疵担保最初仅限于特定物买卖,因为一旦合同生效,尽管尚未交付,风险已经移转给了买方。而市场经济发达之后,种类物买卖开始兴盛,并已经压过了特定物买卖。而种类物买卖合同生效但尚未交付时,由于标的物未确定,故风险并不移转。然而随着现代一般化合同观念的兴起,特定物买卖和种类物买卖应"被认为是同一买卖的不同实例,是适用同一套规则的同类交易"[1]。所以,是否仍有必要保留两套救济模式呢?如果一般违约救济理论能够对瑕疵担保义务进行完美解释,后者能否被前者所吸收合并呢?不过最终双轨制还是占据了上风。其辩护者中最突出的一位是高德施密特,他认为:"交付行为将卖方的义务限定于他所选择的特定标的物:最初为非特定物买卖,但之后必然转换为适用市政官救济的特定物买卖。"[2]应该说双轨制的立法选择是出于两个原因:一是历史传统的惯性使然;二是瑕疵担保制度有其独立的存在价值。正如学者所指出的那样:"在起草《德国民法典》时,普遍认为源于罗马法的统一瑕疵担保责任制度已经趋于完善,且经受了检验"[3]。

然而,关于瑕疵担保制度的性质问题的争议一直在持续,并主要形成

---

[1] 莱茵哈德·齐默曼:《德国新债法——历史与比较视角》,韩光明译,法律出版社2012年版,页130。
[2] 莱茵哈德·齐默曼:同前注,页133。
[3] 莱茵哈德·齐默曼:同前注,页126。

了以下三种观点①:第一是默示合同说。认为其属于买卖双方就标的物或权利不存在瑕疵而作出的默示担保契约。第二是供与义务说。认为瑕疵担保乃属于卖方法定的供与义务(Verschaffungspflicht)之体现,即卖方有使买方取得标的物所有权的义务。第三是法定无过失责任说。认为在有偿契约中,法律出于保护交易信用和动态安全需要,为卖方设定无过错责任,一旦其交付的标的物出现瑕疵,即使无过错,亦将承担责任。三种观点中,第一种为约定说,而后两种均为法定说,且德国以第二种为通说。直到 2002 年,德国新债法却对此一举作出了重大改变。改变主要表现为"尽可能将隐蔽瑕疵责任整合到修订后的德国债法统一的给付障碍法中"②。事实证明,上述改变主要是出于法典体系化的需要,认为"只要不同的救济方式之间发生重叠,其最终肯定会相互吸收合并"③。与此同时,债法中关于合同解释与补充相关制度的长足发展,也为这一改变提供了一定的逻辑保障。因为如前所述,中世纪法学家是悄悄将默示条款塞入合同当中的,而 20 世纪之后,诚实信用原则兴起,诚信观念对自由意志(买者自慎)观念的制约完全公然进入了合同解释和补充制度当中,也就是说,当合同未约定某项条款时,司法机关完全可以依据诚实信用原则,将该项内容强行解释为合同条款,从而,瑕疵担保义务即使在合同中没有被约定,只要其具有正当性,亦可以被补充解释成合同约定的义务。其实,如果从近现代债法视角看,德国新债法的上述改变似乎无可厚非,因为在高度市场化的社会中,自由约定权利义务以及买者自慎原则仍具有普遍意义。而在诚实信用原则的辅助下,通过扩张解释合同双方共同意志,使瑕疵担保义务演变成约定义务,既体现了当事人意思自治,又能够保证交易秩序稳定,还可以促进债法的体系化,可谓一举三得。不过,这却引发了人们对更深层问题的思考,即当代社会条件下,瑕疵担保义务究竟是否仍然保有其独立存在的社会价值?换言之,如果其独立于合同约定的社会价值依然存在,是否就有必要继续保持其在债法中独立请求权基础的地位呢?

其实,如果我们更换视角,从当代社会突出信赖利益保护出发,瑕疵

---

① 参见史尚宽:《债法各论》,荣泰印书馆股份有限公司 1981 年版,页 11。
② 莱茵哈德·齐默曼:《德国新债法——历史与比较视角》,韩光明译,法律出版社 2012 年版,页 145。
③ 莱茵哈德·齐默曼:同前注,页 124 以下。

担保义务的独立价值就会显现。因为该义务性质被定性为法定信赖义务与当今债法的信赖化发展趋势完全相符,现实中也表现出维护交易秩序和促进社会和谐的明显功效。如前所述,瑕疵担保义务的最初来源就是诚实信用观念,当此观念后来发展为民法基本原则之后却依然是瑕疵担保义务的直接法律源泉。可见,瑕疵担保制度在自古至今的各个时代,一直都是突出交易信赖保护价值的最直接表现。这说明在买卖等最重要的合同关系中,对交易各方的信赖利益保护历来都是法律的头等重要使命,其维护交易秩序和促进关系和谐的规范目的始终高于意思自治和买者自慎的社会价值。尽管将瑕疵担保义务理解为通过默示合同条款约定的义务,也可以反映出法律对义务人的相关约束,但这只是一种间接反映,是诚实信用原则经过意思自治原则折射后的间接结果。在高度重视社会信赖利益保护的今天,不断强化注意、协力等义务正在成为买卖等重要合同当事人交易过程中的突出选项。所以,将瑕疵担保义务继续维持法定义务的定性,更能彻底反映出当今时代的社会信赖关系本质。另外,我们还可以借助梅迪库斯在其著作中所列出德国新债法项下九种瑕疵担保的具体类型来说明其信赖义务的本质。① 这其中前三种分别是:标的物须有"约定属性","适合预定的效用","适合于通常效用"。固然这三种情形均与义务的约定有关,不过请注意,当合同约定不明或没有约定时,各国法律均会对所谓"预定效用"或"通常效用"进行更为具体的解释或者补充。事实上,这种补充在当代早已变得越来越远离当事人可能的实际约定,而趋向于依照诚实信用原则而进行的推定,甚至干脆演变为一种以实现交易目的的法定信赖。后六种情形则分别是:"买受人依广告可以期待的品质"②,"不专业的安装导致物的瑕疵","法律对安装说明书的特殊规定","商品使用说明书的瑕疵","'异类物'和'不足交付'的情形","商品检验评价和过保质期的商品"。很明显,这中间除了第八种"异类物交付"和

---

① 参见迪特尔·梅迪库斯:《德国债法分论》,杜景林、卢谌译,法律出版社 2007 年版,页 37 以下。
② 我国最高人民法院《关于审理商品房买卖合同纠纷案件适用法律若干问题的解释》第 3 条亦有类似规定:"商品房的销售广告和宣传资料为要约邀请,但是出卖人就商品房开发规划范围内的房屋及相关设施所作的说明和允诺具体确定,并对商品房买卖合同的订立以及房屋价格的确定有重大影响的,应当视为要约。该说明和允诺即使未载入商品房买卖合同,亦应当视为合同内容,当事人违反的,应当承担违约责任。"不过,该规定将此视为违约而非违反瑕疵担保义务。

"不足交付"目前理论有争议而现实却往往被排除出瑕疵担保义务以外，其他五种情形更均非来自合同当事人具体约定，而属于法定的附随义务或者从给付义务，依据前面对这两者义务性质的论述，可以轻易判断出上述具体情形其实依然属于法定信赖义务。最后，当前虽然仍属于合同自由的时代，不过社会现实在微观层面会出现变化无常的情形，法律亦不得不在合同自由、买者自慎与诚实信用、公序良俗之间不断作出微调，从自由到信赖时紧时松，不过始终不变的是对瑕疵担保义务的定性，历经长期的实践检验，法定的瑕疵担保义务属性由于体现了当今社会信赖保护的核心价值而不会改变。同时我们还应该看到，即使从逻辑上德国新债法亦不可能完成其所希望的体系整合，因为来自瑕疵担保理论的减价请求权，由于其客观实用性依然必须保留，而该结果却根本无法从一般违约救济的原理中推导出来。另外，鉴于瑕疵担保是卖方为获取买方信赖而提供的一种法定担保，故对违反该担保的结果进行较灵活解读也变得顺理成章，既可以是卖方向买方的第二次履行；也可以是修理和退货；当然也不会排除在上述结果的基础上出现实际损害后的损害赔偿。

据此我们可以得出如下结论：第一，瑕疵担保制度的直接来源并非合同约定而始终是法律规定，该规定的性质应属于信赖之债。第二，即使在当代，瑕疵担保制度依然有独立于一般违约救济的必要，相较于将其置于违约制度之下以期实现体系化的目标，其作为独立法定义务所反映出的社会价值意义更为巨大。第三，双轨并行立法模式可以在意思自治、买者自慎与诚实信用原则之间取得较好平衡，对普通类型合同实行一般违约救济，而对相对重要的合同通过瑕疵担保制度借以强化信赖利益保护。由此看来，随着当代债法信赖化发展，合同法中大量出现法定义务，这使得一般违约救济总体呈弱化走势，而直接依据诚信原则对合同实施强制性信赖保障的趋势不断强化。然而，德国新债法却将原本就与基于信赖利益保护完全贴合的瑕疵担保义务从法定义务改回约定义务，这看似追求债法体系化，实际却背离了债法发展大势，降低了债法适用的实际功效，总体给人以不合时宜之感。反之，综合瑕疵担保制度的立法目的和适用效能，将该制度划入信赖之债比保留在合同之债更能够体现其独立的社会价值。

四、契约前、契约中及契约后义务属同一性质

以上我们围绕着合同讨论了与合同义务相似却本质不同的三类信赖之债,它们分别存在于合同生效之前、合同终止之后以及合同存续期间。应该强调指出的是,它们虽然被冠以先契约义务、后契约义务和附随义务即从给付义务等不同名称,且发生在交易的不同阶段,但它们却法律属性相同,规范目的相同,价值诉求相同,法律效果也毫无二致,因此不应将它们视为不同性质的法律关系。事实上,持此观点的学者不在少数,例如,德国著名学者卡纳里斯认为:合同当事人之间的保护义务,从合同协商开始到合同订立,到合同履行完毕甚至后合同阶段,本质上都是一样的。即,这些保护义务都是基于当事人之间的信赖关系,而这些信赖关系基本上都是基于法律的规定产生的。[①] 王泽鉴教授也曾指出:"债之关系为一种发展性之过程,故前述之附随义务(尤其是保护义务)于各个阶段均可发生,其于缔约过程中发生者,学说上称为先契约义务(vorvertragliche Pflicht),违反此项义务时,应成立缔约过失(culpable in contrahendo)。"[②] 另有学者也存在同样论述:"一旦双方当事人开始缔约前的接触,他们之间的特殊注意义务就开始产生,且其一直持续到他们间的合同履行完毕之后。"[③] 事实上,这些以信赖为共同特征的法律关系,之所以被分别放置在不同具体制度项下且被分别命名,是由于历史原因所形成各自为政的结果,违反先契约义务最先受到关注,其开始被认为属于侵权,后来演变为默示责任契约,再后来将其独立设置为缔约过失责任或者缔约过失之债;而后契约义务至今似乎鲜有明确定性,学界往往参照违反一般合同义务的法律后果,认为应承担债不履行责任[④];附随义务和从给付义务以及瑕疵担保义务基于思维惯性一直被扩张解释为默示的合同约定。现在终于到了从根本上改变以往的分裂状态而将它们整合到一起的时候了! 我们应回归事物的基本面,摆脱以合同为坐标参照系的错误做法,而是以事物

---

① 转引自许德峰:《对第三人具有保护效力的合同与信赖责任——以咨询责任为中心》,载易继明主编:《私法》第 4 辑第 2 卷(总第 8 卷),北京大学出版社 2004 年版,页 281。
② 王泽鉴:《民法学说与判例研究》(第四册),中国政法大学出版社 1998 年版,页 101。
③ 莱茵哈德·齐默曼、西蒙·惠特克:《欧洲合同法中的诚信原则》,丁广宇等译,法律出版社 2005 年版,页 307。
④ 参见王泽鉴:《债法原理》(第一册),中国政法大学出版社 1998 年版,页 46。

本质为出发点,根据上述制度的性质、目的、功能以及逻辑关系,将它们重新定性为信赖之债并加以系统化,这不仅明确了各制度实施中所依据的指导原则以及它们之间的相互关系定位,也有利于制度的效能发挥。一言以蔽之,债法将因此变得更加准确、简洁而且有效率。

第二节 其他与合同关联的信赖之债

厘清了容易与合同内容形成粘连的信赖之债类型之后,我们发现其他一些信赖之债类型与合同也有着较密切的关联,主要包括合同解除后的信赖之债,合同无效或被撤销之后的信赖之债,以及因保护合同第三人作用而设立的信赖之债。以下分别讨论之。

一、合同解除后的信赖之债

合同解除自然是合同法研究的必要课题,然而关于合同解除之后当事人的法律关系状态研究却不够深入。从合同法角度观察,其所管辖的范围涉及从合同订立到合同终止的过程。合同一旦解除,法律效力便消失,之后就超出合同法而进入到其他法律的管辖范围。至多遗留一些善后性法律问题有待合同法解决,例如合同解除的法律效果在当事人之间如何进行分配。种种迹象表明,对这一结合部地带的研究一直是法律研究的薄弱环节。正如本书前面多次指出的那样,长久以来,超出合同法即进入到侵权法的领地,合同规范不能再插手其间;而侵权法出于对自由价值的尊重,又为个人消极自由留下了极大的空间,只在积极作为而致人损害时形成损害赔偿之债,故而实际上在合同法与侵权法之间形成了一个法律的三不管地带。而随着社会朝向信赖化的不断进步,这一中间地带正逐渐被纳入法律管辖范围,然而出面执行这一任务的法律规范,既非合同法也非侵权法,而是信赖之债。

依当前通说,合同解除的目的在于恢复到合同未订立的状态,故无论合同履行与否,合同解除具有向前的追溯力,视为合同溯及地自始解除。换言之,无论是约定解除还是法定解除,其一旦发生,就意味着该合同的约束力从一开始就仅存在于纸面之上,而现实中从没有发生过约束力。至于合同解除的法律效果,如果是合同订立尚未履行的,自然不再需要履行;而已经履行的部分,鉴于该履行的一切法理基础均已自始不存在,故已经获取交付成果的双方应各自返还其所占有的标的物。当然，也有少量合同由于解除后无法真正做到返还（如演出合同），故只能面向未来而解除。以上是合同法触须所能达到的末端，再往前就彻底超出了其管辖范围。

然而此时合同解除所带来的麻烦不仅没有结束，反而才刚刚开始。现实中合同解除的原因很多，最常见的情形就是一方违约导致对方对合同标的物失去了实际需要，固然解除合同解决了双方就合同约定本身所形成的纠纷，然而双方矛盾其实并没有解决，因为违约行为还造成了对方的损害。例如供方迟延提供原材料，致使面临企业停产的需方不得不临时高价另行购买，由此造成了差价损失和交易费用的额外支出。该损失既然是由供方违约所造成的，其对需方的赔偿自然理所应当。这当中涉及两个问题：一是赔偿的法律依据如何？二是赔偿标准如何确定？对于第一个问题，合同本身其实已失去了用武之地，因为合同解除即意味着合同自始未生效，合同中原本存在的约定不可能成为解决赔偿问题的法律依据。与此同时，侵权法亦无适用余地，因为这一损害的发生乃属于未实施给付行为，而引发侵权损害的法律事实则必须是事实行为。对于第二个问题，赔偿标准的适用应以损害性质为基准。依一般原理，违约损害赔偿应赔偿对方的履行利益，侵权损害赔偿应赔偿对方的固有利益。但前例中合同解除所带来的损失，既非履行利益损失，因为不存在有效合同；亦非固有利益损失，因为不存在侵权行为。

为了解决上述难题，长期以来法学界不断努力，尝试着提出解决方案。针对第一个问题，学界观点经历了一个发展过程[①]：最初观点认为合同解除后应视为合同自始未成立，根据该合同的一切交付皆无依据，故法律后果仅仅是应予返还。但此说受到质疑，正如前面所述，如果合同解除系一方违约而对方继续履行无价值的情况下，应如何处理守约方因此受到的损失赔偿问题，该说并未提供合理解释。于是又出现了第二种观点，该观点认为合同解除，双方债的关系其实并未消灭，只是由合同之债变更为返还与损害赔偿并存之"清算"法律关系。此观点虽然一定程度弥补了前一观点的不足，但仍然难以准确反映事物本质，因为此处变更表面上说

[①] 参见黄立：《民法债编总论》，中国政法大学出版社 2002 年版，页 529 以下；王利明、崔建远：《合同法新论总则》（修订版）；中国政法大学出版社 2000 年版，页 466 以下。

原有债的关系并未消灭,但似乎存在概念偷换,其实结果还是建立在原来法律关系已经消灭的前提下,否则何来变更为新的"清算关系"呢?故它与第一种观点并无本质不同。同时,该观点也未能说明新增加"清算"法律关系的原因及性质。尽管后一观点理由仍不充分,不过应该看到其中积极的一面,因为其事实上已经承认了这中间存在着一种法律关系的替换,即旧的法律关系消灭,而新的法律关系产生,只是受限于合同法思路的束缚而无法解释新生法律关系的性质,故对其以"清算关系"模糊处理。对于第二个问题,学界观点大都不够清晰或针对性不强,要么虽表示违约方应当进行损害赔偿,却笼统将该损害称为"附带损害",并将要求赔偿的权利称为"次请求权"[①];要么继续沿用合同违约责任[②];要么将其比照缔约过失责任对待或直接称之为信赖利益赔偿责任[③]。事实上将合同解除后的损害赔偿理解为违约责任无疑是错误的,因为违约责任存在的前提是合同有效,而合同解除即意味着合同自始未曾生效,故逻辑上无法产生违约责任的法律效力。"附带损害"和"次请求权"的提法语焉不详,从概念上无法对其法律定性作出判断。即使新版《德国民法典》第325条为了消除旧法中的所谓"解除陷阱"而特别规定了"要求损害赔偿的权利并不因合同解除而被排除",但这里使用"损害赔偿"这样的含糊概念,依然让人感觉有回避问题之嫌。相比较而言,信赖责任的观点更为可取,其把握住了该问题的核心在于保护信赖利益,且目的清晰,态度明确。不过由于该观点并未回答合同解除后所引发的新法律关系究竟属于什么性质,自然也就无法进一步明确该法律责任的性质。

其实,我们完全可以用信赖之债的原理对此加以解读。合同解除固然使原合同自始归于消灭(未曾生效),标的物返还亦属必然。但同时,双方订立合同时所建立的相互信赖却并不应因合同解除而随之泯灭。尽管合同解除的溯及力导致合同信赖不复存在,但守约方因信赖对方能严格履行合同的信赖利益却因此而得以彰显。换言之,维持双方信赖利益的虽然不再是合同之债,却在原合同基础上产生了全新的法定信赖之债。守约方在合同解除后对自己的信赖利益损害,可依信赖之债获得赔偿。

[①] 迪特尔·梅迪库斯:《请求权基础》,陈卫佐等译,法律出版社2012年版,页63。
[②] 余立力:《信赖利益新论》,武汉大学出版社2009年版,页81。
[③] 蔡立东:《论合同解除制度的重构》,载《法制与社会发展》2001年5期。

总之,合同解除在导致合同法律关系自始消灭的同时,却引起信赖之债的发生。用信赖之债的原理解释较之于"清算关系""次请求权"的提法,不仅更为名副其实,而且也较好地说明了合同解除的本质与其法律后果之间的联系。另外,用信赖之债而不用信赖责任来定性合同解除后双方的法律关系本质,是出于私法自治的需要,由于当事人在行使合同解除权时,无须司法机关的介入,完全是以法律为准绳,用告知方式加以解除,所以关于其中的损害赔偿问题,法律亦为其保留采取自治方式解决的途径。所谓信赖责任其实是通过诉讼并由法院判决而得到最终结果,而这仅仅是当事人通过信赖之债在自治层面解决无果之后的最后选择。

二、合同无效与被撤销后的信赖之债

合同效力专指合同有效情形下当事人约定对双方产生的约束力。如果合同无效,视为合同自始未生效力;如果合同被撤销,则溯及自始不存在约束力。合同无效或被撤销后所引发的法律后果自然就是财产返还。当双方根据合同向对方交付了标的物而之后合同又被认定为无效时,基于该合同所移转的标的物因缺乏移转依据而不发生物权变动的效力,故应该通过返还原物恢复到原来状态。传统合同法的详尽规定一般到此为止,因为该领域之外则意味着超出了合同范围,进入了其他制度的管辖空间[①]。然而,这并不是法律后果的全部,因为即使返还原物后仍然可能存在其他财产损失,根据合同无效的不同原因和双方过错的差异,该损失应由造成损失且有过错的一方负责赔偿。

关于该损害赔偿的定性,法律历来相当模糊,例如《德国民法典》第122条,《瑞士债法典》第26条、第29条、第31条,我国《民法总则》第157条,《合同法》第58条,《担保法》第5条,在这些条文中,都采用了诸如"承担损害赔偿责任""赔偿损失"或者"承担相应的民事责任"的提法,并未进一步对该赔偿的性质加以明确。不过近年来,相关学理逐渐趋于一致,即

[①] 我国目前司法实践中即遵循这一准则。如果原告起诉要求撤销某合同效力,而未同时提出相关损害赔偿请求时,法院仅判决双方返还原物,而对于因一方过错而产生的损害是否赔偿的问题,则根据不告不理原则不予判决。如果属于无效的合同,而原告以有效合同的诉由(如要求实际履行)提起诉讼的,法院则要向原告示明,要求其改变诉由,变更为无效合同的诉请和诉由。对于原告拒不变更的,法院可以直接驳回诉讼请求。法院此时的依据是,合同无效的损害赔偿之诉为独立于合同有效诉讼和合同无效的返还之诉。

此赔偿责任依通说为缔约过失责任。[①] 有趣的是,2002年经过大规模现代化改造的德国新债法,在已经对缔约过失责任赋予法律"名分"之后,仍然将上述"涵摄非典型情形于缔约过失之下的这一可能性继续交给判例来完成"[②]。之所以如此,原因可能有二:一是法律界长期以来对上述赔偿责任的性质存有疑问,故立法采取谨慎态度;二是即使学界意见趋向一致之后,由于缔约过失责任一直被视为是违反先契约义务的法律后果,能否适用于合同无效和被撤销,逻辑上尚存疑虑。总之,在此问题上缺乏体系化应对策略,是目前法律陷于犹豫不决的主要原因。

其实,对上述赔偿责任定性为缔约过失责任,自有其道理。因为合同无效或被撤销后,合同法律关系已自始不复存在,双方之间仍可能存在法律责任的唯一合理解释就是双方之间又产生了其他法律关系。鉴于该新生法律关系的来源与不合法交付行为关系密切,而与侵权损害之债相去甚远,再加上该关系明显为保护信赖利益目的而产生,故从大方向看这样的选择无疑是正确的。不过上述理论并不彻底,因为缔约过失的概念所涵摄的内容有限,无法准确概括合同无效或被撤销之后的法律结果。事实上最有力的解释莫过于信赖之债理论。根据该理论,无过错一方因信赖而与对方订立合同,对方因过错致使合同无效或被撤销,乃属于对此信赖的辜负,违反了法律所规定的信赖利益保护原则,因而随着合同关系有溯及力地消灭,双方之间依法又形成了新的信赖之债,上述"损害赔偿"正是针对这种信赖利益损失的赔偿,因而属于信赖之债所产生的法律后果当属无疑。当然,由于缔约过失责任属于信赖之债的组成部分,二者原理同一,属于包容关系,将合同无效与被撤销后在当事人之间所引起的债法关系定性为信赖之债,在理论与实践上均无不妥。

这里通过正反两个案例对此进一步说明之。案例一:甲公司通过互联网销售笔记本电脑,网页上载明:某一配置的电脑原价16000元/台,现价1100元/台。乙在浏览过程中恰好看到此信息,认为价格便宜,于是立即点击"同意"完成了交易。事后甲公司提出价格应为11000元,现价格系因自己误写所致,故以重大误解为由要求法院撤销合同。法院经审理

[①] 王泽鉴:《民法学说与判例研究》第一册,中国政法大学出版社1998年版,页99。
[②] 杜景林、卢谌编著:《德国债法改革——〈德国民法典〉最新进展》,法律出版社2003年版,页67。

认定,网页上的1100/台的价格确属误写,因而合同可以撤销。但由于甲公司所作出的错误意思表示,使乙方产生了合理的信赖利益,因而甲公司应对乙方上述信赖利益损失予以赔偿。显然,这个案例中因甲公司行使撤销权而导致合同自始无效,但合同无效的同时,双方却因合理社会信赖而建立起了信赖之债法律关系。所谓甲公司对乙的赔偿,其实就是履行上述法律关系的结果。案例二:甲从某汽车销售公司以550万元购得进口宾利汽车一台。后通过网上查询得知该车曾有更换窗帘和漆面轻微损害处理的情形。随即以"车辆在交付前有过大修记录,该汽车销售公司存在欺诈,给自身带来了巨大的财产损失"为由,起诉该汽车销售公司,请求撤销该合同并请求其依照《消费者权益保护法》第55条规定支付车价三倍的赔偿。法院最终认定,相关问题并不危及车辆安全性能、主要功能和基本用途,类似轻微瑕疵或问题的处理,与公众对于"大修"的合理认知明显不符。被告对此尽管未告知原告,但该行为尚达不到撤销合同的严重程度,因而不构成合同欺诈,合同亦不得撤销。被告行为仅构成违反对原告的告知义务,损害了原告知情权,故应承担相应赔偿共计11万元。本案认定合同有效且不得撤销无疑是正确的,因此原告并无就该信赖利益要求赔偿的信赖之债,更遑论三倍赔偿了。不过,由于被告未履行必要的告知义务,违反了与此相关的信赖之债,其行为损害了原告的知情权(合理信赖利益),故判决被告对此部分损失予以赔偿,亦属合理。

　　需要指出,该法律关系应被定性为信赖之债的另一个原因是基于私法自治的要求。与合同解除后所面临的法律结果一样,该结果并非直接体现为法律责任,而是为当事人留有私法自治空间的信赖之债。只不过,与合同解除权属一般形成权不同,认定合同无效或对合同效力予以撤销属于形成诉权,需要经过诉讼程序才能行使,因此尽管在当事人之间会依法产生信赖之债的时间是合同效力有溯及力地消灭之时,但从解决问题的实际效果出发,最好的选择却是将双方就赔偿问题进行的协商提前到行使撤销之诉前。换言之,如果双方已经就合同无效结果以及双方过错程度依法取得共识,可以连同合同无效包括无效后的赔偿一并协商解决。如果双方协商不成,由于信赖之债属于法定之债,故合同撤销后所引发的赔偿即为确定数额,此时原告亦可以只通过一个撤销权诉讼即将合同撤销与损害赔偿合并解决,而不必像我国目前司法实践中所习惯的那样一定要通过两个诉讼(一次是撤销权诉讼,另一次是缔约过失责任诉讼)才能最终解决。后者表面上看似尊重原告意思自治,给了原告两次协商解决的机会,但如果将追求诉讼效率、减少诉讼成本以及节省司法资源等因素也考虑进来,前一选择显然更为可取。

三、因保护合同第三人作用而设立的信赖之债

附保护第三人作用的合同系德国判例法所创造的制度。依传统民法中债的相对性原则,合同外的第三人对于合同一方并无任何请求权,但"降至近世,一般立法基于事实上之需要及契约自由原则,渐次承认第三人利益契约,即要约人得与债务人约定,由债务人向第三人给付,其第三人对于债务人亦有直接请求给付之权"①。此即所谓"第三人利益契约",由《德国民法典》第328条规定之。然而"判例学说或立法例正在更进一步扩张契约关系对于第三人之效力,使债务人对于与债权人具有特殊关系之特定范围之人亦负有保护、照顾等义务"②。对第三人的保护从给付利益发展到保护、照顾利益,从而又形成了"附保护第三人作用契约"。换言之,利益第三人契约使第三人获得了(被赋予)对债务人的给付请求权;而附保护第三人作用的契约则使得第三人获得了(被赋予)对债务人的保护请求权。可见,附保护第三人作用的合同是在当事人利益契约基础上进一步突破债的相对性,使第三人所受到的损害由侵权保护升级为合同保护③。

不过应当指出,将第三人保护、照顾请求权理解为合同请求权依据似乎并不充分,因为学理上不能合理解释的是,第三人对于债务人的请求权究竟由何而来?或者说债权人对于债务人的合同债权为什么会转变为第三人对债务人的合同债权?对此,一种解释认为:"受保护的第三人虽然不是合同当事人,但却基于订立合同的人之间的可推断(出此种效力)的约定而被纳入一方合同当事人的保护义务范围之中,并且因对此种义务的可归责的违反而获得一项自己的要求对违反合同行为给予损害赔偿的

---

① 王泽鉴:《民法学说与判例研究》(第二册),中国政法大学出版社1998年版,页33。
② 王泽鉴:同前注。
③ 一般认为侵权保护的力度小于合同保护,因为依侵权法,原告(第三人)需举证债务人有过错;侵权时效较短对原告(第三人)保护不周;在德国法,债务人通过举证自己对受雇的致害人尽到选任监督之责即可免责。

请求权"①。但此解释逻辑上难以令人满意,如前所述(参见第十章第二节),第三人并非合同权利义务的设定人,怎么仅凭别人之间的约定就摇身一变成为了合同的当事人一方?另一种解释认为:"通过合同解释,也应当可以将那些与债权人较远的人纳入合同的保护范围之内。"②此解释同样难以自圆其说,因为逻辑上用合同解释方法无论如何均无法将非合同法律关系解释为合同法律关系。第三种解释认为:"在附第三人保护作用合同的情形,(合同上的)请求权基础被拉伸成了损害。在这里,由受害人因他人合同而起诉。"③此处"请求权基础被拉伸"是怎样完成的,同样语焉不详。第四种解释是:此制度借鉴并发展了《德国民法典》第328条规定的第三人利益契约的原理,既然受益的第三人可以因他人之间的合同而享有合同给付请求权,附保护第三人利益的合同自然也可以享有保护、照顾义务请求权④。总之,受益第三人的给付请求权来自法律的直接赋予(直接取得),受益第三人的债权与其说是合同债权毋宁说是法定债权。因为债权人必须"对第三人的幸福和痛苦负共同责任。理由是由于自己对第三人负有保护及照顾的义务,所以损害第三人的利益亦会使自己受到牵连"⑤。德国联邦最高法院"甚至清楚地宣布:特别是在第三人信赖职业上(鉴定上)的告知时,第三人甚至在自己的利益与债权人的利益相悖致使债权人对第三人保护改变不感兴趣时,仍应受到保护"⑥。而德国另一著名学者卡纳里斯则将此一情形适用缔约过失进行分析⑦。相比较而言,对附保护第三人作用合同的性质及原因,拉伦茨的论述最为准确:"'附保护第三人作用之契约'制度,系建立在基于诚信原则而发生之保护照顾等附随义务之上,易言之,此等附随义务应扩张及于债权人对其负有特别照顾保护义务之特定第三人,从而在债务人与第三人间即产生

---

① 迪特尔·施瓦布:《民法导论》,郑冲译,法律出版社2006年版,页708。
② 迪特尔·梅迪库斯:《德国债法总论》,邵建东译,法律出版社2004年版,页593。
③ 迪特尔·梅迪库斯:同前注,页596。
④ 王泽鉴:《民法学说与判例研究》(第二册),中国政法大学出版社1998年版,页35。
⑤ 参见德国《联邦最高法院民事裁判集》第51卷,第91页、第96页,转引自迪特尔·梅迪库斯:同前注,页592。
⑥ 参见德国《联邦最高法院裁判》第127卷,第378页。转引自迪特尔·梅迪库斯:同前注,页593。
⑦ 迪特尔·梅迪库斯:《德国债法总论》,邵建东译,法律出版社2004年版,页596。

了一种以诚信原则为其基础、以照顾及保护义务为内容的法定债之关系。"[1]这一论述切中问题实质,此处应受保护的第三人的利益既非受合同法保护的履行利益,也非受侵权法保护的固有利益,而是受诚信原则保护的信赖利益。对此,无论是德国联邦最高法院还是卡纳里斯和拉伦茨,其思路完全一致。

因此,第三人的权利来源既非合同约定,亦非侵权法规定,而是另外的法律规定。至于该法律规定应如何定性?由此导出的第三人权利又如何定性?结合前面对债法溢出效应的阐述(第十章第二节)可以清晰看出,之所以当代法律对合同之外的第三人赋予法定债权请求权,是基于当代社会高度的相互依赖性,法律赋予其权利的目的是为了保护尚未达到合同信赖等级的次一级的信赖关系,而且该关系是发生在特定人之间的请求权关系。可见,前面拉伦茨所说的"以照顾及保护为内容的法定债之关系",其实就是法律根据社会整体目的而直接赋予第三人对债务人的信赖债权关系,即法定信赖之债。王泽鉴则更为明确地指出:"缔约上过失、不完全给付、附保护第三人作用契约等,均系以保护义务为内容,构成了所谓'无原给付义务之法定债之关系'(gesetzliche Schuldverhältnisse ohne primäre Leistungspflicht),在德国法上已具有习惯法上之效力。最近学者更致力于为此等独立于契约之外,结构上相同,以诚实信用原则为其实体法依据之三种制度,探寻共同之理论基础,建立统一之法定债之关系(ein einhheitliches gesetzliches Schuldverhältnis)"。[2]

总之,将因保护合同第三人作用而设立的法律关系解读为信赖之债,不仅具有逻辑合理性,而且也更符合该法律关系的本质属性。

第三节　因权利滥用违反信赖之债的类型

传统债法以个人自由与意思自治为原则,民事权利极少受到限制。例如在法国,"直到19世纪后期,法国的法律人都认为没有多大必要在涉及合同纠纷的案件使用诚信原则,各种不同形式的同意主义

---

[1] 转引自王泽鉴:《民法学说与判例研究》(第二册),中国政法大学出版社1998年版,页37。

[2] 王泽鉴:《民法学说与判例研究》(第四册),中国政法大学出版社1998年版,页103以下。

(consensualism)在当时的学术界和司法界居于主导地位,然而,我们也看到,从20世纪初开始,法国的法律人已经普遍承认权利滥用理论在民法中的作用"[①]。这种演变正是当代法律社会化所结出的硕果。尽管法国的普拉尼奥尔和美国的诺齐克曾以不同理由力图否认权利存在滥用(参见第八章第三节),但正如梅迪库斯所指出的那样:"没有哪一项权利是没有任何限制的。"[②]由于法律对信赖利益的保护已成为大势所趋,当权利人的权利与信赖利益发生冲突时,对权利进行必要限制或干脆认定其属于权利滥用就成为无法回避的问题。当然,即使承认权利存在滥用,具体观点也并不相同。如前所述,在几种主要观点中,最合理的当属于耶林和黑克所创造的目的—利益说(参见第八章第三节)。梅迪库斯对此评价道:"如果我们持冯·耶林(von Jhering)的看法,将权利理解为受法律保护的利益,那么我们就可以把任何不符合这种利益的权利行使行为都视作滥用权利。"[③]的确,如今的法律已不支持任何民事权利的反社会性行使,债权人拥有债权的同时,反过来,也对债务人负有不滥用权利的法定义务,虽然这种义务主要是不作为义务,但其系基于交易信赖关系而产生的特定人之间的保护性义务,却是不争的事实。例如梅迪库斯就认为:"在提出权利行使是否合法之问题的情况下,通常也都存在着这种特殊关系。如在行使某项请求权时,这种特殊关系就产生于该项请求权本身。"[④]尽管此处未明确该"特殊关系"的性质,但却肯定了该"特殊关系"的依据就是诚实信用原则。[⑤] 其实,从信赖之债原理出发,因权利滥用所引起的请求权完全符合信赖之债的法律特征。现实中,因违反权利滥用而产生的信赖之债类型并不鲜见,现分述如下:

一、滥用物权与信赖之债

物权是指对物排他性的支配权利。近现代民法中,权利被定义为个人的意思力或意思支配,因而物权具有绝对性,物权人可以凭借自己的意

[①] 莱茵哈德·齐默曼、西蒙·惠特克:《欧洲合同法中的诚信原则》,丁广宇等译,法律出版社2005年版,页489。
[②] 迪特尔·梅迪库斯:《德国民法总论》,邵建东译,法律出版社2000年版,页107。
[③] 迪特尔·梅迪库斯:同前注,页112。
[④] 迪特尔·梅迪库斯:同前注,页114。
[⑤] 迪特尔·梅迪库斯:同前注。

志任意行使物权,而不需要考虑其他人的利益。然而,该情形在当代民法中发生转变,在价值法学观念影响下,物权不再是只与自己利益相关的权利,行使物权往往会影响到某些特定他人的利益(楼上住户装修可能会影响到楼下住户的休息),这时,顾及其他相关者利益就成为法律必须衡量的因素。尽管法律对物权人行使物权持支持态度,但出于对他人正当利益的照顾,物权绝对性会受到适当限制,该限制具体表现为物权人对特定他人有某种注意或保护义务。也就是说,物权行使从过去的单一情形发展为两种情形:一种是无需顾及他人的单纯权利行使;另一种是物权行使的同时,物权人却因此对特定他人产生了某种法定注意义务。这后一种情形中的注意义务,依其特性即属于信赖之债。

可见,如果物权人无视注意义务的存在而任意处分财产,其可能在构成了物权滥用的同时,也违反了信赖之债,而由此所引发的法律后果根据轻重程度不同亦分为两种:重则物权处分因对方请求而不生效力,表现为停止侵害、恢复原状等。前面提到过法国的"飞艇仓库案"即属此类(参见第八章第三节)。另外较为著名的同类案件还有"风车案"[①]和"城堡祭母案"[②]等等。轻则物权处分虽然有效,但因违反信赖之债而应向受害方进行损害赔偿。例如:甲乙为夫妻,共同拥有房产若干。政府出台房屋限购令后两人商议通过虚假离婚方式,再多购一套房产,故订立了阴阳合同。阳合同约定双方离婚,房屋均归男方所有。阴合同则约定双方实为假离婚,一旦女方另购房屋一套后两人立即复婚。然而离婚后男方并未如约复婚,而是选择另与他人结婚。当离婚弄假成真之后,女方提出离婚时的房屋利益应有自己一半。根据诚实信用原则,房屋尽管已依法登记在男方名下,但其应就自己的背信行为而赔偿女方的信赖利益。总之,物权人

[①] 甲乙因琐事发生龃龉,甲于是在自家院内竖起旗杆,目的是妨害邻居乙家的观景视线。法院认定甲构成权利滥用,并判决其拆除。不久后甲又在自家院内设置风车,但并未安装灌溉设施。法院认为其风车设置的唯一目的仍是阻挡乙家视线,同样构成权利滥用。甲未拆除风车,而是在风车下加上了灌溉设施。一审认为风车功能变成了为自己使用,虽客观上妨害了他人,但不构成权利滥用。二审改判,认为甲构成权利滥用。但该国最高法院终审认定不构成权利滥用,理由是对所有权的限制不应过于宽泛。

[②] 鳏夫甲独居于其所拥有的城堡中。甲与已成年的儿子乙关系极僵,已达无法相见程度。甲因担心见到乙会引起心脏病发作,故以所有者的身份拒绝乙来到城堡的花园中为安葬于此处的母亲扫墓。法院认为这样做涉嫌权利滥用,然而出于兼顾两者利益的合理性考量,判定乙在每年的四个特定日期的特定时间段可以前来城堡祭奠,而此时甲可以暂时离开城堡或躲在房间内以避免相见。

在物权行使过程中,可能会依信赖保护原则而产生对特定人的作为或不作为的信赖之债,也会因不履行该信赖之债而发生损害赔偿。

需要注意,滥用物权有时会引起信赖之债,而类似的行为有时却会引起侵权之债,两者容易混淆,有厘清的必要。一般的区别标准如下:尽管两种法律关系均因滥用物权而引发,但如果该行为损害的是他人的信赖利益,则依信赖之债不履行而要求损害赔偿。反之,如果该行为损害的是他人的固有利益,则依侵权之债请求损害赔偿。例如:居住于楼房中的某甲,对自己所有的房屋进行装修时,为了方便而将自家承重墙打掉。其行为表面上属于对自己财产的处分,但其实已经对楼上的住户产生了重大安全隐患,故不仅属于权利滥用,同时也构成了侵权行为。

二、滥用债权与信赖之债

依债的一般原理,债权人可以向债务人行使请求权,然而即使在债权范围内,债权人的请求权依然并非不受限制,法律禁止一切债权的过度行使。所谓过度指超过必要限度,即违背诚信原则的债权行使,包括恶意行使债权和明显违背债权的社会功能行使债权两种情形。前者强调权利的道德色彩,指债权人行使债权的主要目的是为了损害对方利益。债权人抓住债务人履行中的微小瑕疵而恶意刁难债务人即属于此类。后者是指虽然并没有明确的违背道德的目的性,债权人却因行使债权造成了对方正当利益和社会利益的减损。例如:甲银行向乙电脑制造公司量身定做专用小型机一台,合同约定中央处理器为 P4plus 级别,但甲方收货后检验发现实为 P4 级别,虽然该机运算速度稍慢,但完全不影响正常使用。乙公司承认此为装配时疏忽所致,愿意大幅降价并以延长保修期等作为补偿。此时如果甲公司主张必须更换 P4plus 级中央处理器的小型机,则作为无通用性的该专用设备只能报废处理,这意味着社会财富的浪费,故同样属于债权滥用。

按照当代债权行使目的应在符合社会整体利益前提下之个人意思力实现的法律精神,债权滥用的法律后果体现在两个方面:一方面,债权人的上述两种行为皆因权利滥用而不发生债的效力;另一方面,债权人可能因滥用债权而须进行信赖利益损害赔偿。就前者而言,债权不发生效力即意味着债权失效。债权可因正面原因而失效,如清偿、免除等,也可因负面原因而失效,如超过时效期间。当代债法中又发展出一种新的负面债权失效原因,即因违反诚实信用原则而失效。从交易双方利益对立关系来看,债的各方当事人理所当然地应该非常关注自己的利益变化情况,如果债权人极其明显地对自己权利行使或者权利保护置之不理,并客观上达到使债务人足以相信其不再会行使债权的程度时,该债权失效。例如:甲出租房屋给乙,约定租期两年,每月 10 日前交租,每迟延一天付违约金 100 元。两年来乙每月照交房租,只是有时早几天,有时晚几天,对此甲也从未提出异议,并表现出毫不在意的样子。租约期满,甲突然拿出乙每次付款的单据,详细计算出两年内乙迟付租金天数,并要求乙按天数支付违约金。此时应认定甲的违约金请求权失效。也就是说,债权人在债权存续期间,向债务人负有自己行为不前后矛盾的法定义务,该义务来源于债务人对债权人的受法律保护的信赖利益,即当事人之间本身就存在一种信赖之债,当代表社会整体的信赖利益与债权人基于债权的个人利益发生矛盾时,信赖利益优先。在此,债权失效的原理不在于债权本身出现了消灭原因,而是债权的行使失当与双方之间的法定信赖之债相冲突的结果。正如有学者所说:"权利滥用理论的成功表述……使得该理论成为实现法律社会化的绝佳工具,也就是说,权利滥用理论可以降低作为个人特权的价值。"[①]可见,转变对权利本质的认识思路是问题的关键所在,不将债权看成是个人的意思支配,而将其视为可相互比较的利益,我们就可以获得权利的滥用与信赖之债关系的正确认识。

应该指出,债权滥用的法律后果与物权滥用法律后果不尽相同。后者的法律后果有两种:一是物权处分行为不生效力,且物权人对特定他人构成信赖之债;二是物权处分尽管有效,但物权人对特定他人构成信赖之债。与后者不同,此时前者的法律后果却只有一种,即债权人因滥用而使原债权不生效力,而且原债权人因滥用行为损害原债务人的信赖利益,而构成了新的信赖之债,只不过两者身份刚好颠倒过来而已。这是因为权利行使的概念应该限定于正常行使或合法行使,权利滥用显然是权利的非正常行使,故本身不应定性为权利行使,而是一种对法定义务的违反,属于违反债权人对债务人不滥用债权的法定债务(信赖之债)。违反该信赖之债的结果不仅不能使自己所谓的"债权"行使发生预期效力,而且还

[①] 转引自莱茵哈德·齐默曼、西蒙·惠特克:《欧洲合同法中的诚信原则》,丁广宇等译,法律出版社 2005 年版,页 490。

须对由此造成对方的损失进行赔偿。总之,将债权不滥用与信赖之债联系在一起,将权利滥用与信赖之债的违反联系在一起,使债权的滥用被债法所框定,实现了理论的完整性,并使权利滥用理论最终成为诚实信用原则的组成部分,而不再游离于该原则之外。①

一般而言,债权可以因与信赖之债相冲突而失效,然而不排除有时也存在另一种情形,即因为同样原因使原来债的当事人之间又新生出某种债权。例如:公司老板甲长期以来每年发给雇员13个月的工资,从无例外,以至于全公司的员工在作工资支配计划时早已经完全习惯于将第13个月的工资视为其年薪的一部分。由于金融危机,雇主突然决定该第13个月的工资取消。此时应认定不存在雇主对雇员的第13个月工资的奖励或者施舍,而该"额外"工资其实就是工资总额的一部分,雇员对该部分工资具有请求权。与债权失效一样,在已经形成的某种债(如合同)法律关系时间段内,双方当事人之间可因积累了较高的信赖度而建立起一种法定信赖之债,一方负有以诚信对待对方的义务,即使双方未以合同方式作出过某种约定,依然会在双方之间产生出与约定相同效果的法定债务关系,而雇员获取第13个月工资的权利,就是信赖之债请求权。

最后,关于债权滥用与信赖之债之间还存在这样一种关系,其涉及债法上的减轻损失规则。侵权或者违约行为一般不可避免会造成他人损失,受害人自然依法对致害人产生损害赔偿请求权。但与此同时,法律也会认定伴随产生一种对受害人(债权人)的约束义务,即合理减轻自己实际损失的义务。例如:供方未及时提供原料煤致需方停产,此时需方不应满足于消极坐等,而是应积极寻找替代原料以减少损失。再如:装修承揽方因工作不慎致正装修的厂房发生火灾,厂房拥有者在保证安全的前提下,应尽量多地抢救堆放在厂房内的各种易燃物资。上述义务均为法定义务,来源于当代社会人际日渐增强的社会依赖性。即使在一方因侵权或违约给他人造成损失的一刻,债务人也并非仅仅承担义务而不享有权利,事实上其仍然可以指望对方从诚信原则出发,自己采取必要措施减少损失。换言之,致害人在应承担损害赔偿债务的同时,针对受害方也享有

---

① 法国、德国等国家曾经一直将权利滥用作为一个相对独立于诚实信用原则的法律领域。参见莱茵哈德·齐默曼、西蒙·惠特克:《欧洲合同法中的诚信原则》,丁广宇等译,法律出版社2005年版,页489。

基于信赖关系而形成的信赖债权,如果对方辜负了这种信赖而导致了损失的扩大,则视为对信赖之债的违反,其结果是对扩大部分的损失不予赔偿。此结果可视为相互债权的法定抵销。

三、公司法上的权利滥用与信赖之债

本书前面曾专门讨论过科斯与威廉姆森用制度经济学来论证公司与企业的来源与本质(参见第一章第五节),他们认为公司存在的价值在于减少交易成本,即通过公司内部层级管理的方式,将原本的外部交易成本转化为内部成本,由于内部实行垂直层级管理,不需要像外部交易那样讨价还价。换言之,将原本横向交易的方式改为纵向管理方式,不仅能够大幅降低交易成本,而且还能增加效率。不容否认,制度经济学在解释公司产生与运作方面有其独特优势,该理论的实施也在客观上限制了债权运用领域,但这并不意味着债法从此就被排除在公司法之外,事实上债法在公司法领域中的运用仍然十分广泛,且极为活跃。从资金投入到利润分配,从股权转让到公司清算,无处不显现出债权的身影。不过,长期以来有一种关系定性一直不够明确,那就是当公司股东或者董事、监事被赋予权利的同时,其是否应负担某种债法上的义务?该债法上的义务性质究竟如何?当股东、董事、监事滥用其权利(或称违反法定义务)时所引发的债法后果的本质又是什么?以下主要从三个方面加以讨论。

(一)股东滥用公司控制权与信赖之债

公司股东一般可分为普通股东和控股股东,两者的最大区别在于后者享有对公司的实际控制权,其可以决定经营方针、投资计划、董事任免、利润分配等大小事宜。由于控股股东的权利过于集中,如果缺乏制约,客观上存在权利被滥用的可能,故有必要对其权利予以适当限制。各国的普遍做法一般是为控股股东设置一种诚信义务,该义务具体包括忠实义务和注意义务两种。所谓忠实义务是指控股股东在行使公司控制权过程中,要站在公司和其他股东的立场上,以实现公司利益最大化为原则,并充分考虑其他股东的切身利益。所谓注意义务是指控股股东管理公司事务时,应对公司和其他股东尽到善良管理人的注意,并以诚信方式合理关注公司债权人的正当利益,当控股股东与公司、其他股东以及公司债权人的利益发生冲突时,前者应注意对后者利益提供保护,且不损害后者的必要信赖。

尽管忠实义务和注意义务发生于公司法层面,但该义务却存在于特

定的民事主体之间,即分别存在于股东与公司之间、股东相互之间以及股东与公司债权人之间,因而符合债的关系特征。学界对此并无争议。不过长期以来,受限于债的二元结构,对于上述债的具体属性一直难以确定。其实,鉴于上述两个义务均为法律直接赋予控股股东的义务,而非由当事人自行约定的义务,所以在上述主体之间所形成的法律关系并非合同关系而属于法定之债,应该确定无疑。再有,忠实义务和注意义务顾名思义,其来源是股东之间、股东与公司之间以及股东与公司债权人之间自然应当具有的相互忠实以及相互协作的合理信赖,其属性既不同于合同法上的合同信赖,亦不同于侵权法上的一般信赖,而应归属于社会信赖范畴。由此可见,根据信赖之债的相关原理,公司控股股东对于公司、其他股东乃至于公司债权人的诚信义务的法律性质当属信赖之债。

公司控制权与控股股东的诚信义务是矛盾的两个方面,两者属于相互制约的关系。一方面,控股股东为实现自身利益最大化,当利益存在冲突时,倾向于追逐私利,忽视公司或小股东的利益,以及损害公司债权人利益。例如:滥用资本多数决机制操纵公司,进行损害公司利益的关联交易,操纵利润分配,恶意转让股权,恶意解散公司,等等;又如:控股股东滥用公司独立人格对抗公司债权人,借以实际逃废债务。显然,上述倾向必须得到抑制,否则将会摧毁公司经营机制和市场交易秩序。正是出于对利益运行轨道偏离的矫正需求,体现为控股股东诚信义务的信赖之债应运而生。事实上,其他股东和公司债权人按照其各自身份,依法享有一种合理信赖,即公司控股股东不会利用公司控制权作为损害他们利益的手段。换言之,从大股东控股的那一天起,他与公司之间以及小股东之间的信赖之债即分别成立。依据此债,他对后两者具有作为或不作为的诚信义务,内容是其不得恶意操纵公司;不得为了自身利益而损害公司利益;不得恶意转让股权、恶意解散公司或恶意决定分配公司利润;不得恶意损害其他股东在公司中的利益。与此同时,控股股东与公司债权人之间亦同样会成立信赖之债(在公司对他人确实负债的前提下),依据此债,控股股东不得擅自挪用公司资产或强令公司以自有财产为他人设置抵押担保,使得公司债权人的债权实际落空。

如果说控股股东在行使公司控制权过程中依法对公司、其他股东以及公司债权人存在信赖之债,那么当其滥用股东控制权所引起的法律后果究竟性质如何呢?对此目前学界通说认为该法律后果当属侵权责任。

理由来自前述债法二元结构的观点,由于此时不可能存在违约责任,唯一的选择自然只能是侵权责任。其实,权利滥用属于有权利但超过了权利行使的必要界限,其损害的通常是他人的合理预期,即他人对权利人不过分行使权利的信赖利益,而非直接的财产损害。上述罗列的损害行为并非直接对他人财产造成损害,例如操纵公司,让公司为自己担保或将公司财产低价转让给自己或者自己的其他关联企业,这显然不属于直接意义上的侵权行为,因为侵权行为应使受害人的财产直接减少;又如以挪用公司财产方式使公司债权人债权落空,这里对公司存在直接侵权并无疑义,但其结果间接损害了债权人利益,却难谓之侵权。所以,与其将上述权利滥用行为解释为侵权行为,毋宁解释为直接损害他人信赖利益的行为,即违反信赖之债的行为。总之,股东滥用公司控制权的法律后果应定性为信赖之债不履行的损害赔偿。

(二) 董事、监事滥用公司管理权、经营权与信赖之债

公司作为一个组织体,具体由董事、监事、高管人员直接负责管理和经营,这些人一般统称管理层。公司作为民事主体对外参与各种民事活动过程中,管理层通常没有独立身份,至多以公司代表人或代理人身份出现,然而在公司内部法律关系中,其独立身份则立即显现。管理层成员具有双重身份,自身属于独立民事主体,同时又是公司管理者和经营者,这决定了管理层成员的个人利益可能会与公司利益发生冲突。正是这种利益冲突,导致了管理层成员存在权利滥用的可能。事实上,股东推选出管理层成员,公司对其委以重任,是寄希望于他们在公司管理和经营中能忠实、勤勉地为公司服务,在其个人利益与公司利益发生冲突时,能以公司利益为重,而不是将个人利益或其他人的利益凌驾于公司利益之上;在履行职务中审慎、严谨,善尽管理人职责。上述期待与信赖,正当且合理,属于诚实信用原则在公司法中的具体体现。保证其顺利实现,关系到公司能否顺利运行和市场秩序的正常与稳定,意义十分显著。故我国《公司法》明确规定了以忠实义务与勤勉义务为核心内容的公司董事、监事及高管人员的诚信义务。

从法律关系角度观察,首先,该诚信义务的当事人均为特定主体,一方为管理层成员,另一方为公司本身以及公司股东,故该法律关系应定性为债。其次,该义务的来源并非由当事人约定,而是直接来自法律规定(《公司法》第147条以下),因而该法律关系应属于法定之债而非合同之

债。再次,该法律关系的义务内容为管理层对公司的注意义务与保护义务。具体而言,法律要求管理层成员以对公司忠实为最大考量,以善良管理人的注意程度,履行其被赋予的保护公司利益的职责,不得利用公司管理者和决策者的身份,以损害公司利益为代价而谋取个人私利。也就是说,该法律关系的存在是基于公司以及股东对管理层客观上的必要信赖,而其设置则是为了保证管理层成员不辜负这种信赖。可以说,保护公司对管理层合理的信赖利益正是该法律关系的基本出发点,其完全符合信赖之债的特征要素。

完成了对管理层诚信义务的定性之后,我们就容易把握忠实义务和勤勉义务的具体内容。我国《公司法》第148条认为管理层滥用公司管理权与经营权的行为属于违反诚信义务的行为,并对此作出了详细规定。第一,管理层成员原则上不能利用职权进行自我交易,即法律原则禁止管理层成员代表公司与自己完成交易行为。在同一交易中,个人利益与公司利益存在直接对立,而管理层既代表自己利益又代表公司利益,则使得公司利益受损几率大增,如果这样的交易实际发生,公司及股东的信赖利益势必严重受损。第二,管理层不得褫夺公司的交易机会。公司的交易机会,受益者为公司以及全体股东,如果管理层出于其他考量,将交易机会拱手让与他人甚至是公司的竞争者,尽管未对公司造成直接损害,但使得公司因机会丧失而失去本应获得的利益,这种机会损失亦属于信赖利益损失。第三,管理层不得出于私利而与公司进行同业竞争。这同样是对公司的不忠行为,辜负了公司的合理信赖。第四,管理层不得泄露公司的商业秘密。公司运营中会产生大量与公司利益攸关的商业秘密,如专有技术、经营诀窍、内幕信息以及管理模式秘密,等等。在激烈的商业竞争中,如果管理层将这些秘密泄露给竞争者,尽管这同样并未致使公司财产的直接减少,但其所造成公司及股东的信赖利益损失却可能极为严重。总之,公司管理层身负公司与股东的重大信赖,其自然应该出于善意的诚信态度和高度的责任感,以足够的勤勉和注意,恪尽职守,认真履职;从另一面看,当公司与股东将公司管理权与经营权托付于管理层之时,前者即取得了对后者的合理信赖,前者完全相信后者的行为会符合公司发展的最大利益。可见,尽管《公司法》是以禁止性规定的方式将上述行为视为权利滥用,但这些规定明确反映出信赖之债的实质内容。

应该指出,管理层的上述诚信义务中,有些不仅存在于管理层成员的任职期间，理论上还应该延续到其离任之后的合理期间，例如保密、竞业禁止等义务即使在管理层成员退出管理层甚至离开公司之后，依然会对公司及股东利益造成重大影响，故类比《合同法》第92条关于后契约义务的规定，对上述人员课以一项"额外"要求，即在离职后的合理期间内仍需遵守上述义务。之所以采用"类比"的提法，是因为该义务与后契约义务既有不同之处，也有相同之处。不同之处在于，该诚信义务与契约无直接关联，故并非后契约义务；相同之处则在于，这两种义务的本质确实相同，即都属于法定义务。更确切地说，是基于信赖保护原则而形成的信赖之债。

以上解释了公司董事、监事及高管人员因为行使管理权和经营权的需要，与公司乃至公司股东之间形成了一种法定的信赖之债，其内容就是管理层成员对公司及股东负有单向的诚信义务（债务）。任何对于公司管理权和经营权的滥用，都可能构成该信赖之债的违反。违反信赖之债的法律后果与其他权利滥用情形的结果一样，属于信赖之债的不履行，并由此引起相应债不履行损害赔偿的法律后果。当然，这一赔偿的性质，既不是合同违约损害赔偿，也不是侵权法中的固有利益损害赔偿，而是典型的信赖利益损害赔偿。

（三）股东滥用公司财产清算权与信赖之债

公司可能因为多种原因致使其无法继续经营而宣告解散。公司解散后即进入清算程序，当清算完结后公司才能归于消灭。除了法律规定的特别清算之外，大多适用普通清算程序。那么普通清算中究竟谁有清算的资格呢？依照《公司法》规定，清算主体自然当属公司的股东。尽管学理上经常将股东对公司的清算视为其法定义务，称其为清算义务人，其实这只是从单一义务视角观察的结果，如果换成权利视角，我们可以清楚看到，清算其实也是一种权利，称为清算权。准确讲这种权利是一种资格权，即清算资格，因为除公司股东之外的民事主体一般是不能越俎代庖进行公司清算的。

为什么明明是股东清算权或清算资格，法律上却往往强调清算义务呢？该清算义务是对谁的义务？其法律关系性质如何？清算权的滥用应当怎样理解？清算权滥用与违反清算义务的关系是什么？滥用清算权又有哪些法律后果？上述问题过去无论从公司法角度还是从债法角度的讨论均不够深入，因而有继续讨论的必要。

第一,股东清算资格其实是一种权利义务的混合体。该资格作为权利并不会引起非议,因为公司利益归根到底就是股东利益,只有股东是公司的最大利益攸关者,清算不过是在管理自己的事务而已。该资格之所以往往被视为义务,是因为清算的影响面会超出公司范围。清算本身不仅仅是对公司的义务,还是一种对社会的义务,或称为社会责任,任何秩序井然的社会显然都不会容许公司名存实亡的状态长期延续。清算更是一种对公司债权人的义务。公司运作期间必然会进行各种交易,从而引发各种债权债务。如果公司解散,正常交易被迫中断,这种突然变故就会被强加给无辜的债权人,对其利益产生重大影响。所以债权债务的了结自然成为重中之重,毕竟这关系到公司债权人正当利益能否得到妥善维护的问题。

第二,清算义务的法律性质可以分为内部义务和外部义务。所谓内部义务是指公司内部账目和财产的清查和清理,登记造册;所谓外部义务是指行使对外债权,清偿对外债务。内部义务与外部义务之间存在密切联系,内部义务的履行会直接影响到外部义务履行的顺利与否,以及公司能否最终完成消灭程序。事实上,当我们讨论清算义务的性质时更多指向外部义务,因为外部义务会对公司债权人产生的影响更为直接。首先,清算义务是特定人(股东与公司债权人)之间的特定义务;其次,清算义务人与公司债权人之间原本并不存在任何法律关系,债的关系仅发生在债权人与公司之间,但是基于法定,双方之间债的关系得以在公司解散时发生;再次,该法律关系的基础源自信赖保护原则,也就是说,公司一旦解散,公司的债权人对股东的合理信赖便产生了,其有理由相信股东会及时以公司名义清偿对自己的债务。相应地,股东对于公司债权人也应尽到善良管理人的注意,妥善完成清理和清算工作,协助债权人顺利实现其正当利益。从这个意义上说,清算义务的法律属性其实也是一种公司股东对公司债权人的注意和协作义务,该义务既非合同义务,亦非侵权法规定的固有义务,而应归属于信赖之债的义务范畴。

第三,如何理解清算权滥用问题。由于清算权属于权利义务的混合体,所以清算权一旦被滥用,往往会使公司债权人利益受到损害。不过司法实践中对该损害的性质存在不同观点,有所谓"侵害债权说"和"代位权说"[1]。前者认为股东清算不作为或违法清算,其行为无疑侵害了公司债权人的利益,但由于债权人对公司仅存在债权,故该行为应认定为对公司债权人债权的侵害,根据权利不可侵害性原理,可追究其侵权责任。后者则认为股东投资行为完成之后即丧失了对投资款的所有权,仅具有对公司的股权。公司解散,股东对公司清算必须依法进行,否则属于对公司的侵权。当公司怠于追究股东的侵权之债时,公司债权人利益便受到了损害,因而其有权越过公司而直接向股东行使该债权的代位权。

对于侵害债权的概念,学界虽普遍认可,但对于其法律属性以及是否应适用侵权法原理,意见并不统一。本书认为此处不应适用侵权法原理,因为侵权法仅针对侵害绝对权的情形,所谓侵害相对权不应涵括其中,而所谓权利不可侵害性原理并未区分究竟是侵害绝对权还是相对权,明显不够周延。至于适用代位权的观点,亦明显存在不妥之处。股东的清算资格来自其所享有的股权,而其怠于行使清算权的行为,即使侵害了公司的利益,也仅仅指清算利益,该利益并非交易利益,且只能为公司所专享。换言之,即使公司债权人欲代公司之位,也只能要求股东依法进行清算,而不能要求其对债权人无法获得清偿的损害进行赔偿。故这两种观点的解释都不能令人满意。

股东滥用清算权其实是指在清算过程中恶意违反对公司债权人的注意与协作义务,致使债权人利益受到损害。可见,股东滥用清算权所造成的上述损害,一定是指信赖利益的损害,而非对侵权法所保护的固有利益的损害,亦非对公司债权人保全利益的损害。相反,从保护信赖利益的基点出发,将其定位为对信赖之债的违反才是较为合理的解释。股东滥用清算权在实践中的类型大致可归纳如下:(1)股东未在法定清算期间开始清算工作,导致公司财产贬值、流失、毁损或者灭失的;(2)股东因怠于履行清算义务,导致公司主要财产、账册、重要文件等灭失,无法进行清算的;(3)在公司解散后,股东恶意处置公司财产给债权人造成损失的;(4)未经依法清算,股东即以虚假的清算报告骗取公司登记机关办理法

---

[1] 奚晓明、金剑锋:《公司诉讼的理论与实务问题研究》,人民法院出版社2008年版,页601。

人注销登记的;(5)公司未经清算即办理注销登记,导致公司无法进行清算的。这些清算权滥用的具体表现具有四个明显的共同点,一是股东行为违反了关于公司清算的法定义务;二是该法定义务性质属于信赖保护义务;三是上述行为表面上仅是针对公司,而非针对公司债权人,债权人属于上述行为的间接受害人;四是这些行为对公司债权人造成的损失不是别的损失,而是信赖利益损失。因此可以说,股东清算权滥用等同于股东对公司债权人信赖之债的违反。

第四,当清算开始之后,股东即对公司债权人负有信赖债务,具体表现为在妥善清算方面尽到合理注意和提供必要协作。而股东急于清算、恶意清算或清算中故意违反相关义务的行为,其性质属于对信赖之债的违反,或者说是不履行或不适当履行信赖之债。在上述情形下的最终结果是,股东应赔偿因此给公司债权人所造成的损失。基于前面的分析,该赔偿并非侵权损害赔偿,而是信赖之债不履行的损害赔偿。

最后,需要说明的是,公司法上的权利滥用以及与此相关的信赖之债其实还远不止这些,其他例如股东出资不及时、投资不到位或抽逃资金等行为同样会给公司债权人造成损失;又如清算组未按规定将公司解散清算事宜书面通知全体已知债权人或履行公告义务,导致债权人未及时申报债权而未获清偿;再如关于有限责任公司股东知情权保护过程中,因违规导致股东无法查询公司账目等财务文件的损害赔偿请求权;以及,有限责任公司股东向受让人转让其股份,因损害其他股东信赖利益而导致合同无效的,如受让人交易时善意无过失,可以向转让股东请求损害赔偿。这些问题都涉及信赖之债以及信赖利益赔偿等问题。但限于篇幅,这里不再详述。

第四节 与单方行为相关的信赖之债类型

除了与合同有关联的信赖之债类型以外,现实中还存在着一些与单方行为关联密切的信赖之债。其特点在于该法律关系由单方行为所引发。也就是说,一方向对方作出单方意思表示后,在对方并未明确表示承诺从而未成立合同的情形下,该意思表示尽管不能引发双方之间的合同信赖,却依然可以引发对方足够的社会信赖,当对方基于此信赖作出了相应安排之后,即产生了应受保护的信赖利益。这时,双方之间已经形成了信赖之债法律关系。如果受信赖方因自身过错而辜负了这一合理信赖，他将赔偿由此给信赖方所造成的损害。现对因单方行为所引发的信赖之债作归纳阐述。

一、基于单方许诺的信赖之债

所谓单方许诺，指一方为了获得他方的信任，而以单方意思表示所作出的为或者不为特定行为的许诺。单方许诺在我国司法实践中通常被视为一种默示合同，例如《最高人民法院关于适用〈中华人民共和国担保法〉若干问题的解释》第 22 条规定："第三人单方以书面形式向债权人出具担保书，债权人接受且未提出异议的，保证合同成立。"这种理解看似可行，其实却值得商榷。

首先，单方许诺虽然指向特定对方，但其与合同的最大区别在于该许诺生效无需对方同意。也就是说，对方不需要作出同意的意思表示，而只要相信许诺并基于许诺内容进行了相应的利益安排即可。如果将单方许诺解释为合同，这里所谓"接受"和"未提出异议"均难以被证明，因为"接到许诺"和"接受许诺"的意义完全不同，接到许诺且未提异议，并不当然能够被解释为同意，从尊重意思自治的原则出发，法律也不应强行将其解释为同意的意思表示。

其次，单方许诺的生效时间应该是许诺到达对方的那一刻，而非对方行使权利的那一刻。事实上，对方只有在依照许诺行使权利时，才能据此证明其确实表示"接受"，而在此之前，对方只是处于接到许诺而未表示接受的状态。因此，如果将其理解为合同关系，那么该合同应该是在对方向许诺方行使权利的同时才得以成立。

最后，单方许诺的意义在于使对方产生足够的信赖感，以便依据该信赖作出适当的行为安排。而这种信赖产生的条件以单方意思表示为已足，不需要非合同不可。现实操作中也不排除这样的情形，一方作出许诺表示时，受益对方尚未被特定化，单方许诺仅仅是为了使将来某一许诺受益人一旦出现即可获得足够的信赖保障。例如：甲将书面承诺函交给乙，载明：未来一年内，乙与任何他人的交易中，甲许诺愿意帮助乙向尚未特定的他人承担某种特定义务。两个月后，当乙找到交易对象丙并与之发生交易时，将该许诺函交给丙，乙的受信赖程度由此大幅提升。

此外，单方许诺也不应被简单理解为保证合同，原因是保证合同属于从合同，应有其所对应的主合同，然而单方许诺往往没有这种对应关系。例如：甲公司与乙信托投资公司签订合同，委托乙进行证券投资的专业操作，买卖丙上市公司的股票，损益皆归于甲，如亏损达到一定比例时，乙应直接清仓止损。其后不久，丁公司向甲出具单方承诺函，内容是，如果操作中发生亏损导致股票被平仓，丁公司愿意无偿补足甲所受到的损失。尽管这个案例中存在甲与乙以及甲与丁两个法律关系，但显而易见的是，这两个法律关系既非主从关系，更非担保关系。乙公司作为受托人只是为甲公司提供专业股票操作服务，亏损皆由甲自行承担，故在股票被清仓之后，乙对甲的合同义务已履行完毕，并不对甲负有任何赔偿亏损的债务；同时，丁对甲的单方许诺作为一个独立的法律关系，仅仅是为了使甲产生足够信赖，从而愿意将资金投入到对丙公司的股票操作上来。丁并非乙的保证人，丁关于补偿甲的损失的许诺也不是基于乙对甲存在债务所作出的，而只是为了避免甲的利益受到损失。

厘清单方许诺与合同特别是保证合同的关系之后，我们会发现，单方许诺与另一类型法律关系极为相似，即国际贸易中被普遍使用的信用证、见索即付保函和独立保函。信用证一般见于货物贸易，是指银行根据买方的请求，开给卖方的一种保证承担支付货款义务的书面凭证。见索即付保函是指担保人作出的凭符合保函条件的要求书及保函规定的支付限额而无条件付款的承诺。独立保函是指银行或非银行金融机构作为开立人，以书面形式向受益人出具的，同意在受益人请求付款并提交符合保函要求的单据时，向其支付特定款项或在保函最高金额内付款的承诺。其性质基本等同于见索即付保函。① 长期以来，学理上对这三项法律关系的定性不甚明了，有人将其视为一种合同②，不过，将其定性为单方许诺似乎更为符合事物的本质。首先，无论是信用证的开立还是保函的出具，本质上都是担保人的独立行为，因此上述三项法律关系虽然都有某种担保属性，但与被担保的法律关系却处于相互独立状态，并无从属性，不能视为保证合同。其次，信用证或者保函的目的都是为了在合同权利人与担保人之间建立起一种特殊的信赖，即只要符合既定的形式要件时，担保

---

① 参见《最高人民法院关于审理独立保函纠纷案件若干问题的规定》第3条第2款。
② 杨良宜：《信用证》，中国政法大学出版社1998年版，页28。

人将会无条件付款。最后,原则上信用证或保函签发即生效,而无需对方同意,故应理解为单方意思表示。最高人民法院《关于审理独立保函纠纷案件若干问题的规定》第 4 条规定:"独立保函的开立时间为开立人发出独立保函的时间。独立保函一经开立即生效,但独立保函载明生效日期或事件的除外。"国际商会《见索即付保函统一规则(URDG758)》第 4 条 a 规定:"保函一旦脱离担保人控制即为开立。"《跟单信用证统一惯例——UCP600》第 7 条 b 规定:"开证行自开立信用证之时起即不可撤销地承担承付责任。"总之,无论信用证还是独立保函,对其性质的合理解释,都应该是为了建立信赖关系而由付款义务方对受益方所作出的单方许诺。

通过以上分析可知,信用证、独立保函以及其他单方许诺作为法律事实,足以在当事人双方之间形成债权债务关系,该法律关系基于单方行为所引发,因而并非合同之债;又因为其存在意思表示,故而亦非侵权之债。如前所述,该法律关系的建立以满足受益人一方的信赖利益为目标,较为恰当的解释是将其定性为基于单方许诺而产生的信赖之债。由此推论,如果许诺方在单方许诺的生效条件成就后拒不履行其许诺,即构成了对信赖之债的违反,因此应赔偿给受益方造成的信赖利益损失。

二、基于债的并存承担而成立的信赖之债

债的并存承担分为两种,一种是甲(第三人)拥有对乙(债务人)的债权,债务承担人丙与第三人约定由自己与债务人乙一起向其承担债务,此称为债的履行承担;另一种是甲(第三人)对乙(债务人)拥有债权,而乙对丙(债务承担人)又有债权,此时乙与丙之间约定,一起向第三人承担债务,此称为债的并存承担。本书以后者为讨论对象。根据债的承担原理,以使第三人甲取得对债务承担人丙的债权为目的,债务人与债务承担人约定,共同连带承担对第三人的债务时,第三人即取得了对债务承担人的债权。债的履行承担与并存承担有所区别。前者虽然同样存在约定,而这一约定正是第三人对承担人产生债权的原因,故仍符合债的相对性原则;而后者则指另一个法律关系当事人之间的约定,却使得合同外的第三人直接产生了债权,故当属于对债的相对性的突破。

依学界通说,上述约定性质上类似于利益第三人契约[①],但为什么原债债务人与债务承担人作出的合同约定会使得第三人取得了债权,学术界尚存在争论,主要有四种观点,分别是:承诺说、代理说、继受说、直接取得说,且通说为直接取得说。[②] 该说的具体依据又存在争论,主要有三种观点,分别是单独行为说、共同行为说和契约说。[③] 单独行为说是指,"第三人利益契约在当事人间固属契约行为,但就其对第三人之关系,则属单独行为。"[④]共同行为说是指,"第三人之取得权利,并非契约当事人一方对第三人之单独行为所生效果,实为契约之双方当事人依合意成立之共同行为所致。"[⑤]这两种观点较为一致,区别仅在于是单方(债务人)对第三人的单独行为,还是双方(债务人与债务承担人)一起共同作为一方对第三人的单独行为,因此共同行为说其实广义上亦属于单独行为说的一种。而契约说则认为,此时"实系基于契约当事人之意思,使其契约所产生的法律效果,直接归属于第三人"[⑥]。

经仔细观察,契约说其实并不比前两种学说更为优越。原因是这样的理由显然无法更清晰地解释为什么第三人直接取得了对债务承担人的债权。原债债务人与债务承担人的契约仅在其双方内部具有约束力,而对第三人产生法律效力(即使是单纯的债权效力)仍需要某种特定的法律事实,该法律事实就是需要该第三人的承认。故而依本书所见,上述三种观点其实并无本质区别,因为无论如何理解债务人与债务承担人之间的契约,该契约对第三人而言都只能属于某种独立行为。也就是说,债务人与债务承担人之间的契约无论如何都不可能使承担人与第三人产生合同法律关系,针对第三人而言仅仅产生了"单方赋权"的法律效力,从而使第三人成为该契约的"受益第三人";同理,第三人的承认亦为其单方意思表示,属于单独行为。从这个意义上说,单独行为说其实并无不妥。

需要深入讨论的是,究竟是什么原因使"单方赋权"的单方法律行为会产生突破债的相对性的效果,并使得第三人直接获得了对债务承担人

---

① 参见:史尚宽:《债法总论》,荣泰印书馆股份有限公司1978年版,页590;孙森焱:《民法债编总论》(下册),法律出版社2006年版,页815。
② 史尚宽:同前注。
③ 详细内容请参见史尚宽:同前注,页709;孙森焱:同前注,页698以下。
④ 孙森焱:同前注,页698。
⑤ 孙森焱:同前注。
⑥ 孙森焱:同前注,页699。

的债权？对此学术界似尚无详论。其实,结合前面关于利益第三人合同和附保护第三人作用合同的相关论述,最合理的解释就是信赖之债理论,因为既然债务人与债务承担人通过合同方式约定的内容是债务承担人欲向第三人承担债务,尽管该约定并非针对第三人直接做出,但却足以使第三人对此产生合理的信赖,事实上该约定起到了对第三人"单方赋权"的效果,第三人基于上述合理信赖而直接获得了法定的针对债务承担人的信赖债权,而其所需做的仅仅是对此承认而已。正如孙森焱所指出的那样:"至于第三人是否享受契约之利益,概听自由,如其不欲享受,自亦无从勉强。"①由此可见,债的并存承担之所以能够产生第三人对承担人的债权,根本原因在于债务人与债务承担人之间的合同让第三人产生了合理的信赖,第三人相信该合同订立的目的就是为了让自己直接获得对承担人的债权。事实也是如此,当这一信赖利益的正当性被法律所认可的时候,法律就会直接赋予第三人对承担人的独立债权,而不再会拘泥于以合同作为媒介。这种法律关系本质上并非合同之债,而是信赖之债。

另外有两点需要说明。第一点,在该债的关系中虽然债务人与承担人对债权人负有连带债务,但属于不真正连带债务②,而仅仅是在原来的债之上又叠加了一个信赖之债而已。还有一点,这里虽然讨论的是因债的并存承担而引发的信赖之债问题,但其所适用的原理却与利益第三人合同和附保护第三人作用合同等制度的相关理论相类似。鉴于这两个制度本书在前面已经详细讨论过,此处不再赘述。

三、因公益捐献所引发的信赖之债

我国由于目前实行按劳分配为主体、多种分配方式并存的分配制度,因而人们在日常劳动和生产经营过程中,由于各自的能力、经验、机会等各不相同,自然会存在相对富裕和相对贫困的情形;又由于各种天灾、疾病等意外原因,也会造成个人的各种危难或残疾等不幸局面。此时,社会大众出于人道关怀,伸出援手,扶危济困、恤病助残,就成为一种良好的社会风尚,而公益捐献就是其中主要表现形式之一。事实上,公益捐献等行为不仅仅是道德行为,由于其影响到各方切身利益,且所引发的社会意义

---

① 孙森焱:《民法债编总论》(下册),法律出版社 2006 年版,页 699。
② 孙森焱:同前注,页 816。

较大,故该行为亦成为法律规范对象。我国目前相关制度已逐渐健全起来,例如《合同法》《慈善法》《公益捐赠法》《献血法》《人体器官移植条例》《基金会管理条例》等一批相关法律法规相继出台,实践中相关行为的制度规范体系也开始成型。

捐献亦称捐助、捐赠,是基于单方意思表示向他人无偿转移财产的法律行为。捐献分为一般捐献与公益捐献,一般捐献强调私益而非公益,例如某人十分欣赏某"网红"主持人的风格而通过网络平台对其的"打赏"行为。公益捐献则是指自愿无偿向公益性社会团体和公益性非营利的事业单位捐赠财产,用于公益事业的情形。另外,捐献还可以分为合同类型和独立行为类型。前者指捐献者与被捐献者之间通过合同形式约定捐献具体内容、确定双方权利义务。这通常被狭义理解为捐赠或公益赠与。后者则是指仅由捐助者个人单方意思表示即可使捐献行为生效,而无需接受捐助者同意意思表示的情形。我国现行法律法规中并未明确区分合同型捐献和独立行为型捐献,不过从《慈善法》第39条和《公益捐赠法》第12条规定内容分析,仍可以看到上述区分迹象;《献血法》关于无偿献血的规定中也仅要求献血者填写《献血者同意及健康状况征询表》,而无需订立献血合同。合同型捐献属合同法管辖自不待言(参见《合同法》第186条、第188条),而本书在此仅探讨公益＋独立行为的捐献,原因在于这种捐献行为的法律定性似乎并不十分明确。

现实中独立行为型公益捐献十分普遍,例如:某人将钱物直接寄送给见义勇为而致残的英雄以助其身体康复;某人将钱款汇入红十字会公布的地震救灾账户;某人通过捐款发起设立公益事业基金会,等等。这样的捐献有如下特点:一是公益性;二是表现为单方行为,无需约定;三是以实践性方式完成。该类型定性较为明确,争议不大。与之相反,另一种类型的捐献则存在讨论的必要,这种类型具体又表现为两种形式,其一就是由公益慈善机构公开募捐,而某自然人或者法人公开单方许诺捐赠某一具体数额金钱的情形。其二是没有募捐行为,而捐赠人径行宣布向某一扶贫或救灾项目基金会捐款若干的情形。这两种捐献行为的性质并无不同,其中募捐行为不能被理解为要约,因为要约必须包含合同的全部必要条款,募捐公告中不可能包含这些具体内容;同时也不能被理解为要约邀请,因为捐款方直接寄来捐款行为效力即发生,并无募捐方承诺空间。事实是有没有募捐并不重要,关键在于捐赠方是以单方许诺的方式而非以合同方式作出捐献意思表示的。由此就引出了一个问题：捐赠人单方许诺行为能否直接引发相关法律关系呢？对此，我国《慈善法》给出了与《合同法》一致的结论，根据《慈善法》第41条的规定，限于捐赠人通过广播、电视、报刊、互联网等媒体公开承诺捐赠的，或者因扶危济困、救助灾害而公开承诺捐赠的情形，如果捐赠人拒不交付时，慈善组织和其他接受捐赠的人可通过法院请求其支付。接下来的问题是，此时受捐赠人的请求权基础是什么？双方所建立的法律关系性质究竟如何？如果是合同型捐赠，其法律关系性质自然属于合同关系，而请求权基础则是《合同法》第186条第2款关于"具有救灾、扶贫等社会公益、道德义务性质的赠与合同"的相关规定。但是，以单方许诺的方式进行捐赠，不属于合同之债，而只能是基于单方行为所生的法定之债。如果进一步为这种法定之债定性，其当属信赖之债。理由在于，一般捐献因强调私益而非公益，所以即使捐献人已经承诺捐献某项财产，但在最终实施交付捐献财产之前，仍具有反悔的自由，这是法律在捐献人的个人自由与受捐方的信赖利益之间选择的结果。换言之，此时即使受捐献者因为相信了捐献者的承诺而产生了信赖利益，该信赖利益仍不能与个人自由相对抗。不过公益捐献则不同，公益捐献涉及社会公益、社会道义，且受捐献者（如红十字会）并非为自己利益而是出于公益目的而使用该捐献财产，因而捐献行为的社会价值、道德意义突出，社会影响亦较大，此时受捐献者的信赖利益中所包含的社会意义十分明显。

总之，从债法德性化、伦理化的视角出发（参见第三章第三节）可以认为，每个公益捐献者均具有与其身份相对应的社会责任，在作出公益捐献承诺后又反悔的，捐献者个人自由应服从于受捐献者的信赖利益。因而只要捐献者公开向对方或向全社会作出公益捐献的单方承诺，则依照法律或者信赖保护原则，在两者之间产生了一种信赖之债，受捐献者有权请求捐献承诺者履行债务。可见，公益捐献信赖之债的确立不仅反映出当代社会的核心价值观，也体现了企业和个人的社会责任，还能较好地平衡个人自由与社会利益之间的关系，同时，使单方公益捐献所产生的社会信赖与双方公益捐赠所产生的合同信赖形成了法律上的无缝衔接。

正是基于信赖之债的原理，使得公益捐献与一般捐献相分离，成为独立制度。凡出于救灾、扶贫、济困等社会公益目的而进行的道德意义单方的捐献行为，一旦公开许诺，原则上即不得撤回，如许诺者不履行还可以通过诉讼强制其履行。当然,这种理解不应被绝对化,事实上,许诺捐献必须与捐献者个人实际履行能力相符,如果捐献者公开许诺后确因自己的财务状况突然恶化,以至于无力履行曾经的许诺,此时仍强求其按照原来的许诺履行实属不近情理,故依据情势变更原理,允许其撤回捐献亦属可行。不过,公开许诺单方公益捐献,对捐献者而言具有明显的正面宣传效果,捐献者在捐出财产的同时,存在着事实上的获利,因此即便是捐献者有理由撤回捐献时,其仍需通过与捐献许诺相同的公开方式进行撤回,以避免其获取不当利益。

四、因悬赏广告所引发的信赖之债

悬赏广告存在的历史十分悠久,几乎可以追溯到简单商品社会的早期。由于个人在实现其目的方面力有未逮,从而自然倾向于通过交换借助于社会资源加以实现,如悬赏寻找失踪的牛羊,悬赏求医问药,等等。随着市场经济逐渐发达,其适用范围不断拓展,从一般生活领域发展到经济、政治、文化、司法等其他领域[①],甚至扩大到诸如科学发现、探险、挑战极限、体育以及文学艺术等相关领域。悬赏广告的广泛采用,使社会资源配置优化,效率提高,因而成为人们日常生产、生活中常见的法律关系。

(一)悬赏广告的性质之争

悬赏广告所引发的法律关系是否属于信赖之债,这取决于如何为其定性,只有排除其合同定性,才有继续讨论的必要。事实上,这一问题长期以来并不十分明确。众所周知,关于悬赏广告存在着两种对立的观点,即合同说(亦称要约说)和独立行为说(亦称单独行为说)。合同说认为悬赏广告行为的性质是广告人为订立合同而向不特定的任何人发出的要约,行为人按照广告的要求所完成指定任务的行为则属于承诺,两者共同构成了合同的订立,而广告人向行为人给付报酬的行为属于合同的履行,故悬赏广告实质上属于合同的一种表现形式。而独立行为说却认为悬赏广告的性质乃是一个附条件的单方法律行为,悬赏广告中只存在广告人的单方意思表示,其内容为给付一定的报酬,而行为人完成指定任务的行

[①] 《史记》商君列传记载:"令既具,未布,恐民之不信,已乃立三丈之木于国都市南门,募民有能徙置北门者予十金。民怪之,莫敢徙。复曰'能徙者予五十金'。有一人徙之,辄予五十金,以明不欺。"

为并非意思表示,而是一种事实行为,该行为属于法律行为所附的停止条件,换言之,当指定任务完成时条件成就,该法律行为即发生法律效力,广告人应向行为人支付事先允诺的报酬。

其实,暂且抛开理论争论不谈,人类历史上本来就存在着典型的悬赏合同和悬赏广告两种形式,所谓典型的悬赏合同是指某人欲实现一个既定目标而与他人(一人或数人)订立以完成指定任务为前提而获得某项事先允诺报酬的协议。例如甲因患重病需野生人参滋补,遂与药农乙、丙共同订立书面合同,约定由乙、丙二人进山采药,谁先采回即可获得丰厚报酬若干,落后者则无报酬可言。悬赏合同与悬赏广告之间明显存在着两个区别:首先,悬赏合同针对的是特定的对方,前例中合同对方是乙、丙,只有乙、丙完成指定行为才有效,如由其他人完成,甲可不承认其效力;而悬赏广告则针对不特定人,任何人完成指定行为均有效。其次,悬赏合同中当事人形成合意在先,完成指定行为在后;而悬赏广告只要求广告人有意思表示,行为人则事先无需作任何意思表示。依逻辑事理,历史上应该是先有悬赏合同而后有悬赏广告,原因是:第一,悬赏基于信用而成立,即先有完成指定行为,后有报酬的给付。人类社会的早期,社会信用关系不稳定,陌生人之间缺乏互信的基础,社会公权力对民间信用的保护亦较为薄弱,所以悬赏行为一般发生在亲戚、朋友等关系密切、信用较有保障的人之间,而这些人之间自然容易采用悬赏合同。第二,古代文字和传播媒体不发达,不具有现代的广播、电视、报纸、杂志等大众传播媒体,广告主要采用的是"揭帖"形式,即在城门口等人流密集处张贴悬赏告示以达到广泛传播的目的。很明显,社会不断进步的结果,才使得悬赏广告使用频率逐渐增加,并最终取代悬赏合同成为这种特殊交易的主要形式。时至今日,为了实现自己目的而利用现代传播媒体,尽可能动员社会力量,增加目标实现可能性和效率,已成为人们的优先诉求,从而悬赏广告的运用已愈来愈普遍。尽管典型的悬赏合同形式依然存在,但人们却已很少再采用,甚至已将其遗忘了(仅在某些特殊情况下使用)。

当代社会信用保障法律体系已相当完善,人们在着手完成悬赏广告指定行为时,其实并不担心陌生的广告人会自食其言。由此可见,悬赏行为从针对特定人向针对不特定人的发展以及从与行为人事前有约定向事前没有约定的发展,具有某种规律性。我们可以进一步得出结论:以设定赏格形式换取他人某种行为结果的法律关系的发展历程,是从一种特定人之间的信用向不特定人之间信用的过渡,从合意(双方行为)向非合意(单方行为)的过渡。换言之,当代社会广告人与行为人之间是否存在合同信赖已不重要,他们已不再需要通过合同为自己和对方确定权利和义务,定位其相互信赖关系的职能已由法律的直接规定所替代。

现在回到关于悬赏广告性质的争论,我们可以从悬赏广告制度的发展清晰地看出某些端倪。合同说由于符合人们一般的思维习惯和思维传统,因而最早进入人们论证的视野;独立行为说虽不具有这一优势,却符合社会发展后法律和法学不断概括和抽象的结果。今天,由于社会关系的日益复杂性,为有效规范社会生活,更强调建立抽象、统一的法律概念体系,也更注重法律自身逻辑关系的一致性和精确性。从这个意义上讲,将悬赏广告界定为独立行为比之界定为合同似乎更合乎历史发展的趋势。

以上从历史视角考察了悬赏广告的性质,下面再转入逻辑视角。很显然,合同说存在着许多逻辑障碍,其至少在下列情形中均无法自圆其说:第一,行为人不知有广告而恰好完成指定行为。依合同说,要约人与承诺人之间必须具有主观上的意思联络,而实践中确实存在行为人不知有广告而完成指定行为的情况,双方自始至终未进行过任何意思交流。依照法律或诚信原则,此时行为人亦应该获得相应报酬,例如:"台湾地区民法"第164条规定:"广告人对于完成该行为之人,负给付报酬之义务。……前三项规定,于不知有广告而完成广告所定行为之人,准用之。"这里法律并未告诉我们行为人的请求权究竟从何而来。事实上该结论无法从合同说推导出来。第二,行为人开始不知有广告而完成了部分行为而后又知广告的情况。这较之第一种情况更复杂一些,例如甲刊登悬赏广告向他人征求两道数论难题的解,乙是数学爱好者,其在不知广告的前提下已证明出其中一道题,并在某数学刊物上公布了证明结果。看到广告后,其继续努力,又证明出了另一道题。此种情况用合同说如何解释?美国著名学者科宾的解释是:"一个正常的人,如果在实施了部分给付以后得知悬赏,一定会基于对该要约的信赖以及对悬赏金的期待而继续实施给付,因此,他已经有了对该要约的同意,他已经基于对它的信赖而实施行为,而立约人已经得到了他允诺给付的全部利益。要约人并未规定整个服务的提供必须采取对要约表示同意的方式;他只是允诺对这整个服务支付酬金。"①尽管科宾的解释是从合同理论角度解释的结果(英美法采合同说),但由于前一部分行为(证明第一题)是在乙不知有悬赏广告的情况下完成的,因此将其解释为合同承诺逻辑明显不通。即便科宾自己也指出:"要求承诺人为获得报酬而重复提供这种给付似乎是荒唐的。假如甲悬赏1000美元以期任何人攀上一堵墙并救下一个行将自焚者,难道一个已经攀上墙的人应该爬下墙来重新攀上去才能获得这笔悬赏金吗?假如甲悬赏一笔金钱以求犁一块田,难道乙在因为不知情而为其犁了一部分之后,还得把这一部分再犁一遍才能获得报酬吗?"②可见,对此种情况在英美法中解释起来过于牵强,依大陆法系逻辑关系准则同样难以成立。第三,广告指定行为在广告发布前事实上已经完成。依照合同说,合同订立应该先有要约后有承诺,而现在的情况是行为人不仅不知道要约,且由于其完成行为在广告之前(例如甲见到走失的小孩将其送回家,而送回小孩的时间是报社刊登甲悬赏广告之前的很短时间,甲根本来不及撤回广告)。如前所述广告人仍应支付报酬,但这却变成了承诺在前要约在后,故此时用合同说解释悬赏广告实在让人难以理解。第四,无行为能力人完成指定行为。例如5岁的儿童恰好拾得广告人悬赏寻找的其丢失的钻石戒指并归还失主。无行为能力人缺乏判断力和意思表示能力,无法正确认知广告的意义,故无从承诺;且拾得遗失物的行为仅是事实行为,难以被理解为意思表示。总之,相较于独立行为说而言,合同说在逻辑上漏洞百出,难以自圆其说。即使是在英美法系,以允诺+对价理论将悬赏广告解释为一种"单方合同"③,但该理论也遭到了不少学者的强力指责:"按照事物的性质,不可能存在像单务合同这样的东西。单务合同是一种法律上的谬误。""单务合同按其性质就像'只有单侧身体的大象'或者'只有单独一个人的孪生子'一样地不可思议。""在一个要约未得到承诺之前,其合同是单务的和不可能强制执行的,很明显,在这种情况下'合同'一语完全不应使用。"④

---

① L.A.科宾:《科宾论合同》(上),王卫国等译,中国大百科全书出版社1997年版,页125。
② L.A.科宾:同前注。
③ 单方合同也称为单务合同,但与大陆法系所谓的单务合同并非同一概念,为避免混淆,故本书采用单方合同的提法。
④ 转引自L.A.科宾:《科宾论合同》(上),王卫国等译,中国大百科全书出版社1997年版,页42。

其实,即使在采取合同说的法律体系中,对待上述情形也都要变通合同理论,方能保证当事人之间利益的平衡,如果始终坚持合同逻辑,社会效果必将大打折扣。相反,如果采取独立行为说,在实际操作中会合理得多,既不会危害交易安全和交易秩序,也不会导致当事人之间利益的不平衡。首先,依独立行为说,上述四种情况下行为人均有权向广告人主张获得报酬,而根本无需法律另行作变通规定,所以在不经意之中就弥补了合同说所遗留的漏洞。其次,依独立行为说,行为人只要完成指定行为即可获得报酬,这完全符合诚实信用原则,对行为人的保护至为周全,对广告人亦无不当之处,从而维护交易安全和交易秩序的意义明显。再次,悬赏广告属于一种特殊的交易方式,其存在只是当前社会交易契约化的例外,本身并不会对契约自由、意思自治构成任何妨碍。事实上,广告人正是根据意思自治原则发布悬赏广告,而行为人也正是根据意思自治的精神自主决定是否完成广告指定的行为,整个过程中没有任何力量能够强迫行为人的意志。

(二) 悬赏广告引发信赖之债

以上花费诸多篇幅讨论悬赏广告的性质,论证法律关系属性的目的已经实现了一半,即从理论上否定了悬赏广告属于合同法律关系。接下来将要论证的是,悬赏广告在被定义为单方法律行为时,当事人之间所形成的法律关系属性究竟如何。事实上,以德国为代表的立法例,对此却模糊以对,仅仅将其视为单方行为所生的法定之债,而未能更进一步说明这种法定之债的具体属性。依本书所见,悬赏广告社会职能的核心有二,其一是引发其他社会成员的足够兴趣来完成指定任务。完成任务不是慈善行为,要有报酬作为对价。其二是建立起充分信赖,广告人必须使他人相信,只要付出努力完成任务,即可获得广告人事前许诺的报酬。前者是意思自治的体现,而后者则是社会信赖的体现。如前所述,在双方并未建立起合同信赖的情形下,为什么行为人甘愿付出代价去完成指定任务?从表面看似乎是他对广告人单方意思表示的信赖,但其实悬赏广告制度本身已经使当事人之间的信赖,从主观信赖上升为客观信赖。换言之,与其说行为人是对陌生的广告人的人格信赖,毋宁说是对整个社会系统的信赖,对制度的信赖(参见第四章第三节)。对行为人而言,广告人的信用状况无从考察,也不重要,重要的是社会制度架构会支持他在完成任务后取得报酬。因为完成指定任务即意味着信赖之债生效。可见,当我们否定了悬赏广告的合同属性之后,对其性质的唯一合理解释就是信赖之债。

一般而言，悬赏广告发布后，某个具体行为人基于合理信赖实施指定行为并最终完成了任务，其行为触发了法律行为所附的条件，于是在任务完成者与广告人之间成就了一个信赖之债。这符合悬赏广告制度的设计初衷，即行为完成后的信赖之债才受到保护，而行为未完成前，行为人对广告人本无信赖利益可言，他应该风险自担。但这并非事实全部，其实即使在行为进行过程中，还存在另一种隐含的信赖之债，其表现为，一旦广告人发布悬赏广告之后，他还与每个指定任务的实施者（可能是多人）之间已经分别建立起了法定的信赖之债，这些信赖之债并非能够导致实施者获得报酬（获得报酬的人只能是完成指定行为的人），其所指向的是实施者完成任务过程中的正当信赖利益应受到法律的保护。

（三）撤销悬赏广告与信赖之债

对完成广告指定任务所形成的信赖之债，其法律效力过去讨论较多，兹不赘言；以下着重讨论另一种信赖之债的效力。这种信赖之债主要表现为两种情形，一是广告人发布悬赏广告后又撤回广告的情形；二是当指定任务存在多人分别完成的可能时（例如证明数学难题），广告人在已经接受了某个任务结果后是否存在公告义务。

所谓悬赏广告撤回的法律效力，是指悬赏广告自撤回行为生效时起丧失其法律效力，在此之后，即使行为人完成了广告所指定的行为，亦无权向广告人要求支付报酬。悬赏广告能否撤回，对此各国立法例较为统一的做法是允许撤回，理由是如果广告人对于交易的结果已失去了需要，仍要被迫完成该交易，则不仅造成社会资源的浪费，也对广告人的自由会产生不正当的限制。例如《德国民法典》第658条之立法理由书对此回答道："本草案虽建立在单独行为说之上，但仍承认悬赏广告之撤销。有认为悬赏广告系单方有拘束力之约束，故不得撤销，此项观点，实无依据。悬赏广告人所以因拘束力之约束而负义务，乃是因其有负义务之意思，从而悬赏广告得否撤销，应视广告人之意思而定。在悬赏广告未明定者，依自然情理，应认为广告人在指定期限完成前，保留撤销之权利。"[①] 不过，由于悬赏广告系向社会公开发出，具有社会公示效应，当广告人欲撤回广告时，其撤回必将涉及很多人的实际利益，因此有人对此表示反对，其理由是，悬赏广告本身具有特殊性，行为人是因为看到悬赏广告并信赖广告

---

① 王泽鉴：《民法学说与判例研究》（第二册），中国政法大学出版社1998年版，页70。

人会支付报酬而开始着手完成指定行为的。换言之,在行为人与广告人之间已客观上建立起了信赖关系,而其在完成过程中完全有可能并未看到广告人的撤回通知,如果允许广告人撤销广告,则意味着行为人前功尽弃,其为完成指定行为所花费的成本须自己负担,这势必造成行为人信赖利益受到损害,且不利于悬赏广告制度赖以存在的激励机制。反对者观点确实存在合理性,应予以考虑。然而这并不能成为彻底推翻肯定观点的理由。根据价值法学基本原理,当两种判断的理由均成立而根据该两种判断推导出的结论却相互矛盾时,既然无法从逻辑推理中获得正确答案时,法律只能通过价值判断从中进行必要的取舍与平衡。经过全面衡量正反两方的利益诉求,正确的观点是,原则上允许广告人在行为人未完成指定行为之前撤回广告,同时通过必要的变通规定,最大限度兼顾行为人的合法利益。正是这种变通,使得信赖之债有了用武之地。

广告人撤回悬赏广告,但如果行为人已为广告指定行为的完成支付了若干劳力、时间和费用,广告人是否应予以补偿?对此,德国民法虽未直接规定,但其司法实践中不认为广告人有补偿义务,理由是法律既然允许广告人自由撤回悬赏广告,则行为人为完成广告所支出的费用和时间均属于其应承担的风险。[①] 瑞士和我国台湾地区民法的规定却不同于德国,认为德国的规定未考虑到对行为人信赖利益的保护,因为行为人是看到悬赏广告并基于对广告的信任而开始着手完成指定行为的,如果广告人撤回广告,则意味着行为人此前的一切努力均属做无用功,不再可能获得任何回报,换言之,行为人在此受有信赖利益的损失,而这个损失由行为人自行负担对行为人明显不公。故《瑞士债法典》第8条和我国台湾地区"民法"第165条均规定:如果行为人是善意的,且在广告撤回前已着手进行广告指定的任务,则行为人可请求广告人补偿其因信赖而受到的利益损害。显然,两种做法的不同反映了立法出发点的差异,德国较为偏重于当事人的个人自由和意思自治,而瑞士与我国台湾地区的做法则更偏重于社会信赖利益的保护。比较而言,后者的做法更符合时代特征,也更为合理。可见,当法律承认广告人撤回悬赏广告时需要对行为人信赖利益有特别关注的义务时,即承认了双方之间存在信赖之债;当法律认可对上述行为人因合理信赖所受损失应予补偿时,同样也是基于对信赖之债

[①] 王泽鉴:《民法学说与判例研究》(第二册),中国政法大学出版社1998年版,页71。

法律效力的认可。

（四）有人完成任务后广告人的公告义务

悬赏广告中，在多个人均可能完成指定行为的情形（例如采集某种珍稀植物标本的悬赏广告），完成在先者可获得报酬，而完成在后者则无权获取报酬。由于广告具有公示性，很多看到广告的行为人可能仍处于完成的过程之中，如某人首先完成指定行为并获取了报酬，广告人此时是否有义务将该情况以公告形式告知其他正在或打算着手完成指定行为的人，以使其他人放弃无谓的努力？对此学理上有两种不同观点。观点一认为广告人在支付了报酬后没有公告的义务。理由是行为人完成指定行为的过程中应自担风险，如果公告义务被强加给广告人，其未履行该公告义务时将面临承担相应责任问题，这等于让广告人替行为人承担风险，与风险自担原则相悖。观点二认为广告人有公告义务，理由是：其一，应考虑整体社会成本的支出。以悬赏形式征求他人完成的行为通常具有相当难度，行为人一般均会投入必要的成本去努力完成任务。虽然就某一单独行为人而言其完成成本会受到限制（因每个人均不可能为了较小的报酬而付出较大的成本），但由于完成指定行为是由各个行为人分别独立完成，故每个行为人所支出的成本之和完全可能大于悬赏的报酬。尽管这些成本的确应属于行为人自行承担，但鉴于该成本之和显然远大于广告人作出公告的费用，故从减少社会成本浪费角度出发，广告人向社会公告实属必要。其二，应考虑各方利益的协调。公告与否显然对后完成指定行为的人影响较大。例如前述采集珍稀植物标本的案例，假设某人经过艰苦努力，耗费巨大成本终于完成工作，但当其交付结果时才发现其他人早已完成该结果并已获得了报酬，由于未经社会公示，后完成指定行为的人在这期间可能根本无法知晓，故而导致其本可节省的成本被白白浪费。这明显属于行为人的合理信赖利益受到了损害。考虑到当代社会人际信赖程度与日俱增，对广告人而言，举手之劳，善莫大焉。从实质正义出发，将该信赖利益的损失等同于风险，似对先完成者以外的其他行为人有失公平。综合衡量广告人与后完成人的利益关系，广告人的公告亦有必要。应该指出，广告人在已有人完成了指定行为后的公告，应立即以与广告相同的方式发布。从公告之日起，任何人再完成指定行为均不得向广告人请求补偿信赖利益，其他行为人是否知晓公告内容并不影响其效力。

不过，如果广告人在已履行了向先完成者的报酬给付后却未及时向社会公告的,亦应对其他行为人的信赖利益予以补偿。需注意,此时并非是对每个其他行为人的所有成本支出均要补偿,而仅应补偿其因未及时公告而导致成本支出的扩大部分。扩大部分的具体数额应由其他行为人负举证责任。不过一个较难解决的问题是,其他行为人可能不止一人,故他们的信赖利益损失总和可能很大,如果全部补偿对广告人而言显然负担过重,具体如何补偿还有待进一步探讨。

第五节 与代理制度相关的信赖之债

从某种意义上讲,代理的主要功能在于,代理人作为合同当事人之间的媒介,充当双方建立交易关系的桥梁。换言之,合同双方是借助于代理人的代理行为最终建立起合同信赖的。正常情形下,代理人的行为确实可以达到这一目的,不过现实中经常会出现因代理关系本身存在瑕疵而导致合同关系不能顺利建立的情形,有时甚至合同相对方还会因信赖代理关系而受到利益损害。于是,这就为相关信赖之债的建立埋下了伏笔。

一、无权代理与信赖之债

所谓无权代理是指行为人在无代理人资格的前提下仍以代理人身份实施代理行为的情形。无权代理在本人拒绝追认的情况下一般不会对本人产生法律效力。然而,无权代理人的行为并非不会发生任何法律效力,该效力事实上仅发生在行为人(无权代理人)与合同相对人之间,效力内容主要是行为人对相对人是否负有义务和负有何种义务的问题。具体效力有二:第一,如果相对人知道或应当知道行为人无代理权仍与之订立合同,应自担风险,无权向行为人主张损害赔偿,"因为在这种情况下对于交易对方当事人没有予以保护的必要"[1]。第二,如果相对人为善意的情况下法律效力则有不同,此时,无论行为人是否明知自己无代理权,都会使相对人产生正当的信赖,并形成交易信赖利益。如何保护此利益?学说上最初主张通过侵权法来保护;亦有学者认为行为人与相对人之间形成了"默示担保契约",如果本人不予追认,则行为人对相对人基于该担保契约承担担保责任。[2] 但后来在耶林缔约过失思想的启发下,学界逐渐认

---

[1] 卡尔·拉伦茨:《德国民法通论》(下册),王晓晔等译,法律出版社2003年版,页877。
[2] 转引自王家福主编:《民法债权》,法律出版社1991年版,页615。

识到此时行为人的责任与合同无效或被撤销后的责任一样,其实就是信赖责任,并形成了法定担保责任理论(gesetzliche Garantiehaftung)。① 德国学者弗卢梅曾明确提出:无权代理所产生的责任"不属于基于法律行为而产生的责任,然而,它也不仅仅是基于缔约过失而产生的责任,……它属于一项法定责任,即代理人因其在合同缔结时的行为构成对附带声称代理权存在的担保而承担责任"。②

显然,侵权说最不靠谱,因为无权代理行为毕竟是间接对本人构成损害,故与侵权行为存在较大差异。而默示担保契约说欲通过扩张来解释合同的做法亦属牵强,因为相对人由于不知道行为人无代理权,其根本不可能存在与行为人一起形成共同意思的事实基础。相对而言,法定担保责任或缔约过失责任的观点最为接近真理,因为该观点来自信赖利益保护原则,其认为之所以在行为人与相对人之间基于行为人声称自己有代理权而形成了某种"法定担保"的法律关系,是因为行为人的"代理行为"本身获得了善意相对方的合理信赖。不过无论是弗卢梅还是梅迪库斯都未曾说明,该法定担保责任的法律关系基础是什么。从根本上讲,最恰当的解释其实是将该法律关系界定为信赖之债。行为人欲以代理人身份与他人订立合同,就必须使他人信赖自己是适格的代理人,因而当行为人以代理人身份与善意之相对人进入交易接触的一刻起,相对人对行为人的信赖利益就依照法定或者诚实信用原则而已经产生了,由此双方建立起一种基于信赖的法律关系。需强调指出,该关系与本人和相对人的合同关系相互分离,各自独立。如果其代理人身份真实,随着代理行为使本人与相对人之间合同关系得以建立,行为人即完成了其信赖义务的履行。之所以此时相对人会相信代理人有代理权,不是基于代理人"默示担保"的意思表示,而是基于其对声称自己有代理权的"法定担保责任"。这种法律关系的本质不是别的,而是信赖之债。但如果行为人没有代理权,则意味着其辜负了相对人的信赖,违反了其担保自己拥有代理权的法定担保义务(信赖债务)。依据信赖之债的规定,此时行为人应对相对人进行必要的信赖损害赔偿。

---

① 参见:迪特尔·梅迪库斯:《德国民法总论》,邵建东译,法律出版社 2001 年版,页 743;王泽鉴:《民法学说与判例研究》(第六册),中国政法大学出版社 1998 年版,页 5。

② 维尔纳·弗卢梅:《法律行为论》,迟颖译,法律出版社 2013 年版,页 956。

二、无委托合同却有授权与信赖之债

自从德国法学家保罗·拉班德(Paul Laband)发现了委托代理关系中授权行为与基础关系之独立性的秘密后[1],委托代理权制度得以长足发展,同时也引发了相关理论的进一步争论,其中之一就是当委托代理中无委托合同却存在本人的单方授权行为时,在本人与代理人之间是否产生债的关系。我国台湾地区"民法"第176条虽然明确将代理权的授予作为债的发生原因,但通说对此却持否定见解。[2] 王泽鉴对此曾详细论述道:"本人虽对于代理人授予代理权,代理人对于本人并不因此而负有代理行为的义务。其实代理人负有此项作为义务者,乃本人与代理人之间的委托、雇佣等基本法律关系,而非代理权授予行为。代理权之授予本身在当事人之间既不产生任何债权债务关系,自非为债的发生原因。"[3]此观点的理由归结为一点就是:"任何人不能以单方的意思,而使他人在法律上负有某种作为的义务。"[4]

此论述虽有见地,但却值得商榷。毫无疑问,这种观点来自普遍适用的个人自由与意思自治等指导原则,其在近现代债法中也确有广泛的适用余地。然而,随着社会进步,当代债法的一个重要改变就是必须照顾到人与人之间愈来愈普及的社会信赖,即使在没有合同关系作为保障时,由于人际必要的信赖利益存在,一方在与他方交易与交往过程中,必须对他方合理信赖利益尽到必要的注意。换言之,如果依传统债法,当事人之间在没有合同约束时,其具有充分的个人自由;但基于当代债法所贯彻的协力、合作精神,法律在必要时会对即使没有合同约束的当事人施加某种法定约束。其实这并不难理解,例如在前述没有委托合同却有授权的代理中,法律的确没有能力约束被授权人实施代理行为,因为没有委托合同或雇佣等基础关系,即意味着其没有接受代理使命的意愿。事实上,该意愿受到合同自由原则的保护。

然而被授权人的自由仅限于此。本人的授权行为属于单方行为,一经授权,被授权人就获得了委托代理权。一方面,他固然可以不接受授

---

[1] 参见王泽鉴:《民法学说与判例研究》(第三册),中国政法大学出版社1998年版,页4。
[2] 王泽鉴:《民法总则》(增订版),中国政法大学出版社2010年版,页461。
[3] 王泽鉴:同前注。
[4] 王泽鉴:同前注。

权,具体表现为其可以放弃权利,什么都不做;但另一方面,他如果实施了代理行为,他显然也有权这样做。不过这对本人与被授权人的关系又意味着什么呢?一种解释是双方默示地建立起了委托合同关系。这种解释较为牵强,因为委托合同内容较为复杂,且对被代理人意义重大,理解为默示不仅有被强加的感觉,也往往难以概括合同的基本内容。另一种可选择的解释是无因管理,即没有合同约定,代理一方为本人管理事务。不过正如梅迪库斯所疑虑的那样,该解释也并不"非常奏效","仍然可产生被授权人缺乏[内部]拘束的危险"①。疑虑显然是现实的,在没有合同的情况下,如果自由是主基调,一旦本人的单方授权行为不能产生对代理人的任何法律约束,那么当被授权人在代理过程中,因违反注意义务(台湾地区"民法"第535条)或者因过失致本人损害以及因越权致本人损害(台湾地区"民法"第544条)是否要承担相应法律责任呢?其赔偿责任的法律依据又是什么?其实,正确的认识是,只要被授权人开始实施代理行为,在本人与被授权人之间即已经形成了某种基础性法律关系。对此完全可以类比本书前面关于无因管理的相关论述(参见第十一章第一节),被授权人在决定代理之前拥有完全的自由,他可以自由选择是否实施代理行为,然而其代理行为一旦开始实施,则其自由意志立即被信赖保护原则所替代,其行为将受到该原则的直接约束。该约束根据具体表现为,被授权人需要像管理自己事务那样实施代理行为,如果超过授权范围或者违反上述注意义务造成本人的损失,应予赔偿。

当我们排除了合同和无因管理之后,其实还存在另一个可能的解释选项,即被授权人上述法律后果的性质是法定的信赖之债。该行为可以分为两个阶段,在第一阶段,自由价值优先,被授权人有选择代理与否的自由。尽管本人的单方授权行为不能产生对代理人的任何法律约束,但紧密的社会依赖性却会在双方之间产生必要的法律约束。一旦被授权人开始着手进行代理行为,就进入了第二个阶段,于是本人对代理人的信赖利益便产生了,而法律随即会确定双方形成了信赖之债法律关系,基于诚实信用原则和公序良俗原则,代理人应履行其尽到必要注意的法定义务。可见,将无合同却有授权的委托代理行为理解为法定信赖之债的履行行为,不仅逻辑关系通顺,而且与当代债法发展趋势相吻合,同时在解决无

---

① 迪特尔·梅迪库斯:《德国民法总论》,邵建东译,法律出版社2000年版,页720。

合同所导致的"请求权空缺",以及避免无因管理所带来的代理人的"约束欠缺"方面也具有较好的效果。

三、滥用代理权与信赖之债

某种意义上说,滥用代理权是滥用权利的一种,该内容同前面讨论过的权利滥用与信赖之债问题具有一定重合性,但鉴于此处专门讨论代理权相关问题,故特将代理权滥用与信赖之债的关系问题移到此处予以讨论。所谓代理权滥用,是指有代理权但实施时却故意超过必要限度的行为。如前所述,任何权利都是有一定限度的,代理权亦不例外,如果超过必要限度,其结果就会造成对被代理人利益的损害。这说明,无论法定代理还是委托代理中,代理人除了拥有代理权之外,对被代理人还负有某种注意义务,即代理人必须站在被代理人立场之上,以被代理人利益最大化为原则,不得将手中的代理权作为损害被代理人利益和为自己谋取利益的直接手段。过去当我们讨论代理权问题时,着重点往往在于代理人代理权的有无,而较少考虑代理过程中代理人对被代理人利益的注意义务,以至于忽视对其本质的探讨。代理人注意义务的性质如何?能否认为在法定代理中属于法定义务,而在委托代理中属于约定义务呢?其实,这两种情形下代理人的注意义务属性并无不同,均具有法定性。换言之,该义务的存在本质上与约定无关(尽管在委托合同中并不排斥约定),其来源与合同中的附随义务异曲同工,都来自诚实信用原则和公序良俗原则,无论双方的委托合同中有无约定,均不影响上述义务的存在。

由此推导,无论哪种类型的代理关系中事实上都存在着两种性质的法律关系,其一是关于代理本身的内容,包括代理事项、代理方式、期限、报酬等;其二是关于代理人的注意义务。前者指向代理任务如何实现,后者则是为实现代理目的提供必要的辅助与保护。后一种法律关系的本质其实就是信赖之债。可以说,代理人妥善完成代理事项,一方面履行了对本人的代理义务,另一方面也履行了信赖之债。反之,如果代理人故意违反上述注意义务的要求,达到一定的严重程度,可能的结果是,对善意相对人而言,其代理行为尽管有效,但对被代理人而言,由于其未能善尽职守,故存在对信赖之债的违反而承担相应赔偿后果。如果违反注意义务的情节更为严重,则可能构成代理权的滥用,在一定条件下,最终代理还会被认定为无效。

作为代理人违反注意义务最严重情节的代理权滥用,法律上一般规定了三种具体情形,分别是自己代理、双方代理以及代理人与第三人恶意串通损害本人利益的行为(我国《民法总则》第 154 条、第 168 条)。自己代理,亦称为自我缔约行为,是指代理人以被代理人名义与自己实施法律行为。一般而言,自己代理在形式与实质两方面均违背了代理基本准则。形式上,自己代理不存在真正的协商过程,相当于自己与自己进行交易,双方意思表示合致仅流于表面;实质上,自己代理的代理人同时代表两方利益,而在自己利益与被代理人利益存在冲突时,由于没有制约,其出于自私目的而损人利己的机会极大。监护人将被监护人财产低价贱卖给自己获利,公司代理人将自己质次价高的商品卖给公司以获取不义之财,均属著例。由于自己代理公然背离了代理的本质要求,故意违背了代理人对被代理人的注意义务,严重辜负了代理关系中本来存在的被代理人的合理信赖,因而属于对信赖之债的违反。除了得到被代理人追认的情形之外,不仅其代理行为无效,如果造成被代理人损失的,代理人还会因违反信赖之债而赔偿相关损失。

  双方代理,是指代理人以被代理人名义与自己同时所代理的其他人实施法律行为。与自己代理一样,双方代理亦不存在双方的意思协商,代理人同时作为合同双方的代理人,只要自己与自己协商合同就能订立。由于缺乏制约,双方代理中的代理人可以轻易决定合同的全部条款,这种做法充满了损及一方的道德风险。例如:父亲利用法定代理人的身份,将未成年继子女的财产转移到亲生子女名下。又如:甲乙公司分别是交易的双方,因偶然原因恰好都委托了丙作为各自的代理人,丙见有机可乘,便利用该身份故意偏向甲方,使乙方正当利益受损。双方代理同样属于违反了对被代理人的注意义务并损害了被代理人的信赖利益。在没有得到被代理人追认的情形下,不仅代理行为可能无效,造成受害人信赖利益损失的,代理人还应予以赔偿。应当注意,在双方代理中所考虑的因素与自己代理略有不同。自己代理中,代理人即为损人利器的受益人,故合同可以较轻易地认定为无效;而在双方代理中,由于代理人同时代表了双方利益,故当丙的代理行为偏向乙方而损害甲方利益时,也许由于丙的知识、经验以及信息不足,尚不知道这一不公平的存在;同时,乙方也并不一定明知或应知自己是受益者(属善意相对人)①,故此时合同并不当然无

---

  ① 德国司法实践中,判断合同相对方明知或应知的折中化观点(通说)是:"如果代理人以显属有疑的方式行使其代理权,以致合同相对人非产生合理的疑虑不可,即怀疑代理人对被代理人有无诚信的行为。"参见迪特尔·梅迪库斯:《德国民法总论》,邵建东译,法律出版社 2001 年版,页 729。

效。不过甲方可视合同交易背离客观等价的程度,以显失公平为由要求撤销该合同。一旦合同因撤销而无效,甲乙双方皆可以代理人违反对被代理人的注意义务为由向代理人主张信赖债权。

代理人与作为合同相对方的第三人恶意串通损害被代理人利益,也属于滥用代理权的典型情形。例如:果品公司业务员奉命为公司采购水果,但其利用公司代理人身份与某服装公司恶意串通,购买该公司大量质次价高的滞销衬衫,业务员个人获取巨额回扣。此时,不仅恶意串通行为本身因违反法律或者公序良俗而无效,因代理而订立的合同亦同样无效。如果上述行为造成被代理人损害的,则会分别引发两种信赖之债的法律后果,其一是代理人违反对被代理人的注意义务而应承担信赖利益损害赔偿;其二是参与恶意串通的合同相对方因合同无效而引发的对被代理人的信赖利益损害赔偿(基于缔约过失的信赖之债)。这两个债的性质尽管都是信赖之债,且共同造成被代理人的信赖利益损害,但其分别属于不同主体之间的不同法律关系。

四、未成年人未经法定代理人允许的法律行为与信赖之债

依照民法原理,无行为能力人对外的法律行为应由其法定代理人代理;限制行为能力人仅能独立实施与其年龄和智力相当的法律行为,超出该范围则须经过其法定代理人代理或者允许(包括事前同意或事后追认)。由于未成年人的合同相对方往往是完全行为能力人,在两者利益对立的情形下,前者极易成为后者利用智力、知识与经验损害其利益的受害者,故该制度显然系以保护无行为能力人和限制行为能力人为出发点而设计。通说一直认为,对未成年人利益保护应为法律的优先选择,用拉伦茨的说法:"根据法律的评价,对无行为能力人的保护优先于对交易的保护。"[①]因为相比较而言,合同相对人是完全行为能力人,有足够的能力保护自己的利益,而未成年人由于缺乏判断力,不足以保护自己的正当利益,故法律选择偏向保护未成年人实属正当。

然而有疑问的是,如果上述行为中的合同相对人为善意,结果又当如何呢?这里的善意是指相对人不知道也不应知道行为人系无行为能力人或者其行为超出了判断力范围。与前述保护未成年人的观点一致,通

---

① 卡尔·拉伦茨:《德国民法通论》(上册),王晓晔等译,法律出版社2003年版,页142。

说认为,只要该行为未得到追认,即使相对人无过错,合同亦不能生效,且相对人的信赖利益也不能得到保护。梅迪库斯曾详细说明了个中缘由:"无行为能力及其原因毋须具有可识别性。因此,他方当事人完全可能在没有任何过失的情况下信赖某项行为的有效性,而该项行为实际上因[行为人]没有行为能力而无效。我们的法律制度从来不是因为对交易的诚信导致交易效力而保护这种信赖:法律之所以规定了[无行为能力人从事行为的]无效性,恰恰是为了保护无行为能力人。这种保护应当与对方当事人的善意或者恶意无关。"①这可谓是近现代民法对此的经典解释,也是对前述保护未成年人利益优先于保护交易安全观念的权威注脚。不过,随着时间的推移,对此的批评声音开始出现,认为善意相对人的信赖利益亦有保护必要的呼声逐渐增高。显然,梅迪库斯也看到了这一情况,而他也表现出一种矛盾心态。一方面他表示:"可以考虑采用一种'折中的方案'……虽然规定无行为能力人从事的行为无效,即[相对人]不得要求无行为能力人履行该行为,但是如果相对人并无过错,则至少应赋予其要求赔偿信赖损害的权利。"②但另一方面,他却坚定地认为:"然而,法律并没有规定无行为能力人要承担这种赔偿义务。这也就是说,在通常情况下,每一个人都应当自行承担碰见无行为能力人并因此遭受信赖损害的风险。"③

　　本书的观点是,如果综合考量各方现实利益与当前时代特点,至少应该承认在一定条件下善意相对方的信赖利益优先于未成年人的利益。具体理由如下:首先,行为相对人是善意的。这意味着,除了从外观上就能够直接分辨出交易对方的行为能力以外,相对人将难以确定与自己进行交易的人欠缺行为能力。假设未成年人拿着证明自己成年的高仿假身份证件要求订立大宗合同,相对人由于缺乏有效的技术验证手段,故而只能选择相信。又如,未成年人甲因考上了理想的高中,为了庆祝,他偷了父亲的信用卡并猜中了信用卡密码,邀请多位同学到某高级餐馆聚餐,消费价值超过万元。点菜过程中,当餐馆老板对其行为能力表示怀疑时,甲拿出其"干爹"模仿其父亲手写的同意书,并将其"干爹"的手机号冒充其父亲的号码交给老板让其验证。此时餐厅处于十分尴尬的境地,一方面,作

---

① 迪特尔·梅迪库斯:《德国民法总论》,邵建东译,法律出版社 2001 年版,页 417。
② 迪特尔·梅迪库斯:同前注。
③ 迪特尔·梅迪库斯:同前注。

为公共服务机构不能随便拒绝顾客；但另一方面，欲有效验证甲的行为是否得到法定代理人的事前同意，不仅手段有障碍，时间也不允许。此时，对善意相对人正当利益有保护必要。其次，未成年人的法定代理人与善意相对方的利益存在不平衡。法律规定，父母对未成年子女所为的法律行为有追认权，这使其居于主动地位，可以相机行事；但相对人由于难以否定该行为人的行为能力或者无法否定其已得到法定代理人的同意，因而事实上失去了对等行使催告权和撤销权的机会。如果法律对上述利益不平衡因素置若罔闻，显然会有阻碍交易的负面效果。最后，也是最重要的一点，在当前法律社会化的时代背景下，法律的权利观念已经从单纯保护转向了利益的综合平衡。具体讲就是尽可能兼顾社会中各种正当利益，不因片面强调某项利益而忽略其他相关利益的合理性。我们不排除在很多情形下无行为能力人的利益会优先于交易安全利益，但这种优先并非绝对。假如追求任何条件下对未成年人利益保障的绝对性是传统民法基本特征的话，那么当代民法则以追求利益保护与合作、信赖的相互协调为时代特点。换言之，以前认为单纯权利保护就能实现社会安定，现在则认为利益包容与必要的妥协才是使社会更加和谐的法宝。

如果我们将平衡观念引入未成年人与善意相对人的上述关系中，就会得出如下结论：从保护未成年人立场出发，需要将其超越行为能力范围且未取得法定代理人同意的行为定性为无效，但亦需要考虑到对善意相对人合理信赖利益的保护。具体而言，未成年人及其法定代理人在与他人建立合同关系时，存在着一项注意义务，即不得利用自己的年龄与智力等行为能力问题，作为欺骗他人的工具同时又作为逃避责任追究的手段。这即意味着双方之间法定信赖之债的产生。如果未成年人违反信赖之债，法律尽管应认定该未成年人所为的法律行为无效，但亦应允许享有合理信赖利益的相对人向该未成年人及其法定代理人主张信赖损害赔偿。

其实，由此还派生出另一项信赖之债，就是当未成年人超出行为能力范围实施法律行为时，如果其法定代理人追认发生错误，固然可以撤销追认，但如果该追认使善意合同相对方信赖利益受到损害，该法定代理人亦存在损害赔偿的必要。我们知道，未成年人实施超出其判断力的法律行为，一般属于效力待定，如欲使该行为发生法律效力，还需要有其法定代理人追认的辅助法律行为。但有时会出现法定代理人因得到错误信息或者自己的误解而错误追认的情形。具体可分两种：前一种情形，由于合同相对人提供了错误信息致使法定代理人错误追认。例如合同相对人对未成年人实施价格欺诈,间接欺骗了其父母,其父母可以依据欺诈相关规定而要求撤销追认的意思表示,自不待言。另一种情形是,合同相对人并未实施任何欺诈(属善意),而是由于未成年人直接向其父母提供了虚假信息,导致父母对其行为进行了追认。例如,未成年人甲通过分期付款方式向游戏机经销商乙购买高档电子游戏机一台,价值6000元。第一期付款为600元,以后每个月600元,直到付清全款为止。乙在交易时出于慎重,要求甲回家征求父母意见。甲自己积攒了600元零花钱,只够支付首付款,于是欺骗其父母说该游戏机总价为1200元,其父母认为便宜,遂向乙表示追认该法律行为,并且还在第二个月支付了另外一笔600元。当第三个月甲无法支付新一笔货款时,其父亲才得知真相,并提出要求撤销该追认行为。传统民法对此的做法是,未成年人的父母可以撤销追认行为,且将撤销后的不利后果分配给了善意的合同相对人。这种做法值得商榷。首先,某种程度上说,未成年人的父母尽管也属于无辜,毕竟其追认也是在受蒙蔽的情况下作出的。但是,虚假信息是由其子女提供的,本质上父母与子女处于利益的同一侧,属于利益共同体。其次,父母在这种情况下不应该被子女所蒙蔽,因为他们的社会经验完全可以支撑其对该游戏机的真实价格作出正确判断,故法定代理人属于应知子女存在说谎情形。再次,当法定代理人对价格有疑问时,不应马上予以追认,而应立即向卖方询问,这样自然就会发现问题。而甲的父母未经任何核实,就选择了无条件相信甲的话,存在一定过失。此外,合同相对人乙在整个交易过程中是无辜的,其并无任何过错,如果法律让其承担该行为的全部风险显然有违公平。综上,尽管甲的法定代理人无论是在甲的欺骗下还是在自己的错误认识之下,其所作出的错误追认意思表示均可以类推适用因重大误解而为的法律行为的撤销,但这并不能免除未成年人和其法定代理人对善意合同相对人所造成的信赖利益损害的赔偿。事实上,甲的法定代理人在决定是否行使追认权时,其对善意相对方存在着一种法定信赖债务,即保证自己不因错误追认而给对方造成损害。其原理与因重大误解而为的法律行为的撤销以及误解一方要赔偿合同相对方信赖利益的原理并无二致。

五、表见代理所引发的信赖之债

表见代理仅发生在无权代理当中。无权代理中行为人的所谓代理行为与本人"表见的"授权行为相结合,往往会造成行为人有代理权的假象(外观),而善意相对人根据交易中的正常判断标准往往无法对此予以鉴别,因而只能选择相信行为人有代理权。出于维护交易安全的需要,法律应保护相对人合理的信赖利益,使本无权利依据的代理行为生效或者使相对人产生对本人的某种债权。用学者的话说:"权利可以仅仅根据相信表见的人的信任而产生"①,或简言之,"误信,权利的来源"②。不过,基于表见代理在本人与相对人之间引发的法律关系究竟为何种性质,学界却存在以下分歧:

观点一:视为有代理权。本人虽未授予代理权,但行为人的所谓代理行为引起善意相对人的合理信赖时,"代理人即被视为已获得授权"③。原因在于行为人"是以可推断行为形成的授权代理权"④,此亦可以解释为"由自己之行为表示以代理权授予他人"⑤,或者是"由于特殊原因,一项不是法律行为的行为被赋予了法律行为的效力"⑥,由此可见,当代理人基于推定而获得授权并构成有权代理时,本人与相对人之间通过约定形成了合同法律关系。此观点尽管以默示推定方式将上述代理解释为有权代理,实现了对善意相对人的信赖利益保护,但其缺点在于,将法律关系建立在推定授权的意思表示之基础上,如果本人举证推翻上述推定则难以自圆其说。我国现实中,企业对外订立合同通常采用在合同上加盖公章的方式证明合同的成立。如果一份合同书上虽然盖有某企业公章,但该企业通过监控录像证明此公章系盖章人从公司保险柜中偷窃并盗盖于合同书上,这显然无法当然地推断出代理权的授予。

观点二:严格区分容忍代理权与表见代理权。将本人知道行为人擅自为代理行为而听之任之的容忍行为"视为代理权"和"推定代理权"的授权行为。此与观点一相同。但是,在本人因疏忽大意没有及时察觉行为人擅自为代理行为的情况下,由于不存在可以被推定的条件,"表见代理权至少不是下列意义上的一般法律制度:纯粹因疏忽大意的行为即可产生代理权效果(mit Vollmachtswirkungen)。这也就是说,在通常情况

---

① 雅克·盖斯旦、吉勒·古博:《法国民法总论》,陈鹏等译,法律出版社 2004 年版,页 784。
② 雅克·盖斯旦、吉勒·古博:同前注,页 780。
③ 迪特尔·施瓦布:《民法导论》,郑冲译,法律出版社 2006 年版,页 546。
④ 转引自迪特尔·施瓦布:同前注,页 545。
⑤ 王泽鉴:《债法原理》(第一册),中国政法大学出版社 2001 年版,页 321。
⑥ 迪特尔·施瓦布:《民法导论》,郑冲译,法律出版社 2006 年版,页 546。

下,行为相对人对被称为是被代理人的人不享有履行请求权。但行为相对人可依缔约过错为由请求损害赔偿。不过这种损害赔偿请求仅仅以消极利益为限,即只能要求赔偿因信赖[行为人]享有代理权而遭受的损害。"①归纳起来,该观点认为只要本人不存在授权的情形下,无论其是否有过错皆无代理权(商事代理除外②),自然也不会产生有效代理的结果,但如果本人存在过错,则应对善意相对人承担缔约过失责任。此观点的优点在于,其克服了观点一中简单以意思表示推定来解释的不足,并且考虑到了对善意的合同相对方信赖利益的保护,故相较于观点一有更多合理性。但仔细分析可以发现其仍然存在着以下两点不足:第一,行为人擅自实施代理行为而本人并无过错时,则本人不存在"表象的可归责性",合同相对人难以向本人追究缔约过失责任,因为缔约过失责任被追究的前提是本人存在过错。但此时善意相对人的利益应如何保护?观点二未予解释。第二,即使在本人有过错的情形下,如果本人或合同相对人提出撤销合同的请求,则使本人承担缔约过失责任并无疑义,但如果本人或相对人均拒绝提出合同撤销请求,依据私法自治原则,该代理行为难以启动确认无效的程序,缔约过失责任的追究亦无法实施。

观点三:为了克服观点二的不足,德国学者皮特斯(F. Peters)提出如下修正:"如果有人有过错地造成了授予有效代理权的法律表见,那么在特定条件下,他负有根据第826条规定,对代理人从事的行为表示追认的义务。"③也就是说,尽管本人没有授权,但行为人以代理人身份与善意相对人订立合同,只要相对人有理由相信其有代理权,那么,法律依照善良风俗可以强迫本人追认行为人的代理权。一旦追认,则行为人的行为即视为有权代理。如果本人拒绝追认,则依法应赔偿善意相对人因此所受到的损失。该观点的新颖之处在于,其在一定程度上突破了以意思表示理论理解授权行为的含义,将本人对无权代理的追认权利转变为一种强制的法定义务,从而实现更完整保护相对人信赖利益的目的。不过该观点遭到了拉伦茨与梅迪库斯的一致反对,他们从坚决维护个人意思自治的立场出发,认为追认是权利而不是义务,并提出"被代理人有权自由决定是否追认,因而拒绝追认也不可能是侵权行为"④。

---

① 迪特尔·梅迪库斯:《德国民法总论》,邵建东译,法律出版社2001年版,页733。
② 迪特尔·梅迪库斯:同前注,页734。
③ 参见迪特尔·梅迪库斯:同前注。卡尔·拉伦茨:《德国民法通论》(下册),王晓晔等译,法律出版社2003年版,页894。
④ 迪特尔·梅迪库斯、卡尔·拉伦茨,同前注。

上述观点虽然各抒己见,但彼此对立,任何一种观点都无法形成压倒性优势。如何对待上述对立的观点?本书认为,只有另辟蹊径才能得出正确结论。很明显,表见代理中矛盾的核心在于,本人授权行为中所蕴含的自由利益与相对人基于相信存在授权而享有的合理信赖利益之间的冲突。因此围绕着这一核心来思考才是解决之道。的确,代理(尤其是委托代理)是市场经济社会中人们从事自由交易的组成部分,自由意志是这一社会活动的基本特征,本人通过授权委托他人代理自己从事民事活动,正是这种自由的具体体现。总体而言,法律不应当限制这种自由,更不能强迫本人进行授权。然而我们应看到,当代社会相较于近现代社会所发生的最明显的变化之一,就是当前人与人之间的社会依赖性不断强化,其结果已达到了这样的程度,以至于对社会信赖的保护在很多时候相较于其他利益而言具有优先性,而这正逐渐成为学界的普遍共识。正如有学者指出的:"独立的表见理论则将该问题提到一个更广泛的层面上:这是两种法律安全观念的冲突。'说到底是两种不同的生活观念'。"[1]由此可见,现在问题的难点是在强调信赖利益的同时,法律究竟能够在多大程度上挣脱个人自由的羁绊。换言之,就是信赖利益与个人自由的合理界线应该如何划定。当然,我们不能指望会有一条明确且客观的界线存在,因为自由与信赖的相互关系在不同领域和不同时代都有其各自定位,一概而论是不现实的。不过,皮特斯的观点对我们仍具有启发性。因为价值法学告诉我们,应从不同利益的具体社会价值出发去思考其优先顺位,法律经过具体比较,会赋予现实中具有更大社会价值的利益以更高的法律效力。尽管皮特斯未明确表达,但正是从其所提出的"强迫追认说",我们看到了在表见代理中法律的利益选择与价值顺位。也就是说,皮特斯深切体察到此时表见代理成立的社会必要性,以及表见代理关系中所展现的社会利益价值相较于个人自由价值的优先性。而这正是他能够突破个人意思自治原则而提出"本人对代理人行为有追认的法定义务"的深层原因。

其实,我们不妨沿着这一思路走得更远一些。在表见代理的情形中,要敢于不拘泥于本人授权之自由意志的成见,而是以诚实信用与公序良

---

[1] 雅克·盖斯旦、吉勒·古博:《法国民法总论》,陈鹏等译,法律出版社2004年版,页784。

俗的名义,完成法律对相对人权利的直接赋予。其结果是,合理的社会信赖所"产生的法律后果使事实的真实优于了法律推理的真实"[①]。众所周知,传统上表见代理一旦成立的法律后果是本人与相对人之间成立合同之债,但其实这是一种以讹传讹的说法,事实上,本人与善意相对人双方从来没有就合同达成过一致的意思表示,这种意思表示一致仅仅停留在法律解释层面。对于这种被强加的所谓合意,用任何双方约定的自由意志或者对自由意志的推定来解释都是牵强的。那么,其法律关系的效力来源是什么呢?这里借助于法国最高法院针对表见所有权权利来源的认定来回答:"……受共同错误支配的善意第三人不是从表见所有人那里,也不是从真正的所有人那里获得其权利;这些权利是法律赋予的……"[②]的确如此,本人与相对人之间的债权债务表面看来似乎是约定之债,但基础其实并非来自约定,而是来自双方的社会信赖,而法律正是基于这样的信赖完成了法律关系的赋予。我们没有必要纠结于是否存在授权、以什么方式来授权以及授权是否属于强迫等等,正是由于自由意志的观念使我们的思路受到了局限。如果我们勇于跳出原有格局,将本人与善意相对人之间的法律关系从原本定位为合同关系转而解释为基于社会信赖而形成的法定之债——信赖之债,这样,我们将不会再纠结于是否存在合同,合同是否有效,本人是否存在过错等等争议,前述矛盾自然就迎刃而解了。

总之,无权代理在大多数情形下均不能在本人与合同相对人之间产生法律关系,其原因自然是本人与相对人之间没有建立起合同关系,这当然源自个人自由和意思自治理论。但这种理论的适用有例外,在符合表见代理特殊条件的情形下,本人与相对人的关系会突破意思自治,而形成一种本质上属于信赖之债的法律关系,这种关系的结果大体与有效代理的结果相当。故而我们一般可以这样归纳:表见代理虽然源自"无权代理",但其却可以形成"有效代理"的结果。当然,这会带来如下疑问:表见代理制度所保护的是信赖利益,而该利益属于消极利益,因而会小于合同履行利益。这样会否因不承认存在合同关系而造成对善意相对人保护不

---

① 雅克·盖斯旦、吉勒·古博:《法国民法总论》,陈鹏等译,法律出版社2004年版,页789。

② 雅克·盖斯旦、吉勒·古博:同前注,页783。

周之虞？事实上，交易信赖利益并非始终小于履行利益，而是小于或者等于履行利益，故相对人在表见代理中所获得的信赖利益可以根据实际状况加以确定，但至多只能达到与合同之债的利益相等的程度。

第六节　与侵权关联密切的信赖之债

本书前面提到，信赖之债是在合同之债和侵权之债之间生长出的新类型的债，与另外两者一起共同构成了债的制度谱系。如同信赖之债容易与合同形成粘连需要剥离一样，其与侵权之间的定位也亟须界定。事实上，在信赖之债概念未出现之前，很多因社会信赖所形成的信赖法律关系已经存在，但由于与侵权关系较近，人们往往通过扩大解释的方式将其纳入侵权之债的覆盖范围。然而如前所述（参见第十章第四节），对侵权的过分扩张解释，不仅带来了一系列逻辑关系的硬伤，而且一定程度上扭曲了侵权之债既定的社会价值。因而根据信赖之债的基本属性，将两者妥善加以区隔确有必要。以下分别对与侵权关联较为密切的各种信赖之债类型进行阐述。

一、与安全保障义务相关联的信赖之债

所谓安全保障义务是指商业或其他服务机构的经营者和管理者对进入其服务或管理场所的人之人身、财产依法负有保障其安全的义务。例如：甲来到某健身中心游泳馆游泳，被发现溺死在泳池中。事后调查发现，当时救生员并未在其岗位，而是躲到办公室内玩手机游戏。又如：某大型市场内承租商户夜间被盗，原因是市场因电源短路使电子防盗系统未能发挥作用。再如：某大型展销会由于未进行有效的人流控制和疏导，致使过多的参会者涌入，而发生相互踩踏挤压的恶性事故。以上皆属于违反安全保障义务的典型案例。

关于安全保障义务的性质，通说认为经营者与管理者在未尽到必要的安全保障义务时，应承担侵权损害赔偿的责任，因而该制度应被定性为侵权之债，并具体将其视为不作为的侵权，我国《侵权责任法》的规定也与

之基本吻合。① 不过从法律关系入手加以分析就会发现，这种定性并不恰当。

首先，侵权之债的发生来自侵权行为，而在侵权行为发生之前，当事人之间并不存在法律关系。其理由在于，以自由为标签的社会是这样定位普通人际关系的，即社会中每个人均为自由人，除非其通过合同自愿约束自己的行为或者法律基于社会原因而强制约束其行为，每个人对他人并不存在积极注意或者保护义务。从这个意义上说，两个陌路人之间原本无法律关系可言，正是由于一方的致害行为造成他人损害，双方之间才发生了法律关系。这就是侵权之债的设计定位。易言之，侵害他人的法律事实造就了侵权之债。然而，我国《侵权责任法》第 37 条所规定的事项却与此不相吻合，从该规定内容看，经营者、管理者对某一特定他人在损害发生之前并非毫无法律关系可言，而显然是已经预先存在了某种法定义务，而所谓的赔偿责任，其实正是"未尽到安全保障义务，造成他人损害的"法律后果。无法律关系又何来安全保障义务可言？可以说，法定债权债务关系存在的事实在先，未履行该债务而产生的法律结果在后。

其次，依侵权法的传统观点，侵权行为应该由积极行为所引发，不作为（消极行为）一般难以成为侵权责任的构成要件。这同样来源于法律对自由价值的定位。传统债法崇尚自由，故认为陌路人之间不存在法律关系是保障个人消极自由的最佳法律手段。从消极自由观念出发，任何自由之人不做任何事情（不作为），将不会对他人利益带来损害，因而也不会带给自己任何不利的法律后果。然而，《侵权责任法》第 37 条的规定与此观念同样不符。"未尽到安全保障义务"，很可能意味着其什么都没做，而这不是恰好符合侵权法对个人消极自由的保护原则吗？为什么还要承担侵权责任呢？假如将此处的不作为定性为侵权行为，是否意味着即使一个拥有完全自由的人，仅仅因为事实上居于某种特殊地位，哪怕他什么都不做，亦会面临他人关于侵权的指控？而这样的规定是否有过分妨害个人自由之嫌，且与侵权法的立法精神不相符？

---

① 参见《侵权责任法》第 37—40 条。不过，仔细观察仍可以发现，从第 38 条第 2 款到第 40 条规定中由第三人行为造成损害的，法律规定经营者、管理者"承担相应的补充责任"或"承担责任"，而未像第 37 条第 1 款那样规定为"承担侵权责任"。存在微妙差异。

最后，因违反安全保障义务的侵权责任大多为对实际侵权人责任的一种补充，属于补充责任（《侵权责任法》第 37 条第 2 款和第 40 条），但理论上难以解释的是，该补充责任如果属于侵权责任，那么其与实际侵权人的侵权责任又是什么关系呢？两者显然并非共同侵权，因为其完全不符合共同侵权的构成条件；同时亦不属于两者分别侵权，因为直接致害人是侵权人自不待言，但经营者、管理者仅仅是未尽到安全保障义务而已，其并没有直接参与侵权；当然这也不构成所谓不真正连带侵权（不真正连带债务），因为不真正连带债务的构成要件必须是，两个侵害行为中的任何一个行为，均可以导致损害结果的发生，而违反安全保障义务本身，只是放纵了侵害发生，而其不作为本身不会引发对他人的侵害结果。可见，以侵权进行法律关系定性在逻辑上有欠精准。事实上，德国学者曾以所谓"间接侵害"来解释补充责任，但这显然并不能说明"间接侵害"为什么属于侵权责任。另外，还有学者以"保证人地位"来解释，认为有作为义务时，就有了保证人地位，而具有违反作为义务的行为则保证人需承担保证责任。但这一观点却未能说明该"地位"的来源，以及决定其承担责任的究竟是"行为"还是"地位"。

这又引出另外两个问题。一是上述行为是否应受到法律的追究？二是如果应予以追究，真正的法律依据何在？对于第一个问题，各方对应予追究这一结论并无异议。正如前述案例所示，尽管经营者、管理者并非直接侵权之人，但其却在该作为的时候不作为，客观上产生了促成侵权或放任损害发生的实际效果，承担相应损害赔偿当属责无旁贷。对于第二个问题，之所以通说将其定性为侵权责任，这是民事责任传统二元模式的产物，是对侵权责任扩大解释所形成的逻辑结果。故而勉强将其纳入侵权法调整范围？与侵权法原理冲突在所难免。如何化解这一冲突？正确的选择是转变观念。其实如果我们以信赖之债的视角加以观察，不仅能合理解释为什么经营者、管理者应当被法律追责，而且上述逻辑冲突也会不复存在。理由如下：

第一，经营者、管理者的安全保障义务法律问题，是时代的产物，符合当代社会的发展诉求。随着当代社会关系紧密度提高，连带性增强，法律对个人自由范围进行了必要限缩，因而人际注意义务得到了强化，原本陌生人之间无法律关系的情况也有所改变。在一定条件下，即使没有合同约束，由于一方事实上居于某种特殊地位，自然会引起有关的其他人对其产生了合理的安全保障方面的客观信赖,而从法律的必要性与妥当性出发,其亦应妥善照顾到另一方的这一安全利益,于是,安全保障义务以及相关法律责任就提上了法律日程。

第二,关于设定安全保障义务的法律初衷,其实是以保障相对人的信赖利益为出发点的。例如德国法对此一直依据缔约过失责任或者附保护第三人作用的契约等制度来解决。日本最高裁判所自1975年以后也认为:安全注意义务一般是基于某种法律关系,在处于特殊法律关系中的当事人之间基于诚信原则而产生。[1] 从本质上看,该义务与其他基于信赖而形成的法律关系并无二致,正如王泽鉴所言:"附随义务中的保护义务(Schutzpflicht),论其性质,实相当于侵权行为法上的社会安全义务(Verkehrssiche-rungsplicht、Verkehrsplicht),与给付义务的关系较远"[2]。由此而来的简单推论是,安全保障义务性质上类似于附随义务、先契约义务,同属于信赖义务,故安全保障义务其实就是信赖之债。

第三,鉴于侵权法崇尚自由的取向并未改变,陌生人之间无侵权行为即应被定义为无法律关系,不作为即不构成侵权,这些价值定位亦不宜有所改变。事实上,保障人际关系紧密度提高和信赖程度加强的法律任务完全可以交由信赖之债来完成。也就是说,承认经营者、管理者与特定的他人之间,在损害发生之前已经存在了一种基于信赖保护原则而形成的债权债务关系。由此出发,我国《侵权责任法》中规定的"安全保障义务"的性质,理论上应被理解为经营者、管理者与相对人之间预先存在的信赖之债。王泽鉴曾较为隐晦地表达了这一立场:这里的"债之关系乃一种法律上的特别结合关系,依诚实信用原则,一方当事人应善尽必要注意,以保护相对人的权益,不受侵害"[3]。同时,我们也愿意再次引用英国著名学者阿狄亚的以下论断:"一般来说,没有单纯的不作为导致的侵权行为责任,某人在因不作为的过失而承担责任之前,一定承担了作为的义务。"[4]而另一位德国学者Markesinis则更清晰地指出:"从罗马法至今,

---

[1] 段匡:《日本债法总论与契约法的变迁》,载渠涛主编:《中日民商法研究》(第一卷),法律出版社2003年版,页325以下。
[2] 王泽鉴:《债法原理》(第一册),中国政法大学出版社1998年版,页41以下。
[3] 王泽鉴:同前注,页42。
[4] 阿狄亚:《合同法导论》(第五版),赵旭东等译,法律出版社2002年版,页403。这段话本书在第十章第三节曾经引用过。

公认的是,不作为责任仅存在在先的作为义务时才会产生。……在先的危险的(或潜在危险的)行为或事实状态也会导致注意义务的产生,这一观念成为不作为责任乃至整个侵权法发展的一个最丰沃的来源。从这一观念中,法院缓慢而沉稳地发展出了交易安全义务。"[1]我国台湾地区学者王千维也认为:就不作为而言,任一不作为必须以违反法益侵害的构成要件范围内,某一以作为为内容之行为义务为前提,始有符合此等构成要件之可能性。[2] 尽管上述学者均未提到该"在先危险行为"或"作为义务"所指向的法律关系属性,但事实已经很明显,即无论事前已存在于双方之间的"法律上特别结合关系",抑或"一定承担了作为义务",还是"交易安全义务",其实指向的都是同一事物——信赖之债法律关系。

第四,正是由于双方事实上处于具有较强信赖利益关系的特殊地位,损害发生之前双方即已存在信赖之债;正是源于信赖之债所规定的注意义务,才可能出现对信赖之债的违反;而违反信赖之债的结果方能构成所谓安全保障法律责任。故而,《侵权责任法》中的相关规定,其实不过是对违反信赖之债法律后果的描述。

综上所述,信赖之债理论的提出,使民事责任理论从二元模式扩展到三元模式,从而为解决此类问题提供了可行的法律途径。在第三人直接存在侵权,而具有安全保障义务的人却未尽到相关义务时,第三人应承担侵权责任,自不待言;经营者、管理者虽然并未实施侵权行为,但由于其处于社会关系中的特殊位置,引发了相对人的必要信赖,故对相对人负有法定信赖债务。同时鉴于损害的发生与经营者、管理者未尽到安全保障义务有因果关系,其同样需要受到法律追究,承担违反信赖之债的法律后果。这两种法律责任尽管都属于法定责任,但其权利来源不同(请求权基础不同),所以责任性质亦不同。

二、专家损害第三人利益与信赖之债

此外所谓专家是借用德国法与日本法上的概念,指向他人或社会提供智力劳动成果的专业人员或机构。一般包括如下特征:第一,专业的从

---

[1] 转引自李昊:《交易安全义务论——德国侵权法结构变迁的一种解读》,北京大学出版社2008年版,页244。

[2] 转引自李昊:同前注,页249。

业者或专业机构;第二,具有专业资质;第三,从事专业咨询或者其他专业服务活动;第四,具有较高的社会信赖度。会计师、审计师、评估师、鉴定师、证券分析师、律师、医师等大致属于此类。专家仅在其专业领域内提供服务、咨询时为专家,超出该领域则视为普通人。不过在名人代言广告中,该名人虽不一定属于该领域专家,但鉴于其代言对社会影响较大,具有较高的社会信赖度,故代言之前须详尽了解相关专业知识,以保证代言的准确性。由此,在其承担代言失当的民事责任时,可以比照专家对待之。

专家因其过错可能提供不恰当的咨询意见,就债法而言,所引发的法律后果有二:第一是对于其委托人而言属于违约,因为专家提供专业意见往往是基于与他人的委托合同,例如某上市公司委托证券分析师提供关于本公司股票涨跌走向的分析报告;当事人在提起诉讼之前委托律师为其评估诉讼风险与结果。如果上述专家意见发生错误,所引发的责任属于违约责任,不在本书讨论之列。本书重点探讨的是第二种后果,即该专家意见对合同以外相信了该咨询结论而受到损害的第三人产生何种责任的问题。显然,后一问题中专家过错责任追究的最主要障碍,就是债的相对性。除了专家主动面向社会公众就某一事项发出报告等较简单的情况以外,如欲追究专家仅仅向其委托者所提供的不实意见给第三人造成损失的责任,则必须说明该专家本来基于合同向委托人提供的错误信息(内部行为)为什么会损害到第三人。因为一般而言,专家在给委托人提供咨询意见时往往会特别注明"保密""不得外传"或"仅供委托人参考"等字样。依近现代债法观念,这样一般的确不会发生专家损害第三人的情况,因为法律从意思自治出发,在第三人利益保护与债的相对性之间往往会选择后者。但这一趋势在20世纪中后期发生了重要逆转,由于社会环境发生很大变化,商品交换的复杂性、迅捷性以及专业化程度大大提高,而在这种高度市场化和经济一体化的商业氛围中,全民皆商成为这一时代的重要标志,大量普通人会经常参与到诸如理财产品、股票交易、期货交易等各种复杂商业关系当中,而此时他们却恰恰因缺乏独立判断的专业知识与信息而经常性地陷入对交易利弊风险无从判断的窘境,于是在交易领域内,交易的一般参与者相当程度依赖于专家所给出的专业意见,就成为某种必然之举。这使得专业意见本身具有了某种"发散性",即除了专家的委托人以外,其他与此交易有关者同样会趋向于获取这样的信息,并从这些专业判断中获取决策依据。可见,正是这种特别强化了的社会依赖性,使得当某些条件具备时,第三人对专家的上述信赖利益亦成为社会的正当利益而需由法律予以保障。此时,专家原本向自己委托人所提供的内部专业意见,变成了具有某种社会公信力的公开性意见。换言之,专家不再能轻易以"内部意见"等说法摆脱第三人的束缚,因为其应该意识到,在高度信息化的今天,自己的专业意见极可能流入社会(包括由委托人主动提供给自己的客户)并成为第三人投资决策的参考。显然,曾经法律无须保护的"自由信赖"此刻已转变为法律必须保护的"社会信赖"。于是,突破债的相对性并发展出一种专家对第三人信赖负责的法律制度水到渠成。

关于专家对第三人责任的性质,德国法上主要有如下观点:(1)默示契约说;(2)侵权说;(3)附保护第三人作用契约说;(4)缔约过失责任说。① 现分别评述之。

首先,默示契约说显然不足以支撑对专家责任的性质认定,因为该说将专家责任归咎于该专家与第三人之间存在着一种默示责任合同,如果专家的意见导致当事人利益受损,则应认为该专家对第三人存在违约行为。该说的不足之处在于,双方之间其实并不存在一个真实的契约,所谓契约是由法律推定(主观拟制)而成。事实上,该专家发表专业意见时,可能根本就不知道那个依据该意见作出决策并受到损失的人真实存在;而且假定专家意见中附有"仅供委托人内部参考"和"第三人使用无效"之类的内容时,基于明示优于默示的原理,似乎更难以认定存在这样的契约。

其次,侵权说在我国获得较多承认,理由主要是当法律排除了违约责任之后的唯一选择就只剩下侵权责任,因此当专业意见误导当事人,导致第三人受到损害时,该专家或专业机构所承担的民事责任性质应属侵权责任。例如最高人民法院《关于审理证券市场因虚假陈述引发的民事赔偿案件的若干规定》第 24 条、第 27 条规定:专业中介服务机构直接进行虚假陈述的,以及知道或者应当知道发行人或者上市公司虚假陈述,而不予纠正或者不出具保留意见的,应属于侵权行为。其实侵权说同样存在着两方面的明显缺陷:一方面,侵权责任仅针对一般信赖而言,损害发生

---

① 参见浦川道太郎:《德国的专家责任》,载梁慧星主编:《民商法论丛》第五卷,法律出版社 1996 年版,页 539 以下。

之前专家与第三人既无法律关系,对其也无特别的法律义务。而专家责任构成的前提却是专家或专业机构与第三人之间在损害发生之前已事实存在着某种特定法律关系(专家对第三人负有特别注意义务)。另一方面,侵权责任范围只包括受害人的财产与人身损失,而不包括受害人的纯粹经济损失,但专家意见误导当事人所造成的损失往往不是直接的财产损失,而是基于信赖而损失的差价或称为投资差额[①],而专家对第三人所赔偿的恰恰就是上述损失。

再次,后两种观点的性质其实大体相同,都倾向于将专家责任定性为为保护信赖利益而专门设计的债法制度。附保护第三人作用契约说将专家责任作如下定位:专家或专业机构与委托人所订立的合同中附加一个特殊功能,即保护信赖该专业意见并作出决策的当事人,使其在专业意见发生错误并受到误导时,该专家或者机构愿意对第三人所遭受的信赖利益损失予以赔偿。缔约过失责任说则主要是直接针对默示责任契约说而言,将默示契约所约定的赔偿内容,理解为一种法定的先契约义务,一旦专家意见发生误导性错误并给第三人信赖利益造成损害时,专家或专业机构应依缔约过失原理予以赔偿。对上述两项制度的信赖利益保护属性,本书前面已详细阐述(参见本章第一节和第二节),兹不赘述。不过应该指出的是,后两种观点亦存在一定不足,该不足之处在于其只着眼于问题的具体层面,面对上述债法明显的溢出效应,不能在理论上超越传统债法的窠臼,而总是力图在传统债法领域内通过扩张概念适用范围的方式,解释这一全新的法律现象,故而尚不足以客观全面地反映出事物的本质。

本书对此的见解如下:据前文所述,附保护第三人作用契约和缔约过失责任既然都属于信赖之债的具体表现形式,因而与其本质相同的专家对第三人责任亦完全有理由被归类于信赖之债当中。其实早有学者看到了这种解释的合理性:"学说依据契约责任、侵权行为责任及其中间形态,或者第三责任类型多种根据所进行的摸索探讨。……德国的专家责任,在信息提供者责任领域显示出不同于其他责任领域的独自发展,并致力于适当扩张和确定其有效范围。"[②]这里所谓"中间形态"以及"第三责任

[①] 参见最高人民法院《关于审理证券市场因虚假陈述引发的民事赔偿案件的若干规定》第30条。

[②] 浦川道太郎:《德国的专家责任》,载梁慧星主编:《民商法论丛》第五卷,法律出版社1996年版,页543。

类型"显然都指向了合同与侵权之外全新的债的法律关系。与传统认识相比较,信赖之债的定性克服了对专家责任认识上的纠结,其逻辑变得十分顺畅,因为:第一,鉴于专家对第三人的注意义务是法定义务而非约定义务,可排除合同法的适用;第二,鉴于专家对第三人的注意义务属于积极注意义务,于损害之前即已存在,故可排除侵权法的适用;第三,鉴于专家对第三人赔偿的损害为纯粹经济损失,同样也可排除侵权法的适用。可见,唯一可以同时满足上述三项条件的解释就是信赖之债理论。依据该理论,不仅可以适应社会发展趋势,有效突破债的相对性原则;同时又可以准确解读信赖之债与合同之债、侵权之债的相互关系定位,法律操作中亦可以获得较好的实施效果。

三、积极侵害债权与信赖之债

所谓积极侵害债权,依梅迪库斯的定义,系指"一切违反由(广义)债务关系产生的、既非不能亦非迟延的义务的行为"[①]。积极侵害债权是由德国律师史韬布(Hermann Staub)于1902年最早提出,后被德国学者多勒(Hans Dolle)誉为法学上伟大的发现之一。史韬布提出,《德国民法典》虽然详细规定了给付不能与给付迟延,却未规定第三种情况,即"债务人虽已提出其所应为之给付,但其给付具有瑕疵,致债权人受有损害"[②],其起初将此定性为"积极侵害契约",后德国学界对此名称调整为"不良给付"或"积极侵害债权"。关于为什么积极侵害债权理论的提出是一项法学上的伟大发现,多勒写道:"或许有人会持异议,认为 Staub 的发现并不具有基本的认识价值,仅是提醒吾人注意到现行民法典规定的漏洞而已,我个人确信,此种论点,低估了 Staub 的贡献。"[③]此评价实值赞同。

详细考察,史韬布的理论贡献主要有二:其一,发现了不当行为可能会引起对债权人或第三人的"附带损害"。例如卖方将腐烂苹果卖给他人,导致买方其他苹果受到影响,发生重大损失。其二,发现了不当行为

---

① 迪特尔·梅迪库斯:《德国债法总论》,杜景林、卢谌译,中国政法大学出版社2004年版,页313。
② 王泽鉴:《民法学说与判例研究》(第三册),中国政法大学出版社1998年版,页71。
③ 参见王泽鉴:《民法学说与判例研究》(第四册),中国政法大学出版社1998年版,页18。

大多并非给付行为,而是后来被称为"违反附随义务"的行为。① 例如:卖方未告知设备使用注意事项,导致爆炸;代理商因疏忽出具了不实报告,在报告中提高了其客户的支付能力,使他人产生错误信赖而受到损失;店主为店员出具工作证明书内容不正确,导致他方误信;等等。其实,第一项发现亦可归入第二项之中,因为第一项发现在学理上尽管被称为"加害给付",但其中给付利益本身并不重要,问题的关键在于,该给付的唯一作用是成为引发另一个重大损害的导火索。在一个烂苹果导致一整车苹果腐烂的案例中,一个加害给付行为实质上同时违反了两项义务,一是交付腐烂苹果与合同约定不符;二是交付行为应避免引发对方任何其他损害。两相比较,给付利益(履行利益)损失完全可以忽略不计,此时制度规制真正的重点应在于其违反必要的注意义务所造成的损失。但由于史韬布完成上述发现时,注意、说明、告知、协力等附随义务群的相关理论尚付之阙如,故其不可能以当代债法立场加以评判,仅仅提出了问题,而未能从两种请求权重合(聚合)的角度解决问题完全情有可原。不过他文章所列举的案例中,违反注意、说明、通知等义务的比例占大多数,这显然不是偶然的,实际上他已经注意到在违反合同给付义务以外,其实还存在着更为广泛的违反其他义务(后称为附随义务)并应承担不利法律后果的情形,而这为后来债法对信赖利益保护的理论提供了有益的启示。

自从史韬布发现积极侵害债权以来,世界各国通过判例法或者法律解释对此制度进行了长期不懈的拓展,以德国为例,其曾经在尽可能贴近传统债法的层面,发展出针对两个受害人的两种不同法律定性。首先,针对合同债权人而言,其受到的损害如下:其一,债务人瑕疵给付使债权人合同目的无法达到(履行利益受损);其二,瑕疵给付或违反附随义务给债权人带来的财产或人身的损害(消极利益受损)。而由此发展出的法律后果又有三种具体情形,即瑕疵担保责任、违反附随义务的赔偿责任以及侵权责任。其次,针对附带受害的第三人而言,因其与致害人并无合同关系,故所受到的损害主要是财产与人身的损害(消极利益受损),法律后果自然仅为侵权责任。所以总体而言,当时积极侵害债权的法律后果被区

---

① 史韬布列举了14个案例,其中,违反注意、告知、说明、忠实、瑕疵担保等义务的案例有11个,拒绝履行合同的案例有3个。参见王泽鉴:《民法学说与判例研究》(第三册),中国政法大学出版社1998年版,页70以下;以及王泽鉴:《债法原理》(第一册),中国政法大学出版社2001年版,页44。

分为合同责任与侵权责任两大类。

然而,近年来各国法律对这样的责任模式愈发不满,普遍认为对债权人与第三人的利益损失仅仅停留在侵权法层面予以保护远远不够,侵权法适用乃针对一般注意(最低注意)义务的违反,在侵权责任框架内债权人无法获得纯粹经济损失的赔偿。事实上,德国于史韬布提出积极侵害债权整一百年后的2002年,通过《德国民法典》第280条完成了对该制度的立法整合,将积极侵害债权归结为对债的义务的违反,并将本条作为其唯一的请求权基础。应该说这一条文固然通过高度抽象达到了涵盖积极侵害债权的目的,但同时却回到了学者曾经针对概念法学所批评的那样,由于其抽象过度,因而失去了适用中对细部特征的把握的可能性,从而无法准确定位积极侵害债权究竟会引发什么具体法律关系并导致何种法律后果。目前比较流行的观点是将积极侵害债权全面升级为违约责任,以此建立统一的上位概念。例如日本学者藤冈康弘的看法具有相当的代表性,他写道:"值得注意的是,出现了一种表明契约发展的现象:契约义务的扩大。就是说,在一种虽然在法律关系上得到承认,但并非传统意义上的约束关系中,也积极地承认契约上的义务。支撑这种法律现象的是,将契约范围扩大、进行肯定性的解释的契约基础理论。"[①]在法国,这样的理论也被广泛接受:"今天的法院采更宽泛的立场解释合同。他们认为除了明示义务外,还有其他的需要当事人履行的义务。这种不同于明示的合同主要义务的所谓附随义务,都是源于《民法典》第1135条。根据该条规定,公平原则,习惯以及法律依其性质赋予合同之全部后果都可约束合同的当事人。"[②]在德国,亦有许多学者持相近的立场,他们将此称为"侵权法向合同法的位移"[③]。然而有趣的是,在大陆法学者对此力图以合同法加以解释的同时,英美法系却出现了与之恰恰相反的主张,即力图用侵权法取代合同法。本书前面曾详细介绍了美国学者吉尔莫关于契约的死亡的著名论断(参见第九章第三节),在他看来,契约法被侵权法所吞并,是

[①] 藤冈康弘:《日本债法总论与契约法的变迁》,载渠涛主编:《中日民商法研究》(第二卷),法律出版社2003年版,页323。

[②] 莱茵哈德·齐默曼、西蒙·惠特克:《欧洲合同法中的诚信原则》,丁广宇等译,法律出版社2005年版,页309——310。

[③] 刘海奕:《加害给付研究》,载梁慧星主编:《民商法论丛》(第四卷),法律出版社1996年版,页352。

其命中注定。

究竟应如何对待两大法系对同一问题竟会出现如此对立的观点？又应该怎样探讨积极侵害债权制度的性质呢？总体上说，本书同意将积极侵害债权的请求权基础统一化的思路，但并不赞成将其归结为违约责任，具体理由如下：第一，在大陆法系传统判例法中，积极侵害债权所引起的法律后果是瑕疵担保责任、违反附随义务的赔偿责任以及侵权责任，如前所述，这三种后果均来源于法定而非约定，而且分属三种不同的法定责任，将其解释为合同违约责任明显牵强，违背了合同本质上是意思自治以及合同责任是对自己意志负责的基本精神。第二，虽然对第三人造成的附带损害可以被勉强解释为附保护第三人作用的合同，但却无法说明第三人合同请求权的来源，此问题前面已经论述，兹不赘。故这样的解释理由同样不充分。第三，将其中违反注意与保护义务的情形强行解释为合同亦不成立。固然，在积极侵害债权的情形下，债务人与债权人甚至与第三人都具有比一般人更为密切的关系，其对后两者存在远高于侵权法规定的注意义务，但这种义务并非合同义务，正如梅迪库斯引用卡纳里斯的话所说："订约之前和订约之后的这种同种类义务也可以独立于合同的效力而存在，人们常常将它们归结为法定的保护义务关系（gesetzliches Sehutzpflichtverhaltnis）。"[1]故而其"法律渊源无一例外都适用民法典（指《德国民法典》——引者注）第 242 条"[2]，即诚实信用原则。也就是说，这种注意义务本质上既非明示约定也非默示约定，而是彻头彻尾的法定义务。

既然积极侵害债权涉及的法律关系性质不是约定而是法定，那么用侵权之债加以解释是否可行？对此前述大陆法系的判例法确实有此考量，而且作为积极侵害债权主要内容之一的加害给付，正是由产品责任制度所规定（参见我国《侵权责任法》第 41 条和第 42 条）。但是，如果从请求权基础统一化思路来考察，侵权说还是无法成立。第一，关于积极侵害债权，依照梅迪库斯的归纳共有三种类型，分别是：不良履行主给付义务

---

[1] 迪特尔·梅迪库斯：《德国债法总论》，杜景林、卢谌译，法律出版社 2004 年版，页 314。
[2] 莱茵哈德·齐默曼、西蒙·惠特克：《欧洲合同法中的诚信原则》，丁广宇等译，法律出版社 2005 年版，页 306。

类型；不履行保护或其他行为义务类型；拒绝履行合同类型。① 加害给付（产品责任）只涉及其中第一种，后两者明显与侵权的关系较远，侵权说难以容纳。第二，即使产品责任制度被纳入侵权法，起初其主要目的也是为了解决受害人直接向销售商和生产商（包括运输方、安装方）追究的现实问题。例如电热水器因使用中漏电发生人身损害，如索赔依据只限于合同，则可能因使用者并非购买者而不足以受到保护；漏电可能是源于粗制滥造，但由于电热水器是经过经销商之手卖给受害者的，受害者无法直接向制造商索赔。显然，在传统民事责任二元结构之下，将产品责任视为侵权责任是唯一选择。不过正如前面所分析的那样，包括产品责任在内的加害给付行为中，其实加害者对购买者或者使用者预先都存在着某项具体的注意义务，即其交付产品的行为应避免引发对方人身或财产损害。这种注意义务不同于侵权法上的最低注意，因为电热水器厂家绝不仅仅是简单将其产品卖出后即可高枕无忧了，现实是，他必须从规范安装、正确使用、维护保养等一系列环节提供各种相应售后保障性服务，履行包括使用培训、技术支持、示范讲解、后续观察等多重注意与保护义务。可见，这些义务远高于侵权法上的最低注意，而且其并非源自当事人的约定，而是源自法律规定或诚实信用原则。第三，积极侵害债权制度设置的目标，虽不排除保护权利人法定利益中固有利益的成分，但其重点却在于保护权利人的信赖利益。原因是，当代社会中人际交易纷繁复杂，既有大量直接交易，也存在着不少间接交易，且交易中各种对交易本身起破坏作用的因素层出不穷，即使通过直接合同约定都难以算无遗策，那些越过中间环节而发生的间接交易中就更加无法预料了。然而由于社会化程度高，人们相互依赖性强，无法摆脱这种多环节、专业性强的复杂交易。所以，在这种社会环境下唯一适合此类关系的人际关系规范，就只能是在合同信赖与最低信赖之间建立起作为中间状态的社会信赖，使得客观上相互依赖的人们，既可以不为了提高保护层级而绞尽脑汁通过合同来保护自己，承受难以承受之重；也不至于仅仅通过侵权法享受到最低层级的法律保护。提供一种低于合同却高于侵权法的保护水平，这正是积极侵害债权制度被发现并且被接受的根本原因。

---

① 迪特尔·梅迪库斯：《德国债法总论》，杜金林、卢谌译，法律出版社2004年版，页313以下。

经过以上分析,扩张合同法或者扩张侵权法的思路似乎都不太成功,那么是否存在一种以责任竞合思路解决问题的可能性呢?前面已经提到,在传统债法中,处理积极侵害债权的思路既有违约又有侵权,属于双轨并行而非竞合的思路;从其所包含的三种类型来看,也难以用责任竞合方式加以解决。即使仅就加害给付而言,用责任竞合同样无法进行合理解释,前面也已提到,传统债法上的加害给付中所造成的损失不是一个而是两个,即因交付不符合约定的标的物而构成的违约,以及因引发其他损害而构成的侵权,如果债权人对债务人进行追究,这属于两种责任的重合或聚合而并非竞合,或者说受害人同时存在着两个并列且可以分别行使的请求权。例如电视机在使用中爆炸导致买主受伤,买主当然可以按产品责任追究商家的人身伤害侵权责任,然而这并不妨碍其同时就电视机因爆炸而损坏的价款以违约为由请求赔偿。两者并行不悖。

当否定了对积极侵害债权解释的合同与侵权两种已知思路之后,我们其实看到了另一种情形,积极侵害债权正是生长于合同法与侵权法的结合部,向两边倾斜似乎均有可能。不过,正像本书所坚持的那样,在侵权法与合同法之间的法律领域恰恰是信赖之债的地盘,积极侵害债权制度所调整的其实正是信赖关系。由于信赖关系的日益发展壮大,其成为独立法律调整对象的轮廓已日渐成型。当初《德国民法典》并非偶然遗忘了规定积极侵害债权,只不过那时人际交往中的信赖利益尚不够发达,故没有受到足够关注而已。《德国民法典》之所以被定义为"近现代法典"而非"当代法典",就是因为从该法典中无法直接推导出当代债法所必须具备的基于诚信原则而广泛存在的信赖利益保护制度,"附随义务"概念的出现以及积极侵害债权制度的建立,则是这种信赖利益得以成为法律关注重点的标志之一。可以说,史韬布仅仅在《德国民法典》实施两年之后就率先开始了民法由近现代向当代迈进的探索,无论其自己是否意识到,诚可谓居功至伟。这也让我们更清晰地理解了多勒评价的深意。的确正如多勒所说的那样:"我们可以清楚地看到正沿着 Staub 所开拓的方向发展。"[①]从这样的思路出发,用信赖之债解释积极侵害债权就变得容易理解了。前面已经详细分析了瑕疵担保义务、附随义务甚至附保护第三人作用的合同均属于信赖之债,自不待言,即使是债务人对于债权人及第三

---

① 参见王泽鉴:《民法学说与判例研究》(第四册),中国政法大学出版社 1998 年版,页 18。

人已有利益的保护义务,亦并非出于侵权法规定的最低注意。他们之间所存在的某种特别关系,来源于债权人及第三人对于债务人的特殊信赖(社会信赖),并基于该信赖形成高于一般注意程度的法定之债——信赖之债。总之,用信赖之债理论定位积极侵害债权,较之传统以侵权之债或合同之债的定位,又抑或以违约+侵权来定位,都更准确地反映了该制度的本质,更贴切地体现了该制度的价值取向,无疑也会更有效、更全面地保护债权人和第三人的信赖利益。

四、监护人的监护不周与信赖之债

根据我国《民法总则》第 34 条的规定,监护人对被监护人有以下职责:"代理被监护人实施民事法律行为,保护被监护人的人身权利、财产权利以及其他合法权益等"。如果监护人未能履行上述义务则视为失职,也可称为监护不周。其实,这并非监护人职责的全部,而仅仅是其对内职责或对内义务,即监护人在与被监护人之间法律关系中所应负担的义务。除此以外,监护人还有所谓对外义务,即因监护人身份而对被监护人以外的第三人所负的注意义务。该义务尽管法律并未直接规定,但从我国《侵权责任法》第 32 条中却完全可以推导出来。依照该法条规定的精神,监护人对第三人存在着法定注意义务,即通过自己对被监护人的监督、管理及教育等行为,努力避免和防止被监护人给第三人造成侵权损害。如果其放松警惕,致使监护人造成他人损害的,亦应视为监护人监护不周或监护失职。这里所谓"尽到监护责任的"情形具有双重含义,除了传统监护的含义之外,还包括尽到了对第三人安全保障的注意义务。由此可见,理解监护人职责时应通盘考虑对内义务和对外义务,不应只注重前者而忽略后者,因为后者不仅涉及被监护人的切身利益,更影响到了第三人的现实利益。

一般而言,被监护人大都是未成年人。现实中确实存在未成年人因淘气、恶作剧等原因损害他人人身或财产权利的情形。由于这些未成年人属于无行为能力人或限制行为能力人,尚处于其父母的监护之下,此时致害人自己是否应当承担侵权责任,各国立法规定不尽相同。德国大体上以当事人的实际识别能力为准,认为无行为能力人(7 周岁以下)原则上不承担责任,限制行为能力人(7—18 周岁)则根据其识别能力作具体判断。英美法上,未成年人原则上不免责。法国法在 1968 年以前类似于德国法的规定,而之后则倾向于不免责。①

之所以立法存在如此差异,是因为两种做法的理论依据不同。免责说的主要依据是:无行为能力即无责任能力。也就是说,无行为能力意味着缺乏对自己行为以及行为结果的理解力和判断力,由其承担责任达不到警示、预防目的,且事实上会造成行为人无所适从和因赔偿所带来的精神重压,不利于未成年人身心健康和成长发育。不免责说的依据是自己责任原则,即谁制造的损害则由谁承担,未成年人也不例外。因为与未成年人的不谙世事相比,受害人无辜受害更值得法律的同情。法律的功能不仅仅是警示和预防,还包括保护与赔偿,如果未成年人因缺乏识别能力而免责,可能导致受害人的损失无法获得弥补,这对于社会安全体系的建设而言并非福音。其实,如果继续挖掘还可看到,两种学说的价值取向也存在明显差异。前者主要突出个人自由与意思自治,即每个人应有尽可能大的活动自由空间。为达此目的,法律应规定每个人仅为在其意志支配下的行为负责,行为如超出识别能力则意味着脱离了意志的支配范围,此时造成他人损害只有免除责任,其个人自由才受到了充分保障。与之相反,后者则偏向于社会安全与和谐。认为某种意义上说,天灾是可以预防的,即使无法预防也大致可以通过概率计算判断其发生频率和危害程度,但人主动的破坏行为则难以预防,也难以估算。如果未成年人的侵权行为可以因缺乏识别力而免责,在人际关系日益紧密的当代社会,势必会造成人们对自身人身和财产安全的过分担忧以及预防成本不合比例地扩大。长此以往,对社会整体发展不利。

为解决上述矛盾,法律引入了监护人赔偿的法律机制。因为大多数情形下,未成年人因缺乏判断力而致他人损害行为的发生,均与监护人是否尽到对外注意义务直接相关,由监护人承担相关损害的赔偿责任,不仅可以促使监护人竭力对未成年人实施监督、管理和教育,而且还能很大程度上解决未成年人财产不足、缺乏赔偿能力的问题。不过,接下来的问题就是监护人对第三人所承担的责任应如何定性?对此存有争议,现有观点分为以下两种:

第一种为直接侵权说,即认为监护人由于未尽到对被监护人的监护

---

① 参见王泽鉴:《民法学说与判例研究》(第三册),中国政法大学出版社 1998 年版,页 161。

职责，构成了对第三人的不作为侵权，故而其应承担相应侵权责任。我国《侵权责任法》第 32 条第 1 款规定："无民事行为能力人、限制民事行为能力人造成他人损害的，由监护人承担侵权责任。"该法条大致可以作此理解。然而这一观点存在明显缺陷。首先，监护人实际上并未实施侵权行为，他只是没有对别人所实施的侵权行为采取必要的预防措施。将这种不作为视为侵权行为有过分扩大解释之嫌。其次，侵权者其实另有其人，就是被监护人。尽管未成年人缺乏识别能力，但他作为独立民事主体，具有完整的独立人格。侵权行为是在他意识支配之下发生的，换言之，他并非其监护人用来侵害他人利益的工具。将他的行为理解为别人的行为，于理不合。再次，如果当未成年人侵权时引入监护人承担侵权责任的制度，两者责任关系如何定位将难以确定。两者责任是基于共同侵权而构成连带责任？抑或是未成年人侵权而与监护人承担不真正连带责任？再抑或未成年人承担侵权责任，而监护人承担侵权补充责任？显然这些关于责任关系定位的解释都不准确。如前所述，作为独立人格的未成年人是侵权者，而监护人不是，故无共同侵权可言。将其理解为不真正连带责任亦难以成立，因为这需要两个行为均能独立导致损害的发生，事实上未成年人的行为可以产生侵权损害，但监护人的不作为则无法直接造成损害的发生。补充责任不成立的原因在于，补充责任意味着当侵权者本人（未成年人）有足够财产可供赔偿时，则补充责任人（监护人）根本无需承担赔偿责任。侵权却可以免责，这明显与直接侵权说原理相冲突。

为了化解上述观点的不足，又出现了第二种观点，即所谓替代责任说。该说目前比较流行。该说认为，未成年人的行为固然是侵权行为，但该行为发生与监护人的过失有关，正因为监护不周客观上放纵了被监护人，使得损害后果最终得以发生。同时，由于未成年人往往缺乏赔偿能力，使监护人担责，有助于社会稳定与和谐。此外，由于是替代本该承担的被监护人而承担责任，为弥补监护人替代担责之后的实际损失，监护人可以向被监护人实施追偿[1]。此观点尽管将直接侵权改为间接侵权，并赋予监护人以追偿权，较之前一种观点显得更为平衡，然而却依然存在诸多不足。首先，侵权行为与监护不周的行为属于两种不同性质的行为，所

---

[1] 参见王泽鉴：《民法学说与判例研究》（第三册），中国政法大学出版社 1998 年版，页 159 以下、页 180 以下。

引起的法律关系自然也不属于相同类型。未成年人的行为属于侵权行为当属无疑,但监护人监护不周的行为(不作为)既非直接侵权行为,亦非间接侵权行为,准确讲是违反了对特定人法定的注意义务的行为。从法律关系角度看,侵权之债发生之前,侵权人(未成年人)与被害人之间不存在法律关系;而监护不周的行为则意味着,之前法律或诚实信用原则已经为监护人量身定做了某种法定的积极义务,即监护人对特定人(受害人)的注意义务,该义务的具体内容是对被监护人实施监督、管理以及教育等作为义务,以避免被监护人致人损害的发生。事实上,对监护不周的认定,正是依据监护人未适当履行该对外注意义务来判断的。可见,正是由于监护人与受害人的特定法律关系存在在先,然后才可能出现对规定义务的违反。没有预先存在的法律关系约束,监护不周又从何谈起？其次,既然两种法律关系的性质不同,发生时间不同,于是采取单一的侵权责任立法模式就变得无法自圆其说了。因为未成年人致人损害的行为属于侵权行为,自然应适用侵权法,但监护人监护不周的行为虽然到目前为止尚无法定性,但至少可以肯定,对其不应适用侵权法加以规制。因而,替代责任说欲凭借将直接侵权转化为间接侵权的方式来解释,恐怕难以达到目的。此外,当我们证明了未成年人致人损害当中往往存在着两种法律关系和两种法律结果时,那么关于他们各自应承担相应责任的推理就变得顺理成章了。也就是说,监护人监护不周的法律后果既然独立于未成年人侵权责任,自然也不应有所谓追偿关系的存在了。事实上,监护人对被监护人的追偿关系不仅在理论上过于荒诞,实践中亦不具有可操作性。总之,监护人从始至终并未替代被监护人承担侵权责任,他所承担的只不过是其自己应该承担的责任而已。

在排除了直接侵权说和替代责任说之后,接下来就轮到了从正面对监护人对外注意义务以及违反该义务法律后果的性质探索。其实不仅是监护人监护不周的责任问题,即使回到前面提到的被监护人免责说和不免责说,我们发现,当今世界各国立法均逐渐转向不免责说,例如采免责说的立法例(包括德国等)亦转变为由未成年人承担"衡平责任"[①]。应该说造成这样结果的最主要原因,就是当代人际关系的社会化趋势。由于

---

① 参见王泽鉴:《民法学说与判例研究》(第三册),中国政法大学出版社1998年版,页162。

人与人相互依赖性大幅增强,而且趋向于从只有主动创设才会产生信赖关系向信赖关系一直客观存在转化。社会已经不能满足于传统只有合同信赖与最低信赖的二元制信赖模式,转而在两种信赖之间创造出了第三种信赖模式,即社会信赖模式。在这一新的法律模式规制下,很多虽然达不到合同注意程度但却较之侵权之债注意程度更高的法律关系定位问题,得到了妥善解决,对监护人监护不周的法律后果的定位就是其中典型之一。王泽鉴曾一针见血地指出:"法定代理人责任之基础在于监督之过失。"[①]这里的"监督"并非指监护人对被监护人的义务(对内义务),而是指对第三人的义务(对外义务);这里的"过失"亦非指向违反合同义务或者侵权法上的义务,而是指向违反另一种义务,对该义务的唯一合理解释就是,依照法律或诚实信用原则而产生的注意义务,即信赖义务。

综合以上分析可以归纳出以下几点结论:第一,在监护过程中,监护人除了针对被监护人有对内注意义务外,还有针对第三人的对外注意义务;第二,该义务的社会原因是社会信赖,而法律原因是诚实信用原则或信赖保护原则;第三,该义务发生在监护人与特定的第三人之间,且其存在不以被监护人是否构成侵权为转移;第四,该义务属于注意义务而非给付义务;第五,该义务自监护关系建立起即存在,一直延续到监护终止。由此再前进一步,本书的最终结论是,在整个监护过程中,监护人与特定的第三人之间会形成信赖之债法律关系,监护不周的行为属于对信赖之债的违反,不论被监护人是否实际承担侵权责任,监护人应该承担赔偿相关信赖利益损失的法律后果。如果监护人尽到了监护职责,意味着其并没有违反对外注意义务,从而具备了免责因素。但考虑到受害人损失以及被监护人的实际负担能力,法律仍要求监护人承担部分责任(公平责任),此乃利益衡量的结果。

---

① 王泽鉴:《民法学说与判例研究》(第三册),中国政法大学出版社1998年版,页149。

第十三章 信赖之债的法律效力

在完成了对信赖之债概念、特征、体系以及实务类型等问题的理论探讨之后,我们已经清晰地看到,信赖之债的适用范围相当广泛,内容也十分复杂,而且随着社会进步这一趋势还在加剧。因此,欲完成相关理论的整体构建,有必要对该制度从具体适用方面进行必要的理论归纳,这不仅关涉信赖之债制度体系能否最终确立,也关涉该体系能否融入债法整体架构,以及信赖之债适用效力能否正常发挥等一系列问题。本章将重点讨论信赖之债的构成要件、效力以及适用中的各种问题,以期抽象出可普遍适用于各种信赖之债的判断标准。

第一节 信赖之债的构成要件

谈到债的具体适用,依大陆法传统,首先需要做的就是归纳出一定的构成要件,然后将这些要件作为公式代入到各种具体关系当中,并验证该具体关系是否适用于上述条件,以此作为法律适用规范化的准则。这意味着构成要件是判断信赖之债成立与否的前提,缺乏构成要件则无债的法律效力可言。事实上,无论是合同之债、侵权之债还是不当得利、无因管理都遵循这一做法,信赖之债自然也不例外。经过归纳,本书认为信赖之债的构成应具备以下四个要件:

一、发生在特定双方的交易与交往过程中

如前所述,债是商品交换关系的法律表达。而商品交换分为主动和被动两种形式,所谓主动交换是指当事人以意思表示方式自愿进行的财产交换行为;被动交换则是指当事人无意思表示而依照价值规律进行的财产转移行为。前者发生在交易行为中,例如先契约义务、附随义务、表

见代理等;后者则发生在合同之外的交往过程中,例如经营者安全保障义务、积极侵害债权、监护人监护不周等。上述关系的显著特点在于,当事人都是特定的,双方之间的关系属性也确实属于交易与交往关系(主动与被动商品交换),然而调整上述关系并不适用合同法或侵权法。例如合同履行中出现的附随义务并非由当事人事前约定的义务,而是随交易进程临时发生的;交往关系中注意义务的违反也并非都会引起侵权后果。可见,当特定双方的交易与交往符合这一关系特点时,即构成了信赖之债。

值得注意的是,如何理解当事人的特定化问题。在交易关系中当事人的特定化较为容易理解,因为交易行为开始时的沟通、谈判或在具体交易过程中实施通知、说明、协助、保密等行为,双方当事人均容易判断。但在交往关系中当事人的特定化,由于没有明确的意思表示双方,故而判断起来相对困难,而其中债权人特定化又较之债务人特定化更加困难。以安全保障义务为例,顾客甲在商场中随意丢弃香蕉皮后离开(已无从查找),半小时后顾客乙无意中踩到该香蕉皮滑倒摔伤。法律对此可认定商场事前未尽到对顾客乙的安全保障义务。其实该法律关系应该这样理解:商场作为公共场所任何人无论是否购物均可进入,商场作为该交往关系中的债务人早已被特定化,谁是其中的债权人呢?由于商场的注意义务所指向的是每一个进入商场的人,故每个顾客都是债权人,商场有义务保持地面的整洁,为每一名顾客购物提供必要的安全环境。换言之,该交往关系属于商场(特定债务人)与每个顾客(特定债权人)之间的信赖之债法律关系,有多少顾客就有多少个具体的信赖之债。信赖之债自顾客进入商场的那一刻生效,顾客乙与商场之间不过是众多信赖之债的其中之一。商场未及时清理掉香蕉皮,固然是对信赖之债的违反,但由于众多顾客的行走路线完全是随机的,除了顾客乙之外均未受到损害,故无从因商场违反债务而主张索赔。但对于顾客乙则不然,商场违反注意义务(信赖之债)对他造成了损害,故他基于该信赖债权可以主张损害赔偿。

二、有形成信赖关系的特定事实状态

债是特定当事人之间的法律关系,而不同种类债中特定关系状态的形成并不相同。我们一般认为,两个陌生人之间并不存在债的法律关系,只有当特定的法律事实发生,其作为媒介引发两人之间的债权债务关系。合同之债的发生是由于双方主动的缔约行为;侵权之债的发生是由于一方侵害另一方绝对权的行为。信赖之债的形成则完全不同,引发法律关系的事实并非行为,而是一种特定状态。换言之,这里并不强调行为对债的发生的引信作用,只要双方事实上进入到法律承认的相互信赖的客观状态中,不需要任何具体行为亦会引起债的发生。现以先契约义务、后契约义务和合同中的附随义务为例加以说明之。先契约义务的发生是由于双方事实上进入到缔约阶段(缔约状态),进入缔约阶段固然可以表现为一系列行为,如开始缔约谈判,顾客在餐馆开始点菜,然而此时具体行为本身并不重要,因为该行为仅仅代表了双方之间关系密切程度的状态,也就是说,只要上述行为发生,该特定事实即代表双方达到足以产生相互信赖的关系状态。后契约关系的形成也是如此。合同消灭导致后契约关系的产生,然而合同消灭的原因并不一定是终止行为,也可能是履行行为或期限届满,故无论出于哪种原因,只要该事实状态出现,在当事人之间就有可能形成诸如保密、协助、后续观察等基于信赖的法律关系。合同中的附随义务更能说明这一点。例如顾客购买一辆安装了智能化应用软件的家用轿车,销售人员在履行车辆交付的过程中,有义务指导顾客,帮助其学会如何正确进行软件操作。此时买卖行为并不必然产生上述义务,该义务的来源应该是基于顾客购买了该车且不懂得如何操作软件的事实状态本身。换言之,假如购车者恰好就是该软件的设计者,卖方自然不存在上述协助义务。此外,还可以经营者安全保障义务为例来说明。很显然,经营者并非对任何人都具有安全保障义务,其只对进入到其控制与照顾范围内的人负有上述义务,至于说他人以何种方式(具体行为)进入该范围并不重要,在该范围之内的客观事实才是判断注意义务有无的关键所在。总之,把握好引发信赖关系建立的客观法律事实,就成为准确判断信赖之债构成的一个必要条件。

三、双方之间存在需要保护的社会信赖利益

前面已经详细分析了在合同信赖与一般信赖(最低信赖)之间存在着一种独立的社会信赖利益。这一利益同样应为法律所承认,但对其无法适用合同法和侵权法,而须以独立的债法制度加以保护,兹不赘述。此处着重探讨的问题有两方面,即究竟什么样的利益属于需要保护的信赖利益以及需要保护的程度如何。具体而言,就是确定社会信赖利益的类型标准和程度标准。

首先是确定类型标准。社会信赖利益可以分为主观信赖和客观信赖两类。当一个人主观上意识到需要信赖他人并愿意对其抱以信赖时，称为主观信赖。反之，当一个人客观上对他人存在某种合理依赖性而自己却没有意识到时，称为客观信赖。一般而言，人与人交易或交往的过程就是一个信赖累积的过程，从陌生到熟悉，从将信将疑到充分信任，当一方用自己的诚实和信用打动了对方，并取得了对方的信赖，主观信赖就建立起来了。合同信赖大都是主观信赖的结果。即使是社会信赖和最低信赖当中，主观信赖亦十分普遍地存在，一个人毫无顾虑地步入超市购物或在公园悠闲散步，说明他主观上对相关经营者和管理者有足够信赖，他相信自己的安全利益会得到保障。总之，合理的安全感使他建立起主观信赖。然而仅有主观信赖是不够的，因为人与人的交易与交往过程有时十分复杂，对其中一方而言可能相当陌生，没有相关知识和应对经验，甚至都不知道危险存在或有哪些危险。例如第一次从事期货交易的人可能对其风险知之甚少；进入药店购药的患者可能只关注到了药品的疗效而忽视了其副作用；新购入汽车的驾驶者在愉快地驾车的时候可能不知道存在隐患的安全气囊可能随时会弹出伤人。这意味着法律仅承认主观信赖是不够的，因为这些人都存在着某种合理的信赖利益而却因种种客观原因并未意识到或根本无法意识到风险的存在。推而广之，现实中我们每个人都可能会遇到类似情形而自己的知识和经验却恰恰无法涵盖。毫无疑问，这些信赖利益应当得到保护。与以往近现代社会完全不同的是，当代社会关系不仅日趋频密化、复杂化，各种新的交易模式和交易类型也层出不穷。这种社会的复杂性和交易复杂性决定了每个人（也包括商人）即使再精明也并非传统意义上所谓"万能的"理性人，而只是有限理性人，法律不能也不应要求其承担上述类似的风险，否则人际的正常交易与交往将势必受到严重阻碍。因此，当代社会每个人在同他人的交易与交往中，除了必要的主观信赖利益之外，还存在着大量正当的客观信赖利益，该利益不论其自己是否意识到都客观地存在，且应得到对方的关注和法律的保护。长期的社会实践和司法实践已经证明，即使在一方当事人因缺乏知识、经验或相关认知能力的情形下，他人对其正当客观利益的关注与保护，也已成为当代债法维持社会正常运转不可或缺的重要一环。

接下来需要确定程度标准。保护社会信赖利益仅仅是一种笼统的说法，现实中的信赖利益表现十分复杂，在针对不同的人和不同境况时往往会存在程度差异,而且交易中一方的信赖利益经常会与对方的自由利益发生冲突,法律只能从中取舍,选择保护那些更值得保护的信赖利益,并非凡属信赖利益均无条件受到保护。这就引发一个问题,什么样的信赖利益才能受到法律保护?回答这个问题绝非易事,原因在于信赖利益往往没有"有名权利"那样的名分,只体现为一种"法益"或"框架性权利",这种利益尚未达到权利属性密度,故并非与生俱来地应得到法律的保护,其正当性和应受保护的属性皆需要经过同那些与之冲突的利益进行比较后才能认定。多年的经验表明,那种依据既定公式并仅凭借客观标准就能一劳永逸地得出正确结论的概念法学式幻想,并不能畅行无阻。在此基础上,我们显然不可能找到一个简单的标准答案,答案只能是一种思考方法和一系列思考步骤,而其中真正的标准尚停留在法律适用者社会公平正义观念的层面,更准确讲就是立法者与执法者在其内心中经过对各种现实利益考量并完成了综合平衡后所作出的选择。换言之,尽管多年以前,诸如庞德、富勒、卡多佐等人曾试图为我们建立起一种较为客观的利益选择标准(参见第六章第三节、第四节、第五节),并未获得成功,但是前辈们的长期努力仍然换来了很多积极成果,其中的核心就是,我们清晰地看到并明确了价值法学思路的可行性以及对信赖利益保护标准的思考与选择步骤。利益判断与价值选择的步骤具体如下:

第一步,需要确定在当事人的交易与交往中是否存在着某种合同信赖或最低信赖以外的社会信赖利益。

第二步,需要确定在同一关系中是否对方当事人也存在着与之相对立的另一种利益,这种利益通常是自由利益。如果存在两种利益冲突,则需要进入到下一步骤。

第三步,将两种利益进行正当性比较,即如果其中只有一种利益属于正当利益,则该种利益占据优势并受到法律保护,例如一方的信赖利益具有正当性,而另一方的自由利益明显属于权利滥用,则权利滥用须让位于信赖利益。

第四步,如果两种利益均属于正当利益,但由于相互冲突只能选择其一,则需要将这两种利益放在社会价值的天平上具体衡量,一般是具有更高社会价值的利益更受到法律的青睐。社会价值的高低应以该利益对社会整体自由与安全、效率与秩序所造成影响的利弊得失来统一衡量。具体体现在司法实践中,就是法官考量具体利益选择带来的综合社会效果之后所作出的"自由裁量"。事实上很多法官需要适用自由裁量的情形,并非由于针对某些纠纷法律上存在漏洞而无从找到依据,相反,纠纷所涉及的冲突利益各有其法律依据,而两个法律依据各自成立且都有着正当性,法官此时需要做的不是随机选取其一进行套用,而是要对两种规定背后起支撑作用的利益价值进行深层比较。也就是说,法官此时并非仅仅是法律的适用者,其还兼具法律核心价值的解释者甚至是立法者的功能。正如美国著名学者科宾所指出的那样:"司法过程在根本意义上不是发现,而是创造。"[①]这其实就是所谓法官立法的主要含义之一。

另外还需说明一点,利益社会价值的衡量与选择标准既不是单一的也不是一成不变的,事实上对待同一疑难问题各国往往给出不同的答案。原因则可能是多方面的,有时是因国情不同,有时则是因为时代的更迭,例如古典自由主义或新自由主义占据上风的国度,自由利益在价值选择中所占的比例会大一些;福利自由主义或社群主义观念占优的法律体系中,社会利益的比重则会更大一些;而社会主义国家中,社会利益相比较其他各种利益而言则具有更大的优势。当然,这亦非唯一的决定因素,不同的社会历史文化、道德传统以及每个国家所处的经济发展阶段也都或多或少地影响着利益的价值选择。例如我国改革开放初期,法律较为突出对自由价值的保护,而在深化改革开放的现阶段,社会安全、公平与秩序的利益因素考量得到大幅提升。总之,对任何冲突利益进行价值选择时,都必须将利益置于这样的具体历史环境下,并且以发展的眼光来审视,才可能得出与当前社会发展程度相适应的结论。

第五步,也是最后一步,在具体对冲突利益进行价值考量时,不能机械地执行二选一或者三选一。的确,大多数情形下这样的排他性选择是可行的,但也有不少情形下法律考量的结果其实不是全面的否定与肯定,而是分别选择两种以上利益中各自的合理性,并在处理结果中加以折中,这就是所谓利益平衡。当代法律社会化的重要结果之一就是法律的去刚性化。由于社会利益集团日益呈现多边化,利益交织且错综复杂,从不同视角观察,很多相互矛盾的利益均具有其各自的合理性,在带来一定的正面影响的同时也引发某种负面效果,一时难以用对与错或者优与劣的观

[①] L.科宾:转引自卡多佐:《法律的成长》前言,李红勃、李璐怡译,北京大学出版社2014年版,页4。

念加以概括,此时法律的选择往往是——妥协。要知道,法无常势,妥协并不意味着法律的无能或无奈,恰恰相反,正确的妥协代表着法律的高度智慧。审时度势,运用得当,才能进入法律适用的最高境界。从这个意义上讲,妥协可以在兼顾双方正当利益的同时,将冲突所带来的负面结果局限在有限范围内,从而使综合效益实现最大化。对此运用的成功经验其实在债法中早已屡有展现,法律关于公平责任的规定和损失减轻规则都是其中著例。

总之,我们必须紧紧把握法律社会化的时代脉络,并恰当运用上述法律适用步骤来妥善协调多元社会中各种利益的关系定位。做到这一点,我们就拿到了正确判断社会信赖利益是否达到法律保护标准的钥匙。

四、有法律或者诚实信用原则为依据

从债的分类来看,信赖之债并非约定之债而属于法定之债,这意味着信赖之债的构成应该以法律的直接规定为前提。事实上其他法定之债都有作为其存在依据的法律规定,例如我国《民法总则》第121条和第122条分别是无因管理之债和不当得利之债构成的法律依据;《侵权责任法》第6条第1款则是侵权之债的构成依据。不过由于信赖之债制度尚停留在理论层面,并未在现行立法中直接展现,因而相关整体法律依据可以说付之阙如,所能见到的规定则见之于零散分布的具体法律制度当中。与信赖之债有关的直接法律依据大致有:关于缔约过失的相关规定(《合同法》第42条、第43条);关于合同附随义务的规定(《合同法》第60条);关于后契约义务的规定(《合同法》第92条);关于合同解除的法律规定(《合同法》第97条);关于无效法律行为的相关规定(《民法总则》第157条);关于无权代理的规定(《民法总则》第171条第3款、第4款);关于表见代理的规定(《民法总则》第172条);关于监护人监护不周责任的规定(《侵权责任法》第32条);关于违反安全保障义务的规定(《侵权责任法》第37条、第38条、第39条、第40条)。此外,在前一章中还列举了《公司法》《保险法》《担保法》《消费者权益保护法》《反不正当竞争法》《广告法》《电子商务法》《慈善法》《公益捐赠法》《献血法》《基金会管理条例》《人体器官移植条例》等诸多含有信赖之债内容的法律法规。尽管上述这些规定并未被冠以信赖之债的头衔,但经过前面分析已经得出的结论就是,这些相关法律条款均可以被统合在信赖之债的名下。当我们罗列出上述规定之后可以清晰地看出，在目前信赖之债理论的形成过程中，法律理论与法律实践之间的差距巨大。为了实现法律规制的统一化和提高规制效率，对相关制度进行整合归纳的紧迫性已经显现。

此外还须注意一点，那就是随着法律社会化程度的不断提高，信赖之债变得越来越普遍，法律中需要进行相应规定的地方已经越来越多，而现实中的规定难以做到全面覆盖。于是作为法律规定不足的替代品开始出现，这就是诚实信用原则、公序良俗原则和权利滥用禁止原则，以及由此而派生的信赖利益保护原则。当然上述原则的作用绝非仅限于单纯的替代，其更为重要的功能还在于展现当代民法的精神实质和作为具体操作重要的指导思想。换言之，如果缺乏法律规定时，上述原则可以成为法律规定的替代品，发挥法律适用的指导职能；如果某些相关规定对处理具体案件存在冲突时，上述原则又会起到规范法律适用者进行正确选择与妥善平衡的作用。尽管原则是抽象的，但由于信赖利益保护原则是信赖之债的直接上位依据，其在引导人们把握社会发展的时代脉搏并从基本观念层面建立起自由与信赖并重、效率与安全协调的操作方针方面的意义是无可替代的。

以上归纳出了信赖之债构成的四个必要条件，当这四个要件同时具备时，信赖之债有效成立。反之，只要其中任何一个要件不具备，则不构成信赖之债。

第二节 信赖之债的适用效力

法律制度的效力可以从规范效力和适用效力两个角度加以理解。前者是从立法视角对法律效力加以考察，即立法者通过法律制定欲达到什么样的规范目的，或者说法律规定到什么样的范围、数量、强度以及具体化程度就能够达到满意的社会效果。后者的考察视角则转向了法律实施，即法律适用者以什么样的具体方式适用法律才能实现法律的有效运行，并使得法律实施效果实现最大化。本节以信赖之债的适用效力为讨论对象。

一、信赖之债的请求权效力

（一）从单纯法益保护走向请求权

众所周知，债权是请求权，信赖之债属于债的一种，信赖债权自然也应该是请求权。不过，在传统债法中凡涉及与信赖之债有关内容时，鉴于其并非给付义务，故鲜有从请求权角度规定的情形，常见的情形是仅以义务形式加以表达，诸如注意义务、附随义务、瑕疵担保义务、安全保障义务，等等。通常说法是将这些义务概括为20世纪以来债法中所发展出的"义务群"。然而这些义务所对应的权利又是什么呢？法律对此似乎极少提及且并未赋予其适当名称，这显然与强调民法作为权利法的通行观念极不协调。究其原因，一方面在于，人们认为在抽象出上述义务的同时却难以抽象出与之相对应的权利，充其量只能抽象出所谓"法益"或"框架性权利"的概念。换言之，这些法益由于其权利属性密度不够，不能当然认定其存在，必须逐一进行利益比较才可以认定，所以只能保护而不能主动行使。另一方面，民事权利（包括债权在内）均以体现自由利益为其核心价值，而上述义务群对应的法益所体现的价值是社会信赖利益，其适用的结果往往会限制他人权利的自由行使，这似乎与自由价值并不吻合。因而拉伦茨将其称为"无第一次给付义务之法定债之关系"[①]

现在，这种曾经长期统治学界思想观念和各国立法的主流观点开始松动了，随着法律的日益社会化，类似于社会信赖利益这样的"框架性权利"地位不仅大幅提升，而且已经开始一定程度具有了请求权的属性，或者说，我们已经为其找到了成为第一次履行义务的依据。这当中最具代表性的就是所谓知情权概念已经逐渐得到普遍认可以及立法的采纳。知情权亦称为知悉权或了解权，其在债法中所针对的就是交易与交往中义务方的告知、通知、说明、讲解义务，而从反向理解就是债权人的知情权，对此我国在有关法律法规或司法解释中都曾直接提及知情权，例如《消费者权益保护法》第8条第1款规定："消费者享有知悉其购买、使用的商品或者接受的服务的真实情况的权利。"另外《公司法》中规定有股东知情权，《保险法》中规定有保险人知情权，《劳动合同法》中规定有劳动者知情

[①] 参见李昊：《交易安全义务论——德国侵权行为法结构变迁的一种解读》，北京大学出版社2008年版，页219。

权,等等。这说明这种曾经的"框架性权利"正随着社会发展而逐渐走向了"有名债权"的行列,换言之,以前仅从义务角度考察的法益开始变成了请求权。当信赖债权成为请求权时,这就意味着过去仅仅受到法律保护而不能由权利人行使的局面有了改观,例如《消费者权益保护法》第8条第2款规定:"消费者有权根据商品或者服务的不同情况,要求经营者提供商品的价格、产地、生产者、用途、性能、规格、等级、主要成分、生产日期、有效期限、检验合格证明、使用方法说明书、售后服务,或者服务的内容、规格、费用等有关情况。"《公司法》第33条第2款规定:"股东可以要求查阅公司会计账簿。股东要求查阅公司会计账簿的,应当向公司提出书面请求,说明目的。"最高人民法院《关于适用〈中华人民共和国公司法〉若干问题的规定(四)》还对股东知情权行使规范作出了细化规定。《劳动合同法》第8条规定:"用人单位招用劳动者时,应当如实告知劳动者工作内容、工作条件、工作地点、职业危害、安全生产状况、劳动报酬,以及劳动者要求了解的其他情况;用人单位有权了解劳动者与劳动合同直接相关的基本情况,劳动者应当如实说明。"我们相信,以知情权的请求权化为突破口,将来必定会有更多的信赖债权成为名副其实的请求权。

(二)主观信赖下的请求权

信赖之债中的请求权根据信赖类型的不同而有所区别。先来分析主观信赖下的请求权。如前所述,债权人有信赖的合理需求并愿意信赖他人时就是主观信赖,这就是说,主观信赖的实现往往需要债权人主动采取行动,前面提到消费者有权要求商家告知食品保质期或提供使用说明书就属此类。正如《消费者权益保护法》第8条第2款所规定的,就同一种商品而言,商家可以向消费者提供的信息实在太多了,以至于如果法律规定在每次购物时无论消费者是否有需求商家都必须主动告知上述信息,双方都将会不堪其扰。所以将基于主观信赖形成的信赖债权定位为请求权,会在安全与效率之间取得较好平衡。以股东知情权为例,有限责任公司股东有权查阅股东会会议记录、董监事会决议和财务会计报告,是指股东对公司有该请求权,但并不意味着在其没有提出请求时公司亦必须主动提供上述信息。可见,主观信赖请求权具有预防损害发生的色彩。

现实中基于主观信赖形成的请求权大致可归纳如下:第一种是告知请求权,亦称为通知请求权,即债权人请求债务人将某种交易信息告知自己的请求权。这是最典型的知情权,其特点是仅需要将信息如实传递,并使债权人了解即可。例如消费者有权要求商家告知所购商品的产地、品质等级、保质期等信息；又如顾客入住酒店，如酒店提供免费上网服务的，顾客有权要求酒店告知用户名及上网密码。第二种是说明请求权，亦称为讲解或解释请求权，即债权人请求债务人向自己讲解相关知识或方法，以便于正确使用所购商品。这属于知情权的一种延伸状态，其特点并非告知信息，而在于进一步讲解使用原理和操作方法。其功能有二，一是辅助功能，即帮助债权人正常使用所购商品或服务，如提供详细的使用说明书；二是保护功能，即通过讲解使债权人能正确合理使用商品，不至于造成任何危险，如厂商为用户安装好燃气热水器后详尽对其讲解安全使用方法、步骤以及紧急情况发生时的应对措施。第三种是协助请求权。即信赖之债的债权人有需要债务人提供帮助的合理需求时，其可以向债务人提出上述请求。例如上一章关于后契约义务的阐述中，曾提到的房屋承租人在租期届满并搬离时，有要求在该房屋门前张贴搬迁启示的权利；又如专有技术实施许可合同终止后，即使双方没有另行约定，技术秘密所有人依然有权要求对方就该技术对外保密。第四种是保护请求权。即债权人在其人身或财产有受到不当损害之虞时，其可以要求危险源的控制者或管理者除去危险或提供必要保护措施。损害尽管尚未发生，无侵权的事实，亦无侵权责任的可能，但是危险源如果得不到消除或控制，会有较大损害几率，且损害可能十分严重，故凡生活或工作在危险阴影之下的人的信赖利益都已经受到了损害，为防范风险，债权人请求债务人消除危险或提供保护实属正当。例如住在楼下的住户为防止刮风坠落的风险，有权要求楼上住户将其摆放于窗台上的花盆移走；行人有权要求施工单位在马路上挖沟时设置护栏和警示灯；小区内居民有权要求遛狗的主人给狗系上狗链。

（三）客观信赖下的请求权

与主观信赖不同，客观信赖是指债权人客观上对债务人存在正当依赖，而其对此尚不知情的情形。由于在客观信赖下，债权人并未意识到自己有信赖利益且该利益可能遭到损害，因此其显然不可能像主观信赖中债权人那样主动行使各种请求权，但这并不意味着其没有请求权，如前所述，即使在客观信赖情形下，债权人的信赖债权依然是存在的，而债务人亦应当履行其信赖债务，这是法律强制性规定的结果。因此，如果说主观信赖之下，须债权人主动行使请求权时债务人才有履行必要的话，那么在客观信赖之下,债务人则有主动履行义务的必要性。从这个意义上说,客观信赖下的请求权其实是指另一层面的请求权,即当债务人未履行或未正确履行其信赖债务而给债权人造成信赖利益损失时,债权人对其有信赖利益赔偿请求权。可见,相对于主观信赖请求权所体现的预防性而言,客观信赖请求权则主要体现为赔偿性。

客观信赖请求权的行使可举例如下:甲欲购买乙的二手房屋,在乙方邀请下决定前往实地考察,在该房阁楼上甲不幸踩塌一块已经老化的木质楼板,致腿骨骨折。此损害的发生显然与乙方未采取有效保障措施有关,然而甲事前对楼板老化根本无从知晓,自然也无法提出相应的主观信赖请求权,但基于乙方未尽到保护义务而使甲方摔伤的事实,甲方完全可以通过主张客观信赖请求权而得到利益保护。再举一例:顾客甲在4S店购买某品牌轿车一台,由于该车空调冷凝管安装位置不合理,有提前老化泄漏的可能,4S店在对该车型售后服务中发现了该问题隐患,便立即启动车辆召回服务,但由于工作失误而未通知到顾客甲。一段时间后甲的车辆果然发生了冷凝管泄漏并导致汽车电路损坏的事故。由于甲自始至终不知道也不应知道自己的轿车存在此安全隐患,故当损害发生时,其信赖车辆安全的客观信赖利益受损,可以向4S店行使客观信赖请求权。

应该指出,主观信赖请求权与客观信赖请求权虽然逻辑上可以清晰划分,但从充分保护债权人的信赖利益出发,两种请求权行使可以依次分别行使。某些时候债权人虽然可以行使主观信赖请求权却未主动提出时,其并未丧失获得法律强制性保护的机会。也就是说,即使主观信赖的债权人未能利用第一次请求权的机会时,法律仍然可以因客观信赖而为其提供第二层次保护的机会。例如前述施工单位在小区道路施工时未设置警示标志的案例中,假设业主甲早上上班途中发现此问题,本想向施工单位提出交涉,但由于上班时间紧迫而放弃,当甲晚上下班路过施工现场时,因天黑能见度差而不幸落入施工所挖的沟中受伤。甲本有权行使主观信赖请求权,但即使其未行使也不妨碍一旦发生损害时,其依然可以依法行使客观信赖请求权。只不过前者目的在于预防损害,而后者的目的在于损害赔偿。从这个意义上讲,从主观信赖到客观信赖,法律为交易与交往中的信赖利益链条提供了一整套安全保护机制。

二、信赖之债请求权的行使

(一) 径行行使

所谓径行行使亦称直接行使,是指债权人直接向债务人主张请求权的意思表示。债法强调私法自治,债权人在绝大多数情形下均可以通过直接请求的方式向债务人行使债权,信赖之债亦不例外。事实上,凡不属于法律直接规定必须以诉讼方式行使的信赖之债请求权,皆可以采取径行方式来行使。信赖之债径行行使的优点在于,方式简便,且适用广泛,不仅适用于主观信赖请求权,也适用于客观信赖请求权;不仅适用于直接履行请求权,也适用于损害赔偿请求权(直接索赔)。例如前述消费者直接要求商家提供必要交易信息或者股东向公司提出查阅公司账簿的要求即属于主观信赖请求权的径行行使;而车主向4S店进行的索赔交涉以及小区业主向施工单位提出的损害赔偿请求则属于客观信赖索赔请求权的径行行使。

依照私法自治的要求,信赖债权的径行行使具体方式较为灵活,既可以书面方式亦不排除口头方式。一旦债权人的口头或书面请求到达债务人处,请求权法律效力即发生。该效力意味着债务人必须根据债权人的请求着手履行自己的债务;与此同时,径行行使还有另一层法律效力,即意味着信赖之债诉讼时效的中断,根据我国《民法总则》第195条的规定,权利人向义务人提出履行请求,诉讼时效中断,从中断、有关程序终结时起,诉讼时效期间重新计算。

实践中,信赖之债请求权的径行行使好处多多。首先可以提高效率。径行行使,俗称催债,在当事人权利义务关系明确且无争议的情形下,以此方式最容易使债权得以实现。其次可以减少行使成本。径行行使体现为当事人之间的自行协商,解决纠纷无需通过诉讼,这意味着以最低社会成本化解矛盾。此外还有避免双方矛盾激化的作用。径行行使属于友好协商范畴,其效果是不升高纠纷等级,双方在较为缓和的氛围中解决矛盾,这正是建立和谐社会所追求的方向。总之,径行行使方式应作为信赖债权实现的主要方式着力加以推广。

(二) 诉讼行使

现实中,尽管大多数情形下信赖之债请求权皆是通过径行行使来实现的,但也不排除少部分是通过诉讼方式来实现的,因为毕竟有些法律关

系中双方存在较大争议,当该争议无法通过协商方式化解时,诉讼就成为最后的选择。归纳起来,诉讼行使会涉及以下问题:

第一,是否适用仲裁方式?尽管广义诉讼也包括申请仲裁,但仲裁一般仅适用于合同纠纷且双方约定采用仲裁方式作为纠纷解决手段的情形。信赖之债并非约定之债而是法定之债,故总体而言其纠纷解决方式应与侵权之债一样仅适用诉讼而不能适用仲裁。不过这种适用方式亦非绝对,有些合同纠纷通过仲裁解决过程中,会涉及合同无效或撤销以及合同解除后的赔偿等问题,通过仲裁裁决致害人一方承担赔偿信赖利益损失的法律后果亦属常例。还有一些合同纠纷中,违约一方除了违反给付义务之外,还存在违反瑕疵担保义务、从给付义务以及附随义务等情形,故裁决中除了包含关于给付义务违约救济内容外,也一并对违反上述法定义务的情形予以处理。例如在企业并购合同中,卖方除了未依合同约定完整移交企业资产之外,还隐藏了该企业长期经营所形成的客户名单。前者为违反给付义务,而后者则涉及告知等附随义务的违反。这时,买方可将两项请求在一个仲裁申请中一并提出。

第二,是否适用诉讼调解或和解?民事活动应当贯彻司法自治原则,其实这一原则也延伸到民事诉讼活动当中,故一般民事诉讼均鼓励当事人进行诉讼调解或自行和解。信赖之债请求权的行使亦不例外。当事人在因侵害信赖利益而发生的损害赔偿诉讼中,双方依法自行和解或者在法院主持之下达成调解协议的,法律均予以支持。当然,如果双方自行和解的,诉讼程序以自动撤诉方式终结;如果达成上述调解协议的,由法院以出具调解书方式结案。

第三,关于被告的抗辩。根据诉讼平等的原则,诉讼请求权行使中,法律亦允许被告提出抗辩理由对抗原告的请求权。涉及信赖之债的诉讼当中这种请求与抗辩同样存在。抗辩对请求权的对抗效力通常有三种,即权利延缓、权利阻却和权利消灭。所谓权利延缓的抗辩,是指被告以义务履行期尚未届满而拒绝履行债务的抗辩。由于信赖之债属于法定之债,故不同于合同之债那样可以未届至履行期作为抗辩理由,因此原则上信赖之债不适用权利延缓的抗辩。即使是债权人一方允许债务人就某项注意义务延缓履行,亦往往属于双方约定的延缓。所谓权利的阻却抗辩,是指被告就原告所提出的履行请求给出了拒绝的实体理由。信赖之债诉讼中会存在这样的抗辩事由。例如关于缔约过失的赔偿诉讼中,被告提出自己对原告虽有注意义务,但该义务的履行需要符合一定条件,现条件尚未成就,故请求权不成立;或者被告提供证据证明自己已经完全履行了有关注意义务。所谓权利消灭的抗辩,是指债权人对债务人的确存在过信赖债权,但由于某种法律事实使该债权消灭了,债务人以此作为抗辩理由的,称为权利消灭抗辩。例如债务人虽然曾经对债权人负有信赖债务,但其举证证明原告此前免除了自己的注意义务,故而信赖之债已经消灭。

第四,关于诉讼时效问题。由于信赖之债属于请求权,故原则上适用诉讼时效。根据相关规定,如果债权人自有请求权时起算超过法定年限不行使的,债务人获得了足以与请求权对抗的时效抗辩权,此时债权人的债权将无法得到实现。其实,根据我国《民法总则》第192条的明确规定,债务人并非获得时效抗辩权,而仅仅是可以抗辩,换言之,就是具备了可以提出的抗辩理由。这里有必要对抗辩权与抗辩作出鉴别。一般而言,前者是将合法抗辩理由权利化,并交由债务人根据自己的需要选择是否行使。如果债务人行使抗辩权,则请求权因社会价值居于劣势而无法与之对抗;如果债务人不行使抗辩权,则请求权成立。后者实质上是具有对抗功能的法定事由,而并非法律赋予债务人的被固化了的权利,因此原则上不需要债务人主动行使,法院在审理案件中可以根据事实主动加以适用,至于债务人提出抗辩,主要是为了帮助法院明辨是非而已。例如合同履行期限未届满,债务人即使未提出相关期限抗辩,法院亦应主动审查并依事实加以判断。从这一原理出发,债务人在诉讼时效届满后所获得的其实应该是时效抗辩权,因为根据《民法总则》第193条的规定,人民法院不得主动适用诉讼时效的规定。① 抗辩权属于债务人的法定权利,根据私法自治原则其行使与否可自行选择,法院自然不能加以干涉。另外还需要指出,信赖之债请求权仅原则上适用诉讼时效,在有法律特别规定的情形下,债权人的请求权不受诉讼时效限制,关于消除危险的请求权即属此类。例如居民楼中高层住户在窗台外侧摆置花盆,对楼下路过的行人而言极具危险性,违反了对行人的安全注意义务,故行人可向该住户基于主观信赖提出消除危险请求权,而且该请求权随时可以提起,并不受该花

---

① 似乎《民法总则》第192条中"义务人可以提出不履行义务的抗辩"与第193条"人民法院不得主动使用诉讼时效的规定"之间存在不协调之处,前者将诉讼时效指向了抗辩或抗辩事由,而后者则将其指向了抗辩权。

盆摆放时间长短的影响。①

第五,关于请求权竞合问题。信赖之债请求权理论上存在与合同请求权竞合的问题。例如合同中对附随义务有详细约定,此时债务人违反附随义务的行为,既可以被理解为违约,亦可以被理解为违反信赖之债。但实际上这种竞合的意义不大,因为合同信赖对债权人的保护要高于社会信赖,所以在可以援引合同作为依据时,债权人一般不会选择信赖之债作为追究对方的依据。至于是否存在信赖之债与侵权之债的竞合问题,如前所述,只要将侵权行为限定于作为(积极行为),那些一方不作为导致对方损害的情形可以归结为对信赖义务的违反,从而适用信赖之债,故一般不会发生两者的竞合问题。其实,信赖之债请求权的竞合往往会发生在两种信赖之债之间,即一个行为究竟是构成对某个信赖之债的违反还是对另一个信赖之债的违反。例如,合同因欺诈而撤销后的损害赔偿属于缔约过失责任,这无疑属于信赖之债的一种类型,但如果合同一方对另一方实施了欺诈,对方在不撤销合同的情形下依然可以追究缔约过失责任。例如开发商在预售商品房过程中,对小区周边环境向客户做了虚假陈述,在交房时购房者发现了这一欺诈事实,其选择撤销合同或解除合同并追究缔约过失责任固然可行,但若其对所购房屋户型、面积、质量等尚属满意,愿意依合同取得房屋,法律允许其选择在合同有效的情形下,请求开发商就该虚假陈述进行信赖利益损害赔偿。另外,还有一种情形是信赖之债的主体发生竞合,这在表见代理与无权代理的关系中有所显示。例如某合同中行为人实施无权代理行为,由于对方当事人有理由相信其为有权代理人(善意且无过失),故依法构成表见代理。但假如善意相对方不愿意依表见代理的规定向被代理人主张信赖之债,而欲依照无权代理的规定向无权代理人主张信赖之债,法律对此亦应准许。当然善意相对人的选择是一次性的,当选择了后者就不能再选择前者了。

三、信赖之债请求权的效力归纳

前面从具体层面分析了信赖之债请求权及其行使方式。为了增加研究的系统性,这里需要对信赖之债请求权的效力进行必要整理与归纳。从整体而言,信赖之债的效力可以被归纳为三种,即当为效力、实际履行

---

① 参见《民法总则》第 196 条。

或赔偿效力以及赔偿责任。现分别予以讨论。

（一）当为效力

所谓当为效力属于债的一般效力。如前所述（参见第五章第二节），债是法律上的当为，而不包含法律的强制，所以无论是债的建立还是债的履行，都属于典型的私法自治行为，是当事人从法律规定的实质出发，通过个人意志实现商品交换的法治化。信赖之债制度的出现，是债法对商品交换关系调整扩充与完善的结果。因为当代社会的商品交换领域较之近现代有所扩展，其扩展主要集中在与交易给付关系相关联并对给付利益产生影响的各种服务类关系方面，主要包括交易中存在的各种信赖利益和与之相对应的各种注意义务，其功能在于辅助与保障给付关系的最终落实。保护这些交易与交往中形成的信赖利益虽然不是商品交换的核心价值，但却是完成当代商品交换不可或缺的必要条件。换言之，所谓交易公平绝不单纯是指交易结果的公平，还包括了交易实现过程的公平，而后者公平与否又在很大程度上影响了前者的公平程度。总之，当我们将对交易公平的审视触角超越合同与侵权领域，进入到交易环境公平与交易保障体系时，我们已经将社会信赖关系纳入债法的调整范围中了。从这个意义上讲，信赖之债的当为效力就是指，商品交换的主体在交易与交往过程中依照法律规定和诚信原则，为保证商品交换的公平与顺利而努力关注他人的信赖利益并自觉履行必要注意义务的法律效力。

事实上，一个高度法治化的市场经济社会，必然是一个信赖之债发达并且其法律效力发挥良好的社会。对当今市场规范与秩序的评价体系中，不应只有对合同之债与侵权之债效力落实情况的评价，还需要对信赖之债效力落实情况作出评价。我们不仅要有违约率和侵权率的评估，也要建立对违反信赖之债比例与程度的评估。不过，由于相关制度建设较之合同与侵权制度相对滞后，缺乏体系化，对信赖之债具体落实指导力严重不足，而信赖之债的当为效力整体上恰恰又对私法自治依赖度极高，所以如何发挥信赖之债当为效力是目前债法制度完善与发展的当务之急。任重而道远，只有当说明、通知、协助、保密、保护等义务的落实变成全社会的普遍共识和自觉行动时，社会的法治化水平才会登上新的台阶。

（二）履行效力和赔偿效力

如果说当为效力是信赖之债的一般效力的话，履行效力和赔偿效力就是信赖之债的补充效力，属于广义的当为效力。所谓信赖之债的履行效力和赔偿效力,是指当信赖之债的当为效力无法顺利实现时,对其效力的保障与补充,即通过法律补救措施由债务人自行弥补债权人损失,以达到补足当为效力的缺失以及避免当为效力不彰的情形。具体可分为两种适用情形:一方面,债务人违反主观信赖时,如果债权人仍有意要求债务人实际履行先前的注意义务的,可以要求债务人实际履行。例如电热水器厂家在上门安装后忘记了对顾客进行必要的使用辅导,顾客有权继续要求厂家派遣专业人员登门具体讲解操作方法。另一方面,如果债务人违反主观信赖的结果已达到无法继续实际履行的程度或债权人已经失去了对履行的需要时,债权人可要求债务人以赔偿替代履行。当然,这种赔偿效力也适用于债务人违反了客观信赖并对债权人造成了实际损害的情形。

应该指出,信赖之债的履行效力和赔偿效力仍属私法自治领域,与当为效力并无本质不同。其可视为债的当为效力的变种或延伸。尽管无论继续履行还是赔偿信赖损失都与债的原始状态有所差异,但由于当事人仍是通过自行协商方式解决履行和赔偿问题,没有国家强制力的直接介入,故并未超出债的范畴。

另外,关于信赖之债的履行效力和赔偿效力的具体适用标准问题也值得研究。关于赔偿效力如何认定和计算的问题留待下一章集中讨论,此处简单讨论关于履行效力的具体标准问题。信赖之债不同于合同之债和侵权之债,其履行的判断标准具有独特性。合同履行标准通常由双方约定,没有约定的则由法律规定,其具体标准为等价原则。侵权之债的履行标准较为简单,仅仅是将侵权行为所造成的人身和财产损失换算成财产价值即可。但现实中,对信赖利益的履行究竟达到何种程度才符合要求,标准把握其实并非易事。总体而言该把握标准可以用合理注意程度来概括。具体考虑因素主要如下:第一,信赖之债属于法定之债,履行标准的判定亦应法定。第二,信赖之债作为商品交换关系的组成部分,其履行标准应符合等价交换原则。准确讲是依照客观等价标准,而这与当事人协商确立的主观等价标准并不相同。第三,履行程度要求应以与债权人合理信赖相符合为标准。合理信赖以债权人客观上的合理需要程度为判断前提,也就是说,债务人的注意程度也许并未达到债权人主观所希望的高度,但只要其付出了与债权人合理需要相当的注意成本即可。这也称为通常标准或合理效用标准。第四,合理注意程度应根据具体信赖关系作出判断,而其中交易关系和交往关系所形成的信赖并不相同。交易关系中所形成的合理信赖接近于合同信赖水平,但一般较合同信赖略低,具体可根据交易实际情形酌定;交往中所形成的合理信赖明显高于侵权之债所适用的一般信赖(最低信赖),具体可根据社会关系紧密程度予以判定。

(三) 赔偿责任

严格讲赔偿责任其实已经超出了债的管辖而进入了法律责任范畴。尽管赔偿责任的内容依然涉及赔偿,标准也遵守等价原则,但是其与债的最大不同就在于国家强制力的直接介入,这导致法律后果本质上发生了改变。无论信赖之债的当为效力还是履行和赔偿效力,其性质上均属于私法自治,即当事人依照法律及诚信原则通过自行协商使债权人的信赖利益得以实现。而赔偿责任则不然,赔偿责任的出现,意味着信赖法律关系从私法自治范围跨入了公法介入领域,而意思自治和自由协商也被司法判决和法律强制所取代。

事实上,赔偿责任与信赖之债请求权效力的关联之处主要在于,请求权效力并非最终效力,因为任何权利最终都要以法律责任为依托。没有法律责任,权利则往往会落空。换言之,正是由于背后有法律责任作为威慑手段,当债的双方协商不成时,公共权力便会应债权人的请求出面干预,债的效力发挥才显得游刃有余。另外,赔偿责任尽管排除了当事人自愿协商的柔性,展现出法律强力的一面,但是赔偿不等于惩罚,制裁的目的仅在于为债权人提供救济,所以赔偿标准仍然以债的效力为依据。司法判决或者强制执行与债的效力相比仅仅在于手段不同,其最终目的并无不同,仍然是为达到等价交换的结果,具体到信赖之债,就是以债权人合理信赖利益的实现为目的。事实上,正如前文在阐述债与民事责任关系时所指出的那样(参阅第五章第二节),在债的效力层面,绝大部分信赖之债的确都得到正确履行或使损害得到赔偿,但在背后起到支撑作用的赔偿责任,其所隐隐闪现出的力量的光芒是永远不应被忽视的。

第三节 信赖之债适用的其他问题

信赖之债的适用过程中还会涉及其他一系列问题,但由于其中大部分内容与一般债的适用并无差异,没有独立讨论的必要。不过也不排除

少量内容有其自己的特点,故择其要者在此分析如下:

一、信赖之债的债权让与和债务承担问题

信赖之债能否适用债权让与和债务承担？由于信赖之债一般针对的并非给付义务而是注意义务,这些义务的专属性较强,其虽然也属于广义上的商品交换关系,但实际履行却往往仅对特定的债权人才有意义,故不如给付之债那样具有通用性,这明显使信赖债权的对外让与或由第三人来承担债务受到了一定限制。

不过,由于合同关系中往往附着一些附随义务,因此与之相对应的信赖债权事实上可因合同债权的转让而随之被转让给新的债权人;同理,合同债务在转由受让人承担的同时,作为附随义务的信赖债务也一并转归受让人。这来自附随义务对给付义务的辅助性。另外,上述限制仅针对信赖之债的实际履行而言,如果是因为债不履行而导致的赔偿效力发生,此时信赖之债就不再以具体的说明、通知、协助和保密等为内容,其内容被金钱赔偿所代替,这样的债权债务尽管未脱离信赖之债范围,但鉴于标的具有了一致性(金钱之债),债权让与与债务承担自然便成为可行。

二、信赖之债的保全问题

债的保全分为代位权和撤销权,在一般债权特别是金钱之债中较为流行。信赖之债是否可以适用债的保全呢？首先讨论代位权。代位权是指债务人对次债务人享有到期债权却怠于行使,对债权人利益造成损害的,债权人出于保全自己债权的需要,可以代债务人之位向次债务人行使权利。代位权一般会涉及两个法律关系,分别是债权人甲与债务人乙之间的法律关系,以及债务人乙与次债务人丙之间的法律关系。具体又可以分为以下三种情形:一是甲与乙之间以及乙与丙之间的关系均属于信赖之债;二是甲与乙之间的关系是给付之债,而乙与丙之间的关系是信赖之债;三是甲与乙之间的关系是信赖之债,而乙与丙之间的关系是给付之债。对于前两种情形,即使符合代位权行使的其他条件,也均不能适用代位权。原因在于乙与丙之间的法律关系属于信赖之债,这决定了该债具有专属性,其履行仅对乙存在实际意义,对欲行使代位权的甲而言并无任

何意义可言。试想,假定采取"直接受偿说"①,乙因向丙购买燃气热水器而获得了向丙请求讲解使用方法的信赖债权,但甲并未购买燃气热水器,亦不需要相关知识,但代乙之位却只能向丙请求讲解使用方法,这样的做法对于甲明显过于荒谬。即使是采取"入库说"②,同样不具有可行性,因为甲行使代位权的结果是使得次债务人向债务人履行注意义务,这不能增加乙的责任财产总量,故完全达不到保全自己债权的目的。只有第三种情形下存在甲行使代位权的可能性,原因在于乙对丙的债权为给付之债(如金钱债权)。如果乙未向甲履行信赖之债,造成甲的信赖利益损失,而乙在本身缺乏赔偿能力的情况下却依然怠于行使对丙的债权,甲基于对乙的信赖债权代乙之位向丙主张金钱之债以保全自己的债权,无论基于直接受偿说还是入库说,均具有保全债权的作用,故自属得当。

其次讨论撤销权。撤销权是指因债务人放弃其到期债权或者以明显低价甚至无偿向他人转让财产,对债权人造成损害的,债权人可以请求撤销债务人的行为,从而使债务人与第三人之间的法律关系不成立。在信赖之债中,如果债权人为了保全自己的信赖债权,如何行使撤销权呢?对此可作如下观察:一般而言,债权人甲对债务人乙的债权为信赖债权,这意味着乙应当履行相关注意义务而非给付义务;且注意义务属乙的专属义务,与其专门知识以及特定人的特定利益有关,自然需要由乙亲自完成。所以乙是否无偿或者低价对第三人转让财产,往往对甲与乙之间权利义务履行不发生关联。换言之,乙对丙的行为无论有偿还是无偿,均不会损害甲的利益,故此时甲不能行使撤销权。不过,另一种情形下结果会有所不同。这就是当乙违反了对甲的信赖之债,造成了甲信赖利益损失并需要对甲进行金钱赔偿时,如果乙在自己明显缺乏赔偿能力的情况下,却依然对丙放弃给付债权或者低价转让财产,这显然会损害到甲的利益,甲提出撤销权诉讼当属合理。

---

① 直接受偿说是指债权人向次债务人行使代位权,其效力是次债务人越过债务人而直接向债权人履行,履行完毕后则债权人、债务人及次债务人之间的法律关系终结。具体参见最高人民法院《关于适用〈中华人民共和国合同法〉若干问题的解释(一)》第 20 条:"债权人向次债务人提起的诉讼经人民法院审理后认定代位权成立,由次债务人向债权人履行清偿义务,债权人与债务人、债务人与次债务人之间相应的债权债务关系即予消灭。"

② 入库说是指债权人向次债务人行使代位权,其效力为次债务人应向债务人完成债的履行行为。其目的在于恢复与增加债务人的责任财产总额,以保全债权人实现自己债权的需要。

三、信赖之债的担保问题

信赖之债是否适用于担保法律关系呢？首先有一点可以明确，那就是债的担保制度从设计之初就仅是针对给付之债而言的。在债务人未如期履行债务时，由担保人直接承担或者由担保人提供担保物实际担负起给付或者赔偿义务。信赖之债的履行由于不涉及给付关系，所以一般不能适用于担保关系。不过，《担保法》规定的担保形式共有四种，其具体情形有所区别，需要具体分析。一方面，定金与留置两种担保形式，由于给付关系明确针对合同债权等原因，显然难有信赖之债适用余地。而保证和抵押、质押，在担保债务的实际履行层面，因同以给付为内容，故亦无适用余地。但另一方面，如果信赖之债的债务人未正确履行债务导致债权人信赖利益受损，且实际履行已不可能或丧失需要时，该信赖之债的履行效力（当为效力）被赔偿效力所取代。如果此时第三人出面向债权人表示，如果债务人不履行金钱赔偿义务，自己愿意承担起该赔偿义务；或者债务人以向债权人提供某抵押物或质押物的方式表示，如果自己不能赔偿债权人信赖利益损失时，债权人可就该抵押物或质押物的财产价值享有优先受偿权，这完全是可行的。可见，保证与抵押、质押，尽管在信赖之债的履行方面没有担保效力，却在信赖之债不履行而产生的赔偿效力方面具有担保作用。

四、信赖之债的消灭方式

通常债的消灭有多种方式，诸如履行、提存、抵销以及免除，等等。信赖之债的消灭因其特殊性，主要可适用履行和免除。任何债的设立均是为了得到履行，只有履行才能实现当事人通过债这种法律形式进行商品交换的本来目的，因此这是债消灭的最正常也是最主要的原因。信赖之债的履行所针对的是注意义务，一旦债务人依照法律或者诚信原则完成了上述义务，债因满足了债权人利益需求而消灭。免除是指债务人在尚未完成债的履行行为时，债权人通过单方意思表示允许债务人不再进行实际履行的法律行为。由于权利是可以放弃的，故当债权人的免除表示到达债务人处时，信赖之债不复存在。信赖之债的免除多是由于债权人对于债务人的注意义务已经失去了需要，例如买方对所购买药品的副作用早已了然于胸，无需再听取讲解的，可以免除出售方关于讲解的附随义务。

所谓提存是指债务人在因债权人原因而无法向其履行债务时,可将履行结果提交相关提存部门以达到消灭债的目的。从这一概念出发就可以看出,提存不适用于信赖之债。信赖债务基本上属于注意义务,与给付义务不同的是,其一般只能向债权人履行,无法提存(如保密、协助之类),也无提存必要(如债权人拒绝接受履行)。如因债权人的原因而无法履行信赖债务,则不构成债不履行。

至于抵销,它在信赖之债中的适用概率亦不大。因为信赖债权的标的具有独特性,难以与其他任何债权相互抵销。抵销存在的唯一可能情形是在赔偿效力阶段,这时由于信赖之债的标的不再需要履行等原因,已经从注意义务的实际履行变更为对信赖利益的损害赔偿,因此双方各自所享有债权的标的有可能成为相同种类的金钱之债,从而具备了相互抵销的客观条件。

第十四章　信赖之债不履行的法律后果

第一节　信赖之债不履行的赔偿范围

由于信赖之债反映了当代社会交易与交往关系的现实需要,因而绝大多数信赖之债均得到了顺利履行,不履行的仅占极少数。即便如此,法律依然会对信赖之债不履行的法律后果予以规定。基于一般原理,债不履行的法律后果自然会涉及损害赔偿,这便引发了对赔偿范围问题的探讨。

一、信赖之债不履行的"当为赔偿"

根据私法自治的要求,债不履行的法律后果并非当然直接归结为民事责任,而是先转变为损害赔偿之债,当债务人仍不履行时方才会演变为民事责任。由此,信赖之债不履行的赔偿,首先是指"当为"意义上的赔偿,这与上一章中所提到的债的赔偿效力和债权人的赔偿请求权(当为效力)相对应,即指当事人在私法自治范围内通过自由协商方式实现的赔偿。本书前面(参见第五章第二节)曾详细阐述了当为的概念与法律意义,从中可知,"当为"可以理解为一种"应当",其实是"可以"(法律自由)和"强迫"(法律强制)的中间状态。"当为"与"可以"均属于私法自治范畴,而"强迫"则已经脱离了法律自治而进入了强制范畴。从这个意义上说,信赖之债总体上会存在着两个"当为"层级和一个"强制"层级:首先在债的履行阶段出现第一个"当为"层级,即债权人存在一个当为请求权;其次在发生信赖之债不履行时出现第二个"当为"层级,即"当为赔偿";如果该赔偿仍无法兑现时,最终才会进入到"强制"层级,即所谓"赔偿责任"。

尽管当为赔偿与赔偿责任都涉及赔偿,两者具体内容上差异也不大,但性质却并不相同,"当为赔偿"属于私法自治,由双方自行解决赔偿问题;"赔偿责任"属于法律责任,由法院通过判决强制性地解决赔偿问题。法律在此之所以要"多此一举"地分别设计出"当为赔偿"和"赔偿责任"两种制度模式,其直接目的显然是将强制性的赔偿比例降到最低,而根本目的则在于最大限度地鼓励当事人自行解决纠纷,化解社会矛盾,降低社会成本,促进社会和谐。由此,法律建立这样的社会治理结构的良苦用心,可见一斑。

二、交往信赖利益赔偿

具体到赔偿范围问题,可以将交易信赖利益与交往信赖利益区分讨论。首先谈交往信赖利益的赔偿问题。交往信赖利益是指人们在一般社会交往中所形成的社会信赖利益。这种信赖利益属于一种安全利益,包括人身方面的安全利益和财产方面的安全利益。尽管该信赖利益与侵权法所保护的当事人的固有利益(一般信赖)在保护内容上相类似,都指向人身或财产利益,但两者性质不同,而仅仅在内容上有衔接。事实上,信赖之债所保护的利益恰恰是不被侵权法所保护或者说被排除在侵权法保护之外的利益,正是由于当代社会人际关系的紧密性,才决定了这些涉及人身或财产的利益被纳入了债法的保护范围,而为保护这部分利益而专门设计的制度就是信赖之债。

如前所述,正因为有学者看到了两者利益内容上的接近,故而提出了通过扩大侵权法调整范围的方式将其纳入侵权法调整,但本书已经详细论证了这部分利益所具有的独立性,以及应由信赖之债加以专门调整的合理性。由此可见,信赖之债对交往信赖利益的保护与侵权之债对一般信赖利益的保护尽管性质不同,但保护方式和保护范围却具有相似性。如果说侵权法中固有利益的损害赔偿标准,是将固有利益折合成为确定数量的金钱价值,那么交往信赖利益同样也可以被换算为确定数额的金钱价值而计算出赔偿标准。例如前面提到的"枯树案""撒盐案""软木地毯案""香蕉皮案"当中所涉及的人身损害的赔偿以及财产损害赔偿部分,都遵守固有利益全额赔偿的原则,这是因为此时的信赖利益与固有利益在内容上完全重合。换言之,当交往信赖利益被纳入债法保护范围之后,赔偿标准可以参照侵权之债的方式执行。

有疑问者,当属侵犯交往信赖利益的一方是否要赔偿受害方的精神损失?众所周知,当前债法主流观点承认侵权之债可以适用精神损害赔偿,而反对其在合同之债当中适用,原因主要是合同被视为纯粹的经济关系(商品交换关系),合同双方交换的标的是商品,其中不应包含精神因素,如果精神损失赔偿进入了合同关系,则精神利益被过分商品化,有沦为买卖标的之嫌,而这是当代社会法律无论如何都不能接受的。

对于精神利益的商品化以及其可以进入到债法的保护范围问题,本书在前面已有论及(参见第一章第一节),这是由当前市场经济社会性质所决定的。也就是说,一个高度商品化的社会中,即使纯粹精神利益这样与物质财富截然相对的利益,都不可避免地被打上商品的烙印,或映射出商品交换的折光,这一点是当代每个人都必须面对的现实。不过这并不意味着精神利益就成为了商品,我们仅仅是在有限程度上承认其商品属性,而不会认为精神利益可以像财产那样彻底成为商品,此情形可称为精神利益的有限商品化。尽管大多数涉及典型交易关系的合同不会适用精神损害赔偿,但少量合同关系中赔偿精神损害的合理性几乎已不容置疑,例如旅游合同中由于旅行社安排错误,导致旅客旅游体验极差,不仅未获得旅游所应带来的身心愉悦,反而是怨声载道。尽管德国学界对此采取了较为隐晦的提法,称为非财产损失[1],但毋庸讳言,这里旅客受到的损失就是精神损失,而旅行社违约赔偿所针对的也正是这种精神损失。又如大型演唱会或体育赛事进行中,由于主办方原因导致现场断电且短时无法修复,只好取消,使观众乘兴而来败兴而归。这中间都存在精神损失。由此可见,当精神损害赔偿已经渗透到合同关系当中时,居于合同与侵权之间的信赖之债自然也不会被排除在外。不过,如果说侵权精神损害赔偿可能性最大且赔偿额最高,信赖之债与合同之债中所涉及的精神损失则呈现递减状态,因为尽管基于信赖的精神利益同样有受保护的必要,但其相较于固有利益中的精神利益而言,在程度上往往会低一个量级。当然也不排除某些情形下两者精神损失会达到同样量级。

三、交易信赖利益赔偿

交易信赖利益是指在双方交易过程(如合同订立)中所形成的信赖利益。与交往信赖利益不同,该利益是当事人在完成交易的过程中为促使

---

[1] 参见王泽鉴:《民法学说与判例研究》(第七册),中国政法大学出版社1998年版,页134以下。

交易目的实现而付出的利益（成本），而这些成本的付出是基于对对方的信赖而发生的。交易信赖利益主要包括两个方面，即交易成本和机会成本。分别讨论如下：

（一）赔偿交易成本

众所周知，商品社会中，交易参与者欲与他人进行交易，事先必须根据交易规模和重要性而投入一定的成本，诸如市场调查费、评估费、律师费、差旅费、缔约费，等等。当交易完成后，这些费用将会随合同履行利益而得到回收；如果合同因为支出该成本一方的原因没有成功订立或被认定无效，则该成本变成损失而由其自担（交易风险自负）；但如果合同不成立或无效的原因来自对方，则成本支出应转由对方承担，理由是对方辜负了成本支出方的信赖，造成了其交易信赖利益损失。交易成本的赔偿，来自交易成本的外化（参见第一章第五节），这符合当代法律追求维护正常交易秩序的价值理念。

需要指出，交易成本赔偿并不意味着成本支出方一切为了本次交易而支出的费用皆可以得到赔偿，对其赔偿是有条件和有限度的。首先，成本赔偿必须是已经支出的成本，打算支出而尚未支出的费用不应计算在成本之内。例如投资合同一方因恶意磋商导致合同没有成功订立，对方本打算委托造价评估机构对项目进行评估，现由于合同目的落空而失去意义，故其后再进行项目评估并支出评估费，则不应被计算到本次合同的成本损失之中。其次，要求赔偿的成本支出必须具有合理性。所谓合理性是指该成本的支出对合同订立而言属于必要支出，例如差旅费、缔约场地费等。但如果该成本属于重复支出或无意义的支出则不能计入赔偿范围。例如乘飞机到外地签合同，到达目的地才发现未带公章，不得已又回去取公章，这第二次往返的差旅费就不属于合理缔约成本。另外，对交易成本的赔偿数额不应超过当合同有效时该当事人所应得到的履行利益。这在《德国民法典》原第 307 条中有明确规定，尽管该条被废除，但其原理——信赖利益不得超过履行利益——在交易信赖中仍然适用。事实上，任何当事人订立合同都是以营利为目的，也就是说，当事人都会以投入成本作为合同履行利益的参照，超过成本的部分为利润，如果成本投入在最终获得的履行利益之上，则说明这是一次赔本的生意，无论是否有他人从中破坏，其注定会遭受损失。从这个意义上说，成本投入方对交易对方所能主张的信赖利益只能是小于或等于履行利益，而对于超出交易成本的损害,应认定为成本投入方自己原因所造成并由其自行承担。

(二)赔偿机会成本

交易是人们获取经济利益的一种手段。商品交换的时间性、地域性、专业性以及信息对称性等复杂因素,是决定一个好的交易机会能否获利的先决条件,因此交易总是从寻找合适的交易机会开始的。所谓交易机会,是指当事人通过建立交易关系而获取利益的可能性。机会成本则是指当事人为取得相应的获利机会所投入的成本。这就是说,投入成本与获利机会之间成正比。事实上,人们总是通过投入适量成本来寻求或创造交易机会,例如广告宣传、上门推销、商品试吃试用,等等。当获得交易机会并通过交易实际获利之后,上述费用均会被计入运营成本之中。可以说机会成本属于广义上的交易成本。机会成本与交易成本的不同之处就在于后者是为某一确定能够成功的交易所支出的成本(如签约成本),而前者则是指在成本支出后,交易者并非必然获得确定的交易结果,而只是得到一定概率的交易机会。例如拍卖竞买人必须支出差旅费前来参加拍卖会,但这仅仅是获得了参与竞买的机会,其未必会得到确定的交易结果。

由于当事人的成本投入时间上先于交易机会的获取,而且机会具有或然性,并非投入了成本交易结果就会确定,因此机会成本在财务上可以有两种处理方式:第一种是一事一议型,即为某一项目专门投入的机会成本,例如为获得招标项目而进行的投标行为;第二种是广泛撒网型,即为了提高机会率而投入的成本,例如十次上门推销中只要有一次成功,全部十次的推销成本均可以通过这次成功的交易而得到回收。

应该指出,在近现代债法中曾经将机会成本排除在交易成本之外,其理由如下:第一,机会本身仅仅属于一种可能性,能否变成确定的结果无法断定,不能将尚不确定的或然性视为既定利益。第二,人们在从事商品交换时都有交易失败的心理准备,机会同时也意味着风险,丧失机会对交易者主观上并不构成重大影响。第三,法律崇尚个人自由,交易中存在各种变数本属法律赋予当事人的选择自由,如果将机会损失视为赔偿标的,则会对交易对方的个人自由构成负面影响。第四,如果将机会损失视为赔偿标的,存在循环计算的可能性,容易使损失结果被无限放大。总之,近现代债法之所以不赔偿机会成本,还是因为法律不承认交易机会具有财产价值,无财产价值的损失不能称其为财产损失。

不过当今时代,由于市场经济水平和交易关系社会化程度均已达到前所未有的高度,这决定了机会成本必须被纳入交易成本之中。一方面,社会高度市场化的主要特点之一就是,寻找交易机会成为交易主体的日常工作,这样做的结果使"撒网型"交易机会变成了市场的主流,推销员满天飞,各种产品体验店星罗棋布,汽车4S店免费试乘试驾普遍流行,等等。市场主体(个人或公司)已经习惯于将某一财政阶段的总机会成本与总交易结果进行挂钩,甚至人们已经可以清楚地评估出某一确定交易机会的丧失相当于损失了多少投入的成本,也就是说机会成本可以被换算成相应的具体价值量。由此,社会完成了机会成本的价值化过程。上述变化会得到一个显而易见的结果:既然由于交易一方辜负了对方的合理信赖,致使对方平白丧失了本属于自己且花费不菲而创造出的交易机会,又由于该机会的财产价值可以被计量,故依照当代债法指导思想,机会成本与交易成本一样都属于交易信赖利益而被纳入违反信赖之债的损害赔偿范围。相反,如果对上述机会成本不予赔偿的话,市场主体的交易积极性和主动性将会备受打击,从而对市场经济社会的发展产生阻碍。

第二节 机会成本与纯粹经济损失

迄今为止,债法中专门讨论机会成本应如何赔偿的论著并不多见,原因在于合同法将机会成本与交易成本合并,纳入到了合同履行利益中,在违约责任的赔偿范围章节加以讨论;而侵权法则干脆将其拒之门外,理由是机会仅为一种盖然状态,而非确定的财产损失,法律无法在机会丧失与财产的直接损害之间建立起因果联系。[①] 不过近几十年来,随着对机会成本赔偿之声渐起,探讨纯粹经济损失赔偿责任的声音也开始响亮起来,这种状况引发了我们的研究兴趣,即纯粹经济损失与机会成本损失的关系究竟如何?

---

① 目前也有观点认为,如果机会丧失与财产损害之间具有高度盖然性(例如几率超过50%),则可以视为存在因果关系。也有少数学者认为机会可以无条件成为侵权损害赔偿的标的。参见张民安、林泰松:《侵权法的机会损失规则研究》,载易继明主编:《私法》第8辑第1卷(总第15卷),华中科技大学出版社2008年版,页23以下。

一、机会成本及纯粹经济损失案型

如前所述,无论是违约还是侵权的赔偿都不可能超出如下范围,即人身与财产损失(包括继起性损失①)、交易成本以及机会成本,那么纯粹经济损失与上述损失范围是如何对应的呢?这就需要从纯粹经济损失的概念谈起。纯粹经济损失(pure economic loss)原属英美法上的概念,其含义有二:第一,"经济损失"是受害人所遭受的属于人身伤害、精神刺激、名誉减损等精神层面以外的损失,即所谓财产利益方面的损失;第二,"纯粹"是指该财产损失并非指财产的直接减少或固有财产利益的减少,而是指一种经济上的不利益。具体而言是受害人在必要成本已经投入的情形下,却无法获得本该得到的经济收益。通常,这种纯粹经济损失在合同法意义上是可以得到赔偿的,其表现为成本的返还和可得利润的赔偿。但在侵权法意义上纯粹经济损失往往得不到赔偿,原因是侵权法仅保护固有财产或既得利益,不将损失计算扩大到该范围以外。如英国的丹宁勋爵在 Spartan Steel and Alloys Ltd. v. Martin and Co. (contractors) Ltd. 一案中,就针对违约和侵权所引起损害的范围不同而创造出了著名的"水闸理论",在他看来,违约行为所造成的损失仅仅是合同相对方的损失,不涉及合同以外的当事人,故赔偿范围完全可控;相反,一个侵权行为完全可能在侵害某一个人固有利益的同时,还侵害了更多人的经济利益,如果不适当加以限制,势将使责任泛滥,变得漫无边际,其结果使人们在进行任何行动时都变得谨小慎微、畏手畏脚,故对个人自由有限制过甚之嫌。不仅英美法,大陆法对此问题的态度也大抵如此,例如德国学者的说法就具有代表性:"如果有关的保护性法律只是旨在防止人身伤害和财产损害,那么就不能基于《德国民法典》第 823 条第 2 款产生任何针对纯经济损失的损害赔偿请求权。"②不过也应看到,学界已经开始出现不少通过建立"一般交易安全义务"概念使纯粹经济损失赔偿能被纳入侵权法的

---

① 所谓继起性损失是指因人身或财产遭受直接损失后所引发的后续损失,例如人身伤害引发了相关医疗费、护理费、营养费的支出。
② 罗伯特·霍恩、海因·科茨、汉斯·G.莱塞:《德国民商法导论》,楚建译,中国大百科全书出版社 1996 年版,页 171。

躁动之声。①

一般而言，纯粹经济损失赔偿大致有如下案型：第一种是挖断电缆案型。某市政公司施工过程中不慎将地下电缆挖断，导致整条街的店铺三天无法营业。该案中市政公司并未直接造成各店铺固有财产的损失，但其行为使得这些店铺减少了三天的营业利润。第二种是错误陈述型。例如上市公司在公告中刻意隐瞒公司经营亏损并作出公司盈利状态良好的虚假陈述，致使股民信以为真而买入该公司股票，后发生巨额亏损。该案中股民的损失并非其财产的直接减少，而是股票所反映出的经济利益的减损，具体讲就是，股民交易成本的损失和原本可预期利润的落空。这种案型还可以衍化为其他因操作错误而导致他方经济利益损失的情形，例如遗嘱人委托律师作遗嘱见证人并代书遗嘱，但因律师操作失误导致遗嘱最终因不符合法定形式而被宣告为无效，使得遗嘱指定的遗赠受领人无法获得遗产。该案中遗赠受领人的固有财产利益并未因此而受到损失，但其原本可以获得的遗产利益却付之东流。第三种是错失机会型。例如旅行社组织游客春节出国旅游，由于航空公司飞机调配原因该航班被取消，致使旅游计划落空，尽管乘客们得到了航空公司的退票及相应赔偿，但旅行社原本预计的利润却因此化为乌有。

仔细分析上述三种案型就会发现以下两点：第一，这些损害中的致害人与受害人之间均不存在合同关系。市政公司挖断电缆并非在执行与经营店铺的承揽合同；上市公司的虚假陈述尽管影响了股民的购买意愿，但该股票买卖并非发生在上市公司与受害股民之间；航班取消导致了航空公司与旅客之间的合同解除，但航空公司与旅行社之间并无合同可言。第二，损害后果皆涉及机会损失。挖断电缆使店铺停业，导致丧失经营机会，损失三天的平均利润；虚假陈述使股民错买股票，导致其投入成本却无法获得相应的营利机会；航班取消使旅行社与旅客的旅游合同无法执行，导致其营利机会失去。由此可以进一步推导，一方面，上述受害人皆无法基于合同对致害人提出索赔要求。另一方面，这些案型中的损失皆非固有利益的损失，依债法传统理论，亦无法适用侵权之债作为索赔依据。

---

① 参见李昊：《交易安全义务论——德国侵权行为法结构变迁的一种解读》，北京大学出版社2008年版，页227以下。

二、传统路径选择困境

在传统债法二元结构之下,对前述案型如何选择法律适用路径成为了难题。欲扩大合同解释,将其纳入违约责任,不仅逻辑极为牵强,实务上亦不可取。例如德国著名学者冯·巴尔就曾提出:合同法今天已经被过度扩展,它体现出了自身的弱点。……对一般合同学说而言,源自合同拟制的危险也很明显,这一对合同法的扩展实际上掩饰了侵权法的基本决定,并弄乱了合同成立的一般规则。[①] 在德国法上,学者则更多探讨是否能够将其归入侵权之债,并由此引发了激烈的争论。主张以侵权法作为解释依据的学者,如前所述,试图通过提出"保护他人财产的交易安全义务"的观点,将对纯粹经济损失的赔偿纳入侵权法;但反对之声亦相当激烈,认为交易安全义务不应成为对财产安全的一般性保护方法,原因是这与法律所持的对个人自由利益保护的原则相悖。例如卡纳里斯就指出:如果认为交易安全义务可以一般地保护财产,将会导致无边无际的对(仅由)过失引起的财产损失承担的责任,这与德国民法典拒绝一项大的一般侵权行为法条款以及对财产的一般保护的立场是不一致的。[②]

事实上,纯粹经济损失的赔偿被置于合同违约责任之内,以及用一般财产安全义务的概念将其纳入侵权法调整范围都是不适宜的。合同如果可以被随意通过拟制而成立,当事人意思表示对合同的意义就会被严重淡化,自不待言。纳入侵权法的缺陷同样明显,因为关于侵权行为的基本规定(《法国民法典》第 1382 条、《德国民法典》第 823 条、我国《侵权责任法》第 6 条、我国台湾地区"民法"第 184 条)中除了显示出对受害人提供保护的含义之外,都还隐含着另一项极为重要的价值取向,那就是对自由利益的肯定与保护。这意味着如果过度扩大侵权法调整范围,则势必会过分限制个人自由。这也就是之所以传统债法不承认不作为侵权并借此最大限度保护个人消极自由的原因。即使在今天,依债法设计模式,在陌生人之间如无侵权行为则不存在法律关系,故否定陌生人之间存在所谓一般意义的交易安全义务。

[①] 参见李昊:《交易安全义务论——德国侵权行为法结构变迁的一种解读》,北京大学出版社 2008 年版,页 230。

[②] 参见李昊:同前注,页 234。

三、第三条路——信赖之债

既然合同说与侵权说均非该问题的正解,那么还有第三条路可走吗?其实,只要解放思想,勇于跳出责任二元结构的观念束缚,就可以找到第三条路。这里有必要借鉴德国学者布鲁格梅耶(brüggemeier)的观点。尽管他的观点总体上支持侵权说,但其所提出的理由则极具启发意义。他指出:传统德国民法典的侵权法概念以国家和(经济)社会相分离为背景,以经济提供市场实现自我调整的能力为前提,侵权法正是为了实现对财产和人身的完整性的必要保护,而作为自由财产规则的例外的可清楚界限的领域被设计出来的。但现代侵权行为法的功能与之相反,它旨在于高度组织化的经济中并在经济和国家之间存在复杂相互依赖性的背景下,借助发达的国家的社会保障体系,在劳动分工中弥补市场的部分失灵,并通过对行为危险的弹性的和情景化的重新定义和分配来均衡多样化的社会不均现象,这样,19世纪的民法学术所确立的传统的合同法和侵权法的关系就失效了。虽然经典的合同法和侵权法的关系并未像Gilmore所说的那样"已经死亡",但其社会重要性已受到限制。从而,侵权行为法在固有的事故法(Unfallrecht)领域中不再发挥作用,落在它身上的是保护财产利益的新使命,一般侵权法(allgemeines Deliktsrecht)也因而过渡到特别侵权法(Sonder-D eliktsrecht)。[①]

他进而认为:侵权行为法已从19世纪所采的结果不法说所强调的"对个别权利(法益)的保护"走向了行为不法说所强调的"针对加害者不为允许的行为给予保护",在20世纪后半叶将最终朝"回归受害人地位"(die Rückorientierung anf die Position des Verletzten)的方向迈进。……这一发展在某种程度上可以被称为"从契约到身份",……这一由契约向身份的回归也就要求重新确定合同法和侵权法之间的关系。向来在功能上属于侵权法但遁入合同法领域的准契约责任应当回归侵权法的调整。由此在一般侵权法之外就出现了作为其补充的现代变体——特别侵权法,也就是以法官法的形式对特定的社会领域内保护特定利益的行为义务所作出的规范。[②]

---

① 参见李昊:《交易安全义务论——德国侵权行为法结构变迁的一种解读》,北京大学出版社2008年版,页232。

② 参见李昊:同前注,页232以下。

之所以在此要长篇大论地引用布鲁格梅耶教授的观点，是因为其不仅厘清了债法发展的脉络，还点出了所有问题的要害：一是传统债法的时代背景；二是当代社会背景的重大改变；三是人与人相互依赖性加强的社会状态下法律功能必须改变；四是特定情形下会出现特别侵权法对一般侵权法的替代。可以看出，布鲁格梅耶的观点除了在最终结论上与本书观点有所差异之外，在背景与理由分析上则有广泛一致性。一方面，他敏锐地辨析出对纯粹经济损失的赔偿不能适用合同法的违约责任，是因为该责任应定性为法定责任而非约定责任；另一方面，他也清楚地看到了该责任与传统一般侵权责任所存在的明显差异。只是由于其思维模式仍受制于债法二元制结构，所以他关于"从契约到身份"和"特别侵权法"的提法距离信赖之债仅一线之隔。另外，我国台湾学者林美惠也认识到该问题的意义，故而提出：这种意图将纯粹经济损失"权利化"的做法，对于社会影响重大，需要在理论构成上进一步加强，这也成为另一个侵权法上研究的重要课题！[①]

依本书所见，关于纯粹经济损失的赔偿问题不应该总在合同法或侵权法中打转，而信赖之债为我们提供了思考此问题的全新思路。基于前面对交易成本与机会成本的分析可以看出，对于交易者来说任何机会成本的付出，在没有合同提供明确保护之前，都是以合理的社会信赖为前提的，换言之，他们期待只要交易进程正常发展，不被意外因素所打断，就可以获得正常盈利。这意味着在当代高度市场化的社会机制下，人们通过付出机会成本换取了合理的交易信赖利益，因而机会成本具有了独立的财产价值。如果一方辜负了另一方的合理信赖，尽管只造成了其机会的丧失而没有造成其固有财产利益的损害（属于纯粹经济损失），但鉴于该机会成本的独立财产价值，致害人依然给受害人造成了债法意义上的损害。从这个意义上说，纯粹经济损失其实与机会成本性质完全一样，都指向交易中信赖利益的损失，只不过机会成本一般是作为所谓经济学上的概念出现而已。对纯粹经济损失的赔偿，自然应该纳入信赖之债的调整范围。

总之，当我们以信赖之债为基点讨论纯粹经济损失的责任归属问题

[①] 转引自李昊：《交易安全义务论——德国侵权行为法结构变迁的一种解读》，北京大学出版社2008年版，页236。

时,争议将会迎刃而解,我们不再纠结于因"拟制"而导致合同弱化的担心,也不必为强调对自由的保护而刻意区分所谓的一般侵权法和特别侵权法。尽管许多相关问题也许一时尚无法彻底解决,但只要我们坚持这一思路并不断完善之,纯粹经济损失被纳入债法赔偿范围的问题一定可以圆满解决。

第三节　信赖之债不履行的法律责任

一、从责任中心到"债的影子"

如前所述,信赖之债的法律后果可分为三个阶段,即自动履行阶段(主动履行)、请求履行阶段(当为履行或当为赔偿)和法律责任阶段(强制履行),这体现了债法从法律自治到法律强制的全过程。由此可见,法律责任意味着债的法律关系的最终结局,或者说是债不履行的最终法律结果。

从历史上看,财产交换法律体系中曾经的主角并非债而是责任。债从责任中产生并逐渐发展壮大,最终取代了责任的法律地位。我们可以将债的发展过程分为四个时代,分别是原始自力救济时代、人身责任时代、财产责任时代,以及债的时代。

原始社会是以血缘关系为纽带的氏族社会,其内部关系稳定,秩序井然,而外部关系则险恶得多,为争夺栖息地、水源、猎场等,氏族间发生争斗属于常态。由于没有社会公共权力,所以同态血亲复仇这样的自力救济方式是唯一能够保障自己安全、遏制他人侵害、维持社会稳定的有效手段。不过,这种以复仇方式维持的社会稳定性极其脆弱,且危害极大,氏族、部落之间往往长期处于敌对状态,冤冤相报,很多氏族在争斗中衰落,甚至灭绝。到了原始社会后期,开始出现剩余财产,而且因为这种循环仇杀对各方的社会本都过高,不利于氏族稳定和发展壮大,故后来"杀害和解费"的方式被作为放弃复仇的变通手段。值得注意的是,这时尚不存在个人独立意识,而是以氏族为单位的个体独立意识。人身伤害被视为氏族的损失,财产赔偿也为氏族所共享。

随着社会的发展,氏族瓦解,家庭成为主流。此时个人的独立意识也随之产生。责任追究的对象从氏族自然地转向了个人人身,人身责任时代到来了。此时,致人损害或欠债不还的结果尽管仍是血亲复仇式的自力救济,但与以前不同的是,债权人对债务人的复仇仅针对债务人的人身,且在国家强制力的保护之下。后来,人身责任又演变为对债务人的人身强制,具体表现为,债权人控制债务人的全部人格,可以对债务人囚禁、杀戮,或强制债务人沦为奴隶(人格减等),以及出卖给别人为奴,等等。

第三个时代为财产责任时代。杀戮或强制债务人为奴,虽可有效遏制债不履行,但该行为过于野蛮残酷,不利于社会稳定和发展,其结果促成了法律的伦理化。所谓伦理化,即强化人道感情因素,弱化债权人对债务人的直接人身强制等因素。随着法律伦理化的进程,原来纯粹的人身责任逐渐转变为人身与财产责任并存,后又发展为纯粹的财产责任。具体表现为:公力救济替代自力救济。对债务人的人身强制逐渐转为国家机关完成,个人强制等自力救济被大幅缩小;杀害和解费被真正意义上的赔偿所替代;赔偿数额不再是双方谈判的结果,而是依据损害的价值来客观衡量。尽管此时法律已形成了债的雏形,但责任仍处于这个时代的中心地位,债的时代尚未到来。

第四个时代是债从责任中分离。随着商品交换的日益频繁,社会开始形成了公认的交易习惯和交易规则。与此同时,违反了交易规则后所引起的等价赔偿规则也已形成。这种法律责任后来逐渐成为一种固定而统一的模式,而责任模式化的直接后果就是行为结果的可预测性,法律将债不履行的结果以法律责任形式加以明确,而人们在具体操作中可以准确了解和预测自己行为的后果。所以,根据趋利避害原则,人们当发生债不履行时会主动趋向于采取补救措施赔偿对方损失,而不是坐等法律的追究和强制。值得注意的是,随着交易的逐渐频繁和市场化程度的日益提高,信用度较低的即时性交易比例下降,而非即时性的信用交易开始占据了重要地位,此时,一方在交易中向对方暂时负债的情况已经成为一种正常现象而广泛被社会所承认,原本债的概念中所含有的负面评价以及被制裁、被追究的含义,不再被视为必然的负面评价,而转变为一种正面评价。总之,债的责任色彩日益退化,而作为正面意义的"可期待的信用",开始成为其主流意涵。

这一时代,法律对交换关系调整的特点并非在于直接诉诸法律责任,寻求对违反者以强制性处罚,而是转变为一种间接、柔性的法律约束力量,其意图是在交易主体之间营造一种正面的商品交换行为的法律氛围,并引导商品交换关系正常有序进行。于是,一个奇异的现象出现了,作为国家机器的法律强制力开始从前台退到幕后,从直接的制裁力量转变为对违法者的威慑力量。这标志着债的出现。换言之,当法律强制力的直接干预与法律强制力以外的纯粹当事人之间法律关系相分离的时候,债便产生了。随着债的产生,其迅速占据了法律调整商品交换关系的中心地位,成为主要调整手段,而法律责任则退居二线,用梅迪库斯的话说就是:"在现在,债务通常与责任联系在一起,人们可以将责任称为'债的影子'。"①

信赖之债作为债的组成部分,同样遵守上述规律。可以说,信赖之债不履行的法律责任尽管属于债的从属性制度,但其作为债的法律关系的最终后果,其必要性还是不可忽视的。

二、信赖之债不履行民事责任的法律属性

如前所述,中国古代曾长期存在责债不分的情形(参见第五章第二节),直到今日,法律责任的概念亦存在多种解释。② 不过在民事法律关系中,债与责任的概念必须明确加以区分,债作为私法自治的产物,表现为法律上的"当为",而责任作为司法对私人关系的介入,表现为法律上的强制。归纳起来,民事责任与债在法律效力方面主要存在三个区别,分别是强制性、制裁性以及国家追究的属性。关于强制性和制裁性,本书前面已有论及(参见第五章第二节),兹不赘述,现仅就国家追究的属性分析如下:国家作为社会公认的公共权力机关,有权对违反信赖之债的行为予以追究,该追究以利益受害方的起诉为前提。所谓追究,意味着"法律责任的认定和归结是国家权力运行的具体体现"③,具体到民事责任,就是国家对于责任者的财产进行的强制裁判与执行。总之,民事法律关系一旦从债的领域演进到民事责任领域,即排除了当事人之间的私法自治,而进入到国家强制力直接干预的阶段。换言之,正是由于民事责任具有与刑事责任、行政责任不同的发展进程(后两者没有自治过程),我们才有必要将债与民事责任作出严格区分。

---

① 迪特尔·梅迪库斯:《德国债法总论》,杜景林、卢谌译,法律出版社2004年版,页17。
② 参见张文显:《法哲学范畴研究(修订版)》,中国政法大学出版社2001年版,页118以下。
③ 张文显:同前注,页121。

另外,张文显教授曾将关于法律责任性质的争论归纳为四种主要观点,分别是处罚说、后果说、责任说和义务说,并将自己的观点定位于义务说。① 其实从债法视角观察,这一论述有待商榷。在民事法律关系中,权利与义务是对应概念,而义务的履行首先意味着私法自治而非法律的强制,这就决定了债的关系中的义务概念只能指向债务而非责任,责任乃另一层面的法律概念。尽管张文显教授用所谓"第一性义务"代指一般义务,而用"第二性义务"②专指法律责任,以图区分义务与责任,但只要考虑到以下事实,债法中的义务专指法律的自治,债法中的责任专指法律的强制,我们就难以用义务的概念来定义民事法律责任。

事实上,正如张文显教授自己所言:"法律责任是违法行为引起的后果。没有违法行为的发生,就不会也不应该有法律责任的出现。"③由此出发,我们完全可以回归到后果说来概括违反信赖之债的法律责任。尽管后果说可能存在"没有说明不利后果或否定性后果不都属于法律责任的范畴"④的弊端,但相比较而言,运用这一学说来归纳违反信赖之债的法律责任似乎更具有可行性。更何况,还可以通过限定其他不利后果(如宣告无行为能力人的法律行为无效)的方式,在表达上进一步加以区分,对上述弊端进行弥补。总之,经过综合考量,我们可以对违反信赖之债的民事责任作出如下定义:当债务人违反信赖之债时,由国家司法机关作为认定和执行机构,强制违法者进行信赖利益赔偿的法律制裁。

三、从道义责任到社会责任——过错与因果关系考察

违反信赖之债的责任与侵权责任一样,同属于法定责任,因而该责任的构成自然也涉及行为人过错因素和因果关系因素。所谓道义责任,来源于古典自然法学派的法律与道德一元论。依此学说,"自然法是正当行为的道德命令,法律规范是道德命令的复写。一个人之所以应负法律责任乃是因为他违背了正当行为的道德命令。"⑤也就是说,当一个人拥有

---

① 参见张文显:《法哲学范畴研究(修订版)》,中国政法大学出版社 2001 年版,页 119 以下。
② 张文显:同前注,页 122。
③ 张文显:同前注,页 121。
④ 张文显:同前注。
⑤ 张文显:同前注,页 124。

自由,就意味着他能够以独立意志自由支配自己的行为,既可以利用自由行善,也可能利用自由作恶。由于道德命令(包括法律)的价值取向是鼓励人们弃恶扬善,因此当个人滥用自由从事损害他人利益的非正当行为时,法律视其有过错,该行为不仅引发了道德上的可谴责性,也具备了法律上的可追责性。法律责任也由此而生。但是,如果致他人损害的行为,并非出于行为人的自主选择,那么该损害发生与他的意志支配无关,对他而言损害属于无法避免。从这个意义上说,该行为人既然主观上并无为恶的意思(无过错),追究其责任便缺少了法律依据。正是基于此,黑格尔才提出:"行动只有作为意志的过错才能归责于我。……我的意志仅以我知道自己所做的事为限,才对所为负责。"[1]

应该说,道义责任论是近现代债法的指导思想,其建立在个人独立自主的社会基础之上。根据该原理,每个人只能对他人主观上有过错的致害行为进行追责,如果无法找到所谓致害人的过错,出于对他人自由的保护,受害人则应该自担风险。事实上,近现代侵权行为法中的过错和因果关系要件,均以此为依据而设计,例如:行为人有过错,仅指其在故意或过失的主观支配下所实施的侵权行为;而致害行为与损害后果之间的因果关系也仅指向事实上的因果关系,即判断因果关系的有无,仅考察客观联系,而不能掺杂任何主观评价的因素。

不过,随着近现代债法演进到当今时代,侵权法在内容上展现出明显的溢出效应,该效应恰好主要体现在过错标准的客观化和因果关系认定标准的客观化两大方面。具体而言,侵权过错标准的客观化又分别表现为过错证明方式的客观化以及过错内容判断的客观化。而因果关系客观化则主要通过采纳"法规目的说"以取代"条件说""原因说"乃至"相当因果关系说",最终使侵权因果关系的判断从事实因果关系走向了法律因果关系(具体参见第十章第三节)。归纳起来,当代侵权法与近现代侵权法的最大区别就在于两点:第一,在侵权构成要件方面部分放弃了概念法学式的逻辑推理,而转向吸纳价值法学对相互冲突的利益进行社会价值衡量的方法论。第二,在侵权责任认定过程中,放弃自由利益绝对优先的原则,以分配正义为出发点,大量引入信赖利益保护规则,部分限缩自由的价值,而放大信赖利益的价值。这样,当代侵权法事实上承接了信赖之债

---

[1] 黑格尔:《法哲学原理》,范扬、张企泰译,商务印书馆1961年版,页119。

的部分功能,如经营者安全保障义务、专家责任、积极侵害债权以及监护人因监护不周而承担的民事责任等(参见第十二章第六节)。事实上,正是在这些责任认定过程中,大量采用了客观化的过错标准和客观化的因果关系原理。

侵权法的上述变革,反映出社会责任说的核心观念。所谓社会责任,是针对道义责任而提出的一套修正体系,其主要内容是将社会视为一套个人利益、国家利益以及社会利益在内的利益互动系统,而法律责任的承担,不仅被看作是法律对债权人个人利益的维护,同时更是对社会利益的保障。换言之,法律责任作为法律对侵权行为评价的结果,应主要反映社会利益优先的价值观。事实上,当代社会之所以被定义为信赖社会,就是因为社会公共利益在人与人的交易与交往中越来越成为主要的考量因素,无论是对他人固有利益还是对他人信赖利益的侵害行为,与其说是对其个人的侵害,毋宁说是对个人与社会利益的双重侵害。这一价值观转变所带来的结果,深刻影响了民事责任的认定与赔偿标准。例如侵权责任中传统的过错责任原则开始退化,而过错推定、无过错责任、公平责任等更多考量社会秩序与公共利益的责任形式获得长足发展。同时,为了强化对社会利益的保护力度,侵权法不惜突破传统的固有利益保护界限,将自己的保护范围延伸到人们日常交往中所形成的信赖利益。这也是本书提出信赖之债的概念并将此类利益保护纳入信赖之债不履行的民事责任当中的原因之一。

总之,社会关系属性的转变,使民事责任理论从道义责任说逐渐转向了社会责任说,其结果使民事责任体系发生了深刻变革。在探索变革道路中暂时性的迷惘虽然可以理解,但这并不意味着民事责任体系会长期处于混沌状态或干脆被取消。体系解构的结果紧接着就是重构,作为交易信赖保护手段的违约责任、作为一般信赖保护手段的侵权责任以及作为社会信赖保护手段的信赖之债不履行的责任,重新构成了民事责任体系中鼎立的三足,它们分工明确,各有其保护的利益和制裁的对象,成为国家司法机关发挥其强制力,对各种民事违法行为予以制裁的有力手段。

四、矫正正义与惩罚性赔偿问题

债是商品交换在法律上的表现,因此债不履行的法律后果应遵循等价交换的原则,即债务人的赔偿数额应等于债权人的损失数额。然而,这只是一般性原则,在特殊情形下法律亦可突破该原则而使赔偿具有某种惩罚属性。所谓惩罚性赔偿,是指对于某些恶意程度较高的债不履行行为,法律从特定规范目的出发,通过让致害人承担超过受害人实际损失的赔偿金额的方式,实施一定的惩罚措施,达到对该恶意违法行为进行矫正的目的。

目前,我国债法尽管适用惩罚性赔偿的领域较少,但无论是合同还是侵权制度,都已经承认了惩罚性赔偿的存在,例如:《合同法》第114条,《最高人民法院关于适用〈中华人民共和国合同法〉若干问题的解释(二)》第29条,《最高人民法院关于审理商品房买卖合同纠纷案件适用法律若干问题的解释》第8条、第9条,《侵权责任法》第47条,《消费者权益保护法》第55条,《食品安全法》第148条,等等。这说明我国正开始习惯于用特殊调整手段实现法律的某些特殊目的。一般而言,惩罚性赔偿多适用于民事责任领域,尽管在债的领域理论上也可适用,但现实中则较少见,原因是关于赔偿金额中的惩罚部分,因超出受害人的实际损失,故在双方私法自治领域内不易实现,往往需要通过强制性判决才能使其惩罚功能得以展现。正因为如此,惩罚性赔偿制度通常会从债的制度中摘出,被归结为债不履行民事责任制度的组成部分。

信赖之债不履行的民事责任制度中是否可以适用惩罚性赔偿呢?答案应该是肯定的。信赖之债以保护交易与交往中存在的社会信赖利益为核心目标,因而对双方之间诚实信用的要求较高,当一方行为损害到另一方的正当信赖利益且主观恶性较强时,法律通过对致害人实施惩罚性赔偿亦有必要。如果将上述规范性文件中所列条文与前面信赖之债的实务类型的相关内容(参见第十二章)相结合,就可以清楚看出,有些惩罚性赔偿所适用的情形恰好与信赖之债不履行的民事责任领域相吻合,例如合同解除后的赔偿责任、商家对消费者实施合同欺诈的赔偿责任以及产品责任(积极侵害债权)都属此类。

需要指出,此处法律所施加的惩罚性赔偿措施,除了补偿受害人信赖利益实际损失之外,显然还另有规范目的,该目的正如前文所述(参见第一章第一节),出于"治乱世用重典"的考量,属于矫正正义的基本范畴。也就是说,在交易或交往关系中信赖程度要求较高的领域内,法律采取某些超过常规的责任追究机制,将赔偿功能的一般商品交换属性故意加以扭曲,大幅放大具体赔偿金额,其目的,一是增加受害人索赔的积极性,二是增大对致害人的震慑力度。根本目的还是为了维护正常商品交换秩序的稳定。

当然，由于惩罚性赔偿对致害人课以较重的处罚，对致害人一方利益影响甚大，从双方利益平衡出发，有必要对其适用条件进行限制。第一，惩罚性赔偿的适用仅限于那些主观恶性较强的信赖之债不履行情形。换言之，等价损害赔偿的主导地位不能动摇。第二，究竟哪些具体情形下可以适用，也必须有法律明确规定，而不能由法院自由选择。第三，惩罚性赔偿超过等价赔偿的部分，一般应有法律的明文规定，只有在法律规定可以惩罚性赔偿却无明确额度要求时，法院才可以依据诚实信用原则确定适当赔偿数额。原则上不鼓励法院在此问题上拥有过多的自由裁量权。

最后，即使在信赖之债中，惩罚性赔偿也不能成为一种恒定不变的制度安排，法律应该根据社会信赖利益的总体实现的环境优化程度进行调整，随着社会交易环境得到大幅净化，应趋向于减少惩罚性赔偿的使用频率和适用范围，因为矫枉过正只具有相对的正当性，只有等价赔偿才与信赖之债不履行损害赔偿的真谛相符合。